華東政法大學

建校六十周年《法学》创刊五十六周年文丛

总主编／何勤华　杜志淳

第10卷

法学的历史

经济法卷

1981年-2011年

主　编／顾功耘　罗培新

法律出版社
LAW PRESS·CHINA

主 编 简 介

顾功耘

1957年7月生。现任华东政法大学副校长，教授、博士研究生导师，上海市重点学科经济法学科带头人。享受国务院政府特殊津贴。兼任中国商法研究会副会长、中国国际经济贸易仲裁委员会仲裁员等。

北京大学法律系毕业。从事经济法学、商法学教学和研究，出版《中国证券法学》、《公司法》、《公司并购法论》、《国有经济法论》、《公司法律评论》、《经济法教程》、《商法教程》等著作与教材。主持和参与完成国家、省部级科研课题及立法项目10余项。

2001年被评为上海市劳动模范，2002年获全国五一劳动奖章。

罗培新

北京大学法学博士、中国社会科学院法学所博士后。华东政法大学国际金融法律学院院长、科研处处长，教授、博士研究生导师，美国耶鲁大学、英国牛津大学访问学者。

在《中国社会科学》、《法学研究》、《中国法学》等刊物发表论文数十篇，出版《公司法的合同解释》、《公司法的经济结构》、《公司金融法律原理》、《WTO中的争端解决：实践与程序》、《股利政策与公司治理》、《转型政治与经济条件下的公司治理》、《法律与资本主义》等专著、译著20余部。

国家教育部新世纪优秀人才、上海市第三届“优秀中青年法学家”、上海市曙光学者、新华社特约咨询专家、上海市高级人民法院高级咨询专家、上海市长宁区领军人才。

解放思想是法学进步的原动力
（代总序）

1981 年 11 月，由华东政法大学主办的《法学》复刊了。它的复刊，源自 1978 年年底的那场解放思想运动。

回顾新中国 60 多年的历史，我们可以清楚地看到，我们国家的发展，大体可以 30 年为时段分为前后两个阶段。前 30 年，我们党在治理国家的指导思想方面，出现了“左”的倾向。从“批武训传”、批俞平伯的红楼梦研究、批胡风“反革命集团”到 1957 年“反右”运动扩大化、1962 年提出“以阶级斗争为纲”，直至 1966 年爆发“文化大革命”，“左”的思想不断升级，最终导致国民经济濒于崩溃、各项建设事业停滞、学术（包括法学）陷入一片沙漠状态。

1978 年年底，中国共产党召开了十一届三中全会，实行改革开放之国策，社会各界解放思想，因而改变了整个中国的面貌，也迎来了法学研究的春天，导致了《法学》的复刊。自那时以来，我们也已经走过了整整 30 年。在这 30 年中，《法学》在上级部门的领导下，通过全体办刊人的持续努力，紧贴时代发展的脉搏，跟踪社会发展的前沿，及时回应法律界所遇到的热点和难点问题，发表了一大批高水平的作品，对我国的立法、执法和司法实践形成了重要的理论支持，在学术界乃至全社会产生了巨大影响力，推动了改革开放以后中国法律和法学的进步与繁荣。

在回顾总结《法学》30 年历程，探索法学理论与法律实践互动之规律时，我们感受最深的一点就是，解放思想是法学进步、繁荣的原动力，没有中国的改革开放和解放思想，就没有中国法律和法学的今天，更没有《法学》的今天。

一

关于解放思想，邓小平同志有一个定义，就是“解放思想是指在马克思主义指导下打破习惯势力和主观偏见的束缚，研究新情况，解决新问题”。[①] 这个定义，包含了三个要素：(1) 马克思主义的指导，讲的是政治立场和认识论、方法

① 《邓小平文选》（第 2 卷），人民出版社 1994 年第 2 版，第 279 页。

论;(2)打破习惯势力和主观偏见的束缚,这既包括政治体制上的,也涉及其他各个领域里的;(3)研究新情况、解决新问题,就是要跟上社会发展的步伐,与时俱进。因此,在某种意义上可以说,解放思想的精神实质就在于:一是说真话;二是实事求是;三是不唯书、不唯上;四是打破不合理的偏见和传统;五是在理念、观点和制度上创新。

30 年来,《法学》就是贯彻了这一精神,解放思想,不断进步。其中,冲破政治上习惯势力和主观偏见的束缚,提高法学研究在我国政治体制改革中的贡献度,是《法学》首先关注的重点。众所周知,法律与政治紧密相关,法学研究也与社会的政治决策息息相关。要使法学研究对同时代的乃至以后的政治决策有所贡献;必须解放思想。换言之,法学研究在推动社会政治体制改革、回应社会重大政治问题时,如能解放思想、提出有真知灼见的建言建策,就会大大彰显法学研究的贡献。1982 年春天,当我国立法机关将宪法草案提交全国人民讨论时,《法学》月刊社就召集各方面专家,就其内容进行广泛讨论,参与者有徐盼秋、潘念之、肖蔚云、高恭佑、浦增元、孔令望、陈云生、胡土贵、周天平等众多法学界知名人士。各位专家学者解放思想,破除禁忌,充分讨论,各抒己见。《法学》在第 6 期、第 7 期连续刊登了他们的建言建策,对我国宪法内容的确定产生了很大的影响。

1982 年 9 月 1 ~ 11 日,中国共产党第十二次全国代表大会召开,大会通过的新党章明确规定:“党必须在宪法和法律的范围内活动。”但是,如何理解和执行党章的这一规定,许多党员甚至党的领导干部对此还存在许多疑问。当时,许多领导都曾提出了“到底是法大,还是党委大”的疑问;也有领导认为,规定党必须在宪法和法律范围内活动,就会束缚自己的手脚,妨碍开创新局面。针对党的十二大召开后社会上和党内存在的这些想法,《法学》1982 年第 11 期刊登了楚云飞的文章《在宪法和法律范围内活动是党的一项重要原则》,系统阐述了党章这一规定的法理基础,强调我们必须解放思想,充分认识这一规定对推进我们执政党的建设和推动我国社会主义法制发展,全面开创社会主义现代化建设新局面的极其重要意义。

随着 1992 年 10 月 12 ~ 18 日党的十四大提出建设社会主义市场经济的改革目标后,我国市场经济发展迅速,宪法的许多规定就显得落后于客观形势的发展了,但是,真的要提出修宪的主张,在当时还是存在一定风险的。《法学》就在这一点上,以极大的理论勇气,于 1992 年第 12 期,以纪念宪法诞生 10 周年为契机,发表了评论员文章《修宪:市场经济发展的必然要求》。该文指出,修宪问题,无论从宪法学抑或法理学角度来看,应属技术性问题。然而,由于特定的历史条件，重提修宪问题，就不能不在某种程度上引起人们的高度警觉和重视。但是，社会主义市场经济的发展，出现了众多宪法上没有规定的事项。例如，“随着改革开放的不断发展，出现了多种经济形式并存的局面，特别是许多合营、合资、私营企业的出现，能否对这些经济形式进行保护，关系到改革开放能否向纵深发展的问题，而宪法对此并未规定”。同时，改革开放需要合法地出租、转让土地，而这一点也是宪法禁止的。因此，在适应社会主义经济发展和改革开放的历史要求下，1988 年，我们就对宪法进行了修改，允许私营经济形态的存在，以及取消了对土地出租和转让的禁令。现在，改革开放的进程和社会的发展，又一次需要我们对宪法做更大范围的、更大规模的修改，我们应当与时俱进，完成这一历史使命。在发表评论员文章的同时，这一期还刊登了孙潮、戚渊的《论确立市场经济的宪法地位》、李伟的《宪法权威论》、李步云的《不断完善中国人权的保障体系》等文章，对修宪涉及的各个领域的一些重要问题作了阐述。《法学》的这些文章，虽然发表在邓小平同志 1992 年南方讲话之后，但此时在我国，修宪问题还是一个禁区，因此，发表上述言论还是冒了一定政治风险的。

在法理学领域，关于法的定义这一核心问题，在新中国成立的前 30 年，基本上是“阶级斗争论”、“阶级意志论”一统天下。要冲破这一禁区，必须鼓足勇气，在法学理论上来一个大胆的突破。而在这方面，《法学》也走在了全国研究的前列。1986 年，《法学》在第 1 期《新年寄语慰读者》中，率先提出：“科学是没有禁区的，有禁区就不会有发展和深入。法学研究也是如此。”“近年来，我国法制建设和法学研究的现状表明，法学理论的研究正面临着改革和挑战，无论在内容和方法上都亟须有新的突破。”“我们认为，无论是基础法学还是应用法学的研究，都应该把焦点对准现实中涌现出来的或者是历史上没有解决的问题，应该重视和倡导‘问题法学’的研究。”

同期刊登的《中国法制报》政治评论部主任张宗厚的《对法的三个基本概念的质疑》一文，对现行的法的定义中三个核心命题——“法律是阶级社会特有的现象”、“统治阶级意志论”和“阶级性是法的唯一属性”进行了质疑，提出了不同观点，并予以系统阐述。同期还刊登了陈浩然的《对“质疑”的质疑》一文，与张宗厚文中的观点进行了讨论和争辩。《法学》1986 年的《新年寄语慰读者》和张宗厚、陈浩然文章的发表，在我国法学界激起了巨大的冲击波，给我们的思想以极大的震撼。因为直到 20 世纪 80 年代中期，上述从苏联引进的关于法的定义的三个核心命题，是我们熟悉并认为是天经地义的，几乎从未有人提出质疑。而张宗厚的文章则颠覆了我们的传统法学观，其震动不能说不大。而陈浩然的文章，虽然是对张宗厚观点的反质疑，阐述的力度相对小一些，但陈文给学术界带来的推进学术研究“百花齐放、百家争鸣”的贡献，则有目共睹。

在法学研究发展中，一直让我们法律人纠结的就是政治与法律的关系问题。而在阐述法律与政治之关系时，思想最为解放的文章，就是陈鹏生在《法学》1987年第1期发表的《没有法律的政治是危险的政治——法学研究的反思》一文。文中指出：“本来，政治和法律都是上层建筑的组成部分，相互作用，共同为自己的基础服务，是马克思主义的常理。但是，由于高度集权思想的影响，政治被强调到可以冲击，甚至代替一切的荒谬地步。政治与法律相互作用的关系，变成政治决定法律的关系。而按照‘左’的一套理论的逻辑推导，政治就是阶级斗争，阶级斗争就是敌我矛盾。于是服务于并决定于政治的法律，就只能是以阶级性作为自己的唯一的质的规定性，以‘阶级斗争的工具’作为自己的唯一职能了。以法作为自己研究对象的法学，当然也只能是‘阶级斗争’的[学问了]。”

作者认为，这种理论的后果，一方面，使法律失去了自己的独立性，唯政治需要决定自己的兴废存亡：政治安定时，法律成为民主的点缀；政治严峻时，一言可以废法，实际上是以“人治”代替了“法治”。另一方面，也把法律与阶级斗争捆在了一起，使法律与政治一起成为学术讨论和争鸣的禁区，“一旦涉及，就‘以言治罪’，出现‘文笔贾祸’，法学研究也就不复存在”。作者进一步指出：“我们的民主，首先是制度，然后才是干部的思想作风。否则民主就会随领导的喜怒哀乐而变样。因此，要政治民主化，就应该依靠法律制度，保障民主不会因领导人的改变而改变，也不能因领导注意力的转移而改变。我们的法学家，应该通过对法制建设深刻的历史反思，从理论上令人信服地告诉人们千万不要忘记一条历史教训：政治离不开法律，没有法律的政治，是危险的政治、灾难的政治。”因此，为了防止这一点，我们必须研究如何通过法律来保障公民权利义务一致性原则的确立和实施，以及这种意识的形成。

应该说，作者关于“没有法律的政治就是危险的政治、灾难的政治”的观点，不仅是对中国“重政治，轻法律”，崇尚“人治”，轻视“法治”之传统的深刻揭示和批判，而且也阐明了理顺法律与政治的关系，对防止历史悲剧的再次发生、建设社会主义法治的重要意义。应该说，在当时的环境下，没有思想的解放，是不可能有如此大的理论勇气提出这么尖锐和鲜明观点的。①

① 就在此文发表两年前，谢次昌在“论政治与法律的关系”一文中，还强调“政治与法律相比，政治总是处于主导地位，法律的制定和实施必须服从政治的需要”，载《法学》1985年第5期。

二

解放思想也促进了法学研究在我国经济体制改革中推动作用的发挥。1982年中期，随着我国改革开放的深入，社会主义经济体制转型，经济领域犯罪日益增多且形态各异，尤其是许多正常的经济活动和犯罪行为容易混淆，这对我国的法学理论研究和定罪量刑等都提出了严峻挑战。《法学》解放思想，敢于打破常规，使法学研究及其对司法实践的指导走在了全国的研究前沿。《法学》1982 年第 7 期刊登的一组关于"职工受外单位聘用接受高额报酬是否构成犯罪"的讨论文章，就是突出的一例。

当时，随着打击经济领域犯罪的深入展开，不少单位和群众对一些在职的或退休的职工受外单位聘请、接受高额报酬的行为，向有关机关举发。当时政法机关内部对这类行为到底是否属于犯罪产生了很大分歧。而这种分歧，在 1982 年春上海某区人民法院受理检察机关诉上海某国营工厂的技术人员王某受贿①一案中获得了集中体现。从 1980 年起，王某私下接受外单位（自己的家乡奉贤县钱桥公社橡胶塑料厂）的委托，在业余时间，利用本单位的设备，从事产品试制并获成功。由此给钱桥公社橡胶塑料厂带来了巨大利润，王某也从该厂获取报酬 3800 余元。检察机关认为王某的行为已构成受贿罪，依照《刑法》第 185 条规定，予以公诉，要求惩处。在审判机关内部，有认为该定受贿罪的，有认为该定贪污罪的，有认为该定投机倒把罪的，有认为该定破坏经济秩序罪的，也有认为不该定罪的，等等，不一而足。《法学》抓住这一典型案例，组织专家进行深入讨论，最后一致认为，王某的行为虽有瑕疵，犯有错误，但还未构成犯罪，不该定刑。特别是，在改革开放的大背景下，为加快社会主义现代化建设事业，法律必须引导广大技术人员发挥自己的专长，多为国家做出贡献。而在此过程中，他们的劳动必须得到尊重，必须获得报酬，这不仅不是犯罪，而且是法律应该鼓励的行为。《法学》所发表的专家意见受到了司法机关的重视，不仅王某最终没有被定罪，而且对以后一些在职的或退休的职工受外单位聘请、接受高额报酬行为的评价也发生了良性变化。②

---

① 根据《法学》1983 年第 3 期发表的龚介民的"重视韩琨案件中的法律与政策问题"和张传桢、铁犁的"韩琨案功与罪之争"，载郭道晖、李步云、郝铁川主编：《中国当代法学争鸣实录》，湖南人民出版社 1998 年版，第 285 页。王某的真名是韩琨，上海橡胶制品研究所助理工程师。

② 之后，《法学》还接连讨论了刘亨年、戴振祥等有罪还是无罪的案件。参见《法学》1987 年第 7～11 期、1988 年第 10～12 期。

当然,《法学》在经济领域发表学术观点,并有力地冲击了传统法律观点、推动了我国社会主义市场经济体制确立的最有影响力的文章是曹建明、钱富兴、顾长浩、李朝兴所写的《外商租用土地与经营房产业的理论与实践》。① 该文指出:“土地是一种重要资源,也是利用外资、引进技术、进行生产和经营活动的基本条件。”“因此,发挥土地经济杠杆在对外开放中的积极作用,实行出租土地给外商从事综合性经济活动,并允许外商在我国购买和经营房产的政策,将涉及我国对外开放中土地和房产两个方面的法律问题,而其中地产业的问题又是最为关键的。”“外商租用土地和经营房产业,可在相当的程度上解决开放城市建设资金不足、外汇不平衡的困难。”

文章接着阐述:实行出租土地给外商以及允许外商在我国购买和经营房产的政策,在目前还是一个非常复杂和严重的问题,比如,允许外商租用开放城市的土地,“是否会重演帝国主义在半殖民地旧中国建立租界的悲剧”?作者认为,不会。因为“在对外开放中出租土地给外国投资者,与帝国主义在旧中国的租界是有本质区别的”:不仅性质不同,前者是经济活动范围的概念,后者是政治主权的概念,而且产生的原因和条件也不同。作者接着进一步就外商租用我国土地问题的理论依据和法律依据进行分析。比如,出租土地的法律行为并不违背马克思主义的基本理论,也不违反我国的宪法和法律;各国关于外国人租用本国土地的法律制度及其在我国的实践;外商租用土地、经营房产与开放城市经济发展战略的协调;外商租用土地和经营房产业的法规及其协调;等等。

文章刊登后,在全国引起了很大反响。虽然也有一些不同的观点,认为文章提出的主张违反了我国1982年《宪法》第10条关于“任何组织或者个人不得侵占、买卖、出租或者以其他形式非法转让土地”的规定(因为此时宪法尚未修改),因而是违宪的。② 但大多数学者对文章的观点表示理解、支持和赞赏,认为文章回应了我国改革开放带来的引进外资、迅速发展我国市场经济的实践所提出的实际法律问题,具有重大理论指导意义。1988年宪法修改,吸收了文章提出的观点,取消了出租和转让土地的禁止条款。文章发表以来,我国经济发展的实践证明了该文的正确以及它的强大生命力,也证明了《法学》思想的解放以及非常的理论勇气和远见卓识。

---

① 参见《法学》1986年第7期。

② 实际上,文章本身已经回答了出租土地给外商是否违宪的问题,文章认为,《宪法》第10条并没有禁止“国家”出租土地的行为,只禁止了组织和个人;当时已颁布实施的《中外合资经营企业法》中已经规定了允许出租土地给外商。

三

解放思想也促进了法学学术的进步与繁荣。学术的进步与繁荣，最为重要的就是营造一个有利于学术讨论与学术争鸣的环境和氛围。而这种环境和氛围的形成，必须是在解放思想的前提下，能够说真话，实事求是，不唯书、不唯上，打破不合理的偏见和传统，在理念、观点和制度上创新。在这方面，复刊后的《法学》做得非常好。

比如，在1981年的复刊号上，就发表了华东政法学院院长徐盼秋的《关于社会主义法律与客观规律》一文。在文中，作者解放思想、实事求是，一层一层地分析批判了以往片面夸大意志的作用，要人治，不要法治，权大于法，以言代法等不顾社会发展客观规律的错误观点，明确指出，"利用客观规律来造福于国家和人民是社会主义法律的光荣任务"，但我们"要利用客观规律，必须首先掌握客观规律"。作者认为："社会主义法律必须反映客观规律，但是它并不等于客观规律。""客观世界是不可穷尽的，人们对于客观世界的认识也永远没有完结。所以，人们只能随着对客观规律认识的发展来不断完善社会主义法制。"作者最后指出，社会主义法律，作为社会主义社会上层建筑的一部分，它对客观规律的反映，与上层建筑的其他部分相比，具有自己的突出特点：社会主义法律对客观规律的反映不是以原理、定律等科学理论的形式，而是以法律条文的形式使其规范化；被社会主义法律所反映的客观规律，有国家强制力的保障，这使它本来就具有的客观必然性更加强化，能够加速这种客观必然性的实现；法律对客观规律的反映具有稳定性和严肃性，如果能够坚持以法治国，国家就会以更加符合客观规律的方式获得迅速发展。

与徐盼秋的文章相呼应，《法学》1982年第5期发表了余先予的《论法律自身发展的客观规律》一文，该文将社会主义法律与客观规律的学术探讨进一步引向深入。余文指出："法律自身发展规律的问题，与法律表现客观规律的问题，是两个不同范畴的问题。前者是指法律这种客观的社会现象的自身发展受哪些客观规律的支配；后者是指法律这种客观事物与其他客观事物之间的关系。为了更好地完善我们的社会主义法制，我们不仅要研究法律与其表现的客观规律之间的关系，而且也要研究法律自身发展的客观规律，使我们的法律既符合客观形势所提出的要求，紧密地为解决党和国家所面临的各项任务服务，又符合法律自身发展的要求，建立完备的社会主义法律体系，真正担当起社会主义时代的历史所赋予法律的任务。"

那么，纵观数千年法律发展的历史，它有哪些规律呢？余先予教授认为，法律自身发展的规律，主要有五个方面：第一，法律制度本身是一种社会的客观存在，它源于物质生活关系，受社会经济条件制约，不是什么人想要就要、想不要就可以不要的东西，也不是可以随心所欲地“创造”的东西。第二，法律都具有鲜明的阶级性，它是取得胜利、掌握政权的阶级意志的体现，是建立和维护有利于统治阶级的社会制度和社会秩序强而有力的杠杆。第三，法律由国家机关制定或认可，以国家强制力为后盾，对全社会具有普遍约束力。第四，法律以肯定的明确的行为规范的形式，给予法律关系的当事人以权利和义务，规定他们可以做什么，不可以做什么。第五，法律制定出来就必须执行，在现实生活中兑现，务求做到有法必依，执法必严，违法必究。

又如，比较法研究，包括法系理论，在新中国成立的前30年，是一个遭受批判的领域，也几乎是一个被人们所遗忘的领域。直至改革开放之后的20世纪80年代初，比较法研究和法系理论依旧被认为是资产阶级的学术观点，是西方资本主义的研究领域。在此时，《法学》解放思想，冲破上述认识的樊笼，在全国率先提出比较法和法系的问题，在王召棠、陈鹏生的《社会主义中国法系初探》① 和王召棠、张传桢、陈鹏生的《对中国式社会主义法律体系的探讨》②等文章中，作者旗帜鲜明地提出：“法系不应是资产阶级法学的专用语，而应是整个法学领域中应该着重研究的一个课题。”建立中国社会主义法系，必须肃清重刑轻民的历史影响，必须正确地处理好政治与法律的关系，肃清以政治代替法律、冲击法律的思想影响。应该说，这些观点不仅在当时，即使在目前，也是一种解放思想的观点。

再如，虽然我国于1982年12月通过了新中国的第四部宪法，但宪法理论的研究并没有很好地展开，这当中，除了人们还没有从1966～1976年10年“文化大革命”的噩梦中清醒过来，我国在言论自由方面还没有确立很明确的法治原则（对此，骆伟雄的《言论自由的若干法律问题》一文③有很好的分析）之外，宪法学研究者不能解放思想、缺乏理论勇气也是一个重要原因。对此，我国著名的比较宪法学家龚祥瑞的《中国需要什么样的宪法理论》④一文，勇开先河。龚文认为，宪法意识是从“权力必须受到限制”这个思想出发的。各国宪法规定的限制权力的表现形式可能有所不同，但立宪政府的一个共同信念，就是政府权力不

① 载《法学》1982年第2期。
② 载《法学》1983年第5期。
③ 载《法学》1989年第2期。
④ 载《法学》1989年第4期。

能无限。而宪法就是授予和限制权力的根本法，它规定了立法、行政和司法机关的职责以及彼此的监督和制约，规定了对公民权利的保障，这就是现代宪法的由来。因此，“宪法是治国之法，治官之法，是从崇尚个性解放，保护私有财产，保护人身、言论出版等自由，遏制暴政、苛政，保障公民利益出发的”。“针对权力的先定性和腐化性、侵略性，人们就要用宪法与行政法来约束它、管制它，使之分别由不同主体行使，并置于人民监督之下，这才是我们重新开始要做的。”作者最后指出：“宪法是保护人民利益的根本大法。我们要研究人性中残酷的一面、人间的疾苦的一面，忠诚地以人类追求正义的精神而不懈地积累、更新如何预防权力被人类弱点所滥用的根源、技术和方法，重新开始宪法理论问题的研究。”

重读20多年前文章中这些即使在现在看来思想也是非常解放的观点，我们不得不佩服作者的理论勇气，也不得不佩服《法学》思想的解放。我们认为，龚文的上述观点，对新中国宪法学的研究一定具有长时间的理论指导力和学术影响力。

又如，就我国改革开放之后几次大的法学学术理论探讨，关于开展法学基本理论研究、关于开展社会主义法律体系的讨论、关于社会主义法的本质、法哲学的内涵和价值、①法的阶级性与社会性、宪法司法化、复员军人进法院、“坦白从宽，抗拒从严”的质疑、“婚内强奸”的讨论、法制建设协调发展、②罪刑法定与罪刑相适应的原则、③关于“廉政建设的法律思考”、法学的现状与发展、著名学者论依法治国、“克隆人”与法律、社会主义法的精神、④创新和繁荣法学理论笔谈、⑤《物权法》草案是否“违宪”、检察监督权之探讨、“双规”的合宪性等，《法学》的研讨也都是走在全国前列的。如关于中国社会主义法的体系的讨论，曾

---

① 如傅季重：“法律哲学研究的对象及其任务”，载《法学》1982年第3期；公丕祥：“也谈重视法哲学的研究”，载《法学》1983年第4期。

② 详细参见《法学》1984年第5~10期、第12期所发文章。

③ 罗平：“同名数罪，毋须并罚”，载《法学》1982年第10期；邹涛：“关于同种数罪及并罚问题”，载《法学》1983年第4期；魏皓奔：“也谈‘罪刑适应’”，载《法学》1983年第7期。

④ 郭道晖在《法学》1994年第10期发表了“社会主义自由——当代社会主义法的精神”，从孟德斯鸠的著作《论法的精神》一书中的思想，谈了“法的精神”的科学含义以及社会主义法的精神的问题。张光博在《法学》1995年第5期上发表了“法的精神与法律精神论略——与郭道晖同志商榷”。郭道晖在《法学》1995年第6期上再发“再论社会主义法的时代精神——答张光博教授”一文，展开了激烈的思想交锋，引起了法学界的关注。

⑤ 参见《法学》1987年第1期至1988年第8期。其中，有些文章探讨的问题在当时都是非常前沿和大胆的，如夏之的“对‘马克思主义法学’提法的商榷”，魏皓奔的“社会主义社会同样产生犯罪”（当时许多人都认为只有资本主义才是产生犯罪的“温床”），崔敏的“客观性也是法的本质属性”，周叶中的“宪法实施：宪法学研究的一个重要课题”，舒国滢的“对法概念之争的思考”，吴家如的“法学研究应从适应型向创造型转变”，杨海坤的“对建立我国行政诉讼制度的思考”，等等。

经是改革开放初期我国法学界热议的课题,《法学》于 1983 年 4 月 21 ~ 29 日联合中国社科院法学所,在上海率先举办了关于法律体系和法学体系的专题研讨会。当时的一些法理学大家,如吴大英、沈宗灵、刘瀚、齐乃宽、王传生、陈汉章、余先予积极参加,撰文发言,有力地推动了中国社会主义法律体系和法学体系的形成。

尤其是从 1997 年起,《法学》在当时的主编郝铁川教授的主持下,连续刊登了一组"建国以来法学界重大事件研究"的文章,其中有《对新中国摧毁旧法制的历史反思》、《"刀把子"风波记》、《无罪推定在新中国的命运》、《1957 年错批杨兆龙的"法律继承论"纪实》、《关于 80 年代"法的社会性和阶级性问题"大论战》、《关于前苏联法对中国法制建设的影响》、《人权禁区是怎样突破的》、《人权研究中的一场风波》、《一场有缺陷的司法改革》、[1]《"再为司法独立鼓与呼"一文的风波》、《"法权"还是"权利"之争》、《从"法制"到"法治"二十年改一字》、《新中国第一次法理讨论会的回忆与思考》、《五十年代〈法学〉是为何被迫停刊的》、《1996 年"晓南"风波纪实》、《1957 年的王造时》、《关于更改反革命罪名的风波》、《死刑的限制与扩张之争》、《正当防卫立法的进展与缺憾》、《我们是怎样逐步实现"罪刑法定"的》等。这些文章,后来结集为《当代中国法学争鸣实录》一书,[2]在湖南人民出版社出版,在法学界引起了很大的反响。

最后,《法学》还非常重视对实务法律问题以及重大疑难案件展开学术研讨,直面社会现实对法学研究提出的要求,并给予法律实践以指导。这方面的例子非常多,如 1997 年对"碧纯"水侵权案件的研讨,1999 年对"枫叶"诉"鳄鱼"不正当竞争案件的研讨,2000 年对全国首例老虎袭人致死案件的研讨,对 2001 年綦江彩虹桥垮塌案件的讨论,2001 年深圳中级法院审理之中国首例贞操损害赔偿案件的研讨,对 2002 年"陆来富案件"的研讨,2003 年对"孙志刚案件"的研讨,对 2005 年"圆明园环评事件"的研讨,2008 年年初关于"许霆案"、"孕妇死亡案"、"彭宇案"的讨论,2009 年对"杨佳袭警案"、"齐玉苓案"的热议,等等。与此同时,《法学》也积极参与我国的立法活动,组织专家学者就各项法律草案进行学术研讨,对立法活动建言建策。其中最主要的有《立法法》、《行政处罚法》、

---

① 主要指 1952 年的司法改革运动。这场运动的结果:一是将 6000 多名旧法人员从我们的审判队伍中全部剔除了出去;二是将"法律面前人人平等"、"司法独立"、"法不溯及既往"、"尊重诉讼程序"等观点全部认定为"旧法观点"而予以彻底批判;三是用马克思主义和毛泽东思想的国家观和法学观武装我们的司法干部。详细参见何勤华:"论新中国法和法学的起步——以'废除国民党六法全书'与'司法改革运动'为线索",载《中国法学》2009 年第 4 期。

② 郭道晖、李步云、郝铁川主编:《当代中国法学争鸣实录》,湖南人民出版社 1998 年版。

《行政复议法》、《行政许可法》、《公务员法》、《公司法》、《物权法》、《劳动合同法》、《刑法(修正案)》、《刑事诉讼法》、《国家反腐败法》、《能源法》、《水污染防治法》、《反垄断法》、《政府采购法》、《监督法》、《罢工法》等。从而为我国新时期的立法、加快形成社会主义法律体系做出了贡献。

四

《法学》复刊30年的历史证明,一本杂志的进步需要解放思想,一门学术的进步也需要思想解放。这一点不仅仅是《法学》复刊30年的经验和教训,也是它之前的历史透视出来的经验和教训。

《法学》创刊于1956年6月15日。当时,正是中华人民共和国第一部宪法1954年宪法颁布实施、全国法制建设形势一片大好之时,《法学》(1956年创刊号及后面两期刊名为《华东政法学报》)应运而生。从其诞生的第一天开始,它就宣称要解放思想,鼓励学术创新,展开"百家争鸣"。其发刊词称:"'百家争鸣'是推进学术思想的重要精神。不奖励自由思想,不展开自由讨论,没有批评和自我批评,学术上就不会有进步,不会有新生力量。《华东政法学报》将充分体现'百家争鸣'的精神,重视有独立劳动和首创精神的作品,重视'问难析疑、求同存异'的学术争论。"①

正是在上述解放思想的指导方针下,《法学》在其创刊至1958年9月16日被迫停刊,这不到3年的时间内,发表了一批解放思想、极富学术创造力的好文章,如梅泽濬的《哲学上的因果关系及其在刑法中的运用》、②李良的《"百家争鸣"和法律科学》、③刘焕文的《在"百家争鸣"中谈旧法思想》、④杨兆龙的《法律的阶级性和继承性》、⑤孙晓楼的《关于中国法学遗产问题的看法》、⑥黄道的《略论刑事诉讼中的无罪推定原则》、⑦张光博的《关于"公民在法律上一律平等"的

① 载《华东政法学报》1956年第1期。
② 同上。
③ 载《华东政法学报》1956年第2期。
④ 同上。
⑤ 载《华东政法学报》1956年第3期。
⑥ 同上。
⑦ 载《法学》1957年第2期。

意义》、[1]李光灿的《论共犯》、[2]丘日庆的《现阶段国际法的体系》、[3]刘家骥的《谈谈双重国籍问题》、[4]叔思的《对建立我国刑法分则体系的一些意见》、[5]董敬之等的《谈重婚与通奸》[6]等。但到1957年夏天"反右"运动开始、法学界的思想受到禁锢以后,《法学》上也就再没有刊登什么好文章了,甚至登出了黄道被迫写的批判自己无罪推定观点的检讨文章,而中国此时的法制建设和法学研究也基本上处于停顿状态。

法学的历史是这样,其他学科的历史也一样,甚至世界上所有国家的情况都一样。在古代罗马,随着公元426年《学说引证法》(Lex Citationum)的出台,盖尤斯(Gaius,约130~180年)、乌尔比安(D. Ulpianus,约170~228年)、帕比尼安(A. Papinianus,约140~212年)等五大法学家被授予法律解答权(jus responddendi),他们五人的学说观点被认可具有法律效力,而其他法学家则不具有这种权力。百家争鸣的学术环境不再存在时,罗马法学也就失去了学术创造力,日益走向衰弱。中世纪意大利的注释法学派、法国的人文主义法学派、近代欧洲的私法注释学派、第二次世界大战之前的日本民主主义宪法学说等,其走向衰落的重要原因之一,也都是促成这些学派和学说兴盛的解放思想运动日渐衰微。

因此,解放思想是法学进步的原动力:解放思想营造了法学研究领域讲事实、摆道理、说真话这么一种"百花齐放"、"百家争鸣"的环境和氛围,激发了法学研究创造力的勃发,带动了法学方法论的创新,也改变了法学研究的整个面貌。更进一步说,解放思想是法学进步和繁荣的灵魂。应该认识到,在现代社会,包括法学研究在内的科学研究,与现代化生产劳动有着巨大的差异。

一方面,现代化生产劳动(不管是工业生产还是农业劳动)具有重复性,尤其是商业化生产、流水线作业,重复(复制)是其基本特征;而科学研究就不同,它不具有上述特性,它需要每一个项目、每一个专题、每一个观点的创新。如果科学研究不能摆脱重复性,那就是复制,就是模仿,甚至是抄袭,这样的科学研究就没有了原创价值。

---

① 载《法学》1957年第2期。
② 载《法学》1957年第2~3期。
③ 载《法学》1957年第3期。
④ 同上。
⑤ 同上。
⑥ 载《法学》1957年第4期。

另一方面，现代化生产劳动，一般具有集团性、流水作业的性质，这样，才能节约成本，最大限度地利用有限的资源，才具有商业竞争力；而科学研究（尤其是文科研究）不具有这一属性，每一个人大脑里的构思、想法，其他人是无法精确揣摩，也是无法取代的，它完全是个人思考的产物，具有个性化（包括由此带来的多元化）的特征。有没有个性化，是检验学术和科技有没有生命力的首要指标。

因此，科学研究需要解放思想（这么说，并不是否定生产劳动也需要解放思想，而是强调科学研究对解放思想更加具有依赖性，美国苹果公司创始人乔布斯是一个最好的例子），解放思想是科学研究的灵魂，科学研究与解放思想之间的紧密关联，是科学研究发展的规律之一。作为科学研究之重要组成部分的法学研究，当然也无法摆脱，而只能遵循这一规律，《法学》创刊55年、复刊30年的历程已清楚地表明了这一规律。其结论很清楚：遵守这一规律，法学就进步，就繁荣；违背这一规律，法学就退步，就衰微。

《法学》复刊的历史还证明，一个国家、一个民族的进步，也需要解放思想。改革开放30多年我国社会主义各项建设事业的艰难而辉煌的历程表明，什么时候我们的思想解放了，实事求是了，注重理念、观点和制度上的创新了，敢于打破不合理的偏见和传统了，我们的事业就进步；反之，我们的事业就受挫。《法学》复刊30年的历史，只是我们国家改革开放30多年历史发展的一个缩影而已。

本文刊登于2011年第11期《法学》，当时是为纪念《法学》复刊30周年而撰写。此次作为"法学的历史"丛书的代总序，除个别字词之外，没有做大的修改补充。编辑本丛书，基本目的在于纪念华东政法大学成立60周年，以及《法学》创刊56周年，希望通过本丛书，将《法学》（1956年出版的3期称《华东政法学报》）刊登的有影响的文章保存下来，以真实地记录《法学》，更广范围地说也包括了中国法学所走过的曲折道路，了解新中国50多年法学发展的真实面貌，以为中国法学今天的发展繁荣提供历史借鉴。正是基于这一目的，我们在编辑时，对1981年复刊以来的各期，主要是选出比较重要的文章，而对1956～1958年所出的18期（1956年《华东政法学报》共3期，1957年《法学》全年共6期，1958年《法学》1～9月共9期）文章，全文收入，未作删节和修改，以尊重历史真实。

本丛书的出版，得到了法律出版社社长黄闽、财税出版分社社长沈小英以及各位责任编辑的全力支持和帮助。在此，谨表示我们诚挚的谢意。本丛书规模宏大,参与编辑勘校人员众多,错误和疏漏在所难免,对此我们将承担全部责任,也希望广大读者能予以谅解。

何勤华*

于华东政法大学

2012 年 8 月 1 日

* 华东政法大学校长,教授、博士生导师,法学博士。

目录

1982 年

1983 年

1984 年

1985 年

1986 年

1995 年

1996 年

1997 年

1998 年

1999 年

2000 年

2001 年

2002 年

2003 年

2004 年

2005 年

2006 年

2007 年

2008 年

2009 年

2010 年

2011 年

1982 年

经济特区劳动合同制的探讨

庄咏文*

在吸引外资共同建设经济特区中,我国有一个较显著的优越条件,就是劳务费用上比港澳地区低廉。但是仅这一点,还不能促使外资大量向经济特区投入,还必须解决一个劳动效率问题。如果劳动效率低,即使工资低几倍,客商也是不敢问津的。所以如何使特区的劳动制度适应目前实际情况,保证特区中的独资、合资企业能进行高效率、高质量的生产和经营,已成为能否吸引外资、加快经济特区建设的一个重要问题。

目前广东省深圳市在劳动制度方面有所创新。他们允许独资、合资以及其他合作形式的企业在吸收新工人时采用合同工制度。所谓合同工制,就是由企业与员工签订协议,员工根据协议所规定的条件和期限提供劳务。在深圳市一些涉外企业中都制定了本企业的标准劳动合同格式,被雇人同意的话,双方签名即发生法律效力。合同的主要内容是:被雇请的员工所担负的工作任务、职务、工资待遇、劳保福利、劳动纪律以及辞职、辞退的条件,等等。

采用合同工制在发展经济特区的对外合作中是完全必要的。首先,目前经济特区各方面的对外经济合作事业蓬勃发展,需要大量新职工。但是,各种合作企业本身都有一定期限,届时企业如不续订合作合同,合作就要宣告结束;而且这些工厂企业是面对瞬息万变的国际市场,它生产的商品及工厂的规模也会发生变化。如果采取我国现行由劳动局统一招聘固定工的办法,则将来企业或生产发生变动时,所有工人都由国家包下来,国家必是不胜负担的。其次,我国采取的固定工制,职工的贡献大小与其工资收入多少是互不挂钩的,“干多干少一个样”,不能调动职工的积极性,因而这也是客商所不愿接受的做法,而合同工制中工资是基本工资加浮动工资,能较好地解决上述矛盾。我们在经济特区逐步采取合同工制不仅必要,而且可行。因为第一,经济特区与全国相比是一个极小的范围,国家允许执行灵活政策,可从实际情况出发,大胆进行试验;即使有什么不妥之处,对全国影响也不大。第二,经济特区新企业多,新工人多,工人工资虽低于港澳地区,但高于内地,采取合同工制是易

* 作者单位:华东政法学院(现华东政法大学)。

为群众接受的。

劳动合同工制给独资、合资等企业以用人权，这是特区在劳动制度方面采取灵活政策的一个重要内容。工厂企业用人可以根据需要择优录取，也可以根据生产的变化而增减员工。一般劳动合同规定可试用6个月。劳动合同期限不一，最长的可达10年，一般为1年、2年，也有3年的。合同期满即自动失效。如企业需要，职工愿意，可以续约。职工也可主动向企业提出辞职，但规定应提前通知企业。

工厂企业的用人权还表现在企业有处分和开除职工的权利。在劳动合同中对劳动纪律有较严格而具体的规定。如深圳市的新华电子公司的"劳资合约"中即明确规定在工作期间绝对服从各级领导的指挥；对外勤服务或加班工作不得借词拒绝；在劳动时间内，即使暂时中断工作，也不准闲谈、吸烟、看书报和打瞌睡。在服务行业的劳动合同中亦具体规定对服务员的要求，如对客人热情、和蔼，不许恶言伤客或与客人顶撞。员工如违反合同规定的纪律，企业可给予扣发工资、降职、降薪，直至开除等处分。例如，在深圳市一家与港商合作的宾馆里就发生过一桩事：一位司机在值勤时间不遵守规定，没有坐在汽车驾驶员座位上等候客人，反而大模大样地在宾馆的客厅里休息。这种对我们说来是司空见惯的一件小事，却引起港方副经理的严重不满，要求立即解雇这位司机，后经我方经理多方交涉，才以记大过一次了事。

此外，企业有权奖励工人，提升工人工资，从而调动职工的劳动积极性。劳动合同中一般规定年终有双薪，有全勤奖，对表现好的还可以随时提级、提薪。如特区×××旅游中心，规定在标准工资的基础上加发50%的企业津贴，根据每个职工执行《员工守则》的情况分3等计发。这对鼓励职工努力工作、遵守劳动纪律起了推动作用。

劳动合同制打破了我国现行劳动制度，解决了一些我们长期无法解决的问题。但这并不是把资本主义劳动契约的那一套照搬过来，因为经济特区在推行劳动合同中密切注意保护我国劳动者的利益，从而体现了我国劳动制度的基本原则。

为了搞好劳动合同制，经济特区建立了劳动服务公司。劳动服务公司不是劳动局，不负责对待业青年的统一分配工作；它也不像我们那种负责吸收待业青年，直接组织他们经营各种服务项目、带有集体经济性质的劳动服务公司。它是一个提供合同工并对合同工进行管理的企业组织，具体任务是负责登记、介绍合同工，管理合同工档案，对待业人员进行短期的技术业务培训，管理职工退休、救济等劳动保险。

为了保证客商所需的劳动力和创造我国合同工进行劳动的必要条件，客商要求在经济特区建立企业时，应在签订个人劳动合同前，先与企业所在工业区的劳动服务公司谈判并签订劳动力合同（或称“协议”）。在合同中，一方面规定劳动服务公司向客商提供劳动力的条件，如工资待遇、劳动福利、劳动保险；另一方面订明客商对所需员工的要求，如员工数量、工种类别、技术水平、年龄限制。然后劳动服务公司根据劳动力协议向客商推荐合同工，由客商企业决定录用与否。

职工与客商企业签订个人劳动合同，必须以劳动服务公司和客商所订的劳动力协议为依据。这样做法，可以避免个别人被迫接受客商提出的苛刻条件，也可以避免劳动者相互之间进行盲目竞争。

由于劳动服务公司在签订劳动力协议中十分注意到保护我国劳动者的利益，因而为调动我国职工的积极性创造了必要的条件。如对实行劳动合同制的职工，企业有权处理和解雇，但同时明确规定了“不得随意解雇”，处分职工必须“材料确凿、理由充分”。客商对职工要求严格是应该的，但往往发生处分时简单、草率，甚至提出无理要求的现象。如有一合资企业的港方经理要求辞退一名怀孕的女服务员，这显然是违反劳动力协议的，也是违反我国劳动立法的基本精神的。经我方据理力争，迫使对方改变为暂时调离服务台而撤回了辞退的要求。所以为解决上述现象带来的问题，在劳动服务公司签订的劳动力合同中，规定企业的工会组织或劳动服务公司有权对职工的处分提出异议，并可派代表与企业协商解决；协商不成，还可向人民法院提出诉讼。

我国在经济特区推行的劳动合同制虽采取了一些国外经营管理中的合理部分，但与资本主义国家和地区的雇佣劳动制是有本质区别的。到经济特区投资的客商也和其他资本家一样，利用高工资、高奖励、重处罚来调动工人积极性，至于工人的生、老、病、死一概不过问，对国家为职工住宅、交通、文化和教育所付出的补贴，也不愿分担责任。因此，在劳动力协议中，我方坚持职工在职期间，客商对职工所付劳务费必须包括职工社会福利和社会保险费用的原则，而将其中一部分交工厂企业作为劳保费用，另一部分交劳动服务公司作为安排职工社会保险及社会救济之用。

由上可见，经济特区在推行劳动合同制中，既注意采取某些灵活性的做法以适应外商投资的需要，又充分注意到保护我国劳动者利益，显示了我国社会主义制度的优越性。这些经验可供我国在对外经济合作中借鉴。但是，劳动合同制还属初步试行阶段，尚需进一步摸索经验，还有不少问题，有待解决。例如，如何确定劳动合同工的最低工资标准？如何安排合同工在停雇期间的生活及技术培训？如何建立合同工的退休制度？发生劳动争议如何进行仲裁和诉讼？在解决上述问题中，如何加强经济特区的劳动立法，更是关键问题。只有完善的劳动立法，才能使劳动合同制朝着正确方向进一步完善，才能为经济特区劳动制度的建立和健全创造必要条件。

（1982 年第 1 期）

1983 年

略论经济体制改革与经济立法

关　怀*

当前我国正在进行各个领域的改革,经济体制的改革是非常重要的一环,它将促使我国经济迅速发展,是我们必须高度重视的问题。与此同时,为适应四化建设的客观要求,我们也正在不断加强经济立法。经济立法既是经济体制改革的成果,又是推行经济体制改革的有力武器;因此,经济立法与经济体制改革存在密切的关系。现仅就经济体制改革与经济立法谈一些粗浅的看法。

一、经济体制改革是我们面临的刻不容缓的任务

新中国成立以来,我国已经确立了社会主义的经济体制,国民经济取得了辉煌的成就。但是,由于缺乏社会主义建设的经验,以及受到了极左思潮的影响,加上在经济管理体制方面受到外国模式的影响,而这些模式并不适合我国国情,因此严重地束缚了我们的手脚,妨碍了生产力的发展。

在经济管理体制方面存在的问题,突出表现在所有制关系方面,即没有充分认识到,在社会主义全民所有制和集体所有制之外,也应允许城乡劳动者个体经济的存在,并把它作为社会主义公有制的补充。过去,在"左"的思想指导下,认为越公越好,在农村搞"割尾巴",没收自留地,在城镇不允许个体户的存在,从而影响了经济的繁荣和发展。

另外,国家对企业的关系统得太多,管得太死,企业在计划、生产、物资、劳动、财务等方面缺乏应有的自主权。中央和地方之间、部门和部门之间,职责与权限划分不清,行政机构臃肿,层次重叠,办事效率极低。这一切严重地影响了中央、部门、企业和职工的主动性和创造性的发挥。在分配制度中则存在平均主义倾向,"吃大锅饭"的现象相当普遍,这是与按劳分配的原则背道而驰的,它对我们的经济管理起了涣散组织的作用。

总之,在经济管理体制方面存在的问题很多,正如胡耀邦同志所指出的:"不抓紧改革,我们的奋斗目标就有落空的危险。"而党的十一届三中全会以

* 作者单位:中国人民大学。

来，我们对于经济管理体制进行了一系列的改革，实践已证明，方向是正确，效果是显著的，体制改革的深入进行，仍然是繁荣和发展经济所不容忽视的重要任务。

二、经济法是实现经济体制改革的法律工具

在实现经济体制改革的斗争中，我们必须充分运用经济法这一法律武器。经济法是用来调整国民经济管理和各种经济组织的经济活动中所发生的关系的法律规范，是国家领导、组织、管理经济的重要工具。这就赋予了经济法在实现经济体制改革中占有重要的地位。在搞好经济体制的改革中有许多工作要抓。胡耀邦同志指出："我们应该注意全局性的规划工作，思想政策的指导工作，经济立法工作，科学技术的推广工作，经济信息的传播工作以及深入调查研究、督促检查和先进典型的推广工作。"他把经济立法工作列为做好经济体制改革的重要环节之一，可见经济立法与经济体制改革的关系是何等密切。

经济法是法律的一个重要部门，在整个法律体系中，经济法是直接调整经济关系的法律，它与经济的关系比其他法律部门与经济的联系更密切，它直接反映各种经济关系的变化与发展，对经济基础有着更明显的作用。经济立法是否符合社会主义客观经济规律的要求，决定了它对社会主义经济影响的好坏，对社会主义生产力的发展起促进作用还是起妨碍作用。因此，经济体制改革工作离不开经济立法，在改革经济体制的工作中必须重视经济法的作用。

经济法对实现经济体制改革的作用，具体地表现在它可以运用法律的规范性和强制性来保证经济体制改革的顺利进行。法律的重要特征是有一定的规范性，明确地规定人们在一定关系中的行为规则。经济法根据经济体制改革的要求，规定了经济活动中各经济部门、企业以及广大职工应该遵循的准则，调动亿万人民群众对经济体制改革的积极性；按照党中央所制定的方针与计划，实现经济体制改革的目标。与此同时，经济法可以利用法律强制性的特征，保证经济体制改革的实施，追究违反经济法者的法律责任和经济责任，对抵制经济体制改革和破坏经济体制改革的违法者予以法律制裁。

通过以上分析，可以看出经济法是实现经济体制改革的法律工具，我们必须重视经济法的建设工作，使经济法在经济体制改革中发挥其应有的作用。

三、经济立法必须反映经济体制改革的要求，跟上经济体制改革的步伐

经济立法既然是实现经济体制改革的法律武器,这就要求我们必须进一步完善与健全经济立法。经济立法应与经济体制的改革密切配合起来,反映经济体制改革的要求。

党的十一届三中全会以来,我国的经济立法已经取得了很大的进展。从1979年到现在,全国人民代表大会和全国人大常委会通过了《中外合资经营企业法》、《经济合同法》、《商标法》、《中外合资经营企业所得税法》、《个人所得税法》、《外国企业所得税法》、《森林法(试行)》、《环境保护法(试行)》、《海洋环境保护法》等一系列重要的法律,国务院还颁布批准了一批经济法规,另外各省市自治区政府、国务院各部门也颁布了一批经济法规。这些经济立法对我国的经济起到了促进作用,经济立法的成就必须充分肯定,但是还应看到经济立法与我国的经济形势、经济发展仍不适应。正如中央一位负责同志在谈到经济立法问题时讲的那样,"现在不是一点法没有,不是无法可依,而是有法可依的,还是有了一点法,但不完备,是不好好执行"。因此,就加强法制而言,我们还必须进一步使经济立法完备起来,要使经济立法紧紧跟上经济体制改革的步伐。

为了加强经济立法,很重要的一点是根据经济体制改革的要求,对过去颁布的经济法规进行一番审定。有的经济法规已经过时了,应予废除,部分失效的应予修改补充。列宁曾经指出:"在过渡时期,法律只有暂时的意义。如果法律妨碍革命的发展,那就得废除或者修改。"①因此必须以经济体制改革为中心,适应经济体制改革的要求,确定经济法规的废存改立。对几年来经过实践已经肯定的、行之有效的经济管理制度应通过经济立法使它们确定下来,赋予法律的形式。例如,利改税就是通过实践证明行之有效的制度,把国营企业上缴利润改变为按国家规定的税率、税种交纳税金,税后利润归己,这可以避免现有的利润留成办法的弊端,扩大企业的自主权,促使企业加强责任心,努力改善经营管理。因此,也有利于改变企业"吃大锅饭"的现象。这就要求我们制定经济法规,将利改税的制度用法律形式巩固下来。

为了使我国的经济立法切实反映经济体制改革的要求,党和国家向我们提

① 《列宁全集》(第27卷),第485页。

出了制定具有中国特色的经济法的任务。邓小平同志说:“无论是革命还是建设,都要注意学习和借鉴外国经验。但是,照抄照搬别国经验,别国模式,从来不能得到成功。这方面我们有过不少教训。把马克思主义的普遍真理同我国的具体实际结合,走自己的道路,建设中国特色的社会主义。这就是我们总结长期历史经验得出的基本结论。”在改革经济体制中我们必须遵循这项重要原则。我国的经济法在建立的过程中,同样也受到了外国模式的影响,这些模式在许多问题上是不成功的,不适合我国的国情,这些不成功的模式束缚了我国生产力的发展。因此在经济立法中一定要从我国实际出发,解放思想,大胆探索,制定具有中国特色的经济法规。例如,工资立法就要充分考虑我国经济不发达,人口多的特点,建立一套真正符合按劳分配原则的工资立法:它不仅要考虑实行职务工资制,还要考虑采用以经营好坏为转移的浮动工资制。

在具有中国特色的经济立法的工作中,我们还应根据经济体制改革的要求,对经济法规的制定作出全盘的规划,以建立我国经济法体系。

目前我国的经济体制改革正在积极地进行之中,许多制度正处在探索阶段,这必然给经济立法带来不少的困难。基于这种条件,我们的经济立法必须注意经济体制改革中出现的新事物,对经济体制改革中的新问题和新经验加强研究,并对这些问题从法律理论上进行探索;该制定法律的迅速用法律形式固定下来,或者以试行的办法进行一些尝试,经过一段实践后,再正式颁布法律或法规。有些法规可以先由省市制定经济法规,从中摸索些经验,然后再制定全国性的经济法。我们只有加速经济法规的制定工作,才能使经济法在经济体制改革中得到不断的发展,保证经济体制改革的顺利进行。

四、政法部门应为实现经济体制改革充分发挥积极保证作用

经济体制的改革是全党、全国人民的大事,是一切部门应密切关心的大事。政法部门也应该在实现经济体制的改革中发挥积极作用。

政法部门最重要的就是保证经济法的认真贯彻和执行。如前所述,现在的问题不仅是法律不完备,而且是有法“不好好执行”,这正是当前经济立法不能充分发挥应有作用的关键。

经济法未能认真执行的原因是多方面的,对于政法工作者来说,应该提高对社会主义法律的职能作用的认识。社会主义法律在社会主义革命和社会主义建设中实现着保障人民民主权利的职能、镇压国内被推翻的阶级和保卫国家以防

御外来侵犯的职能和组织经济和文化教育的职能。社会主义法律是无产阶级专政的工具,是保障人民民主、镇压阶级敌人,建设社会主义的有力武器,准确有效地打击敌人的破坏活动是社会主义法律的任务,我们丝毫不应放松警惕,丝毫不应忽视实现无产阶级专政的职能,但是还必须看到社会主义法律在组织社会主义经济方面的重大作用。法律在组织经济方面的职能未能充分发挥,社会主义经济就得不到发展。而我们有的从事政法工作的同志却对法律在组织经济、文化方面的职能认识不足,这也是出现"重刑轻民"思想的原因之一。因而,他们对经济法贯彻不力,使有的经济法颁布了但未发挥应有的作用。

为了维护经济法的威严,我们应积极地开展经济司法工作,我们应当重视经济司法工作。经济司法工作虽然建立的时间并不长,但事实证明,凡是重视经济司法工作的地区,经济法就能引起人们的重视。我们的政法部门应积极地解决经济纠纷,审理经济案件,保证经济法的认真贯彻和实施。

我们政法部门的同志应该坚决维护一切合乎经济体制改革和经济法的合法行为,坚决制止、取缔、打击违反经济法的行为,成为经济体制改革的积极支持者。目前有一些同志,由于对经济体制改革的认识跟不上形势,往往办错了事情,对该打击的未予打击,该支持的未予支持。例如,对于经济领域的犯罪活动,有的同志存在模糊的认识,打击不力或不及时,给国家经济带来了严重的损失。也有由于政策界限不清,给工作带来了不良的影响。例如,有的同志对于合法经营的个体户的利益不仅不予保护,反而采取了取缔、罚款、没收等错误的处理,这样的事例并不是个别的。再如,有的对职工利用业余时间参加科技工作而得到厂矿企业的合法报酬竟被视为受贿,予以判刑这也绝不是有独无偶的案例。这说明我们有一些执法的同志的思想跟不上形势发展的要求和时代的步伐。

为了使我们的政法部门在经济体制改革中充分发挥应有的保证作用,我们每一个从事政法工作的同志一定要认真学习党和国家有关经济改革的政策、方针,一定要认真学习经济法,正确理解党和国家的政策和经济法的指导思想和原则。只有这样,才能在经济体制改革中成为促进派,使政法部门成为实现经济体制的坚强后盾。

(1983年第10期)

1984 年

浅论经济法的法律特征

张士元[*]　郭　锐[**]

随着经济立法和经济司法工作的加强,经济理论研究工作正在深入开展,许多从事经济法研究的同志对经济法的特征从不同角度作了有益的探讨。在发表的有关经济法特征的著述中,有些观点我们是赞同的,有些观点我们不是很赞同。因为有的是一般社会现象所共有的,有的则是所有部门法普遍具备的,有的是部门经济管理的特点,而不算作经济法的特点。因此,经济法作为一新兴的法律部门究竟有哪些基本的法律特征,有进一步深入研究和探讨的必要。

我们知道,一件特殊事物除了要具备与同类事物所应具备的基本的共同属性以外,应该具备它本身所特有的属性;这些属性应是对它的本质、内容和表现形式集中的反映与概括,以区别于相邻的同类事物。经济法除了要具备一般法律共同的本质属性以外,还应该有作为一个独立的法律部门所特有的属性。正是这些特殊属性形成了经济法与经济管理学、其他部门法,特别是与民法和行政法的区别。基于这种考虑,本文就经济法的法律特征谈谈我们看法。

确立国家直接干预和管理国民经济活动的规范,是经济法最本质的属性,也是我们研究经济法特征的出发点和归宿。

我们讲的经济法不是指一般意义上调整经济关系的法律规范,而是指资本主义生产关系从自由资本主义发展到垄断资本主义,资产阶级国家直接干预国民经济活动而制定的法律法规,是指以生产资料公有制为基础的社会主义国家为组织和管理国民经济而制定的法律规范。经济法是国家干预国民经济活动的重要工具,是国家组织和管理国民经济的重要手段。

经济法的核心和根本任务就是从法律上确认和保证国家对国民经济的组织和管理。经济法与其他法律部门相比,它更直接地为既定的经济目的是巩固和发展经济基础服务。经济法所调整的是国家经济管理机关和社会经济组织在生产、分配、流通、积累和扩大再生产过程中一定的经济关系。这些经济关系又主要地表现在以下几个方面,即国家经济管理机关和社会经济组织在实现管理和生产经营职能时所表现的计划、平衡、监督、调节、核算等方面的经济关系;在生

---

* 作者单位:湖北财经学院。
** 作者单位不详。

产、流通过程中经济组织之间发生的经济关系，社会经济组织为完成自身的生产任务所发生的内部的经济关系，涉及国民经济命脉的资源、能源的土地、森林、环境的开发、利用和保护等方面的经济关系。为实现上述目的，国家要制定分门别类的经济法规以法律形式确认国民经济各部门的管理体制，确认经济法律关系主体的法律地位，确认国民经济各部门的基本任务、活动范围、遵循的原则以及它们的责、权、利和实现这些责、权、利的手段、方法和程序等，规定经济法律关系主体怎么样进行经济活动，如果违反应该承担的法律责任以及接受相应的法律制裁。从而对社会生产的全过程从法律上进行制约，把整个国民经济活动纳入法制轨道。

经济法不同于以调整行政关系为中心内容，以隶属和服从为主要原则的行政法。同样是调整一定经济关系的民法，跟经济法也有明显的区别。民法所确立的所有权、债权，调整着一定的财产关系，而经济法要实现对国民经济的组织和管理，国家、社会经济组织也要对自己管理的财产承担责任，这样，在所有权、债权之外，提出了"经营管理权"、"自主权"和"责任制"等。这种权责已远远超出了民事权利和义务的范围。自愿原则在民法中处于重要地位，而经济法要反映国家对国民经济的总体决策、对部门经济的具体决策和经济组织内部的管理决策，就不能都讲"自愿"，这些决策前两者是国家的意志，后者是企业的意志。社会主义国家的经济法还要接受国家计划的指导和制约。平等原则也是民法的一项基本原则，而经济法律关系是在更大规模上建立起来的，它要保证国民经济和社会发展事业有一个均衡而协调的发展；因此，平衡和协调原则在经济法中居于重要地位。等价有偿是民法调整经济权益的重要手段，而经济法强调运用国家的经济手段、经济杠杆、政策性补贴等为主要手段，赋予行政管理丰富的经济内容，把经济手段寓于行政管理之中。民事义务的履行是通过当事人的作为和不作为以及司法机关的民事诉讼和制裁来实现的，而经济法任务的实现主要是靠国家对国民经济各部门科学、严格的监督、检查和管理活动。

所以，经济法最本质的属性就是规划国家对国民经济活动的直接干预和领导。它以调整国民经济基本活动中的经济关系为中心内容，以组织和管理为基本原则，以经济手段和行政手段为主要方法。国家通过立法手段把三者汇集于经济法规之中，整个经济法集各部门经济法规之大成而形成了自身的特殊体系。

不同社会制度的经济法的本质是不同的，同一社会制度的经济法体系、内容和表现形式也有区别，但从对经济法的首要特征的分析出发，我们可以看到经济法作为一个独立的法律部门还有以下具体的法律特征。

一、经济法是由数量庞杂的单行法规组成的特别的部门法体系

目前,世界上除了捷克有一部统一的经济法典以外,几乎所有国家都没有颁布统一的经济法典。经济法一般是由众多的部门经济法规所组成,是一系列单行经济法规的总和。这些经济法规都调整着特定的经济关系,有着特定的主体,它的适用范围都特指国民经济某个领域,它的适用对象指的是一定的经济管理部门和社会经济组织。在适用时间上,随着经济情况的发展,经常发生一些变化。在适用的地域上,也因地方的情况不同而有所差异,如一些地方性经济法规。经济法就是由这样一系列单行法规所组成的部门体系。

经济法的这种特点,使它具有广泛的综合性。从法律渊源上,组成经济法既有国家权力机关制定和颁布的全面性的基本经济法律,也包括中央、地方经济管理机关制定的条例、规定和章程等,其数量之繁多,表现形式之复杂是其他法律部门所不能比拟的。从它的调整对象来看,它广泛地涉及国民经济的主要经济活动,涉及国民经济的基本领域。因而由它确立的经济法律关系是多方面的,其广泛程度也远远超过其他法律部门。经济法所运用的手段和方法也是综合了行政的、经济的、法律的多种手段和方法,三者互相渗透,交替运用。如在违法制裁上,经济法又综合地使用了刑事、行政、民事、经济制裁和调解仲裁等一系列手段。所以,我们说经济法是由一系列单行法规组成的综合性部门法体系,即使是颁布经济法典的国家也不能不以大量的单行经济法规作补充。

二、国家行政机关在经济立法与执法中起着特别重要的作用

在我国,绝大多数的经济法规是由国家行政机关制定和颁布的。我国的立法权力主要由全国人民代表大会和它的常务委员会行使。同时,根据《宪法》的规定,国务院有权根据宪法和法律规定行政措施,制定行政法规,发布决议和命令。国务院各部委根据法律和国务院的行政法规,在本部门权限内发布命令、指示和规章,地方各级人民政府依照法律规定权限,在本行政区域内发布决议和命令。从我国经济立法实践来看,上述单位制定和颁布的行政法规,很大一部分是以调整国民经济活动,组织和管理国民经济为中心内容,属于经济法规。从党的

十一届三中全会以后颁布的200多个经济法规来看，除了几个属于全国、全局性经济法律由全国人大和人大常委会批准、颁布以外，绝大多数是由国务院及其主管部门制定的。可见，国家行政机关在经济立法中起着明显的作用。

国家行政机关在执行经济法的过程中又起着突出的重要作用。国务院是最高权力机关的执行机关，国务院有关部委也代表国务院行使组织和管理国民经济的职能，是经济法规的执法机关，其工作中心就是贯彻和执行各项经济法规，使其在社会主义建设中付诸实施。对于违反经济法规的单位和个人的法律责任的追究，除了触犯刑律的严重经济犯罪由司法机关依法进行处置外，对属于追究行政责任和经济责任的一般违法行为，相应采取行政上和经济上的制裁，一般是由经济管理机关来行使。

从以上分析，我们可以看到经济法律关系主体之一的国家行政管理机关，既是经济法规的执行者、实施者、监督检查者，也是对违反经济法者的制裁者、经济纠纷的调解仲裁者，还是经济法规的制定者。

三、经济法是一种实体法与程序法相结合的法律规范

实体法与程序法的紧密结合是经济法又一个明显的法律特征。法律一般分为实体法与程序法，在整个法学体系里两者并行不悖，互相依存，互为作用，而又自成体系。经济法则打破了这种传统的划分，许多经济法规既包括特定经济领域内主体间的实际的权利和义务，也包括为实现这些权利和义务所必须遵循的工作程序。这里所指的工作程序是指在经济法规中加以确认的，经济管理机关和社会经济组织在实现管理和生产经营活动职能时所必须遵守的行政上和技术上的程序。同时，也包括在追究法律责任、调解和仲裁经济纠纷时必须遵守和履行的诉讼程序。许多经济法规都包括这两方面的内容，既是实体法，也是程序法。这就同民法、刑法、民事诉讼法、刑事诉讼法等独立的实体法和程序法区别开来了。例如，计划工作方面的经济法规，对计划工作中实际上的权利和义务关系，以及违反这些规定所承担的法律责任都做了明确规定，从这个意义上讲它们是实体法。同时，又对计划的编制、审查、批准、下达和调整等一系列必经的程序作了明确规定。这些法定程序是每个计划权力单位、管理单位、实施单位必须共同遵守的。违背这些程序制定和修改的国民经济计划是非法的，无效的。从这个意义上讲，它们又是程序法。

四、经济法是一种直接反映客观经济规律和科学技术成果的法律规范

有人提出,经济法是四分技术,三分经济,三分法,这种说法有一定道理。可以说,经济法是一种以技术性规范为中心内容的法律规范。经济法要直接地为巩固和发展现存的经济基础服务,为发展社会生产服务,就必须把那些正确的自然规律、科学技术、生产和经济管理方面的技术性规范加以总结、提高、升华,并由国家机关制定和批准,成为技术性相当强的经济法规。它表现在立法上,每一个单项经济法规中有相当多的技术性规范条款,有许多单项法规本身就是技术性和业务性规范文件,如《工业"三废"排放试行标准》。不仅如此,在经济司法实践上,我们所受理的经济犯罪案件、经济纠纷和涉外经济案件,需要了解和掌握比较丰富的业务技术知识,采用各种科学技术手段,聘请各行业的技术专家,调查事实真相,作出鉴定,以便认定案情,正确地适用法律。如日本的"秩父丸"油船沉没一案,就是依靠现代科学的模拟试验,经过400多项测试,从大量的数据中证明,油船的沉没问题出在船体焊接工艺上,才了结了一场互相推卸责任的官司。在技术和管理科学已经渗透到经济法学领域的当代社会,了解和认识经济法的这一特征,对我们制定好经济法规,做好经济司法工作,具有重要意义。

正确地认识经济法的法律特征,有助于加深对经济法概念、本质和作用的理解,真正认识经济法在法律体系中的地位,从而更好地运用和掌握经济法这个武器为社会主义现代化服务。

(1984年第2期)

1985年

试论企业竞争的法律调整

王希仁*

中共中央《关于经济体制改革的决定》(以下简称《决定》)指出:“社会主义企业之间的关系,首先是互相协作、互相支援的关系,但这种关系并不排除竞争。”“只要有商品生产,就必然有竞争,只不过在不同的社会制度下竞争的目的、性质、范围和手段不同”。由此可见,企业之间的竞争关系和企业的竞争活动,正如它们之间的协作关系和支援活动一样,将成为普遍的、正常的现象,过去的那种讳言竞争,只讲协作的传统观念和做法将被突破。这就给我们提出了对企业竞争实行必要的法律调整的新课题,要求我们把企业竞争这种经济关系和企业竞争的活动准则用法律形式固定下来,确认为一种重要的行为规范,以保障竞争具有正确的目的,运用正当的手段,在适当的范围内进行,并防止某些消极现象,制裁违法行为。

一

从法律制度上确定企业竞争的适当范围,是保障竞争具有为社会主义现代化建设服务的正确目的的首要问题。因为在我国社会主义条件下的企业竞争,不同于资本主义的自由竞争,而是在公有制基础上的有计划的商品经济中的竞争,它必须在国家计划的指导下和行政管理下进行,而不是尔虞我诈、你死我活、损人利己的竞争。

按照《决定》所指出的我国计划体制的基本点,可以考虑对企业竞争的合法范围作如下规定:

(1)生产或经营完全由市场调控的部分农副产品、日用小商品和从事服务、修理行业的企业(包括公有制经济和个体经济),可以根据商品经济和价值规律的要求,互相开展竞争。只有这样,才能使它们的生产或经营灵活自如地适应复杂多变的社会消费需求,更好地为消费者服务,在国民经济中起到真正的辅助作用。

---

* 作者单位:宁夏社会科学院。

(2)由指导性计划调节其生产或经营的公有制企业,可以根据商品经济和价值规律的要求,互相开展竞争。这种竞争与计划调节并不矛盾,而是一致的。因为指导性计划主要是运用经济手段来实现的,其中也包括竞争手段在内。只有这样,才能促使各个企业提高劳动生产率,重视企业活动的经济效益,并促进商品经济的发展。

(3)由指令性计划调节的,其生产或经营关系到国民经济全局、关系到国计民生的公有制企业,主要是少数大型的全民所有制企业,它们的经济活动也须符合价值规律的要求。这些企业中一部分直接参与国际市场竞争的,更应符合这样要求,只有这样才能在国际市场上站稳脚跟,逐步发展。

(4)在我国社会主义制度下,劳动力、土地、矿山、银行、铁路以及一切国有资源不是商品,因而在这一范围内不存在竞争问题。劳动力的分配不受市场调节,但应按照需要允许合理流动;土地、矿山、资源不许买卖,但应予以合理地开发、利用;铁路、银行等企业,不存在外部竞争问题,但应允许本行业内部的适当竞争,以便改善交通运输状况,提高金融服务质量。它们本身虽不是商品经济,但与商品经济有密切联系,也须适应商品经济的需要,为合法的竞争服务。

科学地确定企业竞争的范围,对保证企业竞争的社会主义性质,改革现行计划体制,促进社会生产力发展,推动整个国民经济的繁荣,具有重大意义。

二

从法律制度上规范企业的竞争行为,确定企业在竞争中的活动准则,是对企业竞争实行法律调整的基本方面。从经济上看,竞争就是让企业接受市场的检验和广大消费者的直接评判,分出优胜劣汰,从而决定企业的存留、发展或淘汰。这就要求,参与竞争的企业必须遵守一定的规则,这些规则在法律上的反映,就是竞争行为所必须遵循的法律原则。笔者认为,大体有以下几条:

(1)所有企业都以法人资格参与竞争,其法律地位一律平等。

我国的企业法人,有全民所有制企业法人、集体所有制企业法人和经济联合体法人数种。前两种企业法人中,既有作为所有权主体的企业法人(如集体所有制企业),也有不作为所有权主体的企业法人(如全民所有制企业)。它们的生产条件千差万别,生产或经营能力悬殊甚大,但这些因素均不影响它们作为经济法律关系的主体而依法享有同等权利,承担同等义务,就像体育竞技中让不同的运动员站在同一条起跑线上一样。企业法人的法律地位的平等性,反映了商品经济的客观要求,即各个商品生产者或经营者必须按等价有偿的原则互相交换自己的劳动,并独立自主地适应市场供求关系的变化,使自己的劳动得到社会承认而不受行政权力的干预。从法律上确认这一原则,就为企业依靠自身的努力充分发展提供了保障,同时也要求企业用自己所有的或受委托而占有、使用、处分的财产,承担其经济活动的后果,从而又体现了企业法人自身的权利义务的一致性。实行这一原则,与国家对企业经济活动的宏观管理并无矛盾;因为宏观管理必须按照经济规律并依法进行,尊重企业法人的权利。

(2)保护和奖励先进企业,允许它们先富起来;鞭策和淘汰落后企业,必要时允许它们破产。

社会主义企业之间的竞争,不像资本主义的竞争那样具有弱肉强食的对立性质,因为它们相互之间没有根本的利益冲突。但也应承认,既是竞争,则必有先进与落后之分,必有优劣之别,这是不以人的意志和愿望为转移的。从法律制度上说,理当保护和奖励经得起竞争考验的先进企业,保障它们的经济利益不受侵犯,允许它们先富起来,处于优胜地位,以便督促落后企业赶上来。对于那些经不起竞争考验而无法继续存在的,或产品无销路,长期无力扭亏以致资不抵债的落后企业,也应承认被淘汰的事实,允许它们破产。这就是要把新陈代谢合法化,确认企业竞争中的优胜劣汰原则,以推动整个国民经济发展。需知不鼓励先进,无异于保护落后;不肯定优胜,等同于否认劣汰。而这是与我国社会主义法律为经济建设服务的根本目的背道而驰的。允许被淘汰的企业破产,不等于改变其所有权性质,一般只是经营权的转移罢了。只有允许经营权转移到先进的生产者或经营者手中,并避免一部分职工被束缚在落后企业内,不能依靠自己的劳动和智慧使自己富裕起来,才能真正提高企业微观经济效益和国家的宏观经济效益。这是于国家、于企业、于职工三方面都是有利的。应当说,这是企业竞争中的正常现象,从法律上应该使之得到肯定。

(3)有利于企业吸收最新的科技成就,不断发展社会生产力;也有利于对外经济开放。

现代的经济竞争,尽管在形式上表现为市场竞争,而其实质则在于采用新技术、开发新产品和实行新的科学管理方法的竞争,只有能够最迅速而有效地采用新技术、开发新产品和实行新科学管理方法的企业,才能在竞争中处于优势。因此,调整企业竞争的法律原则,应有利于企业的技术改造、产品更新和经营管理的改善,从根本上增强企业的竞争能力。毋庸讳言,竞争肯定会给企业带来相当的风险,但不如此,就不能开拓新领域,获得新成就。这就要求我们从法律制度上鼓励企业积极从事开发性生产或经营,敢于担风险,并对这种风险责任予以必要的补偿。同时,只有实行这一原则,才有利于我国经济的对外开放,扩大企业的对外经济技术交流,为企业提供充分利用外国资金、技术和管理经验,开拓国际市场的条件,增强企业自身的开放性,使之能够经得住国际经济竞争的考验。

(4)禁止用不正当手段进行竞争,使企业竞争有利于社会主义精神文明建设。

竞争的目的决定竞争的手段。我国企业之间的竞争是社会主义现代化建设事业的一部分,这就要求从法律上禁止一切不正当的竞争手段,并宣布其为非法,这是它区别于资本主义竞争的一个重要标志。所谓不正当的手段,包括欺诈、胁迫、贿赂、舞弊等扰乱经济秩序,损害社会公益,违反社会公德的行为。此类行为无论从任何意义上看,都是有碍于社会生产力发展,有碍于社会主义经济建设的,故应从法律上予以禁止,明确此类行为的行为人(含法人及法人代表人、法人工作人员)的法律责任。企业竞争虽属经济领域的行为,但对整个社会生活和思想意识领域不可避免地会带来重要影响,因而规定这一原则,对加强社会主义精神文明建设也确有必要,只有这样,才能把竞争行为纳入正确的轨道。

(5)维护消费者利益,实行产品和服务责任原则和损害赔偿原则。

消费者利益问题是商品经济必然存在的问题,社会主义商品经济也不例外。为防止企业竞争中出现漠视甚至损害广大消费者利益的消极现象,必须从法律制度上杜绝企业故意、过失或无过失地损害消费者利益的行为,不允许他们把竞争中的亏损转嫁或变相转嫁到消费者身上。由于发展社会主义商品经济的最终目的是满足广大人民的物质文化的需要,由于国家利益、企业利益与消费者利益在社会主义条件下是一致的,这个问题就更为重要。现实生活表明,损害消费者利益的现象并非个别的,为有效地解决这个问题,可以实行产品责任原则(含服务责任原则)。即由产品的制造、销售企业和提供服务的企业对其产品和服务的缺陷造成消费者人身或财产损失的,承担赔偿损失的法律责任,其中情节严重、后果严重的还应同时受到适当的法律制裁。只有这样,才能维护国家和人民的利益,提高企业的信誉。

三

为从各个侧面对企业竞争实行综合的法律调整,还需要制定和健全有关的配套法规,如专利法、商标法、食品卫生法、环境保护法、广告法、商品销售法以及一些涉外经济法规。目前我国已有这样一些法规,但尚不完备。这里只谈谈广告法和商品销售法的几个问题。

广告是商品竞争的重要手段,对于介绍商品知识、传递商品信息,为消费者提供广泛的选择机会是有益的，对企业打开产品销路也至关重要的。国外对广告极为重视，对此，不惜工本。近年来，我国企业对广告也开始重视，这本是好事。但也不能不看到，广告的内容不实，形式不够健康的情形也时有发生，有的广告甚至有意夸张，欺骗消费者，牟取非法收入。因此，有必要从法律上对滥发广告，哗众取利者予以必要的限制或制裁。这就需要制定广告法，作出商业广告必须实事求是，不得言过其实，更不得欺世求利的规定。

商品销售方式的灵活多样，是企业竞争的有效手段，现代商业活动中出现了许多新销售方式，如分期付款、租赁买卖、赊销、有奖销售等优惠性零售方式以及价款折扣、延迟付款、供应或赠送零配件、附带技术培训等批发方式，其中各有利弊。为防止销售商品的企业用不正当利益引诱买方（如某些订货会上用免费旅游等办法吸引买方），有必要从法律制度上加以适当限制，禁止商品销售中出现的不顾社会公益、损害国家和消费者利益的现象。这就需要制定商品销售法，划清合法与非法销售的界限。对零售商品中分期付款方式的“所有权保留”条款，即买方有一次迟付则丧失所有权，亦不能索回已付款的规定，亦应明文禁止。

总之，为了正确地调整企业之间的竞争关系，规范企业的竞争行为，需要采取行政的、经济的、法律的和道德的等多种手段，实行综合管理，全面监督，而集中以法律手段尤为重要。我们应随着经济体制改革的深入发展，使这方面的法律制度逐步完善起来，以达到经济法制更好地为经济建设服务之目的。

（1985 年第 3 期）

1986 年

加快我国社会保险立法

曹旭光*

当前,社会保险的"内在稳定器"作用在世界各国受到普遍重视。一个完善健全的社会保险制度,在经济繁荣时期,会使社会保险和各种补贴自动降低;在经济萧条时期,则对社会稳定起到一定的缓冲作用。社会保险法是社会法的核心,是反映一个国家社会政策目标的法律。在我国加快制定社会保险法不仅具有客观必要性,也有紧迫的现实性。

第一,经济体制改革的客观要求。我国的多种经济形式和多种就业渠道,使社会保险同职业出现分离。现行保险制度只在全民所有制企业和部分集体所有制企业的职工中实施,而县以下城镇所有制单位、中外合资企业职工、合同工、临时工、城镇个体户以及八亿农民还没有可靠的社会保险。有的一个企业有两种保险制度,然而还有相当大部分企业没有安全保障。后者的职工要求在经济体制改革逐步深入的同时,在生产发展、生活水平提高的基础上,为其解决生老病死残等方面的后顾之忧,逐步建立与多种经济成分、多种就业渠道、多种用工制度相适应的机关事业、全民企业、集体企业、中外合资企业、个体劳动者、农民的各种社会保险制度,并通过立法保证实施。

第二,进一步增强企业活力的要求。企业要增强活力,除了必须能灵活适应外界经济环境的不断变化,还要流动企业内在的积极因素。从我国现行劳动保险制度来看,最大的弊端在于职工退休经费、医疗费用来自各个企业,而非社会保险机构。现行的劳动保险法规定由每个企业负责退休职工的养老金,其退休费是以下一代职工的劳动为基础的,社会保险成了"单位保险",致使各个企业因职工平均年龄的差异而承担的退休金等费用不平衡,并因企业经济效益的差异使人们享受的社会保险不平等。有的企业因无力承担过重的退休金,只能通过公司调剂,把一部分"包袱"分给其他经济效益好的单位。但这样的平调使接受企业经济效益下降,挫伤了企业的生产积极性。因此,我们应该充分认识这一问题,尽快建立社会保险制度,调动企业内在的积极性增强企业活力。

第三,适应我国人口老龄化的要求。我国的人口发展目标是在2000年将人

* 作者单位:上海市保险公司。

口控制在12亿内，在这一时期，我国老年人口将会以每30年增加一倍的速度发展。据统计，目前在总人口中，老年人占8%左右，到2040年将增至28%。要从根本上解决老有所养、病有所医、难有所帮的社会问题，不改革目前的劳保福利制度，不建立行之有效的社会保险制度是不行的。现行的劳保福利制度应经过改革逐步过渡到社会保险制度，使整个社会的劳动者都能得到保障。

第四，与国民经济配套改革的要求。我国经济体制改革不可避免地会引起国民经济各环节的连锁反应，因此必须制定与之配套的政策、法律、法规。譬如，《企业破产法》正在抓紧制定，但是破产救济必须兼顾社会安定和经济效益。因此，制定包括《职工待业保险法》在内的一些社会保险法规，是与企业破产法相配套的重要法律。又如，《中外合资企业法》，对中外合资企业职工的社会保险待遇未作明确规定，企业职工的社会保险及合资期满30年后职工的待遇，均成悬而未决的问题。因此尽早颁布与《中外合资企业法》相配套的《中外合资经营企业社会保险法》将有利外资的引进，消除中方职工的后顾之忧。

社会保险法是社会保险的综合性法律，它与我们以往制定的各种单行社会保险、劳动保险法规不同，它不是针对某一社会保险关系而制定的，而是从完善我国社会保险制度出发，对整个社会保险方面，包括养老、医疗、待业补助、社会救济等各种重大问题作出的相应规定，对社会保险关系进行综合调整。

制定我国社会保险法的根本目的在于保障劳动者的基本生活权利，为弱者提供社会保障，为受难者提供社会帮助。因此，社会保险法必须以社会大多数人为保障对象，使人人都能享受社会保险的权利。社会保险法作为政府以法律手段保障公民基本生活权利的法规，它的基本原则应保证以劳动为谋生手段的公民在暂时或永久丧失劳动能力时，其基本生活需要仍能得到满足。所以，社会保险费的来源，也不限于被保险人，而应由社会各方面分摊。社会保险作为公营保险，是以非营利为经营原则。因此，应把社会主义经济优越性贯穿于社会保险法中，并根据中国国情建立适合生产力发展现状的社会保险制度。我国社会保险法应鲜明地反映国家社会政策，明确规定适用范围。社会保险在整个社会范围内与每个人都有切身利益关系，社会保险立法精神应贯彻缩小贫富差距，救济贫困户的社会政策。因此，它具有社会性（社会保险法覆盖面广）、伸缩性（社会保险法能调节人们的收入）和复杂性（社会保险费的负担分配和统筹管理）等特征。随着我国生产力水平的提高，我国社会保险适用范围将逐步扩大。

我国社会保险法是劳动法的一个组成部分，笔者认为我国社会保险法，应大致由下面几个部分组成：

（1）养老保险部分的法规。这些法规是社会保险法的基础，也是我国社会保险的薄弱环节。过去我国养老保险，一是依靠企业保险，二是养老的五保户、鳏寡孤独老人则由民政部门统一照顾管理。除此之外，绝大多数人（包括8亿农民）将依靠传统道德观念，由小辈赡养。建立养老保险制度，应根据我国多层次经济结构的特点制定出不同形式、不同项目、不同标准的养老保险法。从职工退休费用的统筹调剂开始，陆续扩大制定合同工、临时工、倒闭企业职工待业的保险立法，继而制定城镇集体企业职工、中外合资企业职工、个体劳动者养老保险条例，并有重点的研究推广制定农村农民养老金保险条例，在整个社会建立起一套完整的养老保险法。

（2）公共保险部分的法规。其中包括《企业职工医疗保险条例》、《个体劳动者医疗保险条例》、《农民医疗保险条例》、《合资、外资、合作企业职工医疗保险条例》、《医疗事故保险条例》、《医疗药品费用开支标准条例》、《职工家属医疗保险条例》、《退休职工医疗保险条例》等。

现行的医疗保险制度极不合理，与发展生产，提高企业经济效益，普及医疗的要求不相符合，体现不出劳动与不劳动的差别或差别不大；长病假和短病假的待遇也不尽合理；特别是医疗管理制度不健全，没有严格的开支标准和审核制度，造成医疗费和药品的严重浪费。另外，广大农民还不能享受医疗保险。改革医疗保险制度，通过立法使职工医疗费负担分配比较平等，制定医疗保险浮动费率，使多患病者多负担，少患病者少负担，同时对科研人员、教师等应分别制定不同标准的医疗保险待遇，并有社会医疗保险机构运用法规对医疗费进行统筹统管，使之进入专业化、社会化管理。

（3）工伤、残疾部分的法规。其中包括《企业职工工伤处理办法》、《因公致残待遇办法》、《工伤事故补偿保险法》（包括残废全保险条例，遗属抚恤金待遇等）、《遗属生产困难补助办法》、《残废年金保险条例》、《残疾人社会保险条例》、《职业病病假待遇条例》、《职业病患者疗养保险条例》等。过去在实施劳动保险法时，工伤事故，因工致残的规定都具有其特定的对象，譬如，工人、干部通过单位的行政手段得到保障，而绝大多数人则享受不到社会保障。另外，残疾是整个社会的问题，单靠一个企业很难解决，通过立法手段，逐步由依靠行政手段过渡到依靠国家立法，推动社会按照法律规定使所有因工残废职工或先天残废人享有生活生存的权利，并使社会承担这些人的生活保障。

（4）生育、儿童津贴和公共援助部分的法规。其中包括《职工生育保险条例》、《分娩保险条例》、《生育补偿保险条例》、《儿童津贴待遇条例》、《独生子女津贴条例》、《社会经济标准条例》、《补充保证收入保险条例》、《社会经济保障条例》等法规。妇女生育时难产由保险机构支付费用,正常分娩视为医疗对象。对于子女,除了规定独生子女应有的津贴外,儿童教育、娱乐都应以法规给予明确规定,对于家庭困难的,应明确贫困线水准,贫困档次,按法律规定给予经济补助。

(1986年第7期)

1987 年

经济法的体系与社会主义商品经济(上)

杜飞进*

从理论上说,经济法的体系是指由我国现行的和即将制定的经济法各部门法所组成的经济法律规范的有机整体。正如任何事物都是质与量、内容与形式的统一一样,经济法的体系同样也应该是质与量、内容与形式的有机统一,它不仅要求在数量或形式上必须具备相当规模的经济法规群,而且还要各经济法律规范在质量或内容上和谐统一。

但是,从我国多年来经济法制建设的实践来看,有关立法和决策(或起草)机构在建立和完善经济法的体系过程中,人们对经济法体系在质量或内容方面的要求和关心远不及对其数量或形式上的要求的重视,甚至有时会片面追求数量或形式指标,而忽视质量或内容。其中,不同经济法规之间时有的矛盾与冲突,以及某些经济法规的不断"改"与"废",在某种意义上可以认为是对经济法体系质量或内容指标重视不够的结果,反映在理论研究上,人们关注的也往往总是总则与分则、纲要与细则之类,而很少关心经济法怎样在内容、总体框架或质的方面与发展商品经济的总体要求相适应。

所以,为了在"七五"期间建立起比较完备的经济法体系,我们必须从大力发展社会主义有计划商品经济的内在要求出发,明确构筑我国经济法体系的宏观框架。本文拟就这一问题谈点初步看法,以期引起人们的更多关注。

一、经济法的体系与社会主义商品经济意识

作为独立法律部门的经济法尽管是在党的十一届三中全会以后才提出来的,但在今天看来,作为经济法组成部分的调整一定范围的经济关系的法律规范却是从新中国成立之初甚至在土地革命、抗日战争和解放战争时期就已存在,它们在不同时期对新民主主义革命的胜利、国民经济的恢复和社会主义改造的完成以及社会主义建设都起了重要作用,尤其是对传统经济体制的确立和发展起了积极作用。

---

* 作者单位:《人民日报》报社。

但是，由于长期以来，我们总是把商品经济完全当做资本主义的东西加以排斥；因此，在这个过程中所颁行的所有经济法规，就其内容和属性说，都是与商品经济格格不入的，它们所贯穿和反映的都是产品经济意识。这些经济法规根本不适应或至少是越来越不适应经济体制改革的要求。因此，当前摆在我们面前的一项重要工作就是以社会主义商品经济意识取代产品经济意识，对一切与此不相容的内容必须依照法定程序予以修改或废除。

我们说的社会主义商品经济意识，是在有计划商品经济基础上产生的，为发展社会主义商品经济服务的。这种意识同资本主义的商品经济意识有着本质的区别。在资本主义条件下，商品经济意识渗透到了社会生活的各个领域，不择手段地赚钱、追逐最大限度的利润，成为指导人们行动的准则。

资本主义国家的经济法就是反映了这种商品经济意识。显然它与我国社会主义经济法应反映的商品经济意识是不相容的。那么，社会主义商品经济意识包括哪些内容呢？笔者认为，其内容是十分广泛的，而且还要不断地发展变化。社会主义商品经济作为一种经济形式，既有特殊性，又有同资本主义商品经济共有的一般属性，如商品等价交换观念、主体地位平等观念等。但有一些表面上看起来是共同的，但在社会主义条件下已具有崭新的内容及特征。具体来说，我国社会主义经济法至少还应反映以下内容：

(1)利润观念或增值观念。就是有关经济法规应明确要求企业和其他一切商品生产者与经营者必须讲求利润、讲求增值，做到“生财有道”，而这“道”就是遵纪守法、改善经营管理，禁止那种只顾企业集体或个人，投机取巧，损害国家或他人利益去追逐高额利润的行为。这里需要强调的是，必须把企业办成利润中心，而改变长期以来那种把工厂当成车间的观念和做法。

(2)竞争观念。就是经济法的有关规定必须提倡并保护公平竞争行为，反对不正当竞争，亦即通过经济立法把善于捕捉市场信息，重视市场变化，及时调整产品结构和方向，提高质量，降低成本，以自己优质的产品、先进的技术获得消费者的欢迎等行为确认为合法，并同时提倡和鼓励不同企业、不同经营者之间的互助与协作，反对以邻为壑、不正当竞争、弱肉强食以及见利忘义等行为。

(3)经济观念。就是有关经济立法应明确要求企业家和经营者善于研究、掌握市场动态，围绕市场组织生产，改进生产技术和经营管理，但同时禁止以次充优、以假冒真、尔虞我诈或用其他不正当的手段败坏社会主义企业和经营者的作风。

二、经济法的体系与经济规律体系

所谓有计划的商品经济就是商品性和计划性的有机统一，这就决定了我国经济法的体系必须正确反映和确认以价值规律为中心的经济规律体系。因为价值规律在社会主义商品经济条件下有两大功能，即要求节约劳动和按比例分配劳动。具体来说，价值规律要求商品生产和商品交换都要使个别价值符合于社会必要劳动量。如果某个生产者的劳动消耗过高，其超过社会必要劳动量的部分就会不被社会所承认，因此，每个生产者唯有节约劳动消耗才能得到更多的利润。正是从这个意义上说，价值规律的第一大功能就是要求节约劳动。同时，为使社会总产品按比例进行生产，还要按比例在社会生产各个领域进行劳动分配；这就是价值规律的另一大功能——比例性、计划性的要求。

为了保证自觉地运用价值规律，我国经济法必须明确规定，在微观经济方面，企业的经营管理一定要以价值为尺度，以节约劳动为原则，力求以最小的劳动消耗取得尽可能大的经济效果；在宏观经济方面，要求有关的经济部门从总体上把握规律，在全社会的规模上自觉地以价值为尺度，以节约劳动为原则，按比例地分配社会劳动，使社会生产的各种使用价值与社会需要的各种使用价值相适应。这样，就可以保证我国经济生活既尊重客观规律，又能发挥人的主观能动性，克服价值规律在自发调节中带来的盲目性，保持国民经济按比例发展。

但是，要保障国民经济的健康发展，除了率先反映和确认价值规律外，我国经济法还必须自觉反映各种具体的经济规律，并且要把它们作为规律体系而加以全面反映和确认。笔者认为，它们主要包括：

（1）确认价值规律，必须服从生产力与生产关系、经济基础与上层建筑相适应规律的要求。因为正是这个规律的制约作用，才使社会主义的经济规律体系得以在生产资料公有制的基础上，沿着社会主义道路实现其总体功能。其中，最重要的是保证在不断扩大社会再生产过程中，最大限度地满足物质和文化水平不断增长的社会需要。

（2）我国经济法在反映价值规律的同时，必须明确确认竞争规律和供求规律。因为价值规律支配竞争规律。只有通过竞争，在供求关系变动和市场价格波动中，价值规律才能得到贯彻，社会必要劳动时间决定价值才能成为现实。

（3）有计划按比例发展规律。还有像按劳分配规律、社会主义积累规律和社会资金流通规律等也是我国经济法所不能忽视的。与按劳分配规律相联系的是劳动力再生产规律和人口规律，这也须在经济立法中加以反映。其他诸如社会主义积累规律和社会资金流通规律以及扩大再生产规律、两大部类比例规律等也是在价值规律的支配下发生作用的,因而我国经济法同样必须以确认。

三、经济法的体系与经济杠杆

如果说在传统经济体制下,长期主要依靠行政手段而忽视运用经济杠杆也能维持整个国民经济运行的话;那么,在发展社会主义商品经济条件下,在贯彻"国家调控市场,市场引导企业"这一方针的情况下,在对运用税收、价格、信贷等经济杠杆有所忽视的情况下,要合理调节社会供应量和需求总量、积累和消费等重大比例关系,合理调节财力、物力和人力的流向,合理调节产业结构和生产力的布局,合理调节市场供求。合理调节对外经济往来等,都是不可想象的。因此,经济杠杆自然应当成为我国经济法体系中的重要关键点。

需要指出,无论法学界还是经济学界,不少同志都把行政手段、经济手段和法律手段三者孤立化,这是值得商榷的。因为在调节经济运行或经济生活过程中,单纯的法律手段是没有的,这种法律手段要么具有行政手段的内容,要么具有经济手段的内容,法律手段只是行政手段和经济手段的法律表现。同样,在很多场合,经济手段离开了法律表现形式,也就无法存在了,如税收始终离不开税法作依据。行政手段则稍有不同,即在不强调依法行政的情况下,单纯的长官意志都可以表现为行政手段;但在逐步实现政府工作法制化以后,行政手段也都离不开一定的法律依据。从理论上澄清这一点,对加强我国改革过程中的法制建设和建立经济法体系同样都具有实践意义。

要充分发挥经济杠杆在发展社会主义商品经济中的调节作用,并使之进而成为我国管理国民经济的基本手段,在我国经济法的体系中至少应对以下 3 个问题作出敏感反应:①明确确认各经济杠杆在新经济体制中的地位;②克服旧经济体制中排斥经济杠杆的各种因素,为经济杠杆在新经济体制中发挥作用创造条件;③如何综合运用经济杠杆,为实现对国民经济的宏观调控服务。

关于经济杠杆即经济手段在新经济体制中的地位,中共中央在《关于经济体制改革的决定》中已经明确指出。作为我国经济法的体系来说,关键在于将其具体化为经济法律规范,赋予各经济杠杆以明确的法律地位,使依法运用经济杠杆调节社会经济生活成为各经济法主体的一项法律义务。

当然,为了使经济杠杆在新经济体制中发挥重要作用,仅有法律义务的强制仍然是无济于事的,更重要的是通过经济立法去克服旧经济体制下存在的排斥经济杠杆的各种因素,为其在新体制下发挥作用创造条件。

就经济杠杆综合运用的全过程而言,还须把握对主体、客体、手段、目标等要素的研究。只有当其主体具有运用经济杠杆的自觉性、客体对经济杠杆具有灵敏的反应性、运用经济杠杆的手段具有有效性以及运用经济杠杆的目标具有明确性时,经济杠杆才能充分发挥作用。但是在旧体制下,上述要素都遭到了严重扭曲,以致经济杠杆本身就严重缺乏发挥作用的可能性。因此,我国经济立法的当务之急就是理顺各种经济关系,重新构造经济杠杆体系。由于我国旧的经济体制具有政企合一的特点,如经济组织行政化;经济运行靠政府机构自上而下的行政命令来推动;分配上统负盈亏,即盈亏由国家负责,企业和职工的收益与其生产和经营成果不挂钩,排斥市场,阻碍经济的横向联系等。从而决定了这种经济体制本身已经从体制上排除了经济杠杆的用武之地。因此,为了使经济杠杆在新经济体制中的作用得以充分发挥,我国经济法在经济体制改革过程中必须逐步解决:①企业经营活动的独立性问题;②企业内部责任利益机制的形成问题;③国家对经济活动决策权的划分问题;④各级政府的经济部门管理职能的转换问题;⑤建立统一的社会主义市场问题。

只有按照发展社会主义商品经济的要求,科学地解决上述问题,并在我国经济法的体系中得到明确认可,才能充分发挥经济杠杆的作用。

为了实现宏观调控国民经济的目的,我们必须把所有的经济杠杆作为一个有机整体来看待,合理确定不同的调节领域,完成不同的具体目标;同时又要求各经济杠杆之间浑然一体,综合运用。

为此,在我国经济法上应当明确以下几点:

(1)要把对经济杠杆的综合运用作为国民经济计划的组成部分。经济杠杆的综合运用不能脱离国民经济计划,必须按照国民经济计划的要求来综合运用经济杠杆,使经济杠杆的综合运用在作用方向、程度和步骤上都能与国民经济计划相协调。

(2)不能忽视税收、价格、信贷、工资等的原有职能对经济杠杆调节作用的限制,应在允许的范围内,将各经济杠杆协调起来综合运用。

(3)必须权衡国民经济全局的利弊得失。亦即在运用经济杠杆对经济生活的某一环节、某一局部进行调节时,不能只考虑对这一环节或这一局部产生的影响,而且要考虑到这一环节或局部对其他环节以及再生产整个过程的影响,考虑到可能会出现的连锁反应;同时,还必须考虑到其他环节或局部的状况对这一环节或局部的调节所提供的条件或限制。从而避免顾此失彼,造成经济生活的混乱。

(4)必须选择最佳的配合方案。

(5)必须综合分析各种经济杠杆反馈的信息,在保持相对稳定的情况下,根据变化适时进行调整。

(6)建立全国统一的经济杠杆协调、监督机构,改变目前管理体制中价格归物价部门管、税收归财政部门管、信贷归银行管等经济杠杆管理的分散状况,对综合运用经济杠杆的重大决策实行必要的集中管理。

(1987 年第 12 期)

1988年

经济法的体系与社会主义商品经济（下）

杜飞进*

四、经济法的体系与增强企业活力

以社会主义公有制为基础的有计划商品经济是一个有机整体，每个企业是这个社会经济有机体的细胞，因此，企业活力是社会经济发展的基因。可是，长期以来，我国按产品经济的要求建立起来的高度集权的经济体制从两方面造成了企业活动的窒息：一方面，公有制企业被条条块块的国家机关所分割，各个企业均自我封闭地隶属于某一主管机关，并根据国家计划从事生产经营，使企业缺乏外部压力；另一方面，公有制企业作为行政机关的附属物，由国家委派厂长（经理）进行管理，企业本身与企业职工都缺乏动力机制，企业的生产经营活动完全靠各级国家机关的行政指令来推动。因此，增强企业活力，就成了我国经济体制改革的中心环节。无疑，我国经济法体系的建立和完善，必须服从于增强企业活力的需要。

与造成企业缺乏活力的上述两方面原因相联系，要增强企业活力不是一件孤立的事，它与形成和完善市场体系，国家对企业的管理由直接控制为主转向间接控制为主密切相连。在这三者中，增强企业活力是中心环节，其余两者虽然不仅是为了增强企业活力，但又都是增强企业活力的前提条件：形成和完善市场体系是从企业的横向关系方面保证并促进企业活力的增强；国家对企业的生产经营活动实行以间接调控为主，则是从企业的纵向关系方面保证并促进企业活力的增强。但增强企业活力的关键还在于企业本身的改革。

在企业本身的改革方面，近年来已经作了很多努力，如实行资产经营责任制、承包制、租赁制等“两权分离”的形式，以及厂长（经理）负责制。但这一切都还只停留在“扩权让利”范畴上，没有从根本上解决活力不足的问题。要给企业注入长久的、生机勃勃的活力，方向应当是对公有制企业实行公司化改造，实现企业形态公司化。换言之，不仅要独立企业的经营权，而且还要规范企业的所有权，将国家行政权与国家财产权分离开来。因为目前我国公有制企业（主要指

---

* 作者单位：《人民日报》报社。

全民所有制企业和一部分“大集体”企业)的财产权被掺杂进了大量的行政权内容,国家财产权呈现出了非民事化的倾向。为了规范公有制企业的所有权,我国经济法可以采取:

(1)立法确认国家法人制度,设立中央、省(包括直辖市、自治区)、县(包括区)、乡(包括镇)4个层次的区域性国家法人,其法人成员为本地域的全体公民,其法人机关为本地域人民代表大会产生的国有资产管理机构。据此,不仅可以解决国有资产所有权主体虚化的矛盾,而且还可以使人格化的各层次国家法人平等并立,国家财产权完全民事化。

(2)立法规范地方财政包干体制,通过各级政府的分税制,为各层次的国家法人提供稳定的财产来源。

(3)建立各种国家投资公司;企业的税利分渠分流;降低所得税率;部分企业利润作为红利或股息流入国家投资公司,其上交国家的部分,由各层次国家法人按分税制所得的收益比例分享。

(4)国家投资公司直接参与市场的投资活动,追求国家资产的投资效益,进而促进市场机制的发育,实现资源的合理配置。

只有这样,国家财产权才能脱离行政权的体系,真正成为平等主体间的民事权利,这是规范我国公有制企业所有权的必要前提。

在把国家财产权从国家行政权中分离出来之后,我国经济法应当进一步促成公有制企业公司化改造的实现。为此,我国经济法应运用两类法律规范来规范公有制企业财产权利的两次分离:

(1)出资人的股权与公司法人所有权的分离——此为第一次分离。在国家投资公司成立后,他们与其他公司企业的关系就完全成了法人与法人间的平等民事关系,使其财产权内容股权化,从而出资人与法人较为彻底地分离。随着国家行政管理体制的逐步完善,国家投资公司的股权也将逐渐向优先股转化,投资者的目标仅限于收益,即从参与经营决策演变为出售或购买股票。这时,公司法人就全面地拥有对企业财产的所有权,并在出资人的适度制约下,根据市场的引导正确运用自己的权利。

(2)公司法人所有权与经营者经营权的分离——此为第二次分离。在公有制企业实现公司化之后,承包、租赁等经营方式将可得到更规范的运用:这时的发包(出租)方不再是国家主管机关,而是公司法人;企业集团的发展不再受制于封闭化的企业形态,而是采用先股后包、后租的方式使两者得到统一。

五、经济法的体系与政府职能的转换及分解国民经济的管理方式由直接控制为主转变为间接控制为主，是建立有计划商品经济体制的一项重要内容

但实现这种转变,不仅是一个能否利用各种经济杠杆来取代指令性计划手段的问题,而首先是一个能否在政府的不同部门之间,不同级别的政府之间,建立明确的分工规则和政府本身职能的转换问题。为了适应社会主义计划商品经济不断发展的要求,政府职能转换及分解的内容非常丰富,涉及的范围十分广泛。从经济法体系的健全和完善方面来看,我国经济法首先必须促成经济调控系统实现由集中调控向等级调控的转换。所谓集中调控,是指把调控权集中在政府部门,从而形成单一的国家控制中心,对整个经济运行实施统一调控。它的基本特点就是“大一统”。多年来的实践证明,在社会主义商品经济的条件下,这种模式已根本无法适应,而只能向等级调控模式转换;即把调控和权力分散于经济运行的不同层次上,设立两级以上的控制中心,对经济活动施行分层调控。为了促成这一转换,我国经济法必须赋予第二级甚至更下一级的调控中心一方面有传递、落实上级指令的职能,也有相对独立的自控职能。等级调控体制适应我国经济发展的实际需要,但也有可能带来地区封锁和垄断等消极现象,所以我国经济法也要采取其他配套措施以保证上述转换的顺利实现。

政府职能的转换及分解的第二项内容,就是我国经济法应推动并确认国家双重身份和双重职能的分解。我国作为社会主义国家,具有双重身份和双重职能:一是作为政府,代表国家的行政权力,从事各种行政管理活动,具有行政管理职能;二是作为全民所有制财产的所有者,代表一定的经济权力,从事一定的经济活动,具有一定的经济管理职能。明确区分国家的这两重身份、两种权力、两种活动和两种职能,应当是深化经济体制改革的基本出发点。为此,我国经济法和其他有关部门法应当:

(1)把国家作为国有资产所有者的权利、活动和职能同国家的行政权力、行政活动和行政职能明确加以区分,用法律形式固定下来,成立国有资产委员会代表国有资产所有者,与政府同属于全国人民代表大会。

(2)明确规定国有资产委员会是代表国有资产所有者行使经济管理职能,从事一定的经济活动,负责监督国有资产的运动和增值,但不直接管理利润的分配和投资,负责向全国人民代表大会报告国有资产的运动和增值情况。为此,应着手起草专门的国有资产经营管理法。为了适应对国民经济间接管理的需要,

我国经济法应当赋予经济综合管理部门以更强的税务、价格、金融等职能，从而有效运用经济杠杆，引导企业的投资方向，产品发展方向及长远发展方向。还应适当削减原有经济体制下计划部门所承担的集宏观调控职能与微观调控职能于一身的庞大职能，扩大中央银行的宏观调控职能。

适应国家双重身份和双重职能的分离以及处理中央和地方政府之间集权与分权关系的需要，我国经济法还应当通过“税利分离制”、“分税制”和“分收制”的实行，达到“税利分渠分流”的目的，从而使国家的不同职能机关之间和中央与地方之间的经济利益关系明确化和规则化。

六、经济法的体系与多元经济利益关系

经济体制改革可以说是生产关系领域里的一场革命，而生产关系的实质是一种经济利益关系。因此，随着经济体制改革的深化必定会而且已经引起了社会各方面经济利益关系的变化，主要表现在：经济利益主体的多元化，经济收益的多渠道化、经济利益的分配原则和形式的多样化等。而对经济利益关系的发展变化，我国经济法理当作出积极反应。但是，除改革本身所期望发生的或者说改革所带来的正效应外，有些变化是改革过程中由于改革措施没来得及配套实施，甚至某些失误所造成的，还有一些可能干脆就是改革的一些负效应。因此，反映到我国经济法上也就必须区别对待了。

在经济利益关系的变化中，对于改革所期望发生的部分，如经济利益主体的多元化等，我国经济法应加以确认，使其获得合法地位，受国家法律保护。属于这类变化的经济利益关系有很多，概括起来，至少包括：

（1）经济利益主体方面，主要有：国营企业从原来的基本上不具有自身的经济利益逐步变成不仅有自身经济利益，而且还继续发展成为独立的经济利益主体；农民家庭在生产经营中成为具有独立经济利益的主体；一些事业单位和行政机关正在成为具有一定独立地位的经济利益主体；还有，个体经济、私营经济也都成了独立的经济利益主体。我国经济法对它们的独立利益主体地位就必须予以确认，并确保其免受不法侵犯。

（2）经济利益的分配原则和形式方面，一直来都是实行按劳分配原则和固定工资制。但现在除了占主导地位的按劳分配以外，又发展了凭私人劳动取得收入，以及凭资金或资本占有权分配收入。在按劳分配中也出现了诸如浮动工资、结构工资等多种分配形式。鉴于其所具有的现实作用，我国经济法也应当予以认可，使之合法化。

在经济利益关系的变化中,对于那些非改革本身所期望发生的,但却与改革相伴生,属于改革过程的一些负效应者,我国经济法应当明确作出抑制性规定,甚至制裁性规定,努力使它减少到最低限度,从而保障改革的顺利发展。属于这类变化的,主要有:随着价格控制的逐步放开,有人趁机哄抬物价,坑害消费者,从而获得非法收入;有人利用搞活经济的政策,从事投机倒把活动,牟取暴利;有人利用金融市场尚未发展起来,趁机从事高利贷活动……对于这些现象,我国经济法一方面应当及时把一系列在实践中产生和形成的市场规则法律化,另一方面还要正面作出抑制或制裁性规定,并通过经济执法、经济司法以及经济监督活动,为改革的顺利发展消除"垃圾"。

总之,笔者认为,作为经济法体系,应有静态与动态之分。动态的经济法体系除了经济法律规范的有机构成外,还应当包括经济执法、经济司法、经济监督和经济守法等过程——这当然已不是法学界普遍所持的静态经济法体系的概念了。

(1988年第6期)

1989年

经济立法的效益原则初探

俞梅荪* 孙 林**

党的十三届三中全会提出:“治理经济环境,整顿经济秩序,必须同加强和改善新旧体制转换时期的宏观调控结合起来”;“必须有领导有秩序地推进相互配套的全面改革”。经济体制改革的深入进行和国民经济的发展,越来越多的经济关系和经济活动准则需要用法律形式固定下来,使法律成为调节经济关系和经济活动的重要手段。10年来,我国经济立法已经取得相当大的成绩,先后颁布的经济法律、法规总数达560件,其中经济法律、法规395件,占98%。

但在立法实践中还存在不少问题,许多法律并不尽如人意。尤其是立法效益原则还未引起重视。立法的早晚与快慢,所造成的时间差,也给社会关系的调整带来相应的不同后果。因此,探索立法的经济效益问题已成必要。

一、经济立法的时间效益

改革10年来,我们在经济立法的实践中,获得了不少经验和教训,其中最基本的一条就是法律能否及时颁布、调整新的社会关系,对促进社会经济的发展、保护改革的成果有着极为重要的作用。立法如能适应改革的进程,则能起到很好的调整作用,其法律功能的发挥就最理想。例如:

(1)在改革开放、引进外资和技术方面,10年来我们制定了涉外经济法律20多个,法规100多个,部门规章200多个,初步建立起适合我国特点的涉外法律体系,从而有力地推动了中外经济技术合作和交流。到目前为止已有37个国家和地区的外商来华投资,创办企业。目前,三资企业达1.2万余家。尤其是广东、福建的对外开放,大大促进了省内的经济发展。沿海开放城市和经济开发区的经济发展,也和健全的涉外法律体系分不开的。10年来,全国利用外资达200多亿美元。良好的法律环境,对保障开放的连续性,保证体制改革的顺利进行,都产生了积极的作用。

* 作者单位:国务院经济法规研究中心。
** 作者单位不详。

(2)在价格管理方面,国务院及其各部委根据市场物价的情况,及时发布法规,调整物价,稳定经济,取得较为理想的效果。国务院先后发布的《价格管理条例》、《关于价格违法行为的处罚规定》、《计划生产资料全国统一最高价暂行管理办法》、《重要生产资料和交通运输价格管理暂行规定》等一系列法规,对稳定我国的市场,深化改革起到积极作用。1987 年至 1988 年年底的各级物价检查机构查处各种价格违法案件达 98 万多起,依法没收非法所得和罚款达 10 亿多元。由于法规颁布适时,及时控制了物价的混乱,大大加强了物价法制建设,稳定了市场秩序,取得相当好的社会效益。

(3)在深化企业改革进程之中,为了能保证企业正常进行竞争,建立优胜劣汰的机制,促进企业改善经营管理,提高经营水平,我国于 1986 年公布了《破产法》,将破产制度引进企业的生产经营活动之中,使企业的外部压力有所增强。该法于 1988 年 11 月 1 日生效。这对全国近 40 万家亏损企业来说无疑是一次警告。亏损企业面临被淘汰,将大大促动全国数百万企业、数千万职工对企业命运的关注,从而增强企业的活力和职工对企业管理机制的改革的热情。同时由于破产机制的作用,企业的兼并、转让、消亡将会频繁而有规律的发生,使社会经济细胞的新陈代谢加快,带动整个国民经济的发展。因此,《破产法》的施行,对于深化企业改革是非常及时的。

(4)在劳动用工制度方面,国务院于 1986 年 7 月发布了国营企业实行劳动合同制、招用工人、辞退违纪职工、职工待业保险 4 个法规以来,我国国营企业的固定工正以每月 5 万多人的速度减少,合同制工人正以每月数万人的速度增加。这一减一增,不仅仅反映了企业的用工状况,更为重要的是,通过用工制度的改革,使职工赖以“吃大锅饭” 的基础消除了。这为企业破产、职工待业和保险等改革措施的贯彻创造了条件。由于这些法规颁布及时,这几年的企业改革才得以顺利进行。

因此,经济立法的时间效益很明显地摆在我们面前:如果我们及时制定了法律,我们的经济发展就有了明确的方向,就能充分发挥法律为经济体制改革的引导作用,使法律的功用得到最大限度地发挥。在立法的时间性上,必须把握适时适度的原则,不成熟的条文比无法可依要好得多。况且,由于经济关系的复杂性,立法者不可能很准确地看透事情的本质,总会或多或少地有“误差”,这就需要在实践中不断“校正”之。立法者不应等什么条件都成熟了,才去制定法律;不应跟在社会实践的后面盲目适应,而应当通过立法预测等手段作超前引导。原则上讲,一部法律是否必要,关键是要了解社会关系存在与发展的规律及其合理性是否需要用法律形式固定下来。这一点,在充分的调查研究基础上是可以做到的。

二、经济立法的经济效益

广义上讲,时间效益最终反映的仍然是经济性问题。确实,用经济分析方法分析经济立法的效益,有时是很容易理解的。譬如,法律从制定到公布花费了多少人力、物力?这是容易计算出来的。而这些花费是否是必要的?这就是要探讨法律的经济性问题了。法律施行后,对社会带来了什么样的经济效益,要求我们能够以最少的劳动投入,获取尽可能大的劳动产出——高质量的法律文本及其实施效果。

法律的产生客观上是由社会经济关系的发展所决定的。但是,立法者却往往能够凭借主观意志左右立法的进程。时间投入多少,与法律文本的质量并不都是成正比例的。有时,虽然因时间的推移而看出原草案的不足,但是时间的流逝,对法律的总体性却会产生巨大冲击,我们不得不一遍又一遍推翻原稿。一次又一次调查研究,一次又一次的变化使法律失去了若干次公布的机会,自然,这样的立法活动是难以体现它的经济性的。

立法的最大投入是时间投入。在时间上,立法的效益常常表现为对时间的浪费。在立法实践中,"马拉松"式的立法是最不经济的。我们常为《全民所有制工业企业法》的诞生而惊叹"10年孕育"。作为企业的一部大法,时间投入是必要的。确实制定一部法律是很不容易的。但是我们稍稍对目前的立法状况进行分析,不难看出,有的法不能及时出台往往并不是条文本身的问题而在于立法者的意识。《全民所有制工业企业法》最终出台完全得力于某些领导的重视。《铁路法》从1982年成立专门的有专家学者参加的起草委员会工作至今,资金花了几十万元,资料整了上数十万页,但至今未能出台,铁路几十年一贯是用规章治理,这样下去行不行?如果说目前搞《铁路法》的条件不成熟,那么就不应进行"马拉松"持久的立法活动,而应选择更为有效的办法。

立法过程中的浪费是显而易见的,而法律不能及时出台或法律不完备而给社会带来的后果却是无形的。因此,作为立法机关,不能不考虑法律的成熟条件,不能不考虑法律的制定过程中的效益问题。否则,我们的立法活动就不可能适应社会发展的需要。

"立法者应该把自己看做一个自然科学家,他不是在制造法律,不是在发明法律,而仅仅是在表述法律,他把精神关系的内在规律表现在有意识的现行法律之中。”①立法者如果能把客观规律表述清楚，则制定的法律就能够适应社会关系。因而，探索精神关系的内在规律是立法者的首要任务。而内在规律则是通过许多现象体现出来的。立法者只有在研究社会现象的基础上，总结法律对这些现象（即社会关系）的促进和保护作用，才能把握立法节奏，避免立法盲动。一项错误的政策可能会产生很大的危害（这在以往我们有过深刻的教训），同样，一项不适当的立法，也会造成很大的损失。而且由于法具有强制性的特点，立法失误的危害比政策失误要大得多。立法者必须以高度的政治责任感，严肃认真地对待立法工作。

立法的经济效益，要求现代社会的立法活动应当走向民主化、开放化和科学化。在立法方法上，应当允许民众对法律草案进行充分广泛的讨论，甚至可以鼓励民众提出不同的法律草案，以便于比较、充实和提高。随着现代科技的发展，立法工作的技术性要求也越来越高，特别是经济立法，绝大多数却与社会管理科学、自然科学技术有关，而立法者又不可能是一位通晓文理两科的多面手，更需要立法的民主化、社会化。让法学家与科学家在更高层次上的结合，是搞好经济立法工作的重要因素，也是保证立法效益的条件。

法律问题和经济问题一样，它本身也是一个开放性的耗散结构，而且它比经济的层次要深得多，广泛得多。经济问题的客观因素占主导地位，而法律问题主观因素占主导地位。法律作为上层建筑中的重要组成部分，对社会经济基础具有巨大的反作用。同时，法律同外界的联系也是相当密切的，可以说，在一个法制社会里，任何一个社会经济问题归结起来都有法律问题。如企业经营机制的改革，价格改革和价格体系的建立，投资及投资体制的改革以及政府的经济管理职能的变化等，无不涉及法律问题。经济法在改革开放中，与调整社会经济结构、稳定社会经济秩序等关系也很密切。法律在保证社会有序化方面有着积极的作用，这也正是法律的经济性所在。立法者应当在充分研究法律与各种各样社会经济问题的联系基础上，及时制定符合社会实际的法律来。否则，法律的经济效益就很难体现出来。

三、经济立法的社会效益

社会效益是在更广阔的领域内探讨立法的经济性问题。社会效益与单纯的

① 《马克思恩格斯全集》（第1卷），第183页。

经济效益相比，它已经超越了经济的范畴。它是在社会的各个领域内研究法律的效果与利益机制的问题。

因此，立法的社会效益是效益原则的重要内容。法律的社会效益一般表现为以下三个方面：

（1）立法工作是否适应社会发展的需要，是否能做到有法可依，这是立法社会效益的主要内容。立法的社会性不仅仅表明法律是为了作用于社会，运用于社会，而且更重要的是要使法律成为人们行动的准则，成为人们进行社会活动时可遵循的依据。因此，社会效益既是时间效益在更大范围的延伸，又是经济效益在社会中的反映。目前，我们的立法工作一般多以总结历史的经验、政策实施的经验为基础。这种立法方法存在严重的弱点，它缺乏对未来社会关系变化的适应性，也缺乏对现实社会关系作及时的调整。由于立法与实施的时差，使有些社会关系得不到法律的及时保护，特别是在改革之时，这种脱节、违法而又合理的矛盾状况十分严重。从立法上考虑，就是因为法律的制定不能适应社会发展的需要。因此，要通过科学的立法预测，收集社会经济活动发展的规模，质和量的变化，时空变化等动态数据，为立法提供科学的基础，使法律能适应时代的需要、改革的需要，保证社会关系及时地得到法律的调整，提高法律的社会效益。

（2）立法的群众基础往往导致社会效益的增减。法律草案应当尽可能在广阔的领域内征求意见，只有绝大多数人理解法律的内涵、明确法律的目的，才能保证法律的贯彻实施。立法的群众性是立法民主化、公开化的结果，也是保证立法效率所必须具备的条件。法律是要执行的，而执行法律必须有群众基础，否则，再好的法律也只能等于零。靠强权维持法律的权威远不如靠民众自觉维护得好。强权只能维持一时，而自觉执行法律却能持久不衰，这正是法律社会效益的精髓所在。在目前，许多法规不能贯彻实施，有的明知当事人行为违法，但是却不能依法惩治。其主要原因就在于法律缺乏群众基础，一旦依法处罚，其社会效果往往很糟糕，甚至影响了改革的进程和新体制的建立，因此，不得不一拖了之。从《法学》关于刘亨年贪污案和天津戴振祥罪案的讨论来看，①法律的社会效益的反差不单纯使一个当事人遭遇不幸，而且影响同类案件的结局，给社会带来动荡。1988年轰动全国，数家报纸、几十家刊物竞相刊载的"9·21"沈阳特大邮包贩烟案，其影响之大，范围之广，为新中国成立以来罕见。邮电、铁路两家各执一词，都有法律依据，似乎都言之凿凿，无可辩驳。但是两家对案件的看法却

① 见"刘亨年贪污案"，载《法学》1987年合订本，见"戴振祥投机倒把案"，载《法学》1988年第9期至1989年第2期。

大相径庭。说到底,不管是列举何种法律,还是因为认识上的差异,在立法上很清楚地表明法律缺少相当的社会基础,导致在具体适用上的矛盾。立法者应当从教训中反思。法律作为统治阶级的统治工具,作为治理国家、维持社会秩序和公平正义的手段,更应当充分反映社会中大多数的意志,使法制民主化。

(3)立法的社会效益还表现在它的调整社会关系的功能方面。法律功能就在于调整社会关系,维持社会秩序;而法律的社会性特点也正是要求通过法治的途径,使社会处于和谐、安宁、秩序、稳定的状态之中。"法官除了法律就没有别的上司。"①而法律也正是法官排难解纷、维持正义的武器。执法者仅仅是将法律的功能由书本(或理论)变为现实,由条文变为实际。没有执法者,法律的功能当然无从体现。因而,法律的社会效益的体现正是通过执法者的活动而实现。

立法的社会效益不是用定量办法所能解决的。当然,我们可以将一个时期的法律实施效果用定量方法描述出来,但是我们却不能也无法使立法的社会效益定量化。确实,立法是一个动态过程,是若干人的社会活动的结晶。每一部法律,既凝集了法学家的劳动成果,也凝集了科学家、工人、一般干部以及具体工作人员的劳动成果。(法律的社会性也许正是在此体现出来。)法律不是杜撰出来的,而是在大量的社会实践、社会调查研究成果基础上,总结出来的带有普遍意义的行为规则。特别是强调法治之时,"人言即法"的时代恐怕不会再回来了,而更需要立法机关、全体社会成员的共同努力,才能制定出好的法律来。法律越具有广泛的社会群众基础,法律的效益就越好。

立法机关和立法工作人员应当深切地知道,每部法律的颁布,重要的是要实现立法的意图,达到预期的目的。上乘的法律是经济效益、社会效益都好的法律,而具体体现就是立法意图的实现和社会关系的稳定。在我国,法律草案的提出往往由各主管部门负责,而主管部门都因为自身利益而难以公正地解决权利义务负担问题,互相扯皮不但使法律的施行失去了宝贵的时间,而且使法律带有部门利益的痕迹。法律起草组织成员的广泛性,是保证法律草案公平合理的重要条件。制定法律,不但要有法学家,更要有各部门的代表参加,在全面、广泛征求意见的基础上,集思广益,使法律的覆盖面尽可能大。

(1989 年第 8 期)

① 《马克思恩格斯全集》(第 1 卷),第 76 页。

1990 年

我国国债市场现状的法律评析

殷延辉*

所谓国债市场,就是国家债券发行市场和国家债券流通市场的有机统一。自1981年开始发放国库券以来,我国已发行如国库券(共9次),如国家重点建设的债券、特种国债、保值公债券、重点企业债券等多种国家债券,截至1989年年底,总额已达830亿元。巨额的国债收入为筹集资金、调控经济及平衡国家财政收支,起到了重大作用。同时,国债流通市场逐渐开放。1985年6月,中国人民银行颁布了我国国库券贴现办法,规定个人购买的1985年国库券在两年后可办理贴现。1988年4月,上海、沈阳、重庆、武汉、广州、哈尔滨、深圳7个城市开始对1985年和1986年的国库券试行上市买卖,之后全国有50多个城市相继设立了国债流通市场。一个以上海为中心,由华东地区30多个城市组成的全国第一个跨省市的国库券交易市场,不久可望建立。

然而,我国发展国债市场还只是在摸索之中,其可操作性不能不引起人们的关注,特别是在国债市场的微观自我调节及国债市场宏观调控等方面存在的问题,更应引起我们的重视。

国债市场本质属性的残缺,一是国债债信不高。长期以来,我国采用行政摊派的国债券发行办法。在1989年发行保值公债券时,国务院规定,各省市如完不成债券认购任务,将从各省市地方财政留成中扣除。这使各级部门只能把其当做一项“政治任务”来完成。上海在落实保值公债券认购任务时,就是由市国债推销委员会统一部署,按工资总额的7%分配到全市各企事业单位。有些单位采取“贴水认购”方法,每个职工只要花七八十元就能买到一张100元票面的债券。这种“羊毛出在羊身上”的做法,如长此下去,国债的信誉势必难以转降为升。二是国债市场缺乏灵活性,主要是国债种类、期限、利率结构配置不合理,不符合广大投资者的需要。在种类上,国库券仍占绝对优势,振兴某个经济部门的国债或开发某个地区、建设某个项目的特种国债所占比重太小;在期限上,中期国债(3年、5年、7年)过多,长期国债(10年、15年、20年)不足,短期国债(3个月、5个月、1年)空白;在利率上,呈现倒置状态,期限越长利率却越低,且对

* 作者单位:中国人民保险公司安徽省分公司。

同一期限的不同国债或不同期限的不同国债均设置单一形式的利率。三是实行有限制的国债贴现、转让、抵押贷款,国债市场流通性远未能充分发挥。如我国国库券贴现范围仅限于个人购买的1985年国库券,1984年前的国库券都不准贴现、转让、抵押。四是国债券持有者的较大风险性。如国库券利率赶不上近两年的物价上涨率,而且国库券计息以单利计算,而物价上涨率都是按前一年为100%的复利计算的。

国债市场机制自身的不协调,首先是国债发行市场和流通市场不协调,主要表现为发行市场的强制性和流通市场的抑制性。发行市场的强制性使人们产生一种宁肯赔也不愿保留国债券的逆反合理,这种逆反心理既不利于今后国债券的发行和发行市场机制的完善,又有碍于流通市场的正常发展。同样地,流通市场的抑制性也无法起到流通市场对完善发行市场的促进作用。其次是国债流通市场与资金的地区划块管理之间的矛盾。如当某地证券公司想从外地调入国库券,往往因避免资金外流而受阻;而当全年的债券集中流向一个中心城市时,当地的证券公司和银行又承受不了。最后是国债券之间也存在矛盾。目前,国库券交易仅限1985年、1986年两年的个人购买部分,其他年份的债券和企事业单位的债券尚不可上市交易,国债发行对象与国债流通主体不协调,致使当前社会上债券的黑市交易越来越严重。名为黑市,实则设摊收购,金融或有关部门熟视无睹,无人干预。

国债市场法律宏观调控的疲软,其一是法律机制的滞后。在发行市场,关于国债发行的机关及其管理权限、国债发行原则、国债发行方式,一定时期国债发行的总体规模、国家债务基金来源、国债推销机构等均没有明确的法律规定;在流通市场,缺乏对国债交易主体、方式、中介机构及罚则的法律规定;在国债市场的外部关系上,财政信用与银行信用之间、国债市场与资金市场之间、税收及利率杠杆与国债投资调控之间也没有应有的法律规范。其二是法律机制调整不力。为建立和培育国债市场,目前我国也颁布了一些调整国债市场关系的政策、办法、条例,但都很不完善,未能收到实际效果。如1985年我国颁布的《国库券贴现办法》,就是依靠限制国库券贴现范围、期限、贴现后的低息甚至不保本来实现国库券贴现,使国库券这个弹性的经济工具趋于刚性。其三是法律机制的分散调整。国债的发行和流通缺乏统一的法律规范,没有国债法。现在每年都颁布一个《国库券条例》,其他国债券专门搞一个发行办法,各省市在执行过程中又制定具体行政措施,致使国债券规定的年与年之间、国库券与其他国债券之间、各省市相互之间不能协调一致;而且这些条例和办法均属行政性规章,法律效力有限。

笔者认为,要建立我国国债市场的新秩序,切实做到国债市场微观自我调节与宏观调控的有机结合,当务之急,就是制定一部适合我国国情的《国债法》及其与之配套的《银行法》、《公司法》、《证券法》等。具体可进行下列几方面的法律调整:

(1)我国国债发行市场的法律调整。具体包括对国债发行原则、数量界限、方式、种类、期限及利率的法律调整。在发行原则上,国债发行应遵循需要与稳定经济相统一的原则。即国债发行前既应作多方面的市场调查,了解需求状况,依此来设计国债种类,选择国债期限,确定发行规模,同时国债发行又必须对经济起到一定的稳定作用。在国债数量界限确定上,从世界各国的经验及我国的实际情况来看,应体现为两个方面。一是国债发行量占财政收入的依存度控制在10%以内,二是国债增长速度应与国民生产总值保持同步。在发行方式上,应逐渐变摊派式的行政发行为自愿购买的经济发行,具体采用集团认购和公开招标的方式。在国债种类上,除国库券外,可规定发行振兴某个经济部门的国债或开发某个地区、建设某个项目的特种国债,如特区开发国债、商品住宅建设国债等。在国债期限上,长期国债、中期国债、短期国债应相互协调,实行均衡的期限结构。在国债利率确定上,实行利率的有效控制和协调,做到银行利率、社会集资利率和国债利率的统一协调,严禁利率攀比。同时根据期限结构的不同,规定不同期限国债的不同利率,具体可设置固定利率、递增利率、带浮动条款利率、保值利率等。

(2)国债流通市场的法律调整。其一是规定完备的贴现、转让和抵押条款,包括缩短贴现率和国债券票面利率的差距,扩大贴现范围、简化贴现手续、缩短贴现期限,允许国债券在金融机构外部横向流动,使金融机构、各单位和个人均能成为市场参与者,逐步建立全国性的协调统一的国债流通市场。其二是选择银行和其他金融机构具体经营国债业务这一最佳方式。一般来说,开办国债流通市场有3种方式可供选择:第一种是由证券交易所或证券公司专门经营国债券;第二种是允许任何单位和个人都可以自由买卖国债券;第三种是最初只允许银行和其他金融机构开办国债业务,待条件成熟时,再逐步设立证券交易所和证券公司,引入证券经纪人和自营商。笔者认为第二种方式比较可行。其现实意义在于:银行分支机构多而广,开办国债业务简便易行,可满足全国范围内国债券持有者对流通性的需求,有利于保护购买者利益,减少甚至杜绝私下的非法交易,便于稳抓国债券价格的涨落,便于政府对国债流通市场的监督管理。

(3)国债市场监督管理的法律调整。首先授予财政部发行和管理国债的必要权限。主要权限有:控制和协调全国国债发行总规模,监督和管理国债的发行和流通;审批和汇总编制国债发行计划;定期检查各单位对国债使用的情况,汇总、编制、统计各种有关资料,提出一定时期国内经济、金融形势的预测和应采取的对策等。其次对国债性质、国债投向、偿债基金等作出明确的法律规定。根据国债性质的不同,可将国债分为赤字国债和建设国债:赤字国债用于弥补财政临时性收支缺口和经常性收入的不足,建设国债可考虑直接同建设项目挂钩。在国债投向上,始终贯彻长期效益与短期效益相结合的原则,国家制定统一的规划,把举债的部分集中投向投资少、见效快的地区和项目,做到远近兼顾、长短相宜。同时国债收入应当建立专项基金,实行有偿使用,谁借谁还。再次建立国债管理信息系统和各类国债券档案库,逐步实行电子计算机管理。最后成立全国性的债券交易清算机构,隶属财政部领导。

(4)国债市场外部关系的法律调整。笔者认为,财政信用是银行信用所不能代替的,发展财政信用绝不会混淆财政和银行的职能。有控制地实现财政与银行在资金市场上的支持和竞争,是社会主义初级阶段的客观需要;有计划地发展财政信用不会加剧信用膨胀。因此,必须尽快在法律上明确规定财政与银行的协同关系,规定财政发生赤字时不得向银行透支。

(1990 年第 8 期)

1991 年

对公害赔偿责任竞合的法律思考

汪　劲*

我国的法律并没有规定“公害”的概念,学理上认为与之相关的是环境立法中“环境污染与其他公害”的用词形式。按照《环境保护法》第24条的规定,“环境污染”多指有形的有害物质导致环境质量特性方面的改变,如废气、废水、废渣、粉尘、恶臭、放射性物质所致;“其他公害”则指无形的有害物质对环境或对人类的危害,如噪声、振动、电磁波所致。此外还寓意着在汉语语言习惯里不能以环境污染来正确表述的,或者尚未被人们所发现和确认以及可以用公害来概括的其他对环境和人类能够造成污染和危害的有害物质或现象。对于上述这些“公害”所造成的损害,我国民事立法和环境立法的民事法律规范都确立了实行无过错责任制度,但由于现行立法对于它们的规定并没有统一协调,以致在公害的赔偿责任立法方面出现了众多的法条竞合。

一

一般认为,我国《民法通则》第124条关于环境污染损害赔偿责任的规定是追究公害赔偿责任的专门适用条款,另外如《环境保护法》以及单项污染防治立法中的民事法律规范则是以特别法的形式予以补充。然而《民法通则》对特殊侵权行为的规定中又多处涉及公害赔偿责任问题,从而导致在法条适用上会出现众多的竞合现象。

(一)公害赔偿责任与产品责任的竞合

《民法通则》第124条规定:“违反国家保护环境防止污染的规定,污染环境造成他人损害的,应当依法承担民事责任。”《环境保护法》在总结其他单项污染防治立法对民事责任规定的基础上,进一步在第41条规定“造成环境污染危害的,有责任排除危害,并对直接受到损害的单位或者个人赔偿损失”。然而,《民法通则》第122条规定“因产品质量不合格造成他人财产、人身损害的,产品制造者、销售者应当依法承担民事责任”。这里是对作为特殊侵权行为的产品责

* 作者单位:北京大学。

任的规定,如果污染损害虽然由污染者所致,但由于其使用的污染防治设施在产品质量上本身就不合格,就有可能出现责任竞合而致污染者和制造、销售者之间互相推卸责任。在处理上,是否可根据污染防治立法对污染者免除责任的规定(即损害是由于第三者之过失的原因所致)而由产品的制造、销售者承担责任呢?有人认为,“如果确属产品质量不合格,购买者、消费者在经营使用过程中又无过错造成第三人损害的,按照法律规定应承担责任的,也要承担责任”。理论上虽然这么讲,但实践中却往往只追究污染者的责任而不再追究制造者的责任了。

(二)公害赔偿责任与高度危险作业责任的竞合

《民法通则》第123条规定:“从事高空、高压、易燃、易爆、剧毒、放射性、高速运输工具等对周围环境有高度危险的作业造成他人损害的,应当承担民事责任;如果能够证明损害是由受害者故意造成的,不承担民事责任。”这里所列举的几种情节显然与“环境污染和其他公害”相重叠,但是负责条件却大相径庭。例如,前者在免责条件上只限于故意,过失则不受此限;后者如《水污染防治法》在免责条件的规定上(第41条)则强调由“受害者自身责任”引起的,排污单位不承担民事责任,它意味着过错(故意或过失)是免责事由。比较言之,一个故意、一个过错,就使造成公害即“环境污染”和“其他公害”的行为在民事责任的承担上不平等。

(三)公害赔偿责任与施工人责任、建筑物责任的竞合

噪声危害和相邻妨害是与建筑物相关的公害事件,它们都基于土地的相邻关系而发生。《民法通则》第125条规定:“在公共场所、道旁或者通道上挖坑、修缮安装地下设施等,没有设置明显标志和采取安全措施造成他人损害的,施工人应当承担民事责任。”第126条规定:“建筑物或者其他设施以及建筑物上的搁置物、悬挂物发生倒塌、脱落、坠落造成他人损害的,它的所有人或者管理人应当承担民事责任,但能够证明自己没有过错的除外。”关于相邻关系,《民法通则》第83条还规定:“不动产的相邻各方,应当按照有利生产、方便生活、团结互助、公平合理的精神,正确处理截水、排水、通行、通风、采光等方面的相邻关系。给相邻方造成妨害或者损失的,应当停止侵害,排除妨害,赔偿损失。”在上述情况下,对于同一种损害事实若损害者选择法律规定不当,同样会给自己带来不利。在这里,法律对受害者的保护作用也因法条竞合而产生弹性。

(四)公害赔偿责任与动物饲养者责任的竞合

动物饲养者所致公害主要有恶臭、噪声等。关于动物饲养者责任,《民法通则》第127条规定:“饲养的动物造成他人损害的,动物饲养人或者管理人应当承担民事责任;由于受害人的过错造成损害的,动物饲养人或者管理人不承担民事责任;由于第三人的过错造成损害的,第三人应当承担民事责任。”很明显,这里并没有单项污染防治法律可以调整,而最适宜的条款就是《民法通则》第127条而不是第124条。

二

法律上的竞合并不是立法中普遍存在的一种现象,偶尔有之也为立法解释或司法解释所指明,这时竞合现象也就迎刃而解。但是,在公害赔偿责任立法问题上,出现诸如前述众多的竞合现象就不能不令人感到一些诧异。深而究之,才发现我国有关公害赔偿责任的立法中,对于某些基本概念和基本理论的问题并没有从根本上予以明确,而出现的众多竞合现象也正是因为这个原因,或者说是“宜粗不宜细”的立法原则所造成的。有鉴于此,笔者试图从如下几方面提出一些看法。

(一)我国环境立法应当明确“环境污染和其他公害”的法律概念,而不应留待于学理解释

显然,将公害概念法定化有助于立法之适用和执法之恰当准确,不至于产生歧义。而我国虽涉及环境保护的立法众多,但却没有对有关公害的概念下一个明确的定义,如相关概念有《宪法》第26条的“污染和其他公害”,有《环境保护法》上的“环境污染和其他公害”、“环境污染危害”,有《民法通则》第124条的“污染环境造成他人损害”,等等。从理论研究出发,我国的公害概念理应包括“环境污染”和“其他公害”两方面内容。但由于立法上用语的不统一和概念的不明确,往往致人们对环境污染概念出现认识上的不同或错误,以至于立法上也出现这样的错误而发生矛盾。例如,《民法通则》第124条的规定到底是只针对环境污染所致而言呢,还是包括了“其他公害”损害呢?从立法者的意图上看是要包括这两方面的意思,但由于选用了“污染环境”的用词而表现为只针对环境污染,而在其他条款里我们还可以找到“其他公害”(如放射性损害)的影子,这就难怪在公害赔偿责任的法律规定上会出现众多的竞合现象。另外,《环境保护法》第41条之规定也只言及“造成环境污染危害的”责任,这与该法自身规定的“环境污染和其他公害”极不协调。

就一般场合而言,立法上的这种不一致和不协调并不影响整个法律的实施,但就公害赔偿责任而言,由于学理解释的任意性,适用法条在其责任的结果上就会出现差异。总之,“环境污染”是一个常用词,而将“环境污染”制定于法律中就等于赋予其专门含义。如果在法律规定上没有说明,就会在法律实施中使人们易于产生不正确的理解。既然现行环境立法惯用"环境污染和其他公害"来概括公害,那么就应当在法律上明确这一概念的意义。

(二)关于民事基本法与民事特别法对公害赔偿责任规定的关系

我国《民法通则》和环境立法都确立了公害赔偿实行无过错责任的制度。然而比较环境立法对公害赔偿责任的规定,全都源于《水污染防治法》的模式,各单项法律与《环境保护法》、《民法通则》的专门规定相比没有层次、没有特色、重复规定,客观上还造成了立法出现责任上的竞合以至于矛盾。笔者认为,社会主义法学理论比较注重对法律体系的研究,立法上也较强调法律的配套和法律的层次,就公害赔偿责任立法而言,摆正如下关系较为妥当:

首先,由民事基本法确立公害赔偿责任的归责形式。现行《民法通则》在民事责任的一般规定上已确立了无过错责任,有了这个前提条件,有点特殊侵权行为的责任立法就有了法律依据。鉴于我国环境立法有规定民事法律规范的习惯,对于公害赔偿责任具体应当如何规定,则应留待于特别法解决,大可不必在不足200条的《民法通则》中画蛇添足,引起不必要的麻烦。

其次,由环境保护基本法规定公害(环境污染和其他公害)赔偿责任的基本制度,包括适用范围、适用对象和负责条件,使公害的赔偿责任趋于一致,同时又表现出与其他特殊侵权行为的不同之处,体现公害赔偿责任立法的特色。

最后,由各单项公害防治法律规定公害赔偿责任的具体适用方法。公害因其物质的不同而在损害结果方面表现出各自的不同,即公害损害结果具有特异性。例如,大气污染致人体健康损害致非特异性疾病居多,确认损害事实就必须排除其他因素(如自身原有的疾病、吸烟)的影响;而水污染致人体健康损害中,特异性疾病和非特异性疾病都有;噪声、振动致害为感觉公害,认定的标准又不同于环境污染。因而如何确定污染物质、认定损害和因果关系等在方式方法上存在不同,不能以一般规定代之,需要在法律上明确规定。

(三)应当对有中国特色的"无过错责任"理论进行深入的研讨

现行我国民事立法理论和实践上的"无过错责任",实际上是国外无过失责任的舶来物,字面上意思虽然相近、适用上意义虽然相同,但是在性质上却截然相反。我国某些学者仍只言片语、断章取义地以外国的无过失责任理论中的某些提法与我国的无过错责任理论进行一些类比。例如,国外立法上无过失责任实际是无须原告对过失予以立证,由被告自证无过失的举证责任倒置形式。而我国的无过错责任已经在立法上事先否定了过错的存在(即"没有过错"),无须被告自证。有人偏偏认定"举证责任倒置"也是我国无过错责任的一大特征。

难怪有学者认为这种无过错责任有“不利于发挥民事责任的教育和预防作用、缺乏弹性,在逻辑上自相矛盾,不能自圆其说”这3大缺陷。

由于对无过错责任理论缺乏深入的研究,以至于在适用范围、免责条件等方面就会出现偏差。加上责任竞合的因素,更会使当事人之间为公害赔偿责任的承担而从法律上找到只有利于自己一方的规定。法院对此除了依审判权来强制外,别无充分的理由来指责适用的错误。另外,无过错责任在我国属于民事归责原则(过错责任原则)的例外,而这种例外的依据目前只停留在“致害人不可能预见损害”的简单论断中,像现在的“无过错责任两要件说”、“合法行为致害不违法说”等理论虽有其合理性,但是认识过于肤浅,如同墙头之草、无根之苗,不足一可取。如果对具有我国特色的“无过错责任”理论不进行深入研究,就会使这一理论陷入对传统理论的背离而又没有建立健全新理论的空白区域,使我们不断犯逻辑上的“循环论证”错误。

(1991年第7期)

1992年

债券、股票市场急需加强立法

吴　越*

发达国家的实践表明，以公司或企业债券、股票为主要交换对象的证券业，尤其具有需要加强立法管理的特殊本质。在当代中国商品经济蓬勃兴起的条件下，如果我们对于这一历史经验认识不足，20世纪80年代以来在我国逐步兴起的债券、股票市场的发展，将因没有健全的立法管理而遭受挫折。同时最近以来在我国广为流传的股份、股票知识也将失去实际的社会价值。因此，我们感到探讨一下这一领域的立法问题是很有必要的。

一、加强立法的基本原因

20世纪80年代初，随着我国经济和金融体制改革的出台，债券、股票市场逐步形成和发展起来，中央和有关地方政府也颁发了一些法律性文件，对我国债券、股票业的复兴起了概要的导向作用。但是，我国的债券、股票市场举步维艰。这一与改革开放基本国策不大协调的现象，固然同许多政治、经济方面的人为因素有关，但在立法上至今没有形成这一领域内的基本法，以及在这一基础上建立和健全立法管理体系，用以抑制我们在这个问题上的随意性，则是一个不可忽视的重要因素。而深层的原因，还在于下述3点：

第一，近现代商品生产的发展和统一世界市场的形成，使开放债券、股票市场成为促进各国经济发展的普遍形式，而立法则成为对之进行管理的主要手段。作为发展商品生产的筹资与投资方式的债券、股票业，不仅必然成为推动商品自由竞争的重要因素，而且掌握国家权力的统治阶级必然要以国家意志——法律对之进行保护。

第二，以企业债券、股票为主要内容的证券交易，不是以物质财富本身（某种商品），而是以财富的证书或符号为买卖对象的特殊交易。此种交易参与者表面上是在自由、平等地进行，而实际上相互间实现的商品或财富所有权让渡不仅是非直观的，而且反映的财富让渡往往只有法律条文上的所有权形式对等，而

---

* 作者单位：湖北省社科院法学所。

财富本身是非等价的,因此这种特殊交易隐蔽着盲目性,滋生着冒险性与投机性,孕育着各种抗争、混乱以致暴力。对付这样一种复杂的现象及其反向因素,比较最为有力的手段就是“一断于法”。

第三,在当代中国,无产阶级和劳动人民必须通过发展商品经济才能勃兴社会主义。这不仅需要开放债券、股票市场,而且特别需要运用自己的立法手段对之进行管理。摆在中国人面前的问题不是应否发展社会化商品生产,而是怎样运用它来达到建设中国特色的社会主义。在我国,开放债券、股票市场,一方面为国家、集体和个人筹资与投资开辟了一条行之有效的道路,另一方面也为那种玩弄债券股票、专事投机买卖的人提供了一个场所。我们要从这种泥沙俱下、鱼龙混杂之中,分清积极与消极、正义与邪恶,并保护前者,打击后者,仅仅采取一般道义上的说教、物质利益上的奖励,以致行政上的某些强硬措施,都很难长久生效;唯一比较有效的方法,仍然是好的立法和严格的司法措施。

二、加强本领域立法的基本原则

债券、股票立法应遵循如下基本原则:

第一,战略原则。我们应当借鉴发达国家的历史经验,采用立法手段来承认债券、股票同商品经济一样,也是一种必然的、持续的社会历史现象,从而有效地防止我们在这个问题上的政策的朝令夕改。立法的首要指导原则是战略高度,有了这种高度,我们所制定的法律自然就具备了超前性与稳定性,同时也才可能具有科学性,以及同《宪法》和《宪法》所确立的国家基本制度保持一致。

第二,求是原则。要根据世界和中国的发展形势,使这一立法在宏观、中观和微观上都符合“实事求是”的精神。首先是要面对我国工商贸易一是不发达,二是属于社会主义范畴这一颇似矛盾的事实;其次是考虑这一立法推动变革现实的应有作用,从而避免生搬硬套别国经验和拘泥于我国现状的两种倾向。求是原则是立法的生命之所在。贯彻这一原则,除了对债券、股票市场这一现象的历史必然性有所认识之外,还要对发达国家这类立法的来龙去脉加以研究,特别是对我国债券、股票业的发展应有全面、深透的了解与分析。

第三,全局原则。我们进行债券、股票业立法,应在纵观历史必然性的同时,放宽视野,环视现实,把握这一立法同我国经济、政治、文化的历史传统及包含这种传统的各方面现状的联系,做到成竹在胸。这样,在撰写法律条文时,既可明确从其对象本身的需要来看应该怎样做,又可知道从其关系到的全局来看怎样做才能符合实际,在司法上具有现实可能性。立法上的需要与可能矛盾的解决,是通过法律条款上的隐形与显形、从略与从详以及致柔与致刚的处理而体现的。明确这一点，对于正确制定我们这种商品经济尚不发达，债券、股票市场尚在起步阶段的社会主义国家的债券、股票法，具有特别重要的意义。

第四，整体原则。债券、股票立法，需要对它的对象在发展商品经济中的地位与作用，以及管理体制、同管理有关的方方面面作全息反映。这种反映，不是直线式的单一系统，而是涉及国家金融、财政、计划、体改等各个不同战线或领域，以及省市、地市等各级地方政府的许多不同侧面、不同层次的整体。因此，既要有总揽全国的综合性债券、股票立法，又要有部门性的法规和地方性的条例或实施细则，从而构成整个债券、股票立法的母法与子法网络体系。我国债券、股票业的发展及其管理体制的形成，以及这个领域立法的健全，同债券、股票市场的成熟，是相互作用的整体性过程。其整体性的实现还体现在这种联系与发展的过程之中，因此，我们不能希望在债券、股票市场成熟之后一举建立一个完整的法律体系，或者是相反，在这种法律体系建立起来之后再去发展债券、股票市场。

第五，超限原则。债券、股票立法应同一切立法一样，要具有权威性，就必须是统治阶级的整体意志，反映的是维护和发展全国人民整体利益的需要。故此，这一立法必须脱离一些特定部门的影响，防止这种部门在立场上和认识上可能的局限性。具体而言，这种超限原则应当涵括如下几方面的内容：一是必须从维护和促进社会主义国民经济的发展出发，防止在行为导向上向某一地区和部门的利益倾斜；二是禁止一切国家允许公开的业务信息遭受某些个人或团体的封锁；三是平等地管理市场参与者，公正地对待市场行为；四是确保债券、股票业的稳健发展，抑制债券、股票市场风险的人为成分，保障筹资与投资双方的合理权益；五是确保良好的筹资与投资环境，为债券、股票市场参与者的经营活动提供法律规范，达到优化社会资金分配与提高整体效益的目的。显然，要实现这些目标不是从某一地方和部门的局部立场与认识出发可能达到的，因此，这种立法必须付诸国家各级权力机关或者在权力机关的切实监督下进行。

债券、股票立法，属于经济立法和民事立法的范畴，它要调整的关系从表面上讲，纯系人与人之间的经济关系。但从本质上讲，则主要关系到人与自然的关系。同那些直接反映国家权力活动、政治关系的立法相比较，不具有鲜明的阶级性。但是，债券、股票立法同一切立法一样，本身就是一种政治行为，是无法摆脱一定的阶级立场与政治原则的，因而，不可能是超阶级的。但是，由于这一立法牵动的方面很多，应遵循的原则细分起来不胜枚举，这里自然没有必要去一一赘述，只要我们注意了前述5点，这一立法的主旨即可达到。

三、加强立法的基本内容

债券、股票立法所调整的对象是人们关于社会财富转让关系表现在本领域内的特殊形状——资金及资金符号交换或让渡，以及实现这个过程所形成的各种组织间的职权关系，任务就是为这种关系规范基本准则。这一特点，决定债券、股票立法的基本内容应有如下几个方面：

第一，本立法的奠基石——证券符号的法律规范。各种债券、股票的界定、种类、面额、限额、样式，发行过程中的发放者与承销者的条件，发行程序与方法、交易准则，以及载明这些标志、准则与程序的文书等，都应有明确的法律规范，从而形成统一规定的界说和统一规定的凭证与程序。投资者与筹资者"将本求利"的合法活动凭着这种符合法律规范的证书和程序获得可靠的保证。这一立法内容，是健康发展债券、股票市场，保护投资者利益免遭弄虚作假欺诈行为和不公正行为损害，同时又使筹资者基于自己的资信条件筹集所需资金得到基本保证。所以，这一部分立法内容应是债券、股票立法的奠基石，其他立法内容都要由此而展开。

第二，债券，股票发放与周流过程的载体——有关组织机构立法。这主要包括原发机构与中介机构，即债券、股票发行机构及审批机构、交易机构、交易场所、信托机构，以及咨询机构与监督机构、行业协会、仲裁机构等。这些机构的设立条件、注册审判程序、经营业务范围、职责权限、行为准则、权利义务划分，乃至就业人员素质等，都应符合一定的法律规范，或者根据一定的法律规范产生和任免。这些机构的种类、内设机构、业务操作规程、检查制度等，都应根据一定的法律性文献产生。债券、股票管理机构的法律地位、本行业协会的性质与功能，监督机构人员的资格、回避制度、行为限制等，都应通过债券、股票综合性法规或单行法规作出明确的规定，若债券、股票发放与周转流通过程中所赖载体依法建制、依法行使职权，本领域的活动便可顺利进行，违法活动与债权债务纠纷便可及时有效地解决。

第三，债券、股票市场行为主体——筹资与投资者及中介人立法。这首先是行为主体分类即各类法人、一般社会团体及个人的行为规范。其他包括筹资者与中介人的资格获准，市场参与者的行为责任、行为限制等方面的法律规范。这一立法内容的确立，使债券、股票所确立的行为主体间发生的债权债务关系成为规范化的法律行为。行为人实施其行为，不是受到法律的承认与保护，便是受到法律的制止与惩罚。债券、股票市场行为主体的这一立法内容，保证了各种债券与股票业务的合法与非法都有明确的界限，乃至为诚实与狡诈作为提供准则，使欺骗与诡诈行径在法律的面前无可规避，达到保护公正，打击邪恶的目的。

第四，债券、股票机构及业务相关机构体系构成——管理体制立法。这是债券、股票立法中实体法的重要组成部分。其首先是原则的确立，即债券、股票管理体制是由国家"集中管理"，还是由民间"自我管理"，抑或采取"综合管理"或"官民兼理"的体制；其次是对机构体系中的管理机构和业务相关机构、筹资与投资双方民间自立机构，以及它们在整个管理体系中的地位、作用、相互间的行政与业务隶属关系等作出明确的法律规定。这一部分立法的功能在于用法律规范构成的"传动带"和"齿轮"推动整个管理体系的依法运转。

第五，债券、股票流通的主要渠道——债券、股票市场立法。这一部分立法内容是标志着我国债券、股票立法区别于资本主义国家同类立法的关键部分。随着改革开放加快而推动的商品经济的深广发展，债券、股票交易市场将会日益兴隆，商品生产在资本主义发展阶段上表现出来的固有规律的某些方面将会在我国社会主义条件下重视。这意味着必然有人利用债券、股票交易进行投机和"赌博"。因此，我们在利用债券、股票市场筹集资金这一积极因素的同时，要从程序法与实体法两个方面，限制债券、股票市场参与者可能发生的尔虞我诈、买空卖空的行为，谨防那些幻想以"一本求万利"的冒险家将债券、股票市场变为投机场所。因而，我国的债券、股票立法不应落入资本主义国家的窠臼，对于那些专事债券、股票买卖者的行为应有所限制，自觉地将债券、股票市场"赌博"中"小鱼为鲸所吞掉，羊为交易所的狼所吞掉"①的魔怪行为紧紧地压在无产阶级的法碑之下。

（1992年第8期）

① 《马克思恩格斯全集》（第25卷），第497页。

1993 年

健全劳动法制为建立市场经济的劳动工资机制护航

关　怀*

一、劳动法规是建立市场经济劳动工资机制的有力工具

社会主义市场经济机制离不开法制。劳务市场绝不是无政府状态的、无法律约束的市场。劳动法规应成为建立市场经济下的劳动工资机制的有力工具。

第一,劳动法规应为建立市场经济的劳动工资机制发挥导向作用。我们要通过法律指引人们的行为和规范人们的行为,用法律引路。因此,在劳动法规方面要体现市场经济的规律,建立符合市场经济要求的劳动工资制度,通过劳动法规推行新的劳动工资政策,创造新的典型和经验,以开辟前进的道路。

第二,劳动法规应为建立市场经济下的劳动工资机制保驾护航。实现市场经济下的劳动工资机制,是对原有的以计划经济为主的劳动工资制度的改革。为了改革的顺利进行,需要用新的劳动法规排除障碍,克服一切阻力,为建立市场经济下的劳动工资机制创造良好的环境和条件。劳动法规可以对阻碍改革的因素进行制裁,以保障建立市场经济的劳动工资机制的顺利的实现。

从上述两点来看,我们绝不能低估劳动法规在实现市场经济中劳动工资机制转变和过渡中的作用:无体现市场经济要求的劳动法规,就难以形成社会主义的劳务市场。

二、市场经济下我国劳动立法存在的问题

我们既然肯定了劳动法规在建立市场经济劳动工资机制中占有重要的地位,是实现改革的有力工具,那就必须高度重视劳动立法,进一步完善我国的劳动法规,使劳动法规能够适应客观的要求和真正能够在建立市场经济的劳动工资机制中发挥其应有的作用。

* 作者单位:中国人民大学法学院。

党的十一届三中全会以来，在党中央发扬民主和加强法制的正确方针指引下，我国的劳动立法取得了很大成绩，但是还存在一些问题：

第一，劳动立法缺乏完整的体系。在劳动法规方面最严重的问题是缺少一部劳动法典，即《中华人民共和国劳动法》。由于这一基本法尚未出台，在劳动法律方面就缺少了统率，对于已经成立43年的新中国，这的确是立法工作中令人遗憾的事情。另外，劳动法规缺乏通盘规划，存在头痛医头、脚痛医脚的问题，使劳动法规中出现许多空白。

第二，劳动立法的数量不能适应客观要求。我们既需要有调整劳动关系的基本法，又需要大量的单项法规，双方相辅相成，这就需要有一定数量的劳动法规才符合实际的要求。我们的劳动立法说起来有不少法规，但也仍然存在许多方面无法可依的现象，所以说劳动立法的数量需要大大增加。

第三，劳动立法的内容需要更新。现行的劳动法规中许多法规内容陈旧。例如，我们的社会保险制度还是沿用20世纪30年代初期即1951年颁布、1953年修改颁布的《劳动保障条例》，它与市场经济对社会保险制度的要求严重脱节。即使是1986年颁布实施的关于劳动制度改革的4项暂行规定，内容也与市场经济的要求不相吻合。例如，在《国营企业实行劳动合同暂行规定》和在《国营企业招用工人暂行规定》中都存在劳动行政部门管得过宽、过严的问题，不利于建立市场经济的劳动工资机制。再如，1987年颁布的《国营企业劳动争议处理暂行规定》，内容仅仅规定了国营企业的劳动争议的处理程序，对其他所有制企业的劳动争议则未作出规定，而且适用的范围较窄，只处理劳动合同纠纷和辞退、解雇、开除等争议，显然是脱离实际需要的。除了这些以外，在现行的劳动法规中还存在一些内容相互矛盾的地方。

三、完善社会主义市场经济下的劳动立法

（一）完善劳动法规，必须观念更新

建立社会主义市场经济下的劳动工资机制，要求进一步完善劳动法规，而欲完善劳动法规，必须首先破除旧的观念，实现观念更新。

第一，要破除对劳动权的传统观念。过去我们对劳动权的解释总是和全面就业和充分就业联系在一起，因此容易把劳动权和"铁饭碗"、"终身制"画等号，容易产生不科学的内部招工制度、子女顶替制度。在社会主义市场经济下，允许劳动力的流动，公民有平等的就业权、选择职业的自主权。排除了劳动行政部门的过多的干预和直接控制。能激发劳动者的积极性和创造性。

第二,要正确认识劳动合同制度。我们在推行劳动合同制度方面已经积累了宝贵的经验和取得了相当的成效,促进了劳动生产率的提高。不少企业已经实行了全员劳动合同制,但是对劳动合同的认识在有些同志的思想上还存在一些模糊的观念,认为劳动合同制会削弱职工的主人翁地位,以及劳动合同制姓资姓社的问题,这部分同志观念也须更新。

第三,深刻认识集体合同制度的作用。集体合同是工会代表职工与企业当事人共同签订的有关生产和职工生活福利问题的集体协议。在1992年4月第七届全国人民代表大会第五次会议通过的《工会法》第18条规定:"工会可以代表职工与企业、事业单位行政方面签订集体合同"。从法律上明确肯定了工会拥有签订集体合同的权利,从而在维护职工合法权益,促进生产的发展方面可以发挥重要的作用。当然集体合同须体现双方的自主权和民主谈判精神,符合社会主义市场经济的要求。

第四,应更加重视处理劳动争议制度在调整劳动关系中的作用。随着市场经济的发展,我国的劳动关系越来越复杂化,这必然增加劳动争议。为了理顺劳动关系,维护劳动关系双方当事人的合法权益,必须进一步健全劳动争议的处理制度。1987年国务院颁发了《国营企业劳动争议处理暂行规定》在这方面有了一些进步,但是仍然存在很多问题,如只限于在国营企业实行这一暂行规定,受理案件的范围狭窄。因此,必须扩大劳动争议制度的实施范围,要充分发挥工会和人民法院在处理劳动争议中的作用,不能仅仅依靠劳动行政部门。

(二)完善劳动立法应注意的技术问题

要建立社会主义市场经济下的劳动工资机制,不仅要求对劳动法在认识上观念更新,还必须进一步提高和改善劳动立法工作。

关于加强与改进劳动立法工作,笔者认为应注意以下一些问题:

第一,将《中华人民共和国劳动法》与各种单项法规通盘考虑,作出规划。既抓法典式的《中华人民共和国劳动法》的制定,又抓各项重要的单项劳动法规的起草,双管齐下,选择主攻目标,急用先立。分清轻重缓急,抓到底,绝不放手,以期在较短的时间内,劳动立法能有较大的成效。

第二,在劳动立法工作中,克服求大、求全、求稳的倾向。对《中华人民共和国劳动法》的制定,对其有关的内容可虚实兼顾,有的可以原则一些,有的则相对地具体一些。使法典与法规起到相辅相成的作用。为便于操作,可以在颁布《中华人民共和国劳动法》后尽快制定相应的实施细则,有些在《中华人民共和国劳动法》不好解决的问题,放在"条例"中做具体规定,这样会加快《中华人民共和国劳动法》颁布的速度。例如,《全民所有制工业企业转换经营机制条例》

既充实了《企业法》,也便于贯彻实施《企业法》,我们可以从中学习这方面的立法经验。

第三,在劳动立法工作中加强领导与坚持立法工作的群众路线。为了搞好劳动立法工作,除了应有专门从事劳动立法的工作人员外,应建立一个固定性的、来自各方面的立法顾问班子,充分发挥社会各个方面和群众在立法工作中积极性,广泛听取各方面的意见,甚至可以在一段时期内借调一批人员,专门从事某项立法的调查研究工作,以弥补专职人员的不足。总之,通过各种途径,使我国的劳动立法尽快地完善起来,以适应市场经济的要求,为建立市场经济下的劳动工资机制护航。

(1993 年第 5 期)

1995 年

《反不正当竞争法》中的一般条款

邵建东*

《中华人民共和国反不正当竞争法》(以下简称《反不正当竞争法》)第2条第2款规定:“本法所称的不正当竞争,是指经营者违反本法规定,损害其他经营者的合法权益,扰乱社会经济秩序的行为。”笔者认为,此款规定不仅仅是《反不正当竞争法》对“不正当竞争”这一核心概念所下的法定定义,它还应当具有一般条款的意义和功能。

对于《反不正当竞争法》第2条第2款是否具有一般条款的地位,学术界存在不同的看法。一种意见认为,第2条第2款中的“违反本法规定”,是专指违反《反不正当竞争法》第2章的规定,即第5条至第15条的规定。只有第5条至第15条明文禁止的行为,才能构成不正当竞争行为;对第2条第2款作扩大解释,是不符合立法者的本意的;如果可以依据第2款规定的精神认定不正当竞争行为,就会使执法机关的授权太大,对同一种行为可能处理不一。因此,市场经济中的不正当竞争行为,就是指《反不正当竞争法》第2章规定的11种行为。① 凡是《反不正当竞争法》第2章未予规定的行为,不是该法所称的不正当竞争。②

笔者认为,上述看法很值得商榷。无论从《反不正当竞争法》的立法宗旨,还是从法律规定的文义出发,该法第2条第2款都应该具备一般条款的功能。事实上,该款是一项原则性规定,起着某种“兜底”或“包容”作用,即该法在第2章中没有明确禁止的不正当竞争行为,都可以根据该款的原则规定去处理。③

从表面上看,《反不正当竞争法》第2条第2款只是对“不正当竞争”概念所作的定义。定义中的“违反本法规定”,似乎也仅指《反不正当竞争法》第2章中的规定。该法第2章具体列举了现实经济生活中出现的各类典型的不正当竞争

---

* 作者单位:南京大学法学院。

① 《反不正当竞争法实用全书》(中国法律年鉴1993年分册),中国法律年鉴出版社1993年版,第29页。

② 陈立骅、刘昭昭、杨建、吕明著:《中华人民共和国反不正当竞争法解读》,中国政法大学出版社1993年版,第14页。

③ 丁邦开、戴套生、邵建东著:《中华人民共和国反不正当竞争法释义》,南京大学出版社1994年版,第11页。持同样或类似看法的还有王传丽:“市场经济与反不正当竞争法”,载《法学家》1994年第2期;黄飞、杜以星:“工业产权的反不正当竞争法保护”,载《知识产权》1994年第1期。

行为。这些行为是:欺诈性交易行为(包括假冒他人注册商标,擅自使用知名商品特有的或与其近似的名称、包装和装潢,擅自使用他人企业名称或姓名,伪造或者冒用质量标志和产地)、公用企业或行政部门限制竞争的行为、商业贿赂行为、虚假广告行为、侵犯商业秘密行为、低价贱卖行为、附条件的交易行为、某些有奖销售行为、损害竞争对手信誉行为以及串通投标行为。

从形式上来看,《反不正当竞争法》第2章第5条至第15条对不正当竞争行为的列举是封闭性的。从这一特征分析,似乎的确可以得出下列结论:既然《反不正当竞争法》对不正当竞争行为的列举构成一个封闭的体系,那么,只有属于这个体系范围的行为才是不正当的竞争行为,该体系以外的行为就都不是不正当竞争。而《反不正当竞争法》并没有明文规定哪些行为属于"正当竞争",仅仅规定了哪些典型行为属于"不正当竞争"。因此,不属于不正当竞争的行为都应该是正当竞争行为。这样,我们是否就可以得出这样的结论:不为《反不正当竞争法》第5条至第15条所禁止的行为不属于不正当竞争,而不属于不正当竞争的行为都是正当竞争行为。

显而易见,我们不能对这个问题作出肯定答复。在现实经济生活中,不正当竞争行为的表现形形色色,不一而足。《反不正当竞争法》第5章列举的只是一些在现实市场交易中出现得比较频繁、相对来说比较典型的不正当竞争行为。除此之外,现实生活中还存在各种形式的不正当竞争,将来也会出现一些目前还难以预料到的不正当竞争行为。现在已有某些经营者,将来肯定也还会有经营者有意识地利用法律规定的空隙,为自己假正当竞争之名、行不正当竞争之实找借口。

眼下而言,市场交易中还存在各种不为《反不正当竞争法》所明文禁止的不正当竞争行为。例如,有的经营者从事价格欺诈行为,如在价格标签上作虚假表示、虚假降价、模糊标价、价外加价等,有的经营者以人民币号码促销,有的经营者规避法律规定,将他人的注册商标用于既非同类的商品,而又不致引起他人误解;有的经营者从事非法的多层次直销行为。凡此种种,虽然都不属于《反不正当竞争法》明文禁止的范围,但同样也违反了市场交易的基本法律原则、违反了公认的商业道德、损害了其他经营者和消费者的合法权益,扰乱了社会经济秩序。这些行为,完全符合不正当竞争的构成要件,理应也该归入"不正当的"竞争行为之列。

基于此,有必要将《反不正当竞争法》第2条第2款认定为一条对不正当竞争作质的定性的一般条款,以及时制止现实生活中发生的各类不正当竞争行为,并对将来可能出现的不正当竞争作出预防。除了存在这一必要性外,将第2条第2款规定解释为一般条款也是符合《反不正当竞争法》的立法宗旨的，在方法上也是可行的。

首先，将《反不正当竞争法》第2条第2款解释为一般条款，使那些虽然未在法律中有明文规定，但实际存在或可能发生的行为及时依照此条总的标准得以制止，符合《反不正当竞争法》的总的立法宗旨，即第1条规定的“制止不正当竞争”、“保护经营者和消费者的合法权益”、“鼓励和保护公平竞争，保障社会主义市场经济健康发展”。否则，诸如上面列举的那些本质上属于不正当竞争的市场行为就很难根据本法予以查处，能否根据其他法律法规予以查处也并不十分清楚。这种状况，客观上会鼓励经营者挖空心思从事规避《反不正当竞争法》禁令的行为。显然，这是不符合制定《反不正当竞争法》的根本宗旨的。

其次，从国外有关反不正当竞争的立法经验来看，行为列举加一般条款式的立法模式既可使人们对法律应禁止的不正当竞争行为一目了然，又可根据一般条款的规定囊括一切法律未加禁止的行为。《德国反不正当竞争法》是这种立法模式的典型，其第1条规定：“在营业中以竞争为目的而违背善良风俗者，可请求其停止和损害赔偿。”法院在长期的审判实践中，根据这条一般条款的精神，将经济生活中出现的许多种违反善良风俗的行为确定为不正当竞争行为，形成了众多的案例类型。这些类型包括：①欺骗顾客的行为（误导行为，强制和诱使，骚扰行为，利用顾客的同情心和其他情感的行为）；②阻碍竞争对手的行为（低价贱卖，联合抵制，歧视，比较性广告，擅自提出商品检测结果）；③剥削行为（侵犯他人的专用权，剥削他人的信誉和广告成果，不当招徕顾客和雇员）；④违法行为（违反经济法和税法规定，违反其他法律规定，违反合同义务）；⑤干扰市场秩序的行为（大规模免费赠送商品，免费赠送新闻产品）。[①] 这些类型补充了《德国反不正当竞争法》所禁止的具体不正当竞争行为，是《德国反不正当竞争法》的一个重要组成部分。这些案例本身还没有形成一个相对封闭的体系，其结构和内容都处于不断的变化之中。惟其如此，司法机关才能够根据经济生活中出现的具体情况，及时地、有针对性地制止和防止形形色色的不正当竞争行为。上述第五类“干扰市场秩序的行为”，就是在20世纪70年代以后才在商业交易中出现的，司法机关不久就根据一般条款认定其为不正当的竞争行为。笔者认为，德国执行《反不正当竞争法》一般条款的经验很值得我国学习和借鉴。

---

① Fritz Rittner, Wettbewerbs – and Kartellrecht（竞争法和卡特尔法），3. Auflage, Heidelberg，1989年版，第2章（第19～51页）；Volker Emmerich, Das Recht des unlauteren Wettbewerbs（反不正当竞争法），3. Auflage, Munchen, 1990年版，第15章，第315～323页。

最后,把《反不正当竞争法》第2条第2款解释为一般条款,在方法上也是可以做到的。第2条第2款所称的"违反本法规定",在通常情况下当然是指经营者违反《反不正当竞争法》第2章第5条至第15条的规定,从事损害其他经营者合法权益的行为。但纯粹从此款规定的文字表述来看,"违反本法规定"中"本法"不应局限于第2章,而应理解为《反不正当竞争法》整部法律。"违反本法规定",不仅是指经营者违反第2章禁令的行为,而且还包括经营者违反整部《反不正当竞争法》规定的行为。也就是说,不但违反第5条至第15条规定的行为是不正当竞争,而且违反《反不正当竞争法》其他规定,尤其是第2条第2规定的行为也可构成不正当竞争行为。对于第20条第1款中的"违反本法规定",我们也可以以相同方式获得这样的解释结果。

诚然,在认定《反不正当竞争法》第2条第2款之一般条款性质的时候,我们还应该注意以下几个问题。首先,应当注意特别法优先于一般法适用的原则。在判断某项行为是否属于不正当竞争时,应当先考察此项行为是否符合该法第2章所列各项不正当竞争行为的要件;必要时还可以将有关规定作类推适用。只有在缺乏适当的特别规定,而通过其他方法也难以制止某项不正当竞争行为时,才应考虑适用一般条款。其次,在适用一般条款时,也应当具体分析有关行为的特点,研究此项行为有无违反《反不正当竞争法》的规定或原则、有无违背善良风俗和商业道德、有无损害其他经营者的合法权益。最后,认定某项不属于该法第2章所列举的行为是不是不正当竞争行为,是一件相当复杂的工作,牵涉有关经营者的实际利益。因此,应当对经营者的具体行为及其性质、竞争对手的具体情况、相关市场的具体关系等进行细致的分析研究,以期得出合理和公正的结论。此项工作,应由各级反不正当竞争的主管机关具体实施,但最终由受理案件的人民法院来认定比较妥当。这样做有利于维护法律的严肃性,确保司法审判的稳定性和连续性。

(1995年第2期)

1996 年

我国外资法面临的严峻挑战

丁　伟*

1994年4月15日,世界贸易协定的签署重新确立了全球多边贸易体制,使全球贸易格局发生了巨大变化。在新的世界多边贸易体制下。作为国际贸易的延伸和发展的国际直接投资已成为世界经济增长的主要推动力量。在乌拉圭回合多边贸易谈判中达成的《与贸易有关的投资措施协定》(Agreement on Trade－related Investment Measures,TRIMs)便成为世界贸易协定的重要组成部分。TRIMs对于传统的国际投资法的内容作了深刻的变革,被视为全世界范围内具有最广泛影响的国际投资法典。TRIMs的生效将给我国对外贸易和扩大对外投资带来前所未有的机遇和挑战。

一、我国现行外资立法与世界贸易协定体制不相协调之处

世界贸易协定体制的核心是克服贸易保护主义,充分实现贸易自由化。在投资领域消除一切对贸易有限制或扭曲作用的投资措施。世界贸易协定对于投资领域的要求集中体现在TRIMs的各项规定中。按照这些规定审视我国现行外资立法,不难发现其与世界贸易协定的下列基本原则存在明显的不协调之处:

(一)国民待遇原则

国民待遇是世界贸易协定奉行的基本原则,TRIMs将国民待遇原则引入投资领域,并在附件中列举了违反国民待遇的投资措施。按照国民待遇原则,缔约一国对来自缔约另一国的直接投资的待遇与其给予其本国的同类投资的待遇相同。具体地说,东道国对于外国投资者与国内其他企业在税收、销售、运输、购买、分配、经营等方面一视同仁。在与贸易有关的投资领域实行国民待遇原则能够保证国内资本和外国资本在同等的条件下公平竞争。但是,我国自实行对外开放以来,对外资基本上采取鼓励和限制相结合的政策。因此,尽管我国外资立法及我国签订的一些双边协定中规定或承诺了在投资领域给予外国投资者国民

* 作者单位:华东政法学院(现华东政法大学)。

待遇，但由于法律与政策的导向，形成了事实上的“超国民待遇”与“低于国民待遇”的倾向。

1. 超国民待遇问题

其一，所得税优惠。长期以来，我国对外商投资企业一直贯彻“税负从轻、优惠从宽、手续从简”的原则，先后制定了30多项减免税收的措施，这种优惠待遇是国内企业望尘莫及的。根据1991年颁布的《外商投资企业和外国企业所得税法》的规定，外商投资企业按地域或投资项目的不同而享受不同的优惠，最低税率可达到3%；对于新办的外商投资企业给予优惠，退还再投资部分已缴纳所得税的40%税额；外商投资企业亏损允许用下一纳税年度所得税弥补。而国内企业不论设立在何处，其所得税加地方税均为33%。

其二，关税优惠。根据《中外合资经营企业法实施条例》（以下简称《合资法实施条例》）第71条、国务院《关于鼓励外商投资的规定》第13条以及海关有关规定，外商投资企业可以依法免税进口生产设备、零部件及为生产出口产品而进口的原材料、辅料、元器件、零部件及包装物料等；外国投资者还可以免税进口合理数量的供自用的生活用品。这些优惠是国内企业享受不到的。

其三，进出口权。根据我国法律规定，外商投资企业普遍享有进出口权．可以直接进口生产所需要的原材料、机器设备，可以直接出口自己生产的产品。在现行外贸体制下，除少数国营大中型企业被依法授权拥有自营进出口权外，绝大多数国内企业如想进出口商品，必须委托有进出口经营权的单位代理。

超国民待遇使国内企业在市场竞争中处于不利的地位。外商借此而获得的超过国际市场利润水平的各种优惠，实际上是建立在牺牲国家部分税收利益的基础之上的。在实践中，这种超国民待遇还是屡禁不止的假投资的主要诱因。

2. 低于国民待遇问题

在积极吸收外资的同时，为了维护我国经济主权，促使外国投资符合我国经济发展的客观要求，我国依照法律对外国投资者的投资活动予以一定的限制，使之享有的权利实际上低于国民待遇。

其一，投资领域限制。我国外资立法及有关政策将外商投资项目分为鼓励、允许、限制和禁止4类。根据《外资企业法实施细则》第4条和第5条的规定，新闻、出版、电视、电影、国内商业、对外贸易、保险、邮电通信等行业禁止设立外资企业；公用事业、交通运输、房地产、信托投资、租赁等行业限制设立外资企业。1995年6月，我国有关部门发布了《指导外商投资方面暂行规定》和《外商投资产业指导目录》，逐步扩大了外商投资领域，开放了一些原来禁止外商投资的领域，如航空运输、通用航空、商业、物资供销、对外贸易、金融、保险、证券、会计、审计、法律咨询服务、贵金属矿开采、冶炼、加工等行业，但仍将这些行业列入《指导目录》限制类（乙），只允许在一定范围内有步骤地进行吸收外商投资的试点。

其二，当地成分要求。所谓当地成分要求，是指东道国要求外资企业购买或使用当地生产的产品或原料。TRIMs 的附件将其列为违反国民待遇原则的投资措施。在我国现行投资法中，具有当地成分要求的规定比比皆是。《中外合资经营企业法》第 9 条规定“合营企业所需原材料、燃料、配套件等，应尽先在中国购买，也可由合营企业自筹外汇，直接在国际市场上购买”。《合资法实施条例》第 57 条进一步规定：“合营企业所需的机器设备、原材料、燃料、配套件、运输工具和办公用品等（以下简称物资），有权自行决定在中国购买或向国外购买；但同等条件下，应尽先在中国购买。”《中外合作经营企业法》、《外资企业法》、《中外合作开采海洋石油资源条例》中都能找到类似的条文。

其三，出口实绩要求。我国外资法采用限制性和优惠引导相结合的方法对外商投资企业提出出口实绩要求。我国外商投资企业的审批机关通常把外商投资企业的产品是否具有一定比例的外销作为审批条件。而国务院颁布的《关于鼓励外商投资的规定》则将外商投资企业的产品出口与税收优惠挂钩，规定产品出口的外商投资企业可以享受更为优厚的减免税收的待遇。

其四，贸易平衡要求。TRIMs 的附件将贸易平衡要求，即要求外商投资企业购买的进口产品与其出口产品的价值或数量必须成比例作为违反国民待遇的投资措施。而我国外资法则明文规定外商投资企业必须实现进出口平衡。《合资法实施条例》第 75 条规定“合营企业的外汇收支一般应保持平衡”。《外资企业法》第 18 条规定“外资企业应当自行解决外汇收支平衡”。我国各级审批机关也将外汇收支能否保持平衡作为审批外商投资项目的必要条件。

（二）废除数量限制原则

废除数量限制是建立正常的市场运行机制、实现贸易自由化的一种基本措施。在世界贸易协定体制下废除数量限制与关税减让几乎占据同等重要的地位。由于关税水准随着几轮多边贸易谈判的结束已大大下降，作为非关税壁垒的数量限制已成为新的世界多边贸易格局下阻碍贸易自由化的主要樊篱。在投资领域，这种对贸易有扭曲作用的数量限制主要表现为投资东道国采用替代进口、限制进口用汇、限制产品出口等措施。我国现行外资立法中也存在这种数量限制的规定。

1. 替代进口的数量要求

根据 TRIMs 的规定，凡东道国“限制企业进口产品用于当地生产或与当地生产有关,或者根据其出口产品的数量或价值进口产品"均构成替代进口的数量要求。我国在利用外资工作中一直实行以产顶进的进口替代战略,不断提高彩电、汽车等投资领域的国产化程度。国家经委和计委颁布了有关合营企业产品以产顶进的办法,有关部门历年来将1751种产品列入以产顶进、替代进口的清单。凡列入清单的产品,在国内没有售出之前,任何企业不得从国外进口。国家还在财政税收、价格和信贷等方面给予实行进口替代的外商投资企业特殊的优惠政策。

严格地讲,前文述及的当地成分要求、贸易平衡要求也属于数量限制,其实际效果也是替代进口,但只是一种间接的限制进口的措施,而替代进口的数量要求这种直接限制进口的措施对贸易的影响作用更大。

2. 通过限制进口用汇实施替代进口

此项措施与前项不同,法律并不直接规定外商投资企业必须遵守替代进口的数量限制,而是根据该企业创收有关外汇的数量,通过限制外汇的取得而迫使企业实施替代进口。由于我国人民币不能自由兑换成自由外汇。有关部门通常根据内部规定对外商投资企业实行外汇管制。这种做法显然与TRIMs的要求不符。

3. 限制产品出口

根据TRIMs的规定,被视为数量限制的限制产品出口的措施是指东道国"限制企业出口或为出口销售产品,不论该限制是否规定了特定产品、产品的数量或价值,或本地生产的数量或价值比例"。我国外资立法从总体上讲积极鼓励外商投资企业产品出口,赋予外商投资企业外贸经营权,但法律对于这种外贸经营权作出了一些限制性规定。《外商投资企业申领进出口许可证的实施办法》规定,"外商投资企业出口本企业生产的产品,其中属于实行出口许可证管理的商品,凭企业年度出口计划每半年申领一次出口许可证。"这种配额许可证管理属于数量限制。此外,有的主管部门要求外商投资企业以低于国际市场的价格向国内销售企业拟出口的产品,这是一种变相的限制出口的做法。

(三)政策法律透明度原则

透明度原则是关贸总协定在其存在的近半个世纪中所追求的3大终极目标(贸易自由化、透明度与稳定性)之一。TRIMs第6条要求缔约国重申其对透明度原则所作的承诺。按照透明度原则,各国应保证其外资法的透明度,公开与投资有关的各种政策、法规、指导性文件和一系列管理措施。法律的公布是法律生效的前提,也是立法的最后一道程序。法律的公开化又是实行法治的一条重要原则。然而,我国利用外资领域的很多重要事项长期以来都是靠一些非公开的内部文件、行政指示、内部通知、批文来决定的。其内容涉及财务、税收、工商、信贷、物资、进出口、劳务等各个方面,甚至连外商投资企业的审批原则也不公开。这些内部法规和文件都是通过行政途径下达的。不少受内部规定困惑的外商甚至将不公开的内部法规视为"秘密法"。此外,有些已经公开的法律内容过于简单,且缺乏必要的可操作性,有关立法机关长期不作修改、补充,而是依赖司法机关作出司法解释。而这种司法解释不同于法律、法规,通常是不对外商公开的。可见在法律透明度方面,我国的现状与世界贸易协定的要求相去甚远。

(四)政策法律统一性原则

根据世界贸易协定所确立的全国政策法律统一性原则,中央与地方的立法和政策应保持统一,不同地方之间的立法和政策也应保持统一。在这方面我国存在的问题比较严重。

其一,从中央到地方,多层次、多方面地制定优惠政策。在税收减免、审批权限、资金和利润的汇出等方面形成了地区差别。以企业所得税为例,外商投资企业的税率是33%,设在沿海经济开放区、经济技术开发区所在城市老市区、沿海开放城市、沿边开放城市等地区的生产性外商投资企业可按24%的税率征收;设在经济特区的外商投资企业、设在经济技术开发区和上海浦东新区的生产性企业则可按15%的税率征收。这种地区差别将导致歧视性待遇,须知对一个地区的优惠就意味着对另一地区的歧视。

其二,法出多门造成了法与法之间的横向失调。如《涉外经济合同法》与《技术引进合同管理条例》关于个人能否作为合营企业中方主体的规定不尽一致:前者未提及个人,而后者则明确地将个人划入中方主体之列。同样现象还表现在立法与执法的矛盾冲突中。如《私营企业暂行条例》规定独资企业、合伙企业和有限责任公司这3种私营企业都可以向外商投资企业投资。但我国审批机关在执法时仅允许私营企业中的有限责任公司与外商合资或合作办企业,私营的独资企业与合伙企业则无缘涉足中外合资经营企业和中外合作经营企业。

其三,分散立法以及有关部门的越权立法导致了法律之间的纵向失调。由于立法要分散,中央和地方立法的调整对象缺乏明确界限,其结果是调整同一法律关系的法律条文分散规定在一系列不同的法律、法规中。其中既有全国人民代表大会及其常务委员会制定的法律、法规,国务院及其有关部委制定的行政法规,又有地方性的立法和行政法规。其内容既有重复、交叉的,又有分散、混杂的。

政策法律不统一不但会影响我国外资法的整体效能,损害我国的投资环境,同时还将导致各地方在给予外商优惠待遇方面竞相攀比,使国家财产蒙受损失. 其负面效应是明显的。

二、对于我国外资法中的不完备之处应作实事求是的分析

前文述及,我国现行外资立法中存在一些与市场经济的运行机制不相适应,与世界贸易协定体制不相协调,甚至不相容的限制性投资措施。对此,我们应本着实事求是的态度,对这些投资措施的产生原因以及所起的作用作具体的分析,充分肯定其在我国外资立法的进程中曾起过的积极作用。

第一,任何一个国家外资法的发展都有一个循序渐进的过程。我国外资立法起步较晚,但在短短的 16 年中已建立起一整套体系较为完备、门类较为齐全的调整投资关系的法律制度。由于实践经验的限制,在外资立法的发展过程中暂时存在透明度低,法律、法规缺乏统一性的问题是正常的。

第二,评价法律条文的成败得失不能离开立法时的特定历史条件,更不能脱离中国的国情。前文所述及的我国现行立法中那些与世界贸易协定的原则不相协调的规定绝大多数是计划经济的产物,产生于我国争取复关之前。这一时期的外资立法不可避免地存在诸如低于国民待遇、数量限制等带有计划经济烙印的规定。

第三,在积极引进外资的同时,依照法律对外国投资者的投资活动予以适当的、合理的限制,是我国维护主权的完整性、保证外国投资符合我国经济发展要求的必要手段。从法律上讲也是符合国家属地主权优越原则的合法行为。包括发达国家在内的世界各国都在不同程度上对外国投资的领域、股权比例、资金汇出、经营活动依法加以限制。同样,在特定时期和特定领域,为吸收外资而对外国投资者的经营活动提供各种便利和优惠,也是当前各国改善投资环境、鼓励外国投资的普遍做法。因此,在特定条件下依法对外资进行鼓励或限制是无可非议的。

第四,我国在实现从计划经济向市场经济过渡的过程中,已经按照市场经济的规律对外资立法进行修改和调整,自觉与国际惯例接轨。近年来,我国逐步拓宽了投资领域,实现了汇率并轨,取消了 200 多项进口许可和配额制度,改变了改革开放初期要求外商投资企业产品出口的强硬姿态,清理了一大批内部文件和内容陈旧的法律、法规,公布了《指导外商投资方面暂行规定》和《外商投资产业指导目录》,建立了定期对外公布法律、法规的制度,并致力于政策的法律化

和法律、法规的统一化,外资立法与世界贸易协定的原则不相协调的状况已逐步改观。

第五,我国1986年7月提出复关申请,自始至终参加了乌拉圭回合的谈判,并签署了包括TRIMs在内的世界贸易协定。在复关问题上我国一贯坚持权利与义务平衡的原则,因此在我国复关并成为世界贸易组织创始成员国之前,我国既然不能享受应有的权利,也就不可能履行在复关谈判及世界贸易协定中所承诺的一切义务。有鉴于此,我国外资立法现阶段仍保留一些与世界贸易协定的原则不尽一致的规定,也是无可指责的。

三、按照世界贸易协定体系构造我国外资法势在必然

第一,中国要求复关并成为世界贸易组织的创始成员国,是中国实行对外开放的需要。中国改革开放的进程已不可逆转,复关受阻并不意味着需要放弃多年来我国为复关所作的努力。实践证明,要想参与国际市场竞争,必须融入国际经济体系,自觉与国际经贸行为规范全面接轨;而世界贸易协定正是全世界范围内具有最广泛影响的规范国际经贸行为的法典。因此,按照世界贸易协定的体制构造外资立法完全是自觉自愿地与国际规则协调、接轨,这一目标不会因复关中止而改变。

第二,世界贸易协定是建立在市场经济基础之上的多边贸易协定,是市场经济的典范。我国正在建立和完善社会主义市场经济体系,应该自觉地向世界贸易协定体系靠拢,建立全国统一的平等竞争的市场经济的运行机制,推动我国按照市场经济的规律更广泛、更深入地参与国际竞争。

第三,由于少数缔约国的刁难,我国复关暂时受阻,在涉及国家根本利益的问题上我国不会屈服于任何外来压力而为复关付出额外的代价。在这一前提下,我们应按照既定方针,稳步推进外资立法与世界贸易协定体系的接轨,这样做可以在今后的复关谈判中取得更多的主动权。我们对我国复关并成为世界贸易组织创始成员国应充满信心。

第四,按照世界贸易协定体系构造我国外资法,并不意味着我国外资法必须根据世界贸易协定的原则放弃对外国投资的一切限制性措施,也不妨碍我国根据我国经济发展的目标对外资实行必要的监督和管理。即使我国复关谈判成功,成为世界贸易协定正式成员国后,作为一个发展中国家,我国也只承担与其经济水平相适应的义务。在这方面我们可以充分利用世界贸易协定中的"例外

条款”,依法保护我国利益。这些“例外条款”为缔约国规定了一个缓冲期,即发达国家应在协定生效后2年内、发展中国家在5年内、最不发达国家在7年内取消一切与“国民待遇原则”、“废除数量限制原则”不一致的投资措施;在紧急情况下可以实施有违于“国民待遇原则”、“废除数量限制原则”的投资措施。可见,援用“例外条款”,我国可以在相当长的过渡期内,根据我国对外开放的总体方针和国民经济发展的实际状况,从容不迫地完成我国外资立法与世界贸易协定体制的全面接轨。

(1996年第1期)

1997 年

劳动关系变形引起的法学思考

董保华*

《中华人民共和国劳动法》已经确定了我国劳动合同制度的目标模式。在推进劳动制度改革中,我国的劳动关系出现了一定程度的变形,本文将对这种状况进行分析,从而探索实现既定目标模式的途径。

一

劳动关系是指劳动者与用人单位之间为实现劳动过程而发生的劳动力与生产资料相结合的社会关系。就劳动关系的本来意义而言,应有两个特点:

(1)从劳动关系的当事人来看,是劳动力提供者和劳动力使用者之间的社会关系。马克思曾经说过:“不论生产的社会形式如何,劳动者和生产资料始终是生产的因素。”[①]劳动关系的当事人分别体现出马克思所说的两个生产要素。作为劳动关系一方当事人的劳动者是劳动力所有者,可以任意支配蕴涵在自身体内的脑力和体力的劳动能力,劳动者是作为劳动力的提供者而出现的;作为劳动关系的另一方当事人是生产资料的所有者、经营者或者管理者,可以支配和使用所掌管的那部分生产资料,是作为生产资料的支配者和劳动力的需求者出现。

(2)从劳动关系的内容来看,是与劳动过程相联系的社会关系。如果劳动者和生产资料的经营管理者都停留在静态的出发点上,劳动关系只是一种可能存在的关系。马克思在指出劳动者和生产资料是社会生产的两个要素之后,又说:“但是,两者在彼此分离的情况下只在可能性上是生产因素。凡是要进行生产,就必须使它们结合起来。”[②]要使生产资料和劳动力相结合,就要求劳动力的所有和使用相分离。劳动者在一定程度上放弃其作为劳动力使用者、支配者的地位;生产资料的经营管理者则又须成为劳动力的支配者、使用者,生产资料的经营单位成为用人单位。生产的两个要素在某一个劳动组织就能得到具体的结

* 作者单位:华东政法学院(现华东政法大学)。

① 《马克思恩格斯全集》(第24卷),人民出版社1972年版,第44页。

② 同上。

合。生产资料的所有者或经营者，在成为用人单位（劳动力的支配者）后，安排劳动者在劳动组织内和生产资料相结合，使劳动对象发生形态的变化、位置的转移以及对价值的增加。就劳动关系的典型形态而言，以上两个方面是不可分离的。然而，劳动制度改革的复杂性，不仅在于它要确立新的劳动关系，而且是要在旧的劳动关系的基础上形成一种新型关系，实际上是要对原已存在的劳动关系进行再构造。这种再构造所形成的新的利益机制，难免和原来的利益机制相矛盾。新、旧利益机制冲撞会使劳动关系呈现出不规范的特征，从而使劳动关系出现了某种程度的变形。这种"变形"集中体现在两个"隐性"上：一是"隐性失业"，劳动者与用人单位有劳动关系，而无劳动内容。一些劳动者虽仍与原用人单位保持着特定的隶属关系，却由于"下岗"、"待工"，而与劳动过程相分离。这部分劳动者虽已无劳动岗位，并撤出了劳动过程，但又未进入社会保障系统，仍由用人单位发给生活补助。在我国的劳动管理中一般称为劳动关系的保留制度。二是"隐性就业"，劳动者与用人单位有劳动内容，而无劳动关系。一些"下岗"、"待工"的劳动者一方面和原单位保持着劳动关系，领取生活费；另一方面为弥补生活之需，而在其他无劳动关系的用人单位从事劳动，或在一些非正规部门从事劳动。

二

以下分别对劳动关系的这两种变形情况进行分析。

劳动者脱离劳动过程而保留劳动关系的制度，最初产生于停薪留职。1983年6月经国务院原则同意，劳动人事部、国家经济委员会发出《关于企业职工要求"停薪留职"问题的通知》。这一规定当时只适用于复习功课参加升学考试以及帮助待业子女从事集体、个体劳动等极个别的对象。在1992年的劳动制度改革中，针对企业内富余人员的问题再次采用了这种形式。1993年4月20日，在国务院第111号令《国有企业富余职工安置规定》中形成了一套较完整的规定。除了停薪留职外，还对企业内提前退休，怀孕期、哺乳期女职工请长假等作了一系列具体规定。以后随着劳动制度改革的发展，这种形式又扩大到一部分在优化组合的改革中离岗待工的劳动者。尽管《中华人民共和国劳动法》公布后，劳动部颁发的《关于贯彻执行〈中华人民共和国劳动法〉若干问题的意见》中，已不再保留停薪留职的形式，但随着改革的深化，国有、集体企业中富余人员、离岗待工的人数日益增加，并成为脱离劳动过程而保留劳动关系的主要形式。从目前的规定来看，劳动关系的保留可以分为两种情况：一种是无期限的保留劳动关系;另一种是有期限的保留劳动关系。

对于劳动关系的保留制度应如何评价呢?笔者认为,首先应充分认识这一制度的积极性,同时也要看到这一制度的局限性。

我国过去长期实行的固定工制度与高度集中统一的管理体制相适应,对劳动者的就业实行统分统配、统规统调。职工的工作期限没有规定,就业后长期在一个单位内从事生产和工作,职工一般不能离职,单位也不能辞退,工资待遇和劳保福利是根据国家的统一规定给予。在这种制度下,劳动关系只是行政关系的一种延伸,并无多少独立的内容。劳动制度的改革正是从合理界定企业行为与政府行为的关系、区别劳动关系与劳动行政关系入手的。

在企业和政府的关系已有了初步界定的情况下,站在不同的角度往往会得出不同的结论。一般说来,企业总是倾向于先在企业范围内确定富余人员,然后在富余人员中开展"双辞"(辞退、辞职),并配以社会安置措施。我国劳动力从总量上看是供大于求,如允许企业任意释放超量劳动力,就会在短时间内形成难以承受的社会压力。因此,从政府的角度往往强调企业对于富余人员的内部消化。其实,企业真能消化,也就称不上富余人员了。劳动制度改革面临着两难困境。

1989年,笔者曾提出了"迅速改制,逐步到位"的方案。所谓"迅速改制",是在整个社会全体职工中实行固定工制向合同工制的转变,把劳动关系尽快纳入劳动合同的法规体系,并接受其调整;所谓"逐步到位",就是考虑已经存在的劳动关系现状,逐步规范化。纳入新体制后,原有的劳动关系当事人中必然有一部分不愿签订劳动合同,应当允许。原有的当事人不签订劳动合同,也就从生产岗位中撤离出来。从劳动过程中撤离出来之后,如果职工一方不愿订约的,应当允许解除劳动关系;如果企业一方不愿订约的,在一定时期,仍需采用维持离岗待工、保留劳动关系的办法。在解除劳动关系上,对职工一方实行"松"的控制、对企业一方实行"紧"的控制,是由我国劳动力市场和社会保障系统的承受力所决定的。按现行的规定,职工一方提出解除劳动关系,是没有多少保障措施的,因此,不会给社会保障带来多少负担;企业一方解除劳动关系,就涉及失业救济金、医疗费等,会给社会保障增加压力。因此,应在人员流动的基础上解决富余人员的问题。① 我国从1992年开始推行的全员劳动合同制以及1995年开始普遍实行的劳动合同制,基本上采用了这一做法。劳动关系保留制度对于改革原固定工制度具有积极的意义。

---

① 详见《争鸣》1989年第2期。

在充分肯定劳动关系保留制度在改革中的积极作用的同时，也要看到目前这种以离岗待工为特征的劳动关系保留是一种过渡性的制度，与《中华人民共和国劳动法》的规范性规定是有一定区别的。离岗待工的劳动关系保留制度已经突破了典型意义的劳动关系。把职工从生产中撤离出来，而又不纳入社会保障系统，可以看做劳动关系的暂时中止（不是终止），向前可以回到生产过程，向后可以进入保障系统，权利义务处于不确定状态。随着离岗待工的逐步沉淀，一部分人已经不可能回到生产过程，而又不能进入社会保障系统，这种做法实际上已演变成由企业承担了本应由政府承担的负担。由于这种“隐性失业”现象只存在于国有企业，使国有企业在市场竞争中处于不利的地位。随着改革的推进，如何使隐性失业显性化已经提上议事日程。

三

“隐性就业”常被冠以“劳务工”的称谓，这在理论上陷入了误区，在实践中存在诸多问题。我国在相当长的一个时期内，将劳动力市场称为“劳务市场”，对属于民事合同范畴的劳务合同与劳动合同的区别认识不清。

劳务是指以活动形式提供给社会的服务。劳动成果可以划分为两种基本形式：一种是脱离劳动过程后体现为物化形态，可称为实物成果，以实物进入交换过程；另一种是与劳动过程伴随始终的活劳动形态，并以这种活劳动进入交换过程。后者就是劳务。劳务也可以有两种形式：一种是生产过程与交换过程的统一，消费过程可以独立于外，如服装加工、家具制作、工具修理等；另一种是劳动者的劳动与购买者的消费同步，劳动者提供使用价值的劳动过程，也是劳务的流通过程和消费过程，如饮食，理发，按摩，旅客乘车、船、飞机旅行等，劳动行为以劳动成果的形式呈现出来。

劳务的上述特征，决定了劳务合同与劳动合同的区别。从这些特点上可以看出，下岗、待工的劳动者到其他单位劳动的行为并不是劳务行为：

（1）社会关系性质不同。劳动合同是仅与劳动过程相联系的合同，表现为劳动者向用人单位提供劳动力；劳务合同虽也与劳动过程相联系，但它更着眼于实现过程。劳务合同尽管也以劳动行为为内容，但它与劳动结果紧密相连。如出版预约合同要求作家按期交付作品，加工承揽合同要求承揽人完成加工定作物或修理、修缮物品，而不是仅仅要求完成一定的劳动行为。作为标的物的劳动结果，体现主体双方的物质利益，按照等价有偿原则实现。下岗、待工的劳动者到其他单位劳动的行为所产生的社会关系，其性质还是与劳动过程相联系，而不是与劳动结果相联系。

(2)劳动力的支配权不同。在劳动合同关系中,劳动力的支配权归掌握生产资料的用人单位行使,双方形成管理与被管理的隶属关系;在劳务合同关系中则由劳务提供方自行组织和指挥劳动过程。下岗、待工的劳动者到其他单位劳动必须遵守该用人单位的劳动纪律,服从该用人单位的指挥,因此也可以说形成了管理与被管理的隶属关系。

(3)风险责任不同。在劳动合同关系中,由用人单位承担风险责任,而用人单位拥有或掌握的生产资料往往成为其承担风险责任的物质基础;在劳务合同关系中,劳务提供方自行承担风险。下岗、待工的劳动者到其他单位劳动,当然绝不可能去承担该单位的经营风险。

(4)劳动报酬的性质不同。因劳动合同的履行而产生的劳动报酬,具有分配性质,不完全和不直接随市场供求情况变动,其支付形式往往特定化为一种持续、定期的工资支付;因劳务合同而取得的劳动报酬,是商品价格的一次性支付,商品价格是与市场的变化直接联系的。下岗、待工的劳动者到其他单位劳动所取得的报酬是一种工资性质的劳动报酬。

从以上4个方面可以看出,下岗、待工的劳动者到其他单位劳动所形成的社会关系并不是什么劳务关系,而是劳动关系,应受劳动合同的调整,而不能受劳务合同的调整。

将下岗、待工的劳动者到其他单位劳动的行为称为“劳务”行为,在实践中也暴露出很多问题。

由于不承认下岗、待工的劳动者到其他单位劳动的行为是建立了劳动关系,新的用人单位不必缴纳养老、医疗、失业等社会保障的费用,而原用人单位只是以生活费为基数,按最低标准缴纳有关的费用,劳动者社会保障的权益受到侵害。同时,这种状况也给新的用人单位支付较低劳动报酬提供了口实,使“同工不同酬”成为一种普遍现象。在“劣币驱逐良币”定律的作用下,整个劳动力市场难以规范。有些同志认为,将下岗、待工的劳动者视为劳务工,降低了劳动力成本,有助于新的用人单位接纳这些劳动者,有利于这部分劳动者的再就业。其实这样做的负面效应是使职工不愿离开原用人单位。这也是近年来,在一些大城市中,尽管政府在不断“搭台”,提供各类职业介绍的场所和机会,然而劳动者就是不愿“唱戏”,职业介绍的成功率极低的重要原因。

笔者认为,与“隐性失业显性化”同样重要的是“隐性就业显性化”。

四

作为一种目标模式，劳动者的保障应分为两个方面：有劳动关系时，进入劳动过程，通过职业收入保障生活；无劳动关系时，退出劳动过程，进入社会保障系统，通过国家以及社会提供的各种物质帮助保障其基本生活需要。我国与其他市场经济国家相比，可以说是从两个相反的极端出发来接近一个大致相同的目标模式。概括地说，西方市场经济国家在立法上主要是增加强制性规范，通过国家干预，从而使劳动合同制度形成，这是"私法公法化"的过程；而我国则是在立法上增加任意性规范，通过减少国家干预，从而把国家用工转变为企业用工，从某种意义上说是"公法私法化"的过程。前者是要增加劳动关系的稳定性，而后者是要增加劳动关系的变动性。尽管我国与其他国家所要实现的目标模式相类似，但在中间状态上有很大的差别。

劳动关系出现的变形以及由此产生的问题，实际上提醒我们，对劳动关系的调整应采取逐步规范化的方式，既让隐性失业显性化，也让隐性就业显性化，从而进一步靠近目标模式。

在隐性失业显性化的探索上，上海的两项改革引人注目。

一是劳动力分流制度。根据老、中、青的不同特点实行分流。老年职工提前退休逐步进入社会保障系统；青年职工（1984 年以后参加工作的劳动者即合同制职工）直接进入劳动力市场；重点对中年职工进行帮助，使之逐步进入市场。

二是行业托管制度。对于一部分仍实行"待工"、"待退休"的中老年职工，既从企业分离出来，又不立即向社会释放，而由行业建立"再就业服务中心"实行托管，并逐步向社会转移，以缓冲社会压力。

在隐性就业显性化的探索上，上海也有一项重要的改革措施，即给非正规部门就业的劳动者以正规的社会保障措施，对于一些城市型的产业采取免税政策，以吸纳劳动力。

笔者认为，解决劳动关系的变形问题，应注意以下 3 个方面：

（1）劳动关系要与劳动过程相联系。劳动关系从内容上看，是与劳动过程相联系的社会关系，两个方面不应分离。对劳动关系的理解，要合理回归。目前，尚无条件完全取消劳动关系保留制度，但应尽可能将劳动关系与劳动过程统一起来理解。劳动关系的保留制度不宜随意扩大。

（2）劳动关系要与劳务关系相区别。劳动关系应由劳动法规和劳动政策去调整；而劳务关系只能由民法调整。应尽快消除对所谓的"劳务工"理解上的错误以及管理上的混乱。

(3)劳动关系可与劳动关系相并存。我们的各种劳动法教科书上均称,一个劳动者只能建立一个劳动关系,从属于一个用人单位。这种观点在高度集中统一的管理模式中是恰当的。市场经济的发展,已经要求我们承认一个人的多重劳动关系。允许一个劳动者同时建立两个或两个以上的劳动关系,对我国的劳动管理和社会保障制度会带来有益的影响。在用工管理方面,应当允许一个劳动者同两个用人单位签订劳动合同,当然两单位工作时间总和不应超过8小时。在工资管理方面,各地在公布和调整最低工资时,应同时公布月最低工资标准和时最低工资标准;如果一个职工每天在甲乙两单位各工作4小时的话,甲单位或乙单位都只按月最低工资标准的50%来执行。在社会保障方面,以养老保险为例,每个劳动者固然只能有一个个人账户,但应要求多个用人单位根据劳动者工资的一定比例向这一劳动者的个人账户缴纳养老保险费,从而保障劳动者的利益。

(1997年第10期)

1998 年

优化监管:金融监管法基本原则

张忠军*

一、金融监管法原则确认的方法论

金融监管法的原则,是指能够全面、充分地反映金融法所调整的金融监管关系的客观要求,并对这种关系的各方面和全过程都具有普遍意义的基本准则和指导思想。它体现了金融监管法律的本质和根本价值,是金融监管法律的灵魂和基本精神所在,对金融监管活动具有根本性的指导意义和统率作用。由于法律基本原则的内容具有高度的概括和抽象,它并不一定就显现于具体的法律规范条文中,但都隐现于法律的规定和精神之中。因而,在对法律进行整体研究和总结的基础上进行理论提炼是必须做的工作,而原则确立的方法和标准对原则内容的科学性、准确性无疑具有重大影响和实际意义。

从一般意义上说,构成法的基本原则的条件和标准是:①被确认的法律原则,必须真实、全面、集中地反映具有特殊规定性和同类性的某一类型的社会经济关系对法律的调整和规范的要求。这是构成法律原则的客观方面的要求。②被确认的法律原则,必须能够科学地抽象和概括出以某一类型的社会经济关系为存在条件的某一独立法律部门,或者某一类内容、性质和价值取向相近似的法律规范(通常构成一个独立法律部门的子部门)的基本精神和共同本质。这是构成法律原则的主观方面的要件。③被确认的法律原则,必须为某一独立的法律部门或子部门所明确肯定或者认可。这是构成法律原则的立法方面的要件。

上述3要件缺一不可。要使金融监管法原则对金融监管关系的发生、变更和消灭起到应有的指导作用,也必须依上述要件和标准抽象、概括出金融监管法原则。金融监管法原则的确立还应避免以下情况的出现:①因袭其他部门法的原则。原则是某一法律部门基本精神和共同本质的体现,因而不同法律部门的基本原则是不应相同的。作为金融监管法律的原则不仅有别于其他部门法的原则,就是经济法的基本原则虽然能对其确立具有指导作用,但也不能实行拿来主

* 作者单位:中共中央党校。

义，生搬硬套，据为己有。这种强加给金融监管法律规范的“原则”，不可能把握金融监管法的本质，也不可能反映出金融监管法的特性和要义。②照搬社会经济规律特别是金融运行规律，使金融监管法原则缺乏明确的指导性、适应性和可操作性。金融运行规律是金融监管法原则应循的重要依据，但二者毕竟属于不同的范畴。规律反映的是事物之间联系的客观过程，而法律原则却是主观见之于客观的东西，将规律升华为法律的原则，必须充分与法律的价值取向、本质精神相衔接，不生搬硬套，直接沿用。

依据上述方法，结合金融监管法的本质，笔者认为，优化监管是金融监管法的基本原则。

二、优化监管：金融监管法基本原则

优化监管是指金融监管法要依法赋予金融监管机关监管职权，金融监管行为必须以不超越法定职权范围为根本，以保证市场调节的基本自然生态不被破坏为前提，通过依法高效监管，协调平衡各种利益冲突，实现金融业的稳定健全、有序高效发展。优化监管原则的具体内涵是依法监管、合理监管、适度监管和高效监管。

（一）依法监管

依法监管是指金融监管必须依据法律，不得与法律相抵触。具体指：

第一，金融监管主体地位的确立和监管权力的取得源于法律。金融监管法要对金融监管机关的法律地位和职责权限作出明确规定，要充分维护和保障其金融监管的有效权威，在法律中赋予监管主体以支配性的法律地位和权利主体的法律资格，确保监管主体的金融监管行为具有正当和合理的双重根据，保障其监管行为符合法律要求，监管的步骤、环节和次序恪守法定程序，以确保金融监管目标的顺利实现。如《中国人民银行法》规定，中国人民银行是我国的金融主管机关，并对全国金融业实施监管。该法授权其审批、监督、管理金融机构；监督管理金融市场和发布有关金融监督管理和业务的命令和规章；对金融机构实施监管的手段，如对金融机构随时进行稽核、检查监督；对违法的金融机构实施法律制裁。

第二，金融监管主体应依法行使监管职权。金融监管主体必须在法律授权的范围内行使权力，其金融监管行为不仅要符合金融监管实体法的规定，而且要符合金融监管程序法的规定，不得逾越权限，不得有悖法律，不得侵犯金融机构的合法权益。

第三，金融监管主体的监管权行使应受到法律限制。应该说，滥用监管权力的危险是始终存在的，正如德国历史学家弗里德里希·迈内克所指出的，一个被授予权力的人，总是面临着滥用权力的诱惑、面临着逾越正义与道德界限的诱惑。"不受限制的权力乃是世界上最有力的、最肆无忌惮的力量之一，而且滥用这种权力的危险也是始终存在的。"①为防止监管主体滥用职权或越权行为的可能性，必须使其监管权的行使受到相应制约和监督。其途径有四：一是以法规制监管机关的行为，使其符合法律程序和法律规定，为监管权力的无限制行使设定障碍。一个发达健全的法律制度必须经常试图阻碍压制性权力结构的出现。②二是依法规定滥用监管职权者应受到的法律制裁措施，使其必须为其滥用职权的行为付出相应的法律代价，以儆效尤。三是以法赋予金融机构在权利受到非法侵害时享有行政救济权和司法救济权。如《中国人民银行法》第46条规定，商业银行及其工作人员对中国人民银行的处罚决定不服的，可依照我国《行政诉讼法》的规定向人民法院提起诉讼。四是监管机关及其工作人员必须受到相应的监督。如中国人民银行监管权的行使必须受到国务院、全国人民代表大会的监督。在中国人民银行内部，具体金融监管人员必须接受中国人民银行内部党的纪律检查委员会和监察局的金融监察。

（二）合理监管

面对纷繁复杂、千变万化的金融世界，特别是面对金融创新的发展、新生金融工具不断涌现，立法机关已不可能有足够的时间和必要的专业知识来制定切实可行、详尽、周密的法律。为不至于出现法律调整的真空地带，依法赋予金融监管机关拥有行使职权的自由性，即自由裁量权，是履行其监管职责、实现监管目标的客观需要。但自由裁量权的行使若不加限制，也有被滥用的可能。"如我们说由某当局在某自由裁量之内做某事的时候，自由裁量权意味着，根据合理和公正的原则做某事，而不是根据个人意见做某事……根据法律做某事，而不是根据个人好恶做某事。自由裁量权不应是专断的、含糊不清的、捉摸不定的权力，而应是法定的、有一定之规的权力。""自由裁量权是一种明辨真与假、对与错的艺术和判断力……而不以他们的个人意愿和私人感情为转移。"③所以作为实质上约束自由裁量权的合理监督便应运而生。

合理监管的基本要求是：其一，金融监管行为的动因应符合金融监管的目的

① 转引自[美]E. 博登海默著：《法理学：法哲学及其方法》，邓正来译，华夏出版社1987年版，第346～347页。

② 同上，第344页。

③ 转引自[美]伯纳德·施瓦茨著：《行政法》，徐炳译，群众出版社1986年版，第568页。

或宗旨,或金融监管主体行使自由裁量权应符合金融监管法的目的,而且监管行为要出于善意的动机,不能出于恶意。其二,金融监管行为应建立在正当考虑的基础上,即只考虑与金融监管相关的因素,不相关的因素应当排除。其三,金融监管行为的内容应合乎情理。金融监管行为要符合常理,为一般人所能理解并得到普遍遵守。若金融监管对同样情况不同对待,或对不同情况同样对待,则是不合理的。其四,金融监管行为应有合理的步骤和方式,即监管程序也应合理。可见,合理监管要求金融监管自由裁量权的行使必须遵循金融法律的本质、目的和常理。

如果金融监管机关不合理地行使自由裁量权,就是滥用自由裁量权。这主要有以下几种情况①:①不正当或不符合法律规定的目的。只要监管主体行使权力的目的不符合其所依据的法律的目的或具有违背金融监管的不正当动机,就是滥用权力的行为。如监管者出于私利或其他利害关系的考虑,对金融机构实行过严或过松的监管。②不相关的考虑。监管主体实施金融监管行为时考虑不应当考虑的事情,如考虑完全为法律所没有想到的事情;或者不考虑应当考虑的事情,如法律所明示或默示要求监管机关考虑的事情,并对受监管者产生了不利的影响,则构成权力滥用。③不合理的决定。金融监管行为的实施必须合理,即合乎法律、政策、道德和常理。评价合理与否的客观标准是:金融监管主体的决定只能在任何具有一般理智的人都不会采取时才是不合理的决定。上述3种情况在实践中往往是相互联系的,它们共同构成对金融监管机关自由裁量权的一种约束和限制,避免金融监管专横、权力滥用而侵害金融机构的合法权益。其实质是要求金融监管行为要符合法律的本质宗旨和基本精神,保证金融监管目标的实现。当然,对自由裁量权的约束也应适当,过度的限制等于取消自由裁量。所以在自由裁量权的行使和限制之间达到平衡、协调,是合理监管的核心所在。

(三)适度监管

适度监管是指金融监管主体的监管行为必须以保证金融市场调节的基本自然生态为前提,不得损害金融市场调节整体的自然性,不得通过监管而压制了金融机构竞争和发展的活力。为此,金融监管主体必须满足以下要求。

第一,摒弃监管者万能的思想。金融市场失灵构成了金融监管的主要理由,但这并不意味着监管者就是万能的。金融监管主体的决策者、执行者们和普通

① 参见[美]伯纳德·施瓦茨著:《行政法》,徐炳译,群众出版社1986年版,第571~575页;王名扬著:《英国行政法》,中国政法大学出版社1987年版,第171~172页。

人一样具有自身私利的考虑，对金融运行的客观规律及资源配置的最佳状态也很难具有正确无误的理性认识，监管者对于某些市场缺陷，的确能够有效弥补，而对另外一些市场缺陷，监管者并不必然就能够解决或比市场解决得更好。金融监管者只有意识到自己监管的局限性，才有可能对其具体监管行为进行更为理性科学的决策，确保金融监管的优化。

第二，监管者不能替代金融市场作用。监管者要充分尊重金融市场机制作用的规律，只要没有市场缺陷及市场成本过高等情况发生，监管者就不应主动介入。金融监管者应尽可能去驾驭而不是违背市场力量，更不应该为阻止金融机构对市场机会的利用而人为设置任何障碍。为实现金融业稳定健康有序发展、保护存款人、投资者和社会公众的利益，金融监管机关需建立存款保险制度、实施紧急救援行动。这些安全保障措施对实现金融监管目标是必要的，但这并不意味着监管者要消除所有金融风险。例如，银行接受存款并提供贷款，始终具有某些固有的风险，监管者不能也不该阻止银行必须承担的谨慎风险。监管者也不能保证通过实施监管使所有的金融机构都能稳健、安全运行，即使有个别金融机构因经营不善而被无情的竞争市场所淘汰，只要不触发系统性的金融风险，金融业整体的稳健、安全性不受影响，监管者就应当尊重市场规律的作用。

第三，监管者应避免直接微观管制金融机构。监管者不是金融机构的经营管理者，不能企图对金融机构具体事务进行微观管理。金融监管者应为各类金融机构设置安全稳健和预防风险的指标体系，以准确反映金融机构风险暴露情况并使之制度化、法制化，使金融机构经营管理者对于其稳健安全的风险状况有一个准确的把握，提高自身抵抗风险、增强安全性的能力和意识。这样，金融监管者就可大大减少对金融机构微观管理情况的发生，避免对金融机构经营权的侵犯，做到管而不死、活而不乱，使金融机构保持高度的竞争活力。

第四，监管者应充分发挥金融业自律机制和社会中介机构的作用，如银行业同业组织、证券业协会等自律性机构对监管目标的实现具有很大作用。另外会计师事务所、信用评级机构、律师事务所等机构也可作为监管的一道社会防线而发生作用。

（四）高效监管

高效监管不仅是指监管者要用负担最小的方式达到金融监管目标，降低监管成本，而且要通过监管促进金融业的高效发展。金融监管并不是没有成本的，美国联邦储蓄系统工作人员的每年工资总额几乎达到15亿美元，这种直接的强制执行成本一部分由银行业承担，其余部分由政府预算所囊括。①

金融监管者实施监管时，必须进行成本、效益分析，降低金融监管成本，减少社会支出，增加社会净收益。由于监管者并不总是正确的，所以要像防止市场失灵一样防止监管者失灵的发生。在监管设计和执行上存在缺陷的监管，都将会造成立法目标不需要的额外成本加诸金融机构身上。这种没有利益补偿的监管是应该尽量避免的。

高效监管还意味着，金融监管不是压制竞争，而是要为金融机构创造公平竞争的外部环境，规范竞争，鼓励竞争，防止出现过度竞争、破坏性竞争，从而促进金融业在稳定安全有序的基础上高效发展。如《商业银行法》规定，"商业银行以效益性、安全性、流动性为经营原则"（第4条），"商业银行开展业务，应当遵守公平竞争的原则，不得从事不正当竞争"（第9条）。对尚未发育成熟的中国金融市场来说，强调高效发展是必要的，且更具现实意义。

高效监管还意味着，金融监管法律制度的各种规定都是以获取经济效益为出发点，以获得经济效益为终点。同时，各单个金融机构的经济效益又必须符合社会整体利益的要求。金融监管就是要实现经济效益与社会效益的统一。

依法监管、合理监管、适度监管、高效监管共同构成了优化监管的四个核心要素。在实际的关系和过程中，它们是相互联系、相互制约、浑然一体、相辅相成的。这一原则完全符合法律原则构成的条件。首先，优化监管原则真实、客观和深刻地反映了金融监管关系对法律调整的要求。金融监管活动的基本目标就是实现金融体系的安全与稳定，保护存款人、投资者和其他社会公众的利益，促进金融体系公平、高效竞争，这些目标的实现必须借助于法律特有的调整和规范功能。优化监管原则的确立无疑为上述目标的实现提供了基本准则。其次，优化监管原则也科学地概括了金融监管法的基本精神和共同本质。金融监管法是对金融监管机关、金融机构和社会公众等权力（利）和利益进行平衡协调的衡权法，是社会本位法。这就要求金融监管运行中，不仅要依法赋予监管机关职权，而且要对其权力进行适当约束限制，以协调各方利益冲突，实现金融监管目标。而优化监管原则完全反映了金融监管法以上要义，可构成设计金融监管法的基本指导思想。最后，优化监管原则也为金融立法所认可。如《中国人民银行法》就体现了该原则精神。该法不仅赋予了中国人民银行金融监管权和行使的范围、程序，而且对其权力行使亦设置了限制。这就

---

① ［美］阿兰·S. 布兰德："银行监管的原则"，载《广东金融》1996年第4期。

为中国人民银行更好地实现金融监管目标确立了具有普遍意义的基本准则和指导思想。

从实践来看,优化监管原则必须贯穿于金融监管立法、守法、执法、司法等全过程,在整个金融监管法制过程中必须体现优化监管原则。唯有如此,才能确保我国金融业的稳健、安全、有序、高效发展。

（1998年第1期）

1999 年

关于我国金融法制建设的几个问题

曹建明*

【编者按】 1999年1月9日,华东政法学院院长、博士生导师曹建明教授在京为省部级主要领导干部金融研究班作题为“关于我国金融法制建设的几个问题”的专题讲座。本刊经曹建明教授同意,将讲座内容摘要刊登。

改革开放前,我国由于受高度集中计划经济影响,金融立法十分薄弱。改革开放后,随着金融体制改革的不断深化和我国法制建设的深入发展,金融立法不断加强。特别是随着1995年《中华人民共和国中国人民银行法》的诞生,结束了我国金融业只有金融行政法规、规章,没有金融法律的局面。随着《中华人民共和国商业银行法》、《中华人民共和国票据法》、《中华人民共和国保险法》、《全国人民代表大会常务委员会关于惩治破坏金融秩序犯罪的决定》和新修订的、用规章规定了破坏金融秩序罪的《刑法》以及《中华人民共和国证券法》的相继出台,我国金融法律体系已基本确立,金融事业已步入法制化、规范化的轨道。

一、我国金融立法所体现的基本原则和要求

各国金融立法的一个重要指导思想是:保证国家货币政策的正确制定和执行,保持币值的基本稳定,加强金融监管,维护金融体系安全有效地运转,为国家经济的协调、稳步、健康发展创造一个良好的金融环境。从这个意义上讲,保障国家金融安全和经济安全,是各国金融立法的基本要求。根据我国金融立法,我们在经济发展中必须坚持以下原则。

(一)保持币值稳定,促进经济的稳定增长的原则

一个国家的国民经济的持续和健康发展,有赖于货币的基本稳定。这种稳定,包括货币对内和对外的稳定。货币对内价值的稳定,是指国内物价总水平的基本稳定;货币对外价值的稳定,是指本国货币汇率水平的基本稳定。《中华人民共和国中国人民银行法》明确规定:“中国人民银行的货币政策目标是保持货

* 作者单位:华东政法学院(现华东政法大学)。

币币值的稳定，并以此促进经济增长。”可以认为，把保持货币币值的稳定作为货币政策的首要目标，是国际、国内宏观经济管理经验教训的总结。在亚洲金融危机中，在东南亚和部分东亚国家及地区的货币纷纷贬值的情况下，作为亚洲大国的政府，中国政府对此作出了对本国、对整个亚洲经济发展负责任的决策：人民币不贬值。从根本上来说，人民币不贬值对中国国民经济发展有着重大意义。

（二）维护金融体系的安全与稳定的原则

研究各国的金融危机或金融风险，必须引起高度注意的是，一家金融机构发生的风险所带来的后果往往超过对其自身的影响。我们必须十分关注金融风险可能引发的“系统风险”（systematic risk）。这种系统风险表现为因一个或多个银行出乎意料倒闭，而在整个金融体系中乃至全社会所引发的“多米诺骨牌效应”。1930 年至 1933 年，美国有约 9000 家银行倒闭；俄罗斯曾发生 2000 多家银行倒闭；泰国金融危机触发了东南亚国家 150 多家金融机构的倒闭。这些都典型地反映了这种状况。一旦发生金融系统风险，金融体系运转失灵，不仅有可能在很短的时间内使自己的经济基础受到破坏，使长期积累的财富瞬间化为乌有，还会导致全社会经济秩序的混乱，甚至引发严重的政治、经济危机。

（三）保护投资者和存款人的利益的原则

投资者是金融市场的出资者，存款人则是银行业的服务对象，也是银行存款负债的债权人。根据国际货币基金组织公布的材料，我国的居民储蓄率从 20 世纪 70 年代至今一直居世界之冠。我国经济发展的资金有 70% 依靠银行信贷，而银行信贷资金来源中，居民存款占据第一位。从某种意义上讲，是居民储蓄的存款支撑了我国国民经济的高速发展。只有保护投资者和存款人的合法利益，才能使他们信任金融业并对其有信心。而投资者和存款人的信任和信心，是金融业生存和发展的前提。一旦他们的权益不能得到保障，他们的信任和信心就会被破坏，这极易导致发生银行业的挤兑并造成金融恐慌，从而危及国民经济。

（四）分业经营、分业监管的原则

我国金融法律、法规规定了现阶段金融监管必须坚持分业经营、分业监管的原则。近年来，特别是一些发达国家金融机构之间的界限变得越来越模糊，银行业、证券交易、资产管理和保险合并在一个集团或一个控股公司中。各类金融机构业务交叉经营之所以在一些发达国家开始发生，是因为这些发达国家资本市场发达、商业银行内部管理完善、金融监管法规严密。我国金融市场还不够规范，银行间接融资占全国融资 85% 以上，而且金融机构内部风险控制不能适应业务交叉经营的要求，金融监管也缺乏经验。因此，我国法律明确规定现阶段对银行业、证券业、保险业实行分业经营。在分业经营的基础上，有必要对金融机构实行分业监管，把中国人民银行对证券业和保险业的监督管理，先后划归了中国证券监督管理委员会和中国保险监督管理委员会管理，中国人民银行主管银行业和其他金融机构。

（五）对外开放循序渐进的原则

我国金融业对外开放始终坚持循序渐进、逐步开放的原则。在试点的基础上，逐步扩大开放的地域和领域，逐步增加引进金融机构的数量。在开放的领域上，按照银行业、保险业、证券业的秩序，逐步进行。目前，我国已允许外资银行在上海浦东和深圳两地试点经营人民币业务。外资金融机构的地域限制也将取消。亚洲金融危机的教训进一步证明了我国坚持对外开放循序渐进原则的正确性与重要性。我国对外金融开放要与我国金融监管水平相适应。要严格掌握市场准入条件，引进资信较好、实力强、管理水平高的金融机构，按循序渐进的原则，全面提高我国金融对外开放水平。

二、我国金融法律、法规实施情况及存在的问题

党的十一届三中全会特别是党的十四大以来，按照建立社会主义市场经济体制的基本要求，我国金融法制建设取得了明显进步。在几年时间里，制定了一批重要的金融法律、法规和规章，初步做到了有法可依；重视金融执法工作，依法强化金融监管和自律自控；在法制的基础上深化金融改革、整顿金融秩序、防范和化解金融风险。但是，我们也必须清醒地看到，我国金融立法在某些方面存在滞后的问题；不少党政领导干部、企业领导干部和金融工作者对如何通过学习，加深对金融法律、法规和金融政策的了解，提高运用和驾驭金融手段的本领，增强维护金融秩序的自觉性和防范金融风险的能力的问题还认识不足；在我国金融业中还隐藏着较大的金融风险隐患。因此，就完善金融法制和严格依法办事而言，还存在很大的差距，如何把一切金融活动纳入规范化、法制化的轨道，仍是我国今后一个长时期的重要任务。

（一）关于中央银行的改革与法律问题

党的十一届三中全会以来，中国人民银行在稳定币值，加强金融监管，促进我国金融业和国民经济的稳定发展方面，取得了重大成就。随着社会主义市场经济体制改革的深入和金融市场的发展，央行按行政区划设立中央银行分支机构的弊端日益凸显。从我国暴露出来的诸多金融机构支付风险和重大金融违规

案件看,部门干预、地方保护、人民银行省地分支机构与地方各方面的利益关系等因素,严重阻碍了央行金融监管的独立性、公正性和严肃性。这些问题与央行长期以来按行政区域设置人民银行省级分行的管理体制有很大关系。经党中央、国务院批准,对中国人民银行管理体制实行改革,撤销人民银行省级分行,跨行政区域设置9家分行。这项金融体制的重大改革既是从中国国情出发,也符合国际惯例,对于我国建立现代金融体制具有深远的历史意义,同时对加强我国金融监管具有更积极的推动作用。虽然,人民银行管理体制改革已基本完成,但由于这次人民银行管理体制改革涉及面广、难度大,特别是新体制在职能上作了重大调整;因此要加强人民银行的法规、规章制度建设,继续深化人民银行管理体制改革,理顺内部运行机制,从立法上、机制上进一步实现并完善本币与外币、中资与外资、表内与表外以及现场与非现场的一体化管理,切实加强金融监管,提高金融监管效率。

(二)关于商业银行的改革与法律问题

当前,商业银行政策突出的问题是,如何进一步实行政企分开,落实商业银行经营自主权,切实增强自我约束和自我发展的能力,把国有商业银行办成真正意义上的商业银行。在实施《商业银行法》的过程中,值得注意研究和解决的问题是:

第一,如何强化一级法人管理,完善统一法人制度采取总、分行制的商业银行,使之对外是一个独立法人。从法律上而言,分支机构不具有独立的法人地位,其民事责任由总行承担。因此,分行之间不应有相互存贷的市场交易行为,不能变成多级法人制的银行集团。多年来,我国各商业银行,尤其是国有独资商业银行表面上是一家银行,但由于各分行经营自主权过大,不仅分行之间相互进行市场交易,部分分行甚至未经总行授权就独立对外签约或投资组建新法人公司。这实际上是混淆了市场行为与银行内部行为的界限。为发挥大银行的优势,应从法律上研究完善统一法人制度,强化一级法人管理,按经济区划和业务量设立分支机构,减员增效,强化内部控制机制。

第二,如何处理商业银行不良资产,并保证商业银行依法开展业务。从银行角度看,庞大的银行不良债权已成为国有商业银行金融风险的主要部分,已成为金融体制改革中的最大难题。相当部分不良贷款和应收利息是呆、坏账,无法收回。银行系统资产质量与抗风险能力下降已成为危及整个宏观经济稳定的突出问题。要研究如何多渠道增加资本金,提高和保持资本充足率;如何严格核销坏账,把收不回的坏账用坏账准备金的办法冲掉;如何把暂时收不回来的一部分贷款剥离出来,交给专门设立的专门机构如银行自己的金融资产管理公司经营和盘活，并对新发放贷款的质量建立严格的责任制。

（三）关于非银行金融机构的改革和法律问题

近两年，我国已先后发生的中银信托被收购，万国证券被合并，光大国投因负债过重被重组，中农信、中创和广东国投被关闭等一系列重大事件，反映了一些非银行金融机构存在的严重问题。多年来，我国金融信托业运作不规范，偏离了以发挥中长期金融功能和财产管理功能为主的信托本业；采取种种手段与银行争存款，争资金；将高成本的资金大量投向房地产、证券等行业，市场风险极大。广东国投出现严重亏损的一个重要原因就是将大量资金投资于香港房地产市场。如何全面清理和整顿信托投资机构，坚持"受人之托，代人理财"的原则，实现信托业务和证券业务的彻底分离，加强对信托投资公司的监管，防范金融风险已成为一项紧迫的任务。我国城乡信用合作社同样存在发展过快，超范围经营，严重利用不正当手段与国家银行竞争，资产质量偏低，风险度较高的情况。因此要按照合作制原则改革农村信用合作社管理体制，加强农村信用合作社的立法。

（四）关于证券、期货市场和股份制改革运行的规范问题

近年来，我国证券、期货市场一直存在大量违法违规行为。股市和期货市场暴涨暴落，过度投机和金融犯罪行为时有发生，无一不同证券经营等中介机构的不规范行为密切相关，与我们相关的法律法规及配套的法规规章不健全有关。一些地方和部门把上市当做企业解困的办法，把上市当成扶贫的手段，却不注重按照《公司法》的要求转换企业内部的经营机制，建立现代企业制度。最近，中国证监会查处的"琼民源欺诈案"和"红光公司"编造虚假利润、骗取上市公司资格、隐瞒重大事项、挪用筹集资金买卖股票等严重违法违规案件不断向证券市场敲响了警钟。

（五）关于市场准入的法律问题

对金融机构市场准入控制是实现有效金融监管的首要环节。目前中国市场准入方面突出的问题是，非法设立金融机构和非法从事金融活动的问题还相当严重。社会乱办金融，严重冲击了正常的金融秩序。从法律角度而言，一些地方和部门在防范金融风险的第一道防线——市场准入上就留下了很大的隐患。非法集资现象屡禁不止，轰动全国的"沈太福非法集资案"以及"邓斌案"就是例证。当前，要认真宣传和坚决执行国务院《非法金融机构和非法金融业务取缔办法》，取缔非法金融机构和非法金融业务。进一步健全和完善严格的、科学的金融机构市场准入的法律制度，机构必须具有充足的资本、完善的法人制度以及强化的现代化管理机制。

(六)关于市场退出的法律问题

从法律角度而言,加强金融监管本身不能也不应绝对保证不出现金融机构的倒闭。当前我国地方性金融机构的风险问题十分突出。对严重资不抵债、不能支付到期债务、已经或即将引发群众挤兑的金融机构,要坚决依法关闭或破产,即采取市场退出的措施。1998 年,中国人民银行先后关闭了问题严重的海南发展银行、中国新技术创业投资公司和广东国际信托投资公司等。这表明我国政府为防范金融风险、加强对金融机构监管,对无力偿债或是问题严重的金融机构不再采取以往的资产保全措施。这种果断措施保护了债权人的合法权益,维护了金融体系的稳定,对地方和全国化解金融风险是十分必要的,同时对其他机构也起到了较好的警示。在处理我国金融机构市场退出的问题时要十分注意,既要防范系统风险,又要防范道德风险。相关立法应包括以下方面的内容:①建立存款保险制度,保证金融业安全进行市场退出。②通过金融企业的合并增强其抵御支付风险的能力。③建立破产机制,逐步减少接管、托管行为的运用,消除产生系统性金融风险的潜在因素。由于我国尚没有适用于所有企业法人的破产法律,更没有对金融机构破产的特别规定,以致金融机构的破产偿债难以推行。所以,制定破产法,专章规定金融机构的破产偿债程序是十分必要的。

(七)关于加强外债管理的法律问题

改革开放以来,我国外债工作取得了巨大成绩,但是,其中存在的风险隐患也值得注意,如外债增长速度过快;外债管理多头对外;金融机构是国家外债风险和企业外债风险的中介和桥梁;外商投资企业的外债有可能成为严重金融风险隐患;部分外债项目效益不佳,偿债困难;有的企业和金融机构利用其海外分支机构对外非法融资或变相借款,实际自己使用等。这些做法扩大了我国的外债规模,带来了潜在的债务风险。必须从法律上进一步严格规定,要严格控制外债规模,加强资本项目外汇管理,对外债总量和结构实行统一监管,保持外债的合理规模和结构;严禁非法对外融资,国家对各种形式的对外借款实行全口径管理;要严格规范境外融资担保;要认真清理对外借款机构,切实保证偿还外债。

(八)关于打击金融犯罪的法律问题

金融犯罪是典型的市场经济犯罪,与一般的经济犯罪相比,具有更大的社会危害性。为进一步打击金融犯罪,维护金融安全,1997 年 10 月 1 日生效的新《刑法》增加了大量金融犯罪的规定,就金融犯罪做了专章规定,除证券、保险等方面的专门规定以外,还规定了货币、金融机构设置、信贷、集资、票证、外汇、洗钱、有价证券等方面的犯罪。金融领域中被犯罪化的行为多了，范围广了，刑罚重了。对金融安全的刑法保护充分表明了我国打击金融犯罪的决心，但是我们也应看到，新《刑法》对于有些新型的金融犯罪规定空白或模糊，不易操作，司法机关在执行时，操作上就有难度。法律上的这种模糊性对现实个案的判罚产生直接影响。1998年我国不法分子疯狂骗取国家外汇在很大程度上与新《刑法》没有规定骗购外汇罪有关。

三、关于进一步完善我国金融法制建设的思考与建议

（一）金融开放要与金融监管同步进行

对外开放是我国一项长期的基本国策。在经济全球化的大趋势下，既要看到国际资本流动为经济和社会的发展所作出的积极贡献，也要看到由此而形成的挑战和风险。必须强调：我国在加强金融开放立法的同时，亦要注意研究如何加强金融监管的立法。亚洲金融危机的教训告诉我们，倡导金融自由化并不是也不能要求有关国家彻底取消政府对金融监管的责任。今天各国金融监管的对象是一个如此急剧变化的市场：一方面，各国政府和国际金融监管机构不断颁布新的法律和规定，金融监管从来没有像今天这样紧跟市场；另一方面，新的金融工具层出不穷并形成新的市场，从而不断提出新的监管课题。可以说，金融监管的特点就是用法律的变化来管理变化的市场。在加强金融开放与监管立法的同时，要十分注意研究如何采取有效措施，加强对国际金融资本流动的监管，遏制国际游资的过度投机，提高对金融风险的预测、防范和救助能力。总之，金融对外开放要同本国经济发展水平和金融业发展水平、经济改革和金融改革深化程度、宏观调控能力和监管能力等水平相适应。任何超越或严重滞后都不利于本国经济和金融业的发展。

（二）进一步加快经济改革步伐，以法制手段推进我国投融资体制改革

对金融风险的防范和化解，不仅仅是金融领域的工作，还需要全方位的改革。特别是以法制手段推进我国投融资体制改革，已成为我国化解和防范金融风险的重要外部因素之一。从金融运行的客观环境看，我国现行的投融资体制已不适应社会主义市场经济的要求。要加速我国的投融资体制改革，实行“谁投资、谁决策、谁承担风险”的原则。凡企业投资国家允许发展的产业、产品和技术，均由企业自主决策、自担风险。除重大项目外，政府一般不再对项目进行审批，而改为登记备案制。确需政府审批的项目，也将尽可能简化审批程序，主要是看项目在投资方向和宏观布局上是否合理，是否符合国家有关政策和法规。

要抓紧制定《固定资产投资法》、《招标投标法》等法律法规，把全社会固定资产投资活动纳入法制化轨道。

（三）加强完善金融立法、强化金融执法的研究

我国金融立法在某些重要领域还处于空白阶段，如没有《信托法》、《期货法》，这是金融监管亟待加强的重点。建议加快、加强金融立法特别是期货、信托立法，健全、完善我国金融法律体系，尽快改变金融市场重要法律法规不全、某些重要金融活动无法可依的现象。

从维护社会主义经济金融秩序的严肃性出发，必须强化金融执法。要赋予中国人民银行、中国证监会、中国保监会等国家金融监管机构以重大的权力，并使之在运作上保持独立性。建议制定《金融处罚条例》，以提高央行金融监管依据的法律效力层次，增强金融监管的力度。

要大力整顿金融秩序，坚决取缔非法金融机构，严禁任何非法金融活动。要根据党中央、国务院的部署，尽快及时完成对本地区本系统各种形式的非法集资活动的清理和查处。要狠抓金融队伍特别是金融机构领导班子的建设，对金融机构和金融从业人员违法违规行为，要及时严肃地从严处理。

（四）建立完善的金融监管体系，依法加强金融监管

就整个监管体系而言，国家对金融机构的监管是最高层次的刚性监管监督形式。目前我国实行的是中国人民银行、中国证监会和中国保监会的监管体系。中国人民银行新的管理体制运作后，央行要独立行使监管职能，确保金融政策的权威性和连贯性。而以经济区域设立的央行分支机构要突出依法监管、风险控制，强化整体监管功能，打破内部条块分割、各自为政的传统监管方式，形成监管合力。中国证监会今后应致力于建立集中统一的证券期货监管体系。在对全国证券监管机构实行垂直领导后，中国证监会派驻各地的监管机构要迅速转变观念，转变职能，把工作重点转到加强对证券期货业的监管、提高信息披露质量、防范和化解证券期货市场的风险上来。中国保监会要依法查处保险企业违法违规行为，坚决取缔非法设立的保险机构和保险中介机构，严肃查处高手续费、高返还、低费率等不正当竞争行为，建立保险业风险的评估与预警系统，防范和化解保险业的风险。

在强化国家金融监管的同时，还要注意建立完善我国金融机构内部控制自律机制。在国家的宏观金融监管和金融机构内部控制中间，还应特别加强金融业同业公会或协会自律性组织建设。建议加快银行、信托、证券、保险、信用社等行业的自律制度建设，建立健全全国同业公会，制定同业公约，规范、协调经营行为，以切实加强金融行业的自律约束。

（五）完善信息披露制度和增加金融决策的透明度

透明度原则是国际金融交易中的一个重要法律原则。金融透明度或信息披露，是指根据法律规定，公开与金融交易有关的重大事项的一种法律制度。我国支持国际货币基金组织加强对成员国政策的监督以及增加成员国信息公布和透明度的改革建议。中央银行开始了提高金融货币政策透明度的尝试。但值得注意的是，我国金融市场仍存在信息披露不规范的问题：商业银行向央行报送的报表缺乏及时性与准确性，导致银行业监管信息不准；证券市场信息披露则存在信息披露不真实、信息披露不充分、信息披露不及时、信息披露不严肃等严重问题。建议加强对金融透明度和信息披露制度的研究，并加强以下的工作：一是根据我国国情，以法律的形式进一步明确规定有关金融活动信息披露的义务人、信息披露的内容和形式、信息披露的原则和标准，以进一步加强我国的信息披露制度；二是从立法上明确规定不披露的信息，如公开会违反社会公共利益、法律法规保护并允许不予披露的商业秘密、内幕信息和敏感性信息等。

（六）依法维护金融债权，防止逃废银行债务

要深刻认识维护金融债权，是防范金融风险，促进经济、金融发展和社会稳定的大事。在我国市场经济发展的过程中，金融机构肩负着支持、促进经济发展的重要责任。当前企业改制过程中一些地方出现的逃废银行债务的行为，破坏了信用关系。各地区、各部门一定要从大局出发，切实加强对国有中小型企业和集体企业改制工作的指导和监督，规范企业改制行为，坚决制止各种逃废金融债务行为。各地人民政府要高度重视本地区企业改制中金融债务保全工作，积极支持金融机构做好金融债权管理工作，严禁包庇和纵容改制企业的逃废金融债务行为。企业在改制过程中，不论采取何种方式进行改制，都必须充分尊重金融机构保全金融债权的意见，依法落实金融债务。金融债权债务未落实的企业不得进行改制，有关部门不得为其办理有关改制审批和登记手续，也不得颁发新的营业执照。金融机构要积极参与企业改制工作，依法维护金融债权安全；国有中小型企业和集体企业改制工作涉及金融机构债权时，必须有债权金融机构参加；金融机构要严格监督改制企业的清产核资和资产评估等工作；各金融机构要认真落实金融债权保全责任制，加大债权清收力度，制定相应措施，切实维护金融债权的安全，并将金融债权保全情况定期向中国人民银行报告；对悬空、逃废金融债务严重的地区，各债权金融机构应降低对该地区分支机构的授信等级。

（七）普及金融法律知识，增强金融法治意识

各级党政领导干部和广大企业领导，都要学一些金融基本知识和金融法律知识，加深对金融工作、金融法规和金融政策的了解，提高运用和驾驭金融手段的本领，学会运用法律手段管理经济，增强维护金融秩序的自觉性和防范金融风险的能力。要把是否掌握金融法律知识、具备金融法治观念作为金融系统干部和金融从业人员的必备素质，作为应当履行的义务，并作为考核晋升的依据。在加强金融法治意识的过程中，要重视全社会信用观念的建立。要加强公众和投资者的风险防范意识和合法投资观念，从而为金融业的健康发展创造一个良好的法治环境。

（1999 年第 4 期）

2000 年

2000年问题就绪声明的法律效力

谢守分*

一、引　言

Y2K问题即计算机2000年问题(Y2K - non - compliant或者Y2K failure),是指许多信息技术系统、设备、程序不能识别1999年和1999年12月31日以后的某些日期,将2000年及其后的日期识别为好像是1900年或者是其后的日期,或者不能处理1999年12月31日以后的问题。① 基于计算机及其软件在现代社会生活中的广泛应用,2000年问题必然会涉及社会的方方面面,表现在司法领域就是因2000年问题引发的潜在的损害赔偿诉讼问题。

二、2000年问题就绪声明②的法律问题

笔者在本文中所要探讨的是Y2K法律问题中十分重要的一个问题,即Y2K声明的法律问题。它在我国目前的社会生活中存在广泛的表现形式。所谓Y2K声明(Y2K readiness statement or disclosure),根据美国的IRDA法案,③主要包括两种类型:一是Y2K问题准备就绪的状况披露,它是指任何以书面形式做成的Y2K声明。声明在字面上清晰地表明其对于Y2K问题准备就绪,或者通过其他媒介让公众获知的形式这样声明,以及经提供Y2K产品或服务的个人或实体同意之下所发布或出版的该类声明。④ 二是该Y2K声明是在通讯或者信息传播的过程中由一方向另一方或公众传达或者通过任何传媒所作的关于一个实体的产品、服务或一系列的产品和服务的Y2K程序性能的评估;或关于前者执行Y2K程序性能的计划、目标、时间安排;或关于Y2K程序性能的任何测试,测试结果

---

* 作者单位:复旦大学法律系。

① 美国Y2K ACT,Art2,a(1)A。

② 以下简称为Y2K声明。

③ The Year 2000 Information and Readiness Act,S. 2392 ES. 105TH Congress 2D Session(以下简称IRDA)。

④ IRDA section 3(9).

及有关的解决方案。[1]

Y2K 声明所产生的法律问题是:如果这些声明被视为一种明示的担保或者被视为合同的组成部分,那么当所声称的准备就绪的计算机系统在运行的过程中仍存在 Y2K 问题,或因为该问题产生了 Y2K 失效(Y2K failure),或者声明的产品并未达到声明的性能指标,那么声明人就可能会面临众多的诉讼及因此导致的巨额的损害赔偿。关于 Y2K 声明可能产生的一般诉由是:违约、欺诈、违反明示的或默示的担保(如果明示担保的内容与默示担保的内容相同,则对于前者的违反当然构成对后者的违反)。这些是在中国的国内法中也一样可以成立的合法诉由。

目前我国的信息产业以及邮电、金融、电力和社会的各行各业,都通过新闻媒体向社会作出了各种各样的关于 Y2K 问题的声明,诸如信息产业推出诸多应对 Y2K 的软件,服务行业声称 2000 年系统各方面测试达标等,都符合 Y2K 声明的条件。但是我国国内对于该声明或披露的法律效力并无明确的法律规定,在将来可能产生的诉讼中,就会面临适用法律上的困难,或者依照现行法律的规定会产生不公平的后果。以下,笔者将以美国的相关立法为例,同时对我国现行的有关法规进行分析,以寻求解决该问题的法律对策。

三、美国成文法对 Y2K 声明法律效力的规定

美国国会很早就注意到这一问题,在 1998 年国会即出台了 IRDA 法案,其目的就是解决 Y2K 声明的法律效力问题。在 1999 年 1 月召开的 106 届国会上,第一次会议所审议的是"Y2K ACT",第二次会议所审议的就是关于 1998 年 IRDA 法案的修改。这次修改再次加强了对国内信息产业和国内相关行业的保护。笔者就该法案的有关规定进行评述。

无论是 Y2K 法案,还是 IRDA 法案,都体现了美国政府对 2000 年问题所持的 3 种基本立场:①对信息产业的保护;②减轻法院的负担;③保护交易的稳定性和良好的商业信誉。这些立场的存在不是偶然的,而是建立在对社会现实经济分析的基础之上。因为:

(1)如果让信息产业承担这种 Y2K 声明所产生的无限担保责任,无疑将严重阻碍国内信息产业的发展。与其让信息产业因负压过重而停滞发展,不如对

① IRDA section 3(11).

之加以保护,使之更为积极地致力于Y2K问题的技术解决。毕竟在大多数情况之下,他们的声明不是出于恶意的欺诈,而且Y2K问题的技术解决也最终依赖于他们。在这里没有提及政府同样保护其他行业的立场,是因为信息产业是所有纠纷产生的源头,诸如金融、电力等部门的Y2K责任最终仍可追溯至信息产业。

(2)对于法院负担的减轻。法院所处理的问题涉及社会的各个层面,包括刑事、民事、商事、行政的各个方面,而如果允许所有的关于Y2K的纠纷都能轻易的诉诸法院来解决,无疑会使法院积案如山,并影响对其他案件审理的效率,从而导致整个司法体系的负累过重。从整个社会的运行成本来考虑,是不适合的。

(3)如果说前二者的考虑是基于一种经济和社会效益的分析,那么对于商业信用的保护则是出于维护社会经济的稳定性。良好的商业信用和商业关系的建立绝非易事,诉讼极容易破坏这种辛苦建立起来的关系,而大多数的当事人在诉诸法院的时候并没有考虑到这种后果。

基于这样的立场,IRDA法案的宗旨即限制当事人提起诉讼的权利,同时鼓励诉讼外的解决途径(alternative dispute resolution)。以下,就IRDA法案关于Y2K声明法律效力的实体规定进行评述。①

该法案最重要的内容就是它的第4条,关于Y2K声明的保护。评述如下:

(1)关于Y2K就绪的状况披露,无论全部或者部分均不得在诉讼中用以证明该声明人在披露中所声明的内容的确切性与真实性,除非法院认为这种披露构成恶意欺诈或在达成法案目的看来不合理。② [评述]一项声明如果在法庭中不能被接受为证据,也就难以成为法律请求的基础。另外,该声明只是不能作为证明真实性的实体证据,但是如果争议的关键只是该声明作出与否,而不是该声明的真实与否,则它仍可以作为证据呈堂。

(2)错误的、不确切的或是带有误导性质的Y2K声明,不足以使当事人承担责任,要想使当事人承担责任;请求人必须证明:该声明是实质性的,该声明人明知该错误、不确切及误导可能存在,仍然有意进行欺骗或者误导,或对于该声明的不确切性放任不顾。③ [评述]这一条采用的是过错责任原则,由请求人举证,这是很高的举证责任。因为在任何情况下,要证明一个人的主观过错的心理状

---

① 因为程序上的规定较为灵活,各国亦存在较大差异,限于篇幅,所以只评述实体规定。

② IRDA section4,(a) evidence exclusion.

③ IRDA section4,(b)false,misleading and inaccurate year 2000 statement.

态都不是一件易事,更不用说证明一个法人的主观过错了。

(3)Y2K声明没有合同效力。法案规定关于Y2K状况就绪的声明不能视为合同的修正,除非声明人同意并以书面的形式修正了该项合同或担保;或者当事人事先同意增加2000年问题的担保的修改许可;或者在合同成立的时候,该声明已并入合同。① [评述]首先,该项规定的除外条款仍然尊重了当事人的订约自由,并认为合同中明确规定的保证条款可以成为责任的基础。其次,该项规定使Y2K就绪的声明或者状况披露成为一种独立于合同之外的声明,不具有合同或者明示的书面担保的效力。换句话说,法案的该项规定使请求人不得将之视为明示的担保,也不得在与声明状况不符的状况出现的时候,将声明视为误述,或依赖于禁止反言的原则请求赔偿。而就声明人而言,也不必要求助于不可抗力来免除自己的责任。

(4)对于发布该声明的传媒也予以免责。法案规定任何商人或者个人以任何形式发表或者转述他人所作的Y2K声明,无须对该声明本身的确切性与真实性负责,除非该声明是实质性的,并且当事人(传媒)明知该声明是错误的、误导的、不确切的,或者有意欺骗,或者没有告知声明的接受者该声明是基于原始声明人提供的信息发布的。[评述]这一条规定旨在促进Y2K问题就绪信息的迅速公开的披露和交换,以达到极大地提高公众或个人解决Y2K问题的能力。

依据这样的标准,使许多诉讼案件都成为不必要。在1998～1999年年间所提起的重要的Y2K的75个案件中,有9件是关于Y2K声明的诉讼,其中只有2件是1999年提起的,而在该法案通过之后提起的只有1件。② 可见,该法案的确起到了限制有关Y2K声明诉讼的提起。以法案通过之后提起的唯一一个案件为例(Liberation Publication, Inc. v. Executone Info. System, Staple, Inc. et al.),其涉及的是电话系统的Y2K问题,因为电话公司在销售资料中声明该系统将在21世纪发挥功能(function into the 21 century),但事实上由于其Y2K问题没有解决,1999年12月31日以后将失灵。笔者认为,由于该声明不符合实质性声明的条件,而且并未并入买卖合同中,所以在IRDA下不能被法院采纳为证据使用,无法成为欺诈、违约等诉由的基础。另外的几个案件,如Johnson v. Circuit City Store, Inc. et al. 和SPC. Inc. v. Neuraltech, Inc. 两个案件中均是被告声称其所售出的软件或硬件符合Y2K标准(Y2K compliant),但事实并非如此。在Zee's Home Decorationg Centers. Inc. v. Deceasy, Inc. et al. 一案中涉及会计软件,被告的

---

① IREDA section4,(e) limitation on the effect of year 2000 statement.

② 以下关于Y2K声明的案例均可参见http://www.2000law.com。

用户手册中明示的向原告表明该软件能够在2000年之后运行，但事实上不能，用户还要付出巨额的升级费用以修正该Y2K缺陷。后面的这3个案件的情况同第一个案件有所不同，因为他们的行为在客观上更容易符合欺诈的条件要求。

目前，美国尚无Y2K案件审结的先例，而所涉及的案件仍多限于软件或硬件的用户和销售商或开发商之间的争议。这不是说Y2K声明的其他类型的争议不存在，这只是由于关于Y2K就绪声明的争议要到2000年之后才能明显地表现出来，这就更需要对该问题拟定对策以防患于未然。

美国IRDA法案鼓励各行业对Y2K问题的就绪状况进行披露，并交换信息以促进问题的解决，因此限制了Y2K声明的法律效力。但是该法案未就未披露状况即所谓默示担保(implied warrenty)的问题提出解决方案。如果销售商或者某个行业未曾声明Y2K就绪，未曾提出Y2K问题的解决方案及其指标，是否对于消费者期望在2000年之后继续使用的产品或服务，负有“无Y2K问题”的默示担保。笔者认为，不能简单地认可或者否认该默示担保的存在。

从否认默示担保的角度而言：

(1)如果认可该默示担保，案件的数量必然激增。事实上已经提起的案件中，绝大部分都包括了这一项诉由。而且，默示担保具有时间上的追溯效力，即只要该产品在2000年之后可以继续使用，就可以追溯到关于该产品在先前的交易。尽管这会由于保修期、时效的经过，持续使用构成弃权(waiver of rights)；但毕竟不稳定，很多大型产品的使用期和保修期都很长，如在Milton Bradley Corp. v. Garpac Corp.一案中，有关软件的特许使用期达50年。

(2)如果认可该默示担保的存在，就会使该IRDA法案的意义全失。因为明示的声明固然无法在IRDA下成为担保责任的基础，但如果有默示担保存在的话，请求人根本不会依赖于该声明，而会直接的依赖于默示担保来主张权利。从而难以起到保护信息产业及相关各行业的目的。

(3)依据举重明轻的法律解释原则，既然明示的声明尚不能被视为担保，那么默示的担保应当符合更为严格的条件始能成立。

从肯定默示担保的角度而言：

(1)不能一味地否认默示担保的存在。2000年问题毕竟是一个现实的问题，而交易行为的发生越是接近于2000年，就越有可能被视为负有“无Y2K问题”的默示担保，否则就有可能产生不公平的效果。

(2)完全否认默认担保的存在，也不符合法案的目的。因为如果没有默示担保的存在，任何人都不会冒被指责为欺诈的危险，而去作关于Y2K就绪的技术声明，这样也不利于Y2K问题的解决。

正因如此,美国的 IRDA 法案未就默示担保的问题作出规定,而是将之留给法官自由裁量。

四、我国现行法律框架下对 Y2K 声明问题的可能对策

我国现行法律没有关于 Y2K 声明问题的明确规定,但是基于可能产生的诉由是:违约、担保和欺诈。这些都发生于提供产品或服务的合同中,因此实体上主要参照的法律是《合同法》、《产品质量法》、《消费者权益保护法》。笔者依据这些法律,对 Y2K 声明在我国法律框架中的效力进行评述。

(1)关于 Y2K 声明是否构成合同的组成部分或构成合同的明示担保问题。根据我国《合同法》第 15 条的规定,商业广告的内容符合要约规定的,视为要约。也就是说,如果该 Y2K 声明包含在该符合要约规定的商业广告中,一经承诺,即成为合同的组成部分,而届时生产商或者销售商就要承担由于所声明的 Y2K 系统失效的违约或担保责任。这一点在服务行业有所不同,因为服务的提供是无形的,很多服务不存在书面的详细合同,如电力供应、银行服务、邮政服务。这些行业所作出的 Y2K 声明的效力,我国没有明确的条文可以比照类推。而这些行业如果出现 Y2K 的失效,影响面就极为广泛,没有相应的法律对它们声明的效力作出规定;这对维护这些行业的稳定性是不利的。因为如果没有法律规定,它们的声明很容易以服务承诺的形式被当事人合理地视为合同的组成部分。从而当不符合声明的技术要求的时候,应被认定为违约。

(2)关于 Y2K 声明中存在的错误、诱导和不确切是否构成欺诈,并作为责任承担的基础的问题。依据《最高人民法院关于贯彻执行〈中华人民共和国民法通则〉若干问题的意见(试行)》第 68 条规定:“一方当事人故意告知对方虚假情况或者故意隐瞒真实情况,诱使对方当事人作出不真实的意思表示,可以认定为欺诈行为。”根据该条文我国对于欺诈的认定是比较严格的,在这种情况下,Y2K 声明的违反被定性为欺诈的可能性较小。因为请求人很难举证声明人在作出声明的时候是故意的。《合同法》第 42 条第 2 项规定也大同小异。但是根据《消费者权益保护法》第 8 条、第 19 条、第 39 条的规定,消费者的知悉权、经营者不得为虚假宣传,以及虚假宣传下消费者的求偿权都作了规定。因此根据这些条文的规定,关于 Y2K 的声明的违反即使不构成欺诈,也仍可请求损害赔偿。《合同法》第 54 条第 2 款还赋予当事人对因重大误解而订立的合同以撤销、变更的请求权。

(3)从产业的角度看可能存在的免责事由。对于欺诈,无须进行举证,因为

举证责任在请求人，是过错责任原则。关于违约的诉因，只是证明自身在作出声明的时候并无过错是不够的，因为《合同法》第107条规定的是无过错责任原则，因此要想推翻这项诉由，还需要其他免责事由。

根据现行法律，可能的免责事由有：

(1)因不可抗力免责。根据《合同法》第117条："因不可抗力不能履行合同的，根据不可抗力的影响，部分或者全部免除责任……本法所称的不可抗力是指不能预见、不能避免并不能克服的客观情况。"根据不可抗力的定义，如果Y2K的声明构成合同条文的话，是很难依据不可抗力免责的。因为Y2K问题是一个可以预见且应当预见的问题，而且如果声明人认为Y2K的某些问题是不能克服的，那么他作出的Y2K就绪的声明就存在主观上的过错了。故不可抗力免责难以依赖。

(2)对于生产者的特殊免责条款。《产品质量法》第29条第2款第3项规定，对"将产品投入流通时的科学技术水平尚不能发现该缺陷的存在"的情况可以免责。这条规定十分特别，但只针对产品，不针对服务。而且何谓当时的"科技水平尚不能发现的缺陷"是一个高度的技术性标准，如果能够证明当时的技术完全能够克服该Y2K问题，那么Y2K声明的该类免责就难以实现了。

(3)时效或除斥权的免责。由于时效的经过存在时效计算起点的争议，一般说来是不稳定的，我国的《产品质量法》一般规定了2年的时效，从当事人知道或应当知道损害发生时起算。但依据《民法通则》第136条的规定，出售质量不合格的商品未声明的时效仅为1年。Y2K声明是指通过Y2K各项测试，足以应付Y2K问题的技术性声明或披露，那么如果产生其无法应对的问题，当然属于未声明其质量不合格之列，应适用短时效；如果还产生产品责任的问题，应适用2年的诉讼时效。除斥权的规定见于《产品质量法》第33条第2款："因产品存在缺陷造成损害要求赔偿的请求权，在造成损害的产品交付最初用户、消费者满10年消灭；但是，尚未超过明示的安全使用期的除外。"这种情况毕竟极少，而且它只适用于产品，不适用于服务。再加上安全使用期的限制，利用的可能性其实不大。而时效和除斥权的免责是将自身的免责寄托于请求人的疏忽上，并不稳定。

(4)自定的格式免责条款。这是极为罕见的情况。因为作出Y2K声明的公司不会再作出一个推翻原来声明的声明。那样，不但使他原先作出的声明全无意义，而且该免责条款的有效性也值得怀疑。同时出于商业声誉的考虑，是不会有公司这样做的。

五、总　　结

综上可以看出，在我国现行的法律框架以内，对于Y2K声明的违反被定性为违约的可能性极大，而且难以免责。这对于我国的信息产业以及许多已经作出Y2K声明的行业而言，无疑是很不利的。正如笔者所分析的那样，正是由于Y2K声明在原有的普通的合同法框架内无法取消其合同效力，美国国会才制定IRDA法案，规定除非故意欺诈，关于Y2K解决状况的任何声明和披露不具有合同效力。美国国会以这种方式保护国内的信息产业，减轻法院负担，维护交易的稳定性，并将社会的精力集中于Y2K问题的技术解决上。这正是值得我们借鉴之处，也是笔者写作本文的目的所在。

关于Y2K问题，并不是只会存在于2000年之前的一段时间，更主要的是存在于2000年之后。因为届时所有的Y2K系统都开始正式运行，对于曾经作出的Y2K声明的法律效力的判定也就十分迫切了。美国的Y2K法案规定落日条款(sunset clause)为2003年1月1日，准备用2年的时间来解决该类争议。防患于未然是解决Y2K问题的最佳方案，这种防患于未然不只是技术上的，更是法律上的。

（2000年第1期）

2001 年

论经济法的调整对象

顾功耘* 刘哲昕**

一、引　言

自从法学界提出“经济法”这一命题后，论争与质疑就一直伴随着经济法的整个发展历程。这些论争最为根本的分歧集中在经济法的调整对象问题上，笔者将之归结为两个主要问题：其一，经济法是否具备独立的调整对象；其二，经济法有哪些具体的调整对象。从逻辑上看，第一个命题解决经济法的外部独立性问题，第二个命题解决经济法的内部结构性问题。两个问题密切联系，缺一不可。可以说如果能够很好地解答这两个问题，应该可以解决关于经济法理论的长期论争。然而我们又深信，这一定是两个十分难以澄清的“理论死结”，否则也不会令如此之多睿智的学者们感到困惑。以下文字是我们对上述两个问题予以解答的尝试。

二、经济法是否具备独立的调整对象

（一）两种截然相反的回答

根据对经济法独立调整对象的基本看法，我们可以将以往观点分为两大类：一类是否认经济法具备独立的调整对象（以下简称否定说）；另一类是承认经济法具备独立的调整对象（以下简称肯定说）。否定说认为经济法不具备特有的调整对象，人们所谓经济法的调整对象其实都是其他部门法的调整对象，所以经济法不是一个独立的基本部门法。人们熟悉的较为典型的否定说有以下几种：①综合经济法论。即认为经济法是分属于其他各部门法的调整各种经济关系的法律规范的综合概念。[①] ②学科经济法论。即认为经济法是研究经济法规运用各个基本法手段和原则对经济关系进行综合调整的规律的法律学科。[②] ③经济

---

* 作者单位：华东政法学院（现华东政法大学）。

** 作者单位：华东政法学院（现华东政法大学）。

① 王家福：“综合经济法论”，载《中国经济法诸论》，法律出版社1987年版，第1～3页。

② 佟柔：“学科经济法论”，载《中国经济法诸论》，法律出版社1987年版，第221～227页。

行政法论。即认为经济法的调整对象应全部或部分属于行政法的调整范围，对于这一部分的经济关系，或归行政法调整，或在行政法下设立一个新的行政分支，即“经济行政法”。①

作为对否定说的回应，我国部分经济法学者对独立调整对象问题作了肯定性的回答，其中又可以分为两个时期。第一个时期是20世纪80年代，主要有：①纵横说。认为经济法调整国家机关、企事业单位和其他社会组织内部及其相互之间以及它们与公民之间在经济活动中所发生的社会关系。② ②密切联系说。认为经济法是调整经济管理关系以及与经济管理关系密切联系的经济协作关系的法律规范的总称。③ 第二个时期是1992年以后，主要有：①经济协调关系说。认为经济法调整国家协调本国经济运行过程中发生的特定经济关系。④ ②需要干预经济关系说。认为经济法调整需要由国家干预的经济关系。⑤ ③经济管理与市场运行说。认为经济法是国家为了保证社会主义市场经济的协调发展而制定的，有关调整经济管理关系和市场运行关系的法律规范的统一体系。⑥ ④国家经济调节关系说。认为经济法调整在国家调节社会经济过程中因国家调节而引起的，以国家（其代表者）为一方主体的社会关系。⑦ ⑤社会公共性说。认为经济法调整发生在政府、政府经济管理机关和经济组织、公民个人之间的以社会公共性为根本特征的经济管理关系。⑧

经济法学界对于经济法调整对象的独立性问题多持肯定态度，但20世纪80年代的观点有“大经济法”之嫌，而且对“独立性”的关键问题，如与行政法的分野，基本上不作回答，故难以令人信服。1992年以后的观点开始关注这一问题，在这些论著中基本上都有经济法与行政法、民商法等部门法关系的专门论述。然而，这些论述往往有意无意地避开调整对象这一根本性问题，而多从目的、任务、价值等侧面论述它们之间的区别。尽管这些论述不无道理，但是一旦涉及独立调整对象问题就难免陷于尴尬，只能以两者之间多有“交叉”、“密切联系”等模糊理由说明。尽管经济法学者对经济法独立性的论证作了不懈的努力，却仍无法为其他学者特别是行政法学者所完全接受。

---

① 梁慧星等：“经济行政法论”，载《中国经济法诸论》，法律出版社1987年版，第129～194页。

② 陶和谦主编：《经济法学》，群众出版社1983年版，第5～8页。

③ 同上，第11页。

④ 杨紫煊主编：《经济法》，北京大学出版社、高等教育出版社1999年版，第27页。

⑤ 李昌麒著：《经济法——国家干预经济的法律形式》，四川人民出版社1995年版。

⑥ 刘文华主编：《新编经济法学》，高等教育出版社1993年版。

⑦ 漆多俊著：《经济法基础理论》，武汉大学出版社2000年版，第107页。

⑧ 王保树主编：《经济法原理》，社会科学文献出版社1999年版，第26～27页。

为什么会发生如此之大的分歧？我们略加考察可知，持否定说的多为非经济法学者，而经济法学界则多数持肯定说。从表面联系上看，学术争论蒙上了浓重的门户之见的阴影。我们同样是经济法的研习者，然而经验告诉我们，如果一件事物的整体独立性受到质疑的话，那么来自外部的意见往往具备一定的价值，旁观者的思路尽管粗线条，却往往是清晰的。经济法学者多年苦苦思索，总是无法摆脱论争，是否应该意识到，自己的思路会存在问题？当然其他法学家多年"围剿"经济法，却无法遏制其发展壮大，是否也应该意识到，这一事物的独立存在应有其内在的客观必然性？分歧刺激我们去探索，去寻找一下论争的症结所在。

（二）论争的症结

传统法理学的一般观点认为，划分法律部门的主要标准是法律所调整的对象，同时还应适当考虑法律调整的方法。"而所谓法律调整的对象，也就是法律规范所调整的社会关系……凡调整同一社会关系的法律规范就构成同一法律部门。"[①]这就有一个问题，那就是既然调整同质社会关系即可构成法律部门，那么经济法学界不是说得很清楚：经济法调整国家管理（调节、协调、干预）经济而发生的社会关系。这不就是同一类社会关系吗？为什么还会有论争？民商法、行政法都可以抽象自己调整的社会关系，为什么经济法不可以呢？难道仅仅是由于这些社会关系有重叠而前两者历史较长就不允许后者独立存在吗？道理显然不这么简单。所谓调整对象就是社会关系，那么什么叫社会关系？社会关系是一个极大的范畴，是十分复杂、交叉与多层次的。以社会关系作为划分部门法的标准，是非常空泛、开放与不确定的，因为这个"标准"本身还需要标准来划分。法理学界也意识到这一点，所以提出，除了调整对象外，还要适当考虑法律调整的方法，并举出人们耳熟能详的例子，即刑法所调整的社会关系是多方面的，其之所以成为独立的法律部门就是因为它是以刑罚制裁的方式对这多方面的社会关系进行调整的。[②] 表面上看，这些理由很能说得通，实际上一推敲，就知道这其实也是很模糊的一种理论。首先，这两个标准之间关系是什么，是缺一不可，还是居一即可？其次，刑法真的没有统一的调整对象吗？如果我们把它的调整对象表述为"国家用刑罚制裁的手段惩罚犯罪而发生的社会关系"不可以吗？这就是一类统一的调整对象（实际上它的调整对象也是应该这样表述的）。国内法理学说没有提供这方面的答案，为了澄清这些疑问，我们不妨追本溯源地研

① 孙国华主编：《法理学》，法律出版社1995年版，第292页。

② 同上，第293页。

究一下这一理论的来源地即苏联法学界的观点。苏联法学界曾对法律部门的划分标准进行过长期的论战，1936 年 M. A. 阿尔扎诺夫率先提出，法律调整的对象是划分法律部门的标准。[①] 此说很快为人们所接受。不久，C. H. 勃拉图西提出，法律调整的方法也应当是划分法律部门的标准。尽管有人反对，但这一理论最终也被人们所实际采用。到了 1956 年，苏联法学界的观点达成一致，即"将法律调整的社会关系的内容和法律调整的方法相结合或者统一起来，作为法律部门划分的标准或依据。"[②]无疑，苏联学者认为，这两个标准应该是统一的、缺一不可的。然而正如我们前文所述及的，由于"调整对象"这一标准是虚拟和空泛的，而"调整方法"标准却是清晰、实在的，把这两个标准"统一""结合"之后，第一个标准不知不觉地被第二个标准所吸收和异化，从而令"调整对象说"反而依附于"调整方法说"，最后这一理论被引申为"要形成一个法律部门，此种社会关系的质的特性必须达到需要特种法律调整方法的程度"。[③] 至此，所谓的"双标准说"沦为实质上的"调整方法单标准说"。否定说否认经济法是独立法律部门、具备独立调整对象，实际上正是抓住了这一点：经济法无独立的调整方法。

显然，若是顺着这一理论的逻辑进行推演，经济法是不具备"独立"的调整对象的（因为其没有独立的调整方法）。值得一提的是，作为回应，不少经济法学者曾花费笔墨论证经济法的调整方法是"弹性的"、"间接的"、"经济性的"、"遵循客观经济规律的"、"补充性的"、"宏观性的"等，从而区别于行政手段的"刚性"、"直接性"、"非经济性"、"命令性"云云。笔者认为，这种辩解在法理上难有支持。从法律的层面来讲，调整方法只有民事、行政、刑事 3 种，当代法律实践还尚未催生出不同于这 3 类方法的其他调整方法。再说，对行政法学略有了解的人都知道，现代行政法学界早已提出，在经历了从计划经济到市场经济、从人治到法治的历史变迁后，行政手段已不再只是"刚性"、"命令与服从"了，"一些间接的、非强制性的，甚至带有平等性质的管理手段开始得到应用和推广"。[④] 所以从根本意义上讲，论证经济法具备独立的调整方法是徒劳的。然而如果完全接受这一划分方法，就会导致一种结果，即"经济法本身连带婚姻家庭法，劳动法等成为法的部门都会成问题了。这样实体法就只有民法、行政法和刑法这

---

① [苏]M. H. 皮斯科京等："苏联法的体系及其发展前景"，载《法学译丛》1983 年第 1 期。

② 同上。

③ [苏]C. C. 列克谢耶夫："苏维埃法律体系的一般理论问题"，转引自[苏]B. B. 拉普捷夫主编：《经济法理论问题》，中国人民大学法律系民法教研室译，中国人民大学出版社 1981 年版。

④ 王克稳："行政法学视野中的'经济法'——经济行政法之论"，载《中国法学》1999 年第 4 期。

3个部门了。"[①]这显然是一种现代社会法律实践完全无法接受的结果,但确实又是这一逻辑的必然结果。法理学界也意识到实践对理论的抵牾,所以在提出这一划分标准之后,又在具体列举法律部门时列出宪法、行政法、民商法、经济法、劳动法、自然资源和环境法、刑法、诉讼法以及军事法、国际法等多种法律部门,[②]从而呈现以外延否定和修正内涵的理论局面。这一矛盾某种程度上反映了传统理论界理论上的停滞不前与实践上的务实倾向,以及两者脱节之后不求甚解的心理。有鉴于此,我们认为,所谓经济法有否独立调整对象问题的论争实际上早已被异化,沦为一场理论上论证经济法有否独立调整方法与实践中概括经济法现象的共性这两者各执一端的"游戏",论争失去统一的焦点。若从传统理论出发进行逻辑推演,否定说无疑大占上风。若从现实出发进行归纳概括,肯定说当更适应现实生活的需要。两派争论各扯一张皮,难怪多年争执不休,却无法统一意见,这就是论争的真正症结所在。显然要解决这一症结,只有两条路可以走:一条是固守传统理论,同时阉割现实以令其适应传统的理论容器;另一条是尊重现实需要,但要对传统理论进行批判和修正,以令其适应现实生活的张力。两条路,走哪一条?我们认为,学术一旦脱离实践,割裂现实,只满足于自我的理论抽象,满足于坐而论道,其生命力无疑将是脆弱的。毫无疑问,我们选择第二条路——尊重现实,改造传统理论。

(三)对传统理论的批判与超越

既然依据"调整对象暨调整方法说"划分法律部门无法适应现代法律实践的需要,那么应该以什么理论来取而代之呢?实际上早在苏联时期就有过这方面的努力。1947年B. K. 拉伊赫尔对只按一种标准来确定法的体系和划分法律部门的做法提出质疑,认为可以用基本法律部门的规范来构成综合法律部门。B. P. 麦舍拉也认为,可以根据法律制裁形式(即调整方法)的性质,把法分为民法、刑法、行政法这3个基本部门法,其他各种实体法如土地法、财政法、劳动法、集体农庄法、海洋法等都是综合法律部门。[③] 这与我国否定说的"综合经济法说"一脉相承。但与后者直接否认经济法为独立法部门略为不同的是,前者认为综合法律部门是低一层次的法律部门。"综合法律部门说"观察到现代社会立法中传统行政法、民法、刑法、程序法等调整手段有机联系、综合使用的现实,从而对单一的调整方法划分法提出挑战,具有十分可取的思想价值。不过这一

---

① 史际春:"在改革开放和经济法治建设中产生发展的中国经济法学",载《法学家》1999年第1期。

② 张文显主编:《法理学》,法律出版社1997年版,第103~108页。

③ [苏]C. H. 勃拉图西:"苏维埃部门法:概念、对象、方法",载《法学译丛》1980年第2期。

理论没有说明综合法律部门的最终地位,反而以此论证这些法部门没有独特调整对象(只不过取之于各基本部门法)和调整方法,不能成为独立的法律部门,从而落入传统理论的俗套,继而引发"基本"法律部门对"综合法律部门"的歧视,结果又是论争不休。受这一理论的启发,最近国内有学者提出,应对划分法律部门的标准进行改造,"该按社会活动的领域和法律调整的宗旨来划分法律部门",而且"既然是法律部门,当然也就是独立的部门,不独立又何以能成为部门"。[①] 显然,该观点摒弃了传统法部门划分理论,提出以社会活动领域为主的法律部门划分法,令人耳目一新,在某种程度上与笔者的观点不谋而合。不过该学说对"客观论"的改造似乎过于彻底,以至于把"调整对象说"也随"调整方法说"一并抛弃。笔者认为,对传统理论的批判不妨碍对其合理成分的继承,法律调整的不是别的,正是社会关系,是人与人之间的关系。这正如我们所熟知的,鲁滨逊在荒岛上有活动,有行为,但不需要法律(规则);一旦多了个星期五,就需要一定的规则来调整两个人之间的关系。法律的生命力就植根于社会关系,这是法学发展史上最基本和最为成功的理论抽象之一,不可(目前也没有理由)轻易抛弃。我们至今定义法律部门,无一例外地采用"某某法是调整某某社会关系的法律规范的总称"。而且根据我们的理解,所谓的"社会活动领域"实质上与"调整对象"一样都是一种空泛待定的"标准",两者并无实质性区别。事实上前述观点也认为,部门法下定义应为"为了某某目的而规范某类活动,调整在此类活动中形成之各种社会关系的法",[②]总的来看仍属于"调整对象说"。

需要说明的是,在一个法律部门中规定使用各种法律调整方法进行综合调整早已是大量存在的现实。现代社会的立法实践是:立法者为了达到对某一类社会关系的有效调整,往往在同一法律中将民事、行政、刑事等各种调整方法根据需要进行有机结合,综合使用。可以用一个比喻来增加对这一问题的直观理解。比如现代海军的编成:虽然海、陆、空3军分立依旧存在,但是在现代海军中早已突破纯粹的巨舰大炮概念,出现海军航空兵、海军陆战队等原分属空军、陆军概念的编制,混合了海陆空3种力量形式。理由只有一个:适应现代战争需要。而它们为什么要叫海军而不叫别的,是因为它们统一于一个共性:通过海上作战平台向指定作战区域投送军事力量。从未听说过有空军或陆军愤愤不平而试图肢解海军的先例,因为这些力量已经形成有机结合的统一体,不可分割。否则军令不一,势必为其协同作战演练制造障碍,从而极大地降低其作战效能。回

① 史际春、邓峰著:《经济法总论》,法律出版社1998年版,第132~134页。

② 同上,第137页。

过头来,法律的发展又何尝不是这个道理呢?

我们的观点是:划分法律部门的标准仍是“调整对象说”,但需要明确的是,这一“调整对象”不再是受“调整方法”异化的调整对象,应予以还原。但正如前文所述的,“调整对象”是一种空泛、未定的“标准”,还需要其他条件进行结合使用。现在这个“其他条件”不再是“调整方法”,那应该是什么呢? 我们的回答是:根据现实需要,抽象其共性。也就是说,划分法律部门不再有万能的标准,而应根据法律实践的客观需要结合一定的前瞻性认识,对调整社会生活中某一类具备一定共性的社会关系的同质法律规范进行综合,形成一个法律部门。这样,是否形成一个法律部门就取决于两点:第一,这些法律规范调整的社会关系应具备某种“共性”;第二,将这些具备共性的法律规范进行综合并上升到法律部门的高度来研究是必要的。这又需要我们考察:一是实践中这类法律规范的存在已经达到一定的数量;二是将这些规范综合为法律部门具备理论上的价值,既能更好地认识和总结规律,并更好地指导实践。

显然,不是任何具备所谓共性的法律规范都可以“占山为王,自立门户”,自称为一独立法律部门的。从某种意义上说,每一个法律部门的形成都是渐进的,是长期法律实践选择的结果,因而也是历史的、具备客观必然性的。现有的几个法律部门,无一不是这样产生的。以新兴法律部门军事法为例。“在过去,这一法律部门的有些法律规范归属于宪法法律部门,如《兵役法》;有些归属于刑法法律部门,如《惩治军人违反职责罪条例》。但由于军事管理与国防建设在国家政治生活中的重要性增强,这一领域的法律规范将独立成为一个法律部门。”①“军事法作为单列的一个法律部门,主要考虑到我国立法的传统,军事与民事的相对分离以及设有专门的军事法院和军事检察院的现实而作的处理。”②回到经济法命题上,我们同样知道,经济法成为一个独立的法律部门是具备以上诸条件的。首先,经济法的调整对象是具备“共性”的,这个共性就是“国家管理(调节、干预)经济而发生的社会关系”;其次,具备这一共性的法律规范已经达到十分庞大的规模,任何人都不可能视而不见(这为大家所熟知,在此不一一列举);最后,在现代市场经济条件下国家的经济调控职能已经成为国家生活中最为重要的职能之一,把国家管理经济活动方面的法律规范进行归纳、抽象、总结和整合,有利于提高对国家管理经济活动的认识。社会需要这样的人才:他们立足于法学领域,但又对国民经济的管理具有较强的宏观把握能力与微观参与能力。我

① 张文显主编:《法理学》,法律出版社1997年版,第107~108页。

② 乔克裕主编:《法学基础理论》,法律出版社1997年版,第39页。

们强调培养复合型人才，这就是一种复合，是行政法、民法、刑法等基本知识乃至法学和经济学知识在国家管理经济这一共性上的复合。实践证明这一种知识结构是十分适应现实生活的需要的，经济法独立发展具有毋庸置疑的理论价值，对于指导和推动实践具有十分重大的意义。经济法又有什么理由不能成为一个独立的法律部门呢？

综上所述，法律部门的划分标准仍是“独立的调整对象”，只是这一“独立”并不意味着“绝对专有”，而应理解为一种“共性”。至于这一共性是什么，为什么独立，则应根据现实的需要和历史的沉淀进行抽象。社会关系是极其复杂的，交叉、重叠、你中有我、我中有你，不能把社会关系理解为一张薄饼，用一种方法进行平面式的瓜分；法律部门的划分应是立体式的，其标准是多元的。从这一意义上讲，“划分”的提法本身是不够准确的，在现代法律实践条件下，与其称为“划分法律部门”，不如称为“构建法律部门”。“划分”容易导致平面式的理解，从而画地为牢，这种提法只适用于历史上生产力不发达，社会关系简单的时代。在当今社会连带关系大量产生，多元主体多元利益交叉整合的时代里，法律学的思维也应是立体、多维与开放式的。相比起“划分”提法的割裂、封闭与边缘清晰，“构建”提法的联系、开放与边缘模糊显然更能体现和适应现实的需要。而“构建”的核心就是我们所讲的“共性”，即所谓的“独立的调整对象”。

（四）“经济行政法论”辨析

鉴于近年来，经济行政法论在法学界较为流行，故对此问题进行专门辨析，借此加深对经济法独立调整对象问题的认识。

既然具备“共性”的法律规范可以构成一个部门法；那么具备“行政管理”这一共性的法律规范不也可以构成行政法吗？而经济法作为其一部分即“经济行政法”，又有什么不可以呢？这表面上可以讲得通，但不能为我们所赞同。理由有三：

第一，该学说忽略了一点：传统法律部门划分理论中除了两个标准外，还辅有几个原则，其中一个原则就是“均衡原则”，即“划分法律部门时应当考虑各法律部门之间法律规范的规模和数量之间保持大体上的均衡，不能使某些法律部门的内容（即规范）特别多，而有些法律部门的内容特别少”。[①] 经济法就曾有过所谓“大经济法”的时代，其实根据我们的理论，把经济法定义为“调整经济关系的法律”，本身并无不可。但是由于违反了均衡原则，其调整对象过泛，抽象困难，从而导致理论混乱，最终缩小至“国家管理经济而产生的社会关系”范围内。

① 张文显主编：《法理学》，法律出版社1997年版，第102页。

到了这一层次，经济法学者才有空暇去探求现代国家管理经济职能的精髓，才能对经济法的独特的价值目标和原则有较为系统和正确的认识，经济法终于变得越来越真实。同样地，如果按经济行政法论所持观点，行政法将会扩张到极其庞大的规模，从而使行政法这一部门法的划分丧失意义，从研究角度来讲，也是行政法学者力所不逮的。实际上行政法学者的研究领域从来就没有这么大过，基本上还是固守于自己的“本土”，就算是持“经济行政法论”的学者也只是在“耕作自留地”的间歇，目光所及，从理论上论证了经济法是他们的“飞地”而已，得到理论满足后则继续耕作其自留地，并未(实际上也不可能)实行“有效管辖”。这种学术上的“圈地运动”是非理性与非建设性的，在方法上是形而上学的。笔者认为，正如美国行政法学家伯纳德·施瓦茨所说的，“行政法的要害是程序法，而非实体法”。“在美国行政法要回答的问题是：①行政机关可以被赋予什么权力？②这些权力有什么限度？③用什么方法把行政机关限制在这个限度之内。”[1]行政法应着重以程序法为核心展开研究，其精髓在于控权，在于维持公权力与私权利的力量平衡。在国家职能极大膨胀的时代里，这已经是一件十分复杂、精细与重要的任务了。作为一个部门法概念的行政法应进行特别定义，不能将行政法等同于行政性法律规范的总和。当前行政法学界将行政法定义为“调整行政主体行使其职权而发生的各种社会关系的法律规范和原则的总称”，[2]似乎过于宽泛。能否最终锁定在行政组织法与行政救济法的领域里？美国行政法学家古德诺认为，“行政法是公法的一部分，它规定行政机关的组织和职权，并规定公民在受到行政行为侵害时的行政救济”。[3] 我们认为，这一定义是可行的。从这个角度来看，部门法在“构建”之后还应与其他法律进行“整合”，作较为科学合理的分类。可以说，法律部门的内涵与外延在历史进程中是相对与变动的，是随着社会发展的客观需要而处于不断的异化与还原运动中的。当这一运动超越了一定的度，就可能成为不同质的法部门的研究对象，从而需要重新界定与整合，以令法部门体系的构建更加适应当代社会生活的现实发展需要。这也是符合唯物辩证法的精髓的。

第二，经济行政法不能不适应现实生活发展的需要。关于这点我们在前文中已有述及。我们可以把经济法划归行政法范畴，但是行政法学者对这些经济行政法的理解仅仅是形式化的、限于手段层面的。因为客观地说，行政法学者与

---

① [美]伯纳德·施瓦茨著：《行政法》，徐炳译，群众出版社1986年版，第2页。

② 罗豪才主编：《行政法学》，北京大学出版社1996年版，第7页。

③ [美]古德诺著：《比较行政法》，转引自应松年等编著：《行政法学总论》，工人出版社1985年版，第19页。

经济法学者相比,在对经济及经济学的了解方面应该相对欠缺,故而影响其对国家调控经济活动形成深刻认识,自然也就影响经济立法、执法等活动的效能。以行政法视野研究经济法,恐怕只能为恢复计划经济时代的管理模式与手段提供理论垫脚石。从这一点来讲,肢解经济法,否认经济法的独立性是极为不明智的,是一种倒退。

第三,尽管行政法也具有自我膨胀的倾向,即认为行政法除了调整传统的命令与服从关系外,还包括行政指导、行政合同等关系。但是经济法除了行政法规范外,还拥有大量的民事法律规范与刑事法律规范。如果前者(民事法律规范)还可以勉强纳入"大行政法"的话,后者(刑事法律规范)由于其异质的调整方法,却是行政法无论如何也无法包容的。仅从这点来看,经济行政法论就无法自圆其说。在某种程度上还不如综合经济法论来得实用与科学。

至此我们对本文开篇提出的第一个问题算是作了回答。经济法独立的调整对象问题实质上也是经济法独立法部门的问题,只有解决了经济法的外在独立性问题,我们才能着手进行内部的体系构建,从而回答本文的第二个问题。

三、经济法有哪些具体的调整对象

(一)观点的评述

在前文所列的经济法诸学说中,关于经济法具体调整对象的划分是各不相同的。20 世纪 80 年代的"大经济法"时代里,经济法的调整对象涵括了纵向、横向、内部性 3 大关系,其由于恰当反映了当时计划经济向有计划的商品经济过渡的经济现实而风靡一时。20 世纪 90 年代以后,随着社会主义市场经济目标模式的提出与建立,国家经济职能逐步还原与回归,以上观点逐步丧失了实践土壤而退出历史舞台。经过反思,经济法学者对经济法的调整对象重新进行了界定,提出了表述各异的观点,在摆脱了大经济法阴影之后的这些经济法学说,其观点基本是相近或相容的,故不宜用"论争"形容之,本小节仅以"观点的评述"为题。

关于经济法的具体调整对象,较为流行的学说有以下几种:

(1)经济协调关系说。该说将经济法的具体调整对象分为:①企业组织管理关系;②市场管理关系;③宏观调控关系;④社会保障关系。[①]

(2)需要干预经济关系说。具体有:①微观经济调控关系,包括国家对经济

① 杨紫煊主编:《经济法》,北京大学出版社、高等教育出版社 1999 年版,第 28~32 页。

组织的调控及经济组织内部的经济关系；②市场调控关系；③宏观经济调控关系；④社会分配关系。[1]

(3)经济管理与市场运行关系说。具体分为：①国家经济管理关系；②市场运行关系；③组织内部经济关系；④涉外经济关系。[2]

(4)社会公共性说。具体包括：①市场管理关系；②宏观经济管理关系；③对外经济管理关系。[3]

(5)国家经济调节关系说。具体包括：①市场规制关系；②国家投资经营关系；③宏观调控关系。[4]

(6)国家管理经济领域说。此说直接以具体调整对象的罗列式为经济法下定义，具体包括：①经济管理关系；②维护公平竞争关系；③组织管理性的流转与协作关系。[5]

(7)来自经济行政法论的观点。具体分为：①宏观调控法；②市场管理法；③国土资源、国有资产管理法。[6]

还有多种不同的观点，由于大同小异，不一一列举。就内部体系构建的角度来看，以上诸观点均较为成熟和稳定，在一定程度上反映了现实生活的需要。当然也各存在一定的不足之处，在此择要评述之。比如有的学说认为，企业组织管理关系应纳入经济法调整范围，理由是"民法只调整平等主体的公民之间、法人之间以及公民与法人之间的关系，不调整经济管理关系其中包括企业内部管理过程中发生的经济关系，如果硬要民法调整，就会造成民法的调整对象的混乱"。[7] 实际上这是对民法定义作了过于直观式与字面式的理解，只抓住民法的"平等"的外壳。其实企业(包括公司、个人独资企业、合伙企业等)是与自然人并列的市场主体，民法中对自然人的主体资格有具体规定(比如准治产人、禁治产人)，对法人等组织也有一般条款规定，这些都属主体构造法。只不过公司等企业组织是人为拟制的产物，远较自然人复杂，因此自然人只需几个条文即可规定，而企业却需要整部甚至多部法律进行专门规范而已。但这仍难逃主体构造法的范畴，应为民法之特别法。民法的上述定义主要说明主体之间的关系，至于

---

① 李昌麒著：《经济法——国家干预经济的法律形式》，四川人民出版社1995年版。
② 刘文华主编：《新编经济法学》，高等教育出版社1993年版。
③ 王保树主编：《经济法原理》，社会科学文献出版社1999年版，第36～42页。
④ 漆多俊著：《经济法基础理论》，武汉大学出版社2000年版，第109页。
⑤ 史际春等：《经济法总论》，法律出版社1998年版，第48～50页。
⑥ 王克稳："行政法视野中的'经济法'——经济行政法之论"，载《中国法学》1999年第4期。
⑦ 杨紫煊主编：《经济法》，北京大学出版社、高等教育出版社1999年版，第29页。

如何构造主体,则在定义中略去,由此引发误解。

其实民法中多有条文规范各种内部关系,既无"平等",又无"之间",若逐条套用定义,是根本行不通的。再如有观点将劳动关系、社会保障关系、环境与资源保护关系一并纳入经济法的调整对象范围。笔者认为,这些法规范中除了经济法的同质内容外,还有许多与经济法异质的内容,对这些法律规范的归类应持慎重而有所区分的态度,对此本文随后将会述及。

(二)本文的观点

划分经济法的具体调整对象范围应本着理论与实践相结合的态度进行。从某种意义上讲,经济生活只有宏观和微观两大领域,这点从经济学的分类就可以知道。我们在论述经济法产生的历史必然性时往往也从宏观与微观两个层面予以解说。可以说,宏观调控领域与微观管理领域是具备极大弹性的两个领域,其他所有领域都是从这两大领域中分化独立出来的,从逻辑上讲也是可以还原与归位的。然而我们肯定不会只满足于对经济法作如此的二分法,事实上诸学说中哪怕最简练的划分法都不只是二分法。那么具体要把哪些领域独立出来呢?这要视社会经济生活现实与发展的需要,在这一层面上,理论要服从于实践。据此,我们把经济法的调整对象作如下具体区分:

1. 宏观调控关系

这是经济法毋庸置疑的一类调整对象。现代市场经济的运行是一个极其复杂的过程,当经济运行到一定复杂与发达的程度,"市场之手"的缺陷就会暴露,其个体利益取向的单一与短视会令经济陷入资源配置无序化与严重浪费的泥潭,社会迫切需要另一种超然于市场之上的力量对此进行规制与引导。同时由于经济全球化导致了竞争的无国界,各个国家无论大小、强弱,都在全力推动经济增长。发达国家需要创新,发展中国家需要升级与跟踪,工业化的号角还在耳边萦绕,信息时代接踵而至,任凭经济的自然发展与演变显然是远远不能适应这一趋势的,从而需要国家之手的全面干预与促进,我们把这种国家引导和促进经济产生的关系称为"宏观调控关系"。

2. 微观规制关系

有竞争,就会有垄断,就会有不正当竞争,这是市场的辩证法。放任无形之手的恶果应由国家之手予以修正,在这一领域中,国家的干预往往直接针对个案。

同时由于垄断组织势力强大,不正当竞争普遍猖獗,为保证法律的顺利实施,法律多以强行性规范为主。对于这一领域的社会关系,我们称为"微观规制关系"。

3. 国有参与关系

国有参与是国家基于宏观经济调控的目的动用财政力量进行社会投资比例再分配的一系列活动。从这点来看,国家参与关系显然是从宏观调控关系中分化出来的,我们之所以把它独立作为经济法的调整对象是基于国有参与在世界范围的经济实践中的重要性以及这类关系之间的共性——通过国家直接参与市场经营活动,实现宏观经济目的。成熟的市场经济国家里,国有参与往往集中在高风险、高投入、基础性行业以及一些公用企业领域里,在中国国有参与的外延却要大很多。这些应放在社会主义和市场经济这两大背景下进行恰当的梳理和整合。顺便提及的是,以往人们常常用"裁判员"来形容现代国家在经济领域的角色定位,以此区别于"运动员"时代的国家职能。立足于国有参与这一领域,我们认为,其实"裁判员"还不足以准确形容现代国家的角色,现代国家在经济管理活动中更接近于"主持人"的角色,根据需要调动气氛(宏观调控),维持会场秩序(微观规制),必要时还须赤膊上阵,临时客串(国有参与)。当然任何比喻都是蹩脚的,当国家从事远景规划之类的活动时,不只是主持人,恐怕还要"制作"、"导演"一身兼了。

4. 对外管制关系

对外管制属经济法的特别领域,其共性在于"涉外因素"。把它列为经济法的一类调整对象是当前世界经济全球化与国家经济安全这一对矛盾范畴相互作用的必然结果。制度经济学强调经济假设中的制度前提,其实国家绝对主权的存在就是一个最大的制度前提。德国历史学派经济学的杰出代表弗里德里希·李斯特早在19世纪上半叶就提出,经济学应分为"私经济学"和"社会经济学",而后者又可以分为"世界主义经济学"(或"万民经济学")和"国家经济学"(或"政治经济学")。他认为,亚当·斯密的经济学是"世界主义经济学",这种经济学假定"世界上一切国家所组成的只是一个社会,而且生存在持久和平局势之下","不承认国家原则,也不考虑满足国家利益"。[①] 李斯特据此提出"国家干预"的理论,其要义正与我们所讲的经济法如出一辙。笔者认为,在不合理的国际经济旧秩序条件下,无原则无计划地开放国内经济是危险与被动的。对于发展中国家来讲,必须掌握一定的国际经济交往的主动权,才能化弊为利,发展自己。从制度规范看,国家在对外经济交往中一般采取与国内迥异的管理方法,手段往往十分强硬,故称为"对外管制",这是经济制度的一块"特区",有必要单列

① [德]弗里德里希·李斯特著:《政治经济学的国民体系》,陈万煦译,商务印书馆1961年版,第152页。

研究。经济法调整对象的这一划分对可能长期处于经济劣势而需要实施一定对外管制的发展中国家来讲更具意义。对于站在 WTO 门槛上的中国,如何更加娴熟与巧妙地运用国家对外管制的权力,为我国经济的全面现代化争取宝贵的时间和空间是我国经济法学者面临的艰巨任务。

5. 市场监管关系

时下论著中,鲜有将市场监管关系单列为经济法调整对象的。我们之所以这样做,主要是基于以下几点考虑:

第一,有些学说将市场监管笼统归于宏观调控领域。其实宏观调控主要应定位在国家运用价格杠杆、财政杠杆、利率杠杆以及结构调整杠杆等对国民经济实施整体的、间接的影响和导向。这些措施需要作用于具体市场上,而市场是富于噪声的,反应是滞后的,甚至要经历破坏性的运动过程来作出正确选择。因此,保证国家经济意图的正确贯彻和顺利实施需要国家对市场继续予以关注,并不断作出调整,确保市场对宏观调控要素作出适当而又积极的反应。这一过程即可称为市场监管,市场监管中的微观因素令宏观调控难以将其完全涵盖。

第二,有些学说将市场监管列入微观规制领域。笔者认为微观规制主要应定位在竞争法的范畴,包括反垄断法、反不正当竞争法、消费者权益保护法以及产品质量法等。它的调整是被动的、个别的、滞后的,手段是强制的,规则是稳定的,而市场监管除了市场秩序的维持外,主要配合宏观调控,保证其落到实处,它的特性应该是积极的、灵敏的、主被动结合的、事前预防与事后处理相统一的,手段是综合、有弹性的、规则是灵活的。这些特征正是承袭于宏观调控领域。可见市场监管中的宏观因素又令其特立独行于微观规制关系之外。

第三,将市场监管关系单列研究是符合现实需要的。以金融市场监管为例。现代虚拟经济的发达导致了金融市场的高流动性、高泡沫性、高投机性与高风险性,在投机家的恶意炒作等内外部条件作用下,金融市场对经济的负面影响可能被极度放大。20 世纪末亚洲金融危机的教训至今仍令人触目惊心。对金融市场实施有效监管在许多国家都被当做首要经济课题予以研究解决。经济学家吴晓求认为,现代经济的核心将从产业经济向金融经济过渡,而金融市场监管将成为现代国家的首要经济管理职能。在市场经济高度发达而又崇尚自由的美国,国家对市场的监管力度和细度也是有增无减,由美联储主席亲自监管的经济数据就高达上万个,在我国这一极度缺乏市场意识的经济土壤上培育各类市场,自然更需要国家的理性监管。虽然市场监管本应分属于宏观和微观两个领域,是两者的结合,但鉴于现实课题的挑战,无论把它归属于宏观调控领域还是微观规制领域都不足以很好地表彰其独有的内在特性与极端重要性,故予以单列研究。

这又必将有助于促进我国经济法的进一步发展与完善。

以上5类调整对象是有主从之分的，其中宏观调控居核心与灵魂地位，其他关系服从于宏观调控。实际上在国家管理经济中，任何一个领域都或多或少会受到宏观调控因素的渗透与影响，国家即使进入微观层面，也是“宏观着眼，微观着手”的。即使是强制性的反垄断领域，也常常要受到宏观政策的异化，否则我们就无法解释为什么美国在肢解微软的同时，却促使波音合并麦道。“宏观性”、“整体性”正是经济法的精髓。经济法应以宏观调控法为统率，以微观规制法、国有参与法以及对外管制法为主体，以市场监管法为保障，从而形成经济法的有机统一。同时我们还认为，这一体系应是一般意义上的经济法调整对象。因为除此之外，一些其他社会关系如社会保障关系、劳动关系、资源利用与环境保护关系等某种意义上与经济法的调整对象也是同质的。比如社会保障关系属于国民经济再分配领域。众所周知，生产、分配、消费是密不可分的统一体，分配直接影响消费，消费则驱动生产，所以把它们完全割裂开来并不利于我们更加全面与准确地考察国民经济运行与规范的效能。对于这些社会关系不妨将其视为广义上（非严格意义上）的经济法调整对象，区别于前述一般意义上的经济法调整对象。①

（三）经济法的定义

论述清楚经济法的调整对象，定义经济法自然就十分简单。笔者认为，经济法应是调整在市场经济运行过程中，国家为了实现经济的可持续发展、维护社会整体利益而履行各种现代经济管理职能所产生的经济关系的法律规范的总称。这一定义表明，经济法是植根于市场经济的，是以社会整体利益为本位的，其法律关系中一方主体是国家，另一方是各种市场主体。但还需搞清一个问题：在具体的经济法中，往往会有许多条文并不是规范国家与市场主体之间的关系的。以《反不正当竞争法》为例。该法中固然有许多国家规制不法经营者的内容，但也不乏调整发生在经营者与经营者、经营者与消费者之间关系的规范。如生搬硬套经济法的定义，显然无法作出圆满解释，若将这些关系从经济法中剥离，无疑将是现行法律体系的灾难。因为这种调整不同主体关系的法律规范并存于同一部法律中的现象在任何一个法部门中都比比皆是，如何剥离得了？当然因此抛弃调整对象说是没有必要的。我们认为在上述经济法定义的基础上，还可以作第二层面的表述：经济法是以经济法律规范为核心或主体的规范性法律文件的有机结合。不妨把这称为经济法的外延式（具体）定义，而把前面称为经济法

① 顾功耘主编：《经济法》，高等教育出版社、上海社会科学院出版社2000年版，第5页。

的内涵式(抽象)定义。当然,这样一来,所谓“定义”的含义也得到一定的拓展。这一做法是适应现实生活的,因此也是必要的;否则我们只能永远纠缠于无意义的思辨不得解脱,从而在理论虚无与脱离实践的两个极端之间徘徊。

四、结　　语

经济法的调整对象问题也许是法学史上最富有争议的命题之一。其实这一争议的实质是普遍性的,其他法律部门同样存在;之所以把经济法推到前台予以聚焦,也从侧面反映了经济法在法律体系中举足轻重的地位。学术需要争议,因为真理总是越辩越明的;同时学术也需要理智,因为学者是社会良知的载体。曾有一位著名的科学哲学家说过:科学的批判使明智的理论家努力消除自己的虚妄理论,让它们代替自己去死亡,而信徒则随他自己的虚妄而死亡。任何一个理论的提出都是一个崭新的起点,而不是它的终结。在知识经济即将到来的时刻,让我们以更大的勇气面对经济法新课题的挑战。

(2001 年第 2 期)

论民法、行政法、经济法的互动机制

李昌麒[*]　岳彩申[**]　叶　明[***]

一、问题的提出

法律部门的划分可以追溯至古罗马时期。古罗马法学家乌尔比安把法律分为公法与私法。法国继承了古罗马法的传统，在拿破仑执政时期，从立法上实践了法律部门的划分理论，先后制定了民法典、刑法典、商法典、诉讼法典、宪法典，为以后的法律部门划分奠定了基础。法律部门的划分无疑是法学研究的一大成就，对于指导立法和认识法律的真谛都具有重要作用。但法律部门的划分后来逐渐出现了教条化的现象，突出表现为：①固守法律部门划分的标准，忽视了法律部门已经出现和可能出现的交叉与融合；②部门法的本位主义倾向比较明显，不适当地夸大了某个法律部门的作用及其地位而轻视其他法律部门；③过分注重法律部门的划分，忽视了法律部门之间的互动关系。由此使法律部门的划分陷入了长时间的争论。

不可否认，法律部门的划分是法学研究的重要路径，无疑有助于学术研究繁荣。但是，我们强烈地感到，这种争论似乎又陷入了孤立和静止的研究问题的泥潭，其中体现最为明显的是对经济法、行政法与民法（以下简称三法）的研究。我们发现，在对三法的研究中，曾经都出现过“你想包容（或吃掉）我，我想包容（或吃掉）你”的探索路径。这是三法各自的调整对象难以达成共识的一个方法论障碍。为了克服这种障碍，必须寻求另一个探索路径，其思路是：一个国家的法律体系，实际上是由多个法律部门组成的有机整体，任何一个独立于这个法律体系框架内的独立的法律部门，它们的作用可能有所不同，但是，它们的重要性是一样的；因此，法学研究的重点不仅要考虑法律部门之间的差别，同时也要考虑法律部门之间的联系，进而建立起在整体法律体系框架内的各个部门法的互动机制。法律部门的互动，是法治有效运行的基本环境。如果过多地、孤立地强调与讨论法律部门的划分而看不到他们的互动作用，不仅可能造成人们在对三

* 作者单位：西南政法大学。
** 作者单位：西南政法大学。
*** 作者单位：西南政法大学。

法认识上的隔阂，而且也有悖法律部门划分的最终目标，同时还可能影响科学的市场经济的法律体系框架的形成和完善。

二、三法互动的认识论基础

（一）三法互动的一般理论基础

行政法是关于国家与国家权力的法律，民法是关于市场和人的法律，经济法则是关于市场与国家结合的法律。因此，理解3方的互动关系，必须从3个层次展开，即人、国家与经济。关于这3个层次的理论分析分别属社会学、政治学与经济学。[①] 从一般理论基础的角度讲，分析三法的互动关系，有必要考察一下社会学、政治学和经济学的基本看法。

三法互动的必然性首先在于人的行为互动性。社会学是关于人的学问，尽管它没有直接论述法律的互动性，仅仅是将人的行为视为社会制度的一部分来看待，但它仍然可以为我们寻求三法互动的根源和机理提供有益的启迪。社会学的代表人物涂尔干认为：人与人之间关系可以变成功能上互相依赖，从而形成一个相互依赖、相辅相成的统一体。这是一种整合，他称为有机连带。[②] 正是由于社会关系的依赖性，有人主张：总结社会学的分析，必须是着重于多层次及其互动。[③] 按照社会学的观点，人的活动与社会关系是相互联系和互动的，那么，任何关于人们行为的规范与制度都是互动的。法律是调整和约束人们行为的制度安排，法律的整体也就必然是互动的。社会学从人的行为出发研究了人们行为的互动性，为法律的互动性提供了最基本的认识论基础。由此我们可以认为：三法互动是人们的行为互动的必然反映。

政治学的研究同样离不开人的问题，但政治学则从政治层面将社会分为三个领域即市民社会、经济与国家。[④] 在此基础上，一些政治学学者又提出了社团主义与合作主义，将社会团体作为一种特殊的领域对待。尽管有人对此种划分持否定看法，[⑤]但我们仍然可以认为法律与国家和政治密不可分，与市民社会及

---

① 邓正来："中国社会科学的再思考——学科与国家的迷思"，载《南方论坛》2000年第1期。

② 莫家豪：《社会学与社会分析》，中国社会科学出版社2000年版，第34页。

③ 同上，第15页。

④ 对于市民社会的划分，存在多种不同的观点。有的学者主张仅将社会分为市民社会与国家两部分。有学者主张应当将社会分为市民社会、政治社会与第三部门。也有学者将市民社会与家庭、国家对应起来。

⑤ 有学者认为市民社会的分类仅仅是一种虚幻的想法，在现实生活中并不存在。

经济同样密不可分。按照普遍的观点,法律是国家的产物,法律又是国家统治市民社会的工具。市民社会的划分仅仅是社会结构的一个基本模型,表明了社会的不同层次的结构。其逻辑上必然是以社会的整体性为前提的,即社会的不同部分是可以相对划分的,也是相互依赖和互动的。正如有的学者指出的那样:“市民社会并非与国家完全分离。若完全分离,它便不可能是社会整体的一部分,正如家庭尽管不同于且有别于市民社会与国家,但并未与它们完全分离一样。国家制定法律,规定了市民社会不同领域与部分自主的外在界域。”①既然社会各领域是相互依赖与互动的,建立在社会之上并界定社会各领域的各法律部门也同样是相互依赖与互动的。

从经济关系层面看,混合市场经济的学说进一步为三法的互动提供了更为直接的理论支持。马萨诸塞工学院的费舍尔等著名学者认为,指令经济和自由市场经济都是不符合实际和极端的,并强调所有的国家所要建立的经济体制都应是混合经济体制。美国著名经济学家萨谬尔森和诺德豪斯在其第14版的《经济学》一书中也持类似看法。② 混合经济具有产权结构的公私并存,市场调节与国家调节并存,政府、市场与企业职能结合,国家决策与企业决策相结合的特点。因此,市场、企业与国家的互动是混合经济体制运行的基本条件。市场在资源配置中起基础作用,而国家对资源配置起调节作用。市场自治性的活动在理论上讲是纯粹的市场行为,因而是民法统治的领域。国家自身运行是国家的活动,因而它是行政法的领域。那么,国家介入市场的领域必然是一个既不同于民法又不同于行政法的应由经济法统治的领域。这里需要回答一个问题,就是一个国家的经济运行是否仅靠民法和行政法的作用就可以支撑了呢?显然不是,直言之,市场主体的活动必然要依赖于国家权力的支撑,而国家的活动又必然要建立在对市场主体意思自治的充分尊重的基础之上。这种“自由”与“统治”之间的矛盾,单靠行政法和民法自身的作用是难以整合的。市场经济的土壤必然要求生成一个国家介入市场经济的法,这个法只能是经济法。由此观之,混合经济理论及其实践,直接从经济体制需要的角度,一方面揭示了不同经济领域的特殊性,从而要求不同的法律群体的存在。但是,在经济活动中,国家与市场的结合是不可分离的。因而三法也必须是互动的;另一方面,市场经济的文化价值之一是多元主义,而多元主义又会进一步弱化社会各领域的界限,相应地在一国的法

① 邓正来著:《国家与市民社会:一种社会理论的研究路径》,中央编译出版社1999年版,第33页。

② 转引自郭连成:“西方市场机制缺陷及混合经济理论”,载《国外社会科学》1999年第5期。

律制度中也就要弱化各部门法领域的严格划分，由此必然导致各部门法之间的互动性的增强。

在中国，法律互动的特征就更为显著。中国一向强调集体主义，社会关系的互动性和社会行为的连带性尤为强烈。在中国由计划经济向市场经济的制度变迁中，不是由市民社会的自然变迁而完成的，而是由国家这种政治人的积极介入并推动而实现的。因此，在这种社会变革模式中，市民社会、市场、国家三者的结合就更为紧密，三法的互动就更为重要和明显。同时，中国的法治也不是从市民社会和市场中自然滋生出来的，而是依赖了理性的国家的权力的促进才实现的；因此，中国的法治实践从一开始就体现了自治与统治、自发与自觉、社会与国家的合力。所以，中国的整个法治发展与法律体系的建立都是各种矛盾冲突与协调的结果。这种结果必然要反映到各个法律部门的关系之中，从而使各个法律部门互动成了构建我国市场法律体系的一个基本出发点。

（二）三法互动的法理基础

三法互动的法理基础有两个：一是法治系统的统一；二是法律部门划分的缺陷性。首先，法治系统是一个复杂的、动态的同时应是一个最优的系统。而法治系统的统一必须以承认法律部门的协调与互动为前提。法律秩序是法治体系统一的结果，而法律秩序又是作为所有法律部门的合力的结果。在整个法治系统中，各个部门法是它的子系统，分别发挥和承担着某方面的功能与作用，并通过相互的运动和制衡共同支持整个法治系统的运行。在这个运行机制中至关重要的是要合理地分配各个子系统的职能，以便最大限度地发挥它们各自的最佳的功能作用。建立法治系统并不是最终目的，而是要最大限度地发挥它们各个组成部分的职能。各个组成部分的职能，共同一致地作用于系统，就是整个法治系统的总职能；这样，总职能就一定能够大于分职能的总和。[①] 因此，互动就成为法治体系发挥最大功能的基本要件。其次，任何法律部门的划分都是有缺陷的。这种缺陷表现为：①划分的形式主义。法律自身带有明显的形式主义，因此，要求法律体系在形式上应当组织合理，其内部结构应当是协调统一的。[②] 法律部门的划分是对法律规范类别形式的分类，是人们对法律规范结构体系的形而上学的反映。②划分的相对性。[③] 法律部门是根据法律规范的相对特点进行的分

---

① 李昌麒、周亚伯："怎样运用系统论研究法学问题"，载《系统科学论著选》，中国政法大学出版社1987年版。

② ［苏］B. B. 拉扎列夫著：《法与国家的一般理论》，王哲等译，法律出版社1999年版，第156页。

③ 沈宗灵著：《法理学》，北京大学出版社2000年版，第426页。

类。每个法律部门的特点并不是绝对的,而仅仅是相对于其他法律部门所作的区分。③划分的不完全性。由于划分标准的局限性及相对性,决定了法律部门的划分的不彻底性和非全面性。④划分的理想主义。法律部门的划分是法律研究者从抽象思维的角度出发,按照理论思考的模式进行的。法律部门划分所针对的对象是典型的类属,不可能充分考虑非典型法律规范的分类问题。由上述可见,任何法律部门的划分都是相对的、不全面的和形式上的,法律部门的划分对于法律体系的整体性及法律部门间的联系性没有任何的影响,其唯一作用是为人们认识和运用法律规范提供一定的方便。换言之,法律部门的划分仅仅是理论研究上的一种形而上学的结果,它不应当作为否定法律部门间的互动关系的依据,我们现在所要强调的不应当是部门法的绝对划分,而是它们的绝对互动。

我们强调三法的互动关系,其主要理由在于三者之间的特殊联系:

第一,文化与精神的互补性。民法是从市民社会中自然形成的,其理念是自由主义,其文化基础是自由主义文化。行政法的理念是国家主义,其文化基础是国家统治的理论。自由与统治永远是一对矛盾。民法的价值理念之一是对抗国家力量的侵犯;行政法的价值目标之一是防止国家权力的膨胀并维护私权的合理存在。应该说,这二者都是从自由主义文化出发的。经济法在价值功能上具有双重性,它主张自由与统治的协调。即它一方面以维护私权的合理存在为己任,但它又要超越个人的私权,以维护社会公共利益为宗旨;另一方面,它既赋予国家适当的干预权,又要防止国家公权的滥用。所以,三法的互动是自由主义、国家主义和集体主义的融合与互补的产物。具体地讲,三法的文化与精神的互补分为三种情况:一是自由主义即个人本位与国家本位的互补,表现为民法与行政法的互动;二是自由主义与集体主义的互补,体现在经济法与民法的合作;三是国家主义与集体主义的协调,表现为经济法与行政法的协作。最后表现为在三法的规制下,为着维护社会秩序的共同目标,形成自由主义、集体主义与国家主义相统一与协调的互动机制。

第二,法功能的相互矫正性。这种相互矫正性可分为三个层次:首先,三者的功能表现为对权利的调控功能互补。民法的功能是保护私权并对抗公权。行政法的功能是规范与限制行政权的扩张。然而,民法以人本主义为出发点张扬私权,但它又容易导致私权的泛滥。行政法是以国家本位主义为基础,它可以保护私权行使,但是它的某些行政偏好又可能助长不适当的行政扩权。个人本位与国家本位都是社会利益两种极端的表现,在许多情况下,很难达到对立的统一。当然,二者也存在相互制约的关系,假如没有个人本位主义与私权,就不可能有自由与平等的追求,从而也就不可能有人的解放与人类文明的不断发展;假如没有国家本位主义与统治权,就不可能形成统治与秩序。

但是,社会是在努力克服不断出现的各种对立与矛盾中而发展的,单靠行政法与民法自身的力量是不能兼顾这一目标的。而经济法是以社会为本位的法,它既要限制私权的滥用,又要限制国家权力的扩张;因此,三法的协调必然成为社会发展的基础方式。另外,三法功能的互补主要表现为形式正义与实质正义的互补。民法与行政法均强调形式正义,而形式正义有时会忽视结果的合理性。经济法则是以维护实质正义为目标,矫正民法与行政法因追求形式正义而产生的不公平后果。然而,经济法所追求的实质正义可能由于缺少程序正义的保障而最终导致不公平,所以又需要民法、行政法的矫正。在三法的互动关系中,行政法通过行政权的行使可以在一定程度上限制私权的泛滥;民法通过意思自治、契约自由和责任制度可以阻止行政权的对私权的无端侵扰;经济法通过维护公平竞争、社会可持续发展、宏观经济的平衡,可以为社会各群体的利益营造一个公平的社会制度环境,同时也为国家权力界定了基本的范围及介入市场的方式和途径。从这一角度讲,经济法实际上是协调个人、集体、国家三者利益的制度通道。对于经济权利的行使,我们不仅要追求程序公正,更重要的是要追求实质公正。以合同为例,就存在一个因合同自由的极端发展,而导致的需要通过竞争法对垄断行为进行矫正的问题。

第三,调整对象的交叉性。三法调整对象的交叉,渊源于以下两个重要因素。一是由于三法都处在市场关系之中,而某种市场关系的形成又往往呈现出错综复杂的情况,这就必然要导致三法在调整对象上的部分重叠与交叉。调整对象的交叉又需要三法从不同的角度、在不同的层面上共同去维系社会关系的存在。例如合同关系,民商法从合同平等与自由角度保护合同关系,行政法是从行政管理的角度对行政性合同进行规范,经济法则从反不正当竞争和反垄断等角度维护市场秩序。又如,对公司的法律调控,民商法着重规范公司的民事行为,行政法则着重规范公司的注册与登记,经济法则从市场运行的角度控制其市场行为的对社会秩序的影响。因此,对于这些交叉调整的关系,只有三法的互动,才能形成有效的协调机制,消除各个部门法之间的矛盾与冲突,维护社会的稳定与发展。二是由于某个具体的法律关系,单靠一个法律部门的作用是难以形成的,如所有关系、经营管理关系、竞争关系、消费者权益保护关系、产品质量关系、知识产权关系、价格关系等皆属此种情形。这就决定了诸如所有权、经营权、承包权、租赁权以及工业产权的取得和行使在不少的情况下,需要三法的配合才能发挥作用。以专利权为例,它的取得以及某些情况下的转让,需要取得国家行政机关的批准或认可。

三、建立三法互动机制中的几个问题

建立民商法、经济法、行政法之间的良性互动机制，目的是要在3个部门法之间形成促进和发展社会主义市场经济的“法律合力”。形成合力的途径和方式多种多样，重要的有以下几个方面：

（一）立法上的互动

目前3个部门法在立法上存在诸多矛盾和冲突，既有法律规范上的不相容[①]，又有法律结构上的不平衡。[②] 产生这种状况的原因是多方面的，其中一个重要原因就是人们没有很好地认识到3个部门法之间的互动关系。长期以来，在三法相互关系的讨论中，一些学者片面地从自己的研究领域出发，在强调本部门法的重要性的同时，往往忽视甚至是贬低其他部门法的地位和作用。这事实上是在有意无意地主张部门法之间存在“法律位阶”关系。[③] 这种“法律位阶”观在很大程度上会阻碍三法之间法律合力的形成，不利于社会主义市场经济法律体系的建立。正如有的学者指出的，社会主义市场经济法律体系是一个有机联系的统一整体，它不仅包括经济领域的立法，也包括政治、社会、文化等方方面面的立法，各部门法之间理应相互配合、相互促进，共同发展，实现“功能平衡”的良性互动状态。[④] 这种认识无疑是正确的，值得我们高度重视。从根本上讲，“法律位阶”观实质是国家与社会或政府与市场的二元对立观在法律领域中的反映。[⑤] 事实上，如前所述，正是由于国家与社会或政府与市场须臾不可分离的紧密联系，决定了3个部门法在相互独立的同时，更多的是需要建立一种良性互动关系。从总体上讲，三法间的互动是随着市场经济的发展而发展的，不可能存

---

① 李昌麒著：《经济法——国家干预经济的基本法律形式》，四川人民出版社1995年版，第520～522页。

② 周林彬著：《法律经济学论纲》，北京大学出版社1998年版，第298～308页。

③ 这里所说的“法律位阶”仅仅是用来形容那种认为哪个部门法重要，哪个部门法次要的在部门法之间排序的观点。在整个法律体系中，如果从法律效力等级的角度来谈“位阶”，如宪法、法律、行政法规、地方性法规、规章等，当然是可以的。这也是法理学界通用的排序方法。周永坤著：《法理学——全球视野》，法律出版社2000年版，第108～119页。

④ 孙笑侠著：《法的现象与观念》，群众出版社1995年版，第5章“公法与私法——功能平衡观”。

⑤ 有关这种二元对立观的一个较好的综述，可参见张静：“旧传统与新取向——从法团主义看‘国家与社会’的分析模式”，载刘军宁等编：《自由与社群》（公共论丛），三联书店1998年版，第393～413页。

在一套固定不变的先验模式。“法律位阶”观之所以错误,根本就在于它不顾具体条件的变化,单纯以某一部门法的发展作为市场经济发展的主要的甚至是唯一的基础。如果承认一切都随时间、地点和场合的改变而改变的话,那么任何立法都应随着社会需要的变化而变化。因此,我们不能不顾社会需要人为地主张某法或某部门法应当“先行”、“后行”或者“谁重谁轻”,人为地主张3个部门法在发展顺序上存在先后之分,在法律地位上有主次之别。当然,反对“法律位阶”观并不意味着3个部门法在任何时候都是等量齐观,不分轻重缓急。那种试图使三法在一夜之间“实现共同富裕”的想法不仅和“法律位阶”观犯了同样的绝对化错误,而且在事实上也不可能。但是,在立法指导思想上必须明确:在寻求完善三法的途径时,必须树立“同步完善”的思想。也就是说,国家立法机关在考虑完善三法中的任何一个法律部门的时候,都必须同时考虑其他两个法律部门的完善。比如,在规划完善民事基本法的同时,也必须同时考虑行政和经济基本法的完善。这才有利于消除在立法技术和立法内容上的冲突。就目前情况而言,我国正处于由计划经济向市场经济转型时期,市场成熟度还很低,完整的市场体系也远未建立起来,在这种情况下,不仅存在“市场失灵”,而且也存在“市场失缺”的问题。因此,与西方国家市场经济的发展相比,我国政府在经济发展中所发挥的作用就显得格外重要。① 如何规范政府行为,使之更快更好地促进市场经济体系的建立,就成为现阶段立法的一个重要而迫切的任务。我们认为,这需要充分发挥3个部门法优势互补的作用,围绕政府干预权的分配与限制,对政府干预经济的程序、方法、范围和责任进行规范。② 这除了打破3个部门法“条块分割”的界限,从总体上制定一部《政府法》对政府干预行为进行原则规范外,各部门法还可以立足自身的特点,从某一方面制定相关法律对政府与市场的相互关系作出符合自己质的规定性的具体规范。比如,在干预程序上,行政法可以对政府干预决策的制定、干预权的启动、中央与地方政府干预权的分配等作出具体规定。又如,在干预方法上,民商法对政府采用私权方式介入市场活动时,可以发挥较好的配合作用。再如,《合同法》、《物权法》等的制定,虽然是对市场主体私权的直接确认和保护;但反过来讲,也是对政府干预权的一种间接限

① 胡鞍钢、王绍光编:《政府与市场》,中国计划出版社2000年版,第1~20页。有关近年来我国学术界围绕政府与市场相互关系的讨论情况,可参见潜龙的综述:“政府与市场:干预更多还是更少”、“一宗学案的记录”,载刘军宁等编:《自由与社群》(公共论丛),三联书店1998年版,第163~189页。

② 李昌麒:“论市场经济、政府干预和经济法之间的内在联系”,载杨紫煊主编:《经济法研究》(第1卷),北京大学出版社2000年版,第80页。

制。总之,我们在看到三法的独立性和立法技术上的特殊性的同时,应当更多地关注三法间的紧密联系,从立法上更好地发挥三者的互动作用,使之共同促进市场经济的发展。

(二)法律实施上的互动

法律的有效实施需要充足的"法律能量"。法理学界对此进行了深入的研究。有学者指出,法律能量可以从不同角度展开分析。从社会管理层面上看,是指法律系统所据有或所依赖的资源量,其构成因素包括执法人员的数量,国家投入法律活动的物质财富,用于法律活动的人力资源和物质资源的结合状况以及使资源凝聚起来的法的价值观因素。[①] 按上述指标来看,目前三个部门法的法律能量在分布上不均衡。其中,行政法较强,民商法次之,经济法最弱。这不仅突出表现在经济审判庭撤销之后,并没有相应地建立审理体现国家干预的经济纠纷的机构而使经济法的实施没有相应的司法保障形式外,而且不少应当建立的对经济法实施发挥着重要作用的独立的经济管理机关也没有建立。法律能量分布不均,直接导致三法在实施中不能很好地配合协调,尤其是随着高能量的行政法向低能量的民商法特别是经济法领域的大量渗透,"不仅造成了中国经济法律体系结构的不合理,而且使中国经济法步入越走越窄的危险境地"。[②] 要改变这种状况,除了在三个部门法的实施中合理配置人力、物质资源外,更重要的是在法的价值观方面,使三者能相互协调配合,真正树立起经济法治信仰。因为"法的强制力的形成,即构成强制力的资源的集中以及强制力的运用,在极大程度上依靠着价值观的维持。正是一种广为人们接受的价值观认可了一种强制的公正和必要,才有人愿意去执行强制,才有人拥护和支持这种强制,也才会有对这种强制正确运用的普遍监督。"[③]经济法治信仰的形成固然需要多方面的条件,但重要的也是我们长期所忽视的恐怕是如有的学者所指出的那样,"能够为人们所信仰的法律必须是能够给人们或至少是绝大多数人带来利益的"。[④] 从这个意义上讲,不能给人们带来"实惠"的法律是很难成为人们"行动的指南"的。应当指出的是,我国社会主义法律在本质上是符合人民群众根本利益的,能够满足实际的社会需要。但由于各种原因,有些法律还与社会的利益需求存在

① 黄建武著:《法的实现——法的一种社会学分析》,中国人民大学出版社 1997 年版,第 160 ~ 163 页。

② 周林彬著:《法律经济学论纲》,北京大学出版社 1998 年版,第 356 页。

③ 黄建武著:《法的实现——法的一种社会学分析》,中国人民大学出版社 1997 年版,第 162 页。

④ 苏力著:《制度是如何形成的》,中山大学出版社 1999 年版,第 247 ~ 248 页。

差距，以致执行起来尚不尽如人意。这方面例证很多，典型的如今年初铁路春运涨价。从媒体对这一事件的有关报道来看，相当多的人关注的焦点是铁路春运涨价没有按《价格法》第23条的规定举行听证会，因此属程序不当。[①] 从程序角度来看待这一问题，无疑是有道理的。但从另一方面来看，假如铁路春运涨价按《价格法》规定举行了听证会，不外乎有两种结果：一是决定不涨价；二是决定涨价。对第一种结果（也是绝大多数消费者最愿见到的结果）当然不用在此分析；但对第二种结果，应当如何看待呢？也许有人会说价格听证会制度有待完善，以使之更好地反映民意。还有人可能会说只要按法律程序决定的涨价就是正当的——符合程序正义。这些说法都有道理。但问题在于，即使按法律程序举行听证会决定铁路春运涨价，带给我们的最终结果是什么呢！除了多付车费、铁路多收入之外，我们能否在一夜之间享受到铁路服务的好转：人满为患的列车能否一下变得秩序井然？列车车速能否大大提升？……很显然，诸如此类的问题在按程序涨价后依然存在，依然会给每位乘客带来烦恼和不便。假如铁路运营情况一切照旧的话，这些推测表明，至少在铁路涨价问题上，无论是否经过价格听证程序，其带给我们的最终结果是相同的。举这个事例，我们并不是想据此淡化甚至否定法律程序的重要意义，只是想说明仅仅在形式上符合法律并不能带给我们更多的"实惠"。我们认为，在这个事例中重要的倒不是"程序"，真正的焦点是在程序之外，政府对此类价格应不应当干预，该以什么样的方式来干预。这一问题实际涉及国家利益、部门利益以及社会利益各方面的协调。在未能协调好各方利益的情况下，单纯采用听证会这样的程序约束，并不能使"书本上的法"变成"行动中的法"。尽管有关部门依程序来决定涨价，可以称其"守法"；但另一方面，社会公众因利益受损，并不会买"程序涨价"的账，相反会对《价格法》产生抵触情绪甚至在某种程度上"不信仰"《价格法》。由此可见，说"只有满足主体的利益和需要的，并能带来效益最大化的法律，才能够成为人们信仰的对象"[②]，这无疑有其正确性；但关键是我们还必须面对一个麦金太尔式（MacIntyre）的"追问"，即满足谁的利益，谁的需要？[③] 离开了这样的前提，经济法治只会蜕变成"经济强制"，而不可能是一种发自内心的"信仰"。这一事例同

① 参见"南北两律师叫板春运涨价"，载《南方周末》2001年2月15日。

② 钟明霞、范进学："试论法律信仰的若干问题"，载《中国法学》1996年第2期。

③ 这里是借用苏力教授在一篇文章中的提问方式。苏力在"秋菊的困惑和山杠爷的悲剧"一文中在批评普适性的正义和合理观时曾写道："因为正义和合理性并不是大写的。借用MacIntyre的一部书名，那就要问一问'谁家的正义，哪一种合理性？'苏力著：《法治及其本土资源》，中国政法大学出版社1995年版，第27页。

时还表明，由于我们对政府干预的范围和方式缺乏明确界定或者说由于在总体上缺乏一部基本经济法或经济法纲要，使得目前的各类经济法律、法规在相当程度上仍是有目无纲，以致经济法在实施中与社会的实际需要还存在偏差，这也是影响经济法治信仰形成的重要因素。这从另一侧面也说明了前述关于制定《政府法》的重要性。

在谈到建立三法在实施上的互动机制时，我们还不能不谈到三法在责任形式上的互动。学者根据行为人所违反的法律部门的法的性质不同，将法律责任分为公法责任和私法责任。在纯属公法和私法的法律部门的责任中，公法责任和私法责任是泾渭分明的；而经济法是公法和私法兼容的法律，因而它的责任形式也具有公法责任和私法责任兼容的性质。其主要表现为经济法不像行政法、民法和刑法那样，对违法行为只采取行政的、民事的和刑事的制裁方法，而是采取兼而有之的制裁方法。对这三种方法，有时是单处，有时是并处。对于这种现象，有的学者将其解释为是行政法、民法和刑法责任在经济法领域中的综合运用，有的将其解释为经济法特有的综合责任形式。对此怎样结论并不重要，重要的是它们体现了三法的责任形式在某一个具体的经济违法行为中的合力作用。三种责任形式是不可能同时存在于行政法、民法和刑法之中的。立法机关之所以要在经济法之中做这种安排，主要是因为某一个经济违法行为，仅仅使用一种责任形式是难以达到制裁的效果的。在经济法中同时使用行政、民事和刑事性质的责任形式，它有利于公民、法人和执行机关清晰地认识到，某一个违法行为可能招致不同程度的法律后果，这既有利于守法，也有利于执法。①

（三）法律权威上的互动

我们认为，民商法、经济法、行政法的共同发展在市场经济条件下对树立法律权威有着极为重要的意义，使各自都发挥着不可替代的作用。首先，行政法作为传统意义上的公法，强制性是其重要特征。从这个意义上讲，加强行政法制建设，实现依法行政，对于增强法律的外在影响力是极为重要的。当然，依法行政，重要的是对行政权力的控制，而不是一味强化行政法的强制性。但另一方面，我们也要看到，在计划经济向市场经济转型时期，社会公众对政府仍然有着较强的依赖性，特别是在像我国这样有着长期“人治”传统的发展中大国更是如此。在这种情况下，合理利用政府的特殊权威，对于加强宏观调控；保障社会经济稳定，

---

① 李昌麒著：《经济法——国家干预经济的基本法律形式》，四川人民出版社 1999 年版，第 509 ~511 页。

避免大的社会震荡有其积极的一面。① 因此，强调行政法的强制性仍然具有一定的现实意义。其次，民商法作为传统意义上的私法，直接来源于社会现实经济生活，因此，习惯性、利导性是其重要特征。特别是在利导性方面，民商法作为私人利益的法律分配机制，集中反映了利益与法律之间的相互关系。从这个意义上讲，加强民商法制建设，对于增强法律的内在影响力意义重大。最后，经济法作为介于公、私法域之间的"第三法域"，之所以对树立法律的权威具有重要意义，不仅仅在于经济法对民商法、行政法各自优势的"兼容并蓄"，更主要的是在于经济法能够保障国家的适度干预，增强国家的合法性基础。② 正如有学者指出的，"法律的国家性派生了法律的权威性"，③如果国家的合法性下降，由国家制定的法律的权威性也必定下降。而要保持并增强国家的合法性，就要求国家既要能解决市民社会通过自发的市场机制无法解决的那些问题，同时又要求干预不能危及市场经济自身的发展，这就需要国家干预保持适度。如何才能保证国家干预的适度或者说如何才能把国家干预控制在社会可接受的合理限度内？哈贝马斯在评论资产阶级法治国家公共领域机制中的矛盾时曾指出，"国家未经法律授权而进行的干预之所以应该受到指责，主要不是因为践踏了自然法所规定的公正原则，而仅仅是因为它们是不可预测的，因而完全违反了资本主义社会中私人利益的理性尺度"。④ 由此不难看出，国家干预适度的前提关键在于干预的可预测性，这显然只有运用形式化的法律才能做到。市场经济发达国家的经济发展历程也表明，只有实现国家干预法治化或者说只有用经济法来规范国家干预，才可能使干预保持在适当限度内，从而使国家与社会之间保持适当的张力，相互促进，共同发展。从这个角度来看，经济法可以说是从终极意义上维护国家法律的权威性。

（2001 年第 5 期）

① 周林彬著：《法律经济学论纲》，北京大学出版社 1998 年版，第 90 页。

② 这里是借用哈贝马斯有关国家合法性的概念。详见［德］哈贝马斯著：《交往与社会进化》，张博树译，重庆出版社 1993 年版，第 184 页。

③ 孙笑侠著：《法的现象与观念》，群众出版社 1995 年版，第 53 页。

④ ［德］哈贝马斯著：《公共领域的结构转型》，曹卫东等译，学林出版社 1999 年版，第 89 页。

中国税法学研究的现状与反思

刘剑文* 熊 伟**

一、中国税法学研究落后的成因分析

税法在现行法律体系中是一个特殊的领域,它不是按传统的调整对象的标准划分出的单独部门法,而是一个综合领域。其中,既有涉及国家根本关系的宪法性法律规范,又有深深浸透宏观调控精神的经济法内容,更包含着大量的规范管理关系的行政法则。除此之外,税收犯罪方面的定罪量刑也具有很强的专业性,税款的保护措施还必须借鉴民法的具体制度。因此,将税法作为一门单独的学科加以研究不仅完全必要,而且具有非常重要的理论和实践意义。当宪法学热衷于研究国家根本政治经济制度而无暇顾及税收行为的合宪性时,当经济法学致力于宏观调控的政策选择而不能深入税法的制度设计时,当行政法学也只注意最一般的行政行为、行政程序、行政救济原理而难以触及税法的特质时,将所有的与税收相关的法律规范集合起来进行研究,使之形成一门独立的法学学科显得尤其重要。这样可以博采众家之专长,充分借鉴相关部门法已有的研究成果和研究方法,使税法的体系和内容更正完整和丰富。

然而,当前我国税法学研究的现状是:主攻方向不明确,研究力量分散,研究方法单一,学术底蕴不足,理论深度尤显欠缺。经济学者只重视税收制度中对效率有重大影响的内容,法学家们也只满足于对现存规则就事论事的注释,税法在法学体系中基本上属于被人遗忘的角落。随着社会主义法治进程的深入,依法治税越来越成为人民日益关心的现实问题。人们不仅关心税收行为的经济效果,更关心如何通过周密细致的法律措施保证自己的合法权益不受侵害。税法的功能不仅在于保障政府正当行使职权,同时也在于以法律的形式对相关主体的行为进行约束和监督,使其在既定的框架中运转,不至于侵犯公民的权利和利益。恰恰在后一点上,我国税法学的研究相当薄弱。如税收法定原则的贯彻落实,税收征管程序优化设计,纳税人权利的保护等,都是我国财税法学研究亟待

* 作者单位:北京大学法学院。
** 作者单位:武汉大学法学院。

加强的地方。

所以，总体来说，中国税法学目前仍然在较低水平上徘徊。由于中国税法立法数量多，涉及面广，其中法律规范的内容还有一些与众不同的特性，所以人们勉强还能接受税法作为一个相对独立的法律部门而存在，不管在位阶上它是属于财政法、经济法抑或行政法；然而，就现状而言，中国税法学能否成为一门独立的研究学科的确令人担忧。作为一门独立的研究学科，首先，应该具有独立的研究对象；其次，应该形成比较完整的学科理论体系；再次，还应该产生一批高质量的研究成果；最后，该学科应该具有丰富的、可待挖掘的理论资源和广阔的发展前景。对照这些要求，我们惭愧地发现，中国的税法学研究的确刚刚起步，用"幼稚"一词进行描述并不过分。由于历史的原因，中国的法学研究自 20 世纪 70 年代以后才进入现代法的复兴和发展时期，而其中税法学的研究更是晚了将近 10 年，从 20 世纪 80 年代中期才开始产生和发展。① 不过，这虽然是中国税法学研究滞后的一个客观原因，但是我们认为其并不足以解释全部现象。因历史原因耽误的法学科并非只有税法学，刑法学、民法学等传统学科同样难逃厄运，可是它们现在却得到了欣欣向荣的发展。10 年来法学研究最引人注目的领域是行政法学，它的起步可能比税法学更晚。在 20 世纪 90 年代初的时候，行政法学还只是停留在利用教科书对现行行政法进行注释的阶段；而今行政法学硕果累累，傲然屹立于法学之林。除此之外，还有环境法学等新兴学科的兴起和发展也都说明了历史原因并不是中国税法学研究落后于时代、落后于其他学科的最主要原因。我们认为，最主要的原因表现在以下 4 个方面：

（1）税法基础理论研究重视不够。税法学并不是不能够从事现行法律规范的解释工作，相反，解决税收立法、执法和司法过程中的现实问题是中国税法学的天职。税法的解释，既有利于法律自身的完善和发展，又有利于税法的普及，是一件利国利民的好事，同时也是每一个国家法制和法学发展史上一个必经的阶段。但是税法学者在参与税法活动的各个环节时应该有自己独特的视角，这种视角不一定与立法者、执法者和司法者乃至守法者的视角完全吻合，这样才能保证它作为一门研究学科得以存在的价值和意义。而且总体来说，税法学的视角应该比参与税法活动的其他任何人的视角更能把握问题的实质。要锻造税法学这种与众不同的观察问题、分析问题和解决问题的思路和方法，必须有赖于税

① 倘仅从时间上看，我国第一本专门的税法学著作应为 1985 年由时事出版社出版的、刘隆亨编著的《国际税法》；但一般认为，1986 年由北京大学出版社出版的、刘隆亨所著的《中国税法概论》一书标志着我国税法学的形成。参见刘剑文："中国税收立法研究"，载《经济法论丛》（第 1 卷），法律出版社 2000 年版。

法学基础理论研究的加强。只有税法学基础理论，才能将税法研究提升到一个新的高度，使之不仅关心在征纳过程中税款的计算、税收优惠的程度等具体的问题，更会着意将自己置于整个国家法律体系的大环境中，关心自己在法律体系的地位，关心自己与其他法律部门如何协调等；也只有税法基础理论才能够使税法内部发展成为相互依存、相互制约的科学体系，使概念与概念之间、原则与原则之间、制度与制度之间环环相扣却又畛域分明。可以说，税法基础理论研究的广度和深度决定了税法学能否独立地成为一门法学学科，也决定了税法学自身研究的进展和步伐。反观中国税法学界，有关基础理论研究方面的成果寥若晨星，只是在税法基本原则、税收基本法方面有一些介绍性的论述，[①]税收法律关系的研究才刚刚起步[②]，税法与其他法律部门的互动研究也只是在借鉴民法债权制度方面有一些初步成果。[③] 至于国内目前唯一的一本基础理论方面的专著，也只能看成是有关税收基本法的论文集，其内部的体系还有待完善；且总体来说，说理尚不够透彻，受税收实务部门起草的《税收基本法（草案）》所定框架的影响过大。[④] 但不管怎样，这些成果毕竟对中国税法基础理论的研究起到了较好的

---

① 这方面的成果主要有：刘隆亨等："制定我国税收基本法应具备的特征"，载《法学杂志》1997年第1期；刘剑文、熊伟："也谈税收基本法的制定"，载《税务研究》1997年第5期；刘剑文："西方税法基本原则及其对我国的借鉴作用"，载《法学评论》1996年第3期；张守文："论税收法定主义"，载《法学研究》1996年第6期；张宇润："论税法基本原则的定位"，载《中外法学》1998年第4期；陈学东："浅论税收基本法的调整对象"，载《扬州大学税务学院学报》1997年第4期；李刚："对税收基本法几个问题的认识"，载《财经研究》1996年第2期；华国庆："制定我国税收基本法刍议"，载《安徽大学学报：哲社版》1998年第3期；郭勇平："关于我国税收基本法中税收司法体系的立法思考"，载《扬州大学税务学院学报》1998年第1期；徐志："我国税收基本法之研究"，载《浙江大学学报：人文科学版》1999年第1期。

② 这方面的成果主要有：刘剑文、李刚："税收法律关系新论"，载《法学研究》1999年第4期；张登炎、侯绪庆："论税收法律关系的构成要素"，载《湖南税专学报》1995年第1期；何小平："税收法律体系论要"，载《政法论坛》1996年第4期；贺玉平："论税收法律关系"，载《贵州大学学报：社科版》1998年第1期；王成全："论税收法律关系主体之间法律地位的不平等性"，载《中央政法管理干部学院学报》1997年第4期。

③ 这方面的成果主要有：首闻："略论纳税人的退还请求权"，载《法学评论》1997年第6期；张守文："论税收的一般优先权"，载《中外法学》1997年第5期；杨小强、彭明："论税法与民法的交集"，载《江西社会科学》1999年第8期；杨小强："论税法与私法的联系"，载《法学评论》1999年第6期；杨小强："日本地方税法中的民法适用及启示"，载《中央政法管理干部学院学报》1998年第4期；程信和、杨小强："论税法上的他人责任"，载《法商研究》2000年第2期；费锦红："试论税收优先权与抵押担保债权"，载《浙江经济高等专科学校学报》1999年第6期。

④ 涂龙力、王鸿邈主编：《税收基本法研究》，东北财经大学出版社1998年版。

示范作用,有助于中国税法学的理性成熟。①

(2)税法学研究方法尚显单一。这首先表现为税法学对税收学的长期依赖状态。从学科关系上看,税法学和税收学分别站在不同的角度研究同一个对象,其内在的相通性是毫无疑问的。由于税收学的研究较税法学的研究起步早、成果多,因此在税法学刚刚起步的时候有意识地合理借鉴税收学的研究成果是非常正确的,它有助于节省时间、加快进程。再加上税法学本身的特性所致,很多问题必须进行经济分析才能更清楚地辨析其中的利害关系,所以税法学的发展离不开借鉴税收学的研究方法和研究成果。然而,这二者毕竟分别属于法学和经济学两个不同性质、具有相对独立性的学科。税法学应该有自己独特的研究方法和研究视角,它所关心的焦点可以在某一点上与税收学相同或相通,但是在更多的方面,应该是不同于税收学的。从税法学的研究整体及其发展过程中来看,税法学研究长期过分依附于税收学研究,连许多税法学研究的成果都是税收学界的人士在专攻税收学的同时附带地作为一个新领域开拓出来的,这就难怪人们善意地责怪税法和税法学"活性"不强了。② 的确,仅仅从税法学的角度研究税法问题会不可避免地受到学科局限性的影响。因此,应当从税法学自发的需要出发,在研究过程中合理借鉴和参考税收学的内容,而不是从税收学的角度出发去裁剪税法学,这样才能真正做到从法律角度研究税收问题。

如果说以上所述的税法学在处理与税收学的关系时是过于机械的话,那么,税法学在处理自己与法学其他学科的关系时就是失之狭隘了。实际上税法学与法理学、宪法学、民法学、行政法学、刑法学、诉讼法学、国际投资法学、冲突法学等部门法学的关系非常密切,税法学应该善于站在法理学和宪法学的高度处理税法问题,税法学也应该吸收和借鉴民法学和行政法学中的具体概念、原则、制度等研究成果;此外,作为宏观调控法的一个重要组成部分,经济法的国家依法调控经济之理念也应随时指导税法学的研究和实践。总而言之,税法不是一个孤立的学科,它必须借鉴其他法学学科乃至于政治学、经济学、社会学的成果才能不断发展和完善。税法每天面对的都是日新月异、快速运动的社会经济生活,各种新事物层出不穷,税法学首先必须借助于相关学科的知识对其加以理解和接受后,才有可能回到自己的领地上研讨出科学合理的应对之策。如果税法学研究时带有明显的学科狭隘性,就税法论税法,而没有将其放到与其他学科的广

---

① 值得一提的是,有些税收经济学者结合自己的专业也在关注税法学的进步,并取得了令人称许的成绩。其中有代表性的如许善达等著:《中国税收法制论》,中国税务出版社 1997 年版;许建国等编著:《中国税法原理》,武汉大学出版社 1995 年版。

② 刘剑文、李刚:"二十世纪末期的中国税法学",载《中外法学》1999 年第 2 期。

泛联系中,或是更广阔的理论背景中加以分析,所得出来的结论必定有失允当,难以为整个国家的法律体系所认可。我国税法学研究长期以来的确表现出缺乏兼容性的弱点,很少有人主动地开拓自己的研究领域。相反,却总是愿意亦步亦趋地围绕着现行税法,要么着力论证变革旧税制,实施新税法的合理性,要么对现行税法提出一些修修补补的意见。这充分说明了税法学缺乏学术远见、安于现状,同时也再一次展示了中国税法学的不成熟。

(3)税法学研究人员知识结构不合理。虽然我们对于税法学机械地照搬照抄税收经济学的内容持批评态度,但是研究税法学又的确不能不掌握税收经济学,否则研究不可能深入下去。这主要是因为税收立法关于税种选择、税率确定以及减免税的幅度等方面的决策都必须要考虑它们可能带来的经济效果,而税收经济学对此已经有成熟系统的研究,因此税法学完全可以合理借鉴。比如税收经济学对各种税种之优劣比较、税收公平和效率原则的具体衡量及其演变,税收的宏观与微观经济效果、不同历史时期税收的职能之发挥,以及课税的理论依据等方面都已经取得了很好的成绩,而这些对于税收立法观念的形成意义重大。① 税法学者所要做的,不是否定税收经济学,而是在充分理解和掌握的基础上超越它,以一种批判的眼光积极主动地运用这些知识填充自己的体系大厦。为了使税法学学者的眼界开阔,摆脱狭隘性的束缚,首先"当然要致力于本部门法、本学科的研究,要钻进去;但也需要顾及相关和相邻的部门法和学科,要研究它们的相互关系。为此,有时需要跳出来,站在更高、更广的角度统观整个法的体系和法律科学体系的全局"。② 要做到这一点,必然要求税法学者的知识结构不能过于单一,不能因为研究税法就不愿意涉猎其他领域。如果不具备深厚的法理学基础,如果不能够站在财政宪法的高度考察税法的本质要求,如果不能理解税法从民法、刑法、行政法或诉讼法、国际私法中借用过来的概念、制度的准确含义,税法学在这些学者眼中无非只是如井底之蛙所能看到的天空一样。同理,税法学内部的研究分工也不宜太细,研究税法学基础理论的学者,必须同时对各个具体税种法或程序法有所了解;专攻税法学各专门领域的研究人员,也不仅应

---

① 从某种意义上说,笔者认为,税收学与税法学是站在不同的角度对同一个问题进行研究。因为税收法律关系与税收关系从来就是合二为一的整体,理论上所谓税收法律关系是对税收关系进行法律调整的产物的提法只是学者们为了显示自己学科的特定价值而人为的区分。所以,完全可以说,税法学是研究如何对税收关系进行法律规范的学科,税收学是研究如何对税法进行经济分析的学科;二者研究对象重叠,研究视角各异,研究内容各有侧重,但研究成果却在很大程度上可以共享。参见刘剑文主编:《财政税收法学者参考书》,法律出版社2000年版,第34~37页。

② 漆多俊著:《经济法基础理论论》,武汉大学出版社2000年版,第10~11页。

当从整体上把握税法学研究状况，还应当适当掌握税法学其他部分的研究信息。而我国税法学研究人员在这些方面都比较欠缺，国际税法、国内税法和外国税法不能连为一体，不愿意横向地学习其他领域的知识，导致高质量的研究成果难以产生。

（4）税法学研究缺乏理论资源。同样是受“文化大革命”的影响，民法学和刑法学在停滞十余年后能够随着改革开放的春风而蒸蒸日上，行政法学也能在短时间内发展壮大，这与重视理论资源的挖掘和利用是有着很大的联系的。以民法学为例，民法已经有两千多年的发展史，国外的法典、学术史料浩如烟海，新中国成立前也有过短暂的繁荣时期，而我国台湾地区对民法学的研究从未间断过，且早已达到很高的水准，这些都是民法学能够在短时期内恢复活力的重要条件。中国民法研究恢复起动后，民法学界非常关心挖掘这些理论资源并孜孜不倦地加以学习和汲取。翻译外国著名民法典和民法学著作，校勘民国时期的历史资料，引进我国台湾地区的专门著述，使民法学有条件站在前人的肩膀上有所突破。这是任何一个学科都不可能超越的发展规律。税法学并不是没有理论资源。从第一次世界大战后税法首先在德国独立以来，税法学的研究已经取得了很多颇具价值的成果，其中德国的税法学者研究最为透彻，日本次之。我国台湾地区法学界于20世纪60年代初开始重视税法学的研究，并迅速在基础理论、税收实体法、税收程序法等领域出版了大量的文章、专著，其研究偏重于理论概括和逻辑统一，深受税收法定主义思潮的影响。① 发展至今天，台湾地区税法学者更倾向于站在财政宪法的高度，利用税收法定主义的内在要求，对各种现行立法全面进行理论检讨和得失评点。② 这些都是税法学宝库中的瑰宝，是我们继续从事深入研究宝贵的理论财富，不千方百计地试图挖掘其合理内核，却完全不顾其存在而只是在一些细枝末节上隔靴搔痒，这是一件十分令人痛心的事情。遗憾的是，中国税法学界很少有人专注于外国税收学名著的翻译，至今为止只有日本学者金子宏的《税法原理》在大陆翻译出版。③ 而我国台湾地区学者的著述则由于众所周知的原因难以与大陆读者见面。这样一来，一方面是已有资源的无端浪费，另一方面是中国税法学研究的低水平徘徊，这对有志于继续从事税法学研究的学者们提出了严峻的挑战。当然，我们没有丝毫理由责怪他人不去从事经典文献的翻译和挖掘工作；因为外语是税法学研究者知识结构中不言而喻的

① 杨仁泽：“现代‘租税法’之评介与研究”，载台湾朝阳大学《法律评论》第33卷第4期。
② 葛克昌著：《税法基本问题》（财政宪法篇），台湾月旦股份有限公司1996年版。
③ ［日］金子宏著：《日本税法原理》，刘多田等译，中国财政经济出版社1989年版。

重要组成部分,税法学者最起码应该掌握一门外语才有可能深入从事研究,其中尤其以德语和日语为最佳。而何况,真正应该去尝试翻译的艰辛,为税法学的繁荣兴旺修桥铺路的,应该是税法学者们自己,而不是他人。

二、加强中国税法学研究的对策与方略

面对严峻的深层次问题,税法学实在再不应该为其表现的出版繁荣而盲目乐观。蓦然回首,人类历史上影响巨大的20世纪已悄然隐退,税法学与税法学者们都已经沐浴在新千年的曙光中。要想使税法学在新千年和新世纪的滚滚长河中有所发展,税法学界任重而道远!就其近期规划而言,我们主张加强以下几个方面的工作,以期促进税法研究尽早走向正轨:

(1)加强合作研究。为了适应依法治税的需要,促进税法学研究水平的提高,有的学者主张"团结全国现有的从事税法教学、研究工作者与从事税收法制建设的实际工作者,把现有比较分散的、小规模的研究转化为方向明确、有规模效益的研究,把过去院校研究和业务部门相脱节的情况转变为理论与实际相结合,使教学科研部门和业务部门密切联系,把零星的间断的对外联系变成有组织的、系统的对外交往"。[①] 的确,中国税法学界面对税法的落后状况,迫切需要以合作的形式增加科研投入,发挥规模效应和避免重复研究。合作的形式多种多样,只要有助于开阔思维,知识互补就行,如:①加强课题合作。下达科研课题的单位不妨有意识地设置优先考虑条件,鼓励不同地区、不同行业的研究者们开展横向合作。通过这种合作有助于集思广益,加强研究人员的凝聚力。且因为研究的需要自愿组合,优势互补,并无操作上的困难之处。②发挥中国税法学研究会的职能,通过年会、小型研讨会、项目论证会以及创办刊物支持出版等工作,将之建设成中国税法学研究的一个堡垒,为科研合作提供条件和机会。[②] ③创办《税法论丛》,使深入细致的研究成果能够及时集中地得以发表,发挥理论辐射作用。《税法论丛》应该保持高规格、高起点,代表着中国税法学研究的最高水平和发展方向,使之变成中国税法学者的一个繁荣温馨的理论家园。

(2)培养税法人才。税法教育在各个综合性重点大学的法学院系和各专门政法院校中的本科阶段很难进行得非常深入、系统。在有限的课时内要求将税

① 刘隆亨:"中国税法学研究会筹备工作的报告",载《税法研究》1998年第4期。

② 中国税法学研究会已于1998年3月28日成立,它是全国税法学界教学、科研和实际工作者自愿参加的全国性社会团体和学术团体。详见《税法研究》1998年第4期。

法总论、税收实体法、税收程序法等由点到面地全部讲透不大现实，只可能走马观花，难以深入。而在专门的税务院校和财经院系里又不大可能对税收从法学的角度涉及太多。但是随着税法的日益复杂以及税法与其他法律部门联系的日趋紧密，涉税诉讼的增加和税法风险防范意识的加强，税务部门、企业对高层次的税法专业人才的需求将会越来越大。为了解决这个问题，我们建议，在本科教育阶段加大税法学的课时量，而在教学内容的安排上强调更侧重于通过对基础理论的灌输培养学生自觉的税法思维习惯和解决具体税法问题的分析理解能力。这样做一方面满足了实务部门对真正的税法专业人才的需要，另一方面也为这些人继续进行研究生阶段的教育奠定了扎实的基础。而税法学科研人员的培养主要还是要通过研究生教育的形式，以硕士、博士、博士后的纵向梯次结构引导有志之才不断攀登，培育税法学研究的后继人才，为税法学在不久的将来之兴旺发达积聚力量和资源。

(3)重视基础理论。我们一再提到基础理论研究的重要性是因为，一旦缺少它，税法将只是一具没有灵魂的躯壳，生命与活力再也与它无缘。基础理论的研究，首先应当重视法理学，实际即是要进行“税法的法理学研究”，将税法理论及其研究条理化、体系化和规模化。一方面要将法学上的一些共性问题，如价值、效力、功能等放到税法的具体环境中深入研讨，使其为税法理论的完善作出贡献；另一方面也要着力从税法学自身出发，对税收及税法的起源、原因、性质以及主体间的相互关系等展开法理分析，为其寻找法理渊源。在这种方法的指导下，抽象的法理可以用来指导具体的税法活动，而从具体的税法制度和概念中也能总结出一般的法理，这样才可能引导税法学走向成熟。重视税法基础理论的研究还需要关注税法在宪法上的含义和要求。随着税收法定主义思想在各国的普及，宪法对税法的要求越来越具体和规范，税收立法、执法的每一个环节不仅要考虑是否合法，更要考虑是否合宪。不少学者站在财税宪法的角度研究税法，不少国家有专门的机构对税收立法和执法过程中是否违宪进行审查。如果这种观念也能够通过税法学者的研究和宣传在中国得以普及，税收法治将不会再是一个遥远的梦。当然，除了增加理论深度的法理学和提升效力位阶的宪法学以外，税法基础理论还应该多借鉴国家学说、政治学、公共选择理论、社会学等相关科学的先进成果，以丰富自己的理论殿堂。

(4)挖掘学术资源。如前所述，税法学虽然在历史上出现的时间并不长，从整体上看其理论深度和学科完善性都不能与源远流长的民法等学科相媲美。但是经过几十年的努力，税法学也已经积累了可观的学术成果和立法资料，这是中国税法学应当充分挖掘和利用的学术资料，是中国税法学走向成熟的不可逾越的必经之路。面对国内外税法学研究水平的巨大反差,作为中国唯一的全国性税法学理论研究团体,中国税法学研究会应当责无旁贷地挑起这副历史重担,在挖掘学术资源、承继学术传统方面不遗余力地调兵遣将、组织实施。对于国外的学术专著和具体代表性立法文件,应全面收集,建立外文税法资料中心。对其中特别具有理论价值和参考意义的,应当积极组织人员翻译出版。由于这绝不仅仅是翻译者个人完成科研任务的问题,而是关系到中国税法学整体的发展,因此凡是有能力的个人或单位都应该积极支持这一项伟大的事业。至于我国台湾、香港、澳门地区以及其他华语国家的税法资料也应该利用各种机会收集和整理,并建立中文税法资料中心。设想中的这两个资料中心不应为某一个或几个单位所垄断,而应该面向中国税法研究会的全体会员开放。如果因为资金、设备、场地、人员等原因而无法接纳太多的研究人员时,最起码在短期内应该向全体理事开放,并通过理事辐射全国。

(5)拓宽研究领域。作为税法学研究对象的税收法律关系本来就复杂多样,既有国际税收分配法律关系,也有国内税收法律关系;既有税收宪法性法律关系,又有税收行政法律关系和税收征纳法律关系。① 税法学没有理由厚此薄彼,而应当满怀热情地将它们纳入自己正常的研究范围中来。在研究的过程中,不同的研究者在不同的时期可以根据自己的特长和优势进行研究重点定位和调整,但是不能从整体上割裂各个部分之间的有机联系。与此同时,税法学还应当注意加强与法学其他学科的联系,加强彼此之间相通点的研究。在这方面税法与民法之间关系的研究已经进步,并且有了一些较高质量的成果,但与其他学科的联系研究还远远不够。税法与宪法(如税收权利的宪法保障、税收立法)、税法与刑法(如各种税务违法犯罪行为)、税法与外国投资法(如税收国民待遇)、税法与诉讼法(如税收行政诉讼中的举证责任等)、税法与国际私法或冲突法(如大陆税法与港、澳、台三地税法间的冲突与协调)其实都能找到跨部门合作研究的共同关心的问题。今后税法学必然在继续加强自身基本理论研究和制度建设的基础上,在跨学科研究方面不断深入发展。除此之外,中国税法学还应该大力加强外国税法和国际税法的研究,通过比较、借鉴和参考国外税收立法和实践的先进经验,丰富和发展迫切渴望进步的新世纪的中国税法学。

(2001 年第 5 期)

① 刘剑文、李刚:“税收法律关系新论”,载《法学研究》第 21 卷第 4 期。

2002 年

论内幕交易引起的跨境监管冲突

刘长好*

受到两份权威杂志分别就两家民营企业作出负面评论的影响,在港上市的民营企业股份普遍遭到抛售。在此次抛售潮中,最具争议的是一名证券分析师的行为,他取得其中一份尚未发表的评论,并在该评论公开前建议客户沽出被评公司的股票,事件引起广泛的争论。该证券分析师使用未发表的评论的行为是否具合法性,即未发表的评论是否属于内幕消息。该事件甚具启发性,本文试图借此对内幕消息的认定和可能引起的两地监管问题进行分析和阐述,并希望此文提出的问题能引起有关监管机构的思考,以期制定出更完善的法律法规。

一、问题的提出

瑞银华宝中国研究部主管分别于2001年12月31日和2002年1月2日通过电话建议客户沽售欧亚农业的股票,①而该公司于2002年1月2日向客户、投资者发放一则有关欧亚农业(股票代码0932)主席杨斌的杂志报道见《远东经济评论》。② 同日,杜琼斯通讯社发表题为"杨斌的交易令部分投资者紧张"的短讯。2002年1月2日欧亚农业股份被基金沽售,股价当天下跌24%至1.4元。2002年1月3日出版《远东经济评论》(Far East Economic Review),其中一篇题为"交易令投资者紧张"是关于杨斌的个人专访。报道以"双面人"来形容杨斌,并质疑他私人投资的"荷兰村"项目,而该项目可能会拖累上市公司。③ 欧亚农业副主席阎闯当日答复记者查询时表示,有关分析不严谨、不专业。④ 之后,《人

---

* 作者单位:北京大学法学院。

① 《人民日报》海外版2002年1月12日。

② 《香港星岛日报》2002年1月3日。

③ 《远东经济评论》报道指出作为欧亚农业主席,杨斌一向以"勤力的农"示人,将温室技术带到中国各地。对于外国投资者来说,欧亚农业是外资公司,杨斌是荷兰公民。原来杨斌在内地有另一副面孔——内地大富豪,斥巨资在沈阳兴建荷兰村,并已投入28亿元,而总投资额66亿元,因此杨斌仍须为该项目投入资金。事实上,内地有很多类似的主题公园,因高估内地游客的消费及欠缺保养,最终结业。

④ 《香港信报》2002年1月3日。

民日报》(海外版)不点名质疑该证券基金行分析师的行为。① 对于有关指责,该分析师表示:"作为一名认可证券及期货分析师,他有权去评价一家公司……无论自己是否无意抑或有意去影响市场,他只是做职责分内事。"②

对于该分析师的行为,各人有不同的评价,有人批评他不适当地使用未经公开的消息,故此惹来了非议。这个指责暗含了使用未经公开的消息,故此惹来了非议。这个指责暗含了使用未经公开的消息是内幕消息,而该行为有违反内幕交易之嫌。在评价该行为之前,先要弄清楚什么是内幕消息,在什么情况下使用内幕消息才会构成内幕交易。

二、内幕消息的认定

对于内幕消息的认定,各国或地区的法律法规有所不同,但投资者对于内幕消息的界定却不谋而合。在证券市场内,每个股票投资者对于内幕消息都非常敏感,经验告诉他们,内幕消息会影响股市或公司股价,人人希望自己率先获得内幕消息并从中获利或避免损失。同时,他们又不愿意别人取得相同的消息。投资者对于取得内幕消息的态度是矛盾的:一方面,投资者都希望自己获得别人没有而又对公司股价有影响力的消息,从中获利或避免损失;另一方面,当他们处在"别人"的处境时,又希望大家是在平等机会下得到该消息。其实,投资者都希望得到平等的对待。

总括来说,对于投资者,凡未公开而又影响公司股价的消息都算是内幕消息。无论中外,一般投资者都持同样的价值观。换言之,他们所认定的范围较广,不一定限于公司收购合并等与公司有直接关联的消息。在证券市场内,大家均竞逐消息,但问题是市场有没有提供公平环境,这也是立法者最关注之处。美国国会在通过《内幕交易制裁法》时,就认为"滥用其他投资者无望通过自身的努力来克服的信息优势是不公平的,也与投资大众的合理期待是不一致的。投资者期待诚实和公平的证券市场,在这一市场上所有参与者按照同一规则行事"。③

内幕消息是内幕交易的前提。如何认定内幕消息?以法律文本而言,基本

---

① 《香港星岛日报》:诡异的是,"欧亚风波"发表当日,《远东经济评论》还未正式出版,但事先得到消息的基金经理已经迫不及待地抛售所持股份。

② South China Morning Post (Hong Kong)2000 - 1 - 4.

③ H. R. Rep. No. 98 - 355, 98th Cong. , 1st Session 591983. Louis Loss, Joel Seligman, *Fundaments of Secrities regulation*, Little, Brown & Company Ltd. , 1988, p. 760.

上每个国家、地方都大同小异,然而在实际判别上却有所差异。笔者认为,原因除与其证券市场发展程度有关外,亦与其司法和监管机构对证券市场的价值观有不可分割的关系。笔者试比较中美两国相关法例和内幕交易案例,来证明笔者的这个观点。

在内幕消息的认定和内幕交易的构成方面,美国的准则经历由严到宽再演变到近年来较严的情况。早期,美国 SEC 前执行官斯博金认为,任何人不能根据任何未公开信息进行交易而获利。即使是投资者在飞机降落时,偶然从窗口看到一家公司的主要工厂被大火焚毁,根据这个消息进行交易也是违法的。一般来说,没有人会赞同如此严厉的标准。①

通常,内幕消息有两个构成要件:一是消息持有人所知悉的消息,尚未被市场其他投资者知悉;二是这项消息本身相当重要,足以影响投资者的判断,使相关公司的股价在消息公开后,受该消息的影响而产生波动。② 简言之,两个要件可概括为:①此消息未公开,②是重要的消息。这两者都需要具体解释,尤其是后者的定位更因人而异,主观的成分多。

至于何谓重要,1976 年美国最高法院在一宗内幕交易案中对此作出的定义是:很可能对公司股价产生影响的消息。该法院对重要消息的解释是:"如果一个理智的投资者,在他作出投资决定时,可能认为这个被忽略的事实是重要的,那么它就是重要的。换言之,这个被忽略的事实公开后,极有可能被理智的投资者看做改变了自己所掌握的信息的性质,那么,这些事实也是重要的。"③从这个解释可以看到美国司法机构在内幕消息的认定上,已由早期的司法者角度转到投资者解释。

对于内幕消息的认定方面,中国证券法亦确立和美国相似的标准,中国《证券法》(本文均采 98 文本)第 69 条规定"证券交易中,涉及公司的经营、财务或者对该公司证券的市场价格有重大影响的尚未公开的消息,为内幕信息"。该

---

① [美]弗雷德·威斯通著:《兼并、重组与公司控制》,唐旭等译,经济科学出版社 1998 年版,第 481 页。

② 顾肖荣:"股票内幕交易认定中若干争议问题",详见中国期刊网。

③ 陆世友:《证券市场和证券犯罪探论》,转引自郑顺炎著:《证券市场不当行为的法律实证》,中国政法大学出版社 2000 年版,第 10 页。

法律并列举了8项认定的标准。① 至于司法机构立场，目前内地还没有提起内幕交易的诉讼，因而最高法院未对此进行司法解释。中国香港特区《证券(内幕交易)条例》(1990年生效实施)及《证券及期货条例草案》均对内幕交易进行规定，其中提及“有关消息”(relevant information)及“消息”(information)，但是没有为其下任何定义或标准，主要由监管执法和司法人员作出判断。另外，现阶段内地内幕交易行为的特征主要与操纵市场等违法行为有关，违规主体都是容易接近内幕消息并利用其“炒作”，而内幕消息则是与公司直接有关的，并未出现与公司间接有关的内幕消息违规行为。

以下一起美国案例能表明内幕消息不一定是与公司直接有关资料，可以说不一定是由公司的行为所引起的。对于新闻股评专栏或个人对公司评价算不算是内幕消息，这宗美国1987年审理的内幕交易案具有启示的作用。

被告W是华尔街日报的股评专栏作家，该专栏经常访问上市公司的经理和董事，其中涉及公司的“内幕消息”。该专栏办得非常成功，在社会上影响很大：如果它对某一股票作正面报道，通常会令该股票上升，反之则下跌。因而，报社明确规定，报社内人员在该专栏正式刊登、报纸出售前，一律不可将该专栏内容外泄，或利用其进行股票交易。W明知上述规定，却从1983年10月起，与C合谋，将即将刊登的内容，透露给一家证券公司的经纪人，再由他代他们买卖相关股票。此后4个月时间，W与C共取得68万美元利润。在受到起诉后，被告抗辩说，自己的行为不是“内幕交易”，因为他们没有买卖《华尔街日报》的股票，该报也不是受害人。但第一、第二审法院仍判决被告有罪，其理由为，被告违反报社内部规定将该专栏内容外泄，以此进行股票买卖是一种私用消息②的行为，构成了对《华尔街日报》的欺诈。“私用”消息理论(misappropriate)是指任何人在非法获得或盗用公司的重大非公开的信息，并利用这种信息进行交易时都要承担法律责任。

从上述国家地方证券法规和案例看，构成内幕消息的要件通常有：(1)消息本身必须与公司有关，无论是直接或间接关联；(2)消息是重要的，有一般情况

---

① 《证券法》第69条第2款规定了：“(一)本法第六十二条第二款所列重大事件—公司的重大投资行为和重大的购置财产的决定；(二)公司分配股利或者增资的计划；(三)公司股权结构的重大变化；(四)公司债务担保的重大变化；(五)公司营业用主要资产的抵押、出售或者报废一次超过该资产的百分之三十；(六)公司的董事、监事、经理、副经理或者其他高级管理人员的行为可能依法承担重大损害赔偿责任；(七)上市公司收购的有关方案；(八)国务院证券监督管理机构认定的对证券交易价格有显著影响的其他重要信息。”

② Bernhard Bergmans, *Insider Information and Securities Trading*, Graham & Trotman, 1991, p. 13.

下，消息会对公司股价有所影响；(3)消息未被公开，但必须被公开传播；(4)该消息被使用时，并未让公众知悉和消化；(5)取得消息的主体在主观上须在一定程度内有排他性，有别于操控市场中的虚假消息。新闻股评专栏具备以上多项要件，按道理在一般情况下，未公开的新闻股评专栏都应属于内幕消息；至于个人对公司评价，由于不需要公开传播，所以应不算是内幕消息。

以上表述可见，中美关于内幕消息的法律文本是相类似的，但在认定和执行上，由于美国证券市场的发展时间较长，判例又多，所以比较具体。我们可以看到美国法院对认定内幕消息的态度上的演变，近年是针对消息公布时，对投资人的投资判断所可能产生的影响而作出的。虽然中国内地和香港没有涉及新闻股评专栏的违反内幕交易的行为，但根据此次欧亚农业事件，香港证券监管机构直到目前为止没有作出正式的反应，香港交易所则认为是个别事件，监管执法人员对待内幕消息仍是以采取较窄的范围。笔者认为，监管执法和司法人员对内幕消息的判断虽然基于法律文本和其原则，但很大部分靠主观经验，换言之，与其所处的经济环境和时代背景有很大关联。由于内地与香港在内幕消息的认定上，都赋予监管机构判别权力，却没有投资者诉讼权的设置。所以，内幕消息的认定在一定程度上取决于监管机构的利益取向，包括对投资者保护的程度和与其他相关利害人的关系。

三、内幕交易的归责根据和问题

回到欧亚农业事件中分析师的操守问题。既然未发表的新闻评论也算是内幕消息，那么下一个问题的关键是他有没有取得或知悉尚未发表的2002年1月2日版《远东经济评论》关于欧亚农业的内容。如果没有的话，分析师确实是进行自己的职务，只是时间上的凑巧而造成争议，反之却难以脱嫌。笔者无意在未有充足的证据下作出任何判断，只想借事件来表明各地对内幕消息的认定不同，与监管执法人员判别有关，从中反映了当地对投资者保护的程度。同时，各地给予投资者追究内幕交易法律措施的多少直接影响内幕交易的准则确立。为方便论述，本文假定欧亚农业事件涉及内幕消息。

如果这个事件发生在美国，美国证券监督和管理委员会(SEC)或投资者①均有起诉该名分析师的权利，而且凭“私用”信息理论(misappropriate)和以往的

① 美国国会制定的《内幕人交易与证券欺诈执行法》赋予同时期买卖证券的人提起诉讼的权利。

案例，有胜诉机会。

假如同一事实发生在中国内地，相关的法律依据是《证券法》第69条及第70条，分别为内幕信息和内幕交易的主体下定义。其中第69条所列举内幕信息的项目中的第2款第8项赋予行政机关——国务院证券监督管理机构认定的权力。第70条规定："知悉证券内幕信息的知情人员或者非法获取内幕信息的其他人员，不得买入或者卖出所持有的该公司的证券，或者泄露该信息或者建议他人买卖该证券"。根据内地的法律，以上述的情况，一是必须先由证券监督管理机构判断未公开的新闻评论是否内幕消息，二是要证明该分析师以非法的手段取得该消息。但何为"非法的手段"，这里就有文章可做，因为很多时候要靠专业判断，不是一般大众能辨别的。假如他是以正当的商业或其他合法途径取得这个消息，也没有在消息未公开发表前加以利用，则此行为不算内幕交易。再者，他自己没有买卖欧亚的股份，没有直接从中获得利润的话，只是间接得益，例如在职公司的奖励或行内的赞誉，而其行为与个人利益没有直接的联系，以目前内地对于内幕交易的归责尺度而言，可被免责的机会就很大。

香港方面，预计监管机构会考虑事件内幕消息在认定上的困难，加上对于内幕交易的处理一向是监管机构和法院棘手的问题，而且成本很大，如果违规影响不大的事件，相信监管机构亦不会插手。

由上述假定可以推论，由于两地没有如同美国赋予投资者追究的诉讼权利，单靠监管机构执法人员来约束内幕交易，而这些相关的执法人员不仅需要考虑投资者的利益，亦会考虑其他因素，如当地证券市场发展情况或当时的政策。因此无形之中，给一些不公平的内幕交易行为提供了规避的机会。

如上所述，根据中国证监会处罚个案，内地内幕交易行为特点是：内幕交易主体包括公司内部人员、证券交易的中介机构、投资公司、银行、保险公司，都是容易接近内幕消息的人或单位，而内幕交易特别容易发生在产联交易和收购兼并等公司重大事件中。① 内地《证券法》也是根据以往发生案例的特点而制定，因此对于内幕消息界定亦难免不够仔细，如消息公开具体时间和消息是否必须与公司有直接关联等；另外，对于内幕交易的归责要求相对较严格。法律主要赋予监管机构追究的权力，这样虽然有利于集中打击内幕交易行为，但只适合证券市场早期发展阶段。随着内地证券市场发展的加快，及加入世贸带来的各种挑战，内幕交易行为方式亦会越趋复杂，所以有必要重新审视禁止内幕交易行为的制度。此外，近年来内地新闻成为监察上市公司主要的角色之一，有数据显示，

① 郑顺炎著：《证券市场不当行为的法律实证》，中国政法大学出版社2000年版。

投资者相当信赖财经新闻,其影响力日益增加。一方面这是可喜的现象,但另一方面我们不得不提高警惕,以免财经新闻被人利用作为内幕交易的媒介。故此应该未雨绸缪,早日调整相关法律,完善禁止内幕交易行为的法制。在制度设计上,值得借鉴美国给予投资者追诉内幕交易违规者的权利的设置。

四、在港上市内地企业内幕交易可能引起的监管问题

内幕交易的认定引起另一个让人思考的是关于内地监管问题。欧亚农业是在港上市的内地企业,但不是在内地注册,亦没有在内地发行股份,假定这一类在港上市的内地企业涉及上述假定的内幕交易事件,两地监管机构应该如何处理?由于上述事件发生在香港,涉内幕交易的行为人在香港,涉内幕消息的上市公司亦在香港交易所挂牌买卖,有可能受影响的是该公司的投资者,因此有起诉权的是香港证券监管机构和投资者,虽然事件涉及内地企业,但由于该企业股份没有同时在内地挂牌交易,不在内地监管机构的管辖范围内,内地相关部门便不能作出任何反应,也就难怪要由《人民日报》(海外版)发挥其舆论的功能。

不过,在港上市的内地企业有H股企业,假设事件涉及在内地注册的H股企业,该企业同时也发行A股,且A股股价也受到影响的话,在这种情况下,由于涉及内幕交易的对象就会既属于香港证券监管机构又属于内地监管机构的管辖范围,那么问题应如何处理?这个情况将突现两地对内幕交易认定的分歧。现有争端解决机制亦无法解释这个问题。

国务院1994年公布《关于股份有限公司境外募集股份及上市的特别规定》,对H股公司股东与公司之间,股东与公司董事、监事和经理之间,H股股东与A股股东之间发生的与公司章程规定的内容以及公司其他事务有关的争议,规定依照公司章程规定的解决方式处理即强制仲裁机制。换言之,若出现上述情况,H股股东与A股股东只能采取仲裁方式主张自己的权利,然而侵害他们权利的人不在强制仲裁机制的规定范围,侵权人不受强制仲裁机制的约束。再者,目前强制仲裁机制把其他人包括准股东(投资者)和两地监管机构都排除在外,使他们都无法主张应有的权利,从而降低了监督制约的功能。

目前强制仲裁机构对于内地和香港是无先例的制度,笔者只能根据内地仲裁法和国际仲裁惯例的特征或原则去论述。由于仲裁是以当事人自愿为前提,强制仲裁机制明显有违这个原则,尽管冠以"强制"两字作为制度创新,但也不能回避只有"当事人"才成为仲裁的主体。而上述事件涉及公司以外的第三者,

"他"是否属于仲裁的"当事人"? 而内幕交易行为是否能纳入强制仲裁范围内也成为疑问。事实上,内幕交易往往涉及社会公共和第三者的利害关系,又对证券市场有所影响。仲裁机制根本不适于解决这一类的纠纷(确切地说"违规"行为)。仲裁更多的只是根据具体案件,目的是平息纠纷,而不是担任法院角色,以追求公平为结果,借以规范社会行为。因而两地就此类上市公司实体法规的发展亦不可避免地遭到阻碍。

五、结　　论

内幕交易是法律明文禁止的行为,内幕交易的违法性实质在于行为本身的欺诈性;与行为人动机有密切关联,但行为与行为人之间利益的因果关系并不一定是直接和明显的,并不容易认定。何况在不同的语境下,不同地方对内幕消息的不同价值认定将影响到判断结果,增加内幕交易的认定难度。如果没有引起冲突,自然就无须解决这些问题。不过,随着内地证券市场进一步开放,内地将容许种类更多的"跨境"证券发行,语境不同和法律认定的不同将会引起更多的冲突。

对于企业在港上市所产生的诸多问题,内幕交易只是其中一个可能性。虽然上述论证是基于种种假设,但并不代表不会出现。另外,目前实际存在同时发行A股、H股的内地企业,财经新闻又越来越受到重视,引起争议性的消息亦随之增加,因此有必要及早审视两地认定内幕交易或其他违规行为的差别,填补灰色地带,解决制度上的缺憾,避免问题恶化。

两地证券多元化已成趋势,证券多元化将带出更多两地监管冲突问题。由于两地监管冲突,令一些违规、违法的行为得不到及时的惩罚,结果使股东利益受损。此外,目前争端解决机制不足以解决由两地证券多元化引起的纠纷。事实上,监管及民事起诉权都是主动和积极主张平等权利的途径。监管具有事前约束和事后追讨的功能,民事起诉权让投资者有获得法律补偿的机会,两者都对违法行为起到预防和"惩治"的作用。在两者均有不完善的情况下,两地投资者利益获得适当保障便成为疑问。

(2002年第5期)

公用企业竞争与管制立法问题探析

曹　博*

一、公用企业领域的法制变革趋势

(一)垄断经营的公用企业和传统的政府管制制度

公用企业是指通过网络提供公共服务的企业。这里的网络是指一定地域内为运送人员、商品或者为了传递信息而形成的系统。公用企业主要包括电信、电力、铁路、民航、供水、供热等行业的企业。基于公用企业具有提供物品和服务的必需性、网络性、成本递减性(规模经济性)、固定资本投资的巨额性和沉淀性的特征。传统理论认为,公用企业属于自然垄断行业。所谓自然垄断,是指单位产品或者服务的平均成本随着产量的提高而下降,从而要求该行业从最小有效规模出发,只是由一个企业进行生产。因此,历史上各国公用企业大多由国家垄断经营,或者由国家管制下的私人企业垄断经营(如美国)。①

在公用企业垄断经营的情况下,从维护社会公共利益出发,为克服市场失灵,防止垄断企业滥用市场力量,保护消费者的利益,各国对公用企业普遍建立了行业管制制度。所谓管制是指政府为了解决市场失灵(包括自然垄断)而依据法定权限直接制约经济主体活动的行为。管制包括社会管制和经济管制。公用企业领域涉及的管制问题主要是经济管制。经济管制是指在自然垄断或者存在信息偏在的领域,为了防止发生资源配置低效和确保利用者的公平利用(克服市场失灵),政府机关依法通过许可和认可等手段,对企业的进入和退出、价格、服务的数量和质量、投资、财务会计等有关行为加以管制。② 经济管制的实质,就是在垄断性产业中,政府以行政程序代替市场力量,干预企业关于价格、质量、进入及退出等一切管理行为。竞争化改革前,反垄断法在公用企业领域基本不发挥作用,该领域甚至被认为是反垄断法的适用除外领域。

---

* 作者单位:苏州大学法学院。

① [英]J. 卡布尔著:《产业经济学前沿问题》,于立等译,中国税务出版社 2000 年版,第 229 ~ 230 页。

② [日]植草益著:《微观规制经济学》,朱绍文等译,中国发展出版社 1992 年版,第 27 页。

（二）公用企业领域引入竞争的观念变革

公用企业垄断经营导致该领域产生了企业内部无效率、商品及服务价格偏高而消费者选择偏少，政府财政负担过重，企业不能适应社会经济结构变化等一系列弊端。为此，20世纪80年代以美、英等国为先导，全球范围内掀起了公用企业"放松管制，引入竞争"的改革浪潮。改革的实践伴随着理论的反思：有学者认为，将公用企业笼统的视为自然垄断行业的理论并没有反映该行业的实际情况。因为：第一，科学和技术的发展减少了企业的规模收益，因而提高了很多部门引入竞争的可能性，某些技术革命甚至事实上结束了过去自然垄断的状态。例如，无线电通讯技术的产生结束了长途有线通讯的垄断地位。第二，所谓自然垄断的论证，大多采用在一个有限市场的框架下进行静态分析的方法。这种分析方法，根本忽视了市场不断动态变化的现实。① 第三，市场需求的变化可以减少甚至消灭规模经济。然而，也有学者认为，传统政府管制（包括经济管制）制度本身也存在问题，即存在"管制失灵"。第一，政府与被管制的企业之间存在严重的信息不对称，即政府管制机构知道的有关垄断企业的信息要远少于企业所知道的相应信息。政府对企业直接管制的结果可能导致垄断企业内部无效率，资源无法合理配置。第二，政府部门及其工作人员的经济人行为可能导致管制失灵。直接充当管制者的政府部门或部分工作人员为追求自身利益往往被其管制的企业所俘虏，站在被管制者的立场而不是公众利益立场上实施管制行为。第三，政府管制机构的不完善承诺可能导致管制失灵。② 上述的政府管制失灵带来的低效率是公用企业行业放松管制的直接原因。

由于传统理论与实践夸大了公用企业领域自然垄断的范围，过多地依赖了政府对企业的直接经济管制。为此，放松管制，引入竞争机制成了实践的必然选择。从目前国际上的发展趋势看，公用企业领域的市场竞争范围日益扩大，政府直接管制的范围逐渐减少。就目前的技术水平来看，公用企业领域的本地电话业务、电力传输网、铁路路轨、煤气及天然气传输管道等环节仍然属于自然垄断环节。从总体上说，公用企业领域呈现出市场竞争与自然垄断动态交织的画面。

（三）公用企业领域的法制变革

随着竞争机制的引入，公用企业属于反垄断法适用除外领域的法制观念已经改变，反垄断法与以经济管制和行业反垄断规范为主要内容的行业专门法在

---

① 王文宇："公用事业管制与竞争理念之变革"，载台湾大学《法学论丛》第29卷第4期。

② 张昕竹著：《中国规制与竞争：理论和政策》，社会科学文献出版社2000年版，第245～249页。

该领域共同发生作用。经济管制与反垄断法代表两种对付“市场失灵”的制度：反垄断法是几乎所有产业的一般竞争规则；它通过寻求对竞争过程的保护间接的干预企业活动，而非直接提供一个满意的答案；[1]它大多是一种对企业活动事后的干预（合并控制除外），其宗旨在于保护和鼓励竞争。而经济管制是以特定产业为对象，它是政府以行政程序代替市场力量干预企业关于价格、质量、进入以及退出的一切管理行为。它是政府以直接的方式对企业活动的事前的干预，它通常具有限制竞争的效果。但在竞争化改革的过程中，我们能够观察到一种混合的趋势，[2]即公用企业的法制出现了反垄断法与行业专门法的互动和融合。反垄断法的适用范围扩大，行业法里也置入了许多反垄断法规范，而行业法中经济管制的范围缩小，其主要存在于剩余的自然垄断环节（瓶颈设施）及竞争环节与自然垄断环节的界面，经济管制的方式也以促进企业间的有效竞争为导向。

在世界各国，行业专门法的变化具体表现为：①放松进入管制。许可进入管制的范围大大缩小，条件降低。②对互联互通的管制。行业法要求企业承担互联互通义务。一方面表现为对本行业有市场支配地位企业（网络所有者）的垄断行为的规范；另一方面表现为对联网条件的管制。③价格管制。首先，价格管制的范围由原来普遍的管制缩小为主要针对垄断性业务的价格管制。其次，管制价格的制定以经济原理为基础。保护消费者利益、激励受管制企业生产效率和维护企业发展潜力共同构成价格管制的三维政策目标。譬如英国创造的RPI－X价格管制模型，即被管制业务的平均价格水平上涨率不能超过实际零售价格的上涨率（RPI）减去产业技术进步率（X），这被许多国家借鉴。④对普遍服务的管制。普遍服务是指某些最基本的、最低要求的具有普遍公共利益的服务。这些服务应当保证具有一定的质量标准，并且保证每个用户都能够付得起费用，而不管他们的住所或者经营所在地。[3] 引入竞争前，实现普遍服务主要依靠企业内部的交叉补贴机制。但引入竞争后，这种交叉补贴与竞争相矛盾。这是因为：第一，新进入的竞争者从追求利润最大化的原则出发，往往不愿意经营亏损的业务，而只从事能带来高利润的业务（俗称“撇奶皮”），而竞争的结果必然导致高利润业务的利润受到挤压，使原有的企业再无力利用高利润业务弥补亏损性业务，这将使普遍服务的目标难以实现。第二，在引入竞争机制后，如果仍然由原有企业承担普遍服务义务这种易形成亏损的业务，客观上造成了不公

---

① See G. H. Burgess, *The Economics of Regulation and Antirust*, Harper Collins College Publishers, 1995, p. 200.

② ［美］丹尼尔·F. 史普博著：《管制与市场》，余晖等译，上海人民出版社1999年版，第801页。

③ 常欣：“放松管制与规制重建”，中国基础领域改革第三次国际论坛论文。

平竞争。为解决上述矛盾，一些国家的法律对普遍服务作出了新的制度安排。⑤中立的、独立的政府管制机构。首先，行业管制机构应当独立于被管制的对象（企业），不能与管制对象存在财产关系和其他关系，即政企分开；其次，该机构应当相对独立于政府政策部门，它不受政治和行政的压力，有独立的裁决权；最后，它必须有独立的能力，即具有很强的专业能力，它应当由一定数量的专家参加，确保有能力维持行业竞争秩序。

反垄断法的相应变化主要表现为：第一，在反垄断法的豁免制度方面，直接规定某些部门或行业不适用反垄断法的豁免制度逐渐被各国立法淘汰，而代之以对特定反竞争行为的行为豁免制度。① 第二，通过立法规定或者判例确定了主要适用于公用企业领域的“基础设施原则”。② 譬如德国1998年修订的《反限制竞争法》第19条第4款明文规定，“占市场支配地位的企业拒绝另一个企业以适当报酬进入自己的网络或其他基础设施，而该另一个企业出于法律上或事实上的事由，非使用他人网络或其他基础设施无法在上或下游市场上作为支配市场企业的竞争者从事经营活动，此时市场支配地位企业的拒绝，构成滥用行为；除非市场支配地位企业能够证明这种使用因企业经营方面和其他方面的事由是不可能的或不能合理期待的”。第三，立法赋予反垄断法主管机构对公用企业的执法权。英国1998年新的《竞争法》规定，公平交易局是《竞争法》的主要或者基本执法机关，公用企业的管制者在其特定的部门与公平交易局共同行使执法权。③ 而美国1996年《电信法》颁布实施后，反垄断法主管机关司法部反托拉斯对电信市场竞争议题仍积极地介入甚至相当程度扮演着管制机关的角色。④

二、我国公用企业领域竞争化改革的法制现状

（一）竞争化改革存在的问题

与西方国家不同，我国公用企业领域国家垄断经营源自高度集中的计划经济。为改变我国基础设施领域的落后面貌，适应加入WTO的需要。近年来，我

① 孔祥俊著：《反垄断法原理》，中国法制出版社2001年版，第660～661页。

② 基础设施原则（Essential Facilities Doctrine）主要是指：独占者同时参与其上游和下游市场，而独占者所掌握的基础枢纽设施是进入上下游市场不可或缺的设施，独占者不得拒绝提供该设施给上下游市场的竞争者。

③ 孔祥俊著：《反垄断法原理》，中国法制出版社2001年版，第96页。

④ 叶宁：“美国电信自由化与竞争法及执法经验考察报告”，载台湾《公平交易季刊》第6卷第3期。

国开始对公用企业进行引入竞争机制的改革。例如电信领域,自1998年信息产业部成立以来,电信行业进行的邮电分营、政企分开、两次电信企业重组等改革。电力行业1997年成立国家电力公司,1998年撤销电力工业部,由国家经贸委承担电力产业的政府管制职能,在中央层面实现了政企分开。同时开始在一些省市进行"厂网分开,竞价上网"的试点改革及目前正在规划的新一轮竞争化改革等。目前我国在电信、电力、民航等领域初步引入了竞争机制。但同传统竞争性行业相比,公用企业竞争化改革仍严重滞后。公用企业领域仍然存在一些明显的弊病:①政企不分,行政垄断广泛存在。虽然近些年电信、电力和民航等行业进行了一定程度的政企分开的改革,但离真正的政企分开还有很大距离。②投资体制改革滞后。单一的或一股独大的国有投资主体,既不利于塑造有效的市场微观主体,又导致我国基础设施建设资金短缺。而且造成竞争性行业供求失衡,影响我国整体经济发展。[①] ③滥用独占地位强制交易,限制其他经营者的竞争,侵害消费者利益的行为泛滥。④价格形成及管理机制不合理。目前我国对公用企业领域的价格大都由政府直接定价。通常采用的原则是保证企业能获得正常利润,这样企业的利润便与其成本无关,企业缺乏足够的激励去降低成本,导致行业成本居高不下,而且政府定价以企业上报的成本为依据。结果导致一方面企业缺乏创新的动力;另一方面企业却能凭借垄断权获取高额垄断利润。⑤经济效率低下,服务质量差。由于价格扭曲及缺乏有效竞争等原因,我国公用企业经济效率仍然低下。⑥缺少透明和全面的法律框架。

(二)我国公用企业领域的法制现状

目前,我国规范公用企业行为的法律主要有两类:一类是规范一般市场竞争行为的法律,即1993年9月颁布的《反不正当竞争法》及其配套的规章。《反不正当竞争法》第6条规定:"公用企业或者其他依法具有独占地位的经营者,不得限定他人购买其指定的经营者的商品,以排挤其他经营者的公平竞争。"依据上述法律规定,1993年12月国家工商行政管理局发布《关于禁止公用企业限制竞争行为的若干规定》(以下简称20号令)。作为与上述第6条配套的规章,该规定具体列举并规范了当时实践中出现的几种公用企业限制竞争行为。另一类是特定领域的行业法,如《铁路法》、《民用航空法》、《电力法》等法律及其配套的一系列法规。上述法律由于制定的时间较早,目前适用起来存在不少问题:

第一,《反不正当竞争法》第6条规定,是在公用企业依法具有独占地位的

① 王珏:"我国基础产业市场化改革的几个基本问题",中国基础领域改革第三次国际论坛论文。

前提下的规定,不能适应公用企业领域引入竞争后,建立与维护自由、公平、有效竞争秩序的需要。一方面,引入竞争后,公用企业的限制竞争行为不仅限于滥用独占地位行为;另一方面,即使就滥用独占地位的行为而言,上述第6条也仅规范其中的一种"限定他人购买其指定的经营者的商品"的行为。虽然,国家工商行政管理局在20号令以及之后的执法实践中对上述规定本着"禁止强制交易行为"的精神对侵权行为的类型作了扩大解释。① 但仍然只能解决燃眉之急,而无法适应进一步竞争化改革的需要。

第二,现行的《铁路法》、《电力法》等行业法大多制定于竞争化改革以前,其指导思想往往是为了保证国家基础设施的安全,而不是为了规范产业中各主体的行为,因此,其无法适应进一步改革的需要,急需修订。例如,《电力法》发布于1995年12月28日,当时国家电力公司还没成立,政企分开、厂网分开的改革还没有进行,因此其对目前的电力竞争化改革中应该调整和规范的一些问题都没有涉及。②

第三,作为竞争化改革阶段性成果的一些行业行政法规,仍然是一种临时性、过渡性的法律规范。例如,2000年9月国务院发布的《中华人民共和国电信条例》,从形式上看,其紧跟世界电信行业立法潮流。但由于其立法层次低、带有部门立法痕迹、管制机构缺乏独立性、中立性等因素,其实施效果尚值得怀疑。

综上可见,仅我国目前的公用企业竞争化改革还是集中在政企分开,以及对原有的国家垄断格局采取主要以行政手段(行政"划拨")分拆重组以构造竞争局面、引入竞争者等基本问题上,改革主要采用行政手段推动而缺少相应的法律规范。

三、我国加入WTO背景下,公用企业进一步改革的立法对策

为规范竞争引入后竞争者的行为,维护竞争秩序,适应WTO的相关要求,公用企业的进一步改革应当主要依靠法律的手段推进。公用企业领域的立法应当注意以下几方面:

(一)加强和完善行业立法,重建政府管制制度

(1)行业立法应当贯彻促进有效竞争、保护消费者权益的指导思想。第一,

---

① 工商行政管理法律理解与适用丛书编委会编:《反不正当竞争法律理解与适用》,工商出版社2000年版,第252~270页。

② 赵晓丽、李春杰:"中国电力产业的规制及其法律问题",载《法学杂志》2002年第2期。

应当以促进有效竞争为导向修改《铁路法》、《电力法》、《航空法》,制定《电信法》。随着公用企业领域竞争机制的引入,促进有效竞争,保护消费者利益就成为行业法的重要任务。首先,应当提高立法层次,由最高立法机关制定行业法律。其次,鉴于我国公用企业领域中广泛存在的政企不分或者因政企分离不彻底而出现的"政企同盟"的现实,在制定行业专门法时,一定要最大限度地防止行业主管部门主导立法的倾向。第二,为保证管制立法执法的公正,适应 WTO"透明性原则"的要求。在我国行政程序法不完善的情况下,力求政府管制性法规、规章制定过程的透明化、规范化。

(2)建立独立的管制机构。首先,管制机构一定要与管制对象分离,即政企分开。其次,监管机构应独立于政策部门,以避免政策部门对监管机构行使监管权的政治权力干预。为此,机构设置上可以考虑选择:监管机构与政策机构平行设置的模式;监管机构作为独立机构设置于政策部门之内的包容模式;[1]设立独立的管制委员会的模式(类似中国证券监督委员会的模式)。最后,监管机构要有独立的能力。为保证管制机构的专业能力,该机构应当由行业管理专家、技术专家、经济学家、法学家组成。

(3)经济管制的主要内容。随着竞争机制的引入,经济管制主要集中在剩余的自然垄断环节和自然垄断环节与竞争的界面。行业经济管制的主要内容为:①放松进入管制,逐步建立特许经营权的拍卖制。与自然垄断时期相比,以有效竞争为目标的进入许可证管制大大放松。另外为了避免区域性特许经营造成不良垄断,管制者必须在限制准入的同时,建立起经营特许权的拍卖制;从目前来看,应当尽快允许国内民间投资主体自由进入公用企业领域的竞争性环节,或不受限制地参与垄断环节的特许权竞争。这不仅是增加公用企业投资的需要,也是塑造股权多元化公用企业,以实现真正的政企分开的需要。同时,根据我国加入 WTO 的承诺,我国公用企业领域已经依法相当程度地向外资开放,但对国内的非国有投资主体进入公用企业的立法却明显滞后。这种状况如果不能尽快改变,将使国内非国有资本陷入"非国民待遇"的尴尬境地。因此以"非歧视原则"完善而进入管制相关的立法已是当务之急。②价格管制。竞争性环节(如上网电价)应当实行市场定价,对垄断性环节则要实行价格管制。价格管制应当采用价格上限法,具体的定价方式可以借鉴英国的 BPI - X 价格管制模型。③互联互通的管制(如电信网的互联互通、电网的公平接入)。行业法应当要求企业承担互联互通义务。一方面表现为对本行业有市场支配地位企业(网络所

---

① 周汉华:"基础设施产业政府监管权的配置",载《国家行政学院学报》2002年第2期。

有者)的限制竞争行为进行规范。禁止这些企业实施差别待遇、不合理拒绝入网、掠夺性定价、交叉补贴等限制竞争行为(这些规范是行业领域的特别反垄断法规范)。另一方面表现为,对联网的条件进行必要的管制。④加强质量管制。⑤建立普遍服务基金制度。我国应当尽快建立国际上流行的普遍服务基金,将原来对消费者和企业的“暗补”变为“明补”。这样既能保证普遍服务目标的实现,同时也能保证有效竞争的实现。

(二)制定实施《反垄断法》,维护自由、公平的竞争秩序

公用企业领域引入竞争后,必然要求颁布《反垄断法》来维护公平竞争秩序。从规范公用企业行业的竞争秩序看,将来的《反垄断法》应当注意以下问题:

(1)《反垄断法》应当规范行政垄断。由于政企分开的改革尚未完成,当前公用企业领域的垄断主要是行政垄断,即政府及其部门滥用行政权力限制竞争。虽然行政垄断不仅仅是个反垄断法问题,甚至也不仅仅是个法律问题。它同政治经济体制有直接的联系,其根本解决有赖于体制改革;但这不能成为反对《反垄断法》规范行政垄断的理由。《反垄断法》应当规范一切限制竞争行为,不论这种垄断行为的主体来自企业还是政府。我国《反不正当竞争法》第7条也已经规范了行政垄断,但行为模式规定过于简单、法律责任设置过轻。

(2)《反垄断法》应当针对公用企业领域滥用市场支配地位的行为,适当列举新的行为类型。引入竞争后,公用企业领域的经济垄断行为不仅包括滥用市场支配地位行为,而且包括企业间通过协议限制竞争,通过企业合并限制竞争等行为。但由于公用企业往往存在自然垄断的环节,因此更容易发生有市场支配地位的企业(一般拥有对自然垄断环节的控制权)滥用其地位的行为。因此,我国制定《反垄断法》时,应当引入“基础设施原则”以规范瓶颈垄断行为,并在市场支配地位滥用行为的类型中列举交叉补贴行为。

(3)公用企业与《反垄断法》适用除外领域的规定。《反垄断法》并不禁止所有的限制竞争行为。当某种限制竞争行为存在促进竞争的益处,而且其促进竞争的益处大于限制竞争的害处时,就能豁免适用《反垄断法》。显然利益衡量在这里占有重要地位,《反垄断法》的适用除外制度就是由此而来。我国反垄断法起草小组起草的《中华人民共和国反垄断法大纲(1998年草案稿)》第52条规定:“(自然垄断、公用事业的行为)邮政、铁路、电力、煤气、自来水等自然垄断或公用事业经国务院反垄断主管机关批准的行为,在本法规定的5年内,不适用本法的规定。”笔者认为,这种将公用企业的行为有条件的豁免适用《反垄断法》的规定,根本没有必要。因为公用企业的限制竞争行为完全可以与一般行业的企业一样用《反垄断法》来规范。其某种行为是否应当豁免适用《反垄断法》应当按照“合理原则”来分析解决。

(4)反垄断法主管机关与行业管制机构。为保证《反垄断法》的实施,各国反垄断执法机构大都具有独立性、专业性和权威性。独立性保证其公正执法不受政府其他政策和利益集团间争执的影响。专业性强调法律、经济专业化和专家化的执法,保证通过法律经济分析实现“利益权衡”的准确性。权威性强调加强执法机关的地位和执法机关执法手段的强化。就我国现行《反不正当竞争法》以县级以上工商行政管理机关为竞争法的主管机关及其现有职能而言,在以上3个方面都存在明显不足,无法保证《反垄断法》的公正、有效实施。因此,将来《反垄断法》有必要设立一个相对独立的执法机构,法律明文保障其独立性,并明确其相应的执法权以及其承担的责任。

另外,在公用企业改革中,笔者并不认为行业管制部门能够代替《反垄断法》主管机构的作用?这是因为:第一,行业主管部门往往受行业的局限,不能从更大范围、从宏观上观察和处理竞争问题,而且其缺乏处理竞争法律问题的经验;第二,行业主管部门往往更多考虑产业政策而忽视竞争政策,通常代表生产者的利益,而忽视消费者的利益。而反垄断法主管机构则反映消费者的呼声。所以,笔者建议,未来的《反垄断法》和行业法一定要注意发挥反垄断法主管机构在公用企业竞争化改革中的作用,赋予其相应的职权,使其与行业管制机构相互配合,以维护竞争秩序的统一。

(2002年第6期)

2003 年

劳动合同无效制度研究

张　渊*

一、无效劳动合同的确认标准

《中华人民共和国劳动法》第18条规定了两项无效劳动合同的确认标准：违反法律、行政法规的劳动合同和采取欺诈、威胁等手段订立的劳动合同。笔者认为由于《劳动法》制定于1994年，当时在我国占主导地位的仍是计划经济，所以其规定不免带有较强的行政色彩，已不适应当前市场经济发展的需要，下面笔者将针对这两条规定作一分析。

首先，对于“违反法律、行政法规的劳动合同”中的“法律、行政法规”，我们应就其范围作一个明确的限定，即只包括全国人民代表大会及其常委会制定的法律规范性文件及国务院制定和颁布的各种规范性文件，而不包括地方性法规及行政规章。其次，这一类劳动合同之所以无效，是由于它们违背了订立劳动合同所应遵守的合法原则，以及违反《民法通则》第55条规定的民事法律行为所应具备的条件：①劳动合同主体不合格。这又包括劳动者不合格和用人单位不合格两种情况。②劳动合同当事人的意思表示不真实、不自愿。③劳动合同的内容不合法。当事人不得订立内容违法或对社会公共利益有害的劳动合同。例如，劳动者不得与用人单位订立盗窃其他企业技术秘密的合同、放映黄色音像制品的合同。④劳动合同订立的程序、形式不合法。主要是当事人违反协商一致原则或有权招用未满16周岁的未成年人的用人单位未依法履行审批手续。最后，这项规定对于处理好地方性劳动法规与《劳动法》的关系问题有重大意义。地方性劳动法规是指省、自治区、直辖市以及省会市、自治区省府市及国务院批准的较大市的地方人民代表大会及常委会，为了更好地贯彻实施《劳动法》，在不同《宪法》、法律、行政法规相抵触的前提下制定的具体管理办法，它自然不应该与《劳动法》的规定及原则相冲突甚至违背。由于《劳动法》制定年代较早，所以可能规定不够周全；在《劳动法》没有相应规定的情况下，地方性劳动法规的内容也不应该违背其他法律、行政法规。但现实中地方性劳动法规制定往往比

---

* 作者单位：浙江大学法学院。

较混乱,违法现象屡见不鲜。如海南省人大常委会通过的《海南省劳动合同管理规定》第12条规定"限制或者损害当事人一方基本权利、合同内容显失公平的劳动合同无效"。这与《合同法》第54条关于此类合同属于可撤销合同的规定相违背。陕西省人大常委会发布的《西安市劳动力市场管理条例》第15条规定"违反法律、行政法规、地方性法规和本条例规定的劳动合同无效"。这更将地方性法规的地位提到了与法律、行政法规同等的地位,在西部大开发的今天,这样的规定无疑会加重劳动合同双方的负担,不利于引进外资。但根据《劳动法》的相关规定,我们自然可以将这些与国家法律、行政法规相违背的地方性行政法规条款确认为无效。

笔者认为,关于采取欺诈、威胁等手段订立的劳动合同属于无效劳动合同的规定,也已不适应时代发展的需要。这类合同可分为两类:一是一方以欺诈、胁迫的手段订立合同,同时损害国家利益,如欺骗或强迫某人签订劳动合同,帮助其从事违法经营等;二是一方以欺诈、胁迫手段,使对方在违背真实意思的情况下订立合同,如强迫续订劳动合同。《合同法》将第一类合同规定为无效合同,而第二类合同则属于可撤销合同。笔者认为这种分类是合理的。从法学理论看,两大法系的立法在对待因欺诈、胁迫而订立的合同的效力问题上,存在惊人的相似之处,即都将其视为可撤销合同,而非绝对的无效合同;在这一点上,两大法系的判例学说也基本上不存在重大分歧。事实上,无论是在崇尚个人主义和契约自由的自由资本主义时代,还是在强调契约公正的当代,无论是从合同法既往的演化过程还是从合同法今后的发展趋向来看,将因欺诈、胁迫而订立的合同作为可撤销合同而不是无效的合同对待,基本上已形成为一项成熟的规则和制度。它体现的功能主要表现在:①这是对意思自治原则的维护。受欺诈人因受欺诈所作的意思表示属于不真实的意思表示,受胁迫人亦是类似,而意思表示是否撤销,完全由表意人自己决定,局外人不得干预。因而,将因欺诈、胁迫订立的合同作为可撤销的合同,由受欺诈人、胁迫人决定是否撤销,乃是对受欺诈、胁迫人的意愿的充分尊重,从而也充分体现了意思自治原则。②对受欺诈、胁迫人利益的充分保护。郑玉波先生指出:"此乃立法政策之问题,亦即视其所欠缺生效要件之性质如何以决定。其所欠缺之要件,如属有关公益(违反强行法规或公序良俗),则使之当然无效;如仅有关私益(错误、误解、被欺诈胁迫等)则使之得撤销。"[①]由受欺诈、胁迫人根据其自身利益考虑决定是否撤销合同、是否保持合同的效力,才能最充分地使受欺诈、胁迫人的利益得到尊重和保护。③对交易安

① 郑玉波著:《民法总则》,台湾三民书局1979年版,第316页。

全的维护。就欺诈情形来说,由受欺诈人选择对其最为有利的请求权而向欺诈人提出请求,其结果将使欺诈人承担对其最为不利的责任,这本身可以形成对欺诈行为的有效制裁和遏制。同时,将因欺诈订立的合同作为可撤销的合同,法律规定了受欺诈人行使撤销权的期限及合同的撤销不得对抗善意第三人等,都极有利于维护交易的安全和秩序。在胁迫情况下亦是如此。将因欺诈、胁迫而订立的合同作为可撤销合同对待,使撤销制度发挥了神奇的综合功能,它不仅包容了无效制度的全部功能,同时弥补了无效制度无法体现意思自治、难以保障受欺诈人、受胁迫人利益的缺陷。它在柔化无效制度的刚性的同时,并没有丧失其本身。所具有的制裁和遏制违法行为的功能,是一项综合、完善、精巧的安排。劳动合同作为合同的一种形式,自然也可通过可撤销制度使受害方当事人的利益得到充分的保护。有一种观点认为,将采取欺诈、威胁等手段订立的劳动合同作为无效合同对待,其宗旨在于加强国家对于劳动合同的干预。因为"我国民法与西方国家民法在法律行为概念上的这种差别,反映社会本位与个人本位的不同立场,以及国家对民事领域进行干预的不同态度"。[①] 此种观点有一定道理,但笔者认为,加强国家干预,本身是为了充分保护劳动合同受欺诈、胁迫方的利益,防止因欺诈、胁迫行为而使劳动者或用人单位蒙受损害。那么,受欺诈、胁迫者是否会因无力提出或不知如何提出请求而需要国家干预呢?笔者认为,随着市场经济的进步与发展,公民法律意识的逐渐增强,当事人不仅是自身利益的最佳判断者,也完全有能力通过行使法律赋予的权利而保护自己的利益。在这个问题上,法律没有必要也不可能越俎代庖去充当万能的保护人。

除了劳动法所列举的两项标准外,笔者认为借鉴1999年开始施行的统一合同法的规定,劳资双方恶意串通签订违法合同,损害国家、集体或者第三人的利益、以合法形式掩盖非法目的及损害公共利益订立劳动合同等也应作为确认劳动合同无效的标准。

二、几种包含不规范条款的劳动合同效力认定

(一)劳动者在签订劳动合同时伪造履历或者提供其他虚假情况

在签订劳动合同的过程中,劳动者伪造履历或者提供其他虚假情况,不属于我国《劳动法》规定的劳动者有过错,从而用人单位可以解除劳动合同的几种法

---

① 佟柔主编:《中国民法》,法律出版社1990年版,第176页。

定情形,[①]但属于《劳动法》规定的劳动合同无效情形,即采用欺诈手段签订的劳动合同无效。那么,是不是只要劳动者在签订劳动合同过程中实施了伪造履历或提供了其他虚假情况,用人单位就可以据此主张劳动合同无效,从而解除双方之间的劳动关系?笔者认为不完全是,还需根据以下几种具体情况分别处理。

1."条件"非法,劳动者被动作假

从形式上看,劳动者提供了虚假情况,实施了欺诈行为,此劳动合同属于"采取欺诈手段签订的劳动合同"。但实质上,这些"条件"因违法而无效。所以劳动合同中或企业规章制度中与这些违法"条件"相关的条款应属无效条款,用人单位在任何时候都不能因为劳动者在签订劳动合同时提供了虚假情况,实施了这些欺诈行为而主张合同无效。比如,我们在实践中经常能见到企业的规章制度或劳动合同中有类似的内容:女职工应为未婚,劳动合同签订之日起3年内不准结婚(或生育),否则予以辞退。如果已婚的女职工为获得这份工作,提供虚假情况称自己没有结婚,与用人单位签订了劳动合同,日后用人单位是否可以据此主张合同无效,辞退女职工?当然不能。这条规定不违反《劳动法》,但违反《婚姻法》。在我国,结婚生子是每个公民享有的基本权利,只要不违反《婚姻法》和我国的计划生育政策,任何组织和个人都无权阻止和干涉。

2."要求"合法,劳动者纯粹造假

在这种情况下签订的劳动合同为可撤销合同,用人单位可以请求劳动争议仲裁委员会或人民法院确认劳动合同无效,从而解除劳动关系。在可能的情况下,劳动争议仲裁委员会和人民法院从维护劳动者合法权益和稳定劳动关系的原则出发,通过协商变更劳动合同的方式使雇佣关系持续下去。

劳动合同当事人一方因另一方当事人采取欺诈手段签订了劳动合同而请求劳动争议仲裁委员会或人民法院依法确认劳动合同无效的权利是否可以无限期地行使?目前法律没有规定。笔者认为,劳动合同的签订、履行、解除实质上是一种民事行为,所以这种情况下可以借鉴我国《民法通则》关于除斥期间的规定:自行为成立之日起超过1年当事人才请求劳动争议仲裁委员会或人民法院确认劳动合同无效的,不予保护。这样操作,既有利于维护劳动关系的稳定,也有利于双方合法权益的实现。司法实践中,劳动争议仲裁委员会或人民法院确认劳动合同的效力时,一般会考虑以下几点:①劳动者的欺诈行为是否给用人单

---

① 《劳动法》第25条规定:"劳动者有下列情形之一的,用人单位可以解除劳动合同:(一)在试用期间被证明不符合录用条件的;(二)严重违反劳动纪律或者用人单位规章制度的;(三)严重失职,营私舞弊,对用人单位利益造成重大损害的;(四)被依法追究刑事责任的。"

位造成损失;②劳动合同的实际履行情况;③劳动合同的期限等。

(二)老板因员工间恋爱或者结婚而要求员工一方自动离职的做法

这种情况要分别看待,主要是看企业与员工的劳动合同上是否有明确的条文规定。

如果当初双方签订的劳动合同上没有明确规定员工内部恋爱或结婚必须有一方离职,而仅仅是企业主管或行政部门提出了口头的协议或警诫,那么用人单位因为员工内部恋爱或婚姻问题要求一方离职就是违反《劳动法》的。因为《劳动法》中规定用人单位解除劳动合同的几种情形之中,并不包括内部恋爱或婚姻这种情形的。而双方签订了劳动合同的情况下,口头协议就不具有法律效力,书面协议要优先于口头协议生效。

但是如果当初双方签订的劳动合同上有明确规定员工内部之间的恋爱或婚姻必须有一方离职,那么用人单位依照合同规定要求内部恋爱或婚姻的一方离职,这个问题就有些争议了。

我国《劳动法》规定违反法律、行政法规的劳动合同无效。无效的劳动合同,从订立起就没有法律效力。而恋爱、婚姻自由是我国《宪法》规定的公民基本权利。但是在用人单位的合同中并没有直接干涉员工的恋爱和婚姻自由,而是在发生内部恋爱的情况下要求员工中的一方离职,既没有直接违反《劳动法》也没有直接违反《宪法》和《婚姻法》。在就业市场严重供大于求、竞争日趋激烈的状况下,老板们自然可以从容地选择那些默认他的游戏规则的人,这类公司一般待遇优厚,对个人的职业发展也比较有利,因此很难有求职者能对老板说“不”,劳资双方无法真正处于平等的环境里。这种情况下,对合同规定的理解和处理可能只能在具体的诉讼中由法官来裁决。

(三)用人单位代签劳动合同

1999 年 1 月 1 日起施行的《深圳市劳动合同管理办法》第 20 条规定:未经书面授权、私自以员工或用人单位法定代表人(或主要负责人)名义签订的劳动合同一律无效。笔者认为这项规定并不恰当。根据《合同法》第 48 条规定,无权代理合同应属于效力待定合同,如果得到被代理人追认则为有效合同,反之,则为无效合同。所以如果劳动者在事后对代签的劳动合同予以追认,则该合同自签订之日起就生效;若不追认,则劳动合同自然无效,因此给劳动者造成损失的,用人单位应予以赔偿。在实践中,用人单位如果在续签劳动合同时,事先未与劳动者协商,事后亦未求得其同意,单方签字盖章后由第三人代签,劳动者一直处于善意不知晓状态,这明显剥夺了劳动者的劳动合同自由权,违反意思自治原则;对原劳动合同来讲,是一种擅自毁约行为。在我国当前实施全员劳动合同制过程中，一些用人单位为了赶进度，擅自代替劳动者本人在劳动合同文本上签字，人为地造成大量无效劳动合同存在，为劳动关系和谐及稳定发展埋下了隐患。这种单纯赶进度而忽视合同有效性行为，常导致劳动争议的发生，笔者认为，应引起用人单位及其主管部门以及各级劳动行政部门的高度重视。

三、无效劳动合同的法律后果

根据我国《民法通则》第61条和《合同法》第3章的规定，合同无效的法律后果可归纳为返还财产、赔偿损失、收归国有3种。而《劳动法》仅以第97条规定："由于用人单位的原因订立的无效合同，对劳动者造成损害的，应当承担赔偿责任。"那么，是否只有赔偿损失一项后果适用于无效劳动合同呢？笔者将认为不然。

(1)返还财产。它是指合同当事人在合同被确认为无效后，对已经交付给对方的财产，享有返还财产的请求权，对方当事人对于已经接受的财产负有返还的义务。这种返还财产请求权的基础应是所有物返还请求权，整个过程也正是所有权的回归过程。对于不能返还或者没有必要返还的情况，《合同法》规定应当折价补偿。这一方法仍是恢复原状原则的体现，而非返还不当得利。它解决了依据所有物返还请求权可能给当事人带来不利的问题。劳动合同是继续性合同，劳动者付出的劳动力不具有可返还性，如果受雇方单方返还报酬，显然有悖公平。本来法律规定对这种情况有疏漏，但现在用人单位可以根据《最高人民法院关于审理劳动争议案件适用法律若干问题的解释》第14条的规定依法保护劳动者权益。这项规定，就是合同法折价补偿规定的典型体现。另外，若用人单位与劳动者之间还有财产牵连，如非法收取的抵押金、抵押物、保证金、定金及其他费用，或者劳动者身份证及其他证明等，都应当予以返还。

(2)赔偿损失。有过错的一方应当赔偿对方因合同无效所受到的损失，双方都有过错的，应当各自承担相应的责任。这一法律后果自然适用于劳动合同，如果劳动者因为信赖劳动合同有效而作出了有关支出，从而产生了损失，那么用人单位就要承担缔约上的过失责任，且赔偿额度在《最高人民法院关于审理劳动争议案件适用法律若干问题的解释》中也规定了应当比照违反和解除劳动合同经济补偿金的支付标准，赔偿劳动者经济损失。此处不再赘述。

(3)收归国有。当事人恶意串通，损害国家利益的，因此取得的财产收归国家所有。在违法合同(即违反法律、行政法规的强行性规定的合同)及脱法合同(即以合法形式掩盖非法目的的合同，它并非直接违反禁止性规定，而是间接违反)中对于有过错的当事人给付的财产,都不应适用返还财产的方式,更不存在赔偿损失的问题。相反,还应当追缴,收归国有。若用人单位与劳动者订立违法劳动合同或脱法合同,双方都有过错的,则应当将双方交付的财产都收归国有。

四、结　　语

现行《劳动法》中规定的劳动合同无效制度已经不适应社会主义市场经济发展的需要,在实践中往往容易造成劳动力市场秩序的混乱。目前,必须从我国的实际出发,建立一个以无效劳动合同、可撤销劳动合同、效力未定劳动合同为有机体的协调的劳动合同无效制度,以公平、效率为原则,限制违法无效的范围,扩大可撤销合同的适用,并针对市场经济出现的新情况、新问题增设相应的条款予以规范,在执法领域建立健全一系列劳动合同管理制度,限制行政干预,加强执法力度,完善我国的劳动合同无效制度,从而也促进我国经济生活中劳动合同行为的规范化。

(2003 年第 2 期)

经济区域化对法制的影响

吴志攀*

一、前　言

沿海地区改革的现实经验与“经济基础决定上层建筑”的理论具有一致性,具体到经济发展与法制建设的关系方面,两者是否也具有一致性呢?如果答案是肯定的话,那么就会有下面的推论:拥有经济与财力资源越丰富的地区,解决社会问题方法的选择性就越多,法制也就越容易完善。缺乏经济与财力资源的地区,解决社会问题方法的选择性就越少,法制也就越不容易完善。进一步推论:当区域之间的经济与财力资源差异越大时,区域之间法制完善程度的差异性也越大。如果区域之间法制完善程度差异过大时,就会影响国内法制的整体完善。

在现实生活中,还会呈现出更加复杂的问题。尽管沿海地区法制应该更加完善,但是,在沿海经济发达地区不时发生一些令人震惊的经济大案,相反在经济不发达地区没有如此巨大金额的经济案件。沿海地区这种案件现象,又对上述假定提出了不同的解读:经济越发达的地区,少数素质不高的人对物质利益的追求过大,如果他们内心超越道德底线,法律防线也会被突破,最后导致惊人大案的发生。同时,少数人对商业利益的考虑超过对人的基本权利尊重时,也会作出侵害人的健康甚至生命权的行为来。① 这又使我们对经济发达与法制完善的相关性产生更加深刻的思考:法制完善不但与经济发展有相关性,还与文化道德和政治文明具有相关性。

为了分析问题的需要,有以下几点说明:

一是本文使用的经济区域概念不是行政区划的概念,而是按照经济产业链联系和在市场中形成的经济区域。经济区域的中心不一定是行政区划的中心。例如,长江三角洲的经济中心是上海,其中包括江苏省;江苏省会是南京,但是南京经济产值排在它下辖的苏州市和无锡市之后,南京是行政中心,但不再是经济中心。

---

* 作者单位:北京大学法学院。

① “孙志刚案件专题:谁让暂住证成了生死簿”,载 http://www.suho.com。

二是本文只采用公开的经济与司法案例资料进行分析，由于资料有可能不全面，所以结论不一定十分准确。但是，由于目前国内没有全面公开的完整的司法案例资料，所以难以全面完整的公开资料为基础进行研究；因此本文的研究所得出的只能是相对比较可靠和比较准确的结论。

二、经济区域化及制度影响

（一）发达地区的资源集中

我国的经济区域化现象已经非常明显，并且成为我国经济发展的一种趋势：国内五六个省和直辖市的GDP占全国GDP总数的50%。[①] 这五六个省和直辖市主要是集中在珠江三角洲、长江三角洲和环渤海湾这3个地区。这3个经济发达的地区拥有人口4.49亿，占全国人口总数的34.5%；这3个区域的国土面积90.36万平方公里，占全国土面积的9.4%。换句话说，全国占人口65.5%和占国土面积91%以上地区创造另外50%的GDP。这种情况表达了两种信息：一是沿海地区的经济规模和产值在全国占有非常重要的地位；二是我国沿海地区与内地及西部地区的经济发展相当不平衡。

沿海地区经济发展速度快，对全国经济发展起到带头作用。在这些区域范围内，现已形成了大型企业集群带，大规模生产加工链和产品配套能力，带动了周边地区的就业。目前，全国最大规模的蓝领和相当规模的白领就业也集中在这里。工业就业带动了服务业等第三产业的就业。所以，沿海地区也是我国最大的就业集群带。这些地区还是我国主要出口创汇基地、主要吸引境外投资地区、主要境外金融机构分支机构经营地区以及国内税收主要来源地区。

在人们的印象中，较多注意到的是这些地区经济方面的发达，其实，还应注意到这些地区的文化与教育事业也很发达：大学在这里兴建新校区，一些内地著名大学来这些地区开设第二校区，或办二级学院以及研究生院。在高校的周边，发展出科技园，留学人员回国创业园，科技与产业的孵化器设施和新兴的教学、科研与产业联合教科产结合的“走廊”。

在这些地区具有雄厚经济实力的基础上，新兴文体项目也大规模兴建：例如博物馆、科技馆、歌剧院、赛车场、高尔夫球场、水上运动场、民俗村、世界公园、野生动物园、小人国类型的儿童乐园、大型书城、娱乐城、培训兼度假旅游中心，这

① 温总理新闻记者招待会上的讲话，2003年3月20日。

些人工的文化设施在一定程度上，为经济发达地区弥补了历史人文景观的匮乏。人工文化设施多偏重消费服务，而缺乏真正历史人文景观的文化积淀和对心灵的震撼。

（二）区域发展的制度优势

沿海地区经济发展快的原因有许多，例如这些地区同海外侨胞有血脉联系，沿海地理位置与港口条件，商业传统与市场意识，以及沿海地区抓住了改革开放机遇。此外还包括，在改革之初思想解放还没有达到现在这样开放的程度时，沿海地区在语言表达方式上比内地更加灵活等多种原因。特别值得强调的是最初的制度对沿海地区经济发展的积极作用。

在改革开放之初，在内地其他地区还没有放开的时候，国家先给了沿海地区优先对外开放等诸多优惠政策，使沿海地区能够在时间上先于内地对外开放。例如，在税收方面，在全国的国有企业所得税为55%的时候，在经济特区的企业所得税就已降到33%。如果是中外合资企业，还享受"2年免，3年减"的优惠政策。这项政策允许中外企业建立的第1年和第2年免征所得税，第3年到第5年减半征收所得税。外资企业从第6年才开始纳税，当地再给外资企业更加优惠的政策，税率再降低到15%甚至10%，这样就比内地企业的税率低约40%～50%。又如，在进出口权方面，经济特区的中外合资企业很早就获得了进出口自主权，内地的企业还要经过外贸代理机构才能进行进出口贸易。

例如在工资福利方面，法律上很早就允许中外合资企业的工资，可以比国有企业工资高120%，外资企业管理者的工资由企业董事会确定；而生产同类产品的内地国有企业中的工资待遇政策不变。相比之下，沿海地区的外资企业多，工资待遇又优惠，内地国有企业难以与其竞争。

再如，当时全国人大常委会授权沿海特区地方人大享有对当地经济事务的独立立法权。在这一项措施的鼓励下，深圳特区的《股份有限公司条例》和《有限责任公司条例》比全国的1995年《公司法》提前两年颁布施行。另外，还在技术与品牌等无形资产入股成立公司方面、企业破产清算方面、房产按揭贷款方面、劳动合同方面以及社会保障方面，这些地方的政策和法规几乎都比全国的规定出台得更早，也更加具体。这些规章制度在地方范围内的执行也更加有效。上述这些制度优势，有力地促进沿海地区的经济发展，加上这里的人们的实干与苦干，终于使沿海地区经济发展领先于内地。

沿海地区的经济发展有许多正效应：迅速提升了全国经济总量，提升全国人均GDP水平，加快全国经济发展的进程等。如果说20年前我国的经济总量从与印度处于同一起跑线上，那么现在我国已经超过了印度GDP近1倍。这其中相当大的一部分产值是沿海地区经济总量大幅度增加创造的。

(三)经济发展促进制度完善

沿海地区经济的发展,也大力促进了法律制度的进一步完善。在全国范围内,许多有关经济内容的法律制度是先在沿海地区开始制定和率先实行,几年后再推广到全国立法和实行。例如,在1993年深圳特区,第一次在商业银行中试点"银行资本充足率"规范。① 当时内地国有商业银行还在思考如何从国有专业银行向国有商业银行转变,如何适应市场竞争的要求时,在深圳特区已经引入了国际商业银行通行的"巴塞尔协议"中的资本充足率标准来监督银行的经营风险,而全国的商业银行是从1995年《商业银行法》颁布以后才陆续实行资本充足率等监管指标。

再如,广东省是全国最先实行商品房按揭贷款的地区。这种未来分期付款期房贷款原创于香港,以加速资金流动,刺激房地产业的发展。现在全国各城镇的商品房贷款销售大都采取了按揭贷款方法办理。深圳特区的公司条例和破产条例都比全国提前几年颁布施行,广东地区企业的劳动合同、电信通讯有线电视的管理制度,都比内地提前几年。这些制度建设工作使当地的市场管理、公司管理、金融管理、资产管理等规范化,使这一地区市场经营的法制化和契约化有了行为准则。

由于有了市场发展对法律制度建立与完善的需求,法制建设工作就既有动力,也有压力,这是当地制度建设与发展的内在原因。此外,还有外因。由于广东地区距离香港很近,而香港是国际商业市场中已经建立了比较完善法制的市场经济地区(1997年成为特别行政区),且广东的市场经济发展与香港经济有直接联系。因此在广东经济改革过程中,必然受到香港市场和制度的影响,广东地区在制度建设与完善方面也受到香港的影响。粤港两地双方在体制不同的情况下,双双发展市场经济。经济方面双方既有合作,也有竞争。在制度建设方面,两地既有比较,也有竞争。由于这个外因的影响,广东的许多经济方面的规定比内地其他地区要早。

三、区域经济差距对法制的负面影响

(一)司法地方保护主义

经济区域化发展还会带来另一种现象:发展快的区域与发展慢的区域相比,

① "深圳经济特区金融机构试行资本充足率达规定",载《金融时报》1993年5月23日。

在经济、文化、社会及教育等方面产生了距离，在对同类事务的看法上，不同地区的人们在思想观念上也有认识差异。发展快的经济区域集中了较多经济、文化与教育资源，也集中了人才和金融及技术的优势，同时也在制度方面具有优势，成为经济与社会发展的中心。

经济发展速度慢的区域，在经济、文化、教育和社会资源方面处于弱势，人才、资金和技术不断流向中心地区，这些地区的发展将出现边缘化的现象。经济发展在区域之间的差别带来了中心区域与边缘区域的差别，且发展速度差异越大，观念方面的差异也越大。这种差异将给经济发展带来负面的影响，负面效应还会对我国法制建设带来一些不利影响。

区域差异的负面影响不利于我国法制建设的发展，这一观点容易被证明。例如，司法地方保护主义，地方乱收费的现象，公路运输与管线运输的地方卡扣现象，甚至个别地方的商品销售市场保护主义现象，以及个别地方对假冒商品生产和销售表面反对、实际上暗中保护现象等。

（二）司法难以终审

我国法制建设的目标是要建成一个法制高度统一的国家，这是由我国的历史和现状决定的，也是由我国的国家体制决定的。法律在制度上的统一，不等同于在司法过程中的统一。由于经济、社会、文化及教育方面的区域差异，在司法过程中不断呈现出“地方保护主义”现象，这种情况特别不利于区域经济的长远发展，也不利于法制建设统一化发展。

由于观念差异，不同地区的制度环境与全国的立法发展不衔接，一旦发生经济类诉讼案件，特别是金融类诉讼案件时，从基层法院到最高法院都会成为诉讼链条上的环节。10年来，地方法院开始的诉讼，以最高法院终审为止的金融案件增多。这些现象都应该引起我们的注意。地方中级法院审理一件普通的金融案件，金额也不十分巨大，已经在省里终审后，却经常可以申诉到最高法院来审理。我们随机在案例数据库中抽样，在430件最高法院审理的案件中，有22件是再审案件，占最高法院审理案件的5%。①

由于最高人民法院审理的案件不公布，北京大学法学院“实证法务案例库”从可以公开找到的案件中，整理出从1990年到2002年9000多个经济民商案例，其中，最高人民法院审理的民事经济类案件（包括知识产权和海事海商案件）430起。从这430起案件地区分布来看，珠江三角洲地区的广东地区有30件；江苏有23件、上海14件、浙江9件，长江三角洲地区共计46件；辽宁21件、

① 北京大学实证法务数据库查询，2003年6月10日。

山东31件、北京10件、天津11件,环渤海湾地区共有73件。上述3个沿海经济发达地区在最高人民法院审理的案件共有149起。同期,其他省份在最高人民法院审理共有281件。

如果用3个经济发展最快的经济圈内与其他地区比较:149件比281件。沿海占此类案件的34.65%,其他地区占65.35%,前者比后者低30.70%。[①] 如果将我国的GDP分成50%比50%两大区域来分析,上述沿海3个经济发达地区创造GDP的50%,这3个地区共有149个案件在最高法院审理;其他地区创造50%的GDP,共有280个案件在最高法院审理。这间接表明,创造GDP越大的地区,在最高法院审理的案件越少。如果这个假设成立的,经济发达程度就与最高法院的经济案件诉讼呈反比。

一般来说,最高人民法院审理案件应该是重大或疑难案件,而这类案件应该多发生在沿海经济发达地区,但是,这类地区在最高法院诉讼的案件总数却少。这是否表明在非沿海地区在最高法院诉讼的案件,并非都是重大或疑难的案件呢?

(三)制度设计的局限

举一个例子来分析最高法院再审的公开案例,说明在经济不发达地区发生的案件并最后申诉到最高法院再审并不是重大也不是疑难案件,而是制度设计本身存在的局限性。以下的案件是有关内地区域之间的金融机构与司法信息不能沟通而产生的银行间金融纠纷。

2001年最高人民法院再审的一个案件,最后通过调解结案。1997年交通银行郑州分行百花路支行给河南中岳公司开出了4张总额为1500万元的银行承兑汇票,中岳公司交给武汉大业公司履行购销合同。武汉大业公司再将该汇票交给中国投资银行(后并入中国光大银行)武汉市桥口办事处贴现。贴现后该银行的会计带汇票到河南郑州中岳公司出差时被抢,后来发现并没有被抢走。但是,武汉桥口办事处以为无事,就没有将情况通知河南中岳公司。

河南中岳公司以为汇票被抢,便办理了挂失并到郑州中原区法院申请公示催告。郑州中原区法院受理后,到期无人申请汇票的债权,该法院作出除权判决宣告该汇票无效。但是,并未丢失的汇票后来被人民银行湖北省分行再贴现,再往后湖北省人民银行将该汇票向郑州交能银行提示付款,遭到郑州交通银行百花路支行的拒付。案件从此被起诉到郑州中院,经过郑州中院和河南高院终审

① 北京大学法学院实证法务研究中心案例数据库网址:http://www.lawyee.net./2003.6.8。

后，败诉方再将案件申诉到最高人民法院。2000年最高人民法院以调解结案。①

这个案件涉及的其他因素暂且不论，单就公示催告这种司法程序来说，实际效果在该案等于零。河南省一个区级法院在本院公告栏张贴的公示催告，能否被远在湖北省武汉市的公司获悉？能否被湖北省人民银行分行获悉？实践证明是不可能的。在跨省的情况下，本地法院公示催告如果不能被外地企业和金融机构获得信息，其结果只能在司法程序上完成了“规定动作”，实际的效果和司法目的都达不到。这种情况说明，公示催告效果只适用于一个很小的区域之内，不适用于全国的情况。有关票据的公示催告程序如果不做修改，继续使用下去的话，随着我国经济区域化发展的不平衡现象的加剧，票据司法过程中的效果将更加表现出负面的意义。当然还有其他许多司法程序的因素。因此如果不考虑跨区域等具体因素的话，统一法律制度建设效果将大受影响。

四、文明道德对制度的影响

（一）发达地区曝光大案

沿海地区虽然在GDP总量方面占有大比例，但经济规模与最高法院的案件成反比。但是，媒体曝光的惊人的经济犯罪大案，也集中在沿海经济发达地区。例如，2002年厦门远华赖昌兴走私案件，中国银行总行前董事长王雪冰案件，②光大集团董事长朱小华案件，③刘晓庆偷税案，④华晨集团仰融案件，⑤上海首富周正毅案件等，都发生在经济发达的沿海地区。这是为什么呢？这种大案现象使得我们对已经接受的理论产生思考：因为“经济基础决定上层建筑”，所以，“经济发达的地区，解决社会问题方法的选择性越多，法制越容易健全”。现在遇到要解决的问题是，为什么在解决社会问题的方法选择性越多的地区，在法制越容易健全的地区，多出现惊天大案呢？显然法制完善不是简单问题，而是复杂系统问题。我们有以下两个方面需要研究：市场监督机制与人治并存关系，以及市场意识与道德教化并存的关系。

---

① 中国光大银行武汉桥口支行诉交通银行叛离分行营业部票据纠纷案（北京大学法学院实证法务研究中心案例数据库：金融法类）。

② “王雪冰严重违纪被双规”，载http://business.sohu.com。

③ “朱小华受贿案终审裁定　驳回上诉维持一审判决”，载http://business.sohu.com。

④ “刘晓庆因偷税被正式逮捕”，载http://business.sohu.com。

⑤ “华晨前董事会主席仰融被逮捕”，载http://business.sohu.com。

(二)市场监督机制与人治

市场监督机制是指在完全商业化的市场上,市场具有内部的监督机制。但是,当市场中存在相当严重的人治情况时,市场便不能完全的自我监督了。在市场不能完全自我监督时,需要来自外部的监督,例如外部法律监督。但是,在严重人治情况存在时,外部的法律监督作用也会受到影响。

在20多年改革发展过程中,我们的沿海地区在取得巨大经济成就的同时,人们也注意到公司内部管理在形式上也随之商业化与市场化了,具有了许多公司治理与制约机制。但是公司管理内在本质却变化不大,无论是何种所有制,大股东还是沿用人治的模式影响着公司经营与管理。

在我国,公司内部有一个特别值得研究的现象,这就是"一把手"特殊性的现象。公司内部也有许多监管的规章制度,也有审计和监察机构,还有外部审计和监察机构的监督,但是这些都对"一把手"行为缺乏监督。所以,上述重大案件反映出来的共同点是"一把手"出问题。

当"一把手"权力太大,已有制约机制不能实际制约时,就可能产生腐败以及违法犯罪行为。部分国有企业的"一把手"都是上级政府部门任命的(民营企业除外),这些"一把手"只对上级任命的部门负责,不对企业的资产负责,也不对股东负责,因为国有股的资产所有者在管理中实质上有缺位情况。此外,以前还有"59岁现象"的原因,也有违法成本低的原因,还有官场人际关系的原因,以及个人思想变质、追求奢华、以权谋私等多种原因。

在民营企业内部,对"一把手"权力的制约就更加困难。在民营企业中,所有者并不缺位,但是所有者与经营者合成一个人,这个人又是"一把手"的时候,部分民营企业内部的制约对他们就表现出失灵:民营企业内部的监管人员也是企业的雇员,雇员如何能够制约老板呢?在这种情况下,企业外部监管机制也难以发挥监管作用。因为整个市场系统的发展不配套,存在系统缺陷的时候,局部的以权谋私和钱权交易就可以弱化外部监督部门的制约作用。现实的案件中也表明,一部分外部监管人员,甚至少数政府部门高级官员也被权钱交易所腐蚀,最后被拉下了水。可见没有制约的人治,是少数公司"一把手"权力过大,导致腐败,甚至违法犯罪的原因。

(三)市场意识与道德教化

前述案件反映的问题,如果看问题的本质,并不是公司违法,而是人违法;不是公司犯罪,而是掌控公司的"一把手"犯了罪。特别是当这些"一把手"进行违法行为的时候,他们还是知道自己的行为是违法的,他们是知法犯法的,或者他们甚至明知道犯的是死罪,也要冒死去做犯法的事情。情况到了如此地步,就特别值得研究了:这些特殊情况的出现,不仅是法律问题,也不仅是商业问题,更不是物质方面的问题,而是人的本身出了问题。在我国《刑法》依然保留死刑的情况下(尽管世界上许多国家已经废除了死刑,尽管这些国家对我国死刑制度给予压力),为什么还有一些董事长和高级官员会冒死而犯罪呢?解读这种非理性现象,可以从社会深层缺乏某种个人的自律因素去寻找答案。在我们快速进入市场经济的时候,由于是加速进入的,社会深层的系统配套条件难以有同样的加速度培育起来,于是就出现了一种个人伦理道德教化不足的情况。某些在公司掌握很大权力的人,从理性方面分析,虽然他们的犯罪成本很高,但是他们本人在内心深处缺乏最基本的道德底线,也就会缺乏基本的理性底线。在他们内心缺乏道德与理性底线时,也就会失去了对任何事物的恐惧心理,也包括对死亡的恐惧心理。或者,他们依然对死亡还有一些恐惧心理,但是他们自信可以侥幸逃脱。这种侥幸心理来源于他们掌握的财富,掌握的过大的权力。在我国民间早有"财大气粗","有钱买得鬼推磨"的民谚,他们有了足够多的钱,还有过大的权力,他们自信还有什么事做不到呢?

邓小平同志在世的时候就曾经说过,改革开放取得了成功,但是我们忽视了抓教育,这是我们在改革中要注意的经验和教训。在市场经济情况下,同样需要道德教化。我们过去所重视的道德教育方式,比较适用于计划经济时代,不太适用于市场经济时代。而适合于市场经济时代的道德教化方式,我们还没有足够的经验将它们系统化与理论化。西方市场经济国家采用基督教等宗教方式,作为他们进行道德教化的方法之一。① 在我国,从过去到现在都没有西方宗教的这种道德教化的传统,因而不可能采用这种方式进行道德教化。在我国历史上,曾有过数千年的儒教、佛教和道教等方式进行道德教化经验,但是在20世纪60年代末和70年代初的"文化大革命"中,这些东西都给废除了。现在的年轻人也不接受古代的那些"老东西"。② 我们现在特别需要找到一种既适合我国的国情,又适合市场经济要求的道德教育。③ 这不仅是我国社会主义意识形态建设与发展的需要,也是目前迈向全面小康社会、发展文明生活的需要,还是我们每个家庭生活,教育孩子,及个人内心自律、文明修身、道德养性的需要。

沿海地区发生大案,并不是没有足够的法律,也不是法律不够严厉,而是有了法律之后,"徒法不能自行"。执行法律要靠别人,遵守法律要靠自己。人的

---

① [德]马克斯·韦伯著:《儒教与道教》,王荣芬译,商务印书馆1995年版,第5页。

② 饶宗颐:"新经学的提出——预期的文艺复兴工作",载《21世纪:人文与社会——首届"北大论坛"论文集》(2001),北京大学出版社2002年版,第27页。

③ 同上,第25页。

行为首先靠自律，然后，人的行为才靠“他律”。要有较高的自律，就要靠人本身的道德与良心，依靠人自己的每日三省，修身养性。

五、经济区域化的下一步

（一）区域化向经济平衡化

经济区域化作为一种经济发展的一个过渡阶段时期是必然的，而且让一部分地区先发展起来，是“让一部分人先富起来”的区域化表现。因为在经济不十分发达的阶段，“均富”的结果就会导致“均贫”。[①] 这一规律已经为东南亚许多国家和地区的发展经验所证明。但是，在我们鼓励经济区域化发展的同时，不能任由地方保护主义蔓延起来，还要注意法制建设的统一化情况。法律统一化的最重要一点就是司法信息及时沟通，这就涉及司法的金融与税务信息的及时沟通。如果发生信息不能沟通，就会出现经济纠纷，纠纷就会增加社会司法管理成本，反过来也会影响社会经济发展的效果。

随着经济区域化的发展，当法律在司法统一化方面出现的差异越来越大时，这就是一种信号，它表明经济区域化发展已经达到了一个阶段，应该到转型的时候了。我们应该注意到这个信号的提醒，应该将经济区域化发展转向全国平衡化发展了。政府已经注意到了这个情况，已经开始调整经济的战略布局，经济在全国的均衡发展，法律制度在全国的统一化发展开始行动了。例如，1993 年的三峡工程和 1994 年成立国家开发银行是两个具有标志意义的项目：前者是跨世纪巨大工程，它将改变国内能源和水资源的使用与调整；后者是以国家债券募集资金，再低息贷给中西部地区的金融工程，它将改变中西部地区的财政重新配置。

随后，国家在整体上又提出开发大西部经济的战略，以政府投资的重大项目全面推进西部区域，以此带动其他投资跟进西部来拉动全国经济均衡的发展。其中具有典型意义的项目有：南水北调工程、西气东输工程、青藏高原铁路、光纤网络工程、多条高速公路工程以及新疆塔里木油田、准噶尔气田及中俄输油管线等大型能源项目。此外，还有小浪底水利工程、青铜峡和龙羊峡电站工程、若干核电工程、多个大型化工生产线等。这些大项目会加强经济在全国范围内均衡发展，带动一系列工业、企业和外资及民营企业的后续投资进入西部。

（二）道德教化的“西祺东输”

这里所说的“西”不是西方，而是我国的西部。这里所说的“祺”是指文明的

① 李国鼎著：《台湾的财政金融与税制改革》（上），东南大学出版社 1994 年版，第 4 页。

祝福。我国天然气已经有了西气东输工程，现在还需要有一个更加长久的文化与文明的“西祺东输”人文工程。

虽然在经济指标方面的比较，沿海地区发达，内地相对不发达。因为采用经济方面的指标评价指标，如 GDP 总值与人均 GDP、进出口额与外汇存量、就业率、商品与服务市场占有率、币值稳定、经济中知识含量，沿海地区领先于内地与西部地区。

但是在文化领域，内地和西部地区的人文精神与传统文化更加发达，而沿海地区人文与传统文化都不十分发达。传统文化发达的程度与经济发达程度没有直接联系，传统文化是靠历史长期积累与沉淀保留下来的，随着历史岁月不断去粗取精，去莠存美的升华。评价传统文化的标准与评价经济的标准完全不同。传统文化更适用于以美学与宗教、人文与道德、历史与生活、阅读与体验等因素来评价。

传统文化与商业经济不但评价指标不同，而且还在某种程度来说，传统文化与商业意识还会产生一些冲突：传统文化希望将周围的一切事物都笼罩在人文与文明的氛围之中，商业意识希望将一切事物都商品化。在沿海地区展示更多的是娱乐文化、时尚文化与消费文化，这些文化被当成第三产业，或服务业，或贸易来发展的。它们的作用是供游人消遣，或使工作压力过大人员获得精神愉快与身心放松。或者，也有采用一些高消费的文化服务，作为商业交易的另类表达与感情交流。这些文化作为带来商业价值的第三产业，在沿海地区已经比较发达了。但是，这些充满商业意识的消费文化，是否会成为文化中的经典，是否会成为带有人文精神的传世之作呢？我想这可能是比较难的一件事情。因为在制作这些文化产业或文化产品的时候，设定的目标是票房收入，而不是在艺术家去世后历史如何评价这些艺术品。

在我国的内地，特别是西部地区，保留着深厚而丰富的人文精神和文化资源。这些传统文化已经渗透到日常生活和人们行为方式中来，使这里的人们接受传统文化的熏陶。例如，在丝绸之路上遇到一个村落，如果我们向村民讨一口水喝，当地人会非常热情地请我们进入家门，拿水出来待客。虽然我们与他们陌生，但双方之间几乎没有戒备和隔阂。[①] 如果在沿海大城市，我们到一处高层建筑的居民楼里，乘坐电梯到某高层，然后敲门向一户居民要水喝时，首先我们会被小区的居民假定为“坏人”，或是“骗子”，千万不能开门！如果不是骗子或坏人的话，那么我们一定也是“精神病人”。不然为什么会有这样奇怪的“要喝水”

① 来自 1999 年作者的实地考察。

的举动？于是，小区居民家长们还要将这个例子教育他们的子女，千万不要给陌生人开门，更不要跟陌生人说话。我们在此绝无责怪小区居民的意思，因为他们过去吃过亏，曾经上过当，他们现在学会"善门难开"了。所以，在城市里的陌生人，几乎就等于"坏人"和"骗子"，或者"精神病人"。现在的城市里的居民开始怀念"雷锋活着的日子"。

同样一种行为，在西部与在沿海大城市里的解读完全不同。我们更愿意别人把我们假定为"坏人"呢？还是假定为"好人"？答案是肯定的，道德评价使我们趋向当"好人"，也希望被陌生的城里人假定我们为"好人"。可见文化方面的差异就是如此之大，那么我们更希望何种文化呢？

前面谈到了沿海地区一些违法成本很高的人违法，似乎是缺乏理性的判断。这就是缺乏理性的判断了，因为理性判断需要有道德的基础，缺乏道德底线，就不可能作出理性判断。中国古代许多儒家经典，教人如何修身养性，这些是我国古代文化中的精华，只要我们剔除其中宣扬封建迷信的糟粕，吸取其精华，其就可以成为现代人道德教化的教材之一。

我将内地和西部的丰富的文化作为美好、吉祥的祝福，将人与人的亲情和人与自然的共生态度，从内地和西部传输给沿海城市，传输给经济最发达的地区，告诉他们世界上还有同工作和生产同样重要的事情，这就是人与人真诚爱戴，人与自然互相关怀。我将此项宏伟的事业称为"西祺东输"。而且，我相信在中华文明伟大复兴的时候，西部丰厚的文化才是真正要复兴的中华文明的内涵。而在今天沿海地区流行着的娱乐文化和时尚消费文化产品不应该属于中华文明伟大复兴的范畴。

六、结论：比整合更要紧的是整合什么

（一）双重整合

为了使我国区域经济更加平衡发展，为了我国的法制建设实现整体完善，在国家大型投资的带动下，要鼓励沿海发达地区的多种经济形式向内地和中西部投资，也许经过长期投资和经营，内地和西部市场与工业也会像沿海地区一样发达起来。

在经济西进的同时，西部的文化也要东移。西部文化包括西部的文学，美术，音乐，电影，舞蹈，戏剧、曲艺等各种文艺，西部地区的动人的民间故事和传说，特别是西部地区人与人的热情与厚道，对待自然与生命的返璞归真，尽去雕

琢。1967年我国将“花木兰替父从军”传说写进《红色娘子军》歌词,[①]1999年美国迪斯尼将这个民间传说改编成动画片《木兰》,再作为“大片”出口给我们。我国西部的文化没有传输到沿海地区,而是越过了沿海地区上空,直接传输到太平洋彼岸去了。当美国制成动画片再出口到中国市场内销时,拿出去不花钱的原料,进口内销国人就要花大钱了。这种改编为什么不在我国自己的沿海城市出现呢?

(二)外国经验

经济区域化是一个过程,不是目的。我们的目标应该是全国经济的平衡发展。在外国也有许多例子可以证明,区域整合比区域差别更加重要。我国许多省份的面积比欧洲许多国家还要大,31个省(包括台湾地区在内)的人口加起来相当于两个半的欧洲人口总和,而欧洲经济的发展是从分散向整合发展的成功例子。欧洲十几个国家,讲十几种语言,原来使用十几种货币、人员流动需要证件带来了诸多不便,阻碍其发展。20世纪50年代开始经过不断努力,欧洲各国从各个单项的联盟,发展成为“共同市场”,再发展成为“共同体”,又发展成为“欧盟”,将来还要发展成为一个更加统一的欧洲“超级国家”。[②]

为了形成一个整体的力量,经过第二次世界大战以来50多年的整合,欧洲各国现在已形成了一个巨大规模的超国家联盟。在欧洲联盟中有欧洲统一的宪法、统一的法院、统一的议会、统一的中央银行、统一的货币,此外还有统一的铁路系统、公路系统、电话系统和卫星导航系统,在军事上过去还有欧洲军事联盟“北约”。在最近通过的《欧洲宪法修正案》中,德国的德斯坦主席还提出建立欧洲联邦国家的设想。

相反的例子是俄罗斯,苏联的联盟分解成为俄罗斯和其他独联体国家,苏联和东欧独联体各个国家的力量都被削弱了,从前超级大国的一极,现在分别加入到原来西欧各种联盟:从原西欧的经济到军事的联盟。但是,在欧洲联盟中,德国、法国和英国等老成员发出的声音远比俄罗斯和东欧各新成员合起来发出的声音大得多。[③]

经济区域化与法律统一化的融合,还影响到我国的长远发展模式。日本专家建议的“中华联邦”可以作为中国大陆与台湾地区政治统一的一种模式,笔者认为是不可取的。今年早些时候,《参考消息》报道了一个消息,日本经济战略

---

① 《红色娘子军连歌》中唱道:“古有花木兰替父去从军,今有娘子军扛枪为人民”,见电影《红色娘子军》。

② 详见法国前总统德斯坦先生在修改《欧洲宪法》中的倡议,载《青年参考》2003年5月。

③ 详见法国前总统德斯坦于2003年4月1日在北京大学的讲演。

顾问大前研一先生的新书《中华联邦》的中文版在我国台湾地区发行,[①]可见台湾当局对此书的重视。日本人的这种观点不是现在才有的,早在10多年前,日本的中国问题专家就提出过类似的想法,佐伯喜一、德间康快、日本自民党等一些政治家都有类似观点。他们认为中国的面积太大了,不容易管理。中国如此大的面积就是管理好了,管理成本也会太高了。他们建议中国应该学习美国的经验,将一整块面积分成几大块,地方政府有更大的独立自主权。美国的战略家和中国台湾地区国民党前"行政主管部门负责人"郝伯村、新加坡前总理李光耀也都持类似看法。[②] 大前研一将中国大陆分为6个经济区,即珠江三角洲、长江三角洲、环渤海湾、福建地区、中原地区与西部地区。日本的黑田笃郎也有类似的看法。[③] 笔者认为,上述这些看法都是不了解中国国情才会提出来的。尽管这些人在许多领域是专家,但是对于中国问题的看法表明他们并不是这一领域的专家。因为他们所依据的材料,以及他们了解的中国人对这些材料之解读,不能使他们在这一领域成为专家。

我国数千年历史表明:中国作为统一和中央集权型的国家,已经存在了数千年,这是历史,也是经验;这是文化,也是传统。我国从秦统一开始,就已经"书同文,车同轨","统一度量衡,统一货币"。从那时起我国就完成了统一,中国从先秦开始就在儒家学说影响下朝着统一与中央集权的模式发展,一直不间断地走到今天。在全球还没有第二个国家人口像我国这样多,但采用了统一的语言与文字及统一管理的方式。

我国不可能像苏联那样说改变就改变,苏联的历史与我国不同。最近在俄罗斯圣彼得堡300年庆典的做法,再次向世界证明,俄罗斯与独联体正在加紧联盟,不但俄罗斯和白俄罗斯以及乌克兰要紧密联盟,而且还要同其他独联体国家紧密联盟,同时还要更加紧密联合欧洲。世界上许多国家的领导人都到圣彼得堡来祝贺,也表明世界对俄罗斯新型的大联邦及其与欧洲的发展前景的乐观态度。

我国也不是印度,印度也是有10亿人口的大国,但是印度国内使用的语言分为6个区,讲英语的人口不到5%。[④] 所以,我国经济的发展依靠的是统一的大市场,统一的大规模企业集群和就业集群,将来还要依靠大规模文化与教育的集群。在这样的背景下,法制建设的统一化发展是必需的。

---

① [日]大前研一著:《中华联邦》(中文版),赵佳渲译,台湾商周出版社2003年版。

② 何新著:《全球战略问题新观察》,时事出版社2003年版,第262页。

③ [日]黑田笃郎著:《中国制造》,宋绍仪、李弘元译,经济新潮出版社2002年版,第133页。

④ 参见印度信息产业部高级官员 Om Vikas 博士的论文:"关于印度语言计算机化的分析",2003年1月9日由印度信息产业部提供的复印件。

我国更不同于美国,美国建国的历史是从州开始的,13 个州联合成立联邦政府,再逐步扩大到 50 个州,成为联邦与州两级政府机构。在法律上统一货币,军队和外交,还有统一的破产事务的法院。其他都是分州与联邦的双重体制,宪法,税法,公司法,合同法,不动产法,侵权法等都是双重的。这种模式在“二战”后被德国采纳了,法国采取了不同的法律模式,前者是联邦制的,后者是中央集权制。但是从经济与社会发展来看,很难说哪种体制更好,不同的体制都创造出了极高的 GDP。尽管他们的人口加起来只有 1.3 亿,国土面积不到 100 万平方公里,人口是我国的 1/10,国土不到我国的 1/9,在 2002 年年底,德国和法国的 GDP 都比我国要高。

再看亚洲“四小龙”之一的新加坡。新加坡当年从马来西亚分立出来,经过多年的努力获得了经济发展的成功。现在新加坡的发展遇到的最大的问题是空间问题。虽然新加坡已经将自己发展成为国际大都市,但是,这个微型的国家有自己的许多经济方面的特点,有世界上最大的集装箱码头之一,最大的炼油厂之一,还是著名亚洲金融中心之一,其美元交易和石油期货交易在亚洲占有非常重要位置。此外,新加坡还掌握着世界上最先进的声音处理软件技术,以及一些医学制药科研成果。这些具有全球化的项目在新加坡都发展得非常好。但是,在新加坡难以发展得很好的是文化领域。例如,在电影、音乐、舞蹈、美术、雕塑、戏剧、体育、娱乐等许多文化方面,新加坡明显比不上四小龙中另外 3 个:韩国、中国台湾地区和中国香港特别行政区;后者在文化领域的发展给亚洲带来巨大影响,不但给中国大陆观众留下深刻印象,而且影响着大陆在这方面的发展。

(三)统一和均衡为本

在我国,法律制度建设应该是统一的,不允许地方的司法保护主义,不允许市场的地方保护主义,更不允许地方政策阻碍全国统一大市场、经济发展全国化的发展趋势。我们不但要使经济在国内实现全国化,还要在亚洲与东盟 10 国,与邻国日本和韩国实现生产与贸易的联合,如在汽车、芯(晶圆)片、计算机、服装、制鞋、建筑、机械设备、农业及食品加工业方面的联合。且上述这些都已经在全球生产中占有相当大的比重。同时,我国还要在电影、音乐、美术、舞蹈和曲艺等方面与周边国家合作,使我国在亚洲区域不要沦为西方文化的后殖民地,而应该成为复兴东方文化与文明的圣地。在此基础上,我国完善法制只能建立在经济发展平衡的基础上,建立在西部对东部传输道德与伦理教化的基础上,建立在市场经济与伦理道德共同发展中的理性人自律的基础之上。

(2003 年第 7 期)

2004 年

以“三农”问题为例看经济法与社会法的关系

王全兴*

关于不同部门法之间关系的研究，需要从法理学、部门法总论、部门法分论3个层次展开。从部门法分论层次研究，主要是围绕特定的具体制度、具体问题或具体对策研究不同部门法之间关系。然而，现阶段法学界主要着力于部门法总论层次的研究，忽视了法理学和部门法分论层次的研究，对经济法与社会法的关系的研究，也是如此。之所以强调从制度、问题或对策的个案展开研究，其意义在于：①将不同部门法之间关系的原理应用于个案，有助于原理的深化和细化，并且可以丰富原理甚至实现原理创新，避免空洞和玄妙的纯理论研究。②围绕个案展开研究，有助于在制度设计和法律适用的个案中处理好不同部门法之间关系，便于在立法和执法过程中不同部门法之间的职能分工和配合。③坚持围绕个案研究不同部门法之间关系的研究，有助于了解在不同时空中进行这种研究的背景，并进一步理解这种研究的实践意义，从而目标明确地展开这种研究。这一点对于明确为什么要研究经济法与社会法之间关系尤为重要。近年来，社会法及其与经济法的关系似乎成为法学界的一个热点问题，在探究其原因时，有人认为是在经济法独立性的论证上困惑难解之际，社会法理论可以为论证经济法的独立性提供一种有说服力的新解释和新思路。其实不然，各种理论热点的出现都有其明显和深厚的时代背景，在我国改革开放进入到现阶段，社会危机因素日益凸显，社会政策目标在国家政策目标体系中的地位显著提升，共同富裕问题在贫富分化加剧的形势下越来越受到官方重视，社会条款与国际贸易挂钩的国际压力逐步加大等，这些都迫切要求加快社会政策法律化的步伐。于是，国家把社会法和经济法并列为法律体系的组成部分。这也是社会法及其与经济法的关系成为理论热点的现实原

* 作者单位：湖南大学。

因,而这种认识只有在个案研究中才可以深刻地体会到。如果只做纯理论研究,就难免将其主要原因误解为经济法与社会法之间划地盘和为经济法的独立性提供新的注脚。基于上述认识,本文仅以“三农”问题为例,就经济法与社会法的关系谈些概要性认识。

“三农”问题即农村、农业、农民问题,在第十届全国人大一次会议上,首次将“三农”概念写入政府工作报告。“三农”问题是旧经济体制遗留的问题,在体制转轨过程中不但没有得到改善,反而愈加严重。在计划经济体制下,以牺牲“三农”利益为代价优先发展工业(尤其是重工业)和城市一直是我国发展策略的重要内容。在党和国家的工作中心由阶级斗争转向经济建设的背景下展开的改革开放中,追赶型的经济发展一直是发展策略的中心内容。于是,“发展是硬道理”被理解为经济发展是硬道理,为了追求经济高速增长就无法顾及幅员广阔且落后的“三农”包袱。由于农业是弱质产业,其自然风险和市场风险都大于其他产业,而市场机制以助强欺弱为特点,故农业随着经济体制市场化程度的加深,在与其他产业的竞争中处境越来越艰难。农业还是正外部效应极强、社会效益远远大于经济效益的产业,它在我国的社会保障功能尤为突出,因而农业长期处于落后状态并在竞争中相对萎缩,势必加大社会风险。不仅如此,“三农”问题还是阻碍我国经济发展的重要因素,例如,近些年来我国经济陷入通货紧缩的困境,“三农”问题的解决,对于扩大内需至为关键。可见,“三农”问题既是经济问题,也是社会问题,甚至还是政治问题。党的十六大提出全民建设小康社会的目标后,解决“三农”问题就当然成了实现这一目标的重点和难点。正因为如此,新一届政府对“三农”问题重视的程度,超过了历届政府。

“三农”问题牵涉到经济、社会、政治等多个方面,城市与农村、发达地区与欠发达地区、经济与社会、人与自然、国内发展与对外开放之间的冲突在“三农”问题中都有所体现。① 因而,运用法律手段解决“三农”问题,需要各个法律部门综合发挥作用,其中,对经济法和社会法的需求尤为强烈。从经济法的角度看,根本性问题是在法律上给“三农”定位的问题,特别是国民经济中的地位问题。虽然“农业是国民经济的基础”一贯是我国产业政策的重要内容,但一直停留在

① 现阶段的“三农”问题突出表现为“八降四升”。即农业收入下降、粮食单位面积产量下降、乡镇企业劳动力下降、财政支农比重下降、农村经济在 GDP 中比重下降、农村经济对 GDP 增长率贡献额比重下降、农村商品销售额占全国商品零售总额比重下降、农民储蓄比重下降;成灾率上升、城乡居民差距上升、农民上访人数上升、乡村债务上升。详见陆学艺:“三农问题的‘八升四降’”,载《经济要参》2003 年第 28 期。

"口号"阶段,《农业法》对此所作的保障性规定多为政策性、纲要性语言,法律约束力和可操作性不强。为此,应当在法律上将农业是"国民经济的基础"落到实处,明确并细化各级政府、各个政府部门对解决"三农"问题的责任,在充实、细化农业立法的同时,在发展规划、产业政策、财政、税收、金融、价格等宏观调控立法和商业、工业、科技、土地、环保、乡镇企业等立法中,就解决"三农"问题所需要的资金投入、农村产业结构调整、农产品流通和加工贸易、农业科技推广和运用、农业保险、农业用地保护、乡村财政等条件规定具体的对策。从社会法的角度看,主要是农村产业结构调整和城市化过程中所引发的社会问题,最为急迫的是农村剩余劳动力转移问题和农村社会保障问题。全国需要转移就业的农村剩余劳动力目前已达1.4亿,到2010年可能高达2.7亿。[①] 目前进城务工农民虽然已突破1亿,但备受歧视,处境艰难。社会保障事业一直将重点放在城镇,而占全国总人口80%,占世界总人口15%、世界农业人口35%的中国农民却被拒之社会保障大门之外,已市民化的农民工参加养老保险、医疗保险的比例只有4%和2.7%,尚未市民化的农民工更不可能进入社会保险范围。[②] 这些问题亟须通过劳动法和社会保障法的逐步完善来解决。

"三农"问题的关键是解决农民收入问题。20世纪90年代后期以来,农民收入增长幅度连续几年下降(农民收入率1997年为4.6%,1998年为4.3%,1999年为3.8%,2000年为2.1%),直接影响对农业的投入与产出效率,迟滞农村市场和农村经济的拓展,进而制约整个国民经济的协调、稳定和发展。[③] 可见,农民增收不只是农业和农村经济内部问题,应当将其放在国民经济和社会发展的全局中通盘考虑和解决。对此,学界已提出许多对策,例如,减少务农农民、减轻农民负担、加大财政支农力度、改善农业和农村信贷环境、稳定粮食保护价格水平并敞开收购农民余粮、发展农业科技、推进农业产业化经营、提高农民素质、振兴乡镇企业。其中任何一项措施的法律化,都需要经济法对策与社会法对策的组合才可实现。例如,在农业增长面临日益强化的市场约束的形势下,农产品价格尤其是粮食价格的涨价空间非常有限,农产品总量扩张已经不能为农民在农业中创造更多的收入来源,实践中已有粮食增产而农民收入减少的深刻教训,故农民收入增长应当在增加农业收入之外另辟蹊径,于是,减少务农农民成了增加农民收入的一项重要举措。而减少务农农民的根本出路在于提高经济

① 朱晓峰:"我国农民转移就业:是与非及战略选择",载《经济要参》2003年第53期。

② 信息来源:http://www.jcrb.com/nl/icrb20/ca22702.htm。

③ 刘伟:"农民增收问题的理性思考",载《经济要参》2003年第13期。

“非农产业化”和城市化的程度。对此，需要采取的经济法对策主要有：把实现经济“非农产业化”、城乡统筹发展和实现充分就业纳入产业政策法的立法目的体系，并将其精神贯彻于发展规划、财政、税收、金融等相关立法之中，注重发展劳动密集型产业，甚至有必要进行专门的农村产业政策立法；修改《乡镇企业法》，尤其是减少该法中的政策性语言表述，增强该法的规范功能和可操作性，并制定配套法规，将国家扶持、保护乡镇企业的措施具体化；通过修改《农业法》和《农村土地承包法》等法律法规，巩固第三阶段农村改革的成果（即允许农民“离土又离乡”），在稳定联产承包责任制的同时，允许农民自愿转让承包土地，规范土地分散经营向土地规模经营转化的秩序；清理和修订限制非公有制经济发展的法律法规和政策，扩大非公有资本的产业准入范围，落实《中小企业促进法》所规定的各项政策和法律措施，引导、支持、促使非公有制经济和中小企业发挥其吸纳劳动力的功能；等等。

上述经济法对策只有在与相应的社会法对策联动的条件下才可能发挥作用。例如，农村剩余劳动力的“农转非”就业必须以劳动力市场为通道，而现阶段这一通道存在由于城乡二元经济结构所造成的户籍制度等体制性障碍，为此，应当贯彻《劳动法》所规定的劳动平等和市场调节就业的原则，全面打破和消除城乡二元结构体制和政策障碍，逐步统一城乡劳动力市场，形成城乡劳动者公平竞争就业的制度，赋予进城务工农民与当地居民平等的就业权利。又如，农民工在劳动力市场上的自由流动依赖于社会保险的保障，而农民工社会保险制度的缺失既给农民工自由流动造成障碍，又威胁着城乡的社会稳定，尤其是土地“农转非”所引发的农村劳动力“农转非”对农民工社会保险的需求更为紧迫；因而，应当建立便于同城市职工社会保险和农村社会保险相衔接的农民工社会保险制度，这就需要在未来的《社会保险法》中单列“农民工社会保险”专章，或制定专门的农民工社会保险基本法，就农民工社会保险作出特殊的制度设计，并按照工伤、医疗、养老、失业、生育保险的先后顺序，逐步建立和完善农民工社会保险的体系和制度。① 再如，农民进城务工由于职业技能原因难以同城市居民平等竞争就业，许多不平等待遇都起因于农民的职业技能低下，而现阶段的劳动力市场上已出现技术工人短缺现象。因而，应当在现行的《职业教育法》和职业培训法律法规中增加针对农民和农民工的特殊保障规定。同时，落实《义务教育法》的规定，增加财政对农村义务教育的投入，利用助学贷款等经济杠杆积极引导农民家庭增加对子女的人力资本投资和文化教育消费，并且，将进城务工就业农民子

① 王全兴、汪敏：“我国农民工社会保险立法初探”，载《律师世界》2003 年第 5 期。

女纳入城市义务教育的范围,保障其享有义务教育的权利。

(2004年第5期)

略论经济法学的视角转换

——兼谈经济法与社会法的关系

董保华*

纵观经济法理论学说的发展,总体上是一个随着国家还权于民国家权力逐步退出某些领域,经济法"调整范围"越来越小的过程。在这个过程中,可以说经济法学说的每一次缩小范围都是被动的。这种现象的实质是一种法学理论对体制改革的被动适应。从一个科学理论发展过程来看,其建立之初,都不可避免对现实进行某种程度的临摹。面对这种情况,经济法理论的演变从某种意义上说是反映了我国改革的历程。但是,当着一种学说,停留在依赖临摹的阶段,只能被动的对已经变化的体制作一种图解式的表面说明,这种学说的长久存在的价值就会受到质疑。应当说经济法的学者对此也是有所认识的:"鉴于我国过去的经济法定义差不多都是在集中的计划体制下形成的,不完全符合新体制的要求,因此,我们现在应当以一种新的观念,对经济法的定义作出适合市场经济体制的概括,而不应当以种种理由拒绝反思。"①问题是,经济法理论应当反思什么呢?

我国过去那种以行政管理手段为特征的计划经济体制为依赖建立的基本指导思想,是把生产资料的国家占有简单地等同于生产资料的社会占有,进而认为生产资料的国家占有的实现,将导致社会局部劳动与社会整体劳动、社会局部利益与社会整体利益的直接统一,国家和社会必然重合。在改革前我国的总体性社会结构中,国家垄断着包括物质财富、人们生存和发展机会(如就业机会)以及信息等所有重要资源,国家对社会生活实行严格而全面的控制。对任何独立于国家之外的社会力量,要么抑制,要么使之成为国家机构的一部分。改革开放20多年来,中国社会结构已经并仍要发生重大变迁,重国家、轻社会的模式已经

---

* 作者单位:华东政法学院(现华东政法大学)。

① 李昌麒著:《经济法学》(2002年修订版),中国政法大学出版社2002年版,第39页。

改变,一个相对独立的社会已经开始形成。作为"后发国家",在出现《合同法》、《公司法》、《票据法》等典型私法的同时,《产品质量法》、《消费者权益保护法》、《劳动法》、《环境法》等社会法也诞生了。国家的退位使某些传统的"公域"一部分成为"私域",另一部分成为"社会领域"。这是一个"公法私法化"的过程。

由于思维定式,也由于中国的体制改革作为一种"摸着石头过河"的模式,在一定程度上甚至是依赖原有的国家体制来推动,这基本上就是政治行为,而非经济行为。一种新的社会现象有时会被忽视,或按旧模式去理解。笔者认为,无视新出现的社会现实,只将目光关注于政府行为,不能不说是传统经济法某些观点中极其陈旧的一面。同时,传统经济法一些理论存在另一致命的缺陷是:将中国改革进退全系于政府不受约束的行为之上,会形成政治与经济之间的深刻矛盾。

应当说经济法学界的一些学者已经意识到了这一点,并开始在自己的学说中融入"社会"的视角。① 问题是对于"社会"如何理解?由于政治、经济、社会、文化条件的不同,在社会科学中不可能有放之四海而皆准的理论,但我们至少应该努力寻找一个和其他政治学、社会学和国外法学相互沟通的对话平台。笔者认为,对于"社会"应当置于这样的平台,并纳入三元分析模式进行考察。

我国一些青年学者根据国外学者的观点,将整个社会归纳为3个领域,即政治领域、经济领域、社会领域。3个领域区别如下:①主要活动主体。政治领域的主要活动主体是政府或政府组织,经济领域的主要活动主体是营利组织,社会领域的活动主体包括非营利组织。②提供主要物品。政治领域中政府组织主要职能是为社会提供垄断性公共物品;经济领域中营利组织的主要社会职能是通过市场,为社会成员提供私人物品;社会领域中非营利组织的主要社会功能是向社会提供非垄断性公共物品。③主要资源来源。政治领域中政府获取资源的主要方式是税收;经济领域中营利组织的主要资源来源于销售收入;社会领域中非营利组织资源有社会捐赠、政府资助、收费3个来源。④实现主要目标。政治领域中政府组织实施公共服务职能,保障公共利益;经济领域中通过市场交换,实现个人利益;社会领域中非营利组织的功能在于填补政府功能的空白,可以说其实现的是集体利益。② 这些看法有一定的道理,可以作为我们理解"社会领域"

① 郑少华:"经济法的本质——一种社会法观的解说",载《法学》1999年第2期;王保树著:《经济法原理》,社会科学文献出版社1999年版,见序文;邱本著:《自由竞争与秩序调控——经济法的基础构建与原理阐析》,中国政法大学出版社2001年版,第50页;王保树、邱本:"经济法与社会公共性论纲",载《法律科学》2000年第3期;王全兴、管斌:"经济法与社会法关系初探",载《现代法学》2003年第2期。

② 康晓光著:《权力的转移》,浙江人民出版社1999年版,第27~44页。

的基础。不过比较而言，我们更愿意使用政治社会、市民社会、团体社会的概念。

三个领域性质不同，也需要不同性质的法律对其进行调整，即公法对应政治社会、私法对应市民社会、社会法对应团体社会。由此形成法律的三元结构。三类立法在不同的本位思想的指导下分工合作。私法以个人利益为本位，通过市场调节机制追求个人利益最大化以及交易安全；公法以公共利益为本位，通过政府调节机制追求国家利益最大化以及国家安全；社会法以社会利益为本位，通过社会调节机制追求社会利益最大化以及社会安全。如果我们将整个社会的利益分成层次的话，个人利益作为私人利益可以视为一种微观的利益；公共利益作为国家利益可以视为一种宏观的利益。那么社会利益其实是一种中观的利益。借助三元分析框架可以看出，经济法的调整对象、调整原则、调整方法上都应作出新的整合。

从调整对象上看，私法的调整对象为平权性质的平等关系，公法的调整对象是管理性质的不平等关系，而社会法的调整对象是表面平等，实质上不平等的不对称关系。依三元法律结构分析，传统经济法调整对象实际上是由两部分组成的。一部分国家税收、财政、宏观调控的内容，应当是被国外称为“公共领域”或“政治领域”的内容，并划入公法系统；而另一部分保护消费者、有关产品质量、反不正当竞争的内容则应当是“社会领域”的内容，应归入社会法。硬将两类不同质的社会关系放在一起，不可能建立起科学体系。就社会领域而言，弱势群体常常是以团体的形式出现。现代社会已经形成以团体为特征的利益代表机制。当今社会，工人运动、消费者运动、环保运动、妇女运动等社会运动风起云涌，在此基础上形成很多的社会团体或组织，并形成团体社会。

经济法的研究不能只注意国家而忽视团体。

从调整原则上看，在三元法律结构下，公法调整不平等主体之间关系，主要坚持“依法行政”原则。私法调整平等主体之间关系，“意识自治”为其原则。社会法调整表面平等、实质不平等的不对称关系，为矫正不对称关系的内在利益失衡，“倾斜保护”原则应运而生。传统经济法常常有多重的价值目标，如国家干预、经济公平、经济效益。这种价值目标本身是相互冲突，也正是由于经济法理论常将不同质的经济关系人为的定为自己的调整对象，才会出现这种状况。随着调整对象的重新定位，经济法学也需要对自己学科的基本原则重新认识。

从调整方法上看，三个法域各有不同。私法主要依靠任意性规范进行调整；公法主要依靠强制性规范进行调整；社会法以强制性与任意性规范的结合为特点。在社会法的范围内，形成三个层次的调整方法。第一层次是宏观的层次，涉及社会基准法。第二层次是中观的层次，涉及团体契约。第三层次是微观的层次，涉及个人契约。社会法的调整方法以“抽象正义具体化、意志表达群体化、团体契约优位化”为特征，压缩了双方当事人的协商空间。“倾斜立法”的原则在基准内，表现为“拦定底线”；在契约内，表现为基准限定之下的“契约自由”。在“基准”与“契约”之间普遍实行“法定优先”。在“团体契约”与“个别契约”之间有时实行“团体优位”。由此构成三个层次的层层限定，并形成社会法的调整方法。这种调整方法很好的守住公平底线，又在此基础上提高效率，发挥个人、社会的能动性。严格说来，传统经济法学在调整对象上一直没有作出令人信服的解释，原因也正是由于经济法理论中那种将不同质的关系简单地糅合在一起的思维方式，并使用了多重价值目标的调整原则，才使其调整方法难以确定。随着经济关系区别为不同质的关系，调整方式也会不同。

可见，转换视角，从社会法的角度看经济法，经济法将出现新的坐标。经济法的研究方向应当分流，一部分以国家为本位，研究具有经济内容的行政关系；另一部分则可能另辟蹊径以社会为本位，研究具有强弱对比关系的社会关系。随着这种分流，经济法的调整对象和其他法律部门交叉、重叠的现象将会消除。这些都预示着经济法理论研究正在酝酿着新的突破。

（2004 年第 5 期）

社会法：团体社会之规则

郑少华*

哲谚有云：人是孤独的动物，更是合群的动物。一部人类社会的发展史，即是人类社会在孤独与合群间徘徊的历史。因为人是孤独的动物，因此倡导个人主义、自由主义……以个人为本位，张扬了个性解放，谱写了独立、自由与平等的自由主义法制进程；又因为人是合群的动物，因而倡导社群主义、整体主义……以社会（群体）为本位，弘扬了人类的整体性，开启了和谐、公平的社群主义法制之路。

之于合群性而言，法律作为人类社会的生存与生活规则，逐渐呈现出不同的取向。自古罗马与古希腊始，犹如亚里士多德所言：人是政治动物。人类就开始

* 作者单位：华东政法学院（现华东政法大学）。

了城邦生活——共同推荐城邦领袖，共同制定城邦事务的议事规则，历经专制时代以及近代民族国家的兴起，皆为人类社会政治游戏规则的选择过程，从法学角度而言，则是公法的变迁过程。公法的变迁过程，始终无法绕过以个人为本位的自由主义法制进程，双方交织在一起，形成近现代公法的一些品格：权力的分立与制衡、选举制、行政权力的不得滥用、代议制，等等。另外，社群主义法制除了政治生活的规则外，又显现出团体社会规则的取向即由共同利益者或共同目标者组成诸多社会团，这些社团构成了团体的世界，是谓团体社会。其规则形成了团体法的品格：团体的竞争性、团体成员的互助性以及团体权力的非垄断性等。于是，社会后结构分化为市民社会、团体社会与政治社会（政治国家）的三元结构。法律规则按其性质，分别出现私法→市民社会，社会法→团体社会，公法→公民社会（政治国家）的对应关系。团体社会从而获得其学理意义：一方面，克服市民社会中存在的信息不对称性、利益失衡等不足；另一方面，弥补代议制中公众参与不足、权力分立与制衡不彻底等政治社会的缺陷。而且，还可抵御政治社会对市民社会的入侵。特别是在政治社会中出现政府的频繁更迭时，团体社会有别于市民社会而成为一个国家或地区的稳定机制，有效地避免因政府的更迭引发整个社会的动荡不安。

作为团体社会之规则，社会法的品格在私法与公法之间凸显：首先，人的假定模式不同。在私法中，以“市民”为逻辑起点，所谓“市民”，是一种基于“私”进行理性计算的动物，他/她反复考量的是“私”的利益，如基于私欲的婚姻规则、亲属规则，基于自利的营利性交往规则，如公司、契约。总之，以“市民”为出发点，权利运行之终点，后回落至起点。而在公法中，以“公民”为原点，是一种基于“公”进行合理性计算的政治动物，他/她反复考量的是全体国民的共同福祉，以此构建分权与制衡、选举与政府的构成，制约行政权力，保护公民的基本权利等。而在社会法上人的假定模式，他/她是社会团体的一分子——团体人，以其所归属的“类”的利益为考量，计算自己的“得失”，规定团体成员间的交往规则，形成团体间的交往模式，进而发展出团体与成员、团体与国家间的规则。其次，公益代表机制不同。在私法上，市民利益最大化，即为社会公共利益。而在公法上，国家利益，甚至是政府利益也经常天然地充当社会公共利益。而在社会法上，形成一种个人、团体、政府共同之争，以选择社会共同利益的最佳代表。这就防止了个人，特别是国家以社会公共利益的垄断者自居。再次，行为模式不同。法律之制定，要以人的普遍行为为基础，因此，在法学研究视野里，就必须研究人的行为模式。在私法学中，往往以“市民”为原点，形成市民个体性行为模式。而在公法学中，则以“公民”为起点，形成公民群体性行为模式。而在社会法学中，以"团体人"为起点，形成的是"个人选择性与社团的群体性"即人的互助与社团的非垄断性、行为的团体性结合的行为模式。最后，在法律责任上，私法强调"填补损失"，而公法强调"惩罚"，社会法则强调"惩罚性赔偿"。然而对有些不法行为如何结合"惩罚"与"赔偿"，可能更有助于矫正它。私法与公法都强调"一事一罚"，而社会法则认为在某些情况下，一种行为可能违反多种社会关系，违反多重利益，应该"一事多罚"。对于经济法律现象，私法可以研究，成为民商法学的主要内容。公法也可以研究，形成行政经济法的内容或经济刑法的内容。而社会法对经济法律现象之研究，则是从社会法规制团体社会的视野出发，形成经济法学的内容。基于此，笔者将经济法视为社会法法域下的一个法部门。例如，对公司现象的研究，民商法学更关注的可能是"公司是一组契约的组合体"，因此，以公司的"营利性"展开研究；而经济法学关注的是"公司是多种社会利益的交会点"，因此，以公司的"社会性"展开研究；而行政法学关注的是"如何有效实现对公司的行政规制"。

现在，"社会法视为第三法域，经济法是社会法域的一个法部门"观点的反对者，主要有3种主张：第一种认为如此会湮没经济法的个性，因而丧失了经济法学在中国法学中的学术地位。笔者认为，恰恰相反，如果我们能从社会法的视角，揭示经济法的一些新思维，更有助于巩固和提升中国经济法学的学术地位。因为学术地位源自一个学科理论对现实的阐述，源自学术的逻辑力，而非其他。第二种主张认为这种观点在国外学者中没有或很少见，如果我们做这样的研究，不利于与他们进行学术交流，也得不到他们的肯定。笔者认为：面对丰富多彩的社会现实，面对人类历史上罕见的中国剧变，作为学术人，重要的不是国外学者的肯定，更不是考虑如何与他们交流，最重要的是回应这种剧变，寻找出更具阐述力，更具学术逻辑力的理论。第三种主张认为九届人大列举了中国法律体系的七个法律部门，其中有经济法与社会法。因此，再将"经济法视为社会法法域的一个法部门"实为不妥。笔者认为，学术研究不能以官方的文件作为立论的依据。何况，九届人大仅是从完善中国法律体系角度，列举七个法律部门，这是立法规划，而非法学研究！

总之，学术争鸣是学术繁荣的基本条件。当然，理性的学术争鸣，是以争鸣者的理论之学术逻辑力与学术阐述力为要旨，而非其他！

（2004年第5期）

社会法中的“社会”

竺 效*

王为农先生曾在“社会法的基本问题:概念与特征”一文中用历史研究的方法将以往学者给“社会法”所下的定义进行了梳理,并归为4类:第一,认为“社会法”指的是一种法学思潮,即是一个相对于“个人法”的概念;第二,是人们从法社会学的角度来考察和认识“法源”问题时所使用的“社会法”概念;第三,认为“社会法”是指现代法律体系中的一个系统,即相对于公法和私法的“第三法域”意义上的概念;第四,是从划分具体的法律部门这一角度来认识“社会法”的,即认为社会法是现行法律体系(主要是大陆法系或成文法系国家的法律体系)中的一个独立法律部门。既然“社会法”一词可以在许多不同的层面上加以使用,为了探讨能够针锋相对,我们在学术讨论中必须指明自己是从哪个角度、在哪个层面上使用“社会法”这一语词的。本文以下所使用的“社会法”一词如无特别说明,均属于在法域层面上的使用。

社会法不是“社会”与“法”两个词的简单叠加(即认为它是“社会的法”),而是指与社会政策有关的具有社会性的一类法律及其运行中所产生的现象。“社会法”一词中的“社会”究竟为何指,辨明它对正确把握经济法与社会法的关系有何裨益?笔者试图尝试之。

“社会”一般指由一定的经济基础和上层建筑构成的整体,也叫社会形态,或泛指由于共同物质条件而互相联系起来的人群。由于对“社会”概念的理解不同会导致对社会法意义的理解的歧义,所以必须对“社会”的含义予以说明。社会法学界关于社会法领域内的“社会”的含义,主要存在两种对立的见解。

第一种观点,将社会理解成“社会共同体”或者“组织化的共同社会”。如日本学者菊池勇夫教授在1968年发表的题为“社会法的思想与社会立法的发展”一文中指出:“法律面前的无差别的平等,正好足以产生在现实社会中放任个人天生不平等的结果。……因此就必须从每个人为了社会共同生活的全局立场出发,(对之)进行为了增进共同福利的调整。它的‘产物’就是被社会所‘统制’

---

* 作者单位:中国人民大学法学院。

的秩序，社会法也可以在承认个人法的前提下形成。”这种观点其实是将社会理解成全体社会。

第二种观点，将社会理解成“特殊的部分社会”或者“社会集团”。例如，日本学者沼田稻次郎教授在1975年出版的《社会法理论的总括》（劲草书房版）中提出：“社会法所谓的‘社会’就是指特殊部分社会的社会集团，尤其是指在资本主义制度的经济法则下为生活所苦的社会集团。无论在理论上还是实践上，都有必要在承认这种社会集团的这一特征的前提下，建构考虑到生存权要求的社会法。”这种观点其实是将社会理解成部分社会，即与全体社会对称的部分社会。

以上两种对于“社会”的不同的理解会导致对社会法的侧重点理解的差异，持前一种观点者一般认为：社会法应该通过以部分社会为对象而扩展到的全体社会（即国家）的政策分析的方式加以理解，进而将重点放在社会法规范的设定者这一边，即认为社会法侧重体现国家的某些社会政策，如社会保障政策、社会经济安全政策、社会稳定政策、社会教育政策；相反，持后一种观点者一般认为：应该从分析人类的生存遭受种种困难或危险时的社会集团的状况的立场理解社会法，进而将重点放在社会法规范的受规范者这一边，即社会法侧重保护弱势社会群体利益，主要规制对象和主体包括社会弱势群体。其实，这些差异也只是相对而言的。事实上，以社会法规范的设定者为中心构造社会法理论时，必须考虑到受规范者的因素，如要照顾社会法规范的被规范者；也离不开规范设定者的协助和干预。并且，社会法规范的被规范者因生活困境而进行的斗争是设定社会法规范的原动力。这两者密切相关，不可绝对割裂。

美国学者海伦·克拉克（Helen Clarke）在其所著 *Social Legislation* 一书中曾评述道：“我们今天之所谓社会立法，这一名词第一次使用与俾斯曼的贡献有关。他在1880年，曾为防备劳工遭受疾病、伤害、残废、年老等意外事故而立法。后来有些人限制其意义是为处于不利情况下人群的利益而立法，另一些人则扩大其意义为一般的社会福利立法。我们使用这个名词应该包含这两者的意义。”所以，我国学者樊启荣教授认为：“从西方国家社会立法的纵向发展来看，社会法之‘社会’呈‘部分社会’向‘全体社会’的发展取向。”

笔者认为，现代“社会法”中的“社会”包括全体社会和部分社会。其中侧重全体社会的应然的社会法立法主要有《教育法》、《环境资源法》、经济法中的《反垄断法》等；侧重部分社会的则主要有《劳动法》、《社会保障法》、经济法中的《消费权益保护法》和《中小企业促进法》等。并且这两类社会法立法的共性和联系点在于他们均注重“扶持社会弱势群体”。前者以此为手段，通过此手段实现社会整体利益的保护即侧重全体社会；而后者以此为直接目的，通过此直接目的的实现，间接地趋近社会整体利益——即侧重部分社会。但两者的这些区别并非绝对的。例如，我们很难绝对区别：经济法中的反垄断法通过禁止卡特尔、禁止滥用市场支配地位、控制企业合并来维持有效竞争，而中小企业促进法通过保护中小企业来维持市场竞争，究竟何者侧重全体社会，何者侧重部分社会，抑或两者兼顾？所以，社会法中的社会是两者兼顾，并在具体的法律规范中各有侧重的。

如果笔者所提出的"现代社会法中'社会'包括全体社会和部分社会"这个命题得以成立，那当我们仅从作为法域名称使用的社会法的社会属性视角来分析，至少可以承认：本文所讨论的社会法与《反垄断法》、《消费者权益保护法》、《中小企业促进法》等这些被认为属于典型的经济法部门的构成部分的亚部门法，是一种包含与被包含的从属关系。同时，由于学界关于经济法的体系的学术争论尚未形成较为统一的意见，笔者也无法基于明确经济法的确指和体系来探讨经济法与社会法的关系，只是寄希望于能从这个较为新颖的视角拓宽思路，举一反三。当然，可能同样一种分析问题的方法，会由于我们对经济法本身体系的理解的不同而得出或包含，或交叉，甚至平行绝对不交的不同论断。但笔者目前更倾向于经济法属于社会法法域的见解，即认为：社会法与经济法是一种包含与被包含的关系。

（2004年第5期）

社会整合：经济法与社会法的功能配合

单飞跃*

社会是由差异构成的，差异是社会成员与社会事物相互间存在的差别、相异与距离。差异既使社会具有多元特征而变得丰富多彩，也使社会具有不平等性与非平均性而充满危机。各种合理差异与非合理差异的混同作用必然形成社会差距，社会差距累积的直接后果是社会分化现象的产生。社会分化在外在形式上表现为地区分化、强弱分化、贫富分化，在内在机理上则与社会冲突逻辑关联。

---

* 作者单位：湖南大学。

社会冲突的本质在于社会不同分化主体对有限稀缺资源的对峙与争夺。一定范围内的矛盾与冲突,可以成为社会博弈与竞争的基础,促进社会运行效率的提高与资源的优化配置。但就其本质而言,冲突均具有其反社会性的一面,对社会正统性关系的生产与再生产具有动摇与瓦解作用,并会导致运行社会成本的增加。

和谐社会秩序的构建与维系,需要将社会冲突发生的可能性与冲突后果的破坏性降低至最低点,而排解社会冲突的核心机制与效率机制是进行有机的社会整合,即在矛盾、分化、冲突的社会主体间进行资源、机会、利益的调适、妥协与再次分配,通过社会合作使强者与弱者、富者与贫者共存共荣、互惠互利、和谐相处。社会整合包括利益整合、力量整合、秩序整合3个方面的内容。社会利益整合是指社会利益的分配格局在各社会主体的合理承受力之内,社会利益心理健全;社会力量整合是指各种社会力量包括国家力量、私人力量、集体力量、群体力量达到相生相融状态,边缘力量与边缘群体的形成得到了有效控制;社会秩序整合是指公共秩序与私人秩序、国家秩序与民间秩序、法律秩序与伦理秩序、强者秩序与弱者秩序达到你中有我、我中有你的和谐状态,不是相互间的压制与控制,而是彼此间的共存与吸收。

经济法与社会法共同担负着社会整合的法律功能,并且在功能上相互配合。

(一)经济法承担着发展性社会整合功能,社会法承担着保障性社会整合功能

就经济法承担的发展性社会整合功能而言,在经济法的制度设计中,市场机制与竞争机制得到法律保护并且要求保持高效、持续运转。一方面,国家在市场化指向下运用各种政策促动工具,发挥各种能动作用,为经济与社会的快速、公平、安全发展提供动力与支持,使国家在市场机制中内化为一种发展力量;另一方面,国家帮助市场克服其自我颠覆倾向,市场难以自身矫正的缺陷借助于国家之手得到治理,市场秩序在国家与市场的合力中得以维持。市场机制与竞争机制是具有分化倾向的,优胜劣汰、强胜弱败是市场制度的必然结果,但经济法并不因其导致社会分化的趋向性与规律性而对市场机制与竞争机制进行否定,而反过来是对这两种机制进行保护与强化。目的在于使可供社会分配的资源与产品得到更大的丰富与更多的增加,使实现社会再分配与社会公平具有前提与条件上的可能性与保障性。经济法的发展性整合功能还表现为国家在社会分配中的资源安排能力与财富调节能力。国家可以通过预算安排、计划实施、财政转移性支付、政府控制价格等方式进行社会资源的分配与安排,使经济力的配置符合社会整合的要求。国家还可以通过收入税调节等手段赋予富人更多的社会义务与社会责任,使其负担更高的社会安全成本与社会秩序成本,目的在于使富者与

贫者达成一种建立稳定秩序的合作与通约。因为不与贫者合作，富人的财富安全也难以得到保障。“由于每个人都依赖于一种合作体系，没有这种合作，所有人都不会有一种满意的生活，因此利益的划分就应当能够导致每个人自愿地加入到合作体系中来，包括那些处境较差的人们。”①

就社会法承担的保障性社会整合功能而言，社会法的社会正义主张中，社会成员基本的经济、社会权利必须得到保障性的法律制度支持。社会分化中的弱、贫现象，已经成为常态性和结构性的社会病态现象，而这需要有稳定的法律治理机制。社会法的目的与机制之一就在于对弱者与贫者提供法律上稳定的补给、救助与支援。社会成员的发展水平取决于发展机会的分配，而机会分配又取决于社会成员获取机会的机会实力。就社会成员机会实力的原始分配状态而言，因智力、体能、性别、年龄等各方面的自然差异，社会成员的原始机会实力是不平等的，而社会正义指向要求保障社会成员具有基本的发展机会实力。因此国家与社会应当对社会成员提供获得普通机会实力的制度安排，这种普通机会实力的获得必须依赖教育、医疗、体育等方面法律制度的保障性供给，而这也正是社会法的重要功能内涵。

（二）在实现社会实质公平方面，经济法的积极公平观与社会法的消极公平观相互协调

公平是人类与社会的道德容器与利益容器。作为道德容器，公平是社会承受差异与区别的道德底线，控制着人们的选择心理。作为利益容器，公平是社会分配水平的均势与平衡机制，控制着社会分配的溢出效应。经济法与社会法都强调结果公平与实质公平的法律实现，但两者有积极公平观与消极公平观的区分。

就经济法的积极公平观而言，经济法的公平观是一种发展公平观、发展促进观，强调在经济更快发展过程中用发展来积极、动态地解决社会分化矛盾。经济法强调发展要考虑弱者的付出与整体的和谐、合作与依赖，弱者的生存与发展需要强者的支持与合作，强弱之间的利益流动是双向的而不是单向的。经济法对优劣、强弱的评价是其不至于对市场机制造成破坏与损害，使市场机制继续发挥效率甚或效率更高。但经济法并非不考虑弱者的利益，只是经济法非因扶弱而抑强，而是为了更强而扶弱。

就社会法的消极公平观而言，社会法的公平观主要关注对已形成的弱势群体的保护与扶助，是一种弱者保护机制，是一种利益分配的平均正义立场。社会法的公平观是一种对弱者保护的利益倾斜观，其目的在于避免利益的边缘性，控

① ［奥］哈耶克著：《自由秩序原理》，邓正来译，三联书店 1997 年版，第 104 页。

制利益边缘群落的形成，使社会利益心理控制在道德与秩序的承受底线之内。

（三）在社会总体性法益目标中，经济法的经济效益目标与社会法的社会效益目标共同并举

经济法的法益目标在于促进经济快速、公平、安全的发展。在促进经济快速发展方面，经济法一方面从制度补给上排除市场障碍，界定财产经营收益的归属和成本的分配，合理分配企业的增量利益分配权及相应的企业控制权，保障竞争机制的功能主导性；另一方面又从制度能动上直接诱导经济增长，发挥政府在资源与信息上的能力优势，通过将宏观调控政策置换为法律而发挥功效。在促进经济公平发展方面，经济法一方面注重地区之间的协调发展，通过经济法制手段尽可能消弭地区之间自然资源分布不均衡及经济、社会发展不均衡现象，达到地区发展公平目的。

注重控制由于个人自利性的极度膨胀和竞争者的实力差异而给竞争机制带来的损害，通过竞争法来保护竞争公平。在促进经济安全发展方面，经济法着眼于整体经济秩序的协调，通过对市场准入控制、竞争秩序维护、消费者权益保护，适度限制市场机制的消极作用，从国家的视角建立一种成本较低的监控与保护机制，维护市场的基本秩序与交易安全。同时经济法建立的宏观调控法律机制，通过对经济增长、经济调节、经济管制的法律补给作用，合理配置与市场适当的国家经济资源，营造符合国家整体安全的宏观环境。

社会法的产生直接导源于社会问题，“社会法的宗旨是弱者救助、反歧视与倾斜保护”，①这也可以理解为社会法的社会效益目标。社会效益通常是作为与经济效益相对的一个概念。“社会效益的外延十分广泛。就法律的效益价值来说，至少包括着权力运作效率的提高和社会公正的维护等。”②社会效益越高，表明社会公众分享社会成果的机会越多。就社会法这一特定语境而言，社会效益至少表现为4个方面，即受教育水平、医疗卫生水平、社会保障水平和社会福利水平。这些指标已成为衡量一个国家社会发展状况的重要标准，也是对政府提供公共产品数量与质量水平的评价尺度。

就一个社会而言，其总体性的法益目标中，既需要经济法的经济效益目标，也需要社会法的社会效益目标。

（2004年第5期）

---

① 郑尚元：“社会法的存在与社会法理论探索”，载《法律科学》2003年第3期。

② 卓泽渊著：《法理学》，法律出版社2000年版，第225页。

社会法的特有属性与范畴

郑尚元*

一、社会法是法律制度，是特有属性的法律群

20世纪中期，也是“二战”结束后，市场经济发达国家的学者逐步对已经存在并正在完善的相关制度的基础上，提出了社会法理论，尤以德国、日本等大陆法系国家的学者，对社会法逐步展开了理论探讨。“社会法概念在日本兴起，其起源虽然可以追溯到战前的明治宪法时代，但其真正成为独立的法领域，并获得实定法上的根据，则是战败之后的事。”之后，我国台湾地区学者开始探讨社会法。内地学者涉及社会法问题很晚，也就是近年才开始涉及。社会法是以实在法存在先于社会法理论而展现在世人面前的。

实在法的表现在德国、法国主要包括社会保障法、教育法、环境法、消费者权益法等，主要是涉及社会安全和社会可持续发展方面的法律都被纳入该范畴。笔者对此体系没有太多探讨，但有一点是明确的，在德国和法国，社会法等同于社会安全法。何为“社会安全”？这一问题不是容易回答的，甚至是难以回答的。不同的国情存在不同的影响社会安全的法律问题，制度打造自然也该有些区别。如对弱势群体的权益保护，发达的市场经济国家可能通过福利制度的完善而得以实现，而不必专门立法，在中国则大不一样。可能有的人会问：哪项法律制度不是维护社会安全的，宪法、行政法、民商法、程序法都是实现公平、正义，维护社会安全的法律。笔者认为，这样泛化地理解社会安全，结果是废弃了“社会安全法”这一名词，但不可能废弃社会安全法的存在。

目前，中国社会法的范畴如何？边界在哪里？体系如何构建？这些问题的回答也不是容易的。笔者在讲授经济法课程时，对学生就现代法律的特征作过解释：现代法律不可能有体系十分完整、边界不再拓展的法律制度，经济法如此、社会法如此，其他现代法律同样如此。社会法产生时间较短，理论极其幼稚，可能会影响其体系的完整和范畴的周延。王泽鉴教授指出：“社会法即系以社会

* 作者单位：中国政法大学。

安全立法为主轴所展开，大凡社会保险法、社会救助法、社会福利法（儿童、老年、残疾福利）、职业训练法、就业服务法、农民健康保险法等均属社会法研究之范畴。”同时，他还指出：“我国（此处仅指我国台湾地区）由于现有社会福利体系，十分松散又缺乏协调与整合，并未形成一个体系完整的社会福利网络，使得学术上无法架构出完整的社会法理论体系，因此社会法理论研究尚不多见。”故上述问题的回答只能通过积累，假以时日，才能逐步清晰。

二、社会法不是一种学术理念，不属于法域的代名词

内地涉及社会法的学者多数都有一些经济法学习、研究的背景，包括笔者在内。因此，社会法被众多研究经济法学者提及，认为经济法属于社会法，经济法是社会法的范畴之一。除去研究经济法的学术背景之外，那就是为经济法寻求理论更新的思路，也有以经济法属于社会法，从而能够与传统法律划清界限的目的。上述命题下，社会法必然成为一种学术理念。日本及我国台湾地区学者在20世纪中期就提出了“第三法域”理论，也就是在公法与私法之间存在既不是完全公法，又非完全私法的法律属于第三法域，以区别于公法与私法。目前，法学界就存在的公法因素与私法要素相交融的法律这一现象，承认了公法与私法之外的法律存在；而“第三法域”一词对于内地学者，尤其是传统法学学者而言，仍十分陌生。第三法域能否被社会法替代，这个问题并不重要，所谓的名称仅仅是一个称谓，正如自然人的名字一样。假如第三法域就是社会法，凡是公法与私法交融的法律都可以纳入这一范畴，社会法仅仅是一种学术理念。那么，在中国大陆就必须为社会法实在寻求代名词，这类法律如何称谓？分散地称为社会保障法、弱势群体保障法等，倒无不可，关键在于：其一，这些法律的理论抽象将更加困难；其二，国外逐步成熟的社会法存在与社会法理论再难以与中国制度与学术对话。

经济法是否需要借用社会法这个“壳”？笔者认为，经济法大可不必找“壳”，经过20年经济法学界的艰苦探索和努力，经济法的学术成长是有目共睹的。以市场规制法和宏观调控法为内容的中国经济法，既丰富了竞争法的内容，又提升了宏观调控法的理论水准。至今没有任何人否定经济法的存在，只是偶尔有关于称谓的探讨。经济法起源的历史背景、存在的社会基础、法律制度构建的宗旨都与其他属性的法律有别，与传统民法有别、商法有别、行政法有别、同社会法有别。因此，经济法根本没有必要找“壳”。

诚然，社会法与经济法同属于第三法域中的法律制度，其法律属性必然有共性的存在。如在求实质正义和社会公平，法律规范的散化，法律制度的现代性等方面都有共性。对经济法追求社会整体利益与社会法追求整体利益的问题，笔者认为，维护社会整体利益并非仅是经济法、社会法等法律制度的目标，其他法律，如刑法、行政法都是维护社会整体利益的，社会法和经济法具体法律规范可能也要体现局部利益。正因社会法与经济法有许多共性的存在，才会使法成为学术理念的理论探索。

（2004 年第 5 期）

国有企业管理层收购实践的法律思考

许明月[*]　胡智强[**]

管理者收购(Management Buy - Outs,MBO)制度自20世纪60年代出现以来,在越来越多的国家得到应用。近年来,也逐渐为我国认识和接受,并有加速发展的趋势。但相应的立法和监管的态度却是模糊与摇摆的,实践中各行其是。任何一项法律制度都不是与其经济、社会等基础相分离的自足体系,美国著名法学家伯纳德·施瓦兹(B. Schwartz)在论述美国法对英国法的改造时曾指出:"不管两个国家的传统和背景如何相似,将一种法律制度从一个国家原封不动地转移到另一个国家的做法是不可取的。"①本文拟对我国国有企业管理层收购实践的有关问题进行深入探讨,以期推进其在我国的发展。

一、管理层收购:角色与功能

管理层收购是"杠杆收购"(Leveraged Buyout,LBO)的一种形式,狭义的管理层收购是目标公司的管理层作为收购主体进行的杠杆收购,但这种情况比较少见。广义的管理层收购是指在杠杆收购中目标公司的管理层与外来收购者之间具有融资或其他利益上的共享(关联)关系。② 管理层收购最早在英国兴起,以后逐渐扩展到美国、欧洲大陆、澳大利亚以及一些发展中国家。20世纪80年代后,管理层收购作为企业并购的一种新形式日见增多,美国的统计资料显示:美国管理层收购占资产重组的比例由20世纪70年代末期的5%增长到90年代的18%。1987年,美国的管理层收购交易总值为380亿美元,而在1988年前9个月内,交易总额就达到了390亿美元。③ 到20世纪90年代末期,管理层收购

* 作者单位:重庆大学法学院。

** 作者单位:重庆大学法学院。

① [美]伯纳德·施瓦兹著:《美国法律史》,王军等译,中国政法大学出版社1989年版,第18页。

② [美]R. W. 汉密尔顿著:《公司法》,齐东祥译,中国人民大学出版社2001年版,第573~574页。

③ 王巍、李曙光等著:《MBO管理者收购——从经理到股东》,中国人民大学出版社1999年版,第14页。

在美国得到了进一步的发展。英国自20世纪80年代起出现管理层收购,到1987年,其交易数量已达300多起,交易额近400亿美元,[①]极大地促进了资本市场的活跃。管理层收购所扮演的角色主要是:用于企业集团对子公司或分支机构的剥离、防御敌意收购、作为管理者创业尝试的手段和控股股东通过股份交易调整股权结构等。管理层收购还成为公营部门私有化(privatization)一种比较常见的方式,英国来源于国有企业私有化的管理层收购占5%左右。[②] 截至1994年,15个中、东欧国家以及苏联有30,740家大中型企业完成了私有化改造。与此同时,数目更多的小型企业也进行了产权改革,其中俄罗斯有7.5万家、捷克2.2万家、乌克兰3.3万家。各国的产权改革以管理层收购为多,如俄罗斯第一阶段的大规模私有化计划就大量采用了管理层收购形式,结果管理层和员工控制了近2/3的企业。在罗马尼亚和斯洛伐克也较为广泛地推行了管理层收购计划,斯洛文尼亚和拉脱维亚的产权改革也以管理层收购为主。[③] 研究表明,管理层收购以后,企业的经营绩效往往得到很大的改善。但也有不少人认为,管理层收购不过是账面游戏和财富的重新分配而已,把它视为大规模的内幕交易而持否定态度。尽管如此,管理层收购还是呈现出形式多样化、规模扩大化的趋势,各国同时也加强了规制。

管理层收购是特定的收购主体利用外部融资手段购买目标公司的股份,从而改变公司所有者结构、控制权结构及公司资产结构的制度体系。管理层收购是通过市场化运作实现的是以产权交易为基础的控制权交易,其具有以下特征:

(1)所有权与经营权统一。作为收购主体的管理层(很多时候包括员工)代替股东获得最终控制权(ultimate control),具有所有者与经营者双重角色,实现所有者经营(owner - manage),以此发挥财产权的激励作用,并使目标公司的所有者、控制权及资产状况发生结构性改变。这是管理层收购最重要的特征,也是其与单纯的管理层(员工)持股和股票期权等激励方式的重要区别。

(2)管理层是法律关系的恒定主体。无论收购主体是单纯目标公司的管理层还是包括目标公司管理层在内的综合主体,与一般的企业购并明显不同的是,目标公司管理层始终是一方交易主体,对目标公司具有的资产潜力、效率状况和

---

① Substian Green, Dean F. Berry, *Culture, Structual and Strategic Change in Mangement Buy - Outs*, St, Martn Press, 1991, p. 14.

② [英]P. S. 萨德沙拉姆著:《兼并与收购》,胡海峰等译,中信出版社1998年版,第313页。

③ 金雪军、杨晓兰:"转型经济国家的管理层收购——以俄罗斯及东欧国家为例",载《外国经济与管理》2002年第3期。

信息非常了解，具有比较优势。[①]

(3)收购主体的特定性决定了管理层收购与一般的企业购并相比面临更大的资金矛盾，因而对融资渠道有较大的依赖性，融资必须兼顾各方利益，具有较大融资风险。

(4)管理层收购导致目标公司企业形态的变化。国外的管理层收购对象如果是非上市公司，往往由经营者买断公司。如果是以上市公司为收购目标，则寻求成为私人控股企业(privately - held firm)，以公司下市独立经营为目的(go to private)，股票停止交易。由于收购的结果是形成一个新的权利义务相对独立的商事主体；因此，管理层收购是一种企业购并行为，谈不上是经营者激励机制，[②]最多不过对企业的管理层起到一定的外部监督效应。

管理层收购发挥作用的基本方式是所有权和经营权的统一。试以代理成本问题为例：从历史发展看，生产规模越大，社会分工就越细，生产内容越复杂，所有者与管理者就越分离。特别是体现生产与资本社会化的企业组织形式，即股份公司出现以后，这种趋势更为严重。所有者和经营者过度分离会对企业造成不利影响，如内部人控制、代理人成本升高。1932 年，美国学者伯利和米恩斯曾指出："事实上，从所有权中分离出来的经济权力的集中，已创造出许多经济帝国，并将这些帝国送到新式的专制主义者手中，而将所有者贬到单纯出资人的地位。"[③]在管理层收购制度中，管理层接管企业的决策控制权、剩余控制权和剩余索取权。由于不存在代理，自然无所谓代理成本，投资人对经理人的约束也同样减少或消失。

二、我国国有企业的管理层收购实践：差异与弊端

(一)我国管理层收购的现状

我国的管理层收购最初是从乡镇、集体和民营企业开始的。号称国内首例管理层收购案的"四通经理层融资收购案"就是一家"带红帽子"的集体企业。

---

① 事实上，各国证券法往往是把他们作为内幕人员加以规制，我国《证券法》第 68 条作出了同样的规定。

② 在 MBO 的一些衍生形式如管理层融资持股、员工持股计划(Employee Stock Ownership Hans, ESOP)及职工控股收购(Employee Buy - outs, EBO)中，激励作用才表现得比较明显。

③ Berle, A. A. and Mearts. G. G(1932), *The Modern Corporation and Private Property*, Har Vourt, Brace and world, Inc. , revised edition.

近年来,很多国有企业也在施行管理层收购。[①] 据分析,目前国内至少有100家上市公司在酝酿实施管理层收购。[②] 胜利股份、洞庭水殖、鄂尔多斯等先后发布公告拟通过各种方式实现了管理层收购,其中,胜利股份和洞庭水殖的管理层收购方案还获得了国家财政部的批准。我国的管理层收购与国外相比有不少差异:

(1)以收购者自筹资金方式来完成,支付工具多为现金,融资渠道有限。关注已披露的案例,不难发现,绝大多数在资金来源上含糊其辞,信息披露不充分。

(2)收购主体多通过职工持股会设立一个特殊目的公司,[③]收购完成后再将其注销。现有的操作方式主要有两种:一是由管理者和职工持股会共同出资组建投资公司,由投资公司对目标公司进行收购;二是将管理层收购与企业改制相结合,在改制过程中实施职工及管理层持股。

(3)国有股权(产权,下同)在转让方式、程序上有别于二级市场流通的社会公众股,[④]其在目前的法律框架下的收购只能采取协议收购并经过审批方式。

(4)我国的股权结构集中度比较高,非流通股在股权结构中占的比例较大;因此,很多案例中的收购对象并非是证券市场上流通的社会公众股而是非流通的国家股、法人股。造成这种情况的另一个原因是流通股分散,价格较高,成本大、时间长,影响收购的成功率。收购定价基本参考净资产指标,而对包括知识产权在内的无形资产价值基本没有考虑。

由于具备公司股份的可自由转让性、股权结构的分散性和经营信息的公开性等条件,[⑤]国外的管理层收购主要是通过市场进行的。相比我国不具备这些条件,总体上看,我国包括国有企业在内的管理层收购往往不是市场收购行为,市场化程度不高。

---

① 本文指的国有企业包括大多数股份公司,考虑到它们的资产结构和改制状况,其国有企业的性质没有发生变化。

② 资料来源:《经济日报》2002年11月22日。

③ 法理上讲,在管理层收购中,自然人作为民商事法律关系的主体资格是没有疑问的。从2003年12月31日公布的(企业国有产权转让管理暂行办法)第15条、2002年11月28日公布的《公开发行证券的公司信息披露内容与格式准则第15号——上市公司股东持股变动报告书》及2002年9月28日发布的《上市公司收购管理办法》第15条等的规定来看,自然人作为收购主体是没有法律障碍的。但自然人的实际履约能力有限,我国目前还没有一人公司,因此,自然人为主体的收购案例在我国还没有出现。

④ 国有股权在法律性质上并不存在转让障碍,《公司法》(2004年文本)第143条规定:"股东持有的股份可以依法转让。"《股份有限公司国有股权管理暂行办法》更明确国有股权可以依法转让。

⑤ 张舫著:《公司收购法律制度研究》,法律出版社1998年版,第4~5页。

(二)对我国实施国有企业管理层收购的评价

很多学者总结了我国国有企业实施管理层收购的作用:有利于国有经济结构的战略性调整;优化国有企业产权体制结构;降低代理成本,完善企业治理结构等。同时我们也应当看到目前我国实施的管理层收购存在一些弊端:

(1)大量的场外交易产生地域、行业等人为分割,缺乏统一的市场监督和制约机制,容易出现内幕交易、侵害债权人权益等问题。突出的表现是:作为"内部人"的管理层在产权交易中占有优势地位,[①]以管理层收购为名将国有资产无偿或低价分配给企业的控制人,造成国有资产流失。财政部曾因此在2003年4月以"防止一些当事人利用新的交易形式谋取不当利益"为由暂停对管理层收购行为的审批。威廉·安德鲁斯(William Andrews)曾经根据购买者的目的将公司分为两种:一种是为了提高公司的经营效率;另一种是为了掠夺公司的财富。[②] 我国证券市场结构处于分裂状态,流通股与非流通股之间有巨大价差,收购者在没有支付公平对价的情况下得到股权,又将在解决股权分置的过程中获取巨大利益,利益分配格局明显失衡。

(2)无法形成市场化的发行价格的机制。场外交易实行协议定价,交易的价格、比例通常由当地政府和企业说了算,缺乏判断转让价格合理性的客观依据,定价机制缺乏科学性。在所有的企业购并形式中,管理层收购中管理层与股东的利益冲突最为严重,在现实交易中管理层既是买方又是卖方的实际控制者,难以保证交易的公正性。

(3)管理层收购的制度价值不能充分实现。西方管理层和中介机构在发起管理层收购时,收购股份一般达到目标公司在外发行股份的90%以上,最终完成公司下市,之后再对股权结构进行进一步集中,保证目标公司的私有化。国内管理层收购完成后,仅持有目标公司股份的较少部分。根据对国内所发生的10余起管理层收购案例统计,管理层平均持股比例为25%。[③] 这样的管理层收购结果,收购主体往往只能达到对公司的相对控制,管理层收购演变成变相的股票奖励机制或股票折价购买方式,股票的持有只能具有经营担保的性质,却不构成真正意义上的管理层收购。在今后进一步经营的过程中,势必存在管理层的投

① 我国目前企业管理层与国有产权的名义代表及投资者之间存在严重的信息不对称,在国有产权主体虚置的情况下,管理层通过财务运作降低资产质量,低价收购股权后,使隐藏的利润合法出现,通过大量现金分红缓解融资压力,造成国家利益流失的现十分常见。

② William Andrews, The Stockholder's Right to Equal Opportunity in the Sale of Shares, *Harvard Review* 78(1965)505.

③ 资料来源:《证券市场周刊》2002年11月25日。

资利益与国有投资利益、其他股东投资利益之间的多重矛盾冲突，管理层收购制度通过所有权和经营权的统一，降低委托代理成本的初衷也不能实现。由于所收购股票的特殊性和现行的管理层持股锁定制度，使得我国缺乏完善的市场退出机制。因此管理层所持股份不能流通套现，管理层收购的激励价值不能体现，反而可能导致管理层与大股东利益的彻底一致，强化内部人控制。①

三、我国国有企业管理层收购中的特殊矛盾

我国国有企管理层收购的实施状况与其所面临的特殊矛盾息息相关：

(1)管理层收购制度的价值趋向。路易斯·雷加森斯·西克斯(Luis Recasens Siches)认为：法律是一个旨在实现某些价值的规范体系，法律评价的任务乃在于寻找制定实在法内容时所应考虑的价值标准。② 埃德加·博登海默进一步认为：疑难问题的解决取决于价值判断，而不是取决于相关实施性基据的确定。③ 管理层收购制度的运用，不能不分析它的价值趋向：所有权和经营权某种程度的统一，有利于降低代理成本，提高经营效率，提升公司制度的价值。但应看到是，社会化是社会生产(力)乃至全部社会生活发展的历史规律，社会历史的进程就是社会化程度不断提高的进程，所有权和经营权的分离正是生产社会化的必然产物，这也是现代公司制度代替古典企业的业主制度的原因所在。通常的企业购并都是为实现多元化发展和规模经营，而管理层收购追求所有权和经营权的统一，它使公众公司变为非公众公司，以纠正企业多元化发展和规模经营过程中的负面效果。这固然表明企业购并制度具有多重价值，同时也表明管理层收购制度的小企业化、私有化取向既与“两权”运动的历史趋势相反，也与国有企业的现代企业制度改革方向不同。因此，这一制度只能作为所有权和经营权矛盾运动过程中的补充机制而存在，在某种程度上是对“两权分离”发展过程中出现的负面效应进行修正的手段。考察英美的管理层收购实践，其也是为

① 通过对近3年来实施MBO的上市公司的实证研究发现，在我国目前非全流通股权结构下，管理者收购的是法人股，短期内不能上市流通，只能通过红利获得收益，管理层股东利益与分红呈单向递增关系，完成和正在实施MBO的上市公司存在强烈的分红冲动，在业绩良好的上市公司中实施MBO，将有损于流通股股东利益。“非全流通股权结构下实施MBO与大比例分红理论与实证研究”，载《上海证券报》2003年5月21日。

② [美]E. 博登海默著：《法理学：法律哲学与法律方法》，邓正来译，中国政法大学出版社2004年版，第214~215页。

③ 同上，第273~274页。

克服企业多样化经营后的大公司病的一种机制：通过分拆，将业绩不佳的辅助业务和子公司出售给原来的经理层，在英国来源于母公司分拆的管理层收购占到60%。①

（2）国有企业股权结构的基本特征。第一个特征是国家股所占的绝对控制地位。与国外的大股东控制不同，我国股权结构是国家股大股东占绝对支配地位。据2002年上市公司建立现代企业制度检查的资料，截至2002年4月底，在我国1175家上市公司中，有控股股东的企业1051家，占89.4%；其中，国有性质的控股股东（国有或国有控股企业以及政府机构持股）813家，占全部控股股东的77.4%。单一国有股东持股比例在50%以上的公司有390家，占全部上市公司的33.2%；持股比例在20%～50%的公司有387家，占全部上市公司32.9%。上述两者相加，单一国有股东绝对或相对控股的上市公司占全部上市公司的66.1%。而且，我国上市公司不但第一大股东持股比例过高，且相当一部分上市公司的前5大股东之间，存在密切的关联关系，即前5大股东不独立，国有股所占比例居绝对优势。②

对如何改善我国上市公司股权结构的争论由来已久。主要有两种观点：①我国上市公司股权结构的演变应该向欧美公司靠拢，股权尽量分散，今后对公司经理层的监督应该主要通过市场、法律来进行，即采用市场导向型模式。②由于我国的市场成熟度比较低、法律制度不健全，在市场力量和法律法规难以充分发挥作用的情况下，股权结构应该模仿德国和日本公司，股权适度集中，注重大股东对经理层的监督作用，即采用大股东控制模式。笔者认为，股权集中或分散并非判定股权结构合理性的标准，合理的股权结构取决于生产的社会化构成、市场竞争和资本流动，它的形成是一个自然的历史过程，无论股权集中或分散都会存在委托代理问题。我国股权结构存在的问题关键是：公权力的深度介入，行政主体与商主体的界限不明，市场经济运行的基本前提即“经济人”假设不能满足。拥有剩余索取权的所有人缺位，这是因为国家大股东不是一个以利润最大化为目标的“经济人”，其基于对剩余索取权的追求而产生的监督欲望削弱，甚至丧失，实际控制权属于官员和其选择的经理层，腐败行为难以得到充分有效的制衡。现代企业制度也难以真正建立，微观经济细胞不能以真实的独立品格参

① ［英］P. S. 萨德沙拉姆著：《兼并与收购》，胡海峰等译，中信出版社1998年版，第313页。
② 资料来源：《中国证券报》2003年3月28日。

与市场,[1]市场经济的微观基础还没有真正确立。另外,我国还存在流通性障碍。从动态角度分析,我国股权结构在流通性上存在不足。我国的国有企业改革是在国有企业公司化框架下进行的,在当时特定的历史条件下,国家对股份公司的所有权按照所有者的性质划分为国有股、法人股和社会公众股。国家股和国有法人股属于国有股权,为保证国有股权的控股地位,从而保持国家控制权,又作出了国有股不参与市场流通的制度安排。这样造就了中国证券市场的二元结构,即股权分置:市场化的流通股市场和非市场化的国有股市场,国有产权交易不能放在交易市场中公开进行,只能场外交易。

(3)国有企业的历史地位。分析我国的社会形态结构,可以清楚地看到,公有制是反映我国社会特质,并与一定上层建筑相匹配的生产关系形式,在我国社会占主导地位。[2] 国有企业是这一生产关系形式的集中表达,股份制是公有制的实现形式,须以坚持公有制的主体地位为前提。从历史上看,国有资产是整个民族全部社会生产剩余的总和;从功能上看,国有资产与私人资本不同,它不仅以利益最大化为目的,还主要负担提供公共物品之义务。因此,它体现的是社会整体利益,需要一个科学、公正的分配与实现机制。

此外,对于管理层收购而言,现有立法在收购主体和融资渠道等方面仍有不少普遍性的障碍。[3]

四、结　　论

法经济学的基本思想就是从“经济人”的基本前提出发,把法的正义性放在“效益”的基座上通过量化(往往是微观经济学)的手段加以考量,认为:“所有的法律活动(立法、执法、司法和诉讼)和全部法律制度(私法制度、公法制度和审判制度),说到底,都是以有效地利用自然资源、最大限度地增加社会财富为目

① 仅从人事控制角度看,国有企业的经理层名义上自主产生,实际由各级政府、财政部或者国有资产管理局决定。据1998年由国家经贸委等机构主持的一项专题调查结果显示:我国企业家由主管部门任命者占75%,由董事会任命者占17%,由职代会选举者占4%,由企业内部招聘者占1.3%,由社会人才配置者占0.3%,其他安排者占2.4%。高福来:“企业管理层收购若干问题的思考”,载《理论前沿》2002年第2期。稍加留心,不难发现:我国几乎所有的权力腐败都与“官商合一”、“官督商办”式的财产权制度有着密切的关系。因此确立符合历史发展规律的产权制度,划清行政主体与商主体的界限,使权力与权利各得其所,是市场经济制度发挥作用的前提条件。

② 党的十五大报告指出:“扩大公有资本的支配范围,增强公有制的主体作用”。

③ 彭真明、常健:“论管理层收购的立法完善——以国有资产保护为中心”,载 http://www.civillaw.com.cn/weizhang/default.asp? id=13248。

的的。”[①]因此，一切法律权利的设定都必须达到社会效益的最大化。通过对管理层收购制度的考察，可以看出，它在解决企业广为存在的弊病包括代理成本过高、内部人控制、完善治理结构和调整股权结构等方面可能存在一定的功效，[②]但这些都以资源的重新最优化配置为先导，如果实际效果是资源的配置只是小的利益集团“对契约的另一方当事人采取的机会主义行为”[③]，就不能说达到了社会价值最大化。因此，把管理层收购（包括采用管理层收购与员工持股会及职工控股收购相结合的形式）提高到国有企业产权改革出路的高度，[④]不仅缺乏理论依据，也不具有现实可行性。国有企业是高度社会化的微观经济结构，反映了企业组织形式对生产力发展要求的动态回应，这种社会化本性决定的资本、组织形式与风险的社会化属性，同样使它不适合于管理层收购。

我国管理层收购的应用必须根据管理层收购企业的类型、规模而区别对待。民营企业由于企业产权比较清晰，实施管理层收购较为易行，采用目前协议为主的定价模式，不会损害第三方的利益。集体企业可以借助管理层收购实现产权的界定和量化，并解决历史遗留问题。今后在股权分置的基本障碍解决后，管理层收购适合在中小板市场、创业板市场应用。国有企业管理层收购的实践只能加以局部运用，主要在两个方面：一是一般性竞争领域中的小型国有企业，服务于国有资本的退出，这是最适合彻底民营化的领域（在俄罗斯称为“小私有化”）；二是大型国有企业作为资产重组等的手段加以运用。管理层收购在这些领域的适用都有赖于一些限制性条件：股权结构的完善；科学、规范的定价机制和融资渠道的形成；外在制度障碍的解除和市场环境的改善。

企业收购涉及社会各个领域，对企业利益、股东和债权人权益、经济发展及社会竞争秩序等都有较大影响，各个国家或地区都制定了一系列的法律实行监管。我国香港联交所的《公司收购与合并准则》规定，资产的重组需由独立及有专业资格的估值师或其他专家进行或确认，并清楚说明估值所根据的基础。欧

① 张文显著：《二十世纪西方法哲学思潮研究》，法律出版社1996年版，第200页。

② 这里，学界同样有不同的见解。例如，对于管理层收购后上市公司业绩增长情况，东方高圣投资顾问公司的陈志杰、徐玮对样本公司总资产、主营业务收入、净资产收益率等指标从1999年到2002年中期进行了持续统计，所做的实证研究也无法证明公司业绩与管理层收购相关。资料来源：中证网。

③ ［美］理查德·A. 波斯纳著：《法律的经济分析》（上），蒋兆康译，中国大百科全书出版社1997年版，第117页。

④ 张维迎认为，产权改革是经济效率的必要条件的充分条件，国有企业的根本出路在于产权改革和治理结构的改良，民管化、还权于民，把经理选择权和监督权转移到真正的资本所有者手中，让享有剩余控制权和剩余索取权者归位到资本所有者。http://www.spiralstar.com.cn/cn/tzyh/Html/2004311103747-1.Html。

美法律体系相对完善，管理层收购操作相对规范，美国通过一系列兼并准则予以规制，英国则有《伦顿收购及兼并准则》。我国香港有《公司收购与合并准则》，具体方式上多采收购合同形式，如股权收购合同、资产收购合同等以及大规模的购并还要得到劳工组织的同意。这种收购方式是在我国《公司法》与《证券法》颁布实施之后才被引入到我国的，目前仅2002年12月1日起施行的《上市公司收购管理办法》中第15条首次提及管理层收购，系统的相关立法有待今后完善。对目前的管理层收购活动可以借助《证券法》、《合同法》及一系列相应法规如《上市公司收购管理办法》、《公开发行证券的公司信息披露内容与格式准则》满足其基本法律需求。规制的重点应放在融资合法性审查、市场交易价格机制的科学性、信息披露和管理层信义义务(fiduciary duty)等方面。至于管理层收购中涉及的许多有关国有资产问题应由今后统一的国有资产立法规制为妥，限于主旨，本文在此不予深入探讨。

（2004年第8期）

对我国管理层收购法律障碍的思考

黎四奇*

2004 年第 8 期《法学》刊载了许明月、胡智强先生的专论——《国有企业管理层收购实践的法律思考》(以下简称许文),该文对我国国有企业管理层收购实践现状及所遭遇的特殊矛盾进行了评价,并认为将管理层收购作为我国国有企业改革的出路缺乏理论依据与现实可行性,对我国管理层收购应区别对待,加强规制。在肯定许文的观点存在可借鉴之处的同时,笔者认为许文并没有对我国管理层收购的法律问题给予足够的分析,并没有从中国的本土资源来探讨。基于此,笔者认为有必要从中国的现实出发对我国管理层收购存在的法律问题专从法律的角度进行继续的商讨。

一、收购主体适格性探讨

(一)壳公司收购模式分析

该模式是指目标公司的管理层为了达到收购目的,不直接地以个人名义收购企业,而是单独或与他人联合组建一新公司,因该公司是专门为收购而设立的,故学者们将其称为"壳公司"或"纸公司"。以这种带壳性质的公司来进行收购有利于管理层利用多种融资渠道融集资金进行收购,由壳公司作为收购主体既可以相对减少收购成本,又可以有效降低收购过程中的风险。然而,该模式在中国却存在法律障碍,我国《公司法》第 12 条第 2 款规定:"公司向其他有限责任公司、股份有限公司投资的,除国务院规定的投资公司和控股公司外,所累计投资额不得超过本公司净资产的百分之五十,在投资后,接受被投资公司以利润转增的资本,其增加额不包括在内。"这一硬性规定直接加大了管理层收购中的融资成本,因为 50% 的对外投资额度使得管理层不得不为壳公司准备与收购资金数额几乎同等的额外资金以满足这一法律要求,这无疑使有意收购者望而却步。

(二)职工持股会收购模式

该模式最早发端于四通集团。1998 年 5 月,四通集团 600 余名员工个人出

* 作者单位:湖南大学法学院。

资5100万元注册成立四通职工持股会,一年后四通集团成立四通投资。在其股权结构中,持股会出资5100万元占全部股份的51%,四通集团出资4900万,占49%。实际上,持股会收购模式是规避法律的结果,其主要是回避《公司法》第20条第1款的规定。该款规定,有限责任公司由2个以上50个以下股东共同出资设立。就目前而言,以职工持股会作为收购主体已经存在法律障碍,如2000年7月7日,民政部办公厅发布了《关于暂停对企业内部职工持股会进行社会团体法人登记函》。2000年12月11日,中国证券监督管理委员会法律部在《关于职工持股及工会能否作为上市公司股东的复函》中表明,根据国务院《社会团体登记管理条例》与民政部办公厅2000年7月7日印发的《关于暂停对企业内部职工持股会进行社会团体法人登记函》(民办函[2000]110号)的精神,职工持股会属于单位内部团体,不再由民政部门登记管理。对此前已登记的职工持股会在社团清理整顿中暂不换发社团法人证书。因此,职工持股会将不再具有法人资格。在这种情况改变之前,职工持股会不能成为公司的股东。以上表明,职工持股会收购模式在我国已失去了法律基础,尽管有的学者认为中国证监会法律部的前述法律函件的法律效力仍值得商榷。笔者认为,从学理上来剖析,职工持股会也不应成为收购之主体。因为即使我国承认职工持股会是法人,其也只是社团法人,社团法人是非营利性机构,不能从事营利活动,因此职工持股会不能从事投资性的收购活动。

(三)以信托公司作为收购主体模式

该模式具有以下比较优势:其一是信托可以起到持股平台之作用。信托在管理层收购是一个合法而廉价的持股安排机制。有了这样的持股载体,就不必再另行设置职工持股会等上市与再融资时不为民政当局认可的法人组织,也不必单纯为持股而设置“壳”公司,更不必担心因“壳”公司的对外投资比例超过净资产的50%而触犯《公司法》。① 此外,自然人间接持有公司股权的方式也可以带来避免双重征税的效果。其二是该模式为管理层提供了可行的融资途径。《信托法》及配套法规的颁布与实施可以使信托投资公司既可以接受私募基金的定向委托,参与管理层收购的股权重组及债权融资,同时可以依据2002年7月18日我国央行以7号令形式颁布的《信托投资公司资金信托管理暂行办法》为管理层收购项目发行私募性质的集合资金信托计划,吸收策略投资者及社会闲置资金的参与。其三是该模式可以兼起到融资通道与持股平台的效果。在这

① 徐士敏著:《管理层收购——中国企业家关注的热点》,中国金融出版社2003年版,第129页。

种形式下，信托公司可以充分发挥法律所赋予的独特地位，维护好管理层收购项目融资方与策略投资者的权益，以保证融资、投资双方基于信托而建立起来的间接性融资协议得以执行。在另外，由于信托公司相对独立的外部持股，其可以进入管理层收购公司的董事会，参与公司之经营决策，从而使公司的经营更加良性化。

（四）评价

尽管相对前面两种收购模式而言，以信托公司为载体的模式更加具有比较优势，能克服我国《公司法》及相关部门规章的法则障碍，但是同样的信托模式在我国的管理层收购运作中也不可避免地存在法律挑战。这种挑战主要表现如下：

其一是信托融资的风险控制问题。信托本质上是一种为他人利益管理财产的制度，正所谓“受人之托，代人理财”。美国学者 G. C. Borgert 认为：“信托为当事人之间的一种信任关系，一方持有财产权，为他方之利益，负有衡平法上之管理或处分之义务。”[①]对此，我国《信托法》第 25 条亦规定，“受托人应当遵守信托文件的规定，为受益人的最大利益处理信托事务。受托人管理信托财产，必须恪尽职守，履行诚实、信用、谨慎、有效管理的义务。”这无疑要求信托投资公司在内部必须建立一整套的风险控制体系来处理信托事务。同时，为了保证收购的成功及防范必要的收购风险，信托公司在设计集合资金信托计划进程中，也必须建立起管理层收购目标企业的筛选机制，以筛选出符合条件的企业作为管理层收购目标企业。[②] 另外，信托公司也必须对委托人即管理层收购者的信用风险进行关注，因为借用信托模式的管理层收购具有高度的杠杆性，收购目标企业的资金大多源于信托资金，这就可能导致收购者的道德风险。因此，为了督促收购者的行为符合资金投入者的最大利益，同时防范或然的信用风险，必须要求管理层以自有资金及借贷资金用于收购行动。同时，管理层的出资不能太低，以便于信托公司能用适当的资产来作为风险的抵押。

其二是信托期限问题。期限事项是信托收购模式中信托收购安排中当事人所必须明确的，因为期限对收购者偿还信托资金具有很大的影响。目前针对信托收购模式的期限多数在 2 ~ 3 年左右，如苏州精细集团管理层收购的信托期限即不超过 3 年。在该案例中，顾一平与徐建荣的还款资金主要是股权利润分红，在未来 3 年内，徐、顾 2 人通过精细集团股权分红来偿还 1. 25 亿信托资金与

---

① 徐国香著：《信托法研究》，台湾五南图书出版股份有限公司 1986 年版，第 32 页。

② 李宇龙著：《企业产权改革法律实务》，法律出版社 2004 年版，第 190 页。

2250万元的信托报酬与投资收益。按照计算，苏州精细集团每年的分红利润至少要达到4910.7万元，这已超出其2002年3780万元的利润额。① 因此，还款对于收购者而言无疑是个巨大的压力，为了在短期内偿还融资及成本，管理层要么对企业采用非正常的财务政策，要么采用借新还贷的做法。其后果必将使信托收购原有的资产重组与盘活的功能丧失殆尽。

其三是与信托相关的信息披露问题。在信托业务中，信托公司作为受托者，其具有为当事人保密的义务。对此，我国《信托投资公司管理办法》便规定，信托投资公司应当为委托人、收益人以及处理信托事务的情况与资料保密，法律法规或者信托文件另有规定的除外。然而，在上市公司管理层收购中收购者有进行相关信息披露的义务，这使得在信托收购模式中无法利用前述规定免除信息披露之义务。对此，中国证券监督管理委员会发布的《公开发行证券公司信息披露内容与格式准则第16号——上市公司收购报告书》第31条便要求，属于上市公司管理层（包括董事、监事、高级管理）及员工收购的，收购人应当披露上市公司管理层及员工持有上市公司股份的数量、比例等信息。因此，在采用信托模式收购上市公司时，信息披露问题也是管理层所应关注的一个法律障碍。

其四是信托资金计划规模问题。我国《信托投资公司资金信托管理暂行办法》第6条规定："信托投资公司集合管理、运用、处分信托资金时，接受委托人的信托资金合同不得超过200份（含200份），每份合同金额不得低于5万元（含5万元）。"然而，在实践中，这一规定却得到曲解，如上海爱建、上国投所进行的信托项目无一例外都以分期发行为由，每一期发行200份，期数不限。这无疑使第6条的规定落空。后来，中国人民银行重申，资金信托计划不得以分期方式逾越200份合同限制。因此，在运用信托收购模式时，信托资金计划规模的合规性也是当事方所必须考虑的事项之一。

除上述之外，笔者认为，我国法律还应就管理层收购主体的消极资格问题作出专门性的知定，即法律、行政法规禁止从事商业营利人员不能成为管理层收购主体。如依据《国家工商局企业法人的法定代表人审批条件和登记管理暂行规定》，国家公务人员、军人、审判机关、检察机关等在职干部等人员不得从事商业营利活动。此外，根据《公司法》第57条之规定，对于无民事行为能力或限制民事行为能力人；对在原企业被吊销营业执照的法定代表人，自吊销执照之日起3年内；刑满释放人员、劳教人员在期满与解除劳教3年内；被司法机关调查立案，因管理不善、对被依法撤销或宣告破产的企业负有主要责任的法定代表人自企

---

① 李东平："苏州信托助力管理层收购自然人买下大国企"，载《证券时报》2003年5月19日。

业被吊销执照起3年内;个人所负数额较大的债务到期未清偿,及其他有经济犯罪被执行未满5年的人员都不得成为管理层收购之主体。

二、管理层收购信息披露法律问题

Samuel Johnson 曾言:"秘密或者神秘开始的地方,堕落或者欺诈已经离我们不远了。"①在信息无法获取的地方,秘密助长了不信任。鉴于收购的管理层对目标公司所负的诚信义务及自身在收购活动中所存在的利益追求,所以在收购中有必要贯彻"阳光法则"要求管理层负有信息披露之义务,以解决内部人交易问题。所谓内部人交易即指管理者为了获得最大利益而利用自己获取的信息,利用对自己企业架构的控制权,利用自己选择中介机构职务的方便,利用自己在董事会上的建议权,从而使董事会作出一个对自己有利的企业定价。然后将企业在缺乏社会监督、缺乏竞争机制的情况下,不适当地将资产进行转移。

在实践中,有些公司管理层为了达到低价收购之目的,其通过调剂或隐藏利润的方法扩大企业账面亏损,然后利用该亏损迫使地方政府低价转让股权。若地方政府不同意,则继续操纵利润扩大账面亏损,直到上市公司被ST、PT后再以低价进行收购。而且,现实而言,管理层收购主要是采用协议收购方式操作,为了避免因信息外泄而给收购方与被收购方带来不利影响,在整个收购过程中主要是收购方与被收购企业私下进行协商、谈判。同时,为了减少交易成本,收购方常与大股东进行协议收购,因此整个收购过程都基本上处于企业上层人士的控制之中,这就造就了"黑箱操作"的可能。因此,在管理层收购中,信息的公开便显得尤为重要。在收购过程中,要防止因信息的不对称所可能导致的两种情况:

其一是当管理层与目标公司大股东协议收购时,要防止管理层通过调剂或隐瞒利润等办法来人为地扩大企业的账面亏损,从而迫使不知情的大股东转让股权。

其二是防止侵害中小股东的权益。目前,就上市公司管理层收购而言,收购的对象一般是法人股,而通过普通股进行收购的案例还较少。管理层收购可以通过壳公司以低于净资产价格,不通过二级市场进行要约收购,若信息未及时披露,那么其实质结果是其他流通股股东被变相地剥夺了与目标公司进行交易的

① 转引自齐斌著:《证券市场信息披露法律监管》,法律出版社2000年版,第1页。

权利。关于信息公开问题,我国《证券法》有些相关的规定,如该法第4章第79条、第82条等便有较具体的规定,但遗憾的是该法并没有对非上市公司收购的信息披露事项作出相应的规定。另外,我国《公司法》也仅仅只是规定股东有权查阅公司章程、股东大会会议记录与财务会计报告,并享有对公司经营提出建议与质询的权利。同时,在我国衍生诉讼机制尚未建立之时,中小股东的利益难以得到保障。虽然2002年10月证监会发布了《上市公司收购管理办法》,其规定对于管理层、员工收购,独立董事应当要求公司聘请独立财务顾问等专业机构提供咨询意见,咨询意见与独立董事意见一并予以公告。实际上,该《办法》并没有全部解决管理层收购中信息披露问题,其原因有以下几点:一是虽然我国引进了独立董事制度,但该制度的实际效果与其定位的功能相悖。二是该《办法》第12条规定,收购方应于达成协议的次日报送上市公司收购报告书,并进行提示性公告;此即意味着中小股东只能在收购完成后,才能获知有关信息,被迫接受控制权转移之一事实。[①] 三是管理层收购并非全部限于上市公司,事实上还有众多的企业游离于上市公司之外。所以我国相关管理层收购的法律法规还是几乎处于空白状态。

鉴于上述原因,笔者认为,我国应针对管理层收购信息公开问题进行专门性的规定,采取概括与列举的方式说明管理层所要公开的信息项目,这可包括管理层所持的股份数及所占的比例、股份定价的依据、收购资金来源与偿还方式、收购目的及后续计划、融资方案、收购人之基本情况及董事会与监事会等已履行诚信义务的说明等。同时,由于控股股东具有信息获取与占有上的比较优势,所以应对控股股东科以信息公开与监督之义务;因为既然各股东之间同为一股份公司的出资人,共同享有资产收益、重大决策、选择管理者等权利,在他们之间也应相互负有诚信的义务。[②] 实际上,我国《公司法》、《证券法》及《上市公司收购管理办法》都有一般性的规定,如《公司法》第145~146条及《证券法》第79条等关于对公司董事、监事、经理股份转让的限制,在履行报告期间不得交易及归入权的规定都可适用于控股股东。

三、管理层收购融资方面的法律问题

管理层收购是杠杆收购的一种。在一般情况下,管理层常常只能够支付总

① 非弘:“浅析管理层收购中的若干问题”,载《金融法苑》2003年第3期。
② 王保树:“论股份公司控制股东的义务与责任”,载《法学》2002年第2期。

收购价中很少的一部分。因此，管理层所能支付的部分与收购价之间的差额就只能通过融资来弥补。然而，在我国目前体制下，国内企业的管理层收购的融资途径却十分狭窄，其资金来源主要有个人储蓄、民间资本借贷、银行贷款及政府财政借款等。鉴于管理层收购往往所需资金过大，仅仅靠个人自有资金无异于杯水车薪，而民间资本借贷则隐含了不能按期还债而附带的金融风险与社会不稳定因素，且成本过大；另外，政府财政借款的合法性也存在有问题。因此，管理层收购的融资方式主要表现为银行借贷，但其操作却存在有严重的法律障碍。对此作以下分析：

1996 年《贷款通则》第 20 条第 3 款规定，借款人不得将贷款用于从事股本权益性投资，否则要承担相应的法律责任。依其第 71 条第 2 ~ 3 项规定，借款人用贷款进行股本权益性投资或用贷款在有价证券等方面从事投资经营的，由贷款人对其部分或全部贷款加收利息；情节严重的，由贷款人停止支付借款人尚未使用的贷款，并提前收回部分或全部贷款。《商业银行法》第 43 条规定，商业银行在中华人民共和国境内不得从事信托投资与股票业务，不得投资于非自用不动产，但国家另有规定的除外。《证券法》第 133 条规定，禁止银行资金违规流入股市。由于管理层收购具有股票业务与股本权益性质，所以管理层向银行借贷有违规之嫌。

再者，即使在管理层收购中使用银行资金无违规之嫌，即使能借用民间资本，但在筹集收购资金时，贷款方往往要求有担保的存在，以防止可能的信用风险。然而，这种担保的法律效力也是值得深思的。如在采用壳公司形式进行收购时，融资方往往要求目标公司以自己的资产为壳公司的债务进行担保，但这会遭遇法律上的障碍。例如，《公司法》第 60 条第 3 款规定："董事、经理不得以公司资产为本公司的股东或者其他个人债务提供担保。"2000 年最高人民法院颁布的《关于实施担保法若干问题的解释》第 4 条对此进行了明确："董事、经理违反《中华人民共和国公司法》第六十条规定，以公司资产为本公司的股东或者其他个人债务提供担保的，担保合同无效。除债权人知道或者应当知道的外，债务人、担保人应当对债权人的损失承担连带责任。"在我国，由于管理层收购运作模式中壳公司不与目标公司合并，目标公司的主体资格依然存在。因此，在收购完成后，壳公司即成为目标公司的股东，如此若依上述法律规定，就有可能导致担保无效。同时，这种担保行为也有滥用权力之嫌，与《公司法》第 123 条之规定相悖，该条规定"董事、经理应当遵守公司章程，忠实履行职务，维护公司利益，不得利用在公司的地位与职权为自己谋取私利"。另外，《上市公司收购管理办法》第 7 条规定："收购人不得利用上市公司收购损害被收购公司及其股东的合法权益。禁止不具备实际履约能力的收购人进行上市公司收购,被收购公司不得向收购人提供任何形式的财务帮助。”此外,中国证监会〔2003〕56号《关于规范上市与关联方资金往来及上市公司对外担保若干问题的通知》文件明文规定,上市公司不得为控股股东及本公司持股50%以下的其他关联方、任何非法人单位或个人提供担保。因此,从现行的法律来看,管理层收购之融资法律障碍重重、操作难度大。

管理层收购作为中国国有企业改良的一种制度创新,在目前的法律制度下,面临融资的法律障碍,其融资出路何在呢?笔者认为,最佳的方案是信托融资。《信托法》明确了委托人、受托人及受益人等信托法律关系主体之间的权利与义务关系,确立了信托财产独立的原则。因此,信托便成为一种有效的财产保护制度。在此基础上,《信托投资公司管理办法》则明确了信托公司的业务范围为受托经营资金信托业务;经营企业资产重组与并购、项目融资、公司理财及财务顾问等中介服务;代理财产的管理、运用与处分;以自有财产为他人提供担保。因此,结合前文关于以信托公司为模式的收购,在实施管理层收购过程中,以《信托法》及《信托投资公司管理办法》为依据,创造性地运用信托法律关系,不仅可以帮助管理层解决融资问题,其亦可以避免设立专门性的收购主体,从而简化整个收购活动、节约收购成本及回避目前的银行贷款及担保的法律障碍。实际上,国内的管理层收购第一案“人福科技”已成功地说明了信托融资的可行性。在该案中,2002年11月中旬,重庆新华信托投资股份有限公司设立5亿元规模的专项管理层收购信托,至2003年2月12日,“人福科技”发布公告宣布通过信托实施管理层收购。

四、管理层收购定价问题

收购价格过低是我国管理层收购中存在的一个极为严重的问题。由于缺乏合理的定价机制及必要的监督与制衡体系,企业高层人士有可能借助于管理层收购合法侵吞国有资产与公司权益,因此谨防“内部人暴富”是个很现实的问题。① 为了防止国有资产流失,国资企发〔1997〕32号文件第17条规定:“转让股份的价格必须依据公司的每股净资产、资产收益率、实际投资价格(投资回拨率)、近期市场价格以及合理的市盈率等因素来确定,但不得低于每股净资产

① 何光辉:“管理层收购的四大问题”,载《经济理论与经济管理》2003年第4期。

值。”这种规定的结果是,国有股的收购价因存在上述不低于净资产的硬性约束而通常以最低标准实行。然而,从实践来看,大部分的收购价低于公司股票的每股净资产价。例如,“美的”第一次股权转让价为2.96元,第二次股权转让价为3元,都明显低于2000年年底每股净资产4.07元;“深圳方大”第一次股权转让价为3.28元,第二次为3.08元,均低于2000年年底每股净资产价3.45元。那么,造成这种后果的原因何在呢?实际上,这与我国法律规定的不明及管理层收购操作的非市场化而没有形成一个管理层收购市场定价机制有关。如《上市公司收购管理办法》为我国一个正式的关于管理层收购的部门规章,但除了规定“当收购者为被收购公司的高层管理人员或员工时,应当由被收购公司的独立董事聘请财务顾问,就被收购公司的财务状况进行分析,对收购要约的条件是否公平合理等适宜性提出报告”之外,对收购价格如何确定却无任何规定。另外,在目前缺乏管理层收购市场形成收购价格机制的情形下,国有股转让的价格基本是由相关行政部门单独决定的,如在长沙友谊阿波罗管理层收购中,国有股的价格就是由长沙市财政局决定的。国有企业的改革是经济体制改良中的一个核心,那么管理层收购定价的法律机制何处去呢?

笔者认为,1997年国资企32号文件所规定的“净资产价格”还是比较合理、客观的,但定价机制关键在于公开性与透明性。这就要求我国必须构建一个市场化的定价体系,从而摆脱政府主导的定价模式。为了达到这一目的,我国可以利用各地现有的产权交易市场与中介评估机构,先由中立的中介评估机构对国有股进行公正客观的估价,从而确定一个评估价格作为市场集中竞价的基础,通过竞价来保证管理层收购定价的公正性与透明性。实际上,国资委在《关于规范国有企业改制工作的意见》中基本上了采纳了这一建议。在该《意见》中,国资委认为非上市国有产权转让要进入产权交易市场,不受地区、行业、出资与隶属关系的限制,并按照《企业国有产权转让管理暂行办法》的规定,公开信息、竞价转让。具体转让方式可以采取拍卖、招投标及国家法律法规规定的其他方式。

五、小　　结

管理层收购对于我国国有企业的改革无疑是一副较好的偏方,从其运作及所产生的实质效果来看也将具有长期存在的价值。在中国的国有企业改革正进退两难之时,可以预期管理层收购模式必将对我国上市公司与非上市之企业的产权结构调整发挥不可忽视的作用与影响。然而,由于我国法律创新的相对滞后性,管理层收购模式的运行在我国还面临着融资与担保上的法律障碍;同时由于我国信息披露法律体系的不完善及实践效果差，及管理层收购定价的政府导向。这就可能使管理层收购被贴上“黑箱操作”的标签，从而导致管理层收购原有功能与价值的缺位。结合前文针对每一相关问题所提出的观点，笔者认为，管理层收购在我国经济体制改革中价值充分实现的关键在于将管理层收购纳入法治化的轨道。

立于现实的层面，鉴于管理层收购的价值，现在的问题是立法改革或创新的思考。笔者认为，当某些法律规则成为经济与社会发展的障碍时，立法层面的反思就成为必需。因为法律是以通过效率为中心的制度改革与建构，为经济主体设定最有效率的交易模式与诉讼程序，保证人们以最可靠、最安全、最简便的手续，最少的时间耗费，达到预期的经济目标。① 因此，在肯定管理层收购的价值时，现在是我国法律应如何作出相对之回应，并进行规则之矫正的契机。对此，我们拭目以待。

(2004年第10期)

① 张文显著：《法哲学范畴研究》，中国政法大学出版社2001年版，第233页。

2005 年

行政性限制竞争行为的法律规制

方小敏*

一、问题的提出

(一)行政垄断是我国反垄断立法的难题

处于经济体制过渡时期的中国,行政垄断问题十分严重和突出,但在《反垄断法》是否应当对行政垄断加以规制以及如何规制的问题上,理论界和实务界仍颇有争议。① 一方面,"行政垄断"的客观效果与所谓的"经济垄断"相同,都限制了竞争,破坏了公平自由的市场竞争秩序,因此越来越多的学者接受将"行政垄断"列入我国反垄断法规制的对象。另一方面,反对声仍不绝于耳,反对理由主要表现在以下几方面:

第一项反对理由是,行政垄断是体制问题,不是靠一部反垄断法能解决的。事实上,任何社会问题的解决都是系统工程。从社会系统分工角度来讲,要靠立法、执法、司法、公众法律意识的提高、社会舆论力量的监督等的共同作用。又如,从实体规范上看,对消费者的保护也非仅靠《消费者权益保护法》,还要有配套的《不正当竞争法》、《民法》、《产品责任法》、《产品质量法》、卫生检验检疫制度等来共同保障。应当说行政垄断是政治体制改革和经济体制改革所要解决的问题,没有人会期待通过一部《反垄断法》就能够铲除。但是,行政垄断和经济垄断虽然实现垄断的方式和途径有所区别,但限制市场竞争、破坏自由竞争秩序、阻碍经济发展、损害企业和消费者合法权益的机理和后果却是一样的。以反对限制竞争,维护自由公平竞争秩序为宗旨的《反垄断法》仅适用于经济垄断,不适用于行政垄断,才是毫无依据的厚此薄彼。更何况行政性垄断还存在转化为经济垄断的可能性。

第二项反对理由是,传统的反垄断法所规范的都是经济垄断,而不包括行政垄断,所以反垄断法不包括行政垄断符合国际通例。这实际上是个很大的误会。误会产生的主要原因是,得出上述结论的人往往仅盯着国外反垄断法的表象,而

* 作者单位:南京大学法学院。

① 参见厦门大学法学院编:《第九届全国经济法理论研讨会论文集》,第227~230页。

没有分析表象背后的根源和理由,所以这样的结论只能是无源之水、无本之木。

第三项反对理由是,对依据的国家权力的行政垄断,难以进行有效的规制、监管,所以即使反垄断法反对行政垄断,也很可能仅是限于纸面规定,难以有效适用。的确,由于行政垄断主体的特殊性、行政垄断成因的复杂性和多重性,[①]在规制程序和标准的设计上、在规制机关的确定、被告的认定以及反行政垄断的措施和责任追究方面都存在很大难题。如果学界和立法仅停留于对反行政垄断的必要性的讨论上,而忽视制度建设本身的有效性和可操作性,那么即便在反垄断法中对行政垄断行为加以禁止,也很可能形同虚设,一如《反不正当竞争法》第7条规定的现实命运。所以,我国行政垄断立法的关键在于对被限制对象作出明晰严格的法律界定,在此基础上对执法主体及其权限、执法方式和程序以及处罚原则、手段和强度等进行明确详尽的规定,使反垄断法中禁止行政垄断行为的规定真正具有系统性、可操作性和权威性。

第四项有代表性的反对观点听起来正好与上述第二条理由相反。这种观点认为,市场经济条件下,经济人基于个人理性之下的自利行为很可能违背甚至损害社会的整体利益要求,政府行政权力的介入是必要的,中国特有的经济体制就是以存在行政干预为前提的社会主义市场经济。在这些学者看来,如果以反垄断法来规制社会主义市场经济下的行政垄断,这无异于是继受外国的反垄断法套在中国特有的经济体制之上。[②] 这种观点严重忽视了已被市场经济实践所证明了的市场理性的存在及其市场对经济个体的约束力,否定了市场在配置资源中的基础性功能,带有明显的强化行政权力和行政行为之功效的色彩,在实质上背离了社会主义市场经济的内涵。笔者同意不能把市场经济和国家干预对立起来,但是首先必须明确,竞争的市场是最有效率的。市场的事应由市场自己去完成,外力干预是有条件的,也是有限度的。具体表现为只有当市场和竞争走向自己的反面,即反竞争现象可能导致市场规则的调节作用部分或全部失灵时,才需要“看得见的手”进行适当干预。所以国家干预以市场经济为基础,目的是重塑自由竞争的市场,让价值规律重新正常发挥配置资源的基础性功能。国家干预的任务是也只能是为最佳经济效率的实现提供市场正常运行的条件。所以,如果国家利用自己的权力限制市场竞争,则是违背国家干预的宗旨和任务的,是应当受到法律制裁的不适当行为。

---

① 张淑芳:“行政垄断的成因分析及法律对策”,载《法学研究》1999年第4期。

② 黄河、徐德敏、李永宁:“论社会主义市场经济条件下的行政干预与行政垄断”,载《法律科学》2002年第6期。

(二)现行立法对行政垄断的规制及存在的问题

《反不正当竞争法》第7条是反对行政垄断的规定,第30条则是违反上述规定的处罚。这里尚不明确的问题是:该法第7条将行政垄断明确界定为政府及其所属部门滥用行政权力限制竞争的行为。那么现阶段普遍存在于自然垄断行业或者关系国计民生的公用事业领域中的限制竞争行为(《反不正当竞争法》第6条的有关规定)与行政性垄断是什么关系呢?另外,该法第30条没有规定相应的追究责任的程序;实施处罚的主体又不是法定的《反不正当竞争法》的执法主体,而是与行政垄断行为人通常有利益趋同性的行为人的上级行政机关,而且又缺乏对上级机关的有效监督,因此使责任条款形同虚设,反对行政垄断在实践中往往不了了之。

正在讨论中的我国《反垄断法(草案)》设专章对行政垄断进行规定,并区分具体行政垄断行为和抽象行政垄断行为的法律责任,体现出对行政性垄断行为的高度重视和立法技术上的日趋务实和成熟。应该说,目前的关键问题已不再是拘泥于10多年来仍然没有得到最后统一的要不要对行政垄断进行规制的问题,而是如何规制的问题,主要包括反对行政垄断制度的具体设计、违法行为的责任承担、反垄断机构的权限及其与有关行政机关的关系、对行政垄断行为实施处罚的程序等具体方面。

(三)解决问题的路径

就行政垄断而言,虽然它的确不是西方资本主义国家反垄断法的主要内容,但究其原因乃是和行政垄断对这些国家经济生活的影响力微弱有关。纵观西方资本主义国家经济发展的历史,几乎都经历了充分的自由竞争资本主义阶段,市场经济制度发达,只有到市场本身内涵的缺陷导致市场运行的结果走向自由竞争的反面即出现了(经济)垄断,反垄断法才会应运而生。在那样的社会里,经济生活由私人自治,国家不干涉经济活动是天经地义的传统,行政权力垄断经济不仅违背基本的价值理念,而且根本没有生存的土壤。法律规范以调整社会经济关系为己任。既然没有调整的对象,也就没有调整的必要。但由此并不能得出结论,这些国家反对通过反垄断法来解决实践中可能出现的利用国家特权限制竞争的行为。事实上,西方资本主义国家反垄断法中也有对公权力限制竞争行为加以规范的众多例子。例如,德国《反限制竞争法》第130条第1款明确规定,反垄断法也适用于全部或部分由国家所有的企业,以及由国家经营管理的企业;《反限制竞争法》第97条及以下条款规定,超过一定数值以上的政府采购必须公开招标,以确保采购过程符合自由公平竞争的原则,防止政府利用自己强大的购买力限制竞争。前项规定由来已久,后项规定涉及政府采购中的竞争问题,原先由《政府采购法》加以规定,1998年《反限制竞争法》第6次修订时将其统一纳入竞争法。这足以让我们看到西方国家反垄断法适应市场经济发展中不断涌现的新问题、新情况的开放胸怀,也证实了西方反垄断法并不排斥对公权力限制竞争行为进行有效规制。另外,由于历史和体制方面的原因,俄罗斯、乌克兰、匈牙利等转型经济国家的反垄断法中也大多有制止行政垄断的内容。[①] 可见,反对行政垄断是各国反垄断法都可能面临的任务,更是经济体制转轨国家反垄断法的重要任务和特色。

二、从欧盟法视角看对国家限制竞争行为的法律控制

欧共体反限制竞争法以保障自由公平的竞争秩序为目标,其基本思想是,自由、有效的竞争是整体经济效益最大化的保证。所以法律反对一切破坏自由竞争秩序的行为,当然也反对由国家权力促成的限制竞争行为。《欧共体条约》作为共同体基础条约,其基本任务之一在于阻止成员国通过限制竞争保护内国市场,反对对欧洲统一市场造成侵蚀,同样也反对国家通过介入经济活动对私人竞争造成破坏。私人和国家限制竞争的行为都会损害消费者的利益,限制消费者的选择自由。所以欧共体竞争法原则上对两者一视同仁,表现为反限制竞争法也适用于参与经济生活的国有企业;此外,反限制竞争法甚至还限制国家对公共服务的提供。规定在被称为共同体一级法的《欧共体条约》中的反对成员国限制竞争行为的基本法律制度可以概括为以下四个方面:[②]

1. 成员国不得对私人限制竞争行为进行规定或提供便利

欧盟法律禁止成员国采取措施,以加强或促成一项限制竞争行为的影响或发生。欧洲法院从《欧共体条约》第10条规定中总结引申出上述禁止性规定,要求成员国放弃可能危害自由竞争这一《欧共体条约》目标的任何措施。[③]

在BNIC/Aubert[④] 案中,葡萄酒生产商确定了各个生产商必须遵守的生产份额,国家通过处以罚款来惩罚那些不执行该约定的行为人。欧洲法院判决该罚

---

① 王晓晔:"入世催生我国反垄断法",载中国民商法网 http://www.civillaw.con.cn/weizhang/default.asp? id=13926。

② 部分参考 Mark-Oliver Mackenrodt 于2004年5月在人大常委会法工委举办的"竞争法国际研讨会"上的发言"Das Gesetz gegen Wettbewerbsbeschränkungenim europäischen und internationalen Kontext"("欧洲及国际视角中的反限制竞争法")。

③ Art. 3 I g) and 81 ff EG.

④ 《欧洲法院判例集》,EuGH, Slg. 1985, 1, I-136/86-BNZ/Aubert。

款无效，因为这样的罚款有助于确保私人卡特尔的严明纪律，是违反共同体竞争法的。另一个案件中，成员国为一个行业协会规定了法定义务，即行业协会应当确定一个有约束力的收费规则，明确最低价和最高价标准。共同体法院宣判该法律不得适用，因为它促进了价格卡特尔的形成，因而是违背共同体竞争法的。[1] 在第3个案例中，成员国法律为所有火柴生产者设定了加入行业协会的义务，该行业协会在全国获得了排他性的商业垄断地位，具有确定生产份额的能力。欧洲法院确认该法律不得适用，因为它使得企业间违反竞争法的生产数量划分成为可能。[2]

这类案例最为显明的特征是，存在一项违反反限制竞争法的企业行为，而并不涉及国家直接定价、直接发布行政命令干预企业经营等直接限制竞争的情形。国家仅仅是为拥有独立行为空间的企业（协会）所作的限制竞争行为提供了便利，从而应当间接地对此承担责任。

2. 对国家限制竞争行为（staatliche Wettbewerbsbeschränkung）的控制

《欧共体条约》第86条实现了对国家垄断（staatlicher Monopole）的竞争法控制。其中第1款明确禁止成员国对国有企业[3]和其他享有特权的企业采取或保留违反竞争法的措施。公有产权使国家干预的合理性得以充分彰显，国家得以凭借其所有权直接或者间接行使它对企业的支配性影响。如果国有企业和私有企业在同一个市场上遵循相同的游戏规则运行，至少在理论上国有企业也可以由此属于市场经济的一部分。但国家基于所有权属性对国有企业进行干预的适当性，国家依赖其特殊身份寻求国有企业特殊地位的任意性和不可克服性，使国有企业在经济实践中常常成为国家限制竞争的工具，以及直接受益者。其他享有特权的企业是指根据成员国法律规定或者行政规定，在一个确定的地域内，向数额有限的企业提供特权或者专有权而使这些少数企业处于优于其他竞争者的地位，损害这个地域内相同条件下从事相同活动的其他企业的实际竞争能力。[4] 这些享有特权的企业被视为与国家相关的企业。

考察《欧共体条约》反对限制竞争的本意，国家针对任何企业作出的违反竞

① 参见针对意大利提起的违反欧共体条约之诉，《欧洲法院判例集》，EuGH Slg. 1998，I－3851 Kommission/Italien。

② 2003年9月9日欧洲初审法院判例，Rechtssache C－198－01－Consozio industrie Fimmiferi。

③ 根据欧共体《关于成员国和国有企业之间财政关系的透明度指令》，国有企业是指“政府当局能够凭借其所有权、财政参与、章程以及其他规范企业活动的规定，直接或者间接行使支配性影响的所有企业”。参见 OJ 1980 L 195/35。

④ 王晓晔著：《欧共体竞争法》，中国法制出版社2001年版，第273页。

争法的措施都是法律禁止的。第86条第1款表面上针对的是国有企业和其他享有特权的企业，主要目的则是制止成员国通过对国有企业和其他享有特权的企业采取某种措施而背离条约的竞争规则。① 以往的实践经验确实表明，成员国妨碍市场最便利和最乐意采取的措施总是以某企业与国家有特殊关系为借口，使这些企业逃避常规的市场竞争。所以，国有企业和其他与国家有特殊关系的企业常常是国家实行垄断的工具，也就成为反对公权力垄断的重点之一。

《欧共体条约》第86条第2款则是针对国家为公共经济利益提供服务所作的规定。在成员国公用事业中国有企业及其特权地位是普遍存在的现象，因为广泛提供的公共服务无利可图，市场在一开始并不愿意从事这些公共事业，而是由特定的国有财产来承担相应的任务。该《条约》第2款的规定旨在确保这些领域中的国家垄断仅仅服务于上述公共经济利益目的，而不得超越为提供这些公共服务所必要的范围。可见，国家垄断在例外情形下被合理化的前提是，为公共经济利益提供服务。这种服务不论其个别经济效益如何，必须有利于所有的使用者。范围广泛的公用事业领域，如邮电服务、电信服务、提供能源和水资源的公用事业以及交通运输业即符合这一条件。

国家垄断在此得以豁免的第2个条件是，反限制竞争法的适用可能会阻碍这些企业特殊任务的完成。对此前提的判断适用非常严格的标准。例如，曾经有一个成员国授权垄断经营国家电话网的一家国有企业，由它确定电话机技术规范并监督其执行。该国有企业同时还在市场上经营电话机，由此获得了优于其他电话机经营者的竞争优势，因为哪些电话机可以被市场接受取决于该企业。欧洲法院由此判决，②通过将电话机的监控权转交给该国有企业实际上形成了对电话机市场上的竞争限制，并且这一行为不能以《欧共体条约》第86条第2款意义上的公共经济利益作为合法化的依据。因为反限制竞争法的适用，即把对电话机的监控权从该国有企业分离出去，在此并未阻碍该企业正常经营电话网从而实现公共经济利益。

最后，国家垄断对竞争的限制不得超过平衡公用事业引起的经济不利益所必要的程度。例如，德意志邮政(Deutsche Post)拥有传递信件的合法垄断地位，但这不适用于已经存在私人竞争的包裹投递业务。欧盟委员会因此不允许德意志邮政用其在信件业务方面获得的垄断利润来补贴其包裹投递业务，因为这将

---

① Emmerich, Kartellrecht, Aufl. 7, München 1996, S. 578，转引自王晓晔著:《欧共体竞争法》，中国法制出版社2001年版，第277页。

② 《欧洲法院判例集》，EuGH Slg. 1991, 1－05941－Telekommunikationsendgeräte。

损害包裹投递业务的私人从业者。[①] 特别是在从事与公用事业可分离的服务时,排除竞争的行为不能得到豁免。

总之,如果垄断企业试图将其垄断地位非法扩展至相邻市场或者为了保持其垄断地位而阻扰新市场的产生,就违背了《欧共体条约》第 82 条和第 86 条。

3. 对成员国补贴的控制

对国家行为进行反限制竞争法控制的第 3 条途径表现在《欧共体条约》第 87 ~ 89 条禁止成员国给予企业补贴的规定中。对补贴应当做广义理解,其中包含了如通过减轻税负、低息贷款和提供国家担保等形式给予的特权,这些特权使企业可以获得比他人便宜的资助。国家补贴使未得到补贴的企业处于不利地位,扭曲了竞争。所以欧盟法原则上反对成员国任意使用补贴方式限制竞争。根据《欧共体条约》第 88 条第 3 款,成员国只有经欧盟委员会许可才可采取补贴措施,否则有义务取消违法补贴。

但同时成员国可以通过补贴来推动和促进共同体确定的特定目标。例如《欧共体条约》第 87 条第 2 款允许社会福利性质的补贴和自然灾害补助。根据《欧共体条约》第 87 条第 3 款,欧盟委员会还有权批准向特别落后地区或部门提供补贴,或者出于文化目的而提供补贴;此外,委员会还在集体豁免条例中列出了适用于教育领域、劳动市场促进以及小企业的豁免标准。[②] 同样,在科研领域、环境保护和企业重整方面,反垄断法的适用力度也相应减轻了。上述这些具体规定的目的在于尽量降低扭曲竞争的可能性,并通过提高透明度来保障特定目标的实现。

4. 欧盟政府采购法

欧盟国民生产总值的约 14% 来自国家在建设、供应、服务方面的政府采购。从卡特尔法上来看,国家因其政府采购中的特殊地位而拥有非常强大的购买力。所以,依据欧共体条例,[③]超过一定数值以上的政府采购必须公开招标。采购必须符合竞争、透明度和平等对待供货商的原则,目的是确保竞争秩序,节省公共财产。

---

① 参见 Europäische Kommission COMP/35. 141。第 86 条第 2 款是范围广泛的豁免条款,可以据以排除第 87 条禁止补贴规定的适用。

② 地区补贴参见 ABl. C74,9 und AB1. C258,5;集体豁免条例参见 VO994/98 AB1,L 142,1;VO EG 68/2001,ABl. L10,20; VOEG 22202/02,AB1,L337,3 und L 349,3; VO EG 70/01,AB1. L 10,33。

③ 欧共体 2003 年 12 月颁布的新规定,载 http://europa. eu. int/comm/internal – market/de/publproc/general/2k – 461. htm。

三、欧共体对国家限制竞争行为的法律控制对我国的启示

(一)反垄断法中国家限制竞争行为的界定

欧共体竞争法条款中没有直接使用国家垄断、行政垄断等概念,而是通过对成员国限制竞争行为的具体描述来确定规范的内容。在共同体学者的著作中也找不到行政垄断的字样,普遍使用的是"国家垄断"一词。国家垄断不同于行政垄断。按孟德斯鸠的"三权分立"理论,国家垄断应当包括了立法、司法和行政3部分内容,而行政垄断仅是其中的一部分。固然行政垄断因为行政行为的频繁性和广泛性而在各样的国家垄断中占有相当的比重和影响力,但它并不能涵盖滥用国家权力(公权力)限制竞争的全部内容。从欧共体法维护统一市场上自由竞争秩序的宗旨来看,它所要调整的是成员国滥用公权力限制竞争的行为,而该行为是通过行政的方式,还是通过立法、司法的方式得以实施并不重要,故而多使用了国家垄断的概念。当然不能忽视欧共体作为自成一格的超国家实体(sui generis),是在它的基础条约《欧共体条约》中设定自由大市场的目标,并规定了符合该目标的对成员国限制竞争行为的禁止性规定,而成员国的立法、行政和司法都必须遵守基础条约中的规定。违反条约的内国法律规定将被确认为无效。这是欧盟法针对国家限制竞争行为而不单单禁止行政垄断的立法背景。

在中国这样一个主权国家中,通过立法确定的国家垄断的妥当性必然只能依据本国宪法来作出判断,而非根据同层次的《反垄断法》可以得出结论。全国人大及其常委会通过的法律如果含有限制竞争的内容,应当将其理解为《反垄断法》适用除外的国家垄断。但根据法律规范的位阶,法律高于地方法规和行政法规及规章,违反《反垄断法》的地方法规、行政法规和规章的效力都应受到否定性评价,从而防止公权力通过发布规范性文件产生阻碍竞争的后果。此外,《反垄断法》自然也是相关司法实践必须遵守和维护的准则和规范。目前,实践中司法机关出于地方保护主义而在审判中偏袒本地经营者,无根据地作出不利于外地竞争者的判决并非罕见。如果由此违反了《反垄断法》,损害了自由公平的竞争秩序,也应当追究司法机关的责任。从这个意义上来讲,对公权力限制竞争行为的界定不仅包括多年来经常讨论的行政垄断,而且应该包括地方立法机关和司法机关的相关行为,才能有效防止滥用国家权力损害竞争秩序。

但是基于国家职能划分原则,立法机关及司法机关的行为不在反垄断机关的职责管辖范围内,因为反垄断主管机关在本质上属于行政机关性质。所以对

地方立法机关和司法机关等行为者并不适用一般的反垄断行政程序，而是由相关有权部门进行审查监督。① 一般的反垄断行政程序因此仅适用于参与公权力限制竞争行为的企业(通常是国有企业和与国家有特殊关系的企业)以及行政机关。这决定了反垄断主管机关的任务仅局限于反对行政性限制竞争行为而非反对一切国家垄断行为。这正是以行政执法程序为核心的反垄断法在反对公权力限制竞争中的局限性。事实上，防止公权力不适当地干涉以市场为主导的经济生活的本质是，防止公权力干涉私权利，这本来就是民主宪政国家面临的一个综合性课题。任何理性人都不会期望由反垄断主管机关通过其行政执法活动来独自完成这一使命。立法、行政、司法共同努力，相互配合，才能全面有效地反对不适当的公权力限制竞争行为。

目前在我国，行政性限制竞争行为和依赖于行政权力的国有企业或者与国家有特殊关系的企业构成了损害自由竞争、对抗私有企业、从而导致高价格和低效率的主要原因之一。而设置独立、权威的反垄断主管机关对出现频率高、影响大的公权力限制竞争行为即行政性限制竞争行为进行快捷、专业的监督管理被以往的经验证明是可行的、有效的。政府及其所属部门因为直接或间接参与市场经济活动而成为《反垄断法》适用对象之一。②

(二)行政性限制竞争行为的分类

1. 具体的行政性限制竞争行为和抽象的行政性限制竞争行为

欧共体法规制的公权力限制竞争行为包括了限制竞争的具体行为和通过法律规范限制竞争的行为。相应地，我国《反垄断法(草案)》将行政性垄断区分为具体的行政垄断行为和抽象的行政垄断行为。这里采用行政法上对行政行为进行分类的方法，比较科学，在逻辑上可以使对行政垄断表现形式的概括得以穷尽。另外，基于我国现行立法对待具体行政行为和抽象行政行为的不同态度和评价，必须考虑两者在法律构成和法律责任承担上的差异，将两者相区分有利于更好地安排有关的制度规范。尤其是依据现行立法，对所有的具体行政行为都可实行司法审查，而抽象行政行为则不是司法审查的对象。这就使抽象行政垄断行为游离于司法力量的监督之外。而实践中通过颁布规范性文件限制竞争恰

① 例如，由全国人大及其常委会对地方法规的违法性进行审查，而违背反垄断法的司法机关将因其不适当司法行为而依法承担相应的国家赔偿责任。

② 这一点在欧盟著名的 Höfner 案中已得到明确肯定。参见 EuGH Slg. 1991, 1 – 1979, Rdn. 20 – Höfner。德国某国家机关垄断经营职业介绍业务，欧洲法院对此作出判决，职业介绍行为不是国家主权行为而是经济行为，对它应当适用卡特尔法。不允许禁止私人竞争者从事职业介绍活动，因为私人企业也可以很好地承担起职业介绍的业务。

恰是更为常用、危害性更广泛的破坏自由公平竞争秩序的形式。如果反垄断机构不对这类行为进行监督控制,并针对其特点规定相应的行为人承担的法律责任,则将严重减损反对行政性限制竞争行为规定的效用。

2. 行政性限制竞争行为的表现形式

一如我国习惯于把反对限制竞争行为的法称为"反垄断法",学界通常提及的也是"行政垄断"这一概念。虽然至今还没有一个关于行政垄断的权威定义,但对其理解上通常出现的偏差已经明朗化。一部分人顾名思义,将行政垄断局限于行政机关滥用行政权力导致垄断,地方政府分割市场形成地域性垄断市场结构,以及自然垄断行业滥用市场优势(垄断)地位的行为。必须明确,科学的概念应该是以行政性限制竞争行为来代替行政垄断,因为政府及其所属部门滥用行政权力限定交易、限制市场准入或者为经营者限制竞争行为推波助澜等行政行为并不以引起市场垄断的后果或者存在市场垄断的前提为必要条件,而是在本质上表现为利用行政强力限制自由公平的竞争。所以,行政性限制竞争行为是更为恰当的表达方式。

暂且撇开常常对其单独立法的政府采购行为不谈,对行政性限制竞争行为的其他表现形式也有较大争议。以往学界一般将行政性限制竞争行为概括为部门垄断、地区垄断和自然垄断企业滥用市场优势地位三大类。但也有学者越来越多地认识到除此之外,行政性限制竞争行为在我国当前还典型地表现为企业合并中的"拉郎配",政府及其所属部门出于限制竞争目的限制经营者的经济活动,限定购买指定经营者的商品和服务等;此外,政府及其所属部门出于一定的经济利益,利用手中的行政权力对市场竞争施加不公平和不适当的影响,也是行政性限制竞争行为。① 必须承认,至今为止学界对行政性限制竞争行为表现形式的表述显得过于具体,缺乏概括,自然也就无法做到列举穷尽,甚至在缺乏原则指导的情况下单纯的列举会出现偏差,远离了确定这类行为的标准。

《反垄断法(草案)》没有将目光局限于原先的条块分割式行政干预状态,而是注重限制竞争的方式本身的特点,将行政性限制竞争行为区分为强制买卖、限制市场准入和强制经营者限制竞争,其中限制市场准入显然包括了限制某一地区、部门或行业的竞争等多种形式。应该说规范的抽象概括性加强了,涵盖面也更广,更符合在打破条块分割的统一市场条件下规范行政性限制竞争行为的现

---

① 王晓晔:"依法规范行政性限制竞争行为",载《法学研究》1998 年第 3 期。文中举例说市场上许多"推荐"或者"质量信得过"产品,其本质不过是企业向有关部门交付了一定的保护费,由此便获得了接受行政庇护的竞争优势。

实需要。然而《反垄断法(草案)》中的列举仍然不够周全,诸如凭借行政权力给予某些企业特殊优惠,或者为经营者限制竞争行为提供便利等等这样常见的行政性限制竞争行为都不在其列,因此有必要重新思考对行政性限制竞争行为表现形式的分类标准以及相关的立法体例和技术。

笔者建议在《反垄断法》中加入"禁止行政性限制竞争行为"的一般性条款,就像禁止垄断协议和禁止滥用市场支配地位的一般性条款那样,从而弥补列举无法穷尽的不足。而对典型的行政性限制竞争行为的列举则可以结合行政性限制竞争行为通常涉及的3方关系的特点来确定。在政府及其所属部门限制竞争的过程中,必然涉及企业,而企业又可分为在行政性限制竞争行为中受益的经济主体和受损害的经济主体。根据政府与企业之间的关系可以把行政性限制竞争行为区分为政府直接限制竞争行为和政府间接影响企业的限制竞争行为两类。前者政府直接限制竞争行为至少可以区分为给予某些企业特殊优惠或者削弱某些企业竞争地位来实施差别待遇和限制部分企业的公平自由竞争这两种方式。现在草案中列举的强制买卖和限制市场准入,或者没列举的补贴、税收优惠、限制竞争的企业集团"拉郎配"等都包含在其中。后者主要表现为存在一项企业自身采取的限制竞争的企业行为,公权力仅仅是间接地为这种限制竞争行为提供便利或提供肯定。所以,如果能根据上述分类方法,采用典型列举和一般条款相结合的立法体例规定行政性限制竞争行为,则使法律规定层次清晰、系统性强、涵盖全面、便于执行和操作。

学界对行政性限制竞争行为表现形式普遍所作的三分法越来越受到质疑,最为突出的问题是,现实中大量存在的诸如电信、电力、交通运输等自然垄断行业以及关系国计民生的公共事业领域的乱收费、乱提价、限定交易等行为是不是行政性限制竞争的行为?①

首先,要将这些领域中的垄断现象和一般的经济垄断区别开来。可以明确的是,邮电通信业、电热水气等能源业、交通运输业存在的垄断从性质上讲是国家基于对自然垄断等经济原因以及国家利益和社会公共利益要求的考虑,通过法律形式确定的垄断,其垄断地位是合法的。可见这种垄断不是政府及其所属部门限制竞争的结果,而是以国家法律为依据的"国家垄断"。这些领域中的企业多为国有企业或与国家有特殊关系的企业,国家给予通过立法确定这些企业

① 反对观点可以参见王为农:"中国反垄断立法的若干基本问题",载王晓晔、伊从宽著:《竞争法与经济发展》,社会科学文献出版社2003年版,第135~148页;黄河、徐德敏、李永宁:"论社会主义市场经济条件下的行政干预与行政垄断",载《法律科学》2002年第6期。

的垄断地位。从该行为的主体和性质可以确认,它显然不属于我国学界通常所说的反垄断法反对的行政性限制竞争行为,而是一种合法的公权力限制竞争的行为。但这种国家垄断在反垄断法上又确实具有独特的意义和敏感的地位。一是近年来国际实践证明,在这些领域中打破垄断、引入竞争机制是克服该领域企业因为缺乏竞争、处于特殊地位而滋生低效率的最佳途径。为此,欧共体的国家和地区的反垄断法中都有对传统的国家垄断行业实行自由化的规定。① 我国也认同在这些领域引入竞争的合理性,已在电信业实行优先拆分,提出了电力输、配、送分离,引入竞争机制的目标等。制定中的《反垄断法》应当反映和维护这些领域改革的要求和成果,应作出相应规定。二是欧盟法非常明确地指出这类公权力限制竞争行为得以正当化从而成为反垄断法适用除外的前提是,这些行为是为公共经济利益提供服务所必要的,反限制竞争法的适用可能会阻碍这些企业特殊任务的完成,并且对竞争的限制始终不得超过提供公共服务所必要的程度和范围。如此严格的适用除外条件正是实践中这类国家垄断地位极易被滥用的事实在法律规范适用上的体现。给予我们的启示是,公权力限制竞争行为获得法律上的承认并非理所当然,必须有充分的正当性。在我国目前市场机制尚不十分成熟的情况下,自然垄断和公用事业领域的企业凭借与其有千丝万缕联系的公权力靠山,滥用垄断地位的现象比比皆是。所以反垄断法应当为合法的公权力限制竞争行为的确认和判断提供精确严格的标准。上述两方面的法律规范显然不同于对普通经济垄断的规制,也不属于对一般行政性限制竞争行为的规制。

其次,不考虑垄断本身,企业滥用其垄断地位的行为也属于反垄断法禁止的对象,构成传统反垄断法的 3 大支柱之一。至于企业滥用的是经济垄断地位还是法定垄断地位,对于行为的经济意义和市场影响并无两样。所以说无论是私有企业滥用经济垄断地位的行为,还是自然垄断企业滥用法定垄断地位限制竞争,禁止滥用垄断地位的规范对它们都同样适用。这也正是一些学者提出将这类法定垄断企业的行为归入传统的反经济垄断范围,反对对其适用特别的行政垄断法律规范的原因所在。但是,由于我国现阶段多数国家垄断行业的企业都是国有或国家控股企业,这些企业滥用垄断地位而被追究反垄断法责任受到处罚后,并不直接影响企业经营者的利益,也不会殃及具体企业所有人的特定的利益,而仅是国家财产受损,所以即使对这些企业适用反垄断法,似乎也只是“隔

① 《欧共体条约》第 86 条第 3 款,德国 1998 年《能源法》。

靴搔痒",起不到明显的警戒和遏制作用。① 所以是否应当参照有关行政性限制竞争行为的规定,对国家委派担任这些特殊企业的主要负责人追究相应的个人责任是一个值得研究的问题。

3. 行政性限制竞争行为的法律责任

鉴于行政性限制竞争行为主体的特殊性,反对行政性限制竞争行为的关键在于行为人法律责任的承担。为此应当明确责任承担者、确定执法机关及其权限,并设计合理的具体处罚程序。

其中核心问题是建立统一、独立、权威的准司法机构性质的反垄断主管机关,明确赋予它对地方各级政府及其部门和国务院各部门的限制竞争行为进行处理的权力。② 包括赋予反垄断机关以知情权、调查权、建议权和处罚权。应该说针对行政性限制竞争行为的执法活动最能显示出对反垄断执法机关设置的高要求。这类案件和国家有权机关联系在一起,往往又涉及政府重点扶持的企业,立案和查处都会受到各方利益的阻挠和影响,难度大,情况复杂。这就要求反垄断主管机关必须有足够的独立性和权威性。事实上,即使在行政性限制竞争行为不甚严重的西方国家,保障反垄断执法机关的独立性和权威性也是反垄断法得以切实实施的前提。例如,德国联邦卡特尔局即被设计为具有准司法性的机构。卡特尔局中设置类似法庭的审议庭处理反垄断事务,审议庭内实行多数裁决制,其行为不受卡特尔局局长的干预。此外还通过提高透明度来维护反垄断机关的独立性,提高其权威性。例如所有反垄断法适用豁免的裁定都必须公布。联系目前我国对反限制竞争行为管理多头,标准不一的情况,强调由一个独立的反垄断主管机关统一执法很必要,否则像现在这样,有些特殊行业如电信部门等由本行业主管部门执法,则仍然脱离不了由上级机关对下级机关限制竞争行为监督检查的老套。③

对具体的行政性限制竞争行为和抽象的行政性限制竞争行为应当分别规定行为人的法律责任承担问题。笔者建议,对具体的行政性限制竞争行为,可以授

---

① 基于《反垄断法》的威慑力所产生的该法的预防作用被广泛认为是反垄断法最根本的功能和最主要的贡献。参见王先林:"入世背景下制定我国反垄断法的两个问题",载《法学评论》2003年第5期。

② 我们认为不宜在现有机构中指定承担反垄断执法职能的机构,而应该单独创设专门的执法机构,可称为"国家反垄断委员会"或"国家公平交易委员会",在中央和跨省大区两级设立。关于反垄断执法机构设置问题可参考覃有土、常茜奕:"论中国反垄断执法机构的设置",载《法学论坛》2004年1月5日。

③ 关于上级机关作为执法主体的弊端,可参考王晓晔:"依法规范行政性限制竞争行为",载《法学研究》1998年第3期。

权反垄断主管机关进行调查,对行为违反反垄断法的性质进行认定并直接责令行为人行政机关停止违法行为,这也符合对限制竞争行为由反垄断机关专司查处的原则。抽象的行政性限制竞争行为是针对所有同类相对人的,具有普遍的约束力,其危害性也因此远远大于具体的行政性限制竞争行为。但对于抽象的行政性限制竞争行为,更适宜由反垄断机关审查和评价其对竞争的影响,认定其为违反反垄断法性质的行为,且反垄断局有权建议作出该抽象行为的行政机关或其上级机关对有关规范性文件予以改变或撤销。行为机关或其上级机关持相反意见不予改变或撤销的,应当予以公告,从而通过提高透明度来助力反垄断执法机关,加强对有关行政机关的监督,同时也更有利于公众接受相关的行政决策,推动依法行政。对行政性限制竞争行为直接负责的主管人员,目前《反垄断法(草案)》中规定由反垄断主管机关根据情节轻重给予降级或者撤职的行政处分,笔者认为是不恰当的。行政处分作为内部行政手段,只能由直接负责人员所在的行政机关或者上级行政机关对他作出,这符合行政的基本原理。更何况如果反垄断机关可以直接处分主管人员,这些行政人员可能因为实质上面临多头管理而无所适从。所以,由反垄断机关向主管人员所在机关的行政监察部门或者是上级机关提出处理意见,而由行政机关作出处理决定更为合理。这样的整个过程也应当予以公告以提高行政透明度。

(2005 年第 2 期)

公开、规范与定型——养老保险制度从政策到法律

——中国社会保险立法的进路分析

郑尚元*

养老问题是中国社会面临的一个重大问题！人口老龄化进程的加快，以及计划生育政策实施后人口性别结构、年龄结构的不平衡，加剧了解决中国人养老的难度。养老保险制度是解决养老的根本出路，构建理性的、符合中国国情的养老保险制度是十几年来各方人士梦寐以求的目标，有相当一批为制度的建立和完善而呕心沥血的人们一直在探索中国养老保险制度的路径。从计划体制向市场体制的转轨，计划时期的劳动"保险"制度逐渐淡出了历史舞台，而符合市场体制的养老保险制度一直处于"改革"进程中，十几年过去了，人们并没有感知到公开、规范与定型的养老保险制度。本文从政策制度向法律制度转变的视角，透视中国养老保险制度法制化的路径，从权利、义务、责任等基本法律范畴的角度，分析中国养老保险法律制度形成之必要性、可能性，并在此基础上分析了社会保险立法的进路。

一、养老保险制度回溯与现行制度及理念的滞后性

(1)计划体制下的劳动保险制度及其退出。1951年《中华人民共和国劳动保险条例》(以下简称《劳动保险条例》)颁布并开始实施。从立法技术、制度系统上讲，这一行政法规到目前为止，其科学含量仍值得肯定。"从1951年到1965年，我国在这一时期建立了企业雇主按本企业工资总额3%缴纳劳动保险基金，基金实行分级管理、全国统一调剂使用的办法。企业所缴保险费的70%留在企业，用于支付养老保险金；30%转到国家总基金。中华全国总工会既管理地方保险金支付的指导工作，也管理全国总基金。"①严格地讲，当时所建立的劳动保险制度，属于半"社会保险"与雇主责任相结合的制度，即劳动者在年老、疾

* 作者单位：中国政法大学民商经济法学院。

① 王东进主编：《中国社会保障制度的改革与发展》，法律出版社2001年版，第53页。

病、伤残、生育等职业风险中，并未完全实现社会共同承担风险的模式，而是局部地、部分地进行资金的调剂，风险大部分仍由劳动者所在单位承担。这种制度一直维系到“文化大革命”开始：1969年2月，财政部颁发了《关于国营企业财务工作中几项制度改革意见》，规定不再向国营企业提取“劳动保险费”，企业支付的退休金改在“企业营业外列支”。至此，中国劳动保险制度完成了其历史使命。

(2)1978年改革开放后到1991年的这十几年是养老保险制度破碎与制度混乱时期。1978年，国务院颁布了《国务院关于安置老弱病残干部的暂行办法》和《国务院工人退休、退职暂行办法》，养老负担全部落在职工所在单位。从“文化大革命”期间取消劳动保险费提取到改革开放初期完全的计划经济体制，政企不分的经营模式使职工并没有遭受多大的职业风险，也未发生大面积的拖欠职工养老金的现象。如果从社会关系的属性上分析，计划经济时期企业与劳动者之间的关系，不属于雇佣劳动关系，一定程度上更接近准行政关系，其中，企业中的部分劳动者本身就拥有干部身份，即现在的公务员身份。企业作为政府附属物，没有成为独立市场主体之前，鲜有劳动者与企业之间的养老保险待遇纷争。

从1978年到社会主义市场经济体制确立前的十几年间，我国经济体制改革逐步从农村发展到城市。城市经济体制改革的重心是企业制度改革。企业逐步成为市场的主体，经营权逐步落实到位，尤其是企业拥有用人自主权之后，劳动者的职业风险暴露无遗。20世纪80年代中期后，随着城市经济体制改革的启动，企业逐渐由非市场主体、半市场主体演变为完全市场主体，其间，企业制度(如财税制度、金融制度、工资制度、劳动用工制度)经历了剧烈的制度变迁。由企业个别承担养老金负担的模式遭受到了前所未有的挑战，因企业拖欠职工养老金而发生的群体突发事件屡屡发生。于是，各地进行了不同层次的养老保险费用统筹的实践操作，这些实践操作多是根据本地政府或相关部门的红头文件而展开的。养老保险费用统筹的层次多为县(市)，有的地区拓展到地(市)级。部分行业曾经实行了行业①内的养老保险费用统筹。

1991年6月26日，国务院发布了《关于企业职工养老保险制度改革的决定》，标志着我国养老实行社会保险制度序幕的拉开，即以养老保险费用社会统筹、形成养老保险基金，由社会承担劳动者老后养老负担的社会保险模式，替代

① 计划体制下的行业并非真正的行业，实际上属于行政管理下的系统，如电力、煤炭、邮电、铁路、民航、航空航天等行政系统管理下的所有企业被称为“行业”。与市场体制下的行业，如制衣、医药、电子等产业行业有相当大的区别。

实施多年的企业个别承担劳动者养老风险的制度。1994年7月4日颁布的《劳动法》[①]对养老保险制度作了原则性规定；1995年3月国务院发布了《国务院关于深化企业职工养老保险制度改革的通知》（国发〔1995〕6号），“标志着我国养老保险制度改革的进一步深化，同时指明了我国养老保险改革的方向”。[②] 之后为了打破地方与行业分割，实现社会统筹养老保险费用、养老保险待遇社会化发放的目的，1997年国务院发布了《关于建立统一的企业职工基本养老保险制度的决定》（国发〔1997〕26号）。现行养老保险制度就是依据1997年国务院发布的这一规范性文件而设计的，作为目前制度运行的依据，这一国务院规范性文件至今未曾修正过。

（3）现行养老保险制度的制度缺陷。我国改革开放20多年来法制建设的成就是可以值得肯定的。我国尚处于建设社会主义法治国家的进程之中，20多年来，尤其是市场经济体制确立以来，100多部法律、难以计数的行政法规和地方法规的颁布，对我国现存社会关系的法律调整基本上实现了大面积覆盖。但不可否认的是，仍有不少社会关系的梳理并未进入法律调整的区界，现行养老保险制度即是典型一例。1997年发布的《关于建立统一的企业职工养老保险制度的决定》（以下简称《决定》）以国务院规范性文件的形式出现，抬头即为“各省、自治区、直辖市人民政府，国务院各部委、各直属机构……”这一决定难以承载建立中国养老保险制度的使命：

第一，该《决定》是发布给省级政府及国务院各部门、各直属机构的规范性文件，这些机构当然负有实施这一决定的义务和职责。国务院的红头文件并不是向全社会公开的、要全社会成员一体遵行的法律。[③] 企业、劳动者难以见到国务院规范性文件，等于说这一制度是不公开的制度，而不公开的国务院决定不应对企业、劳动者发生效力。原因很简单，国务院规范性文件决定要求每个企业、每个劳动者必须参加养老保险、必须缴纳养老保险费，也就等于国务院以规范性文件的形式利用任何一个名义，如以植树造林、绿化荒山、改造环境的名义向每

---

① 在市场经济发育相对成熟的国家中，劳动法并不规定社会安全方面的内容，如养老保险、全民健康保险、工伤保险、失业保险、生育保险（津贴）、遗属津贴等制度都是由社会法中之社会保障法所规定的，如德国《社会法典》中专门有年金（养老保险）制度的规定。

② 王益英主编：《社会保障法》，中国人民大学出版社2000年版，第58页。

③ 笔者认为，即便是行政法规，也仅是中国法制进程中的权宜之计，对社会所有成员具有拘束力的只能是人大制定的法律、地方法规。法律、地方法规的制定是由人民代表通过法定程序制定的，它体现了人民的利益与愿望。政府只能去严格地执行法律或地方法规，政府制定行政法规，又执行该行政法规，将发生规则的制定者与规则的执行者集于一身的现象，政府公正难以体现；政府制定规则并不一定能体现人民的利益，行政法规的制定在法理上存在逻辑误区。

个企业、每个公民征收一定的费用。由社会成员直接承担义务的只能是法律制度,未及公开的国务院规范性文件对他们不具有拘束力。

第二,规范性文件并不规范,制度推行缺乏硬约束。《决定》规定的内容之一是:“到本世纪末,要基本建立起适应社会主义市场经济体制要求,适用城镇各类企业职工和个体劳动者,资金来源多渠道、保障方式多层次、社会统筹与个人账户相结合、权利与义务相对应、管理服务社会化的养老保险体系。”稍有常识的人便知,这种文字表述是理念,是意识,而非制度术语,不可以成为被实践操作的制度,更不可以成为落实权利、义务和责任的法律制度。

第三,制度推行缺乏有机性。养老保险制度的实施须与其他制度形成制度系统,如养老保险待遇的享受必须符合若干条件,退休年龄即是重要一项。该《决定》始终未提退休年龄,至于说制度的严密性更是无稽之谈。

二、现行养老保险制度非法制化运行之现象

我国养老保险制度的实践运行是在非法制环境下进行的,在中国社会渐入法治社会的进程中,养老保险领域遭遇的法律障碍与尴尬是相当普遍的。本文写作中并不直接提供具体的案例,而是以普遍存在的现象揭示现行养老保险制度所遭遇的法律障碍,引申养老保险法制化的必要性。

(1)养老保险费征收为什么这么难?——养老保险费征收行为是公权力行为,还是社会权利行为?养老保险制度运行仰赖于稳定、可靠的养老保险基金的形成,筹集基金是举办任何保险事业必不可少的环节。商业保险依靠的是商业保险合同建立起来的商业保险关系。投保人自愿参加保险,以少量保险费的对价而获得遭遇风险后的理赔请求权,而保险公司理赔的经济来源是投保人保险费集聚而成的商业保险基金。养老保险事业的开展同样依赖养老保险基金的形成;为此,作为社会保险费中比例最高、数额最大的养老保险费的缴纳、征收就成为问题的关键。

目前,养老保险费的缴纳和征收的依据是《社会保险费征缴暂行条例》和《劳动法》第72条的规定,即用人单位和劳动者必须依法参加社会保险,缴纳社会保险费。劳动保障部、原国家经贸委、财政部曾联合下发《关于清理收回企业欠缴社会保险费有关问题的通知》,但现实情况是拖欠社会保险费的行为普遍存在。对造成企业拖欠社会保险费的原因,笔者认为,根本因素在于两点:其一,养老保险费征收与缴纳行为的定性不清晰;其二,养老保险费征收欠缺法律依据。养老保险费征收行为、缴纳行为定性不清是困扰社会保险经办机构征收养

老保险费力度、企业和劳动者缴纳养老保险费积极性的根本所在。20 世纪 90 年代中后期,曾有过社会保险税、费征收的理论论争,这里不打算谈这个问题,但是,我们仍可比照税收征收的经验分析养老保险费征收的定性问题。随着我国税法体系的不断完善,各类税种、税目都相继颁布了法律,为了强化税收征收与管理,国家颁布了《税收征管法》,赋予政府税务部门强有力的征收手段,政府相关部门只要依法行政,就当然获得法律所赋予的行政权和强制权,这种权力是完全的公权力。公权力与私权利在法律规定的范围内,前者将消解后者,没有人提出税收征收的合法性问题;同时,私权利消解之后不复存在,转化成社会公共权利和人民参政、议政的权利。社会保险费的征收,截至目前,除《劳动法》第 72 条有原则性的规定之外,并无法律予以规制,法律并未赋予政府相应的强制征收社会保险费的手段和措施。至于征收程序所依赖的实体法律制度更是海市蜃楼。社会保险费缴纳后,当事人履行了缴纳社会保险费的义务,同时获得了享受社会保险待遇的权利。当获得社会保险待遇这样的私法属性很强的社会权利遇到障碍时,如现实生活中养老保险金常常被拖欠之时,对社会保险费征收的抵触情绪将发生连锁反应。

应该认真分析社会保险费征收是行使“权力”还是获得相应“权利”的问题。这是社会法学的基本问题,长久以来,因公民政治权利、经济权利、文化权利意识培养的局限和中国封建余孽的残留,“社会权利”多表现为一种抽象的权利,或仅是《宪法》中的权利,社会成员享受这一权利的渠道不畅,社会权利、社会义务意识无法形成,企业和劳动者怎么会主动缴纳社会保险费呢?

笔者认为,当下企业拖欠社会保险费并非是法律意识淡漠,恰恰相反,而是当今企业和国民法律意识和法律素养提高的表现。随着中国企业市场发育程度的深入,企业多聘请了自己的法律顾问,甚至规模较大的企业还设置了相应的法律机构,这些机构及其工作人员不仅法律意识不存在淡漠的问题,而是法律意识浓重、想方设法寻找法律漏洞而生存的族群。因此,企业拖欠社会保险费不是企业领导人法律意识不强的问题,而是利用法律空白和漏洞的问题。时至今日,社会保险费的征收不能说完全无法可依,毕竟《劳动法》、《社会保险费征缴暂行条例》有所规定,但是,仔细分析现行社会保险费的征收仍是无法可依。如养老保险费的缴纳,按照国务院《关于建立统一的企业职工基本养老保险制度的决定》中“企业缴纳基本养老保险费的比例,一般不得超过企业工资总额的 20%(包括划入个人账户的部分),具体比例由省、自治区、直辖市人民政府确定”。首先,违反这一规定不能称为违法,即便企业因惧怕政府而遵守这一决定,具体比例何在?如果说国务院规范性文件这一抽象行政行为,企业和劳动者难以撼动国务院这棵大树,那么省级政府所作出的决定这种抽象行政行为,它极有可能成为行政复议、行政诉讼的对象,企业为什么要言听计从地去遵行它?退一步讲,企业少缴一点社会保险费也是执行了《劳动法》,有何不可呢?再说社会保险费的征收,一部分源自劳动者(公民个人),省级政府发文随便能掏老百姓的腰包吗?

(2)常常发生养老保险金冒领现象——养老保险欺诈。如果社会保险费征收之难是现行养老保险制度遭遇的法律障碍的话,那么冒领养老保险金的现象着实是一幅讽刺画。"近些年,冒领养老金的数额与人数呈上升态势。据劳动保障部的有关资料:从1998年到2002年6月,各地共查处冒领养老金人员5万多人。冒领金额1.4亿元,其中1998年的5631人增加至2001年的16,882人,冒领金额也从1998年的1860万元增长至2001年的4621万元。"[①]由此现象,不能简单地得出人们道德水准下滑、需要构建"诚信"和强化道德教育的结论。问题的关键在于:现行养老保险制度并未存在明文的养老保险待遇申领的程序规定,没有严格的养老保险档案管理方面的法律规范,这才是为冒领养老金制造了漏洞的真正原因。当然,冒领者得此不义之财、不法之财最终并不能成为合法收入,但是,我们不禁要问:如果养老保险法律制度中明文规定了冒领行为所应承担的法律责任,在养老金申领程序上设置统一的技术程序、法律秩序,冒领现象能够这样大面积的发生吗?因此,问题出在制度本身的破碎和非系统性上。堵住冒领的出路在于养老保险法律制度的创制以及社会法、社会权利义务意识的培养,唯长期努力才能形成良性的养老保险秩序。所谓养老保险法律制度的创制,意味着这种无"法"无天的局面必须尽快改观,须尽快起草养老保险法。所谓的社会权利义务的意识培养,是指通过法律制度的构建使社会成员意识到享受养老保险待遇是固有的社会权利,不是政府的恩赐,而缴纳养老保险费是法律规定的强制义务,不是政府行政行为的任意伸缩。养老保险基金不是政府的钱,而是全体职业劳动者的钱,谁冒领了养老金就是对其他参加保险当事人权利的侵害,他们既可以举报,也可以直接通过诉讼程序行使自己的权利即通过社会公益诉讼主张权利。

(3)养老保险待遇纠纷处理遭遇的尴尬——社会保障诉讼程序缺位的透视。在制度转型过程中,从养老金的企业发放向养老保险金的社会化发放的过渡,让劳动者,尤其是单位效益差的劳动者尝尽了辛酸。"离退休人员不能按时或足额领到离退休金。从1996年第一季度至1997年第二季度的统计资料看,

---

① 张丽:"活人领死人的钱难得逍遥——两位恶意冒领者触犯刑律的警示",载《中国社会保障》2003年第12期。

这一问题从来都是引发突发事件的重要诱因之一。例如,在 1996 年第一季度中,因这两种原因而引发的集体上访事件共 260 多起,占集体上访总数的 45% 左右。”①从突发事件中不难看出,我国目前尚未建立养老保险待遇纠纷处理的法律程序,当事人的权利救济通道不畅是酿成这类事件的重要原因,而当事人的实体权利无法实现,基本生活难以保障才是问题的关键。20 世纪 90 年代以前,基本由企业负担离退休人员的养老待遇,由于当时企业多为国有企业,政府与国有企业承担一定程度的连带责任,离退休人员可以向政府伸张权利有一定的理由。何况,当事人的待遇无法落实而与企业发生纠纷,仍有劳动争议仲裁、劳动争议诉讼程序可以梳理纠纷。进入 20 世纪 90 年代,社会保险费早已开始统筹,离退休人员再不能单纯地向所在单位主张养老权利,那么,离退休人员应向谁主张权利呢?义务主体当然是社会保险经办机构。随着市场经济的不断发育,人们开始认识到自己的权利所在,而相关部门也意识到自身的义务。2001 年 5 月 27 日,劳动和社会保障部发布了《社会保险行政争议处理办法》,将类似上述纠纷划入了社会保险行政争议的范畴。严格地讲,政府部门根本无权制定争议处理的程序,它可以制定的只有劳动保障行政部门行政复议的工作程序。显然,这种做法是“大事化小,小事化了”的一种做法。关于当事人与社会保险经办机构之间的纠纷能否被认定为行政争议的问题,笔者持否定观点。原因为:目前我国尚无法律明文规定。市场经济国家处理社会保障争议并无按照行政案件审理的先例。当事人向社会保险经办机构主张的权利是自己固有的权利,是对自己权利主张的请求权,而不是矫正行政行为的不当或主张行政公正权。何况,社会保险经办机构是事业单位,该单位如何行政呢?那种认为社会保险经办机构是相关行政部门的授权机构更是不可理解,如果授权,仅是行政权力,如何授予社会保险经办机构社会权利呢?例如,当事人向社会保险经办机构申请养老待遇,社会保险经办机构拖欠、不足额发放,怎么会演变成一种“行政权力”的行使了呢?

由此,现行养老保险制度根本没有给当事人预留合理的权利救济空间,当事人无法拿起法律武器主张自己的请求权。在行政复议、行政诉讼的烦琐程序中,当事人的权利被消解得无影无踪。

---

① 劳动和社会保障部劳动科学研究所编:《中国劳动科学研究报告集》(1997 ~ 1999 年),中国劳动社会保障出版社 2000 年版,第 171 ~ 172 页。

三、养老保险法律制度缺位现象的原因分析

养老保险运作的失范、权利欠缺保障现象的普遍存在,其深层次的原因很多,远非法律制度构建的问题。深层次的问题没有解决,即使养老保险通过了人大立法,亦会成为画饼充饥的美丽图画。制约中国养老保险制度法制化(立法、司法和行政执法)进程的因素很多,主要可以从以下几个方面进行分析:

(1)权力本位制约着中国养老保险法制化进程的加快。养老保险是社会事务中的重要内容,而在实践和制度变革过程中却成为权力演变的游戏。制度运作不仅包含着官僚色彩很浓的主观臆断——制度没有体现民意;更为严重的是制度设计成为相关部门或机构进行"权力圈地"的手段,"情非为民所系、权非为民所用、利非为民所谋"是养老保险法制化的最大障碍。

现行养老保险制度的设计中,粗线条地勾画了权力行使的支撑,而权利的依托无从体现。从《关于建立统一的企业职工基本养老保险制度的决定》的表述中,满篇都是政府及其相关部门的工作部署,满篇都是企业与劳动者的义务,而劳动者所享有的获得养老保险待遇的"权利"却只字未提。"本决定实施后参加工作的职工(作者注:1997 年后参加工作的新职工)、个人缴费年限累计满 15 年的,退休后按月发给基本养老金。基本养老金由基础养老金和个人账户养老金组成。退休时的基础养老金月标准为省、自治区、直辖市或地(市)上年度职工月平均工资的 20%,个人账户养老金月标准为本人账户储存额除以 120。个人缴费年限累计不满 15 年的,退休后不享受基础养老金待遇,其个人账户储存额一次支付给本人。"这就是通常所说的"新人新办法",也就是对大约 2030 年后的制度设计,当事人所具有的权利是 30 ~ 40 年后的权利!"本决定实施前已经离退休的人员,仍按国家原来的规定发给养老金,同时执行养老金调整办法。各地区和有关部门要按照国家规定进一步完善养老金正常调整机制,认真抓好落实。"这就是通常所说的"老人老办法"。在企业中离退休的人员,待遇所需要的资金由何而来?是"积极创造条件将离退休人员的管理服务工作逐步由企业转向社会,减轻企业的社会事务负担……"养老待遇如由企业负担,还要这些累赘的文字干什么?难道效益不好的企业会因上述文字的优美而生出养老待遇的来钱之道?当事人的权利是落空的权利!"本决定实施前参加工作、实施后退休且个人缴费和视同缴费年限累计满 15 年的人员,按照新老办法平衡衔接、待遇水平基本平衡等原则,在发给基础养老金和个人账户养老金的基础上再确定过渡性养老金,过渡性养老金从养老保险基金中解决。具体办法,由劳动部会同有

关部门制定并指导实施。”这就是所谓的“中人平衡法”。当事人的权利是不确定的权利。

(2)传统社会治理理念与惯性思维。新中国成立以来,我国在“人治”社会的氛围中徘徊了几十年,近年来,“法治社会”概念才被提及。“在社会政策的形成过程中,理应让多方人员参与,使之能够比较充分表意以维护自己的权益。但是,在新中国成立30年社会政策的制定过程中,大多是由党和政府直接决定的,民众的参与及表意的渠道十分有限。”①这一段文字表达出一个基本意思,即社会政策的形成渠道不畅。笔者认为,本文的主题即是公开、规范、定型——从政策到法律,作为社会学学者并不可能从根本上意识到政策与法律的差异。说到政策,严格地讲属于一种主张,政策一般与政党联系在一起,不论是资产阶级政党,还是无产阶级政党都有自己的政策,西方市场经济国家一个政党要实现其政策,必先求得执政的地位,而后是将政策体现在法律的制定、修改和废除上。并不是将政策直接与人民的权利进行对接。长期以来,我国现实生活中,党政不分,党和政府的政策一体化现象普遍存在。政策治理社会形成了传统,由于政策的形成天然具有褊狭性,不可能使政策的制定从程序上获得民意。

养老保险制度实施政策化的现实表明,这种依赖政策治理社会的习惯思维仍是管理者的定式思维。“这不仅是因为宪政和法治还没有实现,国家依然习惯于不受法律限制地干涉社会和个人的事务,也不仅是因为社会依然弱小且残缺不全,社会中间阶层和组织成长壮大尚待时日,而且是因为,国家依然保有对社会不仅政治上而且道德上的优势地位,因为人民依然习惯于国家对社会的广泛干预、控制、管理和统治……”②

(3)软约束与政策弹性。国务院颁布的养老保险制度设计的三个文件,即1991年发布的《关于企业职工养老保险制度改革的决定》,1995年发布的《国务院关于深化企业职工养老保险制度改革的通知》,1997年发布的《关于建立统一的企业养老保险制度改革的通知》,其以政策推进制度实施不仅对制度实施的对象缺乏应有的刚性,而且对制度操作者也没有相应的硬约束。随时可能变换的政策欠缺制度实施的稳定性,使人们无法期待6年3变的政策去落实三四十年之后的权利,又如何让人们去相信政策。政策的制定者该思考政策运行遇到阻力的真正缘由。

① 吴忠民:“从平均到公正:中国社会政策的演进”,载《社会学研究》2004年第1期。
② 梁治平著:《法治在中国:制度、话语与实践》,中国政法大学出版社2002年版,第130页。

政策未必都是弹性的，在计划经济时期，许多政策的实施多表现为刚性政策。原因是当时几乎所有制度的运行依赖于政策的指导和推动，大到国策，小到百姓生活，社会生活的方方面面大多由党和政府制定的政策予以规定。从政策的实施角度，由于制度运行的依据几乎完全依赖于政策，加上计划体制下国家、社会、公民高度一体化，政策虽然表现为红头文件，虽然在政策上存在政府与公民之间的信息不对称，政策仍能得以实施，部分政策的执行体现了应有的刚性。市场经济体制确立以来，我国逐步走上社会主义法治国家的道路，大多数制度的运行不再依赖政策，而是依赖于法律制度，尤其是社会主义市场经济体制确立之后，政府、社会、公民之间的关系不再是过去的高度一体化，在政治国家和市民社会之间偶然地、局部地存在一定程度的不一致，在此情形之下，信息对称就显得尤其必要：掌握法律信息的不仅是政府及相关执法者，而且包括对法律信息有所掌握的公民。法律制度的建立以其公开、透明、制度稳定、运作规范所体现出的优越性，较之以往的政策，法律制度不论从理论上，还是从实践中都得到了印证。然而，制度转轨过程中，在不同的领域法律制度构建的进程是不同的，有的领域法制进程推进的快一些，有的慢一些。有些领域，人们开始习惯于法律制度的操作，而有的领域，人们还没有习惯于运用法律制度进行实践操作。其中，养老保险制度就是典型一例。从 1984 年城市经济体制改革所启动的企业市场化进程开始，企业一步步走向市场，而市场经济法律制度的构建的速度没有留下多少落差，如以企业法为代表，我国相继颁布了众多市场经济法律。企业市场化发育必然牵动劳动力的市场化发育，自 1986 年以来，我国劳动力市场化步伐是较快的，在劳动力走向市场的同时，发展与保障之间，决策者选择了前者，未对后者给予足够的重视。在 20 世纪 90 年代初开始启动的养老保险改革，十几年过去了，成熟、规范、稳定的制度仍不见端倪，重要的原因在于：决策者及实践操作者仍习惯于政策指导制度的定式思维，并且利用转轨时期政策执行的弹性和软约束，既可以使工作得以开始，又不负担相应的刚性责任。

四、以养老保险立法为突破口寻求中国社会保险立法的路径

养老保险问题是关切老年安全的大问题，我国已经步入老年社会，解决老年人的养老问题将摆在今后各届政府面前。建立中国的养老保险法律制度是将中国养老保险引入公开、规范与定型的养老保险制度的必然选择。

(1)建立养老保险权利、义务、责任体系——落实民权,关注民生。现行的养老保险政策与未来的养老保险法律制度相比,不同点集中地体现在后者将建立养老保险的权利、义务与责任体系。其中,劳动者退休后所享有的获得养老待遇,即获得年老之后所应得的经济帮助将成为一种客观存在的权利,这种权利在西方市场经济国家称谓不同,有的称为生存权、有的称为社会权。养老保险法律制度建立之后,年老退休人员的养老待遇无法落实,他们就享有了向社会保险经办机构的养老待遇请求权。这种请求权既是实体法上的请求权,也可以为程序上的请求权;通俗地讲,年老退休人员将直接把社会保险经办机构告上法庭。现实生活中,因养老待遇无法落实频繁上访且待遇落实比例不高的局面将得以改变。

与之相对,养老保险法律制度构建之后并非是劳动者只享有权利,社会保险经办机构、用人单位只负有义务和责任。社会保险经办机构对部分用人单位欠缴、拒缴养老保险费,可以依法申请人民法院强制执行。[①] 同时,社会保险经办机构当然具有了向冒领养老保险费的当事人要求返还养老保险金的请求权。社会保险经办机构及社会保险行政管理机构相应承担了法律上的责任,如实行政、事分开之后,养老保险基金的监管是责任体系中的重要内容。我国目前存在银行业监管、(商业)保险业监管、证券业(含期货业)监管,而没有社会保险业监管,随着我国老年人口的增加、养老保险基金积累的增加,对该基金进行监管显得非常迫切。“英国依1995年之立法,成立公法人之职业退休金管理局(Occupational Pensions Regulatory Authority,OPRA)负责对退休基金之全面监理,受社会安全部之监督。”[②]

(2)《养老保险法》的起草与中国社会法的逐步精细化。从德国社会市场经济体制的成例看,包括社会保险、社会救助等各项社会安全制度的社会法是法律体系中的重要组成部分。我国全国人大从20世纪末在构建中国社会主义市场经济法律体系中就明确提出了社会法是法律体系中的重要内容。德国《社会法典》现已制定、编纂至第10卷,其中1卷为国民年金(养老保险)卷。

我国社会保障立法同样须从具体法律制度的构建出发,尤其应从关系全局的养老保险制度立法入手。

养老保险立法的路径如何?是纳入统一的《社会保险法》[③],还是起草《养老

---

① 既可以通过向人民法院申请支付令的形式要求用人单位支付养老保险欠费,也可以向人民法院提起诉讼请求该单位缴纳养老保险费和滞纳金。

② 余雪明著:《比较退休基金法》,中国政法大学出版社2003年版,第292页。

③ 《社会保险法》已连续被列入三届全国人大立法规划,但至今尚未出台。

保险法》?《社会保险法》10年未出台的历史表明,在各项社会保险项目内容、体系、原理存在明显差异的情况下,起草《社会保险法》的难度可以想见,因此笔者倾向认为起草后者更为妥帖。

《养老保险法》应规定哪些法律规范,其体系如何架构?这一问题须从以下具体法律制度所包含的内容入手进行分析:①《养老保险法》的适用范围。也就是法律的效力范围,包括该法在什么地域(地)发生法律效力,对哪些社会关系主体(人)发生法律效力,该法从何时(时间)生效。其中对社会关系主体的规制最为复杂,因其涉及众多的社会关系主体,既有公力机构,又有私力组织和个人。②基本术语。养老保险金、养老保险费、费基和费率、个人账户、受益人、退休、待遇请求权、保险费请求权等基本概念需要在法律总则部分进行诠释。③养老保险基金筹集与管理。缴费基数、费率、缴费义务人、缴费方式、养老保险费征缴机构(基金管理机构)财务管理等。④养老保险待遇。养老金及其标准,退休法定年龄及病退条件、养老金的申请与支付、个人账户的跨地区转移及继承、养老金调整。⑤社会保险事务管理局。我国目前养老保险管理有些地方政事合一,有的政事略有分开。名称上五花八门,有的称社会保险事业管理中心,有的称社会保险事业管理局,而在基层或地市一级则为养老保险处。《养老保险法》必须确立养老保险事务经办机构的法律地位及其职责。⑥养老保险基金监管。既要规定监管机构,也要规定被监管对象,还要规定监管的程序。⑦养老保险争议处理。包括养老金纠纷及其处理,养老保险缴费纠纷及其处理等。

在《养老保险法》规定上述内容的基础上,再进行对养老保险基金的运营专门立法。由此形成相对完整的养老保险法律制度。

(3)法律的科学性——养老保险法律制度构建的理性。法律何以理性?笔者认为,法律制度构建者的理性是问题的关键,立法者是走行政机构立法路线、专家立法路线,还是走专家与群众相结合的立法路线是法律能否理性的重要环节。《养老保险法》涉及面广、专业问题复杂,有些问题属于经济领域的专家、财务或金融领域的专家所能企及的,而有的领域则需要法律专家进行制度架构。此外,广大的劳动者、退休人员在现实生活中的际遇更能反映法律制度是否理性。中国数千年的封建文化传统、积淀深厚的官本位理念,在已经颁布的法律的制定过程中的具体体现是:关门立法,立法者将立法本身作为权力重构的契机,立法的宗旨从本部门出发,全然不顾社会信息的回馈;甚至立法过程本身亦甚为机密,深怕老百姓知情。

笔者认为,养老保险立法是改变新中国成立几十年来养老规则的重大事件,几乎全部的职业劳动者都要退休,都难免退休,退休后的生活保障是无法回避的事情。也就是说，养老针对的绝不是一部分群体，而是社会，“大家的事要大家来办”，养老保险立法应当走立法机构、专家和社会相结合的道路，从而确保养老保险法律制度的理性。

（2005年第9期）

论我国区域经济一体化中的区域调节

许多奇*

在世界经济一体化的大背景下,我国国内以大都市带①城市群为中心的区域经济一体化浪潮正在兴起。珠江三角洲都市带、长江三角洲都市带以及京津冀都市带3大区域带成为推动我国经济起飞最重要的经济增长极。区域经济的发展需要有与之相适应的健全的经济调节机制。笔者在市场调节和国家调节之外,提出启动区域调节(一种新的调节机制)的制度性建议,以求教于理论界同人。

一、区域经济一体化背景下区域调节的必要性

何谓区域经济一体化?在这个问题上,国内外学者可谓是见仁见智。在国外有关区域经济一体化的研究中,被广泛引用并得到首肯的是美国经济学家贝拉巴拉萨(Balassal Bela)在1961年提出的关于国家之间区域经济一体化的概念,他建议将区域经济一体化定义为既是一个过程,又是一种状态。就过程而言,它包括旨在消除各国经济单位之间差别的种种举措;就状态而言,则表现为各国间各种形式的差别待遇的消失。② 我国也有学者从状态和过程两方面定义区域经济一体化:"区域经济一体化,指称的是按照自然地域经济内在联系、商

* 作者单位:上海交通大学法学院。

① 20世纪90年代,法国地理学家奥特曼提出了著名的"大都市带"理论。他认为在现代市场经济条件下,由于分工与协作、生产集中,在生产空间上出现了各种轴线枢纽,成为管理和技术的集中地;顺着特定轴线发展成巨大的多核心城市系统,从而形成了特大城市带。

② 在《新帕尔格雷夫经济学大辞典》里,贝拉巴拉萨(Balassal Bela)进一步解释道:"在经济文献里,'经济一体化'这个术语却没有明确的含义。一方面,两个独立的国民经济之间,如果存在贸易关系就可认为是经济一体化;另一方面,'经济一体化'又是各国经济之间的完全联合。经济一体化的形式多种多样,代表着不同的经济一体化的程度。在一种自由贸易区里,参加国之间的关税和进口数量限制被取消了,但每个国家都保留着自己对非成员国的关税。共同市场又超过了关税同盟,因为它还保证生产要素的自由流动。而经济同盟则把对商品和要素流动的抑制与对各种国民经济政策的某种程度的协调结合起来,以减少由于这些政策的不一致而造成的歧视。最后,完全的统一体化意味着统一的经济政策,其最高形式是建立一个超国家的权威机构,该机构的决定对所有的成员国都有约束力。"参见[英]约翰·伊特韦尔等编:《新帕尔格雷夫经济学大辞典》(第2卷),陈岱孙等编译,经济科学出版社1992年版。

品流向、民族文化传统以及社会发展需要而形成为区域经济的联合体。区域经济一体化同时也是建立在区域分工与协作的基础上,通过生产要素的区域流动,推动区域经济整体协调发展的过程。"[①]当然,这个定义已将区域经济一体化从各国之间扩大到一国范围之内。笔者除同意上述界定之外,还特别强调区域经济一体化是构成某一共同区域的各个部分之间通过主动合作实现的自觉经济融合,[②]而不是自发形成的,由此产生了区域调节的必要性问题。

(一)市场调节与国家调节相结合满足不了区域经济一体化的需求

我国20多年的改革是以建立市场经济体制为根本目标的。市场经济是以市场为调节其结构与运行的基本机制的一种社会经济,在这种经济体制下,市场是社会资源配置和社会经济结构与运行调节的基础性因素。然而,纯粹的放任的市场经济只是一种理想化的理论模式,自利性、被动性、滞后性、盲目性等固有缺陷的存在不仅使市场在有些领域难以发挥作用,而且可能发生市场失效,政府为此必须进行适度干预,由此产生了国家介入社会经济的国家调节。现代世界各国所实行的市场经济在特点和类型上虽有所不同,但都同时存在市场调节和国家调节两种调节机制的作用,并以市场调节为基础。

在我国区域经济一体化的过程中,仍然需要发挥市场调节的基础作用和国家调节的补充作用,但这又是远远不够的。市场缺陷需要非市场因素来弥补,国家调节固然可以弥补市场调节的不足,但它是从全国经济的宏观和总体上调节其结构和运行,维护和促进整个社会经济协调、稳定和发展的。它制定和实施国家计划和各种经济政策,综合运用各种调节手段,都是立足于全国,正如有学者指出的"既要考虑东南沿海地区率先实现现代化,又要考虑到西部开发和东北老工业基地的振兴;既要考虑城市功能的提升,又要解决'三农'问题"[③],而不是为某个特定区域、针对特殊情况而进行的调节。区域经济一体化需要针对不同区域的经济发展状况,进行特殊性的调节,以推进区域经济整合,清除阻碍区域整合的体制障碍,促进区域统一市场的发育,克服内耗、优化组合,实现区域内各部分的共同发展和繁荣。这种特殊性的调节,便是区域调节。

---

① 陈剩勇等:"区域政府合作:区域经济一体化的路径选择",载《政治学研究》2004年第1期。

② 丁伯根(Tinbergen)从政府当局促进经济一体化的措施方面把经济一体化区分为"消极一体化"(Negative Integration)和"积极一体化"(Positive Integration)。前者指"取消各种规章制度"即消除对有关各国的物质、资金和人员流动的障碍;后者系指建立新的规章制度去纠正自由市场的错误信号,去强化自由市场正确信号的效果,从而加强自由市场的一体化力量。参见姬广坡:"论经济一体化的逻辑构成",载《财贸经济》1999年第9期。

③ 叶必丰:"长三角经济一体化背景下的法制协调",载《上海交通大学学报》2004年第6期。

(二)启动区域调节机制是克服区域经济一体化体制障碍的治本之举

我国国内的区域经济由于具有跨行政区划性的特点而区别于行政区经济。比如"长三角",无论是指长江三角洲地区的两省一市(即江苏省、浙江省和上海市);还是指以上海为龙头的长江三角洲地区的16市,[①]都是由不同的行政区划和相应的利益主体组成的。区域经济强调区际的分工协作和横向联合,客观上要求资源和要素跨地区自由流动与优化配置,以经济区域的最大利益为目标,以经济规律和市场机制为资源配置的主要手段;而行政区经济则以行政区划范围为"独立王国",不重视合理的区际分工与合作,不重视甚至阻拦资源和要素跨地区地自由流动,以行政区自身的最大利益为主要目标,以行政指令和行政措施为资源配置和经济运营的主要手段。

实践表明,我国当前仍然严重存在的行政区经济及其背后的体制根源,是阻滞区域性经济一体化发展的最大现实障碍。其一,行政区经济体制下的地方保护主义及行政性贸易壁垒或者地方经济封锁,是阻碍经济资源自由流动,造成企业因缺乏足够大的市场空间而长不大的根源。其二,行政区经济及其运作机制是障碍区域内城市之间的专业化分工,导致产业结构高度同构的主要机理。从长三角两省一市的统计来看,上海与江苏的产业结构相似系数为0.82;上海与浙江的相似系数为0.76;而江苏与浙江的相似系数竟高达0.97。[②] 这表明长三角各省市尚缺乏紧密协作、互融互动、内部一体的集聚性,在对外经济中各自为政,自相竞争,缺乏对外一体的竞争力。其三,行政区经济体制下的官员政绩导向是造成地方过度投资和重复建设,导致规模不经济的根源。既然GDP增长率是评价一个地方政府工作好坏的最基本指标,那么不顾地区发展条件盲目争抢与上马具有丰厚预期收益的产业或项目,便成为地方政府显示自己政绩的理性行为,其结果只能是造成资源的浪费和市场低效率,扭曲区际竞争与合作,制约一体化的进程。

社会主义市场经济是要建立统一的大市场,是无行政疆界阻隔的经济一体化运行。如何打破我国长期以来形成的多层级的体制性行政壁垒呢?理论界提出了两种方案:一种是从下到上进行行政体制性变革,以经济区来统一现行行政区划,并以此为基础建立统一的行政和司法机构,对区域经济和区域发展进行有

---

① 上海、无锡、宁波、舟山、苏州、扬州、杭州、绍兴、南京、南通、常州、湖州、嘉兴、镇江、泰州和台州十六市。

② 上海证大研究所:《长江边的中国——大上海国际都市圈建设与国家发展战略》,学林出版社2003年版,第356页。

行政和法律拘束力的规划和规制。[①] 这种以行政的统一来实现区域经济一体化的方案受到不少学者的非议。陈剩勇等人撰文指出:"按照经济地理学和政区地理学的改革思路,即重新调整行政区划,从理论上看似乎可行,从实践的角度看却未免是脱离了当代中国政治与现实的纸上谈兵。众所周知,许多行政区划是历史形成的,具有相当的稳定性和刚性,不能也不应该随着经济活动的频繁变化而随意调整。同时,经济区以经济为主要标准甚至是唯一的尺度,而行政区则要考虑到综合性因素,而不能仅以经济为限。"[②]另一种则是在现行行政区划和地方权限的基础上,通过行政契约和磋商沟通等制度进行区域协调的方案。刘兆德等学者在对长三角经济社会一体化的建议中提出:"采取比较柔性的'协商'协调机制,通过'自主参与、集体协商、懂得妥协、共同承诺'的方式,对长江三角洲地区的发展进行'软约束',这应该是市场经济条件下解决区域协调、区域一体化发展的主要途径。"[③]笔者认为,从我国具体国情来看,按经济区重建行政区划的方案确实不可行,但以"协商"协调为主的"软约束"方案又难以冲破长期形成的多层级行政壁垒。那么,要在现行行政区划和利益主体基本不变的情况下,克服区域经济一体化的体制性障碍,就必须启动一种新的经济调节机制,即区域调节机制。

二、区域调节的主体、客体透视

所谓区域调节,是指享有区域调节权的组织,在国家经济政策的指导下,遵循市场经济的规律,运用各种手段,对区域经济的结构和运行实行调节,以维护和促进区域经济的有序整合与协同发展。区域调节是不同于市场调节和国家调节的第三种调节形式,其主体与客体都具有特殊性。

(一)区域调节的主体

区域调节是一种不同于国家宏观调节的中观调节,因此,其调节主体既不是中央立法机关和特定的中央行政机关,[④]也不是地方政府,而是某一经济区内跨

① 中国科学院可持续发展战略研究组:《2004年中国可持续发展战略报告》,科学出版社2004年版,第63页。

② 陈剩勇等:"区域经济合作:区域经济一体化的路径选择",载《政治学研究》2004年第1期。

③ 刘兆德等:"长三角经济社会一体化初步研究",载《中国软科学》2004年第5期。

④ 我国1998年政府机构改革以后,曾明确将与计划、财政、金融三大调控手段有关的原国家计委、原国家经贸委、财政部、中国人民银行四机关列为宏观调控部门。此外,国家税务总局拥有税收宏观调控权,对外经济贸易合作部也有一定的宏观调控权。

行政区划的区域经济调节组织。建立这种区域调节组织国外已有先例,美国田纳西河流经弗吉尼亚、田纳西、北卡罗来纳、佐治亚、亚拉巴马、密西西比与肯塔基7个州,与我国长江流域相似。为促进该流域的发展,把田纳西河流域作为一个整体加以开发治理:1933 年在得到罗斯福总统支持后,成立了田纳西河流域管理局,作为该流域协调管理的最高组织机构,对流域进行全面的规划与开发。这取得了很大的成功,有效促进了这一地区整体的发展。笔者认为我国可以借鉴国外相关做法,分层级设立区域经济调节机构,第一层级如区域经济协调管理局等,主要负责全区域的规划、重大发展战略以及整合中的其他重大问题;第二层级是执行机构,如产业、交通、环保、市场、信息、金融、旅游等方面的专门委员会,具体落实第一层级确定的需要协作发展、一体推进的各项工作。

区域经济调节权是区域调节主体实施区域调节行为的逻辑前提,没有相应的权力,调节主体的调节行为就不可能得到肯定的法律评价。从我国实践来看,为促进区域经济的协调和一体化进程,政府和社会也成立了不少区域合作性组织,比如2000年沪、苏、浙3省市组成了政府层面的联席会,3省市主要领导每年召开一次联席会议,共商合作发展大计;此外还有长江三角洲城市经济协调会、长江流域发展研究院等。但这些组织由于不享有区域经济调节权,所以只能发挥通通气、吹吹风等"软约束"作用,在打破我国长期以来形成的多层级体制性行政壁垒方面并无实质性进展,区域经济一体化的进程缓慢。区域经济调节权的取得方式有依据法律与依据中央机关的授权两种。笔者建议在区域调节机制的启动阶段,可从中央机关授权开始,比如第一层级的区域调节组织由中央政府批准设立,主要负责人由国务院任命等,然后逐步出台相应的法规和制度作为保障。

(二)区域调节的客体

区域调节的客体是区域经济的中观结构和运行关系。在今天,区域经济结构和运行关系主要表现为经济区内各地方政府通过对本地区经济所实行的管理和调节而形成的相互关系,因此,从更直接的层面来看,区域调节的客体应该是因各地政府对本地的经济管理而发生的各地区之间的经济关系。

区域调节的客体是由地方政府经济职能的双重作用决定的。省(市、区)作为我国的一级行政,既具有安定一方社会、维护国家稳定统一的政治职能,又具有经济职能。从目前来看,其经济职能涉及如下方面:其一,对本行政区经济从宏观上进行规划、组织和管理,并配置行政区内外的资源要素;其二,为本行政区内经济增长创造良好的宏观环境;其三,保证本行政区 GDP 的增长;其四,对本行政区的企业负责,促进企业的发展;其五,对本行政区的居民负责,不断提高居民生活水平，解决就业、物价、社会保障等问题；其六，向社会提供公共服务，进行基础设施建设等。省(市、区)政府对上述经济职能的发挥具有双重作用。一方面，它是国家调节在执行层面的体现，因而对于弥补市场缺陷，在行政区内纠正诸如公共产品①、自然垄断、不完全竞争、信息不对称、风险性、外部性②等市场调节不能有效解决的问题具有积极作用；另一方面，从更大的市场范围来看，地方政府又是国际、国内市场的一方主体，有着自己的特殊利益，并也是努力使自己的利益最大化的"理性的经纪人"。③ 如果地方政府片面强调本地区的经济利益或经济效益，不适当地强化或固化上述经济职能，就会阻碍大经济区甚至全国统一市场的形成，降低大经济区甚至全国的整体效益。在这种情况下，行政区的经济是以大经济区或全国经济的"不经济"为代价的。区域调节就是对不合理的障碍性行政区调节的再调节，弱化行政区的某些经济功能，强化行政区之间的协调功能，尽可能地排除或减少经济区内各行政区的矛盾冲突，形成共融互动、协同发展的机制。

三、区域调节的性质解析

笔者认为，从性质来看，区域调节是一种介于市场调节和国家调节之间的中介性调节。这种中介性具体表现在：

---

① 公共产品是私人产品的对称，是指具有联合性和共同消费性的产品或服务，如国防、治安、路灯、无线广播、电视信号、法律政策等，又称公共物品或公共品。

② 在市场机制中，客观和普遍地存在着私人经济活动给交易当事人之外的公众带来利害后果却不能在价格中得到反映，从而降低资源配置效率的现象，此即外部性。外部性具有正负性和不对称性，私人经济活动既不因正外部效应(给外部带来利益)而增加收益，也不因负外部效应(给外部带来损害)而增加成本。这就造成资源配置上私人边际成本和收益与社会边际成本和收益之间的差异，导致资源配置效率的降低。

③ 在经济学说史上，一般认为是亚当·斯密最早设计并运用了"经济人"的假设。斯密的"经济人"指的是以追求私人最大经济利益为唯一目的，并按照经济原则活动的主体。斯密认为：①每个人天然地是他利益的判断者，如果不受干预，他的行为可以使他达到自己的目的(最大利益)；②每个人在追求自己的私利时又不得不考虑他人的私利，否则就难以实现自己的利益，正是这一点构成了交易的意义；③当每个人都能自由地选择某种方式追求自己的最大利益时，"一只无形的手"——分工基础上的市场和竞争，会将他们对私利的追求引导到能够为公共利益作出最大贡献的途径上去。现代分析法学家舍弃了斯密对市场机制的无条件信赖，但保留了经济人的假设，把经济人看做有理性的、追求自身利益或效用最大化的人。说"经济人是理性的"，是指他能理性地选择实现目标的途径。经济分析法学家波斯纳认为："'认识其自利的理性最大化者'这一概念暗示，人们会对激励作出反映；即如果一个人的环境发生变化，而他通过改变其行为就能增加其满足，那他就会这样去做。"参见[美]理查德·A. 波斯纳著：《法律的经济分析》，蒋兆康译，中国大百科全书出版社 1997 年版，第 3 ~4 页。

(一)从静态来看,区域调节是一种包括国家调节的手段性因素和市场调节的目的性因素的混合型调节

经济法二元结构假设中的“双手并用假设”将调节经济或配置资源的手段归结为市场的无形之手和国家的有形之手的二元结构。这好比人的左右手,认为由于市场之手容易“右倾”,国家之手容易“左倾”,因此两者必须协调发挥其合力,才能保障调节的方向和适当。① “双手并用假设”在我国现阶段的经济法学界几乎被公认为经济法据以立论的经济学基础,按照这一假设的二元架构,似乎没有区域调节的位置或地位,其实不然。马克思主义哲学的唯物辩证法告诉我们,矛盾双方不仅是互相对立,而且是相互依存、相互贯通,并在一定条件下相互转化的。恩格斯在批判“是就是,不是就不是,其余一切都是鬼话”的形而上学思维方式时,曾经提出既要承认非此即彼,又要承认一定条件下的亦此亦彼。区域调节就是一种亦此亦彼的调节方式,即既有国家调节因素又有市场调节因素的方式。一方面,区域调节具有国家调节的手段性。因为其调节主体是经中央政府批准设立的组织或机构,依法或经中央授权取得经济管理者的法定地位,享有调节经济的广泛职权,有着计划、财政、税收、金融、价格等多种调节手段,而且其经济调节活动具有国家强制力的有力保障。另一方面,区域调节的目的又主要是市场性而非国家调节性的。因为启动区域调节主要不是为了弥补市场局限(像国家调节那样),而是要排除市场的人为障碍,为更好地发挥市场机制的基础性作用开辟道路。

(二)从动态来看,区域调节是将市场机制引入地方政府干预过程的导入性调节

在经济法理论中,与市场调节与国家调节二元结构相对应的是“两个失灵”的二元架构。一个是市场失灵,即认为市场并非万能,市场机制同样会有许多自身不可克服的缺陷,以致不能有效发挥其在资源配置方面应起到的调节作用。市场失灵理论在我国经济法学界已经得到较为普遍的承认和运用,王全兴教授将市场失灵的具体表现归结为不完全竞争、不完善信息、外部性、公共产品短缺、社会分配不公和宏观经济运行不健六种;②张守文教授也认为随着市场经济向纵深发展,妨害竞争、外部效应、公共物品、信息偏在以及公平分配、币值稳定等问题都是市场机制不能有效解决的。③ 理论界一般认为,市场的缺陷只能由市

① 张守文著:《经济法理论的重构》,人民出版社2004年版,第50~51页。

② 王全兴著:《经济法基础理论专题研究》,中国检察出版社2002年版,第80~84页。

③ 张守文著:《经济法理论的重构》,人民出版社2004年版,第51~52页。

场以外的力量来弥补，但对于在市场失灵的情况下，是否必然导致国家的介入，学者的认识却不尽相同。原因在于西方主要发达国家自政府干预经济以来，市场经济的运行仍然存在许多问题。“由于信息不足、滥用职权、腐败寻租、体制不健、管理不善等诸多方面的原因，政府在资源配置上可能是低效的甚至是无效的，这被称为政府失灵。”①

笔者认为，由于我国的市场经济不是通过长期的自然演化过程形成的，而是在政府的推动和主导下，通过经济体制改革由计划经济体制转化而来的，因此，理论界面临的问题，不是讨论我国经济运行中需不需要国家介入的问题，而是应该研究在国家和各级政府已经大量介入经济生活的情况下，如何克服政府失灵，纠正市场的人为扭曲，促进市场经济的全面形成和健康发展的问题。王全兴教授在专著《经济法基础理论专题研究》中精辟地将政府缺陷的主要表现归纳为内部性、寻租行为、信息不完善、不完全竞争、官僚机构膨胀和政策效率递减6种。② 笔者认为，在我国目前的经济生活中，上述政府缺陷虽然从中央政府机构的行为中已不同程度地表现出来，但地方政府的行为表现更为严重，并成为区域经济一体化的最大现实障碍。因此，努力克服地方政府的各种政府缺陷是我们下一阶段推进区域经济一体化的主要任务。由于政府缺陷是典型的非市场缺陷，即是由政府等存在于市场力量之外的非市场因素导致的资源配置低效率现象。正如市场缺陷只能由市场以外的力量来弥补一样，政府缺陷也只能通过导入市场机制来弥补。区域调节因其是以市场规律对地方政府经济干预行为的再干预、经济调节行为的再调节，于是成为将市场机制导入地方政府经济行为的有效途径之一。

（2005年第11期）

① 张守文著：《经济法理论的重构》，人民出版社2004年版，第52页。

② 内部性即政府仍是由一定机构和官员组成的组织，有其组织自身的利益目标、政绩、选票、地方利益、部门利益、职级升迁、官员收入等，其所实施的政府行为有可能受其自身利益目标的驱使而偏离社会公共利益。内部性是构成政府不当干预的深层原因。寻租行为即政府权力具有给市场主体带来利益的经济价值，市场主体在利润最大化目标的驱使下，必然寻求租用政府权力的机会，以合法甚至非法手段促使政府和官员实施有利于其个人或利益集团的政府经济行为。不完全竞争即政府干预经济的权力具有垄断性。政策效率递减即政府干预经济所制定的经济政策无论多么正确，在实施过程中都存在效率递减的问题。详见王全兴著：《经济法基础理论专题研究》，中国检察出版社2002年版，第86页。

2006 年

经济法上的两权对抗及其消解
——以国家对民间融资的法律管制为视角

李志刚*

在晚近的经济周期里,中国政府对宏观经济的局部过热和通货膨胀进行了收缩性调控。在收紧银根、"点杀过热"的萧瑟背景下,有两位民营企业家以其悲情色彩成为年度符号性人物。2003年年末,孙大午因"非法吸收公众存款"被提起公诉,出于对"优秀民营企业家"的同情和受"敢说敢为"的"儒商"人格魅力的感召,人们纷纷把矛头对准"保守的金融体制和严苛的金融刑法";而围绕整个案件的发生过程,学者和媒体对民营企业的生存空间、草根金融的存在合理性、中国农村民生的严峻性,甚至人权、自由等宪政问题进行了广泛深刻的反思。[①] 而2004年"整顿年",宏观调控的第一刀砍向了常州"铁本","铁本"法人代表戴国芳因"骗取银行信贷"、"偷漏税款"等罪入狱。尽管对此的深层解读是:面对愈演愈烈的部分行业投资过热和地方政府的利益博弈,中央所采取的是杀一儆百的行政铁腕;但富有戏剧性的是,"违法融资"、"金融犯罪"再次成为民营企业家的"牢结"。把这两个具有不同背景和结局的事件联系起来的,正是时隐时现的"金融监管"[②]这只"有形之手"。

在对民营企业精英的融资悲剧或同情或指责的纷纭讨论中,经济法学家普遍失语了。或许在很多人眼里,这是监管当局对违法集资和金融犯罪依法进行的查处和惩戒,无可置喙;即便备受诟病的金融管制"严刑峻罚"也是刑法专家的领地,不便插足。但无论如何,一系列对民间融资的取缔和处理事件所引发的国家管制权力与民间自治权利的内在紧张,为我们深入思考经济法学上的国家

---

* 作者单位:北京大学法学院。

① 茅于轼:"孙大午案揭示企业家命运的政治含义",载新华网;张曙光:"由孙大午案件看中国民企的'非法生存'",载 http://business. sohu. com/22/74/article211767422. shtml。

② 对"监管"的含义有很多理解。一般认为,金融监管是公共管制的一种形式,也就是社会公共机构"依据一定的规则对构成特定社会的个人和构成特定经济主体的活动进行限制的行为"。详见[日]植草益著:《微观规制经济学》,朱绍文等译,中国发展出版社1992年版,第1页。现代社会,监管的主体应该是广义的"政府",既包括直接对市场进行调控规制的行政管理部门,也包括依据法律作出裁判的司法部门,甚至是进行宏观决策的代议机构,这些公共机构都能对市场运行和私人活动产生监督管理意义上的作用。

与市场两极场域的关系以及其中的主体、权义、行为、责任等法律链条,提供了极生动鲜活的素材和信息。

一、民间融资法律管制的共时性和历时性考察

无论是通过向乡亲们吸收存款、向职工募股并始终保持良好信用的孙大午,还是利用潜规则、且在当地政府默许之下向银行筹资的戴国芳,他们的身影都透射出转型背景下民营经济融资的无奈:面对资金瓶颈和银行贷款要求抵押的困境,要么在体制外寻求资金循环,要么打擦边球渗入正规金融。但这些方式,都是游走于监管体制之外的,换句话说,法律管制留给民间融资的自由空间已非常之小。

(一)民间融资的形式特征

民间融资与正规融资相对。正规融资是国家金融监管体制下的、通过经监管机关批准的证券、银行、保险、期货和信托等正规金融组织、依照法律规定方式进行的资金融通。而民间融资则是正规金融之外的各种融资方式,这些融资方式具有主体的广泛性和手段的复杂多样性等特征。但是民间融资并不等于违法融资,尽管在当代中国,两者之间有相当大的重合。

各地民间金融的发展表明,游走于法律边缘的自发行为是大量的、普遍的。不妨抛开法律评价,从客观外在上总结民间融资的各种形式:其一,组织形式。通过对温州地区民间信用的实证调研,学者总结出几类基本的组织形式:①个人和亲朋之间直接借贷。②民间金融会(包括互助会、摇会、抬会等)的初级金融合作形式。③中介性质的"银背"和钱庄。④依托金融租赁形式的典当等。⑤非金融机构的社会集资,等等。① 这些形式呈现出多元结构和复杂层次性,反映出传统民间信用沉淀和现代金融工具之间的碰撞与融合,让人感佩经济自发能量和民间创造力的强大。其二,行为媒介方式。除了直接借贷外,民间融资有时也采用未经审批或其他违法发行股票以及各种证券的形式。此外,到20世纪90年代末,至少还有7类集资行为先后在各地出现:①通过发行有价证券、会员卡或债务凭证等形式吸收资金。②对物业、地产等资产进行等份化,通过出售其份额的处置权进行高息集资。③利用民间"会"、"社"形式进行集资。④以签订商品经销等经济合同的形式进行集资。⑤以发行或变相发行彩票的形式集资。

---

① 李元华著:《温州民间融资及开放性资本市场研究》,中国经济出版社2002年版,第2~7章的详细介绍。

⑥利用传销或秘密串联的形式集资。⑦利用果园或庄园开发的形式进行集资。[①] 这些内生或者舶来的交易方式,大大突破了监管的预期,欺诈和投机混杂,甚至扰乱了金融秩序,引起了监管层的警觉和压制。

(二)非法融资法律责任体系及隐含信息的分析

现行对民间融资的法律管制模式是一种行政管理为主线、刑罚为辅的基本结构。与此同时,最高人民法院通过对借贷纠纷发布的若干司法解释与《民法通则》、《合同法》的原则性规定一起,完成了对民间融资行为的民事责任体系的构造,从而使得对民间融资的法律规制呈现出多元立体化(民事责任、行政责任和刑事责任三者并驱)的架构,如下表所示[②]:

非法融资活动所应承担的法律责任一览表

非法证券发行行为	民事责任:《证券法》第188条、第189条;《公司法》第210条(违法、未经审批发行)
	行政责任:《证券法》第188条、第189条
	刑事责任:《刑法》第179条(擅自发行股票、公司、企业债券罪)
非法集资行为	民事责任:《合同法》第58条(无效、被撤销合同的处理);《民法通则》第106条(民事责任的一般规定)
	行政责任:《非法金融机构和非法金融业务活动取缔办法》第22条、第29条(取缔违法机构、没收违法所得或者罚款)
	刑事责任:《刑法》第176条(非法吸收公众存款罪)、第192条(取资诈骗罪)、第199条(集资诈骗罪的最高刑)、第200条(单位集资诈骗罪的最高刑)

上述责任体系和现行金融监管模式一一对应,最终落实为调制权对自治权介入的制度安排和行为结果。同时也蕴涵相当丰富的信息,值得我们深入解读。

1. 法律责任的形式和结构分析

针对违法融资所设计的多层次责任体系,在一定程度上反映了金融监管法制的现代性——依托并超越于传统责任形式。民事责任主要对私人主体的损失予以补偿,行政处罚侧重行政管理的高效和对违法行为的惩戒,刑事追究则突出社会秩序维护和威慑功能。这些责任的综合运用,具有相当的管制威力。为什

① 相关总结参见"央行有关负责人提醒社会公众,切莫贪图高利参与非法集资",载《人民日报》2000年4月7日。

② 援引并适当调整了刘燕教授在"发现金融监管的制度逻辑——对孙大午案件的一个点评"一文中的相关图表。

么对违法主体可以追究其法律责任？法律责任的合理性和正当性是什么？传统上，有“道义责任论”、“社会责任论”、“规范责任论”等学说，对归责基础问题都有一定的解释力。[①] 而责任体系内部具有什么样的衔接性和关联性？笔者试图用经济学的外部性和成本补偿原理进行解释。

根据交易费用的理论，任何行为都会引发一定的交易成本（包括谈判成本、缔约成本、监督成本和惩罚违约成本），[②]而法律制度（包括行为制度和责任制度）的任务就是在行为主体之间合理地分配这些成本。对于偶性的合意交往，行为的“私人成本”被契约所解决和吸收；民商私法的损益补偿方式就能解决问题。但是更多的社会交往，尤其是具有扩散性的融资行为等，所耗散的“私人成本”单纯运用私法制度无法计算和有效补偿，或者相关行为给诸多的私人主体乃至整个社会秩序造成损害，即发生了“社会成本”，[③]就需要其他公法的加入。而所谓社会成本，就是由于主体从事违法行为而对社会上的制度或秩序产生或新增的运行与维护成本。这种成本的产生或新增，导致和体现为对社会公益和秩序的破坏或者减损。因此，对违法者科以公法上的责任，就是要对其外部性的溢出或造成的社会损害或成本作出补偿。在经济法上，民事赔偿、行政处罚和刑事制裁被综合采纳进责任体系中。

上述进路是把社会成本看做一种损害，根据不同类型的损害（私人还是社会/秩序/公共的）确定不同强度和类型的责任。而损害还可进一步分为名义损害和实际损害、有形损害和无形损害、物质损害和精神损害，等等。这些损害（或称成本）的确定与计算，在同一责任形态内（如民事赔偿或者行政罚款）属于归责技术层面的问题；但是进行跨责任类型选择时，就存在解释上的难题。外部性的成本补偿，固然可以解释从民事违约赔偿到行政罚款以至刑事罚金之间的内在联系，但还有大量其他类型的责任方式，如资格罚、人身罚、名誉罚、生命罚等，无法通过形式化的经济计量方法进行衡量。这些责任形式往往直观上不是补偿损耗的成本/损失，而是对违法者的剥夺和压制，更符合报复和惩罚的原始观念。

对于民间融资的负外部性的判断以及具体责任形式的安排，是否科学、合

---

① 王成栋著：《政府责任论》，中国政法大学出版社 1999 年版，第 11 ~ 13 页；张文显著：《法哲学范畴研究》，中国政法大学出版社 2001 年版，第 124 ~ 126 页。转引自张守文：“经济法责任理论之拓扑”，载《中国法学》2003 年第 4 期。

② ［德］柯武刚、史漫飞著：《制度经济学——社会秩序与公共政策》，韩朝华译，商务印书馆 2002 年版，第 238 页。

③ 张守文：“经济法责任理论之拓扑”，载《中国法学》2003 年第 4 期。

理？这种负外部性，是否需要上升到经济管制的高度、科处行为人的行政甚至刑事责任？都需要我们进一步反思。

2. 法律责任所覆盖的范围以及效果分析

刑事责任的“高强度”，反映了政府对民间融资“犯罪”倾向的高度警惕和严厉态度。当然，这种惩罚的强度也受到“发现概率”和“追究能动性”的影响；与此同时，广泛存在的行政管制则大大压迫了民间融资的自治空间，将法律责任覆盖到金融活动的广泛领域和环节中，也将自主融资压迫到狭小的角落里。金融经营特许制的管制制度，杜绝了未经银监会批准或证监会核准而从事银行业务或者证券业务的空间。此外，未经批准而进行的集资行为无论是用于投资经营还是转用或消费，都属“非法集资”。①

上述监管模式以及法律责任的广织，给民间留下的自主融资空间非常有限。首先，发行股票、债券受到指标、额度或者通道的限制，困难重重。其次，企业间相互的资金融通是非法的，此路不通。再次，向个人的借贷虽然可行，但是规模小就难解资金饥渴，如果规模大就可能陷入“非法吸收公众存款罪”的境地。最后，对单位内部职工的集资，由于由松到紧的管制变化，其合法性随着政策的多变而具有相当的不确定性。剩下的也就是银行贷款一途了。而银行贷款受到抵押担保的限制，对于刚刚起步或者实力不足的民营企业，不可能获得银行信贷的充分支持，于是孙大午求助于员工集资和乡亲的余款，但是触怒了当地银行，被“非法吸收公众存款”的大吸盘卷走了；银行贷款也存在关系、人情、寻租、行政审批等潜规则的困扰，在“行政调控”的肃查中，戴国芳倒下了。

（三）小结

通过对民间融资法律管制的历时性考察和责任体系的分析，我们能明显感到金融管制权和民间自治权之间激流暗涌的对抗，这种对抗在孙大午等案中更加表面化。本文一直不肯使用“非法融资”而是用“民间融资”来指涉各种体制外的融资活动，也是出于对强大管制压力下民间融资生存于狭小的“合法”空间的同情。

调制权和自治权之间的较量，往往以掌握行政资源和舆论优势的监管者获胜而告终。但是，矛盾的积累如果得不到适当的疏导和释放，就会演变成冲突。要么爆发、要么灭亡，民间融资何去何从？能否通过学者们建议的“松绑”来解决草根金融的脱法问题？我们还需要根源性分析。

---

① 刘燕：“发现金融监管的制度逻辑——对孙大午案件的一个点评”，载《法学家》2004 年第 3 期。

二、融资法律管制所折射出的两权对抗及深层逻辑

（一）两权对抗并非利益的直接冲突，而是风险防范的选择

如前所述，调制权和自治权之间存在多种结构关系（如直接对抗、间接选择、通过经济杠杆引导以及合作扶持），这些关系反映了国家调整经济运行过程中与市场力量的复杂关联。但是，从应然角度讲，两权之间并不存在直接的根本利益冲突。政府对某些主体自治权的直接压制或者间接摒弃，其实是对其他市场主体的利益保护或对某种秩序的维护，"与民争利"不符合调制权的本义。民间融资的法律管制所反映出两权的紧张，实质是监管当局对风险的防范、对民间力量的不信任；金融监管的方式和强度，只是在一定程度上影响或者调节着市场主体之间的力量对比，但并不能从根本上改变其关系，造成中小企业融资难的关键还是自身问题。

有学者指出，中小企业融资难是一个世界性的问题。一方面，中小企业由于缺乏可靠的信用评级和规范的治理结构，难以直接进入资本市场融资。另一方面，中小企业无力为银行提供足够的担保，也难从银行借贷。① 同时，为了降低风险和节约成本，银行也往往对中小企业和个人借贷。② 而在处于转型社会期的我国，这种问题就更为突出。银行对中小企业和个人实业信贷管理高成本的畏惧和风险厌恶，使得民间必须依赖银行但又无法获得银行支持的矛盾更加尖锐。

可见，民营企业的融资困境更多的是市场力量造就的，而市场力量关注的核心问题就是风险。金融监管的内在逻辑就是风险防范，通过各种制度安排来控制、防范金融市场中的风险，维持金融市场的良好秩序，保护所有市场主体（也包括普通大众）的合法权益。"我国现行的金融监管模式尽管存在一定程度的所有制偏好（或者说偏差），从而削弱了其风险防范功能的正常发挥，同时在一定程度上制约了民营企业的发展，但是总体上恐怕并不能说已处于风险防范过度的地步。"③因为在强化管制甚至严打的同时，各种融资诈骗仍频频出现。

---

① 汤敏："从孙大午事件看中小企业融资改革"，载《财经》2003年11月20日。

② 史晋川等：《中小金融机构与中小企业发展研究——以浙江温州、台州地区为例》，浙江大学出版社2003年版，第11页。

③ 刘燕："发现金融监管的制度逻辑——对孙大午案件的一个点评"，载《法学家》2004年第3期。

(二)二元结构和体制偏差加剧了两权的内在紧张

城乡二元结构,是我国诸多社会经济问题的症结。近10年来,金融改革的导向是重"国有"而轻"民营",亲"城市"而疏"农村",使得民营企业、特别是农村民营企业在金融利益的格局中几乎被遗忘,民间金融自治权和他们的资金需求备受挤压,"非法集资"几近成为其发展的必由之路。

在融资制度设计上,还存在相当严重的偏离。现代金融规则、技术化的融资工具、信息化的信用方式,与乡土社会、传统风俗和人们的交易观念之间严重地疏离。农村地区,人们偏好于直接的利益兑现、更稳妥的投资和生息方式、熟悉的交往对象和习惯,因而传统沉淀下的借贷互助和"会、社"融资形式在广大农村有强大的生命力;国人更习惯于走家串户式的资金融通,倚重熟人社会的人身信任和宗族纽带等关系,因而传销等利用人际关系的融资方式和人情放贷、关系融资在中国社会蔓延很快。而我们的监管思路,却是强行将外部规则嵌入既存的经济生活中,这就难免产生"南橘北枳"和民间力量自发抵抗的尴尬了。

在反思金融管制权和民间自治权的关系同时,必须看到,民间融资及其投资活动已经成为国民经济增长的重要动力。国家统计局的最新调查显示:2002年全国民间投资共17,516亿元,比2001年增长22.4%,中国民间投资在社会总投资中的比重已接近40%,成为第一位的投资力量。从1981年到2002年,民间投资对经济增长的贡献率呈上升的态势。2001年GDP增长7.3%,民间投资拉动1.66个百分点;2002年GDP增长8%,民间投资则拉动2.4个百分点。[①] 当下中国社会经济的基本特征是从传统的计划体制向市场体制的转型,是从农业生产方式向工商业主导生产方式的过渡。而且,此进程又呈现为传统农业生产方式、近现代工商业生产方式甚至后现代信息经济的"共时性"混存。这样,这种渐进改革背景及其"共时性"语境就必然会使得当前中国的金融监管面临复杂的格局和错杂的问题。我们放大和简化这个问题——调制权和自治权的对抗应该如何协调?

三、调制权与自治权对抗的消解

对民间融资的法律管制所折射出的调制权和自治权之间的对抗,只是整个经济法大系统中的一个样本。而这个样本,可以扩展到整个规范体系的一般性

① "民间投资七大热点领域,传统产业为'主战场'",载 http://news.xinhuanet.com/newscenter/2003-09/10/content-1072740.htm。

问题。本质上,调制权和自治权之间并不存在直接的利益冲突,只要制度设计科学合理、运行过程中符合程序,就可能和谐共存;而且两权之间在对抗之外存在更多的共生和合作空间。

(一)各自克制,厘清边界

调制权,作为侵益性的公权力,必须谦抑自制、充分尊重民生。调控决策和规制行为要克制在权力边界之内,遵循权力行使的法律原则,接受各方制约和职责约束,注意法律适用的环境和多元结构的现实,关注"地方性知识"和"本土资源"。

调制权首先是有边界的。调制权的逻辑前提是市场失灵和政府失灵。只有市场失灵的地方,才能进行经济调制;调制必须遵守法律为避免政府失灵所限制的条件。在金融管制中,金融失灵和监管失灵都对金融管制权作出了限定①:金融自由化背景下,金融监管权须受市场机制的约束;应强化金融信息权,以克服金融信息不对称所带来的不利后果;为克服金融的负外部性,金融监管权之行使须始终以金融安全为基本的目标;引进外部监管机制,赋予传媒、社团对金融监管当局以及金融机构进行监督的权力;实行监管人员资格限制制度;金融监管权行使的程序化与透明化。其中,最核心的要义是"找到边界,适度有效"。

金融管制权,不应过分压抑市场内在力量和金融形式创新。当然对民营企业总体而言,"法律松绑"、解除刑法威慑也未必是一件好事。当民营企业自身尚未建立其良好的风险防范机制,尚无法给市场的资金提供者以信心时,一味松绑只会增加市场中的资金提供者的恐慌,驱使它们退出市场而不是提供更多的资金。

调制权的行使还应该遵循以下基本原则②:其一,调制法定原则。"法定"所涵盖的范围包括:主体、权利义务、程序、责任等方面。调制的实体内容和程序规范都要由法律来加以规定,只是在法律明确授权的特殊情况下,才能由行政法规来加以规定。其主要目标则是力图保障调制的合理性与合法性,保障市场主体或第三部门的财产权等重要权利,保障法律的被遵从和实效。其二,调制适度原则。基本要求是,调制行为必须符合规律,符合客观实际,要兼顾调控和规制的需要与可能,保障各类主体的基本权利。调控适度,要求调控权的行使、调控手段的选择、调控性规范的周期变易等,都要适度。调制适度强调,无论对于鼓励促进抑或限制禁止,都要"适中"或力争"最优"。此外,调制适度原则也可与诚

---

① 郑少华:"论金融监管权的边界",载《法学》2003年第7期。

② 张守文:"经济法基本原则的确立",载《北京大学学报》(哲社版)2003年第2期。

实信用原则、情势变更原则相兼容。其三,调制绩效原则。即追求调制的效果或称绩效,追求总量的平衡和社会总体福利的增长。这3项原则,对于指导调制权的行使具有普遍意义。

与此同时,自治权也须尊重秩序架构。自身诉求应该力争在体制内解决,尤其是要遵守法律的强行性规定。在既有框架下,通过适当的制度创新和声音的表达,寻求利益的支撑点。民营企业家们完全可以通过参股融资的方式解决发展中的资金短缺问题。

(二)建立缓冲带,寻求中间层的隔离和信息沟通

现代社会结构的一大特征是,以中介组织和行业协会为代表的“社会中间层”成为在国家与市场之外的重要一级。中介组织担负着更多的公共管理职能,行业协会自治性治理被视为是社会的第五种治理机制,在现代市场经济中发挥着越来重要的作用。①

在民间融资的金融管制中,国家赤膊上阵,通过行政主管机构和司法部门直接和融资者对阵。设想,如果通过民间自律组织(如金融业监管协会)或者各具体行业协会对民间集资进行自律性管理以及资金筹措的互助协调,就能起到足够的润滑和信息传递作用。政府应该将职能适当下放,充分利用行业组织和中介机构的作用进行角色转换。“行业组织运用自律性规则在政府干预未及的经济领域自觉整合,是政府权力收缩后的及时补位,他所实现的自律秩序是经济法秩序的延伸,所实施的自律干预是国家干预的辅助。”②当然,在目前政府对行业协会的行业管理模式以及个别官员对行业协会的潜在控制情况下,行业协会自治还有很远的路要走。③ 行业协会的自治,受到多种因素的制约:资源的控制状况是影响其自治地位的首要因素;培育独立自主的利益主体是其取得自治地位的基础性条件;社会自治的文化培育和品格塑造也是影响其自治程度的共同性因素,而在民间和政府两个意识和文化层面上,政府观念的更新和转换尤为重要和关键。④

中间层的培育会让市场自治权有更现实的物质载体,调制权与市民社会的

① 余晖:“行业协会组织的制度动力学原理”,载《经济管理》2001年第4期。

② 陈宪:“论社会经济团体在经济法实施机制中的地位”,载王保树主编:《商事法论集》(第3卷),法律出版社1999年版,第537页。

③ 朱国华、朱国泓:“上海、温州行业协会信用制度调研分析”,载《2003年全国经济法年会论文集》(未出版)。

④ 鲁篱:“自治如何形成——对证券交易所法律地位的历史比较”,载《现代法学》2004年第4期。

对立就会相对缓和。可以尝试按地区、分行业成立商会等自律性组织,使民营经济实现自我管理,有组织地向政府有关部门反映情况和建议。各商会要建立为民营经济服务的机构体系,帮助民营经济融资,辅导有关知识,协助金融机构进行有关的授信调查,可以根据具体情况设立"商会基金",使企业间形成相互监督、相互帮助的"互保联保"关系。个体私营经济可以建立行业公会,通过内部资金融通,缓解资金供求矛盾,同时积极发展带有行会性质的、与个体私营经济发展相联系的地下融资组织,并承认其合法地位,在有关部门的监督指导下可尝试使其业务公开化。中介组织在征信系统的建立、等级评价和信息收集传递中无疑具有特殊优势,而这些系统对于解决民营企业融资难的首要问题——风险测度与防范问题,是极为关键的。

(三)制度创新

调制权和自治权的冲突解决,还可以通过广泛的制度创新,转移矛盾,建立互信。

一方面,信用评价和公开机制在整个现代金融中发挥着枢纽性的作用,因而政府主导下的征信制度的尽快建立完善,对于包括民间融资在内的整个金融系统的健康发展都极为有利。就民间融资的难题解决而言,林毅夫教授指出:我国中小企业最有效的融资方式应以中小金融机构贷款和企业自有资金为主。由于我国中小企业大多是劳动密集型企业,利用资本市场解决中小企业的融资困难的方案是不可行的,因为直接融资的高成本将中小企业排除在外。最有效的金融结构取决于企业和生产的性质。现阶段我国最具竞争性的企业是与我国要素禀赋结构相一致的劳动密集型中小企业,保证它们的融资需求应成为当前金融体制改革的出发点,这就要求建立和完善中小金融机构体系。①

另一方面,政府应当而且也能够为改善民营企业的融资地位助一臂之力。现实中已经出现了制度创新,包括建立中小企业信贷担保体系,②以及推动面向中小企业的风险基金的发展。前者将极大地提高民营企业的信用等级;后者不仅可以拓宽民营企业的融资渠道,而且其作为股权投资人,能够在改善民营企业的治理结构方面有所作为。

同时,加快改革国有银行的信贷机制,建立与民营经济贷款配套的政策体系,如适当放开对民营经济的贷款利率,形成一种类似"双轨价格"的利率体系;

---

① 林毅夫等:"中小金融机构发展与中小企业融资",载《经济研究》2001年第1期。

② 史晋川等:《中小金融机构与中小企业发展研究——以浙江温州、台州地区为例》,浙江大学出版社2003年版,第30页。

建立健全民营经济信贷担保体系，发展和完善直接融资体系，积极探索风险投资机制，广开融资渠道，等等。

除了实体制度的创新外，司法诉讼和代替性纠纷解决机制（ADR）间的相互协调也非常重要。对一个正在进行渐进改革的国家而言，要求现行司法体制严格遵循既有制定法体系解决所有纠纷是不现实的。当交易事实已经发生，而且这些融资交易无法在制定法层面获得正当化，或获得正当化的成本过高时，通过代替性纠纷解决机制的形式来化解矛盾，不失为维护制定法尊严和事实上正当化民间自治的一条可选路径。①

（2006年第1期）

① 刘光华、赵忠龙："转型时期民间投资法律规制的制度选择及中国经济法的作用"，载《2003年全国经济年会论文集》（未出版）。

劳动合同的特殊性研究

侯玲玲*

1994 年的《劳动法》将劳动合同规定为我国劳动力市场中,劳动者与用人单位建立劳动关系的依据,并要求在合同中明确约定主要劳动条件条款,劳动合同的作用因此显得非常重要。尽管,理论界和实务界都承认劳动合同特殊,即不同于一般民事合同,但是,特殊之处究竟有哪些,并非十分清楚,从而引发了《劳动合同法》与《合同法》关系的争议。本文试图对劳动合同的特殊性予以尝试性探讨,并提出若干立法建议。

一、劳动合同与古典契约法的契约自由

契约自由是古典契约法理论的核心,它是意思自治在契约法中的体现。意思自治原则源于古罗马,发端于 16 世纪的法国工商业发展时期,兴起并确定于 19 世纪的自由资本主义时期。自由资本主义有着意思自治原则得以繁荣的土壤。资产阶级革命所提出的解除封建身份束缚、充分尊重人的平等和自由、人权天赋等,在法律上的表现是赋予人民更多的自主权,即在私人领域,人们可以自由决定私人事务。正如,法国学者卡尔波尼埃所说,意思自治是一种法哲学的理论,即人的意志可以依其自身的法则去创设自己的权利义务,当事人的意志不仅是权利义务的渊源,而且是其发生根据。① 自由资本主义的自由经济对意思自治的需求促进了其发展,自由经济的假设是市场进行资源配置的最好方式,市场中的人都为平等、理性的经济人,他们通过理性判断来选择自己的行为,自由选择可缔约的对象,以达到利益的最大化,个人利益的最大化最终可以使得社会利益的最大化。在这些假设前提下,私人领域中的自我决定成为最优,无须任何干预。意思自治成为市场交易的一项重要原则。1804 年《法国民法典》第 1134 条规定:“依法成立的合同,对于缔约当事人双方具有相当于法律的效力。”将当事人的特别约定置于与来源于公共权力的法律同等地位,亦即赋予当事人的意志

---

* 作者单位:中南财经政法大学法学院。

① 尹田著:《法国现代合同法》,法律出版社 1995 年版,第 13 页。

以强制力,这显然是对意思自治的直接确认。1896年《德国民法典》第305条规定:"除法律另有规定外,依法律行为创立债之关系,及债之关系内容之变更,以当事人间有契约为必要。"

由于意思自治前提是当事人自由意志的外在表现,那么,在合同订立中,自由意志的实现至少要具备以下前提条件:

(1)主体平等。这是最基本的前提条件。传统契约法中,假设的契约都是单个独立交易的合意行为,交易作为一种市场谈判的结果,取决于谈判主体地位平等和力量的均衡。如果双方无法平等,可能会出现一方凭借其优势地位强签协议,那么,对于弱势一方而言,根本无自由意志而言。

(2)选择的自由。自由选择的前提又为:①多个自由的主体并存;②没有人为的选择限制。每个主体根据市场规则和追求利益的最大化原则选择最合适的缔约相对人,这是实现契约自由的客观条件。如果没有可供选择的主体或存在外界限制,所接受的缔约条件就难以公平,其追求最大利益的自由就会被事实上剥夺,其自由也就只能是徒有形式。

(3)交换分配的公正。即通过自由自主交换可以提高对财产利用的效率,使整个交换过程呈现增值,交换双方达到各自交换的最初设定目标,而且在这种前提下的交换必定是公平的。

在意思自治的基础上形成了契约自由的两大制度:一是契约神圣;二是契约相对。契约神圣是指既然契约是根据双方当事人的自由意志而订立的,由此产生的权利义务应当是神圣的,应当由法院保证其履行,当事人不得违反。法院不得直接地或者间接地改变当事人订立的契约,契约一经成立,当事人就有排除和拒绝公共权力干预的权利,即使由于情势变更而使双方当事人的权利义务出现严重的不平等时,法院也不得变更契约的内容。依据同样的规则,立法上的变化,也不能对契约权利义务产生任何影响。作为对意思自治原则的贯彻,契约可以违背"新颁布的法律即刻生效"的原则,继续按照契约成立时所依据的法律发生效力。因为,如果将契约置于新的法律的支配之下,亦即让合同按照新的法律发生效力,无异于对合同进行间接修改。契约相对是指非契约当事人不得请求契约权利,也不必承担契约义务。①

劳动合同作为现代劳动力市场中,雇主与劳动者资本和劳动力交换的结果,对古典契约法理论产生了很大冲击:

---

① 李永军:"从契约原则的基础看其在现代同法上的地位(上)",载:http://www.civillaw.com.cn/weizhang/default.asp? id=8011。

1. 契约自由的假设前提并不存在

(1)劳动者和资本家(雇主)主体地位不平等。现实表明,市场交易中,交易主体并非是抽象的平等的主体,都会有经济、政治、出身、知识结构等方面的差异。在劳动力市场中,一是劳动者之间并不能实现真正地位平等。二是在劳动者和雇主之间,这种平等更难实现。劳动者与雇主的不平等性主要源于劳动者交换标的和交换目的的特殊性。从交换的标的看,劳动者交换的是自己的劳动力,而劳动力必须以人为载体,无法储存,一旦劳动力不被雇用,劳动力就会随生命过程而消耗;从交换目的看,劳动者之所谓"自由",其实是人身的自由和经济的不自由,即劳动者必须通过劳动力的交换来获取生活资料,以维系自己和自己家庭的生存,相对于雇主而言,劳动者对交换的需求紧迫远远大于雇主。此外,雇主和劳动者在经济地位上的悬殊,也决定了两者在政治地位、信息掌握等各方面存在不平等性。即使在现代社会,这种不平等性依然存在。

(2)劳动者自由选择受到限制。相对于雇主而言,劳动者自由选择的限制更多。一是可选择的交易资本少。资本相对于劳动力而言,总体上是小于劳动力供给的,尤其是对于低级劳动者而言,这就限制了劳动者可选择的余地,为了获得工作,劳动者不得不降低自己的要求。二是劳动者自由选择其他限制。劳动者在流动过程中,不仅受经济条件的限制(流动需要支付成本的),还有历史文化、政府政策等限制,如我国对农民工流动的限制。而资本的流动性远远大于劳动者,也就是资本可选择劳动者所受的限制要小。

(3)劳动者与雇主的交换并未实现交换分配正义。劳动者与雇主之间的交换不是简单的物与物的交换,而是资本和劳动的交换。在资本主义自由竞争时期,基于强资本、弱劳动,资本家通过对劳动力的残酷剥削,来积累资本。随着资本越来越多,劳动者则越来越穷。事实证明,在不平等的交换下,无法实现交换分配正义。

2. 主观意思表示功能的弱化

劳动合同是附合性合同,劳动者对劳动合同一般只能作出是或不是的意思表示。在这种附合性特点下,劳动合同的订立是否是劳动者真实意志的表示,很难确定。而且,劳动合同是长期合同,在劳动关系存续期间,存在某种未有双方明示的意思表示——"默契",如劳动者工作的努力程度和企业对职工增加福利。因此,主观意思理论在劳动合同中很难说明合同的约束力来源。

3. 对契约神圣的限制

由于,劳动合同在一定程度上否定了契约自由的理论来源——意思表示的真实。所以,契约神圣制度直接被限制,表现为国家对契约的干预:一方面,国家制定强行法对契约自由的限制;另一方面,国家通过立法对劳动者团体力量的扶持,以促使劳动市场中,劳动者通过团体的力量来平衡雇主的力量,具体表现为集体合同法的规定。此外,契约相对性的理论基础在劳动合同中也有一定的问题,即劳动合同的内容不仅仅只是当事人之间的事情,很多涉及合同当事人之外的人的利益,如工资,不仅是劳动合同中劳动者给付劳动的报酬,也是劳动者生活的来源,所以,国家通过最低工资制度限制工资,而在设计最低工资标准时,必然会考虑劳动者及其赡养人口的最低生活费用。

二、劳动合同与关系契约理论

随着人们对古典契约理论的质疑,即主观意思理论的否定,提出"契约死亡说"时,[①]人们开始反思契约理论,并提出客观理论说,以此为契约寻求出路。"关系性契约"便是麦克尼尔对契约客观理论的一种尝试。他从社会学角度对契约概念重新诠释,他认为,新古典契约法中,一次性、单发性的契约在现代生活中并不普遍存在,现代契约必然具有未来企划的合意的性质,从社会学看,契约不过是有关规划将来交换过程的当事人之间的各种关系。"交换"和"过程"包含着时间维度的扩展、当事人的相互依存性、在承诺的基础上进行的规划的非一次性等因素。进而认为,仅仅通过合意不能适当地把握当事人之间的契约关系的整体机构。[②] 综合麦克尼尔的关系契约观点[③]:①考察契约应该从契约背后的社会关系和共同体的规范去寻求根据。②契约是一个过程,契约内容不可能全部包含于当初的合意之中。③约定不能成为契约拘束力的一元的根据,约定发挥同样功能的因素还有命令、身份、社会功能、官僚制、宗教义务、习惯,以及对企划的"期待"。④关系契约整体规划的重点,并非契约内容本身(标的物、价格、数量),而在于决定这些内容的过程,用弹性机制来解决未来不确定因素的介入。⑤契约不单纯是一种市场机制,更是一种促进交换的社会制度,当事人可以随情况变化对契约权利和义务进行再协商和调整,而不必顾及契约条款的僵死规定。尽管关系性契约理论作为对古典契约理论的一种反思,并不是很成熟,但对研究和解释劳动合同特殊性提供了广阔的视野。

---

① [美]格兰特·吉尔莫著:《契约的死亡》,曹士兵、姚建宗、吴巍译,中国法制出版社2005年版。

② [美]Lan R. 麦克尼尔著:《新社会契约论》,雷喜宁、潘勤译,中国政法大学出版社2004年版,"关系契约论的启示(代译序)",第3页。

③ 苏泰:"关于契约的生或死——评《契约的再生》",载http://www.legaldaily.com.cn/misc/2005-08/24/content-185519.htm。

现实社会中的劳动合同具有以下特殊性:①虽然劳动合同是附合性合同,劳动者在签订合同时也许并非是完全真实意思表示的结果,如劳动者希望企业能给更高的工资,而企业没有,劳动者还是选择签订合同。但是,只要是劳动者的选择,合同依然可被认定为合意。麦克尼尔认为,契约的概念并不要求是真实的,只要人们像是在选择一样行为就行了。[①] ②劳动合同只是作为建立劳动关系的方式。劳动关系一旦形成,劳动者与资本家就形成了雇工和雇主的关系,即由市场上所谓的平等主体变为"隶属"主体。劳动者必须在雇主的支配管理下进行工作,以履行劳动给付义务。麦克尼尔认为,这种权利、等级和命令是由关系契约中交换而产生的依赖性平衡的结果。[②] 那么,以此解释雇主的管理支配权,可以认为在雇主和劳动者交换的时候,劳动者基于未来企划的期待,对雇主的依赖大于雇主对劳动者的依赖,从而,雇主获得绝对优势的权力。③劳动合同是一个动态的过程,不同于静态的单方性、一次性的古典契约。因此,建立劳动关系的最初合意绝不可能包含劳动合同全部内容,劳动合同的内容在交换过程中不断变动。④明确的合意不是劳动合同具有拘束力的唯一依据,企业管理、社会功能、国家政策、企业习惯等都可能影响劳动合同的拘束力。⑤劳动合同条款具有弹性化需求,以此来解决劳动关系存续期间,未来不确定因素的介入。由于企业是市场经营主体,要根据市场需要而灵活调整自己的发展战略;为迎合发展战略,劳动条件也会因之而变动,如岗位调整、工资调整,等等。劳动者在劳动过程中也可能出现某些无法确定的因素,如生病等。因此,劳动合同条款很多只能通过程序性规定来限制合同的任意性。如工资,在长期劳动合同中,劳动者工资的确定通常通过雇主制定的工资规则或集体合同,规定工资标准、工资计算方式等程序规定来确定。⑥雇主和劳动者通过劳动合同形成共有和分担利益和负担。在传统的合同关系中,将利益和负担截然分为两个部分,双方当事人各拿一部分。一方面,在劳动合同关系中,劳动者和雇主分担利益和负担,如劳动者既有固定的薪水,又有明确的工作任务;另一方面,又共有利益和负担,如效益工资制,劳动者可以通过效益工资与雇主分享利润,获取雇主效益好时的高收入,但雇主效益不好时,劳动者必然降低工资,或者暂时失业,与雇主共渡难关。[③]

从以上分析看,劳动合同的许多特殊性都可以通过关系契约理论得以诠释。总的来说,在劳动合同中存在关系契约的共有特征即"交换"和"过程"。通过交

---

① [美]Lan R. 麦克尼尔著:《新社会契约论》,雷喜宁、潘勤译,中国政法大学出版社 2004 年版,第 3 页。

② 同上,第 30~31 页。

③ 同上,第 25 页。

换,形成了一种身份关系和等级秩序。交换也就是愿意和不愿意两者较量的结果,产生了愿意占优势的肯定性的平衡。而这种交换的根源是劳动者和雇主对未来企划的期待而产生依赖性,依赖性强弱也就造成了权利的不平衡。面对劳动合同中,劳动者和雇主权利的失衡,法律则以多种方式予以干预,以强化相互性,实现权利平衡。这种干预有直接的,即通过制定强行法干预;也有间接的,即对雇用权力结构的干预,这主要是通过扶持工会力量进行的。由于劳动合同具有关系契约的特征,有的学者则形象认为,劳动合同在一定程度上是礼物交换,即"关系礼物交换"。[①] 这个观点也影响了现代企业管理理念。

三、劳动合同特殊性对我国劳动合同立法的若干启示

(一)劳动合同在劳动条件决定体系中的地位

劳动条件决定体系由劳动合同、内部规章制度、集体合同和国家规定的劳动条件最低标准强行法四部分构成。劳动合同、内部规章制度和集体合同是劳动条件决定内在机制。原则上讲,劳动条件应该由劳动合同当事人协商,因此,劳动条件应该由劳动合同来决定。但是,实际上劳动合同在劳动条件决定中的作用逐步减弱。一是因为雇主基于管理经营和节约签约成本,通常会制定一些企业制度,确定统一的劳动条件和确定劳动条件的程序,如工资分配制度。而这些往往取代劳动合同的内容。二是因为劳动合同的持续性特点,使得很多劳动合同内容条款并不十分明确,而以待以后确定,所以,最初的劳动合同所决定的劳动条件也是不完整的。一般来说,合同期限越短的劳动合同,对劳动条件的决定作用越重要,合同期限越长,劳动合同对劳动条件的决定作用越小。

然而,我国目前劳动合同在劳动条件决定体系中的地位尤为重要,这主要是由我国劳动条件决定体系现状所决定的。

(1)集体合同制度并不完善。集体合同是西方市场经济国家决定劳动条件的方式,即由工会与雇主或雇主组织对劳动条件通过谈判形成合意,作为订立雇主内部规则和劳动者与雇主订立劳动合同的依据。由于集体合同当事人之间的力量基本平衡,也就认为这种合意基本是双方真实意志的表现,具有法律拘束力。西方市场经济国家基本通过对工会力量的扶持,来平衡市场力量,由市场决定劳动条件。我国 2004 年虽然颁布《集体合同法》,但是,集体合同决定劳动条

---

① [美]路易斯·普特曼、兰德尔·克罗茨纳编:《企业的经济性质》,孙经纬译,上海财经大学出版社 2000 年版,第 346 页。

件的作用仍然很弱。主要原因存在于谈判一方主体——工会。在国企中，工会和企业的利益是一致的，一旦出现纠纷，通常会从企业方利益考虑。非国有企业中，一是工会组会率低，有的企业，甚至跨国公司拒绝中国工会；二是工会经济和人事无法独立于用人单位，影响了其谈判的能力。所以，集体合同在我国无法成为劳动条件决定的主要方式。

(2)内部规章制度缺乏规范。由于近代企业分工日益精细，企业规模日益扩大，所雇劳动者日益增多，要与每个劳动者签订劳动合同确定劳动条件，不利于企业的经营，因而，通过制定企业规章，将各种劳动条件统一规定，而由劳动者遵守。因此，企业内部规章在劳动条件决定中应该起着很重要的作用。然而，在我国，一方面，相关内部规章法律法规不健全，容易出现企业通过制定内部规章，损害劳动者利益的现象。以未有规范的内部规章作为确定劳动条件的依据，值得斟酌。另一方面，许多企业规模小，规章制度不健全，或者根本没有，也就无法决定劳动条件了。而且，有学者认为，内部规章缺乏合意基础，只有成为劳动合同部分，才有拘束力。①

(3)劳动合同制度建立以来，劳动合同已成为我国劳动条件决定的主要方式。《劳动法》规定劳动合同的必备条款，要求在劳动合同中就主要劳动条件予以规定，明确权利义务。并且在劳动条件中，存在企业规章和集体合同这种统一规范无法规定的、只有个别决定的内容。比较典型的是各个劳动者的工作场所、职位及其具体的工作内容，这些是只能通过个别劳动合同来约定的。此外，随着人们对劳动力“非同质”的认识，出现了劳动报酬个别处理的动向，劳动合同的作用也就越发重要。

(二)劳动合同的表现形式

合同属于双方法律行为，即由当事人双方自己为自己设置规则。只有当所制定的规则是合同当事人双方作出的意思表示，这种规则才是个人意思自治或者任何一方当事人自觉意思的体现和实现。为了使合同当事人的意愿都能在合同中得到体现，他们彼此需要向对方明确地表达他们的意愿。只有当两个意思表示结合在一起时，才能使合同所确立的规则具有约束力。这个意思表示彼此相应构成一个法律行为。法律把合同双方当事人的这种使合同得以缔结的意思表示区分为要约和承诺。② 合同的形式即是双方意思表示一致的表现形式。合

① 黄越钦著：《劳动法新论》，中国政法大学出版社2003年版，第143～144页。

② [德]卡尔·拉伦茨著：《德国民法通论》(下册)，谢怀栻等译，法律出版社2003年版，第719页。

同的形式一般有书面和口头之分。而沉默,作为一种不作为的形式以及其他任何一种不使用某些话语或符号的行为,只有在特定的情形下,才可能具有法律行为上的意思表示的意义。而在劳动合同中,这种默示形成的合意应该是非常普遍的。例如,工作规则的变动,劳动者不提出明确反对,即可认为是对工作规则变更的同意,形成合意;又如,雇主临时调动劳动者去另外岗位工作,劳动者服从安排,形成合意。此外,在现有的合同形式外,还有劳动合同特有的一种合意形式,即心理默契,有学者称为"关系性了解",其认为"在劳动合同明确的合意(狭义的合意)背后,还存在多层不能或未能言语化的双方的互相理解和默契"。我们将其称为"关系性了解"。这种未能言语化的"了解群"存在于长期性连续性的劳动关系中,有时这种"关系性了解"比狭义的明确的合意(合同)在劳动关系中更起作用(劳动争议的抑制作用)。"如劳动者基于对企业惯例的了解和信赖,会提高工作努力程度,以期企业作为回报将会提供公平工资。管理学上称这种现象为心理契约,它是为了强调在员工和组织的相互关系中,除了正式劳动合同所规定的内容外,还存在这隐含的、非正式的、未公开说明的相互期望,这也是决定员工行为的决定因素。"①虽然,我国合同法并未承认这种心理学上"默契",但是在美国富勒著的《合同损害赔偿中的信赖利益》中引入这种心理因素,提出可期待利益的赔偿问题,②这对我国劳动合同法应该来说是有所启示的。

由于,心理契约属于心理学范畴,在法学上还未成熟,在我国尚属陌生事物,并且,由于无法举证,在很大程度上取决于诉讼的"自由心证"制度的完善,而在我国现阶段并不具备此条件。因此,在劳动合同立法设计中,对这种形式不宜过早承认。然而,我国《劳动法》仅将书面形式作为劳动合同的唯一有效形式,却是断然不行的。以书面形式为唯一有效形式要件已经给现实带来了很大的难题。对于许多非书面劳动合同的存在,一方面,法律不承认其有效性;另一方面,劳动关系现实存在需要规范,劳动者权益需要保护,这人为地给实务界和理论界带来不必要的麻烦,陷入了"事实劳动关系和劳动法律关系"的无谓争论之中。因此,根据劳动合同的特殊性,在立法中应该承认书面、口头和默示是劳动合同的表现形式。法律可以规定,在某些特殊情况下必须签订书面协议。

(三)劳动合同变更

劳动合同作为劳动者和雇主规划将来交换过程的当事人之间的各种关系,

---

① 李原、李德俊:"组织中的心理契约的研究发展",载《心理动态》2002年第1期。

② [美]L. L. 富勒、小威廉R. 帕杜著:《合同损害赔偿中的信赖利益》,韩世远译,中国法制出版社2004年版。

无法对未来交换过程中所有事项予以规定,初次合意仅仅是交换过程的开始,绝不是结果,它不同一般民事合同。那么,随着情势的变化,劳动者和雇主之间交换也会发生相应的变化,从而需要重新合意。因此,变动性是劳动合同的特点之一。交换的过程中,劳动者和雇主的权力不对等,难免会出现雇主滥用权利损害劳动者的利益。一般,我们认为劳动合同的变更应该采用合意的方式,合意的形式除了书面,还有口头、默示等。但是,基于企业经营管理权,企业应该有权对企业内人事及时调整,即保留企业因经营需要而配置劳动力的权利。过于强调合意,必然限制企业经营权,进而阻碍企业应对市场反应的灵活性。但是,由于工作类型和地点的变动直接影响到劳动者的利益和工作能力的胜任问题,那么,从劳动者保护角度考虑,必须对雇主单方调整职位和工作地点予以限制:①变更之后的工作是劳动者能够胜任或通过短期培训可以胜任的。②变更之后的相关待遇不因此而降低。③变更不能给劳动者带来实质的不便。[①] ④不管是合同的本意还是交换的合意,如果劳动者确实不愿意接受这种变更,雇主可以选择解除劳动合同并支付相应的经济补偿金。

此外,雇主对劳动者有惩戒权,即可以通过惩戒权的行使,对劳动条件予以变更,如降级、降职、减薪。这种惩戒权直接来源于企业管理权,是对劳动者有过错的一种惩戒。由于惩戒权行使对劳动者影响很大,必须予以限制。即惩戒权的行使必须有相应书面形式的内部规章作为惩罚的依据,而内部规章必须依照法定程序制定。企业内部规章的制定是雇主的权利,更是雇主的义务,是促使雇主明确劳动条件,规范用人行为的方式。因此,我国必须完善企业规章制度的相关立法,规定制定规章制度为雇主的法定义务,并规定制定规章制度的法定程序。

(四)劳动合同的无效后果

劳动合同是否存在无效和可撤销以及劳动合同无效之后的法律后果,一直是备受关注的问题。争议的表面原因是,劳动合同交换的标的劳动力很特殊,具有不可储存和不可返回的特点。劳动合同一旦认定无效,无法像一般买卖合同一样,出现恢复原状、返还财产等法律后果。也就是说,即使劳动合同从法律上被认定无效,但是,基于劳动力给付而产生的劳动关系依旧存在,不可忽视。这种疑惑产生的实质原因在于,仍然用传统契约法相关理论和假设来阐释劳动合同,主要表现在:①过于强调劳动合同中的主观意思表示。《劳动法》规定劳动

① 例如,女性职工有一小孩需要照顾,如果将其调离离家很远的地方,将给其照顾孩子带来极大不便,那么,这种单方调动是不允许的。

合同必须采用书面形式,将意思表达限定为书面形式,也就否定了口头意思表示的形式效力,更不用说默示的形式效力。此外,童工和不具有用人资格的主体也因认定无意思表示的能力,所订立的劳动合同被排除在有效合同之外。②依然用一次性、单发性的交易处理方式来处理劳动合同无效。一次性、单发性的合同仅存在物与物的即时交换中,而劳动合同是一个持续合同,是一个持续的交换过程,从而也就存在社会关系,即劳动关系。物与物可以相互返还,而持续存在的交换关系作为一种过程只能终止,而无法恢复原状。③忽视了劳动合同背后劳动关系的特殊性和社会共同价值理念。劳动关系中,雇主和劳动者之间地位不平等,存在"隶属关系"。那么,保护劳动关系中弱者一方是由劳动关系特点决定,也是社会公平理念所决定的。而劳动合同一旦径直使用无效或可撤销的规定,就会令已发生的社会关系自始归于消灭,不但使问题更难处理,而且,在很多情况下,对劳动者保护可能不周全。故应限制无效和可撤销溯及力,意思上瑕疵的主张原则上只能向后发生效力,对于已发生的权利义务关系,原则上不发生影响,以达到保护劳动者之目的。[①]《瑞士债法典》第320条亦规定,"依据事后认定无效的劳务合同,雇员为雇主善意地实施工作的,双方当事人应当依有效劳务合同履行劳务关系所产生的义务,直至因一方当事人主张无效而取消时止"。则是将劳动合同无效作为待定状态,以当事人主张劳动合同无效时间作为合同终止时间。④未能明晰契约和法律的区别。契约的范围比契约法要宽,契约法只是契约的部分,不能将两者等同。劳动合同即使认定无效,但是,只要劳动者和雇主之间的交换存在,依然是劳动契约关系。有效的合同是以法律为导向的狭义合同概念。

由上可见,我们要重新认识劳动合同无效问题:①劳动合同无效,仅仅是在法律意义上合同无效,劳动契约关系依然存在。②劳动契约关系作为一种关系,只能终止,而不能恢复原状;即合同无效,只能是终止这种劳动契约关系。③为保护劳动者利益,应规定劳动合同被劳动仲裁机构或人民法院认定无效,原则上不具有溯及力;除非合同履行过程中的劳动条件低于国家法定基准规定或集体合同约定的劳动条件,被确认无效不影响之前因劳动合同而发生的权利义务。

(2006年第1期)

① 王泽鉴著:《民法学说与判例研究》,中国政法大学出版社1998年版,第120页。

"有利原则"的提出及其在劳动合同法中的适用

许建宇*

一、"有利原则"的提出及其法理解读

(一)"有利原则"的法理基础

在国内外劳动法理论与实践中,"有利原则"这一提法目前尚不多见。据笔者收集到的相关文献来看,仅有如下几例:德国《集体合同法》第4条第3款规定了"有利原则",用来界定、规制集体合同和单个劳动合同之间的效力关系。[①] 我国《澳门劳资关系法》(法令第24/89/M号,1989年4月3日)第5条也明文规定了"较有利原则"。[②] 在我国台湾地区,学理上亦认为劳动契约法应符合"优惠原则",黄越钦先生还认为由于该原则"究属抽象","因此更有需要将优惠之情形明确在劳动契约法中加以立法"。[③] 我国内地则只有极个别学者使用过"有利原则"这一称谓或类似的提法。如王全兴教授在论及"劳动者的劳动权利义务的多层次依据"这一问题时指出:"不同等级文件就同一事项作出相异的规定时,就以对劳动者更有利那个等级文件为准,这被称为'更有利原则'。"[④]值得注意的是,这类规范究竟蕴涵着怎样的价值取向和法理意义?它们在劳动立法、执法实践中是否具有普遍的适用性?在我国正在起草的《中华人民共和国劳动合同法》(以下简称《劳动合同法》)中具有怎样的地位,可以发挥怎样的作用?对这些问题,学界似乎无人探究过。有鉴于这类规范的重要性,笔者认为,极有必要从现有立法例中,提炼、概括出一条劳动法的调整原则并将其正式命名为"有利原则"。

---

* 作者单位:浙江大学法学院。

① [德]W. 杜茨著:《劳动法》,张国文译,法律出版社2005年版,第212~213页。杜茨(Wilhelm Duetz)教授在书中多处提及这一原则,如其举例说:"一个有利于劳动者的单个劳动合同约定就优先于休假集体合同。"(详见该书第33页)

② 该法第6条确立的"传统制度的优先原则"也包含了"较有利原则"的精神。参见顾肖荣、杨鹏飞著:《劳动法比较》,福建人民出版社1999年版,第321~322页。

③ 黄越钦著:《劳动法新论》,台湾翰芦图书出版有限公司2000年版,第118页。

④ 王全兴著:《劳动法》(第2版),法律出版社2004年版,第85页。

由于学界尚未普遍使用“有利原则”这种表述，故我们目前很难对此概念下一个精确的定义。广而言之，劳动法整个法律部门都体现了“有利原则”的精神，但本文所提出的“有利原则”(the principle of favorableness)有其特定的含义，大意是指：若劳动关系双方当事人的约定(包括劳动合同或集体合同的约定)、用人单位内部劳动规则的规定、用人单位的单方承诺与劳动基准或者法律规定不一致的，应当适用对于劳动者有利的约定或者规定；若这些约定或规定的含义不明确的，应当作出对劳动者有利的解释。换言之，劳动合同的订立、履行及其各种争议的处理，除法律有特殊规定的情形以外，应以“有利于劳动者”这一基本理念和价值观为依归；亦即当存在若干种可供选择的处理方案时，应以“怎么做对劳动者更有利”作为评价、遴选、确定和实施哪种处理方案的主要依据。因此，“有利原则”实质上也就是“较有利原则”或“更有利原则”。

“有利原则”的基本特征有：①该原则的受益主体，仅限于劳动者(雇工)，不包括用人单位(雇主)。对劳动者一方有利，也就意味着实施该原则对用人单位一方往往会产生无利、少利甚至是不利的后果。当然，作为受益客体的劳动者利益，应当是受保护的、不影响和损害第三人及其他社会成员利益的合法利益。②该原则的规范对象，主要是那些因立法缺失或法律矛盾有可能导致劳动者受到不利影响的现象或行为。这些现象或行为本身大都并不违法，但若处置不当则可能会产生与劳动法宗旨相悖的结果。③该原则的实施及“有利”结果的实现，主要依赖于“利益衡量”(利益权衡)的调整方式，即由国家执法主体对有关当事人的利益关系进行再调整，使利益结构着重向已转化为社会公共利益的劳动者弱势群体一方的利益作出倾斜。④该原则的现实功能，是使劳动权在一定程度上具有克减、抗衡其他权利(力)并受到法律优先保障的效力，从而有利于矫正劳动者与其他主体之间的利益失衡现象，恢复法律的公平价值。

“有利原则”的法理基础其实不难理解：这一原则实乃劳动法“维权”宗旨(即“保护劳动者的合法权益”宗旨)的题中应有之义，其基本理论为“弱者理论”。基于这种根本理念所实施的保护，主要表现为劳动法对作为弱者一方的劳动者群体给予优先保护、倾斜保护和全面保护。此种法律保护的核心价值观有三：①生存权优于经营权。劳动权作为公民的一项基本人权(主要是生存权)，其分量应重于作为私权的用人单位经营权，当两者发生冲突与矛盾时，除特殊情形外，原则上劳动权相比于经营权应受到法律的优先保障，此即所谓“生存权优位保障”的法理。②实质平等优于形式平等。劳动法不以形式平等为其追求目标，唯以立法上对劳动关系双方当事人权利义务的不平等配置(即“倾斜立法”)为手段，追求劳动关系具体平等、结果平等、实质平等目标的实现，以践行社会正义特别是分配正义(distributive justice)原则。[①] ③社会公共利益优于个体利益。劳动法着眼于保护劳动者这一弱势群体,是为了协调和平衡社会公共利益与个体利益之间的关系,实现社会公共利益最大化的价值目标,彰显社会本位观。[②] "有利原则"正是从劳动法"维权"宗旨推演出来的逻辑结论,是"弱者理论"以及上述核心价值观的合理延伸,体现了对劳动者基本权利的尊重,因此与劳动法的宗旨、价值观在理念上一脉相承,互相呼应。易言之,劳动法的立法宗旨及其相关理论,是我们解读"有利原则"的法理基础,是一把开启"有利原则"理论之锁的金钥匙。

(二)"有利原则"的定位和效力

在我国劳动法学界,"劳动法的原则"一直是一个有极大争议的理论课题。通常情形下,"劳动法的原则"一词往往被等同于"劳动法的基本原则"的概念来使用。但也有学者认为:"在我国,劳动法的原则应当理解为一个系统,可分为劳动法的基本原则、劳动法的具体原则以及劳动法的调整原则。"[③]"有利原则"在劳动法的原则系统中处于何种层次和地位?笔者认为,它既是劳动法的基本原则之一即"保护劳动者原则"本身应有的内涵,同时又系一项中观层次的劳动法的调整原则。之所以称其为中观层次的原则,是因为它的内涵已为"保护劳动者原则"这一劳动法的基本原则所包容,故不宜再与宏观的劳动法的基本原则相提并论;而同时其位阶又高于劳动法的具体原则,其适用范围也要大大超过劳动法的具体原则,故又不宜被当做微观的劳动法的具体原则。而称其为调整原则,是因为它是劳动法调整劳动关系时应普遍遵循的一项立法、执法原则,是劳动法在调整方式上所应遵循的一些指导思想。还需说明的是:正如民法上的"情势变更原则"来源于"诚实信用原则",但又自成体系一样,"有利原则"来源于"保护劳动者原则",但同时又构成一项独立的原则。独立提出"有利原则"的理由在于:"保护劳动者原则"系一宏观原则,近乎于劳动法的指导思想,内涵甚广,不易具体把握。而"有利原则"的含义则相对明确,又有其特定的效力、适用范围和主要功能,故有必要把"有利原则"从劳动法的基本原则中分离出来,使之成为一项独立的原则,以便于人们在劳动立法、执法过程中辨识和掌握该调整

---

① 有的学者提出"社会正义原则"应是劳动法基本原则之一,并对此作了详尽阐述。参见周长征著:《劳动法原理》,科学出版社2004年版,第27~32页。

② 参见常凯著:《劳权论——当代中国劳动关系的法律调整研究》,中国劳动社会保障出版社2004年版,第64~67页。该书对"劳权优位的实质是社会利益优位"的观点有较为深入的论述。书中"劳权"(workers rights)一词大体相当于本文所称"劳动权"。

③ 董保华著:《劳动关系调整的法律机制》,上海交通大学出版社2000年版,第69页。

原则的精髓。

“有利原则”在劳动法上具有何种效力,也是一个颇值得研讨的问题。作为一项劳动法的调整原则,“有利原则”当然具有一般的法律原则都具有的那种抽象的准则或指导思想的效力。但“有利原则”是否还具有具体的、可操作的规范性效力呢? 有的学者认为:“劳动法的原则与其他部门法的原则一样,不是劳动法规范,而是属于非规范性规定。”①其理由在于:“劳动法原则从表达形式上看,未提供具体的、可操作的行为模式,也没有保证手段部分。”②对此观点,笔者不敢苟同。“有利原则”的法律精神大都是通过具体的法律条款或低位阶的一些规则(如劳动合同法中对用人单位适用的“不利解释”规则)体现出来的,在劳动执法中这些具体条款或规则当然具有规范性效力,适用这些特别规范实际上起到了间接实现“有利原则”的作用。就此效果而言,通过特别条款体现出来的“有利原则”实质上具有规范性效力。同时,“有利原则”本身还具有“兜底”作用,即在具体条款适用依据不足时,体现“有利原则”内涵的“一般条款”(后文将述及)可以直接适用于具体的劳动争议案件中。在此情形下,该“一般条款”事实上向当事人提供了具体的、可操作的行为模式;并且由于“有利原则”在适用效果上常常是“对劳动者有利”与“对用人单位无利、少利或不利”这二者的结合体,因此适用“一般条款”无疑也会对劳动关系当事人双方产生相应的法律后果。就此效果而言,通过“一般条款”体现出来的“有利原则”同样具有规范性效力。总之,“有利原则”既具有劳动法的原则的抽象效力,又具有劳动法上具体的规范性效力,是两者的有机统一。

(三)“有利原则”的适用范围和主要功能

笔者认为,该原则的适用范围应主要限于如下3种情形或场合:

(1)立法不足。“有利原则”只有在没有相关立法规定,或者立法规定不明确(如行为的法律性质模糊、合法性边界不明)时才可适用。例如,当一个公民提供劳动(劳务)的行为特征同时符合劳动关系、劳务关系(如承揽关系)的若干构成要件,但又与这些关系的法律特征不完全相符时,依“有利原则”的精神,笔者认为,以推定为劳动关系性质进行处理更为适宜。再如,在目前《劳动合同法》尚付阙如、适用范围边界混沌的情况下,应尽可能运用“有利原则”以扩大劳动合同法调整对象的范围,使其能逐步覆盖到雇佣关系、非全日制劳动关系、“事实劳动关系”以及非法用工单位与劳动者之间的劳动关系等,从而使更多的

① 董保华著:《劳动关系调整的法律机制》,上海交通大学出版社2000年版,第72页。

② 同上,第72~73页。

劳动者(特别是"边缘劳工")获得充分的法律保护。反之,如果现有法律、法规对各种法律规范、政策、用人单位内部劳动规则、合同等文件的适用问题已经作了明文规定,即无适用本原则之必要。① 由此可知,执法机构如欲适用本原则的,一般应以竭尽其他现有的救济手段作为基本前提,这一做法不妨称为"竭尽现有救济"的适用规则。

(2)法条竞合。此处所谓"法条竞合"应作广义理解,泛指各种法源的竞合现象。以劳动法为例,其法源包括宪法、法律、行政法规、地方性法规、部委或政府规章、立法解释及司法解释、集体合同、劳动合同甚至用人单位内部劳动规则等。当在劳动实务或劳动争议中出现的某种(类)情形,同时符合《劳动合同法》、《中华人民共和国劳动法》(以下简称《劳动法》)乃至相邻法律部门中多个法律事实的构成要件,而现有法律、法规对如何处理这种法条竞合现象缺乏明确的规定时,则应依"有利原则"解决之。例如,关于劳动者职业培训费用的承担问题,若用人单位和劳动者签订的劳动合同与其依法制定的规章制度不一致的,应当按照有利于该劳动者的规定执行。又如,当发生集体合同竞合问题,即有两个以上集体合同可适用于同一劳动关系而又内容相异时,可考虑优先适用更有利于劳动者的集体合同。②

(3)权利(力)冲突。劳动法上的权利、权力形态,主要有国家公权力(如劳动保障行政管理权与劳动保障监察权)、用人单位经营自主权(包括用人自主权)、劳动者劳动权等。此处所谓权利(力)冲突,既可以表现为这 3 者之间的相互矛盾与冲突,也可以表现为它们与其他公权力(如国家征税权)、私权利(如公民人身权)、社会权(如公众环境权、消费者权利)之间的冲突。化解这些由于权利、权力冲突而引发的争议,正是"有利原则"可以充分施展其"功夫"的广阔空间。例如,在用人自主权与就业权的冲突方面,当对用人单位作出的某项职业限制规定是否属于"基于特定职业内在需要"发生理解上的分歧时,应当作出对劳动者一方有利的解释,如关于职业对劳动者性别的要求问题,只要该职业不属于法定的女职工禁忌从事的劳动范围,则用人单位若作出"只招男性"的规定,即构成性别歧视行为。

需要说明的是,"有利原则"虽为劳动法的调整原则,但并非在任何场合下均可适用。比如,设置"竞业限制"制度的基本取向侧重于保护用人单位的竞争

---

① 此处所谓"相关立法"或"现有法律、法规"的规定,是指除"有利原则"特别条款本身以外的其他条款规定,不包括特别条款本身。

② 王全兴主编:《劳动法学》,高等教育出版社 2004 年版,第 197 页。

优势与商业秘密，故“有利原则”的适用范围因此受到了一定的限制。再如，用人单位与劳动者有恶意串通，损害国家的、集体的或者他人利益的情形，劳动合同因此被确认无效或者被撤销的，“有利原则”亦无适用之余地。不过，总体来看，这些情形只是“有利原则”适用中的极少数例外事由。

可以看出，“有利原则”之所以具有适用的必要性，是因为在前述几种情形下与劳动者相关的利益关系已有失衡之虞或已经处于失衡的状态，从而劳动法的“倾斜保护”目的有可能难以实现。而“有利原则”的主要功能，正在于通过该原则的实施，能够矫正由于各种原因导致或可能导致针对劳动者一方的利益失衡现象，真正实现劳动法最为重要的“维权”宗旨。具体来说，主要包括：①指导功能。“有利原则”既然属于调整劳动关系的原则，则其对劳动法的立法、执法活动具有指导作用，这一点自不待言。②补漏功能。当现行劳动法律、法规对各种法律渊源及其他相关文件各自的效力位阶以及法条竞合、权利冲突等问题的解决缺乏明确规定时，“有利原则”的确立与适用实际上起到了弥补法律漏洞、填补法律“盲点”的作用。③协调功能。适用“有利原则”最重要的结果，是确认了当各种利益关系发生纠缠甚至抵触时法律保护的先后次序，并明确了除特殊情形外，劳动者利益应处于优先保护的顺位。这一处理方式克服和化解了由于法源位阶不明、法条竞合、权利冲突等原因引起的各种法律矛盾，最终起到了协调各种利益关系，并着重保护劳动者利益的作用。

二、劳动合同法中“有利原则”的确立模式

（一）立法模式选择

一个值得研讨的课题是：我国正在起草的《劳动合同法》应该如何确立并体现“有利原则”？从立法技巧上看，似有两种模式可以考虑选用：①“概括式”。即在《劳动合同法》的“总则”中予以原则性规定，在其他具体章节中不再规定。采用这一做法的优点是适用面广、弹性大，其缺点是仲裁、审判机构不易辨识与具体把握适用该原则的情形或场合，且可能导致执法机构在该领域滥用自由裁量权的后果。②“列举式”。即在《劳动合同法》的“总则”中不予规定，而直接在劳动合同具体制度的条文中予以体现。采用这种“典型列举”做法的好处是方便了当事人或劳动争议处理机构理解和适用本原则，缺陷是可能挂一漏万，出现立法不足。

笔者认为，考虑到以上两种模式各有其利弊，故立法上不宜只选择其中的一种模式，比较妥当的做法是采“概括式”与“列举式”相结合的模式。“结合式”

(或曰“折中式”)这一模式的具体做法是:首先,在《劳动合同法》的“总则”一章中对“有利原则”作出概括性的规定,即设置一个“一般条款”。其次,在《劳动合同法》其他章节的条款中对需要适用“有利原则”的典型情形以及适用规则等内容作出规定,亦即同时规定若干特别条款。当所生争议或出现的问题符合“列举式”规定条件时,处理机构应当优先适用这些特别条款的规定进行处理。当所生争议或出现的问题没有特别条款的规定可以援用,但从法理上看应有适用“有利原则”之必要时,则可由仲裁员或法官行使自由裁量权,径直依据“一般条款”进行处理。笔者注意到,这种“典型列举”加“一般条款”的立法体例,在国内外反不正当竞争法关于不正当竞争行为的界定中有过成功的先例可循,①可资《劳动合同法》借鉴。

(二)“一般条款”的设置及其法律意义

《澳门劳资关系法》(又称为《新劳工法》)第1章“概则”第5条、第6条分别设置了“较有利原则”、“传统制度的优先原则”,可被视作“有利原则”之“一般条款”的规定。这也是笔者目前仅见的“一般条款”立法例。所谓较有利原则,是指如果雇主与劳动者之间订定的工作条件较法律上的规定更有利时,则必须遵从较有利的条件,雇主不得利用此法律的规定减少或取消劳动者的待遇。传统制度优先原则,是指当雇主与劳动者之间,或雇主与有关组织之间的协议实施时劳动者的工作条件比劳动法规定的更有利的,该协议应当被接纳。② 我国《劳动合同法》中“有利原则”的“一般条款”内容该如何规定呢?笔者在此试拟如下:“劳动合同当事人双方的约定、用人单位内部劳动规则的规定或者用人单位的承诺等对劳动者有利的,除法律另有规定的外,应当作为解决争议的依据。劳动合同当事人双方的约定、用人单位内部劳动规则的规定或者用人单位的承诺等不明确的,应当作出有利于劳动者的解释。”

在《劳动合同法》中设置“有利原则”的“一般条款”,其法律意义极其重要。概而言之,“一般条款”除了具有“有利原则”的主要功能外,还可以发挥以下两方面的重要作用:①支配作用。即劳动保障行政部门、执法机构等在劳动管理实务或具体案件处理中适用和解释“有利原则”的特别条款时,不得与“一般条款”的立法初衷或立法宗旨相违背。换言之,“一般条款”具有指导、支配、帮助理解

---

① 《反不正当竞争法》对于不正当竞争行为的规定,基本上是采“概括式”(第2条)与“列举式”(第2章)相结合的模式。另可参见邵建东:“善良风俗:德国法界分正当竞争与不正当竞争的一般标准”,载杨紫烜主编、盛杰民本卷执行主编:《经济法研究》(第2卷),北京大学出版社2001年版,第256~278页。

② 顾肖荣、杨鹏飞著:《劳动法比较》,福建人民出版社1999年版,第8页。

与准确适用特别条款的作用。②授权作用(或曰"规范作用")。由于"一般条款"可作为"兜底条款"使用,具有拾遗补缺的效用,属于立法机关对仲裁机构和人民法院的一项授权。因此执法机构对那些特别条款中没有规定,但在本质上符合适用"有利原则"条件的情形,可行使自由裁量权,依据"一般条款"应有的立法功能,自行判断将其作为规范性条款直接适用于具体事务或案件的处理。"一般条款"的这一作用,使"有利原则"的适用具有了足够的开放性、灵活性和弹性,可以克服本原则单采"列举式"规定时所难以避免的不周延性和滞后性的缺陷。

三、"有利原则"在劳动合同法中的具体适用

由于劳动合同法主要调整用人单位与劳动者之间的利益关系,而国家意志又渗透其间,故出现利益失衡现象的概率较高,因而适用"有利原则"的空间亦很广阔。限于本文篇幅,笔者在此谨就该原则在劳动合同法中的具体适用问题,择其要者,提出一些初步看法:

(一)"有利原则"在劳动合同订立制度中的适用

(1)劳动合同的解释。考虑到劳动合同具有"附合化"的特征,[①]劳动者处于缔约时的不利地位,故一些国外学者指出:"当合同意思仍然不清时,对合同条款的解释必须有利于承担义务一方,也就是有利于雇员。"[②]此即劳动合同的"有利解释"规则,对雇主一方而言则可称为"不利解释"规则。同样,我国《劳动合同法》也应确立此项合同解释规则,具体内容应包括:①若劳动合同文本由用人单位提供,双方当事人对合同内容的理解发生争议的,应当按照通常理解予以解释。对合同内容有两种以上理解的,应当作出有利于劳动者的理解。②若劳动合同仅由用人单位执有,双方当事人对劳动合同内容的理解发生争议的,则应当作出有利于劳动者的解释。

(2)劳动合同内容的确定。具体情形有:①劳动合同约定的内容低于国家规定或者集体合同规定,或者约定不明确引发争议的,用人单位和劳动者可以重新协商。协商不成的,适用集体合同规定;集体合同未规定的,适用国家的有关

---

① 劳动合同"附合化"的特征,具体表现为合同订立的附合化以及合同履行上的附合化。参见沈同仙著:《劳动法的理论与实践》,中国人事出版社2003年版,第97~99页。

② [加]A. E. 奥斯特、L. 夏莱特著:《雇用合同》,王南译,中国对外翻译出版公司1995年版,第138页。

规定;若国家和集体合同都未作出规定的,则应依据“有利原则”,适用其中有利于劳动者的规定。②有的学者在论及合同约定与规章制度的协调问题时,提出了“同类规定从优适用”的主张:“当劳动合同与规章制度中出现了同类的规定时其效力如何确定呢?根据劳动法的基本宗旨——保护劳动者、倾斜立法,应适用更有利于劳动者的内容。”[①]这意味着,用人单位和劳动者签订的劳动合同与其依法制定的规章制度不一致的,应当按照有利于该劳动者的规定执行。③若用人单位对劳动者有特别承诺且该承诺有利于劳动者的,譬如用人单位许诺给予劳动者有产权的住房或者答应由其承担劳动者赴国外进修的职业培训费用等,则该种承诺应被视为有效的劳动合同约定条款。

(3)“弃权条款”的效力。劳动者合同权利的放弃,若与劳动法的“维权”宗旨及“有利原则”相悖,则劳动者放弃权利的行为应受限制。例如,劳动者放弃劳动保护权的行为,即便出于自愿,亦应认定无效。又如,劳动者在劳动合同中订立的所谓“弃权条款”(即放弃辞职权的条款)效力问题。该条款的合法性究竟如何,法无明文规定,但由于其涉嫌违反劳动法“维权”宗旨,明显对劳动者不利,故除特殊情形外,应否定其效力。

(二)“有利原则”在劳动合同解除、终止制度中的适用

(1)劳动合同解除的条件。其中较为典型的适用情形有:①《劳动法》第25条、第26条、第27条规定了用人单位可以单方解除劳动合同的多种情形,但并未明确规定除上述情形外双方在劳动合同中可否约定允许用人单位单方解除劳动合同的其他条件。笔者认为,这些约定其他解除条件的劳动合同条款效力如何,不能一概而论。若其对劳动者有利,则应予以认可;若其低于《劳动法》规定的保障水平,则应予否定。②由于《劳动法》规定劳动合同终止时用人单位可以不向劳动者支付经济补偿金,为防止用人单位有意规避解除劳动合同时应当依法给予劳动者经济补偿的法定义务,许多地方立法规定,不得将法定解除劳动合同的条件约定为终止条件。[②]《上海市劳动合同条例》第43条明确规定:“劳动合同约定的终止条件和本条例规定的解除条件相同的,用人单位应当依照本条例相应的解除合同的补偿标准,给予劳动者经济补偿。”这即意味着当劳动合同的终止条件与解除条件发生混淆时,为保证劳动者获得经济补偿的权利,对该条件的性质应作出有利于劳动者的认定。

---

① 邱婕:“合同约定与规章制度的协调”,载《中国劳动》2005年第7期。

② 例如,《浙江省劳动合同办法》(2002年11月18日浙江省人民政府令第154号公布)第13条第3款规定:“订立无固定期限劳动合同的,必须明确终止条件,不得将法定解除劳动合同的条件约定为终止条件。”

(2)劳动合同期限的推定或续延。诸如:①《最高人民法院关于审理劳动争议案件适用法律若干问题的解释》(2001年4月16日公布,以下简称《解释》)第16条规定:"劳动合同期满后,劳动者仍在原用人单位工作,原用人单位未表示异议的,视为双方同意以原条件继续履行劳动合同……根据《劳动法》第二十条之规定,用人单位应当与劳动者签订无固定期限劳动合同而未签订的,人民法院可以视为双方之间存在无固定期限劳动合同关系,并以原劳动合同确定双方的权利义务关系。"这种"默示延长"与"期限推定"的做法,毫无疑问是根据"有利于劳动者"这一立法初衷而设计的。②《中华人民共和国工会法》(2001年10月27日修正案)第18条规定:"基层工会专职主席、副主席或者委员自任职之日起,其劳动合同期限自动延长,延长期限相当于其任职期间;非专职主席、副主席或者委员自任职之日起,其尚未履行的劳动合同期限短于任期的,劳动合同期限自动延长至任期期满。"采取这种具有强制性的续延做法的目的,主要是照顾和保护工会干部的特殊权益。[①]

(三)"有利原则"在劳动合同法律责任制度中的适用

(1)责任重合的解决。民事责任与行政责任、刑事责任在实践中可能会发生重合,如用人单位因发生重大劳动安全事故,须同时承担向劳动者进行民事赔偿和向国家缴纳罚款或罚金的责任。当这些公法、私法性质的责任出现重合时,依照"有利于劳动者"的精神,在财产责任方面,私法性质的责任应优先于公法性质的责任得到执行与清偿。《中华人民共和国产品质量法》(2000年7月8日修正案)第64条、《中华人民共和国公司法》(1999年12月25日修正案)第228条对此已有明确规定,可资《劳动合同法》借鉴。具体内容可规定为:用人单位违反本法规定,应当承担民事赔偿责任和缴纳罚款、罚金,其财产不足以同时支付时,先承担民事赔偿责任。

(2)约定或规定的责任内容不一致的协调。这种情形是指:对于如何承担劳动合同法律责任的问题,现有劳动合同的约定、集体合同的约定、用人单位规章制度的规定或用人单位的单方承诺与法律、法规、规章的规定之间内容各不相同。如原劳动部规章规定用人单位在某种情形下须向劳动者承担"加付相当于其损失25%的赔偿费用"的责任,[②]而用人单位为了引进某个急需的"能人",主动许诺在此情形下给予其"双倍赔偿",则出现争议时,应依据"有利原则"确定所适用的内容。故应考虑在《劳动合同法》中作出如下规定:劳动合同约定、集

---

① 张春生主编:《中华人民共和国工会法释义》,法律出版社2002年版,第59~60页。

② 《违反〈劳动法〉有关劳动合同规定的赔偿办法》(1995年5月10日原劳动部发布)第3条。

体合同约定、用人单位规章制度规定或者用人单位承诺的法律责任比本法更有利于劳动者的,应当执行对劳动者有利的约定或者规定。

(四)“有利原则”在劳动合同争议处理制度中的适用

(1)争议当事人的确定。如何确定劳动争议案件中被告一方当事人,实践中每每陷于困惑。最高人民法院的《解释》第12条规定率先打破了固有的思维定式:“劳动者在用人单位与其他平等主体之间的承包经营期间,与发包方和承包方双方或者一方发生劳动争议,依法向人民法院起诉的,应当将承包方和发包方作为当事人。”尽管该规定严格说来与法理有所不合,可能会混淆劳动关系与承包关系之间不同的风险分担责任,但从优先保障劳动权的角度来看是有其实际意义的。再如以劳动力派遣方式用工行为中的诉讼主体如何确定,也是当前理论与实务中的一个棘手问题。尽管我国现行法律尚未对劳动力派遣单位、受派单位、被派遣的劳动者这3者之间的各种法律关系以及劳动力派遣协议的性质作出明确界定,也未确定这3个主体各自的责任承担问题;但从有利于劳动者这一原则出发,笔者认为,应先考虑把劳动力派遣单位与受派单位作为共同当事人对待,以方便劳动者起诉和求偿。

(2)证明责任分配。我国已全面推行劳动合同用工制度,“劳动合同争议”一词现可涵盖几乎所有涉及个别劳动关系内容(如辞退、辞职、工资、职业培训、劳动保护)的争议事项。若对所有劳动合同争议仍单纯援用民事诉讼中“谁主张,谁举证”的证明责任规则,已明显不足。《解释》对此作出了某些修正,即对有些劳动争议案件实行举证责任倒置规则,①但尚不周延。当现有法律对某些劳动合同争议案件的证明责任分配问题未作出明确规定时,可考虑适用一些国外学者提出的一个简单的公式,那就是“遇疑问时有利于立法目的”。② 具言之,在劳动法上应按照“遇疑问时有利于雇员”这个基本规则分配证明责任。③ 尽管汉斯·普维庭(Pruetting H.)教授对此基本规则有所质疑,认为其具有“极其呆板性”的缺陷,④但不可否认其依据身份衡量来分配证明责任的这种做法,是与劳动法的立法目的相吻合的;故这个基本规则至少应作为执法机构在法无明文规定时,分配当事人证明责任可考虑采用的重要规则之一。在此仅举几例:①若

① 《最高人民法院关于审理劳动争议案件适用法律若干问题的解释》(法释〔2001〕14号)第13条规定:“因用人单位作出的开除、除名、辞退、解除劳动合同、减少劳动报酬、计算劳动者工作年限等决定而发生的劳动争议,用人单位负举证责任。”

② [德]汉斯·普维庭著:《现代证明责任问题》,吴越译,法律出版社2000年版,第378页。

③ 同上,第354~355页。

④ 同上,第355页。

劳动者与用人单位发生双方之间是否存在"事实劳动关系"的争议,笔者认为,应由用人单位承担主要的举证义务。②我国《劳动法》第20条第2款的执行问题,已被公认为当前司法实践中遭遇的一大困境。[①] 在大量的劳动者要求依法续订无固定期限的劳动合同纠纷中,原告劳动者往往因举证不能而不得不承担败诉的结果。为此,一些法院充分利用现有证据规则赋予的权力尽力寻求公正,增加举证责任倒置的特殊情形,即"法官可以让已经续签了有固定期限的劳动合同的被告举证证明原告未提出过续订无固定期限的劳动合同的要求,即在续订意向书中没有提出此要求的记录"。[②] ③我国有的学者建议:"在工资拖欠案件中,劳动者只需要举证证明其已履行劳动义务即可,而对用人单位未付工资的事实不应当负举证责任。"[③]这一主张的提出无疑也是考虑了分配证明责任应"有利于劳动者"的因素。

(3)其他。除上述问题外,我国劳动合同争议处理制度中需要依据"有利原则"进行改造、重构的内容还有很多。例如,①在受案范围方面,若发生的争议性质模糊、界限不清,介乎于劳动争议、人事争议、民事纠纷、行政纠纷案件之间,例如对某些争议案件是民事债务纠纷还是工资纠纷认识不一(如"工资欠条"纠纷),则应允许劳动者一方行使救济途径的选择权,以减少其不必要的讼累。②在确定劳动争议60日的仲裁申请期限(即仲裁申诉时效)的起点方面,对"劳动争议发生之日"一词也应作有利于劳动者的解释。如有的学者即主张:"劳动争议发生之日"并非"当事人知道或应当知道其权利被侵害之日",而是一方明确主张权利之日。这是因为,"劳动争议发生之日",应是"一方当事人对对方当事人的意思表示明确表示异议之日"。[④] 这样做可以明显减少劳动者无意中错过仲裁申请期限的概率。

四、余　　论

笔者在写作本文时,几乎没有什么现成文献可供参考,故拙文的内容看上去

---

① 《劳动法》第20条第2款规定:"劳动者在同一用人单位连续工作满十年以上,当事人双方同意续延劳动合同的,如果劳动者提出订立无固定期限的劳动合同,应当订立无固定期限的劳动合同。"

② 傅玛莉:"现代司法理念与司法为民",载《劳动法理论与审判实务——全国部分城市劳动争议审判实务研讨会参会论文汇编》(2005年6月,福州),未刊稿。

③ 王全兴著:《劳动法》(第2版),法律出版社2004年版,第402页。

④ 同上,第389页。

似乎更像是一种理论的“臆想”。但是,笔者认为,拙文提出的“有利原则”并非空穴来风,相反,它真实地存在于劳动法的宗旨、价值观和理念之中,并且随着我国劳动法观念的不断更新,其重要性将会被越来越多的人所认识,其适用空间也将会越来越广阔。笔者愿与学界同人一道,继续深入研讨与此相关的基本原理与具体适用问题,诸如“有利原则”内涵的准确界定,“有利原则”的适用条件以及当事人违反该原则的法律后果,该原则在劳动法的其他制度(如集体合同、用人单位内部劳动规则、工资、劳动保护、劳动就业、社会保险和职工福利等制度)中如何体现和适用,等等。倘若我们对此原则仍漠然置之,听任理论滞后于实践的现象继续蔓延,无疑是劳动法学者的一种失职。

(2006年第5期)

金融立法的趋势与前瞻

张忠军*

金融是现代经济的核心。加强金融监管,防范和化解金融风险,保护存款人、投资者以及金融市场其他参与者的合法权益,促进金融业健康发展,就必须实行金融运行、金融监管的法治化。这既是维护一国金融安全、经济安全的重要内容,也是关系一国金融乃至整体经济竞争力的重要因素。强化金融法律在金融发展中的指引、保障、规范、促进作用,是市场经济国家的普遍做法。作为上层建筑的金融法,要获得其生命力,必须与时俱进,根据经济金融业发展的实际情况作出相应的修改完善。我们发现,20世纪80年代以来,由于金融自由化、电子化、国际化以及金融创新的发展,金融业相对于20世纪初期发生了翻天覆地的变化。新的金融机构、金融市场、金融产品、金融工具、金融手段不断涌现,与此相适应,主要国家和地区的金融立法也呈现出很大的变化,甚至可以用金融法律变革来形容。尽管各国和地区由于经济发展水平不同、历史文化背景差异,金融法律制度有别,但是综观20世纪80年代以来各国和地区金融立法方面的变化,以下8个方面的特征是非常突出的。

一、金融立法在利益均衡方面的特点:平衡多方利益与实现金融市场和谐

金融市场是存款人、投资者、投保人等消费者与金融机构、金融交易所、中介服务机构、行业自律组织、政府监管部门,以及其他金融市场参与者等多元利益主体共同参与运作的市场。各主体有各自的利益追求,但一荣俱荣、一损俱损的结果使得他们的利益具有根本一致性。也只有各方主体的利益得到尊重和保障,金融市场的和谐发展才有可能。因此,金融法律制度的重要作用就是对多元主体之间的利益关系进行有机平衡和协调。当然,法律对于金融市场不同的利益主体并不提供一体保护,而是要突出保护存款人、投资者等消费者的合法权益,这是金融市场法律制度的核心理念。这是因为,一方面,包括存款人、投资者

* 作者单位:中共中央党校政法部。

在内的消费者是金融市场中的"上帝",消费者的信心是金融市场赖以生存和发展的基础。当消费者的利益不能得到充分保护时,只会导致他们对市场的怀疑,结果是金融市场本身的不断萎缩。另一方面,消费者又是金融市场中的弱者,其利益非常容易受到其他主体的侵害。金融立法必须通过具体的制度设计,来实实在在保护金融消费者。

各国法律在其立法宗旨和具体制度设计方面都体现了这一精神。例如,英国2000年《金融服务与市场法》第2条至第6条将金融监管局(FSA)的法定监管目标规定为4个方面:维护市场信心;提高公众的金融意识;保护消费者;减少金融犯罪。保护消费者是金融监管局的一项中心任务。金融监管局在承认消费者客户对其金融决策负有责任的同时,通过确保金融从业机构有适当经营能力及财务结构健全和公平交易,以及平等对待投资者、存款者和投保者,来增进客户对金融机构经营信誉的信心,保护消费者的利益。"提高公众的金融意识"目标在于促进公众对金融体系的全面理解,了解不同类型投资和金融交易的利益和风险,确保消费者能够得到有关服务、产品和风险方面的清晰和适用的信息,满足其金融需要。为此,金融监管局一方面加强金融宣传,使消费者能够获得有关的金融知识和技巧;另一方面鼓励各类金融机构向消费者提供高质量的相关建议。

又如,韩国1997年《金融监督机构设置法》第1条规定,通过设立金融监督委员会(FSC)和金融监督院(FSS):强化信用市场的稳健性和金融交易的公平性;保护存款人和投资人等金融服务的消费者;以此促进经济的发展。韩国2000年《韩国银行业法》第1条将立法宗旨规定为"为促进金融机构的稳健经营,提高资金媒介功能的效率,保护存款人,维持信贷秩序,以维护金融市场的稳定和促进国民经济的发展"。有关国际金融组织通过的协议、原则、标准等文件也强调对金融消费者的保护。例如,证监会国际组织(IOSCO)的《证券监管目标和原则》①为各国和地区的证券监管提供指导和指明方向,是衡量证券监管是否成功的重要标准。该文件明确了作为证券监管基础的三项目标:保护投资者;确保市场公平、有效和透明;减少系统风险。其中,"保护投资者利益"是证券监管的首要目标。国际保险监督官协会(IAIS)通过的《保险监管核心原则》②规定,保险监管的主要目标是为了保单持有者的利益,促进一个有效、公平、安全和稳定的保险市场。

① IOSCO Objectives and Principles of Regulation, February 2002.

② IAIS Insurance Core Principles, October 2000.

二、金融立法在价值目标方面的特点：统筹兼顾安全与效率

加强金融监管、防范和化解金融风险，维护金融业的安全与稳定，是金融业健康发展的重要标志，是金融监管当局的基本要求，是各国或地区金融法律比较一致的价值追求。金融法的安全价值需求根源于金融机构及金融业务所内涵的诸种风险。稳定金融体系，就意味着要实施金融管制，各国金融法中的市场准入、审慎监管、信息披露、市场退出、稽核检查等制度都旨在降低和防范金融风险，防止金融机构间的恶性竞争和实现金融稳定。但是，过多顾及安全乃至实施过分的金融监管将影响金融机构的主动性、积极性、创造性，在一定程度上束缚金融机构获取利润最大化的手脚，增大金融运行成本，削弱金融业在国内和国际市场上的竞争力，从而使金融效率受到侵蚀。如果仅从效率方面考虑，放任金融机构间的自由竞争，这固然能在一定程度、一定范围内焕发金融体系的活力，也可能为社会提供高质量、丰富的金融服务。但"物竞天择"的竞争结果不仅会使部分金融机构破产倒闭，而且危及整个金融体系的稳定和存款的安全。

可见，金融安全与金融效率价值存在冲突是难免的。如果只求安全不求效率，那么势必影响一国金融业的国际竞争力和本国金融业的发展；但若只顾效率不求安全，必然导致金融体系的混乱和无序，效率目标便无从谈起。所以将二者完全对立起来在实践中是行不通的。处理上述目标之间冲突的方法有二：一是侧重于统筹兼顾，力求协调；二是侧重于权衡或选择，视经济社会环境的需要而突出重点。正如美国通货监理署1981年在确定其自身使命时说："国家利益要求有一个安全与稳定的金融体系，该体系在竞争的市场上为公众提供尽可能多样化的金融服务。监理署为此利益而努力的手段是使下列关系保持适当的平衡：促进与保证全国银行体系各成员业务的安全与健全，并要求它们高度遵守法律和各种规章制度；促进金融服务市场的竞争、效率、一体化与稳定。"①只有金融业稳健安全，国家利益、社会公共利益才有保障，而金融业效率的低下，只能使这种保障的质量低劣，只有金融效率在稳健的基础上提高，才能实现对整体利益的高质量保障。

我们发现，从20世纪30年代大危机以后到20世纪70年代，金融法律强调

① 张亦春等著：《中央银行与货币政策》，厦门大学出版社1990年版，第344页。

的是严格监管、安全优先的观念。大危机时期大批金融机构的破产倒闭，给金融和经济体系带来了极大的冲击，甚至影响到了资本主义的基础。于是，强调政府职能作用发挥、加强金融监管、维护金融体系安全、维护社会公共利益的法律观念日渐盛行，金融法律的重要内容就是对金融机构的经营业务范围作出严格限定、强化金融监管。但是20世纪80年代以来，金融法律更多强调效率优先观念。这一阶段，由于发达国家长达多年的“滞胀”，宣告了凯恩斯主义宏观经济政策的破产。以“金融压抑”和“金融深化”理论为代表的金融自由化理论逐渐发展并产生广泛影响。这些理论认为，严格的金融监管严重束缚了金融机构自主经营和自我发展的手脚，主张放松对金融机构的过度严格管制，特别是解除对金融机构在利率水平、业务范围和经营地域选择等方面的种种限制，鼓励金融业的竞争，提高金融业的活力和效率。受其影响，金融法乃至金融监管实践日益强调金融市场的效率价值，并优位于安全价值。当然，在此阶段，特别是20世纪90年代以来，一系列区域性金融危机的相继爆发，迫使人们重新关注金融体系的安全性及其系统性风险。不再单纯强调金融安全与效率的孰轻孰重，而是将金融安全与效率两者有机协调，成为国际金融组织、各国金融法关注的目标。

三、金融立法在指导思想方面的特点：立足规范管理与致力创新发展

金融市场本身就是金融创新的产物，金融市场发展史就是一部金融创新史。创新是金融持续发展的基础，是金融市场发展的原动力，也是防范金融风险的有效途径。因此，金融法应是规范之法，是金融市场发展之法，是引导、鼓励、促进创新之法，而不能是抑止之法。要通过法律为金融机构组织创新和业务创新、投资者投资机制创新、金融产品和工具创新、交易所的体制创新、监管创新等创造法制条件。

在20世纪80年代之前，各国和地区的金融立法更多表现为严格管制、抑制创新的特点。但之后，新技术在金融领域的广泛运用，为金融机构利用各种金融创新手段逃避管制创造了条件，加上世界经济一体化进程的加快、金融国际化的发展，以及20世纪80年代开始的金融自由化浪潮，各类金融机构在业务上展开了激烈的竞争。各国金融管理当局在内外压力的推动下，纷纷对本国金融业务制度进行改革，采取自由化措施，放松管制。例如，美国1933年《格拉斯——斯蒂格尔法》确立了金融分业制度，并被许多国家所效仿。该法的存在，限制了金融机构的扩张，并让商业银行、证券公司为从事多元化金融业务付出巨大代价。

为了"取消法律对商业活动的人为限制"①,1999年11月,美国通过《金融服务现代化法》,结束了实行65年之久的《格拉斯——斯蒂格尔法》,标志着美国金融业进入综合经营的新时代,该法案也成为美国金融业发展新阶段的重要标志。该法案为商业银行、证券公司和保险公司的大融合铺平道路,使美国的金融机构在全球金融市场中具有更强的竞争力,有助于美国的金融服务系统推动美国经济迈入21世纪,为延续美国历史上和平时期的经济增长创造条件。《金融服务现代化法》的立法目的主要为:①强化金融服务业的竞争力,鼓励金融创新,提高效率;②确保存款机构的健全经营;③提供投资人必要保护,以确保金融服务交易市场的公平;④避免重复、过多及发生潜在冲突的管制;⑤确保美国金融服务业在国际上的竞争。②

又如,英国金融监管局的法定监管目标之一是维护市场信心,即对金融体系的信心。金融监管局试图从两方面达到这一目标:第一,防止因金融机构和市场的不当行为或倒闭而对英国金融系统产生严重危害;第二,向公众解释如何才能建立对英国金融系统的信心,包括明确指出监管者能够做到或不能做到的目标。需要强调的是,维护市场信心并不意味着监管者保证不出现任何金融机构倒闭的情形。金融监管局需要在维护市场信心、鼓励竞争和推动业务创新3方面寻求平衡,如果过于强调信心问题,进而追求"零失误"的监管目标,即使可能达到该目标,但过于严格的监管也将扼杀机构追求业务发展的动力,其长期结果是整个金融业后续乏力,甚至萎缩。③ 为实现监管目标,英国《金融服务与市场法》要求金融监管局在制定规则、政策或业务指南以及执法时,必须考虑6项因素,这被称为"良好监管的原则":①效率与经济,即以最有效与最经济的方式利用其监管资源。②管理层的角色,即适当考虑被监管对象自身管理层的责任。③相称,即成本与收益相匹配,即施加于被监管对象或被监管活动的负担和限制与监管的预期收益之间是相称的。④创新,即有利于与被监管活动有关的金融创新。⑤国际特性,即照顾到金融市场的国际性以及增强英国金融业的国际竞争力。⑥竞争,即尽量减少监管对市场竞争的不利影响,促进被监管对象之间的竞争。这要求避免不必要的市场准入或者业务扩张的管制障碍。在这6项因素中,竞争和创新因素在金融监管中居于关键地位。

---

① 此为美国众议院银行与金融服务委员会主席、《金融现代化法案》的主要起草人詹姆斯·利奇所言。参见庞湖、肖坦:"美金融业酝酿巨震",载《财经》1999年8月号。

② 王文宇著:《控股公司与金融控股公司法》,台湾元照出版公司2001年版,第221页。

③ 郭洪俊、张昕:"英国《2000年金融服务与市场法》评介",载金融法网,http://www.pkufli.net。

四、金融立法关注法律实施机制方面的特点：整合政府、自律组织与社会力量，实现多元治理

金融法律要从“一纸具文”变成“行动中的法律”，需要政府、金融自律组织、金融机构自身以及社会等多方力量的共同参与，需要在政府与其他多元力量之间建立良性互动、友好合作的关系，通过各有关力量彼此之间的协调、有机整合，以实现立法目标。政府作为金融市场规则的制定者、金融行业的监管者、金融市场秩序的维护者、金融市场发展的推动者，在金融发展中担当重任。政府的作用是必不可少的，但政府不是万能的。

(1)在不同程度上发挥金融行业协会以及金融交易所等自律组织的作用，是许多国家和地区维护金融安全、防范和控制金融风险的重要手段。金融行业自律在监管的全面性、高效性、自觉性、灵活性、预防性等方面具有政府监管所不可替代的优势，它们在政府无力管、无法管、不便管的诸多领域发挥着重要功能。金融行业自律管理已成为许多国家和地区金融监管体系的重要组成部分。这种地位和作用得到了有关金融国际组织的明确认可。如证监会国际组织《证券监管目标与原则》第2部分的第7章第1节“自律的原则”中明确提出：“根据市场的规模和发达程度，监管体制应当允许自律组织在其胜任的领域承担一些直接监管的责任。”“自律组织应受监管机构的监管，在行使监管职责及指定任务的时候应遵循公正、保密的原则”。不少国家和地区的金融立法也有关于金融自律组织的规定。例如，我国香港银行公会是根据《香港银行公会法案》成立的银行业同业组织。该法案对香港银行公会的组成、职能有详细规定。美国的《金融服务现代化法》对全美注册保险代理人和经纪人协会的法律地位及职责履行作出了详细规定。①

金融自律组织作为本行业利益的代表，强烈的利益驱动，可能损害社会公共利益。同时，自律监管可能会限制竞争，形成垄断壁垒；自律组织的监管手段比较有限，不具备强制约束力等。这些特点，使得金融自律尽管具有不可替代的作用，但政府监管具有金融自律无法比拟的优势，在金融监管中应居于主导地位。

① 例如，美国的《金融服务现代化法》第322条将全美注册保险代理人和经纪人协会的法律地位规定为：“①是一个非营利社团法人；②除非由国会法律解散，否则继续存在；③不代表美国政府，不是美国政府的一个机关；④除非本法另有规定，协会根据《哥伦比亚特区非营利社团法人法》依法享有非营利社团法人的所有权利。”

为此,证监会国际组织自律监管组织咨询委员会于2000年5月发布的《有效监管的模型》①的报告明确指出:政府监督是自律监管架构中的重要组成部分。政府对自律组织活动的监督,能够确保自律组织的活动兼顾到各方面的利益,为有效的自律监管提供必要的制衡。为此,必须明确界定政府监管与自律监管各自所扮演的角色和所需完成的任务,充分发挥各自的优势,避免各自的不足。政府应当在证券监管体系中扮演主要的角色,而依赖声誉机制和竞争力量可以促使自律监管发挥其应有的作用。政府监管机构和自律组织之间应当加强交流和联系,建立良好、密切的合作关系,以避免角色冲突和职能重复,这有利于改善监管质量,提高监管效率。

自律组织的缺陷决定了其必须接受金融监管机构的监管和指导,其活动必须在法律规定的框架之内进行。美国关于自律组织接受政府管理的金融立法颇具特色。第一,关于监督检查。如美国《证券交易法》规定,证券交易委员会(SEC)有责任确保自律组织要求其会员遵守联邦证券法和自律组织的各项规则。SEC通过定期或不定期的监督检查等方式来履行职责。自律组织应当保留和提供各种记录,以备检查。此外,自律组织每年必须向SEC提交一份该机构执行纪律的报告。又如,美国《金融服务现代化法》规定,全国保险监督官协会(NAIC)对全美注册保险代理人和经纪人协会可以进行检查和监督,要求该协会向NAIC提供有关报告、记录或副本。在每一财政年度结束后,协会应及早向NAIC提交在该财政年度的有关业务行为及业务执行情况的书面报告。第二,关于自律组织规则的审查。美国于1975年修正1934年《证券交易法》,要求所有自律组织制定的新规则都必须经由SEC批准才能得以实施。此外,《证券交易法》第19节C款规定,为了保证自律组织的公平管理或者使自律组织的规则与《证券交易法》保持一致,或者有助于更好实现证券交易法的目的,SEC可以通过自己制定规则,废止、增加、删减自律组织的规则。现在,SEC可以对自律组织颁布的任何规则进行修订、补充和废止,并可根据自己的判断,要求自律组织制定新的规则。这一修订使得自律组织的活动完全处于SEC的监控之下。当然,如果SEC超越《证券交易法》赋予的权力,联邦法院可以宣布SEC的规则无效。第三,其他监管措施。如金融监管机构对自律组织进行注册登记,推迟或吊销对自律组织的注册登记;推迟或取消自律组织某些会员的资格;推迟或禁止自律组织会员单位的有关人员从事相关业务等。当然,金融监管机构对自律组织的管

① The SRO Consultative Committee of the International Organization of Securities Commissions, Model For Effective Regulation, May 2000.

理必须在法律的框架范围内进行，不得影响自律组织的独立地位和自主性，不得直接干涉自律组织的内部运作。为此，政府应当减少对自律组织的直接、具体管理，着重加强对自律组织的事后监督。

（2）金融机构自身实施良好的公司治理和有效的内控，这是金融业乃至整个经济体系稳健运行的关键所在。从一定意义上说，金融机构的公司治理与内控机制应置于整个金融监管体系的基础地位。如果没有健全的公司治理，监管就不能发挥有效的作用。倘若金融机构不是自我约束，那么再完善的法律都将是一纸空文，再严格的政府监管也难以避免"上有政策、下有对策"情况的出现，所以强化金融机构的治理和内控机制具有十分重要的意义。金融机构的公司治理与内控机制问题属于内部事务，按传统观念，此内部事务属于公司自治的领域，法律与公权力往往并不介入。但是，金融机构作为特殊的社会公共性企业，其经营好坏、服务能力高低，不仅关系到存款人、投资者、投保人、消费者的安全与收益，也关系到资金的配置效率，从而间接影响到整个社会资源的配置效率。因此，金融机构被赋予了保护顾客财富的公共责任，在整个经济的资金流动中扮演着至关重要的角色，稳定、健康的金融体系对经济的增长是至关重要的。鉴于金融机构的社会公共性特征，其对利益相关者、对国家、对社会公共利益具有的重要影响；因此，法律对于公司治理和内控机制问题有必要作出强制性规定，要求金融机构必须达到一定的要求，同时法律也赋予了金融监管机构相应的权力，来强制要求金融机构完善治理、强化内控机制。例如，《韩国银行业法》第4章"官员和雇员"对于金融机构官员的任职资格、兼职限制、董事会的组成、董事会的权力、审计委员会、内部控制标准、银行行长和审计委员会委员人选的推荐、利益关系人投票权的限制等事项作出了明确规定。

有关国际金融组织对于金融机构的治理和内控机制也非常重视。例如，巴塞尔银行监管委员会（以下简称巴塞尔委员会）在《银行机构的内部控制体系框架》、《提高银行的透明度》、《有效银行监管的核心原则》等文件中强调了银行公司治理和内控机制的重要性。特别值得指出的是，为帮助各国银行监管机构推动本国银行采用稳健的公司治理做法，巴塞尔委员会在借鉴1999年经济合作与发展组织（OECD）《公司治理原则》的基础上，于1999年9月发布了《加强银行的公司治理》的指引；在OECD于2004年发布了修订后的《公司治理原则》后，巴塞尔委员会于2005年7月发布了《加强银行的公司治理（征求意见稿）》，①对

---

① The Basel Committee, Enhancing Corporate Governance for Banding Organisations, July. 2005. http：www. bis. org/pabl/bcbs117. htm.

健全的商业银行公司治理结构做了明确概括，为各国商业银行的良好公司治理提供了范本。国际保险监督官协会(IAIS)的《保险监管核心原则》原则上对于保险公司的"内控"也有专门规定："监管机构要求保险公司建立内控制度，这些内控制度要与该公司的性质和业务规模相适应。监督和报告制度使得董事会和高级经理层可以监督和控制公司的运行。"

(3)独立的、专门化的会计师事务所、律师事务所、资信评级机构、资产评估机构等机构是金融市场健康发展的"经济警察"，也是金融市场中强大的社会监督力量。这些专业机构为了维护自己赖以在市场生存的至关重要的声誉，必须客观、审慎履行自己职责。如果专业机构缺乏应有的谨慎性和职业道德，甚至公然违法违规，将对自己的行为承担法律责任。责任的增大、违法成本的增加，都迫使专业机构必须提高执业质量，切实履行对金融市场发展的责任。这种外在的监督，构成了对金融市场强有力的约束。在金融监管中发挥专业机构的作用是许多国家的做法。如德国的经济审计公司作为独立的社会审计监督机构，受联邦金融监管局等部门的委托，或根据金融机构的特定需要依法对金融机构经营和核算的真实性和合规性以及风险管理的有效性进行审计。[①] 根据《联邦银行法》的规定，经济审计公司不仅要审计金融机构的财务报表，而且还要审计报表的说明书。审计结束后，经济审计公司应立即向联邦金融监管局和联邦银行提交审计结果报告。联邦金融监管局若对审计师查出的个别问题有疑问或认为查出的某些问题有必要进一步审查时，可派专员或委托年度财务报表审计以外的经济审计公司进行专项审计。对经济审计公司查实的结果，联邦金融监管局有权依法予以处理。经济审计公司的审计报告是联邦金融监管局评价银行的重要依据，社会审计机构的参与是对政府金融监管的重要补充。发挥专业机构的作用也得到了有关金融监管国际组织的重视。如巴塞尔委员会《有效银行监管的核心原则》强调监管者可以委托专业化、独立的外部审计师实施现场检查。为了促进监管者与外部审计师之间的相互沟通、合作，巴塞尔委员会发布了《银行监管者与外部审计师之间的关系》。

正是由于金融市场上的政府、自律组织、消费者、金融机构、专业机构等发挥各自的作用，组成了严密的监管网络和体系，即使金融市场出现了不规范的问题，即使监管体系中的某个环节出现了问题，但其他监督角色总会起作用，真正做到了监督网络疏而不漏。这也使得金融市场具有非常有效的纠错机制。金融

---

① 审计署培训中心和金融司："2002年赴德国金融审计培训班综合报告"，详见国家审计署网站，http://www.audit.gov.cn/。

市场中的问题尽可以出现,但在发现问题、解决问题的循环往复中,监管者的监管能力、水平在不断提高,社会各方的责任意识在不断增强,监管机制在有效发挥作用,金融市场在不断发展。

五、金融立法在对待金融管理机构的权力方面体现出的特点:明确授权与强化制约

金融监管机构采取法定的监管措施、依法实施金融监管,其实质是金融监管权的行使。依法赋予金融管理部门相应的权力,对于金融业健康发展、金融市场消费者利益的保护以及经济持续协调发展都是必要的。在一国法治框架下,金融管理权必须来源于法律的明确规定。各国或者地区都是通过相应的法律对金融管理权的内容及其行使作出具体规定。例如,美国《金融服务现代化法》赋予联邦储备理事会对金融控股公司的监管权力,使得联邦储备理事会能够同时监管银行、证券和保险等金融行业,其金融监管权得到强化,客观上使得联邦储备理事会集中央银行与金融监管职能于一身。美国证券交易委员会(SEC)具有准立法权、准司法权、独立执法权,权力范围十分广泛,这些权力来源于1933年《证券法》、1934年《证券交易法》、1935年《公用事业控股公司法》、1939年《信托契约法》、1940年《投资顾问法》、2002年《萨班斯—奥克斯利法》等。又如,《澳大利亚审慎监管局法》规定,澳大利亚审慎监管局(APRA)为了履行其职责,有权采取一切必要的或者便利的措施,有从事任何与其职责有关事项的权力。根据《澳大利亚证券与投资委员会法》、《金融服务改革法》,澳大利亚证券与投资委员会(ASIC)享有的金融监管权力包括:一是制定规则;二是进行牌照管理,负责对受其监管的金融服务机构,包括基金管理公司、证券经纪商、财务咨询公司和保险经纪商等发放牌照或登记注册;三是强制信息披露,要求公司在经营过程中持续记录公司或产品服务的细节,并向公众披露;四是稽查及处罚。委员会通过稽查发现违法违规案件,并有权采取下列相应的处罚手段,如对犯罪嫌疑人移送检察院提起公诉,提起民事诉讼要求责任人进行经济赔偿,市场禁入,罚款及其他行政处罚如吊销牌照等。

金融管理权是必要的,但是,金融管理权的行使并不意味着自然就一定能够补充市场缺陷,实现金融法的目标。金融管理权实质上就是国家权力的行使。若行使不当,将影响金融市场主体的合法经营行为,导致金融市场主体的个体活力不强,效率低下,以致损害整个金融业的发展及社会公共利益。为此,对金融管理权力应当加以规范、制约、监督。金融立法不仅要对金融管理机构授权,而

且要对金融管理机构控权,做到有权必有责,用权受监督,侵权要赔偿,确保金融管理机构依照法定的权限和程序正确行使权力,防止滥用权力。因此,各国金融立法在强调金融管理机构的独立性,保障金融管理机构独立行使权力的同时,也非常重视加强对金融管理机构的监督,对于金融管理机构的权力规范运作机制、制衡机制、监督机制、问责机制等方面作出明确规定,以保障权力的行使符合法律的目的。

例如,英国《金融服务与市场法》在赋予金融监管局(FSA)广泛权力的同时,也构建了一套监督制衡机制,以有效规范金融监管局的行为,更好实现金融监管的法定目标。[①] ①内部监督机制。《金融服务与市场法》借鉴上市公司治理机制做法,进行了两项制度创新:一是建立董事会制度。FSA董事会的成员大部分必须为非执行董事。此外,董事会还设立一个全部由非执行董事组成的委员会,并行使以下职责:审查FSA是否以最有效和最经济的方式履行其职责;审查FSA的内部财务控制制度是否有效;决定执行董事的薪酬。二是建立类似上市公司股东大会的制度。FSA必须举行年度公开会议以讨论其年度报告,并公布会议的程序和内容。②财政部和议会的监督。这种监督主要有:一是人事任免权。财政部有权指定或撤销FSA董事会成员及其主席的人选。同时,有权指定董事会下属的非执行委员会主席的人选。当然,该指定应考虑到所指定人选的经验与资历等情况,且不应受到某利益团体的影响。二是审查年度报告。FSA负有每年向财政部提交"年度报告"的义务,具体说明其如何履行监管职能,以便于财政部向议会提交。《金融服务与市场法》对"年度报告"的内容以及其附带的文件作出了具体规定,同时规定,财政部有权对年度报告的具体内容提出要求。三是调查权。《金融服务与市场法》赋予了财政部两项具体权力以确保其在某些情况下可对FSA的行为发动调查。第一项权力比较广泛,即只要在涉及公共利益的情况下,财政部就可以对某些金融行业的严重监管失误发动独立的调查。这项权力的设立是从国际商业信贷银行和巴林银行倒闭的调查事件中得到的启发,目的在于为提取重要证据而提供法律保障。第二项权力是财政部有权对FSA的运作每隔一段时间进行调查并发布独立的审查报告,并将该报告提交给议会。此两项调查权力,都由财政部自行决定是否发起。③公众监督机制。FSA监管活动的一个重要部分是关注金融活动的参与者和金融产品消费者的意

① 资料来源于宋海鹰:"《金融服务与市场法》:对英国金融监管的变革",载《国际金融研究》2001年第5期;黎四奇著:《金融企业集团法律监管研究》,武汉大学出版社2005年版,第81~84页;Financial Services and Markets Act 2000。

见。事实上 FSA 早于 1997 年 10 月就为此目的设立了“消费者小组”和“金融参与者论坛”。《金融服务与市场法》要求 FSA 建立和维持这些小组和论坛，由 FSA 来指定小组成员。为了保证小组成员的独立性，该法规定了 FSA 指定程序必须遵守的规则，而且这些机构主席的任免还必须经过财政部的认可。尽管《金融服务与市场法》并未对这些组织的职能作出规定，其监督行为也只局限于对 FSA 的工作提出意见、建议，而且没有强制性，但是这种监督机制在实践中还是发挥了积极作用。因为，第一，这些组织为金融活动参与者和消费者提供了参与金融监管工作的途径。第二，这些组织的建议与意见通常要在 FSA 的年度报告中体现。特别是财政部可以要求 FSA 的年度报告载明这些小组的工作建议，从而让社会监督机制有效发挥作用。④其他监督机制。除了以上监督机制外，《金融服务与市场法》还规定了两类制约 FSA 的机制。一是司法审查机制。FSA 应当受到司法的审查和监督。为防止当事人滥用诉权，《金融服务与市场法》规定了在一定情况下免于承担损害赔偿的责任，但恶意行为造成的损害除外。二是设立独立的意见调查机构，以对 FSA 的监管实践进行调查。意见调查员的性质如同议会中的对一些公共机构进行调查的调查员(Ombudsman)。调查完毕，该意见调查员须将情况作成报告，并由 FSA 针对该报告中所查实的情况进行改进。

由于体制、国情不同，各国或地区对金融监管权的监督机制不尽相同，但往往都具有以下共性的内容：第一，强调通过法律实现对金融监管权的监督，金融法律在赋予监管机构监管权的同时，都强调监管权依法规范行使，这本身就是对监管权的监督。第二，强调通过以“权力制约权力”的方式来实现对金融监管权的监督，即发挥立法机关、法院以及监管机构之外的行政机关的监督制约作用，来保障金融监管权的公正、有效、有序行使。第三，强调金融监管机构的内部机制建设，来实现金融监管权的内部监督和制衡。第四，强调民众及社会的力量对金融监管权的监督。对金融监管权的监督机制应是从内部到外部，从立法到司法、行政和社会等多元力量有机整合、共同发挥作用的机制。

六、金融立法在国际趋势方面的特点：金融立法的国际趋同与差异

尽管各国和地区由于政治、经济、社会文化及法制传统的差异，金融立法有不同的风格和做法，但金融全球化和跨国金融集团的发展，金融体系风险从一国或者一个地区传导至国际金融市场，增加了整个世界金融体系的不稳定性。一家金融机构的破产引起“城门失火、殃及池鱼”的连锁反应并可能产生损失的放

大效应,从而引起整个世界金融体系的危机。

由于跨国金融集团的资产、管理、人员及营运皆已国际化,且营业处所分散于世界各地,跨国金融集团的海外分支机构由于在其他主权国家领土上进行,这是母国金融监管当局力量所不及的,也即母国监管机构无法控制金融集团在全球范围内的经营风险;东道国虽能依法对跨国金融集团在其境内的分支机构行使监管权,但无法对跨国金融集团的整体运营状况进行监管。因此,各个国家监管当局在各自国家的金融体系框架内各行其是、"自扫门前雪"的监管方式难以覆盖跨国金融集团的全部,难以适应金融业国际化对监管的要求,这将构成国际金融业的不稳定因素。

经济发展水平、历史文化传统以及监管策略的差异,使得各国金融监管制度大异其趣。不同的监管制度使得金融机构竞争成本不同、竞争优势有别。处于宽松监管环境中的金融机构经营成本低,更具竞争优势,而处于严格监管环境中的金融机构则受到不公平的待遇。这种制度差异所产生的"比较利益"使得金融业呈现从管理严格的地域流向管理宽松的地域的趋势。实际上逃避国内金融监管是金融机构发展海外业务的动因之一,而其海外业务"栖息地"的选择也多是出于对监管环境的考虑。为取得竞争优势,许多国家纷纷掀起放松金融监管的竞争,使各国监管政策具有内在的、放松管制、增强竞争性的趋势。这种竞争不仅发生在金融中心之间,也发生在跨国金融集团的母国和东道国之间。这种放松监管的"恶性竞争"客观上为跨国金融集团利用遍布全球的分支机构逃避各国监管、从事高风险甚至非法的经营活动创造了条件。国际金融业监管存在的这种漏洞,严重地威胁着整个金融体系的安全。

现实要求各国金融监管当局在监管国际金融业方面不仅应从本国利益出发,也要顾及各国的共同利益。在利害与共的情况下,各国有必要采取行动,在跨国金融集团的监管方面加强国际合作和协调,以消除国际金融业监管方面的漏洞。这个问题不解决,国际金融业就不能顺利发展,各国金融业亦将最终受到损害。事实上,在国际经济和金融活动中,尽管各国和地区具体利益存有矛盾和冲突,然而"一荣俱荣、一损俱损"的国际经济金融关系的现状,也使得各国达成共识,即只有在大力增进国际经济金融活动的共同利益中,才能寻求实现各自的长远的、最大的利益。这是推动各国金融政策和法制趋同化,以及金融监管协调合作的内在基础。

我们发现,国际货币基金组织、世界银行集团、国际清算银行、巴塞尔委员会、证监会国际组织、国际保险监督官协会、世界贸易组织、国际会计准则委员会、国际养老金监督官协会等组织通过的一系列协议、原则、标准等,催生了一大批金融监管的行业性惯例、标准和金融业务的国际准则，对于各国金融立法的趋同发挥了重大作用。例如，为加强银行业监管的国际合作、推动银行业监管水平的提高，巴塞尔委员会成立之后，制定了大量的监管标准和指导原则，如《巴塞尔协定》、《关于统一国际银行资本计量和资本标准的协议》(《巴塞尔协议》)、《有效银行监管的核心原则》、《资本计量和资本标准的国际协议：修订框架》(《巴塞尔新协议》)，不仅使银行业的国际监督从无到有，从理论探讨步入实践层面，而且使各项协议和原则在国际上得到了广泛认可和遵循，银行业的国际监督逐渐扩展到更多国家，许多国家都在检讨自己的银行法律、法规与巴塞尔监管规则之间的差距。委员会的工作也使得各国在非常广泛的领域内就金融监管问题进行观点、信息和经验交流成为可能，从而促进了各国在一些国际和国内的实际或潜在问题上的相互理解。①

此外，金融监管双边或者多变协调机制的建立，以欧盟为代表的区域范围内监管法制一体化的实践，也强化了金融立法的趋同趋势。值得指出的是，金融全球化呼唤金融治理的全球化：一方面，重要的国际经济和金融组织注重加强制度建设，建立和完善多边谈判机制和争端解决机制，推动金融规则的统一化；另一方面，加强金融监管、金融治理的国际合作，也促进了金融规则在合作中走向趋同。

当然，金融立法的趋同并不意味着各国金融法律的一体化。一方面，由于不少国际组织的文件没有法律强制力，只能建议各国去实行，而不能强迫它们普遍付诸实施。各国政治经济文化背景差异使得金融监管的国际合作困难重重，即使就某些标准达成了国际性一致的意见，但不折不扣、绝对一致的实施是不可能的。② 另一方面，各主权国家都有自己的法律制度和本国特殊的利益主权和特殊利益的存在，决定了不同国家和地区的金融法律客观上存在差异。

七、金融立法在立法技术方面的特点：金融立法的专门化与综合化

在金融分业经营、分业管理的前提下，对于不同的金融领域、金融机构分别进行专门的金融立法，是许多国家和地区长期以来的做法。但是随着金融综合

① 孟龙著：《市场经济国家金融监管比较》，中国金融出版社1995年版，第184～185页。

② Catherine England, *Governing Banking's Future: Markets vs. Regulations*, Cluwer Academic Publishers, p. 25. (1991).

经营的发展，不同金融机构彼此之间的业务界限不断被打破，业务界限日益模糊，跨市场的金融产品、金融工具、金融服务日趋活跃，金融集团、金融控股公司不断涌现，如果仍然立足从金融机构的角度进行立法调整，就可能使从事同样金融业务的不同金融机构遵守不同的业务规则、接受不同的监管。为了维护市场的公平和统一，需要金融立法立足金融业务和金融产品，按照功能监管的思路，用统一的规则去规范不同金融机构的组织创新、业务创新和产品创新行为。对于提供同质金融产品的不同金融机构应保证其接受相同的监管规则，保证不同的市场在规则方面的基本统一。例如，美国《金融服务现代化法》适应金融综合经营和金融控股公司的发展，确立了伞形监管、功能监管、监管协调等理念和具体的制度。联邦储备理事会作为银行控股公司的伞形监管者（Umbrella Supervision），对银行控股公司进行综合性监管。在伞形监管模式下，金融控股公司的下属银行类的功能子公司由通货监理署、联邦储备理事会、联邦存款保险公司等原有银行监管者的监管；证券类的功能子公司由原来的证券交易委员会监管，保险类的功能子公司由原来的州保险监管机构的监管。证券交易委员会、州保险监管机构、存款类机构的监管者等被统称为功能监管人（Functional Regulators）。为加强伞形监管者与各功能监管者的相互协调、共同配合，避免重复监管、过度监管，《金融服务现代化法》对金融监管权力的配置、权力协调、信息共享机制等内容作出了规定。英国的《金融服务与市场法》是英国金融业的"基本法"。该法确立了金融监管局（FSA）的法律地位，明确其为独立对金融业实施全面、综合、统一监管的机构。同时，该法统一了监管标准，规范了金融市场的运作，为英国适应21世纪金融业的发展和监管，提供了崭新的法律框架。2001年8月23日，澳大利亚通过了《金融服务改革法》，该法建立了统一适用于所有金融服务的许可制度、金融交易和清算机构的准入制度以及金融信息披露制度。

在金融立法过程中，某些金融事项可能涉及其他已经出台的诸多法律，如果将这些法律一一修改，所需时间太长，不利于改革尽快推动。因此，在技术上进行综合立法也是比较现实的选择。美国《金融服务现代化法》并非是一部就某些事项完整表述的法律，而是在对美国20世纪60年代以来的有关金融监管、金融业务的法律规范进行系统整理和突破性修改的基础上，对那些被认为是不符合经济现实甚至是阻碍金融业效率提升的特定金融领域的法律或具体条文进行删改，将数量庞大的金融法律法规中的很大一部分进行了规范，在一个法律文件中作了清理，并以自成体系的形式将它们表述出来。[①] 这实际上是美国对其金融法律的一次有效整合。又如，日本于1997年通过的《金融控股公司整备法》确立了金融综合经营体制。但《金融控股公司整备法》并不是一部系统完整的法律，而是以对银行法、保险业法、证券交易法的部分修改的形式制定的。该法的内容是把当时既定的银行法、保险法、长期信用银行法、外汇银行法、证券交易法、存款保险法中有关金融综合经营及金融控股公司的内容进行修订整合，又加入后来修订的银行法中有关金融控股公司方面的规定，形成具有普遍意义的金融综合经营及金融控股公司法律体系。之所以如此处理，是由于金融控股公司涉及银行、证券、保险等诸多法律的修改，在法律程序上非常复杂。这种综合立法方式可以尽可能减少阻碍，加快立法和改革进程。

八、从金融法的渊源、从金融法律与其他金融规则的关系中体现出的特点：法律规则与非法律金融规则的和谐共存

各国和地区立法体制不同，金融法律渊源即表现形式有所不同。各国除了由专门的立法机关制定的法律、金融管理部门制定的相关规则、法院的判例等之外，金融自律组织的规则、金融机构的章程和治理规则、金融机构之间的协议，也在不同程度发挥着调节利益、构建秩序的作用。

美国的金融法律框架比较成熟、完善，也很复杂。美国有美国法典（US Code），也有联邦法典（Code of Federal Regulations - CFR）。联邦法典包括了联邦机构的所有规定，通货监理署、联邦储备理事会、联邦存款保险公司、储蓄监督局、证券交易委员会等监管机构制定有大量规则。美国各州也有关于证券的法律，各州的公司法、破产法、国内收入法等，在很多情况下是对证券法律的补充。美国联邦各级法院的判例也一定程度上发挥着法律的作用。此外，美国的证券交易所制定有上市规则、交易规则、信息披露等方面的标准，对其会员和上市公司进行管理；金融行业协会也通过制定和实施行业准则和行业标准，对其会员进行监督。

我们注意到，各国的金融管理部门在行使管理权过程中，除了依法制定具有法律效力的相关规则外，还通过其他形式实施管理。例如，加拿大金融机构监管署（OSFI）的监管规则分3个层次，首先是按被监管主体分类，包括银行、外国银

① 《美国金融服务现代化法》，黄毅、杜要忠译，王传纶校，中国金融出版社2000年版，“序言三”部分。

行分支机构、信托和贷款公司和合作机构；其次在各种被监管主体下按不同的规范文件形式分类，包括法案和法规（acts and regulations）、指引（guidelines）、草案和征求意见稿（draft and consultation papers）、申请和批准指南（applieation and approval guides）、监管实践（supervisory practices）和行业通知（industry notices）；最后是在每种规范文件形式下进行细分，法案和法规分为法案、法规和建议法规，指引包括OSFI（加拿大金融机构监管署）指引目录、指引和有关警告（包括资本、审慎限度和约束、会计、稳健的商业和金融实践四个方面）、管理和立法警告（regulatory and legislative advisories）、裁决（rulings）、监督警告（supervisory advisories），草案和征求意见稿分为OSH稿和外部稿，申请和批准指南包括合并指南、申请指南、办理指导、用户收费/服务费、OSFI安全信息表，监管实践包括监管框架和干预指南等。

我国香港金管局对银行监管的法律基础主要包括3个层面：一是《香港银行业条例》，此为最高层面。二是以风险监管为本的《监管政策手册》，该手册由各种指引和通告梳理而成，各个法规指引均分为法定指引、建议文件、技术文件等类型，法律效力各不相同。手册包括引言、监管方法、企业管治、内部管控、资本充足率、综合监管、信贷管理、利率风险管理、流动资金管理、业务运作风险管理、买卖活动、科技风险管理、债券及杠杆式外汇业务、强制性公积金、清洗黑钱、披露财务资料、其他和词汇表等项目。三是向银行发出的各种监管指引和通告。指引又分为授权、监管方法、自我管理和道德规范、资本充足、信贷风险、流动资金管理、外汇、国际债务准备、审计、海外银行业务开设、披露财务资料、衍生产品、获豁免交易商、管理报告、电子银行等项目。

可见，各国和地区的金融立法实践中，除了重视有权立法机关包括金融管理机构制定的金融法律和规则外，立法者以及金融监管机构也非常重视金融监管指引、金融自律组织规则、金融机构的章程和内部治理规则等在金融市场规范发展中的重要作用，这也是金融秩序的重要组成部分。非法律的金融规则尽管不具有国家强制力，但由于植根于金融市场，与市场参与者具有内在的亲和性，具有强大的活力。金融生活的秩序在任何时候都不可能、而且也不应当仅仅是由国家制定的法律构成。如果没有这些内生于金融市场的规则的支撑和配合，金融法律也就缺乏坚实的基础，甚至难以形成合理的、得到普遍和长期认可的正当秩序。

（2006年第10期）

2007 年

离职竞业禁止的理论基础与制度设计

许明月　袁文全*

随着劳动力市场化程度日益提高,劳动者的自由流动成为实现社会资源优化配置、推动经济发展等市场经济内在要求的必要条件。但是,近年来在社会生活中大量涌现雇员离职带走雇主的商业秘密给雇主带来经济损失及名誉损害的案件,企业商业秘密的保护和劳动者自主就业权的维护成为法律和劳动政策面临的重要现实问题。在市场经济较为成熟的国家,除采取在劳动合同中订立保密条款外,"竞业禁止合同"成为解决这一问题、平衡劳资双方法益的重要手段。对某些竞业行为的限制,各国民商法都设有规定。目前,我国在一些信息密集型产业中采取订立竞业禁止合同已经较为普遍,但因缺乏必要的法律规范,在实践中引发的争议较多。因此,从学理上探讨竞业禁止的理论基础及其制度架构,对解决劳动者择业自由权的维护与企业商业秘密的保护二者间的矛盾,不无裨益。

一、竞业禁止之界说:分类及法律功能

广义上的竞业禁止是指在一定期限和地域范围内,禁止与特定营业行为具有竞争性质的特定行为。它是对一般的任何人的某种特定行为加以限制的制度,如商标权人、专利权人有权禁止他人未经许可使用其商标、专利。① 然而,这种限制源自法律赋予商标权、专利权固有的专有权利,具有对世效力,未能体现典型意义上的针对特定主体的竞业禁止的本质内涵。因此,学理上一般未将之纳入竞业禁止的研究范畴。商业秘密保护意义上的竞业禁止是采纳狭义的界说,即企业禁止知悉商业秘密的员工在任职期间和离职后一定时间内,在与本单位有竞争关系的其他单位任职,或者自己从事与原单位有竞争关系的生产经营活动。竞业禁止一般通过订立竞业禁止合同或者在劳动合同中约定竞业禁止条款获得实现。

根据不同标准,对竞业禁止可作不同分类。按照限制期间的不同,竞业禁止

---

* 作者单位:重庆大学法学院。

① 张玉敏主编:《知识产权与市场竞争》,法律出版社2005年版,第202页。

分为在职竞业禁止和离职竞业禁止;按照限制依据的不同,又可分为法定竞业禁止和约定竞业禁止。此外,还可根据竞业行为的性质,将竞业禁止分为同业竞业禁止和兼业竞业禁止。[①] 在职竞业禁止是指劳动者在任职期间负有保守雇主商业秘密的义务,不得兼职或者从事与雇主相同或类似业务的竞争性行为。约定劳动者这一义务的理由是雇主为劳动者提供就业机会,给予其发挥才能的场所,并支付工资、奖金等劳动报酬,劳动者因而负有维护公司的竞争行为和利益、善意行事、对雇主忠实的义务,并为促进雇主的业务发展尽恰当努力或相当努力。比如,在英美国家,基于明示的契约或者默示的忠实义务,未经所有人同意,雇员不得泄露公司的秘密。日本的公司法理论与实务也认为,不得不正当地侵犯雇主的利益是雇佣契约的附随义务,违反保密义务就是对忠实义务的违反,可以成为被免职的理由。在职竞业禁止义务一般由法律直接规定或由体现法律规定精神的劳动合同约定。离职竞业禁止是指雇员在离职后的特定时间和特定领域内,不得从事与原雇主有竞争性的业务或受雇于竞争目标公司。按照美国学者的理解,离职后的雇员基于默示的忠诚义务,仍然负有保密义务。在日本,雇员离职后,虽然雇主与雇员的雇佣关系已经结束,但在一定范围内仍负有对所有人的正当利益的保密义务,亦即我们通常所说的后合同义务。

竞业禁止义务是诚实信用原则及其衍生的雇员对雇主忠实义务在法律上的要求,因为竞业禁止行为的不合法性较为隐蔽,需要借助是否有违诚实信用原则加以认定。可见诚实信用原则是规定有关竞业禁止行为的基准。竞业禁止的目的主要是保护企业的商业秘密,维护企业的竞争利益。对商业秘密的保护经历了合同保护阶段、破坏保密关系之侵权行为阶段、产权保护阶段 3 个阶段。[②] 从目前来看,保护途经主要有两种:一是权利人与他人签订保密协议和竞业禁止协议,一旦商业秘密受到侵犯,权利人可通过违约之诉获得法律救济;二是将商业秘密视为一种无形财产权,赋予其物权法上具有对世效力的保护,一旦商业秘密受到第三人侵犯,权利人可通过侵权之诉获得法律救济。但在司法实践中,商业秘密权利人无论依据侵权法追究商业秘密侵权者的侵权责任,还是依据合同法追究违反保密协议当事人的违约责任,均需证明行为人有非法获取、使用或披露商业秘密的侵权或违约事实。[③] 由于商业秘密的无形性和非专有性特点,权利人对这类事实往往很难举证。因此,商业秘密的这两种保护手段均属事后救济,

---

① 英振坤:“竞业禁止初探”,载《法商研究》1995 年第 5 期。

② 唐昭红:“商业秘密研究”,载梁慧星主编:《民商法论丛》(第 6 卷),法律出版社 1997 年版,第 726 页以下。

③ 方明:“对完善我国竞业禁止法律制度的设想”,载《学海》2002 年第 4 期。

缺乏及时性和有效性，权利人很难追究已经发生的商业秘密侵害行为，对潜在的侵害行为更无从加以制止或得到法律上的救济。而竞业禁止则是在商业秘密尚未泄露之前，对知悉商业秘密的相关人员可能发生的破坏商业秘密的行为进行预先约束，是一种对推定损害事先防范的制度，它克服了事后救济手段的不足，是现代社会保护商业秘密的一项有效手段，在实际生活中逐渐被普遍采纳。

在职竞业禁止因多为法律强制性规定，直接体现诚信原则和忠实义务的内涵和要求，故争议较少或相对易于解决。但离职后的竞业禁止义务多为当事人之间的约定，双方博弈的色彩浓厚，权利冲突激烈，在职业限制与择业自由之间如何寻求法益的平衡需要进行深入研究。正是基于这点，本文以离职后的竞业禁止为研究对象。如文中无特别说明，以下所称竞业禁止即为离职后的竞业禁止。

二、竞业禁止的理论基础：经济分析与法理评判

（一）竞业禁止中的权利冲突

竞业禁止虽然是保护企业商业秘密、规范现代人力资源流动的重要手段，但其起源内含着激烈冲突的权利博弈：

一方面，随着市场竞争的日益激烈，企业保护商业秘密、维护竞争优势的权利行使将向纵深推进。商业秘密是现代社会中企业重要的无形资产，有其特定的价值和使用价值，权利人不仅可以通过拥有它而赢得独占性的竞争优势，而且还可以通过将它转让或授权他人使用的方式获得巨大收益，因而在企业现代发展战略中占据越来越重要的地位。然而，虽然商业秘密纳入知识产权保护体系已为各国及国际组织所共识，但相较于专利权、商标权等传统知识产权形式由法律明确赋予专有权的绝对保护模式，其主要采取的仍是实施保密措施、签订保密协议等私力救济的弱质保护方式，且无权排斥其他市场主体进行相同研发，同时商业秘密作为保密状态下的技术信息与经营信息，除了文件、图纸、磁盘等物化载体外，了解商业秘密的职工本身更是重要的活化载体。部分雇员将原单位的商业秘密作为自己重新择业的“陪嫁”，挟以自重或是自立门户，一些单位也沉溺于“买技术不如偷资料，偷资料不如挖人才”。所以，商业秘密极可能随着人才流动而向社会公开，且由于商业秘密的复杂性、隐蔽性和模糊性，使发现、举证、判认侵犯商业秘密者变得倍加困难，往往是禁所难禁，防不胜防。因此，商业

秘密权是一种极其脆弱的权利,"一旦丧失就永远丧失"。[①] 这也就决定了企业必然不断寻求各种方式,加强对自身商业秘密的保护。这也是竞业禁止制度的经济根源。

另一方面,随着资讯科技的不断发展,劳动力市场供求结构进一步失衡,形成劳动力买方市场,加剧了劳动者的弱势地位,因而对劳动权的保护正成为世界范围内亟待解决的问题。生存权是人的最基本权利,而择业自由和合法竞争是市场经济条件下劳动者生存权的主要表现形式。"寻求供职于其曾受过最好教育的特定行业是每个人最最基本的权利",[②]"竞业禁止合同不得轻易用于侵害雇员在其最能实现自我价值的领域里自由竞争的权利"。[③] 因此,劳动者有权在法律允许的范围内选择其职业和就业场所,这些宪法赋予的权利并不因为保护雇主的竞争利益、商业秘密等商业利益而丧失,也不容作任何的剥夺和限制。对雇员离职后再就业的任何限制都会阻碍人才的自由流动并妨碍了雇员从事自己所喜爱的职业的自由。

上述两种权利就其各自产生的根源而言,对之加以保护各有其充分的经济、法律及道德的依据,都有其合理性,但是当二者共存于员工离职这一特定领域时,就产生了激烈的冲突:雇员正当离开原雇主企业,是行使宪法、劳动法上的劳动权、择业自由权,也是现代市场经济人才自由流动的必然要求。若强令雇员离职后不得到与原雇主有竞争关系的企业谋职,无疑将限制和削弱他的谋生能力,减少其再就业机会。从这个角度来认识,竞业禁止合同即使能够成立,也是对自由的一种极端的例外。[④] 但与此同时,科学技术的发展使现代经济社会已进入资讯时代,信息对于现代企业而言意义重大,掌握重要商业秘密信息的员工利用这些信息跳槽或自行从事竞争性业务,往往会给原单位带来重大损失。若立法不加以保护则不利于企业开拓创新、积极经营。这就形成了一个悖论:由于专业能力提高了,该雇员反而被限制,不得在其素有专攻的领域寻求更大的发展。不仅如此,由于抑制了新设计、新工艺和新技术的传播进而妨碍了自由竞争市场秩序,社会利益也因此受损。

---

① 孔祥俊著:《商业秘密保护法原理》,中国法制出版社 1999 年版,第 192 页。

② ILG Industries, Inc. v. Scott, 49I11. 2d. 88, pp. 93 – 94, 273N. E. 2d393, 396(1971). 转引自彭学龙:"竞业禁止与利益平衡",载《武汉大学学报》(哲学社会科学版)2006 年第 1 期。

③ Bendinger v. Marshalltown Trowell Company, 994S. W. 2d 468 (S. Ct. of arkansas) (July 15, 1999). 转引自彭学龙,"竞业禁止与利益平衡",载《武汉大学学报》(哲学社会科学版)2006 年第 1 期。

④ 张玉瑞著:《商业秘密法学》,中国法制出版社 1999 年版,第 429 页。

(二)冲突协调的经济分析与法理评判

上述冲突的存在,使得法律制度面临两难选择或者必须承担双重功能,即既要保护劳动者的自由择业权,又要维护企业的合法商业秘密权益。竞业禁止制度在一定程度上可实现平衡劳资双方权益的功能,但以法律来规制因人员流动造成的商业秘密的泄露,犹如一把“双刃剑”,要达到二者的平衡,就必须将旨在保护企业商业秘密的竞业限制置于合理的条件之下。否则,这样一种以限制违法为本意的规定就可能构成另一种违法。因此,竞业禁止制度的构建必须建立在充分的经济分析与法理评判之上。

(1)成本——收益分析。市场中的主体是理性的“经济人”,其一切行为均存在追求效率最大化的趋向。竞业禁止合同之实质是雇主和雇员之间进行的一项市场交易行为,企业通过出让劳动机会和支付劳动报酬及经济补偿金,换取劳动者对企业商业秘密的维护和消极不竞争行为。在这项交易当中,可能涉及的显性及隐性成本包括:在企业的层面上,有企业支付劳动报酬及经济补偿金的成本、企业丧失商业秘密的成本等;在劳动者的层面上,有劳动者丧失自主择业权而失去就业或自主创业机会的成本、违反竞业禁止而丧失的经济补偿成本、违约而产生的法律责任成本、诚信丧失造成的后续就业受阻的成本等;而在社会的层面上,有社会丧失积极创新精神的成本、诚实信用观念沦丧的成本、劳动者自主就业权受到限制引发社会不安定的成本、自由竞争受限引发不经济的成本等。与之相适应,此项交易带来的收益包括:企业商业秘密及竞争优势维持的收益、劳动者获得就业报酬的收益、社会竞争充分、诚实不欺、权利得以保障的收益等。这些成本和收益是相对应但又不是同比变化的,而是一个在互动的过程中实现边际变化的动态过程。例如,若企业只从自身角度考虑成本降低问题,严格限制雇员离职后的竞业行为而不支付或只支付很少的经济补偿金,那么它很难获得商业秘密及竞争优势维持的高收益,相反还会产生商业秘密被恶意破坏、调查雇员侵权行为等诸多成本。因此,在竞业禁止这一交易过程中,制度设计的关键不在于消除或减少单边交易的成本以赢取单边收益的增加,而是根据“成本——收益”理论,当边际成本等于边际收益时,利润(效益)的产出量最大。故竞业禁止条款的设计应考虑交易双方及可能涉及的整个社会的成本分担问题,力求使成本变动的合力与收益变动的合力相适应,以实现效益的最大化。

(2)博弈分析。通过上述“成本——收益”的分析可知,竞业禁止制度设计的关键在于实现边际成本和边际收益的理性变动,而这一目标的实现必须依赖于博弈分析。人的许多决策之间是相互依赖的,研究这种互动环境下的理性选择理论称为博弈论(game theory)。经济学中所谓博弈是指在一种特定的竞争环境下，其中有两个或两个以上的人各自追求自身利益，而任何一个人都不能决定其结果。根据博弈论的原理，企业与劳动者在签订竞业禁止合同这一交易过程中，处于非合作状态，成本及收益的边际变动就是双方谈判中博弈的过程，这就决定了双方在决策时不能仅考虑自身成本收益的变化，还要受制于对方的决策行为，双方决策的结果是达到纳什均衡（Nashequilibrium），即所有参与人最优选择的一种组合，在这种组合下，给定其他人的选择，没有任何人有积极性作出新的选择。[①] 例如，企业为维护商业秘密带来的竞争优势，必定希望竞业禁止的期限越长越好，但这直接影响到劳动者的生存发展问题，进而影响到这一协议自动实施（self－enforcing）的程度。因此，该期限的设置不能仅由企业方决定，而应协同劳动者共同确定，其最终结果应是在双方能够接受限度内的收益最大化，这样的条款才能真正约束双方的不理性行为，从而实现竞业禁止协议的自动实施。

（3）利益衡量分析。通过上述经济分析可知，竞业禁止制度的设计应是一个动态博弈的过程，这个过程从法理的角度分析则是一个利益衡量的过程。利益衡量本来是20世纪60年代起源于日本的一种民法解释方法，指关于某问题如果有A、B两种解释的情形，解释者究竟选择哪一种解释，只能依据利益衡量决定。[②] 利益衡量的价值在于：法是分配利益的社会工具，它通过对权利和利益的范围和界限作出界定以定分止争，而"法的价值是一个多元、多维、多层次的庞大体系"，[③]社会生活的不断发展导致各种权利和利益的表现形式呈现多样化态势，权利的行使和利益的取得也是动态的。这就决定在特定的法律关系中不可能同时实现所有的法的价值，必须以权利为本位，根据具体因素对各种权益进行衡量，重视权利的价值，选择或者侧重于最符合社会大多数主体利益、对社会财富的最大化有利、有助于提高社会生产力和维护正常的市场秩序的方案，并通过给予权利受损方补偿的方式使其获得救济，从而兼顾各方利益，促进社会和谐发展。如前所述，在竞业禁止领域中，涉及雇主、雇员以及整个社会的多层次、多种类的权利和利益。其中，劳动者的自由择业权、企业的商业秘密权以及整个社会的自由竞争需求形成最为激烈的三重冲突。虽然竞业禁止制度是为了保护企业的商业秘密而建立，但笔者认为，随着20世纪以来法哲学思潮从"个人本位"向"社会本位"转型，保护弱者、维护社会公共利益、实现实质公平成为价值判断、利益衡量的首要因素。因此，我们在进行竞业禁止具体制度的设计时，应以

---

① 梁慧星著：《民法解释学》，中国政法大学出版社1995年版，第316页。

② 钱弘道著：《经济分析法学》，法律出版社2003年版，第173页。

③ 卓泽渊著：《法的价位论》，法律出版社1998年版，第233页。

维护社会公共利益为基点对各类权益实行层次化保护。

首先,应优先保护劳动者的自由择业等劳动权利。因为劳动权属于基本人权,是生存权的基础,具有生而有之的天然正当性,而且我国当前劳动力供求严重失衡、劳动者维权意识和能力薄弱,需要获得法律上的特别救济。同时从权利位阶的角度看,著名分析实证主义法学家凯尔森认为,“法律秩序并不是一种由同等层次的并列的规范组成的体系,而是一种由不同层次的法律规范组成的等级系”。[①] 相应地,权利也是有位阶的,在高位阶权利与低位阶权利发生冲突时,应优先保护高位阶权利。劳动权是宪法规定的基本人权,是人的其他权利派生的源泉,且劳动者的生存权和择业权也在一定程度上代表了自由竞争的公共利益,因此应获得优先保护。在实务中,有关竞业禁止的合同条款也并非总是有效的。一般认为,如果执行竞业禁止协议,被牺牲的雇员的生存权和择业权大于雇主的应保利益,竞业禁止协议应认定为无效。美国有关立法认为,如竞业禁止超出了保护雇主合法利益的范围,或者雇员遭受的不利超过了雇主的需要,可能损害公众利益的,属于不合理的竞业禁止。英国的法院在处理有关约定竞业禁止的案件时,也认为任何人均应信守承诺,同时任何人均有为自己或雇主的最佳利益运用自己的知识、经验、技能的权利,即为公共利益。[②] 从上述利益衡量的具体做法中可以看出,法院往往偏向于雇员利益,并更多地将其与公共利益相联系。这是由于在竞业禁止法律关系中,当事人雇主和雇员实质上并不平等,雇员更多地被视为弱者,需要法律的照顾。[③] 正像科恩法官所说:“如果我们通过权衡英国和美国的判决,以确定其法律原则是保护商人不受某些形式的竞争,还是保护个人不受限制地谋生,那么重心是偏向于后者的。”[④]

其次,应维护社会自由竞争的秩序利益。这是市场经济的必然要求,因为市场经济是竞争的经济,若允许企业为维护自身个别竞争优势而恣意限制其他市场主体开展相关经营的权利,则会导致商业秘密权保护的极端化,造成市场的垄断和非公平竞争,降低市场的活力。所以,在处理竞业禁止的权利冲突时,必须将其置于目的、时间、地域、领域、对象、补偿等合理的限制条件下,使之符合诚实信用、自愿平等、等价有偿的原则。这也是对劳动权利保护的必然要求。

---

① 转引自倪才龙主编:《商业秘密保护法》,上海大学出版社2005年版,第123页。

② 转引自彭学龙:“竞业禁止专利益平衡”,载《武汉大学学报》(哲学社会科学版)2006年第1期。

③ 李永明:“竞业禁止的若干问题”,载《法学研究》2003年第5期。

④ Wexler v. Greenberg. 399Pa. 569,160A 2d 430(1960).转引自彭学龙:“竞业禁止专利益平衡”,载《武汉大学学报》(哲学社会科学版)2006年第1期。

最后，保护企业的商业秘密等权益。这是竞业禁止制度的起源目标，直接关系到现代企业财产权益和创新动力的维护，但它不是由企业自由心证的，而是必须存在合法的应保利益，即在竞业禁止关系中存在法律确认和保护的权利和利益，或者存在尚未被法律确认但被当前社会普遍承认的权益，主要包括竞争利益、商业秘密等。因此，在司法实践中确认涉及商业秘密竞业禁止协议的有效性时，应严格审查雇主的技术信息、经营信息是否具有秘密性，是否采取严格的保密措施等商业秘密的法定要件。如果不存在商业秘密这种应保利益，则竞业禁止协议应视为无效。许多国家法律都将应保利益作为认定竞业禁止协议效力的要件。①

综上所述，竞业禁止中各方的权益是一个动态平衡的过程，在进行具体的制度设计时应以社会公共利益为基点，充分平衡企业（雇主）和劳动者（雇员）的权益，以实现竞业禁止协议自我实施程度的最大化。

三、竞业禁止的法律约束：合法性与合理性判断

目前，我国关于离职竞业禁止的规定比较零散，主要存在于一些部门规章或地方性法规中。①《促进科技成果转化法》第28条规定，企业、事业单位可以与参加科技成果转化的有关人员签订在职期间或者离职、离休、退休后一定期限内保守本单位技术秘密的协议；有关人员不得违反协议约定，泄露本单位的技术秘密和从事与原单位相同的科技成果转化活动。②劳动部《关于企业职工流动若干问题的通知》第2条规定，用人单位可以规定掌握商业秘密的职工在终止或解除劳动合同后的一定期限内，不得到生产同类产品或者经营同类业务且有竞争关系的其他用人单位任职，也不得自己生产与原单位有竞争关系的同类产品或经营同类业务。③国家科委《关于加强科技人员流动中技术秘密管理的若干意见》第7条规定，单位可以与对本单位技术权益和经济利益有重要影响的有关行政管理人员、科技人员和其他相关人员协商，约定竞业禁止条款，约定有关人员在离开单位后一定期限内不得在生产同类产品或经营同类业务且有竞争关系或者其他利害关系的其他单位任职，或者自己生产、经营与原单位有竞争关系的同

---

① 《瑞士民法典》第340条规定，雇主不能证明存在值得保护的利益的，该竞业禁止协议无效。《德国商法》第74条规定，竞业禁止协议限于保护雇主营业上的正当利益。美国的普通法判例及有关州立法也确立了"是否有合法的商业利益可保"的原则。英国的司法实践也确立了商誉、商业秘密、业务关系等为合法的应保利益。参见李永明："竞业禁止的若干问题"，载《法学研究》2003年第5期。

类产品或业务。该《意见》同时对竞业限制的具体范围、竞业限制的期限、补偿费的数额及支付方法、违约责任等内容作了较为详细的规定。应当说,这是中国目前有关竞业禁止较为成熟的法律规范性文件,但囿于其法律效力层级较低的缘故,对竞业限制的调整范围相当有限。④国家建材局《关于国家重点科技攻关项目成果知识产权保护的通知》中规定,承担攻关项目的主要研究人员在离职1年之内,不得从事与原攻关内容相关的技术工作。此外,在缺乏国家层面立法的情况下,出于经济发展的需要,一些地方性法规对竞业禁止问题作了较为全面的规定,其中规定得较为规范、全面的是广东省,在该省由地方人大制定的、包含竞业限制合同在内的地方性法规有《广东省技术秘密保护条例》、《深圳经济特区技术秘密保护条例》(1995年11月3日)、《珠海市企业技术秘密保护条例》(1997年7月11日)等。

竞业禁止是一把"双刃剑",其制度的构建需要平衡各方的权益,这必须通过法律的约束来实现。在这一过程中,不仅要考察制度的合法性,而且也应考量其合理性,以达到实现最佳的法益平衡状态。因此,笔者认为,在竞业禁止的制度设计上应着重把握好以下六方面的问题。

(1)应具有合理的竞业禁止主体范围。并非所有的员工都必须与企业签订竞业禁止合同。竞业禁止的对象应当是有机会掌握或接触商业秘密的人员,一般包括:高级研究开发人员、专业技术人员、经营管理人员;一般技术支持人员和关键岗位的技术工人;市场计划、销售人员;财会人员、秘书、保安人员等。但我们应注意,上述人员因工作职位的不同在具体接触和掌握商业秘密方面存有明显的质与量上的差别,所以在设计竞业禁止合同时要对不同层级的人员作出差别性规定,主要应体现在竞业禁止的时间长短和经济补偿多少的不同。

(2)企业(雇主)存在需要保护的商业秘密。竞业禁止合同是为保护企业的商业秘密而订立的,因此,商业秘密的存在是其订立的前提。根据我国《反不正当竞争法》第10条的规定,商业秘密是指不为公众所知悉、能为权利人带来经济利益、具有实用性并经权利人采取保密措施的技术信息和经营信息。国家工商行政管理局《关于禁止侵犯商业秘密行为的若干规定》(1995年11月23日)规定,技术信息和经营信息包括设计、程序、产品配方、制作工艺、制作方法、管理诀窍、客户名单、货源情报、产销策略、招投标中的标底及标书内容等信息。由此可见,商业秘密具有秘密性、实用性、价值性等特征。其中"不为公众所知悉"、"权利人对该信息采取了保密措施"是认定商业秘密的核心要件。若雇主意欲保护的"信息"只是从公开发行的出版物等渠道可以获知或已经使用而公开的"公知技术"或"公知信息",或者雇主并未采取切实有效的保密措施,则劳动者不受竞业禁止合同的限制。当然,由于商业秘密是权利人通过自行采取保密措施予以私力保护的,其"秘密性"并不具有绝对性,因此,权利人采取的"保密措施"并不要求绝对万无一失,只要在当时、当地是合理的就可以了。

(3)应明确竞业禁止的具体范围。明确雇员不得与雇主形成竞争关系的职业种类、专业领域及地理范围,是竞业禁止的必备要件,且应是竞业禁止中最为严格的限制,这直接关系到雇员劳动权的实现问题。竞业禁止合同并不是禁止劳动者从事一切与原单位相竞争的业务,而是限制其不得在拥有同一种核心技术产品(或核心经营信息)且有竞争关系的其他单位任职,或者自己从事与原单位有竞争关系的同一种核心技术产品的经营活动。在此,应将商业秘密与劳动者的一般技能知识区别开来,即若劳动者运用因培训而获得的,已经成为其自身的知识、技能和人格之一部分的信息从事就业的,不应为竞业禁止合同所限制,否则势必会侵害雇员的基本劳动权。因为劳动者的一技之长是其谋生的基本手段。然而,要区分哪些是依法可以受保护的商业秘密信息,哪些是经培训已成为雇员所有的知识和技能在实践中是极为困难的。[①] 因此,劳动双方在订立竞业禁止合同时,应就"同类产品、同类业务"以及"有竞争关系"、竞争对手的具体区域范围、本企业的业务开展范围及其相应的市场份额等作出详尽的解释,以减少争议的发生。由于雇员在竞业禁止法律关系中处于弱势地位,因而在司法实践中对竞业禁止限制范围的合理性问题一般应由法官根据个案作出判断,而不能由雇主确定,凡领域限制范围不清或限制范围不合理的竞业禁止协议无效。德国法律规定,雇员对时间、地域的限制以及雇主的应保利益有异议时,可以请求雇主提交书面理由。这实际是诉讼中举证责任的转移,使雇员处于有利的诉讼地位。[②] 2006 年 3 月 20 日,全国人大常委会办公厅公布了《中华人民共和国劳动合同法(草案)》(以下简称《劳动合同法(草案)》),其中第 16 条第 1 款规定:"用人单位可以与知悉其商业秘密的劳动者在劳动合同中约定,在劳动合同终止或者解除后的一定期限内,劳动者不得到生产与本单位同类产品或者经营同类业务的有竞争关系的其他用人单位任职,也不得自己开业生产或者经营与用人单位有竞争关系的同类产品或者业务。"笔者认为,这一规定从法律的层面上肯定了竞业禁止的合法性,但限制的范围过于宽泛,容易为企业(雇主)在拟订竞业禁止合同时所滥用。因此,在正式的《劳动合同法》出台时,应强调限制的

---

① "世界知识产权组织关于反不正当竞争保护的示范规定注释",载郑成思主编:《知识产权文丛》,中国政法大学出版社 1999 年版,第 246 页。

② 徐玉玲著:《营业秘密的保护》,台湾三民书局 1993 年版,第 148 页。

范围为同一种核心技术产品（或核心经营信息）且有竞争关系，或者对“同类产品”、“有竞争关系”等概念予以明确、细化。

（4）应具有合理的竞业禁止时间。竞业禁止从本质上说是对劳动者自由就业权的限制，若时限过长则会影响其正常的劳动力再生产及家庭成员的生活，但如果时限过短则无法有效地保护企业的商业秘密。各国理论、立法及司法实践对时限合理性的认定标准不尽相同。在理论上，美国学者认为，涉及商业秘密的竞业禁止关系应当以商业秘密存在的期间为限制的时间；也有学者认为，限制时间不得超过通过合法手段复制该商业秘密的时间；有的学者则认为，应根据雇员与商业秘密的关系，来确定不同雇员不同的限制时间。[①] 在立法上，《瑞士劳动合同法》对此规定最长不得超过职工退职后3年；《德国商法典》规定最长不得超过2年；《意大利民法典》对高级职员规定为5年，一般职员为3年。[②] 在司法实践中，英国根据不同行为在时间限制上作出区别，如不掠夺客户的期限不超过5年，不设立竞争企业的期限为6个月（现在为1年）；日本普遍认为离职后2年的竞业禁止协议合理；美国的判例中，在通常情况下竞业禁止的最高年限为5年。鉴于资讯技术的发展，美国法院有缩短竞业禁止期限的趋势，如美国联邦巡回法院1997年在Double click Inc. v. Henderson案中，判决原告的离职雇员6个月内不得为竞争行为。[③] 根据我国原劳动部《关于企业职工流动若干问题的通知》的规定，竞业限制的期限最长不得超过3年。《广东省技术秘密保护条例》、《深圳技术秘密保护条例》规定的竞业禁止期最长不超过为3年。《珠海市企业技术秘密保护条例》根据具体员工涉及的技术秘密的密级或其受过的特殊训练等规定竞业限制期限为2至5年，超过5年的，应当经市科学技术行政部门批准。竞业限制协议中没有约定的，竞业限制的期限为2年。《劳动合同法（草案）》第16条直接将竞业限制期限规定为不得超过2年。笔者认为，竞业限制时间的长短应视雇主的商业秘密等竞业利益在市场竞争中所具有的竞争优势、信息的更新速度、商业秘密的性质和雇员掌握该秘密的程度，以及国家对商业秘密的保护水平的高低等因素来决定，由双方协商确定一个合适的期限，一般以6个月至3年为宜。

（5）应给予合理的经济补偿。竞业禁止的实施是以限制劳动者就业权为代价换取对企业商业秘密的保护，其结果是企业从中获得了相应的利益。根据公

① 李永明：“竞业禁止的若干问题”，载《法学研究》2003年第5期。

② 张立新：“论竞业禁止”，载徐国栋主编：《罗马法与现代民法》（第1卷），中国法制出版社2000年版，第336页。

③ 吴登楼：“审理竞业禁止纠纷案件的若干问题”，载《人民司法》2001年第10期。

平原则，企业应将所获利益(即使尚未真正实现)之一部分作为对价支付给劳动者，以弥补其在就业限制后所减少的预期收益。因此，在竞业禁止合同中必须约定支付给受限制的劳动者合理的经济补偿金，否则合同即因“显失公平”而无效。① 但何为合理的补偿，这又是一个自由裁量的问题，各国法律均无统一的规定，可由双方自由协商，标准应根据员工接触商业秘密的程度与上年度该员工的总报酬来确定，使其在竞业限制期内的生活水平不致因此而有明显下降。例如，《珠海市企业技术秘密保护条例》第22条规定，企业与员工约定竞业限制的，在竞业限制期间应当按照竞业的约定向该员工支付补偿费，没有约定的，年补偿费不得低于该员工离职前一年从该企业获得的年报酬总额的1/2;《宁波市企业技术秘密保护条例》规定，企业应当向被限制人支付补偿费，年补偿费不得低于该员工离职前一年的报酬总额的1/2;《深圳经济特区企业技术秘密保护条例》第17条规定，竞业限制协议约定补偿费，按年计算不得少于该员工离开企业前最后一个年度从该企业获得的报酬总额的2/3。竞业限制协议中没有约定补偿费的，补偿费按照前款规定的最低标准计算。与多数国家规定竞业禁止合同缺少“经济补偿”条款即为无效不同，上述规定承认了无“经济补偿”条款合同的效力，并规定了补救方式。从我国缺乏竞业禁止的立法与实践、劳资双方订立竞业禁止合同的经验不足、合同规定不够完善的国情出发作此规定未免不可，但补偿的数额过低，这样就会导致:一方面，对于一些高级专业技术人员、高层次的管理人员而言，上述补偿金额难以有效遏制因“跳槽”而引起的商业秘密的泄露;另一方面，企业会倾向于不在合同中约定经济补偿条款，而在出现争议后直接适用上述规定，支付最低标准补偿金，这样对受竞业约束的劳动者而言是不利的，尤其是当其薪金报酬对于商业秘密可能带来的经济利益而言过低时。《劳动合同法(草案)》第16条第3款规定:“用人单位与劳动者有竞业限制约定的，应当同时与劳动者约定在劳动合同终止或者解除时向劳动者支付的竞业限制经济补偿，其数额不得少于劳动者在该用人单位的年工资收入”。从条文使用“应当”

---

① 1999年《合同法》第54条规定，在订立合同时显失公平的合同，当事人有权请求人民法院或者仲裁机构变更或撤销。即根据《合同法》，显失公平的合同并不导致无效。但竞业禁止合同属于劳动法调整范畴，其间被竞业禁止的劳动者已处于不利的弱势地位，请求法院或仲裁机构变更或撤销无疑加大了其救济的成本，故此种情形下宜直接认定为无效合同。许多国家的立法均规定是否给予合理的补偿是关系到竞业禁止合同是否有效的因素。例如，《德国商法》第74条规定，竞业禁止期间，雇主应当给付雇员最后一年报酬的一半以上，作为竞业禁止给雇员造成损害的补偿，否则竞业禁止协议没有约束力。《意大利民法典》第2125条对此进行了相关的规定:“在约定中未采用书面形式、未为提供劳务者的利益确定相应的对价，亦未确定禁止提供者从事的业务范围、期限和地点的情况下，限制提供劳务者在劳动契约终止后从事与企业进行竞争的业务的约定无效。”

一词可认为，“支付竞业限制经济补偿”是法律规定的必备条款，不能缺省，否则该竞业禁止合同即为无效。同时，法律还规定经济补偿的数额不得少于劳动者在该用人单位的年工资收入，高于现行各规章文件的规定，体现了对劳动者权益的保护，在一定程度上可减少“跳槽者”的反竞业限制行为。

(6)应约定合理的违约责任。劳动者违反竞业禁止合同的约定，给用人单位造成损害的，依法应承担违约责任。我国现行法律法规并没有关于竞业禁止合同违约责任的相关规定，只有劳动者违反保密约定的法律责任规定。《劳动法》第102条规定，劳动者违反本法规定的条件解除劳动合同或者违反劳动合同中约定的保密事项，对用人单位造成经济损失的，应当依法承担赔偿责任。原劳动部于1995年5月10日发布的《违反〈劳动法〉有关劳动合同规定的赔偿办法》第5条规定：“劳动者违反劳动合同中约定的保密事项，给用人单位造成经济损失的，按《反不正当竞争法》第二十条的规定支付用人单位赔偿费用。”《反不正当竞争法》第20条规定“被侵害的经营者的损失难以计算的，赔偿额为侵权人在侵权期间因侵权所获得的利润；并应当承担被侵害的经营者因调查该经营者侵害其合法权益的不正当竞争行为所支付的合理费用”。上述《办法》第6条规定用人单位招用尚未解除劳动合同的劳动者，对原用人单位造成经济损失时，除该劳动者承担直接赔偿责任外，该用人单位应当承担连带赔偿责任。其连带赔偿的份额应在不低于对原用人单位造成经济损失总额70%的限度内。向原用人单位赔偿下列损失：对生产、经营和工作造成的直接经济损失；因获取商业秘密给用人单位造成的经济损失。其中赔偿因获取商业秘密给用人单位造成的经济损失的范围，按《反不正当竞争法》第20条的规定执行。用人单位承担的赔偿数额超过其依法应承担的赔偿份额时，有权向劳动者追偿。

从以上规定可以看出，因违反商业秘密条款承担的经济赔偿责任范围较之一般的违约赔偿范围要大，不仅要赔偿直接损失，还要赔偿间接损失。这是因为商业秘密的损失价值往往不能用违约者获得商业秘密时所花费的成本来计算，但是这些规定在实践中难以计算，且未能考虑劳动者从该合同中获得的经济补偿水平。鉴于此，《劳动合同法(草案)》第16条第3款规定“劳动者违反竞业限制约定的，应当向用人单位支付违约金，其数额不得超过用人单位向劳动者支付的竞业限制经济补偿的3倍”。这不仅弥补了缺少违约责任规定之不足，而且体现了权利与义务相对等的原则，便于实践操作。

(2007年第4期)

企业集团汇总纳税的法律解析

张守文*

一、问题的提出与界定

在纷繁复杂的税收法律制度中,企业集团汇总纳税制度是一类潜滋暗长的新兴制度。对于此类重要制度的研究,目前主要侧重于税收管理方面。① 但该制度其实不仅涉及税收征管,而且也涉及会计、产业政策等经济问题,同时也关乎政治、法律等诸多方面,②影响甚广。若对其中蕴涵的诸多重要法律问题长期失察,则对于该制度的完善及相关法学理论的深化不利,故应从税法等相关部门法的角度展开法学研究。

缘于税法的复杂性,特别是税法制度形成过程的复杂性,税法上的诸多概念往往需经具体界定方能免于混淆,"汇总纳税"一词也不例外。事实上,过去在所得税、增值税等制度中,都曾使用过汇总纳税一词,且在所得税领域用得更为集中和普遍。③ 在所得税领域,汇总纳税一词主要用于两个领域,体现为两类意义:一类是与所得税的税基确定直接相关的汇总纳税;另一类是与税收抵免中的税额抵扣相关的汇总纳税。由于后者可以通过国际税法或国内税法上的税收抵免概念来予以说明,因此,人们通常主要在第一类意义上使用汇总纳税的概念。

上述对汇总纳税概念使用范围的界定,也源自现实的制度规定。我国1994年实施的《企业所得税暂行条例》(该条例于2008年1月1日失效)第14条规

---

* 作者单位:北京大学法学院。

本文的写作得到了教育部人文社会科学博士点基金项目的资助。项目批准号:03JB820006。

① 例如,有的学者在探讨区域税收与税源背离的问题时曾把汇总纳税作为"背离"的一种原因。参见靳万军:"关于区域税收与税源背离问题的初步思考",载《税务研究》2007年第1期。

② 汇总纳税制度作为一类特殊的制度,改变了税收征管的属地原则,不仅影响了相关企业的利益以及企业之间的竞争,还直接影响了税源地政府的税收利益,从而会影响到中央和地方的关系,以及由此产生的其他关系;相应地会带来政治、法律等方面的一些问题,故需要从多个部门法的角度对其展开研究。

③ 在其他税种领域里,亦会用到类似于"汇总纳税"的"汇总缴纳"一词。例如,在印花税方面,早在1989年,国家税务总局和铁道部就曾下发过《关于铁路货运凭证汇总缴纳印花税问题的联合通知》,规定铁路货运凭证承运方应缴纳的印花税由铁路部门汇总缴纳,以简化纳税手续,加强税收征管。但这种"汇总缴纳"与本文集中讨论的"汇总纳税"的制度内涵并不相同。

定:“除国家另有规定外,企业所得税由纳税人向其所在地主管税务机关缴纳。”对于其中需要由“国家另作规定”的部分,《企业所得税暂行条例实施细则》第43条进一步明确规定“铁路运营、民航运输、邮电通信企业等,由其负责经营管理与控制的机构缴纳(企业所得税)”。正是依据上述规定,国家税务总局从1994年开始,制定了一系列规范性文件,其中既包括有关企业集团汇总纳税的综合性规定,又包括针对相关具体行业的某类企业集团的汇总纳税规定,相关行业涉及金融业(特别是四大国有商业银行、政策性银行、保险公司、证券公司等)、电信业(包括中国移动、中国联通、中国电信等大型企业)、运输业(包括铁道、民航)等,从而形成了我国企业集团的汇总纳税制度。

从近年来制度建设的情况看,企业集团汇总纳税制度的核心,是强调符合法定条件的集团公司及其所属关联企业,可以作为“一个整体”来汇总合并缴纳企业所得税。具体言之,汇总纳税是指相关企业“按照有关规定计算出应纳税所得额(或亏损额),由其总机构或规定的纳税人汇总缴纳所得税的办法”。[①] 由于汇总纳税制度允许对相关主体的收支盈亏予以汇合、加总,它在整体上会影响相关企业的税基确定,从而影响其最终的所得税税负,与通常的独立纳税原则、属地纳税原则的基本要求相去甚远,因而它是一类例外的、特殊的制度。

尽管汇总纳税制度有其特殊性,但因适用于该制度的主体(目前是几类特殊行业的大型企业集团)在国计民生方面举足轻重,其经营网络遍及全国,对现实生活影响深刻而广泛,使得该制度的实际适用范围并不狭窄,其中存在的诸多法律问题不仅涉及税法,还涉及公司法或企业法、会计法、竞争法、产业法以及宪法、行政法等诸多领域,因而确应对其从不同角度展开深入研究。目前,对于企业集团汇总纳税制度本身的特殊性或与其他相关制度的差异性,对于其制度目标及税权配置等基本问题,学界还缺少基本的研究,但这些问题非常重要,因而本文拟予以初探。此外,企业集团的汇总纳税制度与独立纳税制度的冲突、对税法基本原则要求的体现,以及与转让定价制度、亏损结转制度等相关制度的关联等问题,本文拟进一步辨析研讨,因为这有助于进一步揭示汇总纳税制度的特异性及其制度价值,促进现行制度的完善。

---

① 参见国家税务总局1995年10月25日发布的《加强汇总纳税企业所得税征收管理暂行办法》。

二、汇总纳税制度的特异性

企业集团汇总纳税制度的特异性,指的是该制度与其他纳税制度相比所体现出的特殊性和差异性。如前所述,该制度作为企业所得税领域的一项特殊制度,是通常实行的独立——属地纳税制度的例外。本来,按照独立——属地纳税原则的要求,母公司控股的子公司,完全可以依法作为独立的纳税主体直接向机构所在地的税务机关纳税,而不应与其他分支机构或子公司等一起汇总纳税。因为无论是哪个分支机构或子公司有亏损则在汇总纳税时都会在总体上降低税基,从而减少企业的总体纳税支出和国家的税收收入。

汇总纳税制度作为一类特殊的税法制度,因其在主体等方面有特殊的限定,故在适用范围上并不具有一般税法制度的普适性,这也可视为税法普适性的一个局限。① 而这种局限是同整个经济法上的"差异性原理"联系在一起的。在税法领域,由于纳税主体的地位、实力或纳税能力不同,国家在经济政策、社会政策方面会有许多特殊考虑,可能对不同主体实施税法上的差别待遇,从而形成了税法上的诸多例外性制度。汇总纳税制度强调的就是不同主体在税基确定上的差异性,或者说是某些主体在税法待遇上的特殊性。

汇总纳税制度的特异性,与该制度所适用主体的特殊性直接相关。按照现行规定,享有汇总纳税申请权的,必须是符合规定的企业集团(都属于"大企业"),这同以往税法制度中强调的对"中小企业"的税收优惠安排是不同的。目前,已经过批准实行汇总纳税制度的,主要是金融业、电信业、运输业等产业的大型企业集团,如各大银行、证券、保险公司,各大电信企业,②都是社会公众耳熟能详的,它们都直接关乎国之大计、民生根本。从自然状态上说,各大企业集团都具有地理上的跨地域性,分支机构的复杂性等特点;同时,各类主体一般在实

---

① 关于这个方面的探讨,可参见拙文"税法的普适性及其局限",载《中外法学》2001 年第 5 期。

② 参见财政部、国家税务总局《关于国有商业银行所得税计缴及有关问题的复函》(财税〔1996〕106 号);国家税务总局《关于中国联合通信有限公司及所属企业缴纳所得税问题的通知》(国税函〔1999〕648 号)、《关于中国邮电电信总局缴纳企业所得税问题的通知》(国税函〔1999〕704 号)、《关于中国移动通信集团公司缴纳企业所得税问题的通知》(国税函〔1999〕705 号)、《关于国家开发银行、中国农业发展银行缴纳企业所得税问题的通知》(国税函〔2001〕324 号)、《关于民航总局所属企业事业单位缴纳企业所得税问题的通知》(国税函〔2001〕502 号)、《关于太平洋财产保险股份有限公司等 3 家保险公司缴纳企业所得税问题的通知》(国税函〔2004〕1017 号)、《关于铁道部及所属企业 2004 年度汇总缴纳企业所得税问题的通知》(国税函〔2005〕161 号),等等。

际上都具有突出的垄断性(体现为经济垄断、行政垄断、自然垄断或其结合);有些主体(如政策性银行)在理论上还具有一定的公益性,而这些特殊性对于汇总纳税制度的形成和发展是很重要的。

地理上的跨地域性和分支机构的复杂性,是上述各类企业都具有的特点。但具有这些特点的并不只是上述企业集团所特有的,其他许多行业的企业集团也都具有这些特点。为什么同样具有上述特点,其他行业的企业集团尚未适用汇总纳税制度?为什么各类企业集团在税法上的待遇并不相同?对于这些问题的认识,同样莫衷一是,见仁见智,其中,自然也包含着对现行制度的批评和完善建言。例如,有人认为,对不同企业集团实行税收上的差别待遇是显失公平的,将汇总纳税制度适用于各类企业集团,恰恰是未来税法修改的方向,[①]这是不无道理的。从以往的制度实践和相关原理来看,某个行业或企业集团对国计民生影响的重要性,以及与之相关的垄断性、公益性,会影响制度的政策性;而制度的政策性,也就是制度的特殊性或差异性,因为"没有区别,就没有政策"。事实上,上述金融业、电信业、运输业等行业的企业集团所具有的垄断性或公益性,以及对国计民生、经济和社会稳定的重要性,是其适用汇总纳税制度的重要基础;国家基于经济、政治和社会等方面的考虑,对国有企业以及国有控股企业的特殊关照,是确立汇总纳税制度的重要动因。

三、汇总纳税的制度目标

在上述有关汇总纳税的特异性的探讨过程中,其实已经涉及其制度目标问题。为什么要在基本的独立纳税制度、属地纳税制度之外,再设立一个特殊的汇总纳税制度?其制度目标或制度价值何在?这同样是一个需要深思的问题。由于在汇总纳税的情况下,总体上的盈亏相抵会减小整个企业集团的税基,进而降低整体上的税负,因而对于企业集团整体是非常有利的。从这个意义上说,汇总纳税制度的重要制度目标,就是鼓励和促进相关行业的企业集团的发展,增强其竞争力,提高其规模效益。由于汇总纳税制度所适用的企业集团,都是国有或国有控股企业的典范,大都具有突出的垄断性,对社会公益影响巨大,关系到国家的经济命脉,因而汇总纳税制度的实施,客观上是国家试图通过税收利益的让渡来促进相关行业和企业的发展。进而言之,汇总纳税制度的重要目标,就是通过

① 刘磊:"论现代企业组织形式与所得课税",载《中国经济问题》2006年第2期。

税收制度直接影响产业政策，特别是通过影响产业组织政策和产业结构政策，进一步优化产业结构，提升企业的抗风险能力和市场竞争力，从而提高国家控制力，促进宏观经济的发展，保障国计民生，维护社会公益。而上述制度目标，其实也是税法宗旨的具体体现，或者说，其目标与税法的宗旨是一致的。

从制度目标上看，汇总纳税并不只是一个技术性的问题，还包含了诸多政策性考虑；同时，汇总纳税也并不只是税务上的一种应然处理，而是还包含了一定的税收优惠的考虑。事实上，汇总纳税制度所具有的特异性，与该制度所体现的政策性，特别是所包含的税收优惠的考虑直接相关。由此又使汇总纳税制度具有突出的经济性和规制性。① 从经济性的角度说，汇总纳税对于相关纳税主体来说，在总体上是更经济的，能够减少其税收成本或税收负担；从规制性的角度说，汇总纳税制度能够把积极的鼓励促进和消极的限制禁止相结合，体现了国家对一批重要企业集团发展的支持和促进，这对于相关领域企业竞争力的提升和国家的经济安全等，都是很重要的。

与我国的情况类似，在许多国家，企业集团汇总纳税的制度目标，都可归结为影响产业政策，优化资源配置，提高经济效率，促进经济发展，保障公共利益。从历史上看，各国企业集团的发展往往都与税法的影响直接相关，以至于有人认为"西方国家关于企业集团的法律政策，几乎总是可以最先在税法中找到踪影"。② 正由于各国都试图通过税法的调整，来促进企业集团的发展，因此，在汇总纳税方面，无论是以美国、德国为代表的汇总纳税模式，还是以澳大利亚、荷兰等为代表的汇总纳税模式等，③都有着类似的制度目标。只不过因其所有制的色彩并不突出，更强调市场主体的公平竞争，因而对于各类企业集团，一般并不做具体区分，其汇总纳税制度的核心，就是规范企业集团内部相关主体之间的"合并纳税"行为。

在此需要进一步说明的是，对于"汇总纳税"与"合并纳税"的用语，目前有的学者认为应当加以区分。④ 在我国有关汇总纳税的规范性文件中，大量使用

---

① 经济性与规制性是包括税法在内在的经济法各部门法的基本特征，其具体界定可参见张守文著：《经济法理论的重构》，人民出版社 2004 年版，第 221 ~ 226 页。

② 王长斌著：《企业集团法律比较研究》，北京大学出版社 2004 年版，第 155 页。

③ 对于各类模式的概括，并不统一。例如，有人认为美国、德国等国家普遍实行的是共同分担制度，即按照企业集团所属各实体的实际情况分别计算应税所得额，然后加总作为上级公司的应税所得额；而澳大利亚等国家的模式，则是一种完全合并制度，即以企业集团本身作为独立的纳税主体来纳税。参见夏文川："对企业所得税汇总（合并）纳税的思考"，载《税务研究》2007 年第 1 期。

④ 即总公司与分公司统一缴纳企业所得税应称为汇总纳税，母公司与子公司统一缴纳企业所得税应称为合并纳税，这是有一定道理的。

的是“汇总纳税”一词，但也有一些文件的用词是“合并纳税”，或者“汇总（合并）纳税”①、“合并（汇总）纳税”②，足见税法上的基本概念使用之混乱，以及相关规范性文件在用语使用上的不协调。从制度发展来看，一般在规定汇总纳税的问题时，都包含了合并纳税的内容，③并且，合并纳税行为已经成了汇总纳税制度着重规范的对象。因此，人们通常谈及的汇总纳税概念，在外延上已经包括了合并纳税。

此外，汇总纳税的制度目标，与该制度的依据直接相关，也应当体现在相关的立法之中。2007 年 3 月 16 日通过的《中华人民共和国企业所得税法》第 52 条规定：“除国务院另有规定外，企业之间不得合并缴纳企业所得税。”该规定既强调了独立纳税原则（即不合并纳税是原则），也为特殊的、例外的汇总纳税制度（即针对特殊主体的合并纳税制度）作出了预留。但是，相关立法并没有对汇总纳税制度的目标等内容作出具体规定。鉴于此，从制度的有效实施的角度看，应当对汇总纳税制度作出较为系统的规定，其中，也应包括对制度目标等基本的价值层面的问题作出具体规定。这样，也有助于防止相关主体滥用汇总纳税制度。

四、汇总纳税制度中的税权配置

任何税法制度都离不开税权配置问题。在企业集团汇总纳税制度方面，其税权配置同样体现为重要的“征纳二元结构”。从征税主体的角度来看，由于汇总纳税制度所针对的企业集团都是全国性的、跨地域的，因而汇总纳税制度的立法权也应保留在中央级次，即主要应由全国人大、国务院来立法；在征管权方面，由于汇总纳税制度是一类特殊的、重要的制度，政策性极强，且可能涉及国家的“税式支出”，需要慎重对待。因此，国家明定实行审批制度，即由国家税务总局享有汇总纳税的审批权，具体确定哪些行业的哪些企业集团可以适用汇总纳税

---

① 关于“汇总（合并）纳税”的称谓，可参见国家税务总局《关于汇总（合并）纳税企业所得税若干具体问题的通知》（国税发〔1998〕127 号），以及国家税务总局《关于汇总（合并）纳税企业实行统一计算、分级管理、就地预交、集中清算所得税问题的通知》（国税发〔2001〕13 号）。

② 关于“合并（汇总）纳税”的称谓，可参见国家税务总局《关于合并（汇总）纳税企业总机构有关费用税前扣除标准的通知》（国税发〔2005〕136 号）。

③ 例如，在国家税务总局《关于进一步加强汇总纳税企业所得税管理的通知》（国税发〔2000〕185 号）以及《关于规范汇总合并缴纳企业所得税范围的通知》（国税函〔2006〕48 号）中，在行文上开始将“汇总”、“合并”相并列，继而将两者统称为“汇总”。

制度。而国家税务总局的看似形式或程序上的审批权,其实对纳税主体有着非常重要的实体影响。

为了强化审批权的专属性,自2000年以来,国家税务总局曾多次下发文件,强调汇总缴纳企业所得税必须经国家税务总局审批,地方各级税务机关不得越权审批;凡越权自行审批汇总纳税或扩大汇总纳税范围的,必须予以纠正。应当说,汇总纳税的审批,同国家的税收利益,同企业集团所属企业所在地方政府的税收利益,同企业集团以及各类相关企业的税收利益等都有密切关联,确实应当总揽全局,综合考虑。从这个意义上说,强调税权的集中并无不当。但如果对汇总纳税制度所适用的企业集团不加限定,则无须强调汇总纳税审批权的高度集中和专属。

与上述征税主体的税权相对应的,是广大纳税主体的纳税义务。本来,只要企业的行为或事实符合法定的课税要素,就应当按照独立纳税原则依法纳税。但是,由于基于经济、社会、政治等诸多方面的考虑,国家为促进相关领域企业集团的发展专门设立了汇总纳税制度,使得这些企业集团能够在整体上或总体上的节税,从而使汇总纳税具有了一定的税收优惠的属性。因此,许多企业乐于申请适用汇总纳税制度,由此使相关企业集团的汇总纳税申请权成了一类重要的程序性权利。

按照现行制度安排,享有汇总纳税申请权的主体,必须是符合规定的企业集团。即汇总纳税制度中的纳税主体具有突出的企业性和集团性,它必须是企业,且必须是集团性企业,但这些只是必要条件。目前,具备汇总纳税申请权的企业集团主要包括:①国务院确定的120家大型试点企业集团;②国务院批准执行试点政策的企业集团和汇总纳税政策的企业集团;③税法规定的铁路运营、民航运输、邮政、电信企业和金融企业(含证券、保险等非银行金融机构);④文化体制改革的试点企业集团;⑤汇总纳税企业重组改制后具有集团性质的存续企业。上述各类企业集团若经批准可以实行汇总纳税,其报批范围内的各类成员企业,包括所属分支机构以及全资子公司可以按照汇总纳税办法来纳税。如果所属企业情况发生变化,需要调整成员企业范围,则还应在规定时间内提出申请,由国家税务总局批准确定。如果在企业改组、改造或资产重组过程中,某个全资控股企业因股权发生变化而变成非全资控股的企业,[①]则从股权发生变化的年度起,该企业就不得汇总纳税,而必须按照独立纳税原则和属地纳税原则,就地缴纳企

① 许多发达国家并不要求享受合并纳税待遇的企业一定是全资子公司,如美国曾规定母公司拥有子公司80%或以上的表决权股份,是适用合并纳税制度的条件之一。

业所得税,而不再享有汇总纳税权。①

可见,在纳税主体方面,哪些企业集团可以汇总纳税,在一定意义上已经可以归结为是否享有汇总纳税权的问题;同时,在企业集团内部,哪些类型的企业可以被纳入适用汇总纳税的范围,则与企业的独立性或独立的程度直接相关。这些方面在进行税权配置时均应予以关注。

以上是汇总纳税制度中有关税权配置的基本问题和特色问题。但事实上,在该制度中还涉及其他方面的税权配置问题,例如,按照规定,股权发生变化的企业,应及时将有关情况报告所在地税务机关,并办理相关税务事项。未向税务机关报告的,税务机关有权调整补税,并根据我国《税收征收管理法》的规定予以相应处罚。由于上述规定确立了税务机关的税额调整权、税务处罚权,且对相关企业的权益有重要影响,因而在研究税权配置问题时同样需要关注。

五、需要进一步研究的几个问题

以上简要探讨了汇总纳税制度的特异性、制度目标及税权配置等基本问题,其中涉及的一系列重要问题尚需进一步展开,如汇总纳税与独立纳税原则的关系应如何看待,汇总纳税是否具有税收优惠的性质,是否影响税收公平,在税权配置方面与其他相关制度有何区别,等等。为此,下面拟集中简要探讨如下几个问题:

(一)汇总纳税:独立纳税原则的例外

如前所述,汇总纳税制度只是一种具有特异性的普遍规则的例外。从纳税主体理论以及征管理论的角度说,应当以独立纳税、属地纳税为基本原则。依据独立纳税原则,只要是税法上的独立纳税主体(尽管其未必有民商法上的独立主体资格),就应当独立纳税,而不应当与其他主体合并汇总纳税,这涉及纳税义务的归属以及义务的独立承担问题。但从汇总纳税制度来看,许多母公司的子公司在税法上完全可以构成独立的纳税主体,只是因其与母公司的特殊关联关系,只是由于符合国家的相关鼓励和促进企业集团发展的相关规定,它们可以按照汇总纳税的办法纳税。但是,这种例外,也并不是对基本的独立纳税原则的完全否定。一方面,当相关主体不符合股权等方面的要求时,仍然要回归为"独

① 国家税务总局《关于规范汇总合并缴纳企业所得税范围的通知》(国税函〔2006〕48号)以及《关于汇总合并纳税企业实行统一计算、分级管理、就地预交、集中清算所得税问题的补充通知》(国税函〔2002〕226号)。

立纳税”;另一方面,即使在汇总纳税的情况下,相关的税收信息也必须报告所在地税务机关以接受监督,从而与独立纳税具有形式上的一致性。因此,汇总纳税制度与独立纳税原则的冲突是相对的,独立纳税原则及其原理仍然具有基础性的地位。

从原理上说,企业或公司的非独立性,可能带来税收缴纳上的非独立性,即在相关企业存在非独立性,且国家设有汇总纳税制度的情况下,就可能排除独立纳税原则的适用。但关键性的前提是:国家必须有专门的汇总纳税制度,否则即使存在着许多不具有独立性的情况,也难以适用汇总纳税制度。

独立纳税原则与汇总纳税制度之间的关系,还可以从企业所得税中的古典制与整体制两类模式的区别上得到一定的启发。在解决经济性重复征税的问题上,以美国为代表的古典制模式,以“法人实在说”为理论基础,强调公司与其股东都是独立的主体,应当依法分别独立承担纳税义务,这与独立纳税原则是大体对应的。而以欧盟的一些国家为代表的整体制模式,则以“法人虚拟说”为理论基础,强调公司可以与其股东视为一个整体,因而可以对公司与个人的纳税义务予以合并考虑,“一体化”解决。[①] 这种合并考虑、整体综合的思想,又与汇总纳税制度的基本精神相似。因此,如果把整体制模式的思想推而广之,考虑到公司与其股东(在此指母公司,也可进一步推广为总公司)之间的内在关联,可以把它们之间的纳税问题也予以合并考虑,这也是一种整体化的汇总纳税的思路。

相对来说,虽然汇总纳税制度不能与上述两种模式简单等同(它有时甚至类似于二者的折中),但从总体上说,汇总纳税制度强调的是整体利益的最大化,因而更偏向于整体制模式,体现的是一种整体主义思维。这与企业集团的整体战略,与国家的整体考虑,与税法调整追求的整体效果,都有内在的关联。

此外,从与独立纳税原则直接相关的属地纳税原则来看,纳税主体在哪里纳税直接关系到税收管辖权与税收收益权的问题。而汇总纳税则改变了一般的属地管辖,改变了税源地政府的税收收益状况,因而会影响中央和地方的税收分配关系,并会在更大范围内影响中央与地方的关系。这是与经济和政治都密切相关的重要问题,必须予以重视。

(二)从税法基本原则的要求看汇总纳税

如上所述,汇总纳税是独立纳税原则的例外,而例外是否就是一种优惠?毕竟,国家征税的原初动因,是获取近期的和长远的税收利益,但在汇总纳税的情

---

① 也有学者将这两种模式分别称为美国式的独立税制和欧洲式的统合税制。参见[日]金子宏著:《日本税法》,战宪斌等译,法律出版社2004年版,第198页。

况下,却往往要以国家税收收益的让渡为前提。从国家"让利"、企业减负的角度说,汇总纳税是符合税收优惠的一般含义的,一些经济学者也由此将其视为一种税收优惠。当然,这种优惠是税基上的,而不是税率上的,其效应有些类似于亏损结转。

如果把汇总纳税看做税收优惠,就会涉及税收公平等问题,从而涉及汇总纳税是否符合税法基本原则及其制度目标的合法性等问题。因为依据税法原理,税收优惠就是作为一般课税要素的例外而存在的,属于税收特别措施,它同样要符合和体现税法的3大基本原则,即税收法定原则、税收公平原则和税收效率原则。据此,可以从税法基本原则的要求的角度来研究汇总纳税的相关问题。

依据税收法定原则,汇总纳税制度也必须法定,包括制度的适用主体、适用领域、汇总条件和方式等,都必须有明确的法律规定。从我国目前的相关规定来看,汇总纳税制度虽然在国家立法中有其依据和体现,但其核心内容是通过征税机关发布的一系列规范性文件来确立和体现的,立法层次太低,适用条件也并不明确,导致行政裁量权过大,因而与税收法定原则的要求还相去甚远。

正由于没能很好地体现税收法定原则的要求,在贯彻税收公平原则方面,现行的汇总纳税制度也有许多问题。例如,从横向公平的角度看,为什么同样是企业集团,却只有某些企业集团才能适用汇总纳税?为什么同样是在规定范围内的企业集团,却只有少数的几类才能获批适用汇总纳税?诸如此类的问题必然会引起人们的关注。尽管对此可以从政策因素等角度作出解释,但有时政策本身的合理性也会受到质疑,因此,还需要从形式公平与实质公平等方面作出令人满意的回答。此外,从纵向公平的角度看,相对于弱势的中小企业来说,企业集团本来经济实力就强,享受的公共物品也更多,应该在税收上为国家作出更大的贡献,给予其实质上的税收优惠是否合适?特别是给那些具有明显垄断地位的企业集团以税收优惠,是否会进一步加剧垄断,是否会更加影响经济效率和消费者利益?这些问题都还需要做进一步的研究。

同样,与上述两大原则密切相关,从税收效率原则的角度看,汇总纳税是否会扭曲市场的资源配置并进一步在总体上降低经济效率?是否真正降低了征税机关的征收成本和相关企业的纳税成本?这些还都还需要仔细测算,不能仅从制度规定上作出简单的推断。

上述与税法基本原则相关的各类问题都可能会有人提出,与之相关的还有一些深层次的问题,需要从理论上作出解释和回答。例如,企业集团自身的发展,或者国家对企业集团发展的促进,是否就代表了公共利益?对公共利益应当如何界定,如何看待?其中所涉及的公平与效率应如何界定,两者关系应如何摆正？这些问题对于回答汇总纳税与税法基本原则关系问题是很重要的。此外，如何提高集团化的规模效益，如何提升企业集团的竞争力？企业集团的成本应当由谁来承担？汇总纳税的结果是否构成纳税人集体埋单？这些都需要进一步深思。随着企业的日益独立及市场竞争的日益加剧，随着对公共利益理解的进一步深入，人们对上述问题的认识也会有越来越多的共识。

（三）汇总纳税与转移定价、亏损结转制度的关联

与企业集团密切相关的税法制度，不仅有汇总纳税制度，还有转移定价制度和亏损结转制度等。这些制度既有其共通性，又有其差异性，需要进一步辨析研讨，以增进对税权配置和利益保护等问题的认识。

众所周知，在企业所得税领域，有一类专门的转移定价制度，尤其适用于企业集团内部的各类关联企业，其核心是解决关联企业的转移定价问题。事实上，各类企业集团所涉及的分支机构及子公司，都是典型的关联企业，按照税法的规定，它们在从事交易活动时，必须按照独立交易原则，来收取或支付价款、费用；否则，如果通过关联企业之间的内部交易来转移定价（从而转移利润）的话，则其交易结果在税法上不予承认，税务机关由此享有对其应纳税额的调整权。① 可见，转移定价制度强调关联企业之间的交易必须公平，要像不存在关联关系的市场主体那样从事交易，即更强调各个关联企业的独立性。

而汇总纳税制度则与之不同，它所关注的不是企业集团内部的各个关联企业之间的关联交易，而是在关联企业的经营成果实现以后，其收益或亏损的汇总纳税问题，在这个阶段，它不强调各个关联企业的独立，而恰恰强调它们之间的关联，强调它们的盈亏的整合。

可见，两类制度分别适用于前后相继的两个阶段。转移定价制度是在税前的盈亏形成阶段，强调独立交易原则（或称独立竞争原则、公平交易原则），它直接影响个体税基的形成；而汇总纳税制度则强调的是在企业个体的经营效果已发生，收益或亏损客观实现以后，通过汇总来使总体税基发生变更。两者的制度目标、所适用阶段等都是不同的。此外，从经济学的意义上说，转移定价有其合理性，它有助于企业降低交易成本，实现多方目标。但从法律的意义上说，则可能造成很多负面影响，因而在税法上要通过转移定价制度来予以规制，体现的是外部市场上主体独立竞争的要求，强调的是个体本位。而汇总纳税制度则强调整体本位，强调的是企业的非独立竞争性，体现的是内部市场通过整合盈亏来降

---

① 我国《企业所得税法》第41条规定："企业与其关联方之间的业务往来，不符合独立交易原则而减少企业或者其关联方应纳税收入或者所得额的，税务机关有权按照合理方法调整。"

低税收成本的要求。

此外，汇总纳税与亏损结转制度的关联也值得研究。从制度设计上看，亏损结转主要从时间维度，通过对企业不同年度的盈亏纵向相抵，来实现税基的跨年度调整，从而在更长的时间范围内确定企业的应税所得额，使企业得到递延纳税和降低税负的优惠；①而汇总纳税则主要从主体和空间的维度，来实现多个关联企业的盈亏相抵，以通过盈亏整合实现税基调整，从而在总体上降低相关主体的税负。此外，亏损结转同样强调个体的意义，即作为独立个体的企业，可以进行亏损结转；而汇总纳税则强调整体的意义，它使整体福利最大化。两者在这方面的区别，类似于汇总纳税制度与转移定价制度的区别。

六、结　　论

企业集团汇总纳税问题是需要学界深入研究的复杂问题，对于汇总纳税的用语、适用范围以及与相关制度的关联等问题，都需要作出梳理，才能进一步研究其中的相关法律问题。本文在对汇总纳税问题作出基本界定的基础上，着重探讨了汇总纳税制度的特异性及其制度目标，以及该制度中的税权配置等问题，强调汇总纳税制度的特异性，在于它是通常的独立纳税制度、属地纳税制度的例外；而它之所以会有特异性，同其制度目标直接相关。事实上，如果不是为了实现特定的制度目标，也就不需要可能受到质疑的汇总纳税制度。而正是为了实现特殊的制度目标，才需要在该制度中作出特殊的税权配置，才需要强调国家税务总局在汇总纳税方面的专属的审批权，才会在汇总纳税方面体现出突出的政策性或差异性。

作为上述问题探讨的进一步延伸，本文还关注了汇总纳税制度与相关制度或法律原则的关联，透过这些制度或原则之间的关联甚至冲突，可以更进一步地解析汇总纳税制度的特异性，可以更进一步地理解该制度的目标。事实上，本文有关汇总纳税制度与独立纳税制度、属地纳税制度的相对冲突的分析，意在进一步说明汇总纳税制度的特异性，强调它只是一种附条件的例外；本文有关汇总纳税与税法基本原则关系的分析，试图说明的是汇总纳税制度目标的实现可能与税法基本原则存在的冲突，以及实践中可能产生的诸多质疑或诸多问题，这就要求在制度的确立和完善方面要更加慎重地考虑到该制度存在的不足；而本文有

① 例如，我国《企业所得税法》第 18 条规定："企业纳税年度发生的亏损，准予向以后年度结转，用以后年度的所得弥补，但结转年限最长不得超过五年。"

关汇总纳税制度与转移定价、亏损结转制度的关联的探讨,则隐含着对税权配置或税收利益从个体本位到整体本位的关注,隐含着传统制度中所强调的个体主义思想到现代制度中所强调的整体主义思想的关注。而这些方面,对于深化对汇总纳税制度的认识,对于该制度的完善和发展,都是很重要的。

如前所述,对于企业集团汇总纳税制度,完全可以从多个部门法的角度展开研究。本文主要侧重于税法的视角,对汇总纳税制度进行了一个很初步的探讨,还有很多重要问题并未触及或者并未展开。随着未来制度实践的发展和理论认识的提高,相信学界会有更多深入的研究成果面世。事实上,随着税法学乃至整个经济法学的发展,具体制度的研究将越来越重要,因为这不仅有助于完善现行制度,而且还有助于从制度实践中汲取丰富的营养,真正提高相关学科的理论水平。

(2007 年第 5 期)

调制受体法律责任体系的重构

李志刚*

一、引　　言

国内外频繁曝光的会计丑闻、证券弊案，暴露了针对市场专业人士的法律责任规定的虚弱和漏洞，并引发了一波修法热潮。在政府规范"草根金融"和查处民营企业违法活动的过程中，针对有关法律责任追究的正当性特别是刑事责任的必要性和强度，学界和媒体持续地提出质疑，并一度上升到宪政和民生的高度；而更为晚近的反垄断法立法进程中，就各类主体（包括市场经营者及其联盟、各级政府和公共组织等）的法律责任规定特别是应否引入刑事责任的问题，学者们也展开了激烈的争论。① 经济法的责任理论在独立性论证获得共识之后，面临着体系构建和增强解释力的新任务。上述制度实践，无疑为责任理论的拓展提供了鲜活和有价值的素材。当然，实证地看，调制受体法律责任相对于调制主体的责任而言，实践基础更为丰富，理论解说的现实意义也更为迫切。

调制受体法律责任的实体规定，往往集中在形式意义的经济法律法规（如反不正当竞争法、消费者权益保护法、财税法、金融法）中。但是这些文本规定，往往是"本法责任和他法责任"的混存，呈现出"双重性和非单一性"的特色。这是因为，调制受体的对策行为往往处在复杂交错的利益格局中，通常具有强烈的外部性和"多元违法性"，除了要承担违法对策/博弈的经济法责任外，也难免侵犯特定交易方的利益而承担相应的民事责任，甚至会危害社会整体利益和公共秩序，从而要承担相应的行政甚至刑事责任。本文对调制受体法律责任体系的研究，重点关注经济法本法责任的功能定位和合理设计，也关注整个责任体系的有效整合和均衡配置。

---

* 作者单位：北京大学法学院。

① 邵建东："我国反垄断法应当设置刑事制裁制度"，载《南京大学学报》（哲学社会科学版）2004年第4期；李国海："论反垄断法中的慎刑原则——兼论我国反垄断立法的非刑事化"，载《法商研究》2006年第1期；王健："威慑理念下的反垄断法刑事制裁制度"，载《法商研究》2006年第1期。

二、重构调制受体之法律责任体系的依据

依照传统的“部门法”责任类型划分方法，调制受体的法律责任体系，包括了经济法的本法责任和行政、民事、刑事责任等他法责任。其中本法责任应该是第一位的，他法责任是第二位的，①起补强和辅助作用。本法责任处于第一层级，意味着在本法责任与他法责任竞合时，经济法上的责任规定优先适用；他法责任如果在功能和效果上与本法责任重合，须让位于更专业化的经济法责任。如果要进一步分析体系内部的要素排列和组成结构，尤其是各种责任形态（形式）的相互关联以及功能组合时，传统的分类方法在理论解释上就捉襟见肘、难以自圆其说——它们是以何种标准进行划分的，内部是否能够进行沟通和连接，又如何在现代性的经济法责任体系上进行整合？

（一）“重新洗牌”的必要性

传统上，“三大责任”或者“四大责任”的划分标准并不周延。民事责任、行政责任和刑事责任（以及违宪责任）的分类，是以不同部门法的实践沉淀或者制度借鉴所形成的制裁形式为分类依据，对各种责任形态所贴的部门法标签，本身并没有统一科学的分类标准和严密的逻辑体系，是制度实践和表述习惯的“路径依赖”；而且以“三大/四大”部门法的名义来覆盖所有部门法的责任规定，名实难副，不能适应实践的需要。同时，这种将宪政责任和民事、行政、刑事责任并列，公、私法混杂，现代法和传统法并论的“异面划分”，不仅存在疏漏，也存在交叉和错位。② 在分析调制受体责任体系等复杂性和现代性问题时，应该予以超越，需要变换思路、“重新洗牌”。当然，传统的划分方法，对于立法、执法和司法的实践操作和学界的交流，仍有承继性的平台意义。

（二）发现划分法律责任形态的内在逻辑

法律制度在其蜿蜒发展的历史进程中，逐渐沉淀下丰富和复杂的责任形态。从共时性和“地方性”的角度看，其中应包括：“民事责任”上的停止侵害、排除妨碍、消除危险、返还财产、恢复原状、修理更换重做、赔偿损失、支付违约金、消除影响、恢复名誉以及赔礼道歉；“行政责任”中的警告、罚款、没收非法所得、责令停产停业和吊销营业执照、行政拘留（此外还有劳动教养、行政处分等）；“刑事责任”中的管制、拘役、有期徒刑、无期徒刑、死刑以及罚金、剥

① 张守文主编：《经济法概论》，北京大学出版社 2005 年版，第 113 页。

② 张守文著：《经济法理论的重构》，人民出版社 2004 年版，第 443 页。

夺政治权利、没收财产、驱逐出境等。回溯历史，还有肉刑、族群连带等野蛮残酷的刑罚。宪法责任则有撤销或改变文件和行为、罢免等形式（参见表1）。而晚近经济法上的独特责任形态则包括：政府决策失误赔偿、惩罚性赔偿、实际履行、信用减等、资格减免、颁发禁止令、引咎辞职、改变或者撤销政府违法决定等；当然，罚款、证照的吊销等可被“现代性”的经济法吸收为自身的责任形态（参见表2）。

表1　传统责任分类方法（以法律部门为标准）

<table>
<tr><th>传统分类标准</th><th colspan="2">具体责任形态</th><th>说明</th></tr>
<tr><td rowspan="2">民事责任</td><td>自然人</td><td rowspan="2">停止侵害、排除妨碍、消除危险、返还财产、恢复原状、修理更换重做、赔偿损失、支付违约金、消除影响、恢复名誉、赔礼道歉</td><td rowspan="2">民法基于“匀质性”假设，法人和自然人的责任承担无差别</td></tr>
<tr><td>法人</td></tr>
<tr><td rowspan="2">刑事责任</td><td>个人</td><td>管制、无期徒刑、拘役、有期徒刑、死刑、罚金、没收财产、剥夺政治权利、驱逐出境</td><td rowspan="2">将单位列为犯罪主体，意在通过“双罚制”来强化威慑；传统自由/生命刑仍由个人承担</td></tr>
<tr><td>单位</td><td>罚金（同时“除另有规定外，对其直接责任的主管人员和其他直接责任人员判处刑罚”）</td></tr>
<tr><td rowspan="2">行政责任</td><td>行政相对人</td><td>警告；罚款、没收非法所得和非法财物；责令停产停业；暂扣或者吊销许可证、营业执照；行政拘留（此外还有劳动教养）</td><td rowspan="2">行政相对人与行政主体由于角色和功能的分殊，责任形式差别较大。行政主体与其工作人员的责任相分离</td></tr>
<tr><td>行政主体（及其工作人员）</td><td>行政处分（警告、记过、记大过、降级、撤职、留用察看、开除公职等）；国家赔偿；行为被全部或者部分撤销、宣告无效、变更；责令限期重新履行法定职责等</td></tr>
<tr><td>宪法责任</td><td>政府与代议机关</td><td>罢免国家领导人员或者人大代表
撤销或改变同宪法相抵触的法律、行政法规、地方性法规等法律文件
撤销或者改变违宪的决定、命令或其他规范性文件</td><td>国外还有解散内阁、引咎辞职、政治谴责等形式</td></tr>
</table>

表 2　现代经济法的责任形态

<table>
<tr><td>调制主体</td><td>政府决策失策赔偿
引咎辞职
改变或者撤销政府违法决定
实际履行(合法有效调剂)</td><td rowspan="2">此外,经济法对某些传统责任形式可以直接吸收为本法责任:如罚款、吊销和暂扣证照等</td></tr>
<tr><td>调制受体</td><td>惩罚性赔偿
信用减等(黑名单、警告等)
资格减免(撤销证照、颁发禁止令、停摘牌等)
行为强制(限期改正、强制召回等)
创新和替代责任形式(劝诫、和解、结构性拆分、二次广告等)</td></tr>
</table>

历史偶然中蕴涵着逻辑必然。人类赖以生存和发展的基本手段和资源,除了自身的脑力体力(肉体、自由乃至生命)外,还有可支配的工具、财物、社会地位、官爵以及亲缘和社会关系,到了近代则有可以调动其他资源和兑换其他利益的专业证照、任职资格以及更加无形化和网络化的商誉、信用等新型“资源”。对这些资源的剥夺、限制或者否定,也就意味着对个人和团体之生存和发展的限制,从而能达到法律上的惩罚和预防目的。由此,主体所拥有和控制的资源的类型,决定了可剥夺和限制的范围包括人身、资产以及能力甚至社会关系共同体和血缘族群。由此,财产性责任、人身/自由性责任、资格性责任、声誉性责任这种分类视角,发现了责任类型划分的内在逻辑,不仅有利于打通传统民事、行政、刑事甚至宪政责任,而且对新型经济法责任和其他部门法责任(如环境法、社会法)的定位和认识,也有重要价值。下文将根据这种分类方法,对调制受体法律责任体系的内在结构和外在功能,进行重构后的分析。

三、调制受体责任体系重构后的结构功能分析

重构后的调制受体之法律责任体系,由财产性责任、人身/自由责任、资格性责任、声誉性责任等构成(参见表 3)。需要说明的是,对于调制受体所承担的经济法责任以及或然性并存的他法责任,主要是一种惩罚性(覆盖了必要的补偿)的责任,以用于弥补因违法行为外部性的溢出所引发的社会成本,因此本文用“罚”来作为各种责任形式的中心词①;另外,由于各种行为强制或曰强制措施(如限期改

① 当然,经济法责任具有“奖”和“惩”的双重规制性:对违法人的超额赔偿,意味着对权利主张人和受害人的某种奖励,但是本质上行为人的“二次义务”是超越了成本补偿的惩罚性责任。

正、和解中的自我纠正、强制召回),主要目的是责令违法行为人主动恢复原状、消除行为外部性,以避免后续的加重处罚或者实质性责任的承担,也就是实体责任的前置程序或者消解方式,因此本文不将"行为罚"单列为调制受体的责任类型。当然,这种行为强制,在经济法上具有独特的经济效率性,可能产生良好的博弈效果,获得调制受体的自觉配合和主动服从,因此具有重要的制度价值。

表3 调制受体法律责任体系的新分类示意表

新分类标准	各类别中具体责任形态	内部沟通性的原理
财产罚	惩罚性赔偿、罚款、罚金 没收(非法)财产或所得	欲补偿的"成本"大小决定财产补偿或剥夺的形式和幅度
人身/自由罚	刑罚之自由和生命刑(管制、拘役、有期徒刑、无期徒刑、死刑) 行政拘留	潜在社会风险大小和改造难度决定责任强度
资格罚	暂扣或者吊销证照 资格减免(市场禁入或行为限制) 颁发禁止令	报废或停用"专用性资产"和对专业性风险的"隔离"
声誉罚	信用减等 申诫、公开谴责	瘫痪经营能力和隔离交易/执业风险
创新/边缘性责任形式	劝诫、强制召回、二次广告、和解中自我纠正、结构性拆分(另一种"资格丧失")	突出规制性、经济性优势;某些"行为强制",可视为资格罚或者财产罚的转化或者结合

(一)责任体系内在沟通和可替代的法理依据

违法主体为什么要因其违法行为承担法律责任?归责的原因及其正当性和合理性是什么?学界存在"道义责任论"、"社会责任论"、"规范责任论"①、"自由理性论"②等多种理论解说,提供了法律责任的形而上思考。同时,法律责任设置的动机无疑是维护法律权威和规则秩序,其意旨就在于实现一定的价值目标,于是法律责任最终要回归到保障法的基本价值——公平、正义、秩序、安全、效益、自由等价值元素上来;这种集主观评价尺度和客观功用尺度为一体的价值素材,自然也回应了惩罚(对应公平、正义等价值)、救济/补偿(对应公平、正义等价值)、预防(对应秩序、安全、效益等价值)等法律的基本功能。

---

① 张文显著:《法哲学范畴研究》,中国政法大学出版社2001年版,第124~126页。

② 叶传星:"法律责任的哲学根据",载《法制与社会发展》1998年第6期。

在实现法律基本价值和回应法律基本功能的层面上，各种类型的法律责任及其具体形态存在内在一致性和共同平台。就剥夺和限制而言，包含对人身和自由的剥夺，对自有财产、从业资格和盈利机会的剥夺，甚至对信誉资产和无形积累的剥夺；就救济和补偿而言，包含对直接相对人的补偿，也包含对不特定的受影响人和社会公益的补偿；就预防和隔离而言，包括将人身与社会的完全隔离、与特定行业和市场接触的隔离、与某种社会交易和信用网络的隔离，等等。

(二)各责任类型的内部沟通性——经济学与社会学的分析视角

其一，财产罚——需补偿的"成本"大小决定责任强度和补偿范围。财产罚就是对违法者的金钱或者财物的直接剥夺或者收回，如损害赔偿、罚款、罚金、没收非法所得或财物。从根本上看，对财产的剥夺和收回的数量和程度，取决于不同法律责任所要维护的利益和所处的立场：是要补偿特定的损失、回复到违法前状态，还是对违法者予以惩罚以弥补其所造成的更大范围和不特定的损失。用经济学的成本——收益分析方法来分析，违法行为所造成的"成本"(损失)的大小和范围(是私人成本还是社会/公共/秩序成本)就决定了财产性法律责任的具体形式和幅度。这种定量分析的视角，可以解释从民法上的等额损害赔偿到行政法上的罚款和没收非法所得再到经济法上的多倍赔偿和罚款、没收非法所得以至刑罚上的罚金和没收财产等其中的内在发展逻辑。随着经济法上违法对策行为负外部性的逐渐突出，需要弥补的"社会成本"的逐渐扩大，赔偿的额度也需要增加，于是引入多倍赔偿和罚款的责任，这种责任不仅具有经济性，而且具有社会性；不仅具有补偿性，而且具有惩罚性。①

财产罚内部的各种具体形态，由于"补偿成本"上的一致性，也就存在实质上的不易区分性和一定的可替代性。当经济法的多倍赔偿责任和民事损害补偿责任相竞合时，要优先适用经济法责任；对罚款和刑事罚金，应"一事不再罚"，前可抵后。对损失和耗散成本的补偿，可能是直接交付受害人，也可能通过国库的集约和中转而间接补偿受害人，尽管直接效果上有差异，但本质上都是弥补私人或者社会"成本"。

其二，自由/人身罚——隔离潜在的社会危险。调制受体的违法对策行为，也可能违反特定的社会治安管理规定(如生产假冒伪劣商品、虚假标示制造混乱)，甚至严重危害经济秩序，构成犯罪(如走私、非法成立金融机构)，从而承担人身自由被剥夺和限制的法律责任，其中包括了从行政责任上的拘留到刑罚上的管制、拘役、徒刑乃至死刑。这些责任形态在幅度和程序上紧密衔接、甚至严

---

① 张守文主编：《经济法概要》，北京大学出版社2005年版，第114页。

丝合缝,在内在功能上也是一致的。刑事人身罚和行政拘留的功能,集中体现在“隔离功能”上:当社会危害性达到相当大的潜在可能时,就将违法者与正常的社会轨道相隔离,使之“到另一个地方去”,脱离一般性的社会关系。服刑人虽可能仍与亲属、利害关系人及狱政人员发生关系,但是不再是正常的社会关系和正常的社会活动;同时派生出的各种缓刑、假释和监外执行,也不是原来意义上的正常社会关系和社会活动。①

隔离功能,相对于教育、制裁等功能而言,是目前刑法学界所认同的、刑罚所能实现的最基本和最有效的功能形式。当代美国学者指出,美国刑法已经不再把克制未来犯罪作为刑罚目的。刑罚的目的是将犯罪人与社会隔离,让其在隔离状态下不再犯罪。刑罚的目的是对每一个犯罪人给予公正地惩罚,同时,也能达到一定程度的克制效果和隔绝效果;从而,刑罚达到了公平,具有了伦理上和法律上的正当性。② 将危害性的风险与社会隔离,是人身/自由罚的最现实功能。至于具体采取何种强度的隔离手段,则由潜在的社会危害性及改造的难易程度等决定。

其三,资格罚——报废“专用性资产”和“另一种隔离”。现代社会的资格罚主要体现在经济法以及行政法上的吊销或暂停证照、摘牌或停牌、任职资格限制或剥夺等形式。随着社会分工的日益细密化,越来越多的中介机构、社会团体及其成员利用自身专业化的资质和禀赋为社会经济提供咨询、鉴定、代理等专门服务;这些专门技能和专业资格的取得,在一定程度上成为专业人士及其组织的“专用资产”。资产专用性③的理论可以用来解释资格罚的巨大威力。执业人员或者组织如果要取得来自政府合法的证照,以取得进入某个行业或者事项的“垄断”授权,必须付出艰辛的努力(长期的职业学习和技能训练)和大量的投入(资产购置、人员配备或者资格考试、培训、学习等费用)。为了保持资产的价值(大量的沉淀成本和潜在可实现的垄断租金),业者往往对政府规制有服从的动力,而且专用性资产的投入成本与可预期收益往往与守法的自觉性成正比。④而一旦剥夺或者冻结相关资质,则意味着前期巨额成本的完全或者部分沉淀。

---

① 刘瑞复:“关于法学理论的理论问题”,载《江流有声——北京大学法学院百年院庆文存之理论法学、国际法学卷》,北京大学出版社 2004 年版,第 64 页。

② 肖静辉:“犯罪理论体系国际研讨会综述”,载 http://www.law.sdu.edu.cn/xxzy/fxzz/2003 –2/20.htm。

③ “专用性”,特指专门为支持某一特定的团队生产而进行的持久性投资,并且一旦形成,再改作他用,其价值将大跌;或者说,专用性资产的价值在事后严重依赖于团队的存在和其他团队成员的行为。参见杨瑞龙、杨其静:“专用性、专有性与企业制度”,载《经济研究》2001 年第 3 期。

④ 陈珉著:《会计法律规范的经济分析》,上海财经大学出版社 2004 年版,第 76 ~ 77 页。

由此，证照等资质的剥夺，往往比罚款更为严厉。因为，违法人对罚款的敏感度因财富不同而有差异；而市场禁入等资格罚往往意味着巨额专用资产成本的耗散和执业机会的永久丧失。

资格是减还是免，证照是吊销还是暂扣，交易席位是摘还是停，意味着对已付成本不同的沉淀效果，资格罚内部的各种形态在这一层面上有了量的递进关系。

资格罚，除了宣布专用资产的报废或者停用、对资产投入者意味着巨额损失外，同样也是一种财产惩罚和风险隔离。一方面，永久或者暂时剥夺了违法者未来的盈利机会，预期财产收益被剥夺；另一方面，隔离可能的专业风险，使那些悖德违法、缺乏诚信勤勉品格和专业素质存在缺陷的人士，退出或者暂时远离特定的道德高风险领域和技术难度领域，进而保障相应的交易安全和社会经济安全。因此，资格罚与人身罚具有某种可替代性，和财产罚存在一定的衔接配合。

其四，声誉罚——信用社会和网络经济的封喉利剑。行政处罚上的警告、民事上的赔礼道歉、刑事追究中的有罪宣判，本质上都可以视为声誉罚。在现代经济法上，逐渐衍生出一种"专业不名誉"的责任形式，[①]如借贷信用黑名单、信誉评估降级、不纳税信息公告以及责令公开解释或道歉、发出劝告令、申诫令等，都是这种"信用减等"的表现形式。现代社会，信息成为最主要的竞争手段、经营工具、交易判断依据甚至财产载体；而信誉更是交易者的通行证。因此，信誉减等，无疑是市场经济条件下极具杀伤力的处罚形式。

（三）各责任类别的外部可替代性——功能性视角

调制受体各类责任类型，既有内在的沟通承继性，又有外部的可替代性。前已论及，资格罚一方面和自由/人身罚之间存在一定的可替代性，同时也与财产罚存在一定的衔接配合。声誉罚，也有一定的剥夺和风险隔离功能，因此与自由罚和财产罚的效果也有某些重叠。因此，在对调制受体责任的制度设计时，应该关注这种可替代性，在尊重经济法本法责任优先的基础上，尽量避免功能接近或雷同的责任形式的重复采用，同时注意发挥最佳的组合效果。

对调制受体的责任规定，要充分发挥本法责任的专业性优势，优先利用或改造具有经济性和规制性的本法责任。同时，也要尊重和呼应他法的规定，注意责任的到位和衔接，但是要力戒"泛刑罚主义"和"泛行政管制"的局限。前者受打击犯罪、强化专政的"严打"思维和传统重刑理念的影响，过于依赖刑罚的威慑和制裁功能。但是对于属于"人定犯"（而非"自然犯"）的经济犯罪而言，一方面往往不容

① 史际春、邓峰著：《经济法总论》，法律出版社1998年版，第65页。

易掌握量刑尺度而造成法度不一和因势而变,另一方面对于制止经济犯罪、维护经济秩序往往并不具有最佳的效果;而后者在单一的行政管制思路下,往往只强调单向的压制和管理,而弱化经济法上鼓励和禁止、促进和抑制并进的规制功能,以及市场主体之间的博弈互动和相互制约。对专业人士(如注册会计师、税务师、资产评估师、证券从业人员)的法律责任设计,除了要充分满足民事赔偿的诉求外,还应该多采用资格罚、声誉罚等新型有效的责任方式,不宜过多滥用刑罚等自由罚。因为后者的风险隔离机能,完全可以通过对特定行业或者经营事务的行为能力的隔离层来实现,不一定将肉体与"正常的社会关系"隔绝。

四、科学构造调制受体法律责任体系的标准

调制受体法律责任的系统化分析,揭示了责任体系的整体状态和内在结构。要使这个系统做到功能优化和现实有效,必须坚持一定的排列组合原则,并符合一定的运行机理。首先,就结构层次而言,应该主次有序、结构严谨、协调统一。本法责任优先,发挥其经济性和规制性的独特功能;同时,传统的赔偿、罚款和刑事责任,也要适当搭配,以均衡各方利益,达到疏密有度、完备有序的组合状态。其次,在功能组合上,应该力免内部各责任要素的功能冲突、抵消和重叠,整体的惩罚强度应与违法行为的危害性和矫正难度成比例。最后,应该注重责任的可实现性和运行效果,设置灵活的信息沟通反馈渠道和适度的自我调试机制。

法律责任的设计不能脱离制度的话语系统,因此法定原则始终都是圭臬,同时上述"系统——结构——功能"的分析范式和调制受体责任所依赖的经济法理念和制度基础,也凸显了"适度"和"有效"的要求。由此,调制受体责任体系的科学构建应该坚持法定、适度和绩效3原则。

(一)强调责任法定

责任法定是法治的应有之义。责任是对主体自由的否定和限制,是某种不利的负担或者剥夺,对当事人的行为预期会产生导向和预警作用。近代以来的法治理念,源于自由天赋、理性至上的信仰,逐渐衍生出"法律保留"、"规定明确"和"内容确定"的法定原则三要素。经济法上调制受体要承担的责任,同样也是对人身、财产和机会的限制和侵夺,因此相关规定必须坚持法定原则,既要明确、克制(大量的调制本身已经是对调制受体自由和利益的"合法褫夺"了),也要合乎理性、正义的观念,减少政策和形势对责任科处的随意干扰。

对民间融资的整顿、对民营经济"原罪"的追究,应师出有名,清晰确定。尤其是刑事责任的追究,须罪刑法定、遵循法定程序,不能因为政策的影响而法外

用刑或刑不可测。

(二)追求责任适度

责任适度,是责任体系成为一个有机整体,并能输出有效功能的前提条件。它要求责任体系应该结构合理、责罚相当,总体与局部之间、局部组分之间保持恰当比例、内在协调。

其一,行为的社会危害性应与责任类型和强度相适应,法律责任的附带性侵害力争最小。责罚相当,是法律公平正义的价值体现;而尽可能减少对责任主体的负溢出效应,也是责任适度的内涵要求。

确定罚款和没收财产的数额、赔偿的幅度,资格应该吊销还是暂停,是否应该处以剥夺和限制人身自由的处罚,都需要与违法行为的恶性和效果相对应。相对于资格罚的隔离功能,刑事责任的隔离功能,对违法主体的剥夺和侵害更为广泛深刻,不仅与特定的职业和领域隔离,还与一般的社会生活常态隔离,甚至与现实世界隔离,而且隔离的后果往往不可回复。因此,当某类违规行为的社会危害性尚未达到极其严重的程度时,不宜滥用刑罚;而且在强度上,应该坚持科学的标准。经济犯罪,不同于强奸、杀人、抢劫等"自然犯",是具有较强主观意志性和受制于现实经济与刑事政策的"法定犯",对其"社会危害性"的判断,应力免泛化的犯罪认定倾向,参照社会大众的一般观念和判断而非局限于精英意识,对于利益的获取达到何种程度而无法被社会一般道德观念和经济发展水平所承受,采取什么手段足以危害到社会秩序,应有一个相对清晰的尺度。反垄断法具有自身的特性,一方面垄断的判断标准具有很大的不确定性,从而归责的实体要件有很多的技术变数;另一方面法律运行中存在诸多和解和谈判程序,可以消解法律责任的实现。因此其刑事责任规定,更像"停泊在港口、伺机而动的军舰",而非时时挥动的大棒,且往往更具有威慑意义。从体系的适度性考虑,反垄断法应减少剥夺人身自由的责任类型和强度,尽可能以更有效的替代方式控制违法行为、实现秩序目标。

其二,针对不同违法行为的责任之间应合乎比例、质量均衡、有序匹配,不能畸轻畸重。刑法上要求定罪量刑的准确性,而且要求犯罪与刑罚在量上具有对等性。亚里士多德认为,对谋杀者的惩罚应该与对偷窃者的惩罚之间必须存在一定的适当比例。经济法责任和调制受体的责任体系同样如此。

滥用优势地位制定垄断高价与一般性的价格欺诈,价格卡特尔协议和非共谋的同步价格行为,金融交易中的披露虚假信息和未及时披露信息等,在责任设定上就应有轻重之别、保持一定的比例。当然,这种比例适度,可以直接体现在责任的类型、幅度和种类上,也可以体现在责任追究和举证责任的不同要求上

（如“自身违法”原则与违法推定或举证责任倒置等不同的追究方式和程序规则，可能导致责任的可实现性和强度出现差异）。

其三，责任适度，还要求责任设定要综合平衡，在体系各组分之间尽可能减少功能的重叠或抵消，并寻找有效替代。

（三）突出责任绩效

调制受体的责任体系，终极目的在于保障经济法的宗旨实现和良性运行。因此，也必须重视责任体系的客观效果和整体效能。责任绩效标准，要求责任设计应该符合惩罚和救济的基本原理，力争最大化的行为控制效果和经济效益。由此，经济法独特的责任形态，尤其是在高度分工和注重网络信用的现代社会条件下，效果和威慑性突出的资格罚和声誉罚，应该优先适用。对于会计师、税务师、审计师、咨询师等专业人员的违法处理，应该坚持用资格罚等沉淀其成本，隔离其职业危险同时辅助于追究其损耗的社会成本的财产罚。对于从事不正当竞争等行为主体，尤其是虚假宣传、诋毁他人的行为，则可以通过矫正广告、行业谴责等形式的声誉罚，发挥降低其交易能力和信誉度的功能。反垄断法上的禁止令、多倍赔偿、融资信用领域的黑名单等，同样符合降低运行成本、提高制度效率、进而增进社会福利的绩效标准。

责任体系的设计要充分考虑到责任的追究力度和可实现性，特别是主体的负担能力、谈判和抵制能力、违法发现机率、主管当局追究积极性、裁判的正确率以及社会效果等。有学者指出，为了威慑企业从事反托拉斯违法行为，理论上应将罚款提高到超过违法者从事违法行为所获得的收益这一程度。但这种高额罚款往往不可行的，一方面公司无力支付、甚至面临破产；另一方面也会产生社会成本，如股东利益受损，并可能迫使企业通过提高定价来转移损失，最终侵害消费者福利。[①] 因此，传统上易引发对抗的责任形式，需要变革和制度创新，可以通过鼓励、诱导与和解的责任方式，以发挥经济法规制手段的绩效。

（2007年第6期）

① 王健：“威慑理念下的反垄断法刑事制裁制度”，载《法商研究》2006年第1期。

非全日制用工规定的缺陷及其完善

——以麦当劳等低薪事件为例

王 倩*

今年3月底,广州《新快报》4名记者在麦当劳、肯德基和必胜客卧底2个月,收集了3大洋快餐非法用工的相关证据。在其举报后,广东省总工会进行了相应调查并证实:麦当劳兼职工资为4元/小时,肯德基兼职工资为4.7元/小时,必胜客兼职工资也只有5.8元/小时,而这些餐厅全部员工的7成以上都是兼职工,其中大多数是课余打工的在校大学生。根据广东省今年1月份开始执行的非全日制用工小时最低工资标准的规定,广州地区非全日制用工的每小时最低工资应为7.5元,麦当劳等的兼职工资明显低于最低标准。事件在广东曝光后,全国包括北京、上海等10多个城市的调查也披露了麦当劳等外国快餐付给兼职人员的小时工资低于当地最低小时工资标准的事实。在全国总工会的指示下,广东省总工会代表职工与企业进行了沟通,要求及时纠正违法行为,补发劳动者应得工资。麦当劳、肯德基所属的百胜餐饮集团就此事作出回应,声称其兼职工既不属于全日制用工也不属于非全日制用工,因此不在《劳动法》的调整范围内,其工资水平也不受相关最低工资标准的制约。那么,麦当劳等雇用学生兼职究竟属于何种用工方式?学生课余打工是否受到劳动法的保护?对此,笔者将结合中、德两国劳动法的规定和实践,从比较研究的角度作一分析。

一、如何认定兼职人员或全日制在校生的法律身份

麦当劳等声称,其雇用的"兼职工"既不是全日制用工也不是非全日制用工,因此不属于《劳动法》的调整范围。根据报道,麦当劳与其雇员签订的是《兼职服务员劳务协议》,而在必胜客提供的1份《计时员工劳务协议》中规定:"鉴于乙方(下岗、内退、退休、在校学生等人员),乙方不具备劳动法律关系主体资格,无法与甲方建立劳动(合同)关系。甲、乙双方经平等协商,共同决定建立劳务关系。因此,本计时服务员协议属于劳务协议,不在《劳动法》调整范围内,而

* 作者单位:德国不来梅大学。

在《民法通则》的调整范围之中。”可见，在校学生作为兼职服务员是否具备劳动法律关系主体的资格是首先要解决的问题。

我国现行《劳动法》中没有对何谓“劳动者”作出明确界定，学界也缺乏权威性的解释，仅指出劳动法律关系的主体资格包括了劳动权利能力和劳动行为能力，决定了公民参加劳动关系、享有并行使劳动权利、承担并履行劳动义务的范围。① 根据我国现行法律法规，公民作为劳动法律关系主体的资格受到一定因素影响和制约，比如最低就业年龄，《劳动法》第15条规定“禁止用人单位招用未满16周岁的未成年人”，在这些方面，打工的学生和其他公民没有什么区别。有学者提出，公民必须具备支配自己劳动能力的行为自由，学生因为这种行为自由受到限制，一般不能成为招工的对象。② 这种意见虽是从我国学校教育管理的现实出发的，但却忽略了学生仍可以自由支配课余时间；让学生专心学业的意图是好的，但并不能因此剥夺大学生选择在学业之外兼职的权利。所以，学生作为劳动法律关系主体的资格不应当受到特别的限制。

但是，根据《关于贯彻执行〈中华人民共和国劳动法〉若干问题的意见》（以下简称《若干意见》）第12条的规定：“在校生利用业余时间勤工助学，不视为就业，未建立劳动关系，可以不签订劳动合同。”是否真的可以推论出在校学生课余打工就不是劳动者呢？笔者的回答是否定的。

首先，这与我国《劳动法》第2条规定不符。《劳动法》第2条规定：“在中华人民共和国境内的企业、个体经济组织（以下统称用人单位）和与之形成劳动关系的劳动者，适用本法。国家机关、事业组织、社会团体和与之建立劳动合同关系的劳动者，依照本法执行。”这表明，我国现行《劳动法》仅对公务员和参照执行公务员制度的劳动者，以及农村农业劳动者、现役军人和家庭佣人等不适用，并没有把学生排除在《劳动法》的保护范围之外。新颁布的《中华人民共和国劳动合同法》还将保护主体扩大到民办非企业单位等组织。学生在与用人单位的劳动关系中和其他劳动者一样处于弱势地位，如果依据《若干意见》拒绝给兼职学生以保护，不符合劳动法的立法精神。

其次，《若干意见》本身已经在第2条规定：“中国境内的企业、个体经济组织与劳动者之间，只要形成劳动关系，即劳动者事实上已成为企业、个体经济组织的成员，并为其提供有偿劳动，适用劳动法。”那么，为什么根据《若干意见》第12条，学生利用课余或者假期时间在企业或个体经济组织工作并获取报酬就没

---

① 关怀著：《劳动法》，中国人民大学出版社2005年版，第81～83页。

② 王全兴著：《劳动法》，法律出版社2004年版，第83页。

有形成劳动关系而不适用《劳动法》呢？显然难以解释。

最后，《若干意见》颁行于1995年，仍带有计划经济时代的色彩，已与现实的社会经济发展不符：一方面，教育经费的严重紧缺使国家开始寻求由国家完全承担大学生培养成本到建立成本分担机制。从1997年开始，我国高等教育全面实行收费制度，学费也从最初的几百元上涨到目前的5000～8000元不等，要求学生在经济压力之下专注于学业是不现实的。另一方面，学生兼职也满足了很多用人单位的特殊需求，已经成为一种常见的用工方式，需要法律规范。由此可见，根据《若干意见》第12条认为在校学生课余打工不是劳动者，既没有法律依据，也缺乏社会基础。为了避免引起更多的误解，保证劳动保障部门和法院正确执法和司法，笔者建议，《若干意见》第12条应当根据《立法法》的规定予以改变或撤销。

对兼职学生的劳动者身份，德国学术界和司法界都已经形成了一致意见。[①] 正如德国联邦劳动法院在一则判决[②]中指出的那样，除高校条例规定的义务性实习属于学业组成部分不构成劳动关系之外，学生课余打工等情况，只要学生必须听从用人单位的指示在其组织体中提供非独立性劳动，就应当认定成立了具有从属性的劳动关系，兼职学生作为劳动者受法律保护。具有学生身份的劳动者在劳动法上的权利义务并没有特殊之处，相关劳动法律普遍适用，仅在社会保险方面，出于减轻学生经济负担等方面的考虑，德国社会保险法典（SGB）有一些特殊安排。

在肯定了学生的劳动法律关系主体资格之后，还需要进一步判断他们与麦当劳等之间是否建立了具体的劳动关系，并在此劳动关系中作为劳动者受到劳动法的保护呢？

首先，签订书面的劳动合同并不是建立劳动关系的必要条件，缺乏书面劳动合同并不意味着不存在劳动关系。《劳动法》中仅在第16条第2款中规定："建立劳动关系应当订立劳动合同。"这一条规定实际上并不严密，结合《劳动法》第19条"劳动合同应当以书面形式订立"的规定，似乎我国劳动法只承认书面劳动合同，然而，未采取书面形式并不属于《劳动法》第18条规定的导致劳动合同无效的事由。再考察其他相关法规，《若干意见》第2条承认了事实劳动关系，其第17条进一步规定："用人单位与劳动者之间形成了事实劳动关系，而用人单位故意拖延不订立劳动合同，劳动行政部门应予以纠正。用人单位因此给劳动者

① Eisemannin Erfurter - Kommentar,7. Aufl. ,2007,S. 929.

② BAG,15. 3. 2006,7ABR39/05.

造成损害的,应按劳动部《违反〈劳动法〉有关劳动合同规定的赔偿办法》(劳部发〔1995〕223号)的规定进行赔偿。"此外,《劳动法》要求签订书面劳动合同是为了明确劳动者和用人单位双方的权利义务,结合我国的国情来看,实际上是使劳动者有了主张权利的书面凭据,在劳动争议中避免举证困难,更多地是从保护劳动者的角度出发的。现实中,往往都是用人单位不愿意签订劳动合同,劳动者并没有过错,如果就此认定劳动关系无效,劳动者反而丧失了应得的保护,这与立法宗旨不符。

其次,"劳务协议"也无法推翻实际上成立的劳动关系。麦当劳等外国快餐与其学生雇员都签订了所谓的"劳务协议",但是,合同中的用词并不能说明问题,因为被雇用者的身份不是由合同双方的意愿确定的,而应该按照合同关系的实际情况进行客观判断。

哪些标准可以用来判断是否存在劳动关系呢?我国现行《劳动法》未能给出答案,《民法》、《合同法》中也没有规定对雇佣关系可以用于反向推理。[①]《中华人民共和国劳动合同法》中的劳动关系,是指用人单位招用劳动者为其成员,劳动者在用人单位的管理下提供有报酬的劳动而产生的权利义务关系。这揭示了可以将劳动关系和一般雇佣关系区分开来的两大标准:劳动者成为用人单位的成员,并且劳动者根据用人单位的指示完成工作。由此可见,劳动者对用人单位是否有"从属性"就是鉴别劳动关系的关键。比如德国劳动法,虽然不存在对劳动关系的定义,但在多年的学术研究和司法实践后,德国学界和司法界也已经普遍接受这一"从属性"标准。[②]

那么,在个案中又该如何进一步具体应用"从属性"标准进行判断呢?笔者认为,可以借鉴德国法经验从以下几个方面考察:第一,如果在工作时间、地点、内容、方式等方面,被雇佣者都要听从雇佣者的指示,那劳动者的从属性显而易见。但要注意的是,也不要求被雇佣者在以上所有方面都必须服从指示,至关重要的是被雇佣者必须听从雇佣者派遣。第二,雇员一般是要自己完成工作的,而

---

① 德国法上的对应概念是 Dienstverhaeltnisse。劳动关系是一种特殊的"雇佣关系",一般的"雇佣关系"中,有义务提供劳务的一方提供的是独立的劳务,比如作为自由职业者的税务师给客户提供税务咨询,或者是自己开业的医生给人看病。笔者认为使用"劳务关系"容易引人误解,因为一方面很多其他合同关系比如承揽合同、委托合同、居间合同中都含有提供劳务的因素,另一方面"劳务协议"在不同语境中往往意义不同,劳动力派遣中劳动力派遣单位和接收单位签订的劳动力派遣协议就往往被称为"劳务协议"。关于劳动合同与劳务合同、雇佣合同之间的比较分析可以参见王全兴著:《劳动法》,法律出版社2004年版,第122~124页。

② Manfred Loewisch: Arbeitsrecht, 2004, SS. 1 – 5; Abbo Junker: Grundkurs Arbeitsrecht, 2006, SS. 53 – 60; Peter Hanau: Arbeitsrecht, 2007, SS. 137 – 154.

不能让别人代劳。第三,雇员应使用雇主提供的劳动资料,但这也不是绝对的,如出租车公司要求司机自备出租车并不能抹杀司机的雇员身份。第四,雇佣关系持续的长短不能说明问题,仅存在1天的劳动关系完全可能存在。[①] 在本事件中,学生在麦当劳等餐厅打工不同于做家庭教师,必须在规定的时间、规定的地点上班,工作时的着装一致,服务用语也必须符合其统一的标准,不存在自行招收人员或者使用自己劳动资料的情况。所以,不管从哪方面看,这些兼职学生和麦当劳等外国快餐之间都建立了具有从属性特征的劳动关系,应当受到劳动法调整。

二、现阶段非全日制用工规定的缺陷及其完善

我国现行《劳动法》对学生兼职没有特别规定,由于学生课余打工大多进行非全日制的工作,所以劳社部发〔2003〕12号《劳动保障部关于非全日制用工若干问题的意见》(以下简称《非全日制用工意见》)是当前主要依据的法规。《非全日制用工意见》首先将非全日制用工定义为"以小时计酬、劳动者在同一用人单位平均每日工作时间不超过5小时,累计每周工作时间不超过30小时的用工形式"。[②] 并对非全日制用工劳动关系的确立和解除、工资支付和社会保险、争议处理和行政管理等进行了较为详细的规定。这些规定仍有不足,有必要进一步加以完善。

(1)按照《非全日制用工意见》的规定,建立劳动关系应当订立劳动合同,"劳动合同一般以书面形式订立。劳动合同期限在1个月以下的,经双方协商同意,可以订立口头劳动合同。但劳动者要求订立书面劳动合同的,应当以书面形式订立"。与《劳动法》的规定相比,这是对非全日制用工的例外规定,立法目的可能在于保障非全日制用工的灵活性。但是,在短期用工时节约因订立书面合同而需要的时间和花费,理由充分吗?笔者很怀疑这一点。首先,合同期限在1个月以下的非全日制用工,同样需要明确双方对劳动报酬、工作内容、劳动条件

① Wolfgang Daeubler:Das Arbeitsrecht 1,2006,SS. 69 – 79.

② 这个定义本身就存在问题。根据《国务院关于职工工作时间的规定》,我国全日制用工的工作时间是每天8小时,每周40小时。那么,处于这两个工时界限之间的情况,如工作时间为每天6小时,每周36小时,应该怎么处理呢?笔者认为,从保护劳动者的立法宗旨出发,应当将这种情况视为全日制用工对待。相对来说,德国《非全日制用工和固定期限用工法》的定义可能更为科学,其第2条不是以规定用工时间上限的方式定义非全日制用工,而是根据工作时间是否短于同企业中从事相同或类似工作的全日制用工来进行判断。

等的约定，特别是合同期限直接关系到劳动关系存续时间的长短，更加需要“白纸黑字”的凭据。其次，我国对签订有固定期限劳动合同的次数没有限制，如果规定合同期限1个月以下就可以订立口头合同，难免某些用人单位会钻法律空子，和劳动者连续约定数个期限在1个月以下的口头劳动合同。最后，虽然规定以“经双方协商同意”为前提，并且劳动者可以“要求订立书面劳动合同”，但劳动者相对于用人单位是处于弱势地位的，再考虑到我国劳动力剩余的现实状况，劳动者一般是没有什么谈判能力的，用人单位如果不愿意签订书面合同，劳动者也无能为力。因此，在签订书面合同方面，对非全日制用工不应当有上述特殊规定。

(2)关于劳动关系的解除，根据《劳动法》第25~28条的规定，用人单位方面解除劳动合同的，除劳动者在试用期内被证明不合格、严重违纪失职或者被追究刑事责任的情况下可以立即解除外，不管是因为劳动者自身健康或者能力不能胜任工作，还是由于企业经营严重困难需要裁员，都应当提前30天通知劳动者，或者是向工会或全体职工说明情况，并且应当依照国家有关规定给予经济补偿；第29条还规定了用人单位不得解除劳动合同的法定情形。相比之下，“非全日制用工意见”规定：“非全日制劳动合同的终止条件，按照双方的约定办理。劳动合同中，当事人未约定劳动合同提前通知期的，任何一方均可以随时通知对方终止劳动合同；双方约定了违约责任的，按照约定承担赔偿责任。”也就是说，如果用人单位要解除非全日制用工的劳动关系，既不需要给出任何理由，也不需要提前通知，更不用支付任何经济补偿，可以说是没有任何法定限制条件。此外，指望通过双方约定来设定用人单位违约解除劳动合同的赔偿责任是不现实的，反过来用人单位却可能利用其强势地位规定劳动者提前解约的责任，达到限制劳动者的目的。

从法律上如此“亏待”从事非全日制劳动的劳动者，理由何在呢？有人可能会提出，适用《劳动法》的规定会导致企业招用新员工门槛过高，由于灵活性受限制，反而可能阻碍非全日制用工这种用工形式的发展，不利于促进就业。这种担心不无道理，但是没有哪种立法模式可能达到完美的效果，总是必须进行利弊衡量然后作出选择：第一，对于劳动者而言，拥有一份工作首先意味着经济来源有保障，往往还与其自我价值和社会价值的实现紧密相关，这种生存基础必须得到保护。虽然法律允许从事非全日制用工的劳动者与多个用人单位建立劳动关系，但其中的任何一个劳动关系都可能对劳动者意义重大，何况劳动者完全可以选择只和一个用人单位建立劳动关系，如麦当劳等雇佣的所谓“兼职服务员”中很多都没有所谓的“正职”，在洋快餐打工的收入就是其主要的生活来源。所以，非全日制用工的“饭碗”同样不能被随便打碎。第二，一方面，对用人单位而言，能够自由招用和辞退员工，调整人员结构与其经营需要相适应，可以降低成本；但另一方面，新员工适应工作需要时间，老员工离开岗位又带走积累的经验，就会提高成本，从成本核算角度考察，频繁的人员变化有可能是不利的。此外，在“饭碗”可能朝不保夕的压力下，员工很难对企业产生归属感，同样不利于企业发展。第三，正所谓“安居乐业”，保持相对稳定的劳动关系对社会的和谐稳定与经济的持续发展也是至关重要的。因此，对用人单位解除非全日制用工劳动关系的行为，同样应当予以限制。

那么，劳动者解除合同的情况应该怎样处理呢？《劳动法》第 31 条要求劳动者提前 30 日书面通知用人单位，适用这 1 条似乎限制了劳动者的择业自由，但却是必要的：一方面，用人单位需要一定的时间作出安排调度适应人员变动；另一方面，即使对从事非全日制劳动的劳动者来说，牺牲一定的自由度换来工作的相对稳定也往往是值得的。

还需要解决的一个问题是，当非全日制劳动关系的合同期限较短，比如低于 1 个月时，《劳动法》规定的 30 天的通知期限根本不能适用。这种情况下应当签订固定期限的劳动合同，期限内除合同一方重大违约等特殊事由外不得解除劳动关系。

（3）根据《非全日制用工意见》的规定，劳动报酬应当由双方约定，但“用人单位支付非全日制劳动者的小时工资不得低于当地政府颁布的小时最低工资标准”，其第 8 条更是指出了“确定和调整小时最低工资标准应当综合参考以下因素：当地政府颁布的月最低工资标准；单位应缴纳的基本养老保险费和基本医疗保险费（当地政府颁布的月最低工资标准未包含个人缴纳社会保险费因素的，还应考虑个人应缴纳的社会保险费）；非全日制劳动者在工作稳定性、劳动条件和劳动强度、福利等方面与全日制就业人员之间的差异。小时最低工资标准的测算方法为：小时最低工资标准 =〔（月最低工资标准/20.92/8）×（1 + 单位应当缴纳的基本养老保险费和基本医疗保险费比例之和）〕×（1 + 浮动系数）”。劳动和社会保障部 2004 年公布的《最低工资规定》进一步明确“月最低工资标准适用于全日制就业劳动者，小时最低工资标准适用于非全日制就业劳动者”，对于确定小时工资最低标准的参考因素和计算公式与以上规定也是一致的。

我国劳动力市场整体上严重供大于求，劳动者与用人单位在力量和地位上相差悬殊，集体合同的签订率不高且实际作用有限，[1]很难通过劳动者个人或者集体与用人单位谈判来确定和调整劳动报酬的底线，因此，在我国实行最低工资保障制度，由法律规定最低工资标准是十分必要的。但是，如果非全日制用工的劳动报酬不低于法定最低标准，但按照时间比例计算远低于全日制用工，这合法合理吗？用人单位会不会把“最低标准”滥用为“普遍标准”并且拿法律规定当“挡箭牌”呢？我国《劳动法》第46条明确规定“工资分配应当遵循按劳分配原则，实行同工同酬”，而《非全日制用工意见》在确定小时最低工资标准时也是以适用于全日制用工的月最低工资标准为计算基础的。由此可见，“非全日制用工”和“全日制用工”在劳动报酬上的不平等，不符合立法者本意，对于非全日制用工形式，仅有法定最低工资标准这一条“底线”是不够的。德国《非全日制用工和固定期限用工法》第4条第1款和第2条规定，用人单位支付给从事非全日制用工的劳动者的劳动报酬按照该劳动者工作时间与全日制用工工作时间的比例折算后，不得低于从事全日制用工的劳动者的劳动报酬；作为参照的全日制用工的劳动者应当在同一企业内从事相同或者类似工作。如果同企业内没有可以作为参照的全日制用工的劳动者，则在同一劳资协议适用范围内或者同一行业内确定作为参照的全日制用工的劳动者。笔者认为，这样一种“比较性标准”有利于适应个案中不同行业、企业、工种等的具体情况，达到“非全日制用工”和“全日制用工”在工资待遇方面实质的平等，可以借鉴。因此，应当在坚持法定最低工资标准这一“底线”的基础上，结合具体情况适用“比较性标准”，确定从事非全日制用工的劳动者的劳动报酬。

（4）有关非全日制用工的社会保险，按照《非全日制用工意见》第10～12条的规定，劳动者“应当参加基本养老保险”，“可以以个人身份参加基本医疗保险”，用人单位仅仅是“应当按照国家有关规定为建立劳动关系的非全日制劳动者缴纳工伤保险费”。虽然第8条规定确定小时最低工资时应当考虑的因素包括“单位应缴纳的基本养老保险费和基本医疗保险费”，部分地方法规中也明确“劳动报酬包括小时工作收入和法律、法规规定应当缴纳的社会保险费”[2]，但是，这些规定的强制性有多大呢？用人单位支付给非全日制劳动者的工资里是否确实包含了单位本应缴纳的社会保险费，又将如何监控？麦当劳等外国快餐连强制性的工伤保险费都没有为兼职学生交，已经充分说明了问题。现行规定

① 德国在劳动法律中没有最低工资的规定，更多的是通过劳资双方谈判达成协议来调整，以适应不同行业、企业的具体情况，这与德国工会强大的谈判能力是分不开的。

② 《上海市劳动合同条例》第50条，《大连市非全日制用工若干规定》第8条也有类似规定。

实际上就只能导致两种结果:从事非全日制用工的劳动者或者就根本不参加社会保险,或者就完全自行负担所有社会保险费用。[①] 这样为用人单位"免除"社会保险费的缴纳义务,理由何在?立法者目的显然不是要减少单位在社会保险方面的用工成本。有人可能提出,现行的安排是为了适应非全日制用工这种灵活用工形式,在工作地点和时间上变动多的特点,笔者认为,这种观点同样站不住脚,只要社会保险经办机构切实为非全日制劳动者参保缴费提供便利条件,采取灵活缴费的办法,保证劳动者社会保险关系和个人账户的接续和转移手续,完全可以解决上述问题。所以,在社会保险待遇方面,应当平等对待从事非全日制用工和全日制用工的劳动者。

(5)《非全日制用工意见》第 14 条规定:"劳动者直接向其他家庭或个人提供非全日制劳动的,当事人双方发生的争议不适用劳动争议处理规定。"这一条款把家庭保姆、个人帮工等一般的民事雇佣关系和劳动关系区分开来当然是有必要的,但为了避免司法和执法时可能产生的误解,还需要进一步明确,当劳动者由劳务派遣单位指派为家庭或个人提供非全日制劳动时,劳务派遣单位应当履行用人单位对劳动者的全部义务,因履行劳动合同产生的争议应当按照该意见第 13 条的规定适用劳动争议的处理规定。另外,在非全日制用工的行政管理方面,各劳动保障部门固然应当切实加强监察执法工作,严肃查处用人单位在订立劳动合同、支付劳动报酬等方面的违法行为,但重要的是,劳动保障部门应当从劳动法保护劳动者合法权益的立法宗旨出发,正确解读法律规定,不能机械地搬出某条规定生硬地将劳动者"拒之门外"。

综上所述,《非全日制用工意见》针对非全日制用工这种新型用工形式作出了特殊规定,填补了我国相关法律的空白。但是,某些为适应"灵活用工"的特别安排,在实质上容易导致非全日制用工的劳动者与全日制劳动者在待遇上的不平等,从而可能会变相"鼓励"用人单位采用这种"成本低、责任少"的用工形式,进而危及原本应当实行全日制用工的岗位,最终阻碍整体就业。

相对而言,由于较早认识到非全日制用工形式对适应劳动者个人情况、满足企业经营需要、缓解社会就业压力等方面的积极作用,德国在 1985 年的《促进就业法》中就明确了禁止歧视非全日制用工的原则。在 2001 年颁布的《非全日制用工和固定期限用工法》中,对非全日制用工进行了清晰的界定,重申了禁止用

---

① 参见成劳社发〔2003〕10 号《成都市非全日制工作劳动者社会保险费缴纳暂行办法》第 4 条规定:"非全日制工作劳动者缴纳基本养老保险费的费率为 20%,其中 11% 记入养老保险个人账户。缴纳基本医疗保险费的费率为 9.5%,其中个人账户金额按全市基本医疗保险的规定划入。缴纳生育保险费的费率为 0.6%,与基本养老保险费一并缴纳。"

人单位在劳动报酬等各方面不平等地对待全日制劳动者和非全日制劳动者，并规定了用人单位在招录人员、职工培训、解除合同等方面对非全日制劳动者的特殊义务。立法上的鼓励和司法上的支持也起到了促进非全日制用工发展的作用。德国联邦劳动法院在1996年的一项判决[①]中，根据学生课余在加油站工作时间安排、任务内容等方面必须听从安排的事实，判断两者之间存在具有从属性的劳动关系，认定合同中的歧视性条款无效，责令加油站按比例补发兼职学生与全职工人工资福利上的差额；德国联邦统计局2004年对德国人工作生活的普查报告表明，从事非全日制劳动的总人数达到720万占所有就业人口的23%，与1991年相比，绝对数量增加了51%，比例份额上升了9%。[②] 比较这一案例和现在的麦当劳低薪事件，可以感受到，现阶段我国非全日制用工的法律规定尚需进一步完善。值得欣喜的是，在《中华人民共和国劳动合同法》中已经开始对非全日制用工予以关注。例如，《劳动合同法》第68条对非全日制用工做了重新界定，认为非全日制用工是"以小时计酬为主，劳动者在同一用人单位一般平均每日工作时间不超过四小时，每周工作时间累计不超过二十四小时的用工形式"；第72条明确了非全日制用工的工资标准，即"非全日制用工小时计酬标准不得低于用人单位所在地人民政府规定的最低小时工资标准，非全日制用工的劳动报酬结算支付周期最长不得超过十五日"等。这些都表明以法律的形式保护非全日制用工者的合法权益方面已经迈出了重要的一步。

（2007年第7期）

---

① BAG, 12. 06. 1996, 5 AZR 960/94.

② http://www. destatis. de/presse/deutsch/pk/2005/MZ_Broschuere. pdf.

银行监管机构问责性的法律保障机制

周仲飞*

研究表明银行监管机构的独立性对于金融体制的稳定起着至关重要的作用,但是,赋予银行监管机构独立性常常引发人们的担忧:独立的监管机构会游离于适当的政治控制之外。对于崇尚"三权分立"的国家而言,将关乎一国金融稳定的大权完全赋予监管机构中那些未经选举的官员,会形成"政府管理的第四分支",意味着它们将脱离传统"三权分立"制衡机制的约束。所以,监管机构的独立性是相对的,不是绝对的;是对银行监管机构的问责不仅仅是对监管机构事后的责任追究,而更主要的是对监管机构履职活动事前、事中的持续监督。相应地,法律对银行监管机构问责制度的安排就应该围绕着这个基本前提展开,包括监管机构的监管目标、履职程序、问责人与监管机构的关系、实现问责的保障等。换言之,一国对银行监管机构问责性的法律安排可以从履职问责性、机构问责性和透明度三个方面予以设计。

一、银行监管机构问责的界定

银行监管机构的问责性包含两层意思:一是对监管机构的不当行为进行责任追究;二是监管机构作为责任人向问责人就其履行职责作出解释。过去我们对问责的理解仅仅停留在对责任人的事后责任追究,而忽视了问责所蕴涵的事前的、事中的持续监督安排。

国外通行的观点认为,监管机构的独立性和问责性是对立的,是一种此消彼长的关系,太强的独立性会导致监管机构成为"国中之国",而太多的问责性则会威胁监管机构的独立性,监管机构越独立,问责性则越弱,反之亦然。这种观点之不当的原因在于其将问责等同于控制。问责不同于控制,它是指监管机构就其履行被赋予的职责向问责人进行解释,并在一定的情况下对其错误承担责任。问责性实际上就是一种法律制度的安排,目的是达到这样一种状态:没有人控制该独立的监管机构,但它的确是"处于控制之中"。① 遗憾的是,许多国家仍

* 作者单位:上海财经大学法学院。

① See Terry Moe, Interests, Institutions, and Positive Theory: The Politics of the NLBR, *Studies in American Political Development*, vol. 2, 1987, pp. 236 – 299.

然采用控制措施作为监管机构的问责安排,如由财政部长或财政部的代表主持或参与监管机构管理层的工作,或者赋予财政部长干预监管机构工作的权利。更有甚者,有些国家的法律直接规定了财政部长在其认为适当的情况下有权干预银行监管机构的活动。

监管机构的独立性和问责性是相互补充而不是此消彼长的关系,①一个充分独立的监管机构可能有很高程度的问责性,而某个不独立的监管机构也可能缺乏问责性。独立性和问责性的关系取决于法律的安排,设计合理的法律制度既能保证监管机构独立履行职责、不受政府和利益集团的不当干预,又能充分实现对监管机构履行职责的问责。法律对监管目标的规定就是一个典型的例子。如我国《银行业监督管理法》(以下简称《银监法》)第 3 条规定银行监管的目标是促进银行业的合法、稳健运行,维护公众对银行业的信心。依据这个法定的目标,银监会有权拒绝政府的任何与该目标相违背的要求、指令;同时,该法定目标也是问责人评估银监会履职情况的工具和标准。透明度也是如此,如果监管机构的决策过程能够以适当方法向公众披露,那么就有助于公众和银行业审视监管决定,减少政治干预的可能性,而将监管决定公开披露又能保证公众对监管机构的问责。

二、履职问责性

履职问责性是问责人对银行监管机构是否勤勉实现法定的监管目标进行问责,履职问责性的法律保障机制包括法律对监管目标和监管目标实现程序作出明确的规定。

(一)监管目标的法定性

履职问责性是指通过评估银行监管机构实现法定目标的程度来对银行监管机构实施问责。在一个法治国家,银行监管机构的监管目标必须以法律的形式明确规定,监管目标的法定性是评价监管机构问责性的前提,也是评估监管机构履行职责的标尺,因为通过考核监管机构是否实现监管目标可以实现对其问责。尽管各国立法对监管目标的立法用语不尽相同,有的称为立法目的,有的称为监管机构目的,有的称为监管目的,但其内涵所指却是一致的。《英国金融服务与市场法》第 1 部分第 2(1)节、第(2)节规定英国金融监管署的监管目标是维护

① 国外少数学者也持这种观点。See Eva Hüpkes, Marc Quintyn & Michael W. Taylor, The Accountability of Financial Sector Supervisors: Principles and Practices, *IMF Working Paper*, WP/05/51.

公众对金融体系的信心,促进公众对金融制度的了解,保护消费者的利益,减少金融犯罪,并要求金融监管署在履行监管职责时必须尽可能以符合监管目标的方式和其认为最适合实现监管目标的方式行事。《芬兰金融监管局法》第 2 节规定了芬兰金融监管局的目标是促进金融稳定,维护公众对金融市场的信心。我国《银监法》第 3 条规定了银行业监管的目标是促进银行业的合法、稳健运行,维护公众对银行业的信心。

与中央银行目标可计量性(如通货膨胀率不得超过 2%)相比,银行监管目标通常是多重的、原则性的、不能计量的,从而给评价监管机构的履职问责性带来了困难。比如,用何种指标来衡量"银行业的合法、稳健运行"?是否可用银行倒闭和金融犯罪数量作为指标?如果可以,但银行倒闭和金融犯罪数量的减少有可能是监管机构政策成功的结果,也可能是其政策失败的结果,那又该怎么办。又如,"维护公众对银行业的信心"可用何种指标予以说明?公众对银行业的信心涉及公众个人的心理状态和思想,虽然可以通过问卷调查得出部分结论,但总的来说无法准确计量所谓"信心"的程度。① 为此,监管目标通常用监管机构的运作原则、标准、方法等予以具体化,如《英国金融服务与市场法》要求金融监管署在履行职责时必须考虑:以最有效和经济的方法使用其资源的需要、被监管机构管理层的责任、监管成本和效益的比例原则、促进金融创新的可行性、保持英国金融市场的国际竞争力、减少监管对竞争产生的消极影响,以及促进被监管机构之间竞争的可行性。② 我国银监会在其网站上宣称其工作目的是通过审慎有效的监管,保护广大存款人和消费者的利益;通过审慎有效的监管,增进市场信心;通过宣传教育工作和相关信息披露,增进公众对现代金融的了解;努力减少金融犯罪。而其工作标准包括促进金融稳定和金融创新共同发展;努力提升我国金融业在国际金融服务中的竞争力;对各类监管设限要科学、合理,减少一切不必要的限制;鼓励公平竞争、反对无序竞争;对监管者和被监管者要实施严格、明确的问责制;高效、节约地使用一切监管资源。银监会这些工作目的和监管标准并未经过法律确认,而是通过其网站非正式地宣称,问责人是否可以以此对其监管工作进行问责不得而知。

笔者认为,监管目标以运作原则、标准、方法等具体化仍不能使监管目标具有可计量性,这就给评价监管机构问责性带来了困难。但是,这并不意味着立法

① 《英国金融服务与市场法》第 1 部分第(3)节。

② See Charles A. E. Goodhart, Regulating the Regulator: An Economist's Perspective on Accountability and Control; Eilis Ferran & Charles. A. E. Goodhart, Regulating Financial Services and Markets in the Twenty First Century, 2001, pp. 152 – 153.

可以取消对监管目标的规定,立法对监管目标的定性规定本身就是监管机构问责性的制度保障。而且,对监管机构履职问责性的评价不能仅着眼于监管目标的实现程度,还要考察法律在实体和程序上对监管机构实现监管目标的过程(即履行监管职责)的问责机制的安排;换言之,对监管机构制定监管规则和执行监管规则的实体法和程序法的规定是评价(或保障)监管机构问责性的另一着眼点。这是因为银行监管机构的监管权作为一种行政权有自我扩张和摆脱约束的天性,因而必须通过实体法对其权力加以限定和通过程序法对其权力运作过程加以规范。

(二)履职的正当程序

实体法对行政权控制的主要方式包括法律保留原则和授权明确性原则,这两个原则也可以适用于银行领域的立法机关、行政机关和银行监管机构在创制银行法律、法规、规章方面权限的划分。从各国的立法实践来看,银行监管规则的规定方式有二:一是由银行法予以规定;二是银行法只规定一个基本框架,由监管机构颁布的具体规则对基本框架予以补充。但这两种规定方法也随着各国法律传统的不同呈现出不同的特点,在有些国家,主要立法和次级立法规定得非常详细,监管机构已无更多的空间制定详细的监管规则;而在另一些国家,主要立法和次级立法规定通常是原则性的,留给了监管机构足够的空间制定详细的监管规则,将原则规定具体化。从对监管机构问责的角度讲,把监管规则制定权全部或基本下放给监管机构,缺乏立法机关和行政机关在立法权限上的制衡,必定会助长监管机构的独裁和专断。

通常而言,银行监管规则可以划分为经济监管规则、审慎监管规则和信息监管规则。经济监管规则涉及银行机构的准入、退出、危机救助等规则;信息监管规则是有关银行机构向公众和监管机构披露信息的规则;审慎监管规则包括资本充足率、最大风险暴露、贷款损失准备金计提、流动性比率等规则。审慎监管规则的基本内容涉及监管技术,如资本充足率中资本构成、风险资产的定义、风险权数的计算,流动性比率中的流动负债和流动资产的界定等,除了监管机构外,立法机关和政府不可能有一支专业队伍对这些技术性规则能够准确理解。同时,金融市场和产品总是不断和迅速地创新和变更,银行通过金融创新规避银行监管,而监管机构又必须尽快修改其监管规则,以规范金融创新,减少金融创新可能产生的风险。在这种"猫和老鼠的游戏"中,只有监管机构享有规则制定权,才能避免通过冗长的立法程序修改监管规则之不便,使监管规则不断更新以适应不断变化的金融市场和业务。所以,对于审慎监管规则的具体内容应该由监管机构独立决定,政府和立法机关没有能力也没有必要通过行政法规或法律的形式对此作出规定。而经济监管规则和信息监管规则以及审慎监管规则中的基本原则和标准(如资本充足率不得低于8%,最大风险暴露率不得高于15%等)多为刚性规则,修改频率不宜也不应过大,可以由立法机构和政府通过法律或行政法规加以规定。

但是,立法无论规定得如何详尽,都无法对银行立法权限的边界作出泾渭分明的划分,从而通过实体法约束监管机构规则制定权的扩张成为问题,为弥补这个不足,需要程序法对银行立法过程予以控制。在我国,银行立法的程序控制包括国务院对银行规章制定的行政审查、司法机关对银行规章制定的司法审查和公众对银行规章制定的参与。我国《宪法》第89条第13项和《立法法》第88条第3项规定了国务院有权改变或者撤销各部、各委员会发布的不适当的命令、指示和规章。同时,我国法律明确排除了对行政规章的司法审查制度,《行政诉讼法》第12条规定了法院不受理针对行政法规、规章或者行政机关制定、发布的具有普遍约束力的决定、命令提起的诉讼案件。公众参与银行规章的制定是指受到银行规章影响的利益相关人对制定银行规章的参与,法律应该为利益相关人在银行规章的启动、起草、审查阶段广泛和有效的参与提供充分的保障。《英国金融服务与市场法》要求金融监管署的规则在出台前要向公众征求意见,同时要向公众提供对规则的成本——效益分析、对制定规则目的的解释、对制定规则是符合金融监管署法定职责的解释。① 我国现行的法律、行政法规(如国务院的《规章制定程序条例》)和部门规章(如银监会的《中国银行业监督管理委员会法律工作规定》)没有赋予利益相关人制定银行规章的动议权,对银行规章起草时是否要听取利益相关人的意见、听取意见采用的形式规定得较为模糊和随意,而对在银行规章审查阶段如何处理利益相关人的意见也是语焉不详。笔者在此无意重复行政法学者对我国行政立法控制提出的建议,②而是认为这些建议对于加强银行监管机构制定银行规章的问责性同样是适用的。

银行监管机构执行监管规则就是将监管规则适用于监管实践的过程,在这个过程中,银行监管机构都不能脱离实体法和程序法的控制。与银行监管机构问责性有直接关系的是对监管机构行政处罚权的法律安排。《英国金融服务与市场法》出台前,许多人批评该法草案所规定的金融监管署内部程序缺乏透明

① 参见《英国金融服务与市场法》第155节。

② 相关文章包括上官丕亮:“立法法对行政立法程序规定的缺陷及其完善”,载《行政法学研究》2001年第1期;王丽:“论行政立法的程序控制”,载《法学论坛》2002年第5期;孙潮、徐向华:“论我国立法程序的完善”,载《中国法学》2003年第5期;湛中乐:“论对行政立法的监督与控制”,载《国家行政学院学报》2003年第4期。

和公正性,将检察官、法官和陪审团的功能集于金融监管署一身。为此,该法采取了"查处分离"的做法,将负责处罚调查程序的人与作出处罚决定的人分离。处罚决定由单独设立的执行委员会作出,该委员会的主席和其他成员均由金融监管署任命,但除了主席外所有成员均非金融监管署所聘用,也不会参与收集用于执行委员会作出决定的证据。当金融监管署决定采取处罚措施时,它首先要向当事人送达书面的预告通知,该预告通知要阐述拟采取的惩罚措施的理由。当事人收到预告通知后,有权向执行委员会陈述,有权查阅金融监管署作出处罚决定所依据的材料,除非当事人的查阅不是出于公共利益或是不公平的。当金融监管署作出处罚决定后,它必须向当事人送达书面的处罚决定书,处罚决定书必须阐明作出处罚的理由。

收到处罚决定书的当事人必须被告知其有权把案件提交金融服务与市场特别法庭审理,有权查阅金融监管署作出决定所依据的材料,除非查阅不是出于公共利益或是不公平的。《英国金融服务与市场法》草案规定的程序与正式通过的文本并不完全相同,原草案规定金融监管署作出处罚决定后,当事人可以就该处罚决定向金融服务与市场特别法庭提起上诉。而最后通过的文本则规定金融监管署通过执行委员会作出处罚决定,该决定只有在当事人放弃行使将案件提交金融服务与市场特别法庭的权利后才能生效;如果当事人行使该权利,金融监管署的决定只是作为将案件提交金融服务与市场特别法庭的依据,金融服务与市场特别法庭将重新听审此案。所以,根据上述规定,金融监管署只有在当事人同意的情况下才有权处罚当事人,这也促使金融监管署尽可能将处罚措施限定在当事人可以接受的程度,使当事人不至于因无法接受处罚程度而将案件提交金融服务与市场特别法庭。

首先,我国银行法明确设定了行政处罚的种类,包括警告、罚款、没收违法所得、责令停业整顿、吊销金融许可证、取消董事和高级管理人员任职资格以及法律、行政法规规定的其他行政处罚。[①] 其次,我国法律和部门规章对银监会实施行政处罚的程序作了明确的规定。为了保证行政处罚的客观、适当、准确和公正,《中国银行业监督管理委员会行政处罚办法》(以下简称《银监会行政处罚办

① 这些行政处罚种类散见在《银监法》和《商业银行法》的"法律责任"一章中,银监会2004年12月发布的《中国银行业监督管理委员会行政处罚办法》第7条依照《银监法》和《商业银行法》作了归类。

法》)实行了查处分离的制度,①并将《行政处罚法》的"事先告知"制度予以细化,赋予了被处罚人陈述、申辩和听证的权利。② 从上述论述可以看到,《行政处罚法》和《银监会行政处罚办法》以法律和规章两种不同的立法形式对银监会行使行政处罚权作出了较为有效的监督。

与对银监会行政处罚权的监督相比,法律对银监会行使其他监管措施的监督则较为模糊和欠缺。《银监法》和《商业银行法》赋予了银监会广泛的监管权力,包括批准银行的设立、变更、终止,审批银行的业务范围,审查董事和高级管理人员的任职资格,采取早期介入措施,接管、重组和撤销银行,等等。根据《行政诉讼法》、《行政复议法》和《中国银行业监督管理委员会行政复议办法》,有关银行的设立和变更、吊销经营许可证、取消董事和高级管理人员的任职资格等可以纳入行政复议和行政诉讼的范围,但对于银监会的其他监管措施,如接管、银行非因吊销经营许可证而被撤销、限制股东或董事、高级管理人员的权利等,相对人是否可以把这些措施视为具体行政行为而申请行政复议或提起行政诉讼,法律没有规定。又如,2006 年的《外资银行管理条例》规定了银监会可以根据外资银行的风险状况适用包括责令暂停部分业务、责令撤换高级管理人员等在内的特别监管措施,《外资银行管理条例实施细则》将《外资银行管理条例》的特别监管措施作了扩大解释,包括与有关人员训诫谈话,派驻特别监管人员对日常经营管理进行监督指导,对资金和利润汇出境外采取限制性措施,但这些措施是否属于具体行政行为实不易判断。在这种情况下,被银监会采取特别监管措施的外资银行能否获得法律救济就成了悬念。笔者认为,银行监管相对人的行政救济权是强化监管机构行使监管权的问责性的重要保障,而其保障作用的产生则依赖于我国银行法在实体和程序上对相对人行政救济权的法定化。

三、机构问责性

机构问责性包含两层意思:一是问责主体,即由谁对银行监管机构予以问

① 银监会及其派出机构的监督检查部门负责行政处罚案件的立案、调查,提出处罚意见,执行行政处罚;法律部门负责审查处罚意见的合法性、适当性,组织听证;银监会及其派出机构负责人或主席会议(局长会议)负责作出行政处罚决定。未经法律部门审查,不得实施行政处罚。参见《银监会行政处罚办法》第 5 条。

② 《银监会行政处罚办法》第 23 条、第 24 条、第 28 条;《行政处罚法》第 31 条、第 32 条、第 41 条、第 42 条。《银监会行政处罚办法》的这些规定与《英国金融服务与市场法》的相关规定十分相似,参见《英国金融服务与市场法》第 26 部分第 389(2)节,第 14 部分第 207(1)节,第 26 部分第 387(1)节、第(2)节,第 14 部分第 208(1)节,第 26 部分第 388(1)节。

责,换言之,银行监管机构对谁负责。二是问责主体如何对银行监管机构实施问责。银行监管机构的职权来自人民的授权,所以,作为代表全体人民的立法机关要对银行监管机构进行问责;由于银行监管机构还获得了政府的授权,因而它应该接受政府的问责;为了保证被监管机构和个体免遭监管机构的不公待遇,法律为前者提供了司法救济,即监管机构要接受法院的问责;银行按规定缴纳监管费,因而与监管机构建立了一种利益关系,这种利益关系使银行也获得对监管机构问责的主体地位。

(一)立法机关问责

银行监管究其根源是属于公众的公共产品,但公众不可能直接对监管机构实施监督,他们通过选举他们的代表组成议会或人民代表大会代表他们的利益,对监管机构进行监督。所以,银行监管机构首先应对议会负责,由议会对其实施问责。议会通过立法权对监管机构实施事前问责和事后问责。所谓"事前问责"是指议会通过立法确定监管机构的设立,决定监管机构的目标和任务,以及规定监管机构必须遵守的义务。所谓"事后问责"是指议会可以通过立法解散监管机构,或者重新确定监管机构的目标、任务和义务。在国外,为加强事前和事后问责,议会通常以法律的形式通过与监管机构建立一些制度化的联系机制,以便能定期地检查、评价监管机构的履职行为。这些制度化的联系机制包括年报、向议会的专门委员会报告、接受议会的质询、议会派代表参加监管机构的管理层或监督层、授权财政部直接监督,等等。[①] 在英国、澳大利亚和加拿大,法律规定监管机构应就其履行监管职责的情况向议会或者通过财政部向议会递交年报。由于议员通常缺乏时间和专业知识审议银行监管机构的监管活动,所以向议会提交年报可能仅仅停留在形式上,常常不能发挥问责的实际效果,因此有些国家要求监管机构向议会的专门委员会报告其履职活动。如在英国,议会通过财政部的专门委员会审议金融监管署提交的年报。而在芬兰,议会专门设立议会监管委员会监督金融监管局的活动,金融监管局应向议会监管委员会提交其履职年报。作为议会的一般性权力,议会有权要求监管机构出席听证会或其他会议,接受议员的质询。

与我国《人民银行法》规定人民银行应当向全国人大常委会提出有关货币政策情况和银行业运行情况的工作报告不同,《银监法》并没有要求银监会直接或者通过国务院向人大或者其常务委员会提出工作报告。在我国,人大对银监

① Eva Hüpkes, Marc Quintyn & Michael W. Taylor, The Accountability of Financial Sector Supervisors: Principles and Practices, *IMF Working Paper*, WP/05/51, pp. 22 – 23.

会的监督主要体现在人大会议召开期间银监会有义务接受人大代表的质询和人大专门委员会的监督。依笔者之见,由于银行监管的复杂性和技术性,以及人大代表的时间和专业知识的限制,采用年报、质询等方式可能使对银监会的监督流于形式。如果把监督银监会能够纳入人大专门委员会(如财经委员会)的日常工作,由财经委员会以其委员的专业知识和时间精力代表人大行使监督权不失为有效的监督方式。①

(二)政府问责

银行监管机构既可独立于政府,也可隶属于政府;无论何种体制,政府对本国的银行稳定和金融发展承担着最后的责任,从而对银行监管机构的问责也负有主要和直接的责任,法律也通常规定银行监管机构要对政府负责。政府对监管机构的问责通常有以下 4 种方式:

第一,监管机构定期或按照要求向政府提供信息,提供信息的形式包括定期报告(月报、季报、年报)和定期对话。尤其是在监管机构独立于政府的国家中,法律通常明确规定信息提供的频率、内容、政府在信息提供中的作用。如《英国金融服务与市场法》第 10 节要求英国金融监管署每年至少向财政部递交其年报,内容包括其履职情况、监管目标实现的程度等事项。瑞士联邦银行监管委员会要向财政部提交年报,并每年至少一次向联邦委员会汇报其履职情况。我国银监会作为国务院的直属事业单位,对国务院负责是不言自明的,银监会有义务按照国务院的规定向后者提供银行监管信息,但是信息提供如何不违背信息保密和客户隐私保护的要求似乎尚未引起足够的重视。

第二,政府直接向银行监管机构派驻代表,但派驻代表的做法可能会演变成政府对监管机构具体活动和政策的干预。在 Marc Quintyn 等人对 32 个国家所做的调查中,20 个国家的法律规定财政部长或政府代表主持或参与银行监管机构的管理委员会,②12 个国家的法律甚至直接规定财政部长有权干预监管机构的活动。如德国的财政部长、经济部长和司法部长都是联邦金融监管局管理委员会的成员;韩国财政部副部长是金融服务监管委员会的成员;法国的银行监管

---

① 对于全国人大的专门委员会是否有监督权,在此不作讨论,国内学者对此有不同的看法,参见刘松山:“专门委员会为何不能行使立法权和监督权”,载《法学评论》2000 年第 4 期;周伟:“人大专门委员会监督权探讨”,载《当代法学》2000 年第 2 期;竺照轩、徐赛嫦:“论我国人民代表大会专门委员会体制的完善”,载《理论导刊》2003 年第 3 期。

② Marc Quintyn, Silvia Ramirez&Michael W. Taylor, The Fear of Freedom: Politicians and the Independence and Accountability of Financial Sector Supervisors, *IMF Working Paper* WP/07/25, February 2007, p. 23.

委员会由6个成员组成,其中包括财政部部长。与此相反,有不少国家法律通常规定政府派驻的代表只能在监管机构担任非执行成员,这些非执行成员不享有表决权。

鉴于政府向银行监管机构直接派驻代表实际上是体现了政府对监管机构的控制,而不是问责,所以有些国家法律规定了财政部对银行监管机构实施监督。监督不同于控制,它是通过报告、商讨、利用独立机构进行评估等形式来实现问责,以避免政府直接控制监管机构活动而影响监管机构的独立性。比如《英国金融服务与市场法》第12节规定,财政部可以委任独立人士对金融监管署在履职时使用资源的经济性、效率和有效性进行评估。如果发生了对金融体制造成重大风险或可能损害消费者利益的事件或者出于公共利益的需要,财政部可以任命独立的调查人员进行调查,而不需要通过金融监管署进行调查。[①] 但是,监督与控制是一线之隔的两个手段,有时候在实际操作上无法明确区分,而一些国家的立法也的确未能区别这两种手段,而都作为政府对监管机构的控制或问责(立法者尚未认识到控制和问责的不同)的手段。如《德国联邦金融监管局法》一方面规定了德国的财政部长等是金融监管局管理委员会的成员,另一方面又规定德国财政部有权监督金融监管局的活动,确保后者依法履行职责。

第三,政府拥有对银行监管机构负责人的任免权。作为政府事后问责的手段,政府通过行使任免权对银行监管机构进行问责。为了防止政府通过任免权对监管机构进行肆意干预,政府的任免权必须法定化。任免权的法定化既是监管机构问责性的保障,也是其独立性的保障。《澳大利亚审慎监管署法》第31条和第40条明确规定了审慎监管局管理委员会成员和主席免职的原因,包括成为被监管机构的董事、高管和雇员;从事不当行为或身体或心智丧失能力;破产;从事与其履行职责相冲突的有报酬的工作;缺席管理委员会会议达到法定的次数等。但是,很少国家的法律像澳大利亚那样对银行监管机构负责人免职条件和程序作出规定。如《加拿大金融监管局法》第5节仅仅规定总督可以因故免除金融机构监管局副局长(主监管官)的职务。在我国,《银监法》并没有明确规定银监会负责人的任免条件,但是中共中央的《党政干部选拔任用工作条例》对党政干部的任用、免职的条件和程序作了明确的规定,从而使国务院任免银监会负责人有了规范性依据。

第四,政府对银行监管机构拥有与立法机关相类似的问责手段,即政府为了实现其自身的目标,可以针对银行业和银行监管机构本身颁布法规,要求监管机

---

① 《英国金融服务与市场法》第14~17节。

构遵守执行。但与代表民意的立法机关不同,政府通常有与社会福祉相悖的自身利益,因而一些国家的法律对政府(财政部)和银行监管机构的规则制定权限作出了较为明确的划分。如《英国金融服务与市场法》第144节和第145节分别规定了财政部可以通过命令(by order)限制金融监管署在制定有关价格稳定和金融产品营销规则方面的权力。《瑞士联邦银行和储蓄银行法》第23节规定,联邦银行监管委员会下设的分委员会颁布的有关其自己的组织和管理方面的规定必须经过瑞士联邦委员会的批准,而联邦银行监管委员会则有权颁布为实施法律和监督遵守法律所必需的决定。

上述政府对银行监管机构的问责方式,除第一种方式外,均可以演变成政府对监管机构的控制、干预,这些方式是作为政府问责手段还是作为干预手段的确也难以泾渭分明。但是,如果一国的立法更多地允许政府向银行监管机构派驻拥有表决权的代表,未能明确规定政府免除银行监管机构负责人的原因和程序,未能明确划分政府和银行监管机构对规则制定权的权力,该国的银行监管机构就更加容易受到政府的干预。

(三)司法问责

权力分立的限制和议会运行特点决定了议会不能对银行监管机构的日常监管活动进行个案式地审查和监督;在银行监管机构隶属于政府的体制中,政府对监管机构的问责只是一种内部监督,由于监管机构的失败往往意味着政府的失败,所以政府对监管机构问责的效力常常要打折扣。在这种情况下,法律为弥补议会问责和政府问责的不足而规定了司法救济手段,通过司法的权威性、法官的独立性和专业性以及司法程序的公开性,一方面保证银行监管机构能合法、合程序地行使银行监管这个公权力,另一方面为受银行监管影响的机构和个人提供权利救济。由于我国法院无权对银行行政法规和规章的制定这类抽象行政行为进行审查,同时对某些监管措施是否属于具体行政行为而纳入司法审查范围在立法和司法实践上也含混不清,这些缺陷使司法救济要作为问责我国银行监管机构的有效手段仍任重道远。

对银行监管活动的司法救济需要把握一个度的问题。在有些国家,法律对相对人针对监管机构监管活动向法院提起诉讼采取了较为宽松的态度,其弊端也是显而易见的。例如,当监管机构作出对问题银行关闭的决定时,法律一般允许银行可以就关闭决定向法院提起诉讼,其结果有可能是:第一,延长了该问题银行的生存期限,从而影响整个银行体系的安全;第二,让不懂银行监管专业知识的法官干预银行的监管活动,损害了监管机构的名声和监管职能的完整性;第三,使监管机构不能集中精力关注其他监管问题,因为监管机构有可能数月甚至数年不断地纠缠于纷争之中;第四,如果问题银行可以通过法院来胁迫监管机构的话,监管机构遭受监管俘获或政治干预的可能性就会变大。① 所以,法律要在司法救济和监管职能的完整性之间达成一个平衡。也许实现这种平衡的较好方法是避免非银行监管专家型的法官参与,组建专门法庭,由具有银行监管知识的法官来审理案件。如《英国金融服务与市场法》专门规定建立独立的"金融服务与市场特别法庭",处理金融监管署和被监管机构或个人之间就金融监管署的监管决定发生的纷争。金融服务与市场特别法庭原先设计为上诉机构,后来明确为初审庭,审查每个案件的事实,并有权将自己的决定取代金融监管署作出的决定。

(四)被监管机构的问责

在某些国家,银行监管机构的运行资金或全部或部分来自被监管机构缴纳的监管费,这样,被监管机构或多或少有权对监管机构实施问责。但被监管机构的问责不是对监管机构活动进行干预从而演变成"监管俘获",而是法律要建立机制能保障被监管机构对监管机构的履职(包括监管规则的制定、实施具体的监管措施)发表自己的意见、了解监管过程。这些机制包括被监管机构派代表参加监管机构设立的委员会,参与监管规则草案的起草或者讨论,对监管活动产生的成本——效益提出评估意见等。像英国这样有着长久自律监管传统的国家,即使《英国金融服务与市场法》已经彻底放弃了自律监管方法,监管机构对银行负责的传统仍是根深蒂固的。《英国金融服务与市场法》第 8 节规定金融监管署必须制定和维持向业界和消费者咨询的有效机制,以使其一般的政策和做法与法律赋予的监管职责相一致。这些机制包括英国金融服务监管署应建立从业者委员会(以及消费者保护委员会),代表从业机构的利益;从业者委员会的主席由金融服务监管署任命,对其的任命或免职须经过财政部长的批准;金融服务监管署如果不同意从业者委员会提出的观点或建议,必须向后者作出书面解释。在德国,金融机构可以参加监管机构的咨询委员会,咨询委员会成员多来自学界、中央银行和消费者保护委员会。在我国,银监会的部分经费来自被监管机构的监管收费,但无论是银监会、银行还是立法机构都没有意识到银行基于监管收费可对银监会实施问责,相应地,保障银行问责监管机构的法律制度在我国基本上是空白。

---

① See Marc Quintyn & amp; Michael W. Taylor, Regulatory and Supervisory Independence and Financial Stability, *IMF Working Paper*(WP/02/46), March 2002, pp. 18 – 19.

四、透　明　度

透明度是指银行监管机构向公众或者利益相关人披露有关监管活动的信息，它被认为是监管机构良好治理结构的基本要求。透明度既是监管机构问责的一种形式，又是影响监管机构问责程度的因素，因为公众和利益相关人对监管机构的问责在很大程度上取决于监管机构披露信息的多少和披露的信息是否准确、及时。同时，由于监管过程通常以非公开的方式进行，容易遭受政府和利益集团的干预，如果将监管机构的监管过程透明化，可以使监管机构和干预者心存顾虑，从而也能增强监管机构的独立性。

监管机构通过披露信息实现其透明度，因此，监管机构披露信息的形式和内容应该由法律明文规定，而不应由监管机构自由裁量。我国《银监法》第 12 条仅仅对银监会应当公开监督管理程序作出规定，这远不足以使银监会成为一个透明的监管机构。通常而言，披露信息的形式包括网站发布监管规则和信息、出版定期公报、编制和公布年报、定期举办新闻发布会等，而编制和公布陈述当年度履职情况的年报则是多数国家银行法为监管机构规定的法定义务。为了能使监管机构与被监管机构和消费者有充分的沟通机会，《英国金融服务与市场法》甚至还要求金融服务监管署在完成年报编制后的 3 个月内召开公众年会，讨论年报的内容，并在年会召开后的 1 个月内公布会议记录。①

在讨论中央银行的问责性时，经常要涉及的一个问题是是否要向公众披露中央银行会议记录和表决记录，各国中央银行法对此有截然不同的规定。与此相对照，从银行监管机构问责性的角度出发，是否要将它的会议记录和表决记录披露于众，多数国家银行法均未作出明确的要求。笔者认为，向公众披露监管机构的会议记录和表决记录可以使公众了解监管机构的成员在作出决定时的争论过程和决定形成过程，从而使监管机构的成员为了维护自己的声誉和职业操守，必须在作出决定时采取认真负责的态度，提出符合自己专业水平的高质量的独立意见。但是，将监管机构对被监管机构采取的所有监管行动，特别是对问题银行采取的立即纠正行动或早期介入措施都事先公布于众，可能在增强了监管机构问责性的同时，会对金融稳定产生不利后果。因为事先披露对问题银行采取监管措施的消息不但会影响对问题银行的调查，而且会损害存款人对这家银行

① 《英国金融服务与市场法》第 9 节、第 11 节和"附录一"。

的信心，可能引发银行挤兑。所以，笔者认为向公众即时披露监管机构作出决定的会议记录和表决记录有不妥之处，但在事件发生后的一段时间内应当进行公开披露。实际上，对于增强监管机构问责性而言，并不在于是否事先、即时还是事后披露此类信息，而在于法律事先向监管机构施加披露此类信息的义务已在很大程度上能够促使监管机构成员尽职尽责。

财务公开是银行监管机构透明度的重要内容，根据经费来自财政拨款还是被监管机构缴纳的监管费用，监管机构必须分别向纳税人或被监管机构说明其如何使用经费。多数国家的银行法明确要求监管机构的财务必须经过独立的审计，并向社会公开，如英国财政部对金融监管署的财务实施独立的评估；在德国，对联邦金融监管局的财务进行独立的审计，审计报告要递交给联邦金融监管局主席、管理委员会、财政部长；澳大利亚总审计师要对澳大利亚审慎监管局的财务报告进行审计，审计报告作为审慎监管局年度报告的一部分递交给财政部长。我国《银监法》第14条也规定了国务院审计机关对银监会的活动进行监督，而且我国审计法律也允许审计机关可以向社会公布审计结果。① 尽管依照现行法律是否向社会公布审计监管取决于审计署的决定，但近来审计署已越来越倾向于把审计结果公布于众。这种做法如适用于银行监管机构，无疑会增强监管机构的问责性。

五、结　　语

银行监管机构独立性和问责性是一个事物的两个方面，在我们谈到独立性时，自然而然要想到问责性。银行监管机构的独立性是相对的，其相对性体现在利益相关人（问责人）对其的问责。对银行监管机构问责的前提是一国要合理设计保障问责实现的法律安排，即在银行监管机构的履职问责性、机构问责性和透明度方面规定具有可操作性的内容。从全球范围来看，对监管机构问责的研究和实施仅仅停留在起步阶段，其中的困难不但在于立法机构、监管机构、被监管机构和银行消费者尚未认识到监管机构问责性的重要性，而且在于常常无法区分问责性和控制（干预）之间的界限，从而有意识或无意识地将干预（尤其是政府的不当干预）作为问责手段加以适用，既破坏了监管机构的独立性，又不能实现监管机构的问责性。

（2007年第7期）

① 《审计法》第36条、《审计法实施条例》第35条。

企、事业单位人事档案纠纷之法律分析

郑尚元*

档案本不属于劳动合同约定之范畴,但由此引起的纠纷一般并非是人事档案本身内容的纠纷问题,它往往与竞业禁止协议、劳动服务期协议、培训协议以及特别给付之偿还等权益争执纠缠在一起。近年来,档案纠纷的出现和增多事实上是上述协议纠纷的一个表象。因此,本文探讨的档案纠纷更多的是将该问题与竞业禁止、服务期、特别给付、培训协议等问题联系在一起进行分析的。

一、劳动合同以及人事争议中档案纠纷的成因

近年来,随着劳动力市场化的深度发育,劳动合同中因档案问题引起的纠纷越来越多。扣押、丢失员工档案的纠纷案件已非个案,[①]如何面对这些已显性化的社会现象,这些纠纷该如何处理等问题亟待法学界进行深入研究,这样的问题也迫切需要立法之因应。档案纠纷的成因大体上可以从以下几个方面进行分析。

第一,在计划经济体制下,人事档案制度属于企业人事管理制度的一个环节,企业人事管理制度实质上是行政管理的延伸,档案完全属于国家。这时期的企业人事档案管理属于企业行政管理的内容之一,企业的性质和状态决定了企业人事档案的性质与状态。“企业从内部组织到外部关系,从产品生产到产品销售都完全置于国家的直接控制之下。……如果说国家与企业的关系可以用‘父子’关系来概括的话,那么,企业与企业之间的关系完全可以用‘亲兄弟、不算账’的比喻来刻画。”[②]因此,从宏观角度上看,计划经济体制下的企业员工档案不产生归属和使用问题,而是被整体纳入企业人事关系的体系

* 作者单位:中国政法大学民商经济法学院。

① 例如,重庆市首例档案纠纷案,是首例下达行政处罚书的档案纠纷,同时也是首例通过法院申请强制执行的档案纠纷。参见 http://cqtoday. cqnews. net/system/2002/07/10/000169677. shtml;乌鲁木齐市天山区法院审理的因丢失档案引起的损害赔偿纠纷案,载《老年日报》2006年5月29日。

② 顾培东主编:《中国企业运行的法律机制》,重庆出版社1991年版,第48页。

之中。

而且，政企不分导致企业对人事档案的管理亦参照国家机关档案管理的做法。员工档案被不同企业所分割，员工之身份完全被一个企业所控制，档案进入企业人事管理系统后，员工档案只与员工的奖惩考核密切相关，并不会涉及员工档案的所有（归属）问题。如果员工调动至其他企业，只要原单位批准，档案则调往其他企业。因计划体制下的企业属于政府之附属物，不存在企业破产、企业主动注销等问题，所以员工档案永远存在。即使出现企业被行政撤销的情况，档案管理也会由政府的相关机构指定管理。总之，计划经济体制下的企业员工档案的流动性、使用频率以及因档案而生纠纷的可能性很小。

第二，在市场经济体制下，劳动力市场化改革决定着传统人事档案制度改革之因应，而后者目前尚未能跟上时代的步伐。市场经济体制确立后，企业已经逐步成为独立的市场主体，企业自身利益凸显，企业人事管理当因应这种发展与变化。若企业出现停产与破产问题时，员工档案由谁管理就成了不成问题的问题，更何况是在员工档案的流动性增大、使用频率提高的现状之下。在企业改制过程中，产权关系的梳理成为问题的中心和热点，而企业人事档案问题则被边缘化。其实员工档案纠纷实质上是企业与员工其他实质性权利义务关系扭曲的一个反衬。虽然目前我国企业在产权改革、用人制度改革方面已经迈出了坚实的步伐，但遗憾的是用人单位中的形式要件，即人事档案管理的环节却仍处在计划经济时期的落后状态。近年爆发出来的档案纠纷就是该制度不和谐的一个方面，换言之，目前的企业人事档案管理已经落后于时代的要求。

第三，档案管理的"双轨制"运行冲击着计划管理档案的模式。近年来，人才市场和劳动力市场等主体代管劳动者档案的情况越来越多，相当一部分劳动者的档案已经在摆脱计划管理模式的窠臼。已经市场化管理档案的模式，即"人才"管理与存放档案、当事人付费的模式使劳动者的档案管理更为灵活，使相当一部分劳动者能在劳动力市场上自由进退，不因档案受制于用人单位。与之相反，未进行档案市场化管理的劳动者的档案易成为用人单位掣肘劳动者流动的工具。如此"双轨制"是造成当前档案纠纷的又一个因素。

第四，人事档案纠纷实质上是其他纠纷的表象反映。目前人事档案纠纷并非是档案本身的纠纷，而是劳动力流动中实体权利义务关系扭曲的表象反映，如用人单位扣押劳动者的档案，无非有两个方面的原因：其一是用人单位不同意劳动者离开本单位，因为劳动者具有很高的使用价值；其二是用人单位利用扣押劳动者档案企图获得其他利益。至于丢失员工档案的问题,主要是档案在被使用过程中才凸显档案其价值的,如员工到其他单位谋职、办理社会保险手续、升学等都可能使用到档案。丢失档案就是在这样的情形下形成纠纷的。

第五,依据现有的企业与员工档案管理、使用、归属模式,事业单位因利益格局的调整同样会遇到相关问题。目前,事业单位员工离职同样会出现被扣押档案的情况,员工与原单位因其他权益纠纷导致档案纠纷的事例也很多。事业单位与员工之间产生的档案纠纷深层次地反映了事业单位变革与事业单位员工流动的现实冲突。可以预见,在未来事业单位聘用合同制度普遍推行的实践过程中,越来越多的档案纠纷会浮出水面,如同现今企业与其员工产生的档案纠纷一样。

二、我国人事档案制度中存在的法律问题

我国档案制度形成于计划经济时期,1987 年 9 月 5 日全国人大常委会通过了《中华人民共和国档案法》(1996 年修订)。该法在总体上应属于一部档案行政法,并没有就档案的本质、属性以及档案归属问题作出明确的规定,也没有对公、私档案作出规定与区分。现在越来越多的因人事档案引发的劳动合同纠纷多与人事档案制度中存在的问题有关。

现行企业人事档案的法律规制,一是依据《档案法》的相关规定,二是根据 1992 年 6 月 9 日劳动部和国家档案局联合颁发的《企业职工档案管理工作规定》。遗憾的是,在社会主义市场经济体制确立后,企业职工档案的法律规制仍就适用上述法律规定,制度的陈旧性暴露无遗。从某种程度上看,目前,企业与员工的档案纠纷以及法律梳理的困局,与法律规制不足有直接关系。更值得关注的是,现行事业单位职工档案之法律规制几乎处于空白状态,事业单位职工档案管理沿袭几十年来之政策与习惯,制度的刚性不足。尤其是面对已经出现的事业单位与员工之间的档案纠纷,法律并没有直接的救济渠道,现状十分令人担忧。我国人事档案制度存在的法律问题很多,主要体现在以下几个方面。

第一,我国企业人事档案"重管理、轻使用"的格局仍未打破。从《档案法》和《企业职工档案管理工作规定》不难看出,目前企业人事档案仍将管理作为法律规制的重心,至于职工人事档案的使用几乎没有作出相应规定,即公法规制有余,而私法调整不足。

第二，企业职工档案的法律属性与权属不清。档案分为公档与私档，但我国现行法律制度并没有对此作出区分，我国企业职工档案究竟属于公档与私档的问题法律也无明确规定。档案之权属基本处于空白状态，法律没有明确企业人事档案究竟属于企业，属于国家，还是属于职工个人？

第三，企业与其员工之间档案信息严重不对称，甚至有些企业将档案控制当成制约员工的一种手段。员工私人档案中究竟应当沉淀什么样的信息？这样的信息是否能为双方当事人所认同？档案的公信力如何？这些问题都不清晰。如近年出现的企业任意将不利于职工的信息记载于档案之中，而职工对此却一无所知，直到找工作四处碰壁后才得知其中蹊跷。

第四，企业建档不规范。企业建档相对规范的是原国有大中型企业，这些企业在计划经济时期，普遍建立了相应的员工档案，并且类比国家机关之人事档案管理工作，建档相对完整；而外资企业、小型非国有企业等员工建档普遍较差，甚至员工工作多年都没有建档，原企业人事劳资部门演变为人力资源部门后，员工信息也只普遍注重现实，不注重历史积累和个人信息沉淀。换言之，在现代企业运作过程中，并不重视员工建档问题，是否存在"档案"亦值得思考，即使是这些企业拥有员工的相关个人信息，也与原国有企业的"档案"相去甚远。

第五，目前人事档案纠纷的法律梳理程序不畅。[①] 上述企业与员工之间的档案纠纷现象足以说明这种现象的出现并非是档案本身的纠纷，而是其他权益的纷争。如果从制度层面上分析应当说属于历史遗留问题未解决。从20世纪80年代中期国有企业制度改革开始，虽然企业改革获得了长足的发展，但是企业人事档案制度改革并没有成为该系统工程中之子系统得到改革。旧式档案管理模式已经很难适应现代企业制度下的人力资源管理模式，也很难适应市场背景下的法制环境，如企业与员工之间的人事档案纠纷是否属于劳动争议，劳动仲裁机构能否受理，人民法院是否可以直接审理档案纠纷，档案纠纷案件审结后该如何执行等问题都是目前棘手的问题。[②]

综上可见，形成于计划经济时期的企业人事档案管理制度，实质上是政企不分、劳资拟制合流的结果。换言之，当时背景决定企业人事档案属于国家，企业只履行代管职能，员工个人根本不可能使用档案，档案中出现的问题完全纳入了行政机构干预、调节的范畴，尚未进入法律调整的视野。社会主义市场经济体制

① 高云："档案纠纷期待法律规范"，载《中国劳动保障报》2004年8月24日。

② 刘伟、邬江："人事档案纠纷撞出法律真空"，载《法治与社会》2003年第10期。

确立后，档案纠纷问题开始出现，笔者在分析本节内容时，试图查阅国外劳动法对企业与员工之间"档案"问题如何规制的资料，结果很令人失望，就现掌握的产业发达国家之劳动法，对该问题都没有规定。从某种程度上看，我国企业人事档案并非是劳动法上调整的普遍问题，而应当是一个相对独特的制度。这种企业人事档案制度，对于国家而言是将人力资源信息完全控制于自己手中；对于企业而言，注重对劳动者"历史"之考察，以过去表现考证未来取向，这样的用人机制不利于市场体制下的企业与劳动者之间雇佣关系的建立，相反还会成为双方当事人社会关系梳理的绊脚石。对于个人而言，往往会对这种信息完全不对称的档案制度心有余悸，时时刻刻担心用人单位的掣肘与报复。从国外劳动法并无这样的制度构建上来看，我们有必要对长久以来的我国企业人事档案制度作一反思。

三、离职证明书给我们的启发

作为雇佣关系双方当事人的雇主与雇员之间产生的雇佣合同关系，是一类非常特殊的合同关系，其附随权利关系相当普遍。例如，我国台湾地区板桥地方法院的一则劳动纠纷案件判决（1990 年台劳诉字第 9 号），对于员工离职证明书之性质、劳工之请求权以及对内地职工档案制度的启示非常有益。① 一般情况下，原雇主应就离职员工之受雇时间、业务种类、就职期间之职位、工资等发放相应的证明书，雇员凭借该证明书再去求职。关于离职证明书的发放，我国台湾地区"劳动基准法"第 19 条规定："劳动契约终止时，劳工如请求发给服务证明书，雇主或其代理人不得拒绝。"这一规定对离职证明书内容并未作详细规定，台湾地区相关当局在对"劳动基准法"第 19 条施行细则草案作规定时，认为依该法第 19 条雇主发给劳工之服务证明书，除记载雇用期间、工作种类、在该单位之职位、工资及劳工依事实所请求记载的事项外，不得记载对劳工不利之事项。但是，台湾地区行政当局在审查该草案时认为，如劳工在服务期间有不良记录，自应据实记载，使新雇主于雇用前知所抉择，且亦可促使劳工于服务期间珍惜自己的荣誉，努力工作，避免有不良行为，以免离职时有不良记录，而造成谋职困难。

---

① 王泽鉴："雇主对离职劳工发给服务证明书之义务"，载《民法学说与判例研究（七）》，中国政法大学出版社 1998 年版，第 170～185 页；陈金泉："离职证明书相关问题之探讨——台湾板桥地方法院七十九年度劳诉字第 9 号判决评介"，载台湾劳动法学会编：《劳动法裁判选辑（一）》，第 89～98 页。王泽鉴教授和陈金泉律师对劳工法颇有研究，从他们就同一案件之判决的相应学理分析，可以看出其中问题分析之必要性。

但最终该施行细则没有对此作出规定。[①] 同样，日本《劳动基准法》第22条规定："劳工因离职而请求发给有关受雇期间、业务种类、在该事业中之职位及工资之证明书时，雇主应即交付。前项证明书不得配载劳工未请求之事项。雇主不得以妨碍劳工之就业为目的，与第三人约定，对劳工之国籍、信仰、社会身份或在工会活动情形通知或在第一项之证明书内记载秘密之记号。"韩国《劳动基准法》第31条规定："因契约之终止劳工得请求雇主立即发给证明书，此项证明书应记载受雇期限、工作性质、职称及工资，或其他事项。上述证明书内容，只能记载劳工所要求事项。雇主于证明书内不得注明任何秘密记号或采欺诈行为意图阻碍劳工之行动。"[②]类似规定，在欧洲一些国家的劳工法中同样有所体现。由此可以对离职证明书的性质和作用作出判断和分析。"雇主对离职劳工负有发给证明书的义务，一方面使离职劳工易于获得工作，以谋生计，另一方面使第三人(未来的雇主)决定是否雇用时，有参考之资料，具有增进劳工就业之社会功能。"[③]离职证明书仅仅是因离职，雇员在原雇主单位工作期间的相关情况的证明性文件。这类证明文件以雇员之请求而成立，贵在事后求职时以资证明的文件，类似于"简历"，只不过该"简历"由原雇主发给。同时，证明事项以劳工之请求事项为准，原雇主不得僭越劳工请求之事项而主动填加"证明材料"，至于原雇主以秘密方式记载不利于劳工求职的事项，则为法律所禁止。因此，离职证明书所起的作用体现在：以呈现劳工以前供职之历史，方便离职劳工另谋高就，原雇主不得妨碍劳工之重新就业。

反观我国劳动人事档案，是以统一、强制、不分优劣情形、不分是否属于个人隐私，将劳动者的个人信息全部记载于档案之中，而这些带有强烈公力证明性质的证明材料将伴随劳动者一生，当事人曾经的过错将会对其之后的就业造成负面影响。在一定程度上，我国计划经济体制下的企业人事档案制度所发挥的作用远不止于离职证明书，通过对该劳动者档案材料的查询，任何就职单位对该劳动者的情况都会一目了然，个人信息暴露无遗。更为可怕的是，档案竟然成为每个新用人单位决定是否录用该劳动者，以什么样的标准雇用该

---

① 陈金泉："离职证明书相关问题之探讨——台湾板桥地方法院七十九年度劳诉字第9号判决评介"，载台湾劳动法学会编：《劳动法裁判选辑(一)》，第92页。

② 同上，第89~98页。

③ 王泽鉴："雇主对离职劳工发给服务证明书之义务"，载《民法学说与判例研究(七)》，中国政法大学出版社1998年版，第172页。

劳动者的公力证明材料，并且，离开了这样的档案许多劳动者竟不能就职。①目前，用人单位与劳动者其他劳动纠纷而涉及扣押劳动者档案的问题，在客观上是档案本身所造成的。严格意义上讲，市场经济体制下，劳动者之就业情形应当以公力机构之相关记载为准，主要记载应当是劳动者的就职期间、工资、个人工作年限乃至社会保险积累，至于劳动者在某单位之“违纪行为”被记载于档案并被后来之用人单位所知悉，与劳动法之基本法理相悖。正如上文所言，原雇主发给的离职证明书以劳动者请求事项为准，即便是劳动者在就职期间确有不当之行为，只要劳动者不请求，原雇主就不得以秘密方式记载，至于以明示方式记载不利于劳动者再谋新职的情形，更是为法律所禁止。可见，现行档案制度是问题的症结所在。

四、人事档案纠纷的法律应对

我国劳动人事档案制度承载的历史包袱太多、太重，改革企业乃至事业单位劳动人事档案制度不仅有利于劳动力流动，更为重要的是有利于保护劳动者的合法权益，从更高层面分析则有利于保护人权。因此，该领域之法律应对可采取两个步骤进行。

（一）近期应对——企业人事档案纠纷之应对

越来越多的档案纠纷凸显旧有制度之陈旧，但是，改变现有情形绝非一日之功。在制度变迁的进程中，既需要对没有建构人事档案或档案社会化管理的主体予以热情鼓励并逐步规范，又应冷静面对几十年来形成的档案制度的历史惯性。目前相当多的用人单位仍认可档案，不论劳动者是否乐意如此，现行法律制度仍然支持这样的做法。因此，近期应对可集中于以下几个方面。

第一，劳动仲裁（包括人事仲裁）应当受理档案纠纷，以档案纠纷之独立存在为前提，处理用人单位与劳动者间的档案纠纷问题。目前许多的劳动仲裁机构、人事仲裁机构乃至人民法院不受理当事人就档案纠纷提起的仲裁申请或诉讼。对于劳动者而言，档案一旦被用人单位所扣押，档案中若干年前的历史记载，以及档案中许多属于个人的隐私，如父母、兄妹、夫妻以及他们的各种信息，

① 目前，相当多的企业，尤其是外资企业、私营企业等在招用员工时，并不需要劳动者提供档案，而是要求劳动者必须提交职业能力方面的正面文件即可。曾经，档案不仅承载了证明劳动者就职的相关信息，还发挥着就业登记、工龄积累等若干公法规制的作用。内地的劳动人事档案承载的任务太多，可谓不堪重负。

就存在被侵害和利用的可能性，而对此没有任何的程序法可以救济。因此，笔者认为，劳动仲裁机构、人事仲裁机构乃至人民法院应当积极受理这样的纠纷，如果用人单位扣押员工档案皆事出有因，如住房纠纷、违约赔偿纠纷，那么，上述机构可以将与之相关联的问题一并处理，但前提是用人单位没有理由扣押员工档案，更没有任何理由阻碍劳动者重新就业。劳动者该赔偿则赔偿，该退房则退房，皆应依法裁决。

第二，损毁、丢失劳动者档案者，用人单位之相关人员除应承担相应的公法责任[①]外，还应积极协助劳动者重制档案，如将劳动者过去经历在可能的情形下获得相关单位和部门的认同，即为劳动者补制档案的问题。显然，档案带有一定的历史性，损毁、丢失后即不可能复原，但是，档案的性质和作用表明，档案并非不可替代或补正，历史和事实之间尽管有偏差，但尽可能接近总是可以的；因此，遇到类似情形，用人单位不能以金钱赔偿带有人身属性的档案损毁和丢失的过错。正确之举措应当是，由该用人单位采取各种措施，与劳动者一起重新制作档案。当然，所有花费应当由用人单位负担。

第三，在现行档案法律制度下，分清公档与私档的界限。资本主义档案立法的典范——法国档案立法即对公档与私档分别立法，1979 年颁布新档案法后，又制定了有关档案工作的各项配套法令，如《关于法国公共档案部门的权限及与各机关为收集、保存和提供利用公共档案进行合作的法令》、《法国关于保护具有历史价值和公共利益的私人档案的法令》等。[②] 显然，公共档案和私人档案应有相应的分野。

就如何判定什么是公共档案，什么是私人档案，我们无从深入考证。但是，什么是属于“私人”的则可以依常理去解析，私人既包括自然人，也包括私法人。自然人因供职部门不同而可能造成其本人档案的公共属性和私人属性的差异，如政治性人物，其个人档案同时也是公共档案；而私人档案也未必不涉及公共利益，如年代久远且具有考古价值的私人记载则应当具有公共利益，国家公力当然应当予以保护。我国企业目前从其主体上判断应当属于私法人，不属于公法人范畴。尤其是市场化改革之后，许多企业已经割断了与政府之间的“脐带”，企业档案亦应随企业改革而改革，因公、私档不分导致的企业档案完全被企业所操纵本身就与劳动法之法理相冲突——劳资利益之法理不

① 笔者认为，故意损毁他人人事档案者，应当承担刑事责任。但是，目前我国刑法尚未规定故意损毁档案的刑事责任。显然，如果从损毁档案对当事人的利益损害角度分析，远比一般盗窃来得严重。刑法在该领域应有所作为。

② 施懿超主编：《档案法理论与实务》，重庆出版社 2002 年版，第 86 页。

平衡。因此,企业档案属于私档的定性,应当考虑档案既不属于个人所有,也不属于企业所有,其作为服务期间之表现记载,应当分清公档管理与私档管理的区界。

第四,人民法院应当受理档案纠纷。目前,人民法院直接受理档案纠纷的案件极少,关键因素在于:其一,单独就档案纠纷而提起诉讼,如何认定这类纠纷的性质,目前对此的认定是既非劳动争议,也非普通民事纠纷;其二,档案纠纷仍被认定为政策性解释问题。我国目前存在的企业人事档案制度是市场经济体制确立以前的制度,并未随企业改革而改革。企业劳动争议处理制度恢复后,劳动争议的范围被行政立法所确定,而劳动争议范围中并没有将"档案纠纷"罗列其中;因此,目前用人单位扣押劳动者档案不能定性为劳动争议,尤其是劳动者已经离职,这种纠纷就更难被定性为劳动争议。同时,档案纠纷也非普通民事纠纷,因此人民法院不受理档案纠纷有着充分的理由。再者,档案问题虽然产生纠纷,但仍被认为属于政策层面的问题,而非法律问题,[①]应当寻求诉讼外的其他程序予以救济。至于说极端性的、个别地方人民法院直接受理档案纠纷,并已进入执行程序的,最终也是不了了之,存在的制度障碍一览无余。

(二)远景抉择——企业人事档案立法的选择

我国企业人事制度形成于计划经济年代,有着深刻的历史烙印和时代背景,渗透着行政主导企业经营的计划管理思想。任何事物都是普遍联系的,于企业人事档案制度一角即可分析,我国企业市场化改革之最终成型仍有许多路要走,企业人事档案制度几乎被学界遗忘,至于档案立法亦未对人事档案立法浓墨重彩予以关注。因此,关注人事档案立法显得十分重要。

第一,市场经济体制确立前出台的《企业职工档案管理工作规定》已经落后于时代,事业单位档案制度尚未法制化,因此,应当关注人事档案立法工作,此等涉及无数劳动者切身利益的大事仍无相当之法律规制,不能不说是法制之遗憾、法学之遗憾。

第二,人事档案应当厘清其性质。笔者认为,人事档案既非公共档案,也非个人财产,更非用人单位要挟劳动者的"把柄",它应当是我国用人制度中之一环,适应社会发展需求。人事档案管理应当实行社会化管理,即由专门的人事档案代理机构代为管理、保存劳动者的档案,这样既节约了管理成本,同时又对用

① 笔者认为,我国内地档案制度的历史惯性,扼杀了离职证明书之理论与实践的可能。

人单位和劳动者有益处。①

第三，人事档案立法应逐步与离职证明书连接起来。如果说我国人事档案之管理、保存的公法属性过强的话，那么，离职证明书的私法属性又太强烈，离职证明书并不归档，并没有足够的公信力。因此，将离职证明书副本存入劳动者个人人事档案是档案立法又一应当考虑的因素。可以说，其他国家和地区的离职证明书制度有其积极作用，但是，仅仅凭借一纸离职证明书，不可能顾及久远的过去，也不可能考虑到预期的未来。因此，将来人事档案立法应当考虑到这些因素。

（2007年第10期）

① 需要指出的是，社会化管理并非可以由任何人事代理机构、职业介绍机构、人才市场来管理、保存劳动者的人事档案，而是应当由符合法律规定的，有相关人事档案管理、保存资质的单位负责。

构建我国环境立法中的按日连续处罚制

——以《水污染防治法》的修改为例

汪　劲* 严厚福**

近年来,我国的特大、重大水污染事件层出不穷,①严重危害了人民群众的生命和财产安全,引起了人们对近期《水污染防治法》修改的关注。② 民间和官方都曾提出过要完善环境立法,提高对违法行为的处罚力度,从根本上解决“违法成本低,守法成本高”的问题。③ 正在修订中的《水污染防治法》如欲摆脱这种尴尬境地,就必须在加大处罚力度上狠下一番工夫。如果没有制度上的创新,就不可能在水污染防治方面取得实质性的突破。目前,在行政责任方面,④“企业违法成本低”不仅表现在环保部门对其违法行为罚款的绝对数额过低,还表现在,对于企业持续的违法排污行为,环保部门目前的做法是只能将其作为“一次”违法行为进行处罚。⑤ 这就等于说企业把违法行为隐瞒得越久就越能从中

---

* 作者单位:北京大学法学院

** 作者单位:北京大学法学院。

本文为北京大学法学院汪劲教授主持的国家社科基金重点项目《环保执法问题研究》(项目编号:06AFX005)的阶段性成果。

① 例如,2004 年 2 月的沱江重大水污染事件,2005 年 11 月的松花江重大水污染事件,2005 年 12 月的北江重大水污染事件,2007 年的太湖“蓝藻”事件。

② 2007 年 9 月 5 日,全国人大常委会委员长会议决定全文公布《中华人民共和国水污染防治法(修订草案)》,向社会各界广泛征求意见,待作进一步修改后,再向全国人大常委会会议提交审议。参见《水污染防治法修订草案征求意见的通知》,载中国人大网。

③ 据美国环保协会中国项目负责人张建宇博士的研究,企业在环境领域的守法与违法的收益比为 1: 46。参见张建宇:“关于修订《水污染防治法》中经济处罚方式的建议”,2007 年 9 月 17 日国家环保总局环境监察局与美国环保协会主办的中国环境监察执法效能研究一期总结会暨《水污染防治法》“按日计罚”处罚方式研讨会上提交的论文。

④ 事实上,在我国的环保法律中,违法者所承担的民事责任和刑事责任同样很轻。但本文不打算面面俱到地论述如何加强环保法律中的法律责任,而只是集中论述如何加重行政责任的一个方面的措施。

⑤ 在对辽宁省环保系统进行环保执法调研时执法人员告诉我们,对于这种持续性违法行为,他们一年最多能罚 4 次,以 1 次行政处罚程序的终结为 1 次。从作出处罚决定到复议、诉讼、上诉、申请强制执行,一个程序走完,至少需要 3 个月的时间,甚至有可能 1 年下来一个程序还没走完。在走程序的过程中,违法行为通常仍在持续。

获利。[①] 鉴于这种处罚机制的缺陷，许多国家和地区已经在环境立法中建立起了“按日连续处罚”制，对于持续性的环境违法行为，每持续一天就视为一次单独的违法行为，并进行处罚。这就提高了违法成本，从而可以有效地遏制违法者的违法冲动。在这种沉重的按日连续处罚的压力下，只要每日的处罚额设置合理，并且执法足够严格，相信绝大多数的企业都会选择“循规蹈矩”。虽然近年来学术界和环境保护官方人士建议引入“按日连续处罚”制的呼声也越来越强，但在理论上对我国引入“按日连续处罚”制作可行性研究的文章尚不多见，基于此，笔者希望本文能抛砖引玉，为改善我国的环境状况，提升我国环境法学研究水平尽一点绵薄之力。

一、“按日连续处罚”制的两种模式

在环保法律中建立“按日连续处罚”并非是一项前无古人的创举，而是有许多可资借鉴的经验，[②]这可以大大降低我国进行制度创新的风险。在对各国和地区的制度的比较研究中，我们可以充分发挥“后发优势”，借鉴一种最适合我国国情，同时又能发挥积极作用的制度模式。[③]

最早对持续性违法行为规定“按日连续处罚”的是美国1970年的《清洁空气法》，其第113条(b)款规定：“环保局长针对下列情况，可对污染源的所有者或经营者、大的排污工厂或者固定的污染源的相关责任人处以暂时的或永久的禁令，或者经评估后对每项违规行为处以每天不超过25,000美元的罚款，也可两者并罚……。”美国1976年《有毒物质控制法》第2615条(a)款(1)项规定：“任何违反本编第2614或2689条规定的人应受到民事处罚。对每次违法行为

① 对这种持续较长时间的违法行为，环保部门可以从重处罚。而且在实际执法中环保部门确实是这么做的，因为违法持续时间肯定是环保部门作出处罚时必须考虑的一个重要因素。但下文将显示，由于现行立法的局限，即便是这种从重处罚仍然不足以抵消企业的持续违法冲动。

② 目前，许多国家和地区都对持续性的环境违法行为，引入按日连续处罚的处罚机制。这其中不仅包括美国、加拿大、德国、法国、新加坡等发达国家，也包括印度、菲律宾等发展中国家以及我国的香港特别行政区和我国台湾地区。参见别涛、王彬：“环境违法应当实行‘按日计罚’——关于惩治持续性环境违法行为的立法建议”，载《环境保护》2007年第Z1期。

③ 必须指出的是，有些国家和地区规定的按日连续处罚是作为一种刑事处罚措施（例如，我国香港特别行政区），有的国家和地区规定的按日连续处罚是一种“民事处罚（civil penalty）”措施（如美国），而我们试图呼吁立法者建立的按日连续处罚属于行政处罚措施，这并不会构成理论和实践上的障碍。说到底，对于同一种行为的处罚措施属于刑事处罚还是行政处罚或者民事处罚只是立法者贴标签的问题，在本质上并不存在根本性的差异。而且，众所周知，许多国家和地区规定为犯罪的行为，如违反交通规则的行为，在我国只是被作为一种行政违法行为。

的罚款不超过25,000美元(该规定后修改增加为32,500美元)。为实现本款的立法目的,违法行为每持续一天应当视为构成一次单独的违反本编第2614或2689条规定的违法行为。"并且在处理案件时,"联邦环保局应当确保最终的处罚要高于非法行为所获得的经济利益"。①加拿大《水法》第30条第1款规定,对"每个"违法行为处5000加元以下罚款;第2款针对"持续违法行为"(continuing offences)规定,某个违法行为如果被实施或者被持续达1天以上者,则每1天的行为均被视为一个单独的违法行为。因此,对持续性的环境违法行为,实际上可以每天处以5000加元以下的罚款。我国香港特别行政区1997年《水污染管制条例》第11条规定,任何人未经许可向香港水域及内陆水域排放污水,即构成违法。如该项违法属持续违法,则可在该违法行为持续期间,另处每天罚款10,000港币;向公用污水渠和公用排水渠排污的,每天罚款40,000港币。法国《刑法典》第218.73条规定:"向海水、咸水河流、运河及水塘中直接或间接地投掷、倾倒或排放对海洋哺乳动物、鱼类、甲壳类、贝壳类动物、软体动物及植物的保存、再生有害的物质或有机生物的行为被课以22,500欧元的罚金。"第218.76条规定:"当第218.73条涉及的违法行为被判定为犯罪时,为终止违法行为或为避免屡犯,应采取一切必要措施,并规定落实措施的期限以及逾期罚款,逾期罚款金额最高为每日300欧元。"我国台湾地区"水污染防治法"第40条规定:"事业或污水下水道系统排放废(污)水,违反第7条第1项或第8条规定者,处新台币6万元以上60万元以下罚款,并通知限期改善,届期仍未完成改善者,按日连续处罚;情节重大者,得命其停工或停业;必要时,并得废止其排放许可证、简易排放许可文件或勒令歇业。"除此之外,在"空气污染防制法"等环保法律中也都有类似的规定。

通过对上述法条的分析可以发现,这些国家和地区有关"按日连续处罚"的规定大致可以分为两种模式:一种是对于持续的环境违法行为直接进行按日连续处罚(以下简称"英美法模式");另一种是对于环境违法行为,不论是否持续,先作为"一次"进行处罚,并通知限期改正,届期仍未改正的,再按日连续处罚(以下简称"大陆法模式")。前者如美国和加拿大和我国香港特别行政区的规定,后者如法国和我国台湾地区的规定。②那么,我国到底应该选择和借鉴哪一种"按日连续处罚制"的模式呢?

---

① See EPA: Toxic Substances Control Act Section 2603 Enforcement Response Policy, at 7.

② 值得注意的是,英美法模式默示地规定了对于拒不改正或者逾期未完成治理任务的也实行按日连续处罚,直到违法行为被纠正为止。因为在此之前,违法行为仍在继续。换句话说,英美法模式的内容包含了大陆法模式。

二、英美法模式与大陆法模式的选择

建立一种新制度，尤其是在存在几个相近的方案可供借鉴时，必须对其成本—收益进行综合分析，选择净收益最大的一种。不一定收益最大的方案就一定能胜出，因为其成本可能同样巨大；同样，成本小的方案也不一定能胜出，因为其收益也可能很小。在考虑到可操作性的同时，若其他条件相似就应当尽量选择与现行理论和实践冲突较小的方案。我们现在就来分析一下上述两种模式各有哪些利弊，以便我们能够作出适当的选择。

（一）英美法模式：作为行政处罚性质的“按日连续处罚”

“按日连续处罚”制度在我国之所以“叫好不叫座”，很大的原因在于许多人认为其不符合学界对于“一事不再罚”的主流学说。如果要在《水污染防治法》中确立英美法模式的按日连续处罚制，就必须澄清其如何与目前有关“一事不再罚”的理论和实践相协调。

“一事不再罚”原则是指对相对人符合一个违法构成要件的行为，除法律（包括法律精神）另有规定之外，行政主体对该相对人只能给予一个和一次处罚。[①] 我国《行政处罚法》第24条规定：“对当事人的同一个违法行为，不得给予两次以上罚款的行政处罚。”学界认为这个规定只是部分体现了“一事不再罚”原则，因为它所禁止的只是“罚款”，而不包括其他形式的行政处罚。“一事不再罚”的关键是如何认定“一事”。[②] 对于某些典型的“一事”，在认定上一般不会有争议。而现在的主流意见认为，还存在一些非典型的“一事”，并将这些非典型的“一事”概括为单纯一事[③]、法定一事和处断一事，而持续违法是单纯一事的典型形态。[④] 根据这一通说，持续性的违法排污行为，在实行终了或者被环保部门发现之后，只能作为“一事”来处理。我国的污染防治实践证明，这种做法无法遏制污染恶化的趋势。

也许我们能从对“一事不再罚”要求的立法目的中，另辟一条蹊径。有学者认为，《行政处罚法》第24条规定的立法目的主要是防止处罚机关滥用职权，对相对人的同一违法行为以同一事实理由处以几次行政处罚，以获得不当利益，同

---

① 朱新力：“论一事不再罚原则”，载《法学》2001年第11期。

② 杨小君著：《行政处罚研究》，法律出版社2002年版，第53页。

③ 朱新力：“论一事不再罚原则”，载《法学》2001年第11期。

④ 单纯一事并不单纯，其本质含义是，实质上只有符合一个构成要件的行为，但因该行为的某些特性，易被误认为多事。

时也是为了保障处于被管理地位的相对人法定的合法利益不受违法的行政侵犯，使一定的违反行政管理法律法规的行为与一定的法律责任相互确定挂钩，防止处罚过多、过滥，以体现过罚相当，进而体现法律制度与行政管理的可预见性与稳定性价值。这一原则对于控制滥罚款和多头罚款现象无疑具有直接的意义。[①] 但防止行政机关滥用职权只是问题的一个方面，还有一个方面是如何在"一事不再罚"的制度框架内确保违法者获得公正的惩罚。《行政处罚法》第4条第2款规定："设定和实施行政处罚必须以事实为根据，与违法行为的事实、性质以及社会危害程度相当。"这条规定被学者们概括为行政处罚的过罚相当原则。[②] 很明显，"一事不再罚"的要求是基于过罚相当的原理而提出的，是过罚相当原则的内容之一。并且"一事不再罚"在我国《行政处罚法》中仅仅是一个规则，而不是一个原则。[③] 即便作为一个原则，它也是一个相对具体的原则，其上位的原则是"过罚相当原则"。无论在技术上或文字上我们怎样去解释"一事"和"再罚"，其最终结果必须是不违背过罚相当原则的基本精神，使被罚人所承担的处罚责任后果与他的违法行为的危害性质和程度相适应。[④]

假设某一条河流沿岸有A和B两家排污企业，它们都向该河排污，并且假定它们平均每天违法排污造成的危害是相似的。如果A违法3天就被发现了，而B由于采取了隐蔽措施，违法了3个月才被发现。若对它们的违法行为都以"一次"来计算，尽管最终A受到的处罚肯定低于B，但对于A来说，它仍然会觉得不公平。因为，B给环境所造成的危害以及B从持续违法所获得的利益（大多数情况下是少支出的处理污染物的成本）是A的30倍，[⑤]而由于现行的《水污染防治法》及其修订草案中对同一种违法行为，根据情节严重，罚款最低数额与最高数额只相差10倍，即便对A处最低限额的罚款而对B处最高限额的罚款，B仍然"赚"了。在这种机制下，绝大多数情况下，作为理性人的A企业肯定不会为自己的违法行为而忏悔或者改过自新，从此奉公守法，相反，它会认为自己运气不好或者违法的技术太差。它绝不会想着下次要守法，而是会想着下次如何才能违法更长时间不被发现，从而获得更大的利益。这也就是说，在这种制度

① 简敏："行政处罚中'一事不再罚'原则的适用与例外"，载《重庆大学学报》（社会科学版）2002年第4期。

② 杨小君著：《行政处罚研究》，法律出版社2002年版，第49页。

③ 我国《行政处罚法》有关"一事不再罚"的要求规定在第4章"行政处罚的管辖和适用"中，而非规定在总则中。

④ 杨小君著：《行政处罚研究》，法律出版社2002年版，第52～53页。

⑤ 事实上，由于某些污染物的累积效应，N倍数量的污染物造成的危害可能不止N倍。

下,理性的污染者肯定会选择持续违法,持续得越久越好。[①] 这简直就是法律的耻辱! 因此,从过罚相当原则的角度来看,最公正或者说最精确的做法,就是按日计罚。在其他违法情节类似的情况下,[②]违法时间持续越短,处罚也就越轻;违法时间持续越长,处罚也就越重。这样,所有的违法者,无论其持续违法的时间多长,被处罚时都会心服口服。如果不按日连续处罚,就是鼓励污染者多多违法,因为违法时间越长就可以获得更多的利益。现在的违法排污基本上都是故意的,其违法行为一般都具有持续性,只有在环保部门来检查的时候才会象征性地运行一下污染治理设施。而环保部门本来就人力、物力、财力不足,在环保部门所有的人员中,只有不到1/3的人是外出执法的,而在这1/3的人当中,绝大部分又是专门负责收排污费的,真正现场执法的人很少。[③] 这也就意味着企业违法排污被发现的概率总体较低。[④] 而如果被发现的概率总体较低,那么,长期违法与短期违法被发现的概率之间就不存在显著的差异。即便长期违法被发现的概率略高于短期违法,但由于长期违法的收益明显更高,经过权衡之后,企业十有八九会选择长期违法。因此,从制度效果上看,如果持续性违法行为仅被视为"一次"违法行为,企业最好的选择就是持续违法,能持续多久就持续多久,这显然是我们不希望看到的局面。

那么,如何界定"一事"才能产生更好的效果呢? 我们再来回顾一下法律的规定和理论上对于"一事不再罚"的解释。《行政处罚法》本身并没有对"同一个违法行为"(即"一事")的含义作出界定,目前把持续性的违法行为视为"一事"进行处罚的做法只不过是理论上的解释和实践中的通行做法,并没有直接的法律依据。[⑤] 这也就意味着,法律完全可以重新界定什么是"一事"。把持续性的

---

① 从经济学上分析,企业违法的成本 = 可能的罚款数额 × 被发现的概率;企业违法的收益 = 平均每天的收益 × 违法天数。从直观上分析,如果违法行为持续时间短,被发现的概率也会小一些;而长期违法很可能更容易被发现,因此,似乎长期违法的成本更大。但是,首先,长期违法的收益更高,很可能高于其成本。其次,如果企业选择了长期违法,它就有更大的动力来隐瞒自己的违法行为(尽管可能也要付出一定的成本),从而降低被发现的概率。此外,考虑到现实中环保部门执法的能力,由于人力、物力、财力等方面的限制,企业只要稍微采取一些地下手段隐瞒自己的违法行为,环保部门就会很难发现。

② 这个前提相当重要。因为最终的处罚不仅与违法时间有关,还与诸如违法造成的损害、违法所得、有无前科、支付能力等因素相关。

③ 这是笔者在浙江、辽宁、四川、陕西四省环保部门作调研时了解到的情况。

④ 现在有些大企业已经被安装了排污在线监控系统。对这些企业的排污行为,环保部门无需现场检查就可以一清二楚。但这些大企业只占所有排污企业的一小部分。大部分的企业仍然要靠环保部门现场执法才能发现问题。

⑤ 当然,在法律本身语焉不详的情况下,我们认为这种做法并没有"违法"。

违法行为，每持续一天定义为一个单独的违法行为，并不违反《行政处罚法》的规定。同时，目前学术界对“一事”的主流解释是“符合一个构成要件”的行为。[①] 而构成要件显然是法定的。为了实现某些目的，法律当然可以规定对于持续性的违法行为，每天的违法行为都构成一个完整的违法行为，就像它可以为了某些目的把持续性或连续性的违法行为拟制为“一个”违法行为一样。[②] 因此，在修改《水污染防治法》时，立法者完全可以首次在法律上明确规定“按日连续处罚”的制度。而且，鉴于目前水污染的严峻形势，建立这种制度甚至可以说是立法者庄严的责任！

笔者认为，从理论上说，“一事不再罚”与“按日连续处罚”不是同一个层面上的制度，它们完全可以并行不悖。对于持续的违法行为，法律规定按日连续处罚并不违反“一事不再罚”。既然法律已经将每日的违法行为视为“一事”，那么按日连续处罚就根本没有违反“一事不再罚”，除非对于每日的同一违法行为进行两次以上的罚款，但这个“除非”是很容易被排除的。所以，如果在《水污染防治法》中确立“按日连续处罚”，根本不会与《行政处罚法》所规定的“一事不再罚”相抵触，最多不过是与目前有关“一事不再罚”的主流学说和通行做法相抵触而已！

但是，当现存的方法和传统的观念被证明不能完全有效地解决新问题而让我们束手无策时，我们的法律为什么还必须如此僵化、如此顽固呢？[③] 如今我国的环境污染日益严重，如果不在法律上作出创新性的应对之策，仍然囿于现行的处罚观念，恐怕我们的子孙后代将会永远感受不到“山清水秀”的意境了。环保法律本来就是为解决环境问题而发展起来的，环境法学当然也应以解决环境问题为导向。如果一种理论不再适应新发生的情况，我们又何必削足适履呢？我们不应当过多地沉溺于理论的精致性和连贯性，因为法律最终是用来解决问题的，而逻辑上或形式上再精致的理论，都可能无法指导我们解决实际问题。任何一种理论上的解释永远都不可能是终极真理，它必须随着实践的拓展而扬弃。

① 朱新力：“论一事不再罚原则”，载《法学》2001年第11期。

② 已经有学者指出，行政法上的行为可以透过“时间”、“空间”、“立法目的”在法律上予以拟制。例如，在时间方面，在同一地点违规停车7日，可以以时间为单位切割成7个行为（每24小时为一单位）或14个行为（每12个小时为一单位）；连续超速行为，法规可以规定每几分钟或几公里为一个独立的超速行为，这些都可以通过法律予以拟制。参见王毅、徐荣春、王壹惠：“论行政处罚中的一事不再罚原则”，载《吉林师范大学学报》（人文社会科学版）2003年第6期。

③ Sierra Club v. Morton, Secretary of the Interior, etal. 405U. S. 727. 756. 参见汪劲、严厚福、孙晓璞编译：《环境正义：丧钟为谁而鸣——美国联邦法院环境诉讼经典判例选》，北京大学出版社2006年版，第74页。

当一种理论阻碍解决问题的时候,实践就不应当受到理论的束缚。此时,实践完全可以创造出一种新的法律制度,然后由学者根据新的法律制度来创造新的理论。也就是说,法律实践完全可以走在理论的前列,而不是跟在理论后面亦步亦趋。在我们的法学研究中,缺乏的就是这种解决实际问题导向的实用主义。"实用主义首先是指一种处理问题的进路,它是实践的和工具性的,而不是本质主义的;它感兴趣的是,什么东西有效和有用,而不是这'究竟'是什么东西。因此,它是向前看的,它珍视与昔日保持连续性,但仅限于这种连续有助于我们处理目前和未来的问题"。[①] 而"形式主义的精髓就是将法律理解为观念之间的一个关系系统,而不是一种社会实践"。[②] 今天,当学术界对"一事"的主流意见被证明无助于解决愈演愈烈的环境危机时,我们就必须果断地抛弃这种理论,转而采用一种更能解决问题的新理论和新实践。[③] 这种实用主义并非只是英美法系的传统。"不管白猫黑猫,能抓住耗子的就是好猫"说的就是中国土生土长的实用主义。什么是我们的传统?在清末修律之前,大陆法系就是我们的传统吗?传统也是慢慢地建构起来的,今天的创新在50年后可能就是传统!

选择英美法模式的收益显而易见是巨大的。但是,除了与现行的理论和实践相冲突这个成本之外,[④]我们还必须看到,如果采纳美国或者我国香港特别行政区的这种按日连续处罚制,可能会遇上操作上的困难:实践中,如何证明违法行为在被发现之前到底持续了多久?在缺乏经常性的监测结论的情况下,除非违法者自己承认,否则环保部门很难证明其一直存在持续违法。因此,对其进行按日连续处罚也就失去了事实依据,[⑤]最后的结果很可能是只能把持续性的违法行为作为"一日"处理,进行"一次"处罚。美国、加拿大等国和我国香港特别行政区之所以敢于建立这样的制度,与它们的环保部门执法能力高息息相关。而目前我国各级环保部门的执法能力显然无法与其相提并论。因此,即便建立了这样的制度,如果环保部门的执法能力不能获得显著提升,其效力也会大打折

① [美]波斯纳著:《超越法律》,苏力译,中国政法大学出版社2001年版,第4页。

② [美]波斯纳著:《法理学问题》,苏力译,中国政法大学出版社2005年版,第567~568页。

③ 着眼于解决问题并不意味着不要理论。相反,解决问题永远都需要有效的理论作为指导。"实用主义者们希望法律更具经验性、更现实、更符合真实的人民的真实需要。但是,如果从此得出一个必然推论,说法律学者都应该抛弃理论,那也是一个错误。事实和理论并不相互对立;科学,包括好的社会科学,都是事实和理论的统一。"[美]波斯纳著:《超越法律》,苏力译,中国政法大学出版社2001年版,第23页。今天,当环境问题成为一个生死攸关的问题时,我们必须要创立一个新的制度以及一个新的理论。

④ 尽管我们相信上文的分析已经足以证明理论上的障碍并非不可逾越,但是,由于路径依赖,要抛弃一种通行的理论和实践另起炉灶,这种转换成本肯定是存在的,而且可能是巨大的。

⑤ 此外,由于目前环保部门现场执法的人员严重不足,这个问题可能会更加严重。

扣。徒法不足以自行,法律规定再先进,如果不能有效执行,就无法起到立法者所期望的效果。更糟糕的是,还有可能损害法律的威信,降低人们守法的自觉性,从而使法律的执行更加举步维艰。

还有人担心在这种模式下,既然违法者违法行为越久,环保部门可以对其进行处罚的数额也越高,那么环保部门会不会“放水养鱼”,故意放任污染者违法,等时间足够长了再去处罚?这种担心不无道理。在设计制度的时候,的确应该考虑到最坏的情况。在现有体制和制度安排下,环保部门的罚款数额以及与之相关的超标排污费与其自身利益息息相关,它们当然有动力多罚款。但这种担心可能是过虑了:①假定环保部门的监测能力不高,如果它们想“放水养鱼”,最后的结果很可能是竹篮打水一场空,因为它们可能无法证明企业一直在持续违法排污,因此也就无法对企业进行按日连续处罚。如果它们想要进行有效的处罚,就不得不经常去现场进行检查,想“放水”都难,而这种结果显然符合立法目的。②假定环保部门监测能力很高,能够比较容易地发现企业的持续违法行为,并且假定法律规定的每日罚款数额设计合理,那么我们就可以合理地推断:企业基本上会选择守法,因为其违法行为被发现的概率太高,并且无法从违法行为中获利。

在这种情况下,即便环保部门想“放水”,企业也不敢“配合”。因此,借鉴英美法模式的主要问题不在于是否与现行的理论和实践相冲突,也不在于环保部门可能会“放水养鱼”,而在于环保部门是否有足够的人力、物力和技术来实施这项制度。否则,这种模式的效用就可能大打折扣,无论其在理论上的效用有多么巨大。

(二)大陆法模式:作为执行罚性质的“按日连续处罚”

我们再来看看大陆法模式的按日连续处罚。如果在《水污染防治法》修改中采用大陆法模式的按日连续处罚制,在现有的理论框架内没有任何问题。因为,根据现行的通说,执行罚并不适用“一事不再罚”。[①] 行政执行罚系指因当事人拒不履行已经生效的行政处理决定(包括行政处罚决定),行政机关依法对其实施另一个处罚,以迫使当事人自觉履行,直到达到前一处理决定被履行时为止。[②] 执行罚的目的在于促使义务的履行,而不在于惩罚违法。我国《行政处罚法》第51条规定,作出处罚决定的行政机关对到期不交纳罚款的,可以采取每日

① 简敏:“行政处罚中‘一事不再罚’原则的适用与例外”,载《重庆大学学报》(社会科学版)2002年第4期。

② 胡建淼:“‘其他行政处罚’若干问题研究”,载《法学研究》2005年第1期。

按罚款数额的3%加处罚款的措施。这里的罚款就是一种执行罚，可以连续适用，直到义务人履行义务为止。我国台湾地区"水污染防治法"中规定的按日连续处罚，其"最高行政法院"也认为属于执行罚，[①]因此无需适用"一事不再罚"。责令改正或者责令限期治理尽管不是一种行政处罚措施，而是一种行政命令，但同样属于行政机关对相对人所课之义务，在性质上与行政处罚有共同之处。

从理论上来说，对于拒不履行改正或者限期治理责任的，行政机关当然可以连续处以罚款，以督促企业履行义务。从执法能力上来说，虽然我国环保部门的执法能力确实比较弱，但对于已经被责令改正或者限期治理的违法行为进行按日连续处罚，应该不会有问题。而且，这种处罚多少也能起到杀鸡儆猴的作用。

如此说来，如果我们采纳大陆法模式的按日连续处罚制，与现有的理论和实践均不冲突，可以说是成本较小的方案，但必须看到采纳这种模式的"收益"同样可能较小。因为违法行为在被发现前，有可能已经持续了很长时间。如果仅视为"一次"来处罚，即便是从重处罚，处罚力度可能还是太低，[②]不足以震慑潜在的违法者。除非环保部门能够密集地对企业进行检查，使得企业根本没有持续违法的机会；否则，理性的企业必定会选择持续违法，直到被发现为止。

可以说，英美法模式和大陆法模式各有利弊。英美法模式最能够震慑潜在的违法者，如果运用得当，对遏制并扭转水污染恶化的趋势也最有效。但这种模式的按日连续处罚对于企业来说确实是一个过于沉重的负担。现实中我国大多数的企业都存在违法排污，如果突然建立如此严厉的处罚措施，恐怕大多数企业都会无所适从，因此在立法阶段必然会遭到企业界和政府强势部门的强烈反对。而大陆法模式虽然有放纵违法之嫌，但考虑到现实，在一个时期内，把只对执行罚进行按日连续处罚作为过渡措施，也许是更为可行的做法。毕竟再完美的制度设计，如果现实中不可行，也等于画饼充饥；而尽管是有缺憾的制度，只要比以往的有些许进步，多少能发挥一些积极作用。从现实的角度来看，我们不能寄希

---

① 我国台湾地区"最高行政法院"2000年判字三四一五号判决。但台湾地区有学者认为："执行罚"得连续处罚，本无待法律规定，行政罚欲连续裁罚，必须法律有明文规定，若各种法规罚则有此类连续处罚条文，仍应视为行政罚而非"执行罚"。参见吴庚著：《行政法之理论与实用》（增订9版），台湾三民书局2006年版，第508页。姑且不论我国台湾地区的这种按日连续处罚到底是属于"执行罚"还是"行政罚"，至少吴庚先生的这个观点笔者是非常赞成的：行政罚本来应当是"一行为，一处罚"，如果要连续处罚，必须有法律明文规定。换句话说，只要法律有明文规定，行政罚就可以连续处罚。

② 违法排污行为持续较长时间没被发现有可能是因为环保部门不作为，但首先这是违法者自身的行为，而且有时污染者的违法行为极其隐蔽，环保部门很难发现。对于环保部门的不作为，可以对其另设法律责任，但不能因为环保部门的不作为而减轻违法者的责任。"自负其责"是法治社会的基本要求之一。

望于“毕其功于一役”，只能脚踏实地的一步一步前行，“积跬步以致千里”。在未来时机更成熟的时候，再建立“双管齐下”的按日连续处罚，也许到那时理论上和实践中的阻力都会小得多。当然，在科学发展观已经上升为国家政治意志的今天，如果立法者有足够的魄力，“治乱世用重典”，一步到位地采纳英美法模式也未尝不可。

三、对《水污染防治法》修订稿中有关法条设置的建议

结合上文的分析，笔者认为，我国的《水污染防治法》在建立“按日连续处罚”制度时，英美法模式和大陆法模式都是可以作为可供选择的方案。同时，为了保证新制度能有效运行，国家必须在环保方面投入更多的资源，努力提升环保部门的执法能力。为了最大限度地保持修订草案的结构，降低立法成本，笔者认为可以在《水污染防治法》修订草案的基础上这样设计按日连续处罚制：

在每个涉及罚款的法律责任条款中都确立按日连续处罚制，示例如下：

英美法模式：

“违反本法规定，……（描述违法行为）的，由××××主管部门责令改正（或限期治理），并处××元以上××元以下的罚款。

前款所述违法行为持续一天以上的，每持续一天应当视为一次单独的违法行为，按日连续处罚。

行为人逾期不改正的（或逾期未完成限期治理任务的），每日处××元以上××元以下的罚款；情节严重的，由××××主管部门责令停产整顿（及/或其他更严厉的处罚措施）……”

大陆法模式：

“违反本法规定，……（描述违法行为）的，由××××主管部门责令改正（或限期治理），并处××元以上××元以下的罚款。逾期不改正的（或逾期未完成限期治理任务的），每日处××元以上××元以下的罚款；情节严重的，由××××主管部门责令停产整顿（及/或其他更严厉的处罚措施）……”①

两类模式总括性的条款可以相同，设置在“法律责任”一章最后一条有关行

---

① 2007年9月1日起施行的《重庆市环境保护条例》第111条率先规定了“按日连续处罚”：“对违法排污行为和破坏生态环境的行为造成严重环境污染或危害后果的，可加收2倍以上5倍以下的排污费。违法排污拒不改正的，环境保护行政主管部门可按本条例规定的罚款额度按日累加处罚。有前两款规定情形之一的，对主要负责人处以1万元以上10万元以下罚款。”很明显，该条例规定的按日连续处罚制度与大陆法模式相类似。

政处罚的条款之后，规定如下：

“在实施按日连续处罚时，县级以上人民政府环境保护主管部门或者其他依照本法规定行使监督管理权的部门应当充分考虑违法行为所造成的损失、违法者过错的程度、有无前科、违法所得、违法者支付罚款的能力以及其他合理的事项，以确定最终的处罚数额。违法所得超过最高处罚额的，可以在违法所得范围之内酌量加重，不受最高处罚额的限制。

按日连续处罚的具体适用规则，由国务院环境保护行政主管部门会同其他有关部门制定。”

按日连续处罚的关键是如何科学地设定每日的处罚额。如果过轻，就无法遏制某些违法行为；如果过重，又可能给企业造成过重的负担，影响经济发展。总体而言，应当考虑最轻微的违法行为以设定处罚下限，考虑最严重的违法行为以设定处罚上限。但这个数额到底应该是多少，不是我们这些法学学者能说清楚的，而应当由环境科学家、经济学家等专业人士来确定。只要每日的处罚额设置合理，并且行政机关在处罚时能够充分地考虑到违法者的各种违法情节，就能有效地保证抵消违法者的违法冲动，迫使其遵纪守法。规定“违法所得超过最高处罚额的，可以在违法所得范围之内酌量加重，不受最高处罚额的限制”是为了彻底打消违法者企图通过违法行为而获利的念头，迫使其守法。[①] 毕竟，处罚并非立法的目的，通过处罚的威慑力迫使潜在的违法者守法才是立法的真正目的。如果在实践中按日连续处罚适用得非常少（并且假设执法足够严格的话），那才是《水污染防治法》之大幸。

此外，由于按日连续处罚涉及很多技术性的问题，法律规定可能不够细致，可以考虑由环保总局会同其他有关部门制定具体的适用规则。例如，规定环保部门在责令违法者改正违法行为或者限期治理期间，应当勤勉地监督违法者改正或治理的进展，以督促违法者尽快纠正其违法行为，以及环保部门在进行巨额处罚时，应当给予当事人听证的机会等。

四、结　　语

细心的读者可能会发现，对于我国的环境污染防治立法究竟应当采用哪种

① 我国台湾地区“行政罚法”第18条第2项规定：“所得之利益超过法定罚款最高额者，得于所得利益之范围内酌量加重，不受法定罚款最高额之限制。”这个规定的“目的在使行为人不能因违法义务行为，保有不法利益，以戒贪婪之心”。参见吴庚著：《行政法之理论与实用》（增订9版），台湾三民书局2006年版，第501页。

模式的按日连续处罚制，笔者并没有给出一个很明显的倾向性意见，只是详尽地分析了两种模式各自的利弊，到底选择哪一种，或是选择第3种，我们说了不算，立法者说了才算。

在本文中，笔者用了很大的篇幅来阐述英美法模式，并不代表我们鼓吹应当建立这种理想型的模式，而只是想说明，理想型的制度并非完全不可实施，但也不是"和尚动得，我动不得?"美国能实施的，中国未必能实施，反之亦然。笔者希望强调的是：即便这种理想型的模式目前在中国无法实施，也并非是因为这种模式不符合理论——事实上，在理论上并不存在任何障碍，只是由于制度和技术层面上的原因。理论可能没有我们想象得那么重要，理论不符合现实需求时随时可以重构，比理论更重要的是制度、技术层面的因素，这些不是一朝一夕可以改变的。要建立一种新制度，并且想要其在现实中真正发挥作用，必须同时创造相应的制度和技术条件。并且，这种理想型的模式并非完全不可实施。诚然，我国环保部门目前的执法能力确实不高，但如果我们总是以此作为借口，不给环保部门面对挑战的机会，那环保部门的执法能力永远不可能提高。执法能力只有在不断地应对挑战、实践和摸索中才能提高。① 正如100年前的革命党人宣布的那样："民智未开，即以革命开之；旧俗俱在，即以革命去之。"

据说，反对建立按日连续处罚制度的主要理由之一是"按日连续处罚"将给企业带来过重的负担，影响经济的发展。这种观点具有某种程度的合理性，但总体上是站不住脚的。无论我们采用哪种模式的按日连续处罚制，如果有人就是要以身试法，为了维护法律的威严，为了保护环境，为什么要手下留情？引用一句不太恰当的话："对敌人的仁慈就是对人民的残忍。"既然我们说法律是民意的体现，对于违法行为，当然要给予公正的惩罚，为什么还要拼命保护呢？水污染已经快要将中华民族逼到生死存亡的关头，以人民群众的生命、健康、财产和生态系统的破坏为代价的经济发展，不要也罢。②

建立按日连续处罚制对于遏制日益严重的水污染以及其他环境问题是十分必要的，但这项制度的效用也是有限的。举一个很简单的例子，即便建立了按日

---

① 想一下，红军、八路军、解放军、志愿军是如何在与强大的对手作战中一步一步强大起来的。

② 姜明安教授认为，"如果企业违法了，一定要进行处罚，不需要考虑企业是否能承受，是否会影响经济发展。因为事关法律尊严，法律规定了的就一定要严格执法。但如果企业确实有困难，或者可能导致大规模的失业问题，可以考虑执行和解，甚至减免罚款。但不能太软，毕竟企业是违法了，而违法了就一定要受到惩罚。"此言为姜明安教授在国家环保总局环境监察局与美国环保协会主办的中国环境监察执法效能研究一期总结会暨《水污染防治法》"按日计罚"处罚方式研讨会上的发言。

连续处罚制，如果环保部门仍然受制于地方政府，它们是否有足够的胆量去执行这项显然会“阻碍”地方经济发展的处罚？即便环保部门有这个勇气，它们是否有足够的人力、物力和财力去实施这项制度？即便它们实施了按日连续处罚，处罚决定是否能真正获得执行？① 一项新制度的建立，需要一系列配套的制度与之相协调，否则就不能发挥作用，至少不能很好地发挥作用。

当然，即便按日连续处罚能够完美地实施，对于解决水污染和其他环境问题而言也是远远不够的。这毕竟只是一种末端处理的手段。而实践证明，环境保护需要源头治理，需要全过程的管制，这就要求必须要严格环评制度，加强环保部门的日常执法监督，完善民事赔偿制度，以及考虑对故意的违法排污行为采取刑事制裁措施，增加公众参与力度，建立公民诉讼制度，等等。只有多管齐下，才可能有效地遏制并缓解目前环境恶化的趋势。

（2007年第12期）

① 由于法律没有赋予环保部门强制执行权，因此如果当事人拒不执行行政处罚决定，环保部门必须申请法院强制执行。而目前屡见不鲜的是，因种种原因，环保行政处罚不能为法院有效地予以强制执行。

2008 年

我国志愿服务立法的现状及构想

田思源*

一、我国志愿服务立法的现状及其分析

(一)我国志愿者服务立法的现状

近年来,我国志愿服务立法进程加快。从1999年广东省颁布实施了我国第一部志愿服务立法以来,迄今为止,已有18个省、市(直辖市)、自治区和其他有地方法性法规制定权的人大或者人大常委会制定、通过并实施了志愿服务方面的地方性法规。① 其中,具体包括广东、山东、福建、黑龙江、吉林、湖北、江苏7个省;宁夏回族自治区1个自治区;北京市、天津市2个直辖市;杭州、银川、成都、南京、济南5个省会市;宁波、抚顺、深圳3个国务院批准的"较大的市"。② 志愿服务立法为志愿者服务提供了法律保障,也极大地推动了全国志愿者活动的开展。

结合我国18个省、市(直辖市)、自治区等志愿服务立法基本情况及其内容的规定,可以对地方立法的基本状况作出如下的总结分析:

(1)关于立法的名称。除山东省为"规定"以外,其余地区均命名"条例";除深圳市为"义工服务条例"外,其余17个省、市(直辖市)、自治区等均为"志愿服务条例"(但山东省为"志愿服务规定",北京市为"志愿服务促进条例");其

---

* 作者单位:清华大学法学院。

本研究受北京市人大《志愿者立法研究》课题项目的资助。

① 河南省人大常委会于2003年5月19日通过了《关于深入开展青年志愿服务活动的决定》,因不是严格意义上的地方性法规,故在此不予论及。

② 它们分别是1999年9月20日广东省《青年志愿服务条例》、2001年10月1日山东省《青年志愿服务规定》、2003年2月1日宁波市《青年志愿服务条例》、2003年5月4日福建省《青年志愿服务条例》、2003年8月1日黑龙江省《志愿服务条例》、2004年3月5日杭州市《志愿服务条例》、2004年7月1日抚顺市《志愿服务条例》、2004年11月1日银川市《青年志愿服务条例》、2005年6月6日成都市《志愿服务条例》、2005年7月1日南京市《志愿服务条例》、2005年7月1日深圳市《义工服务条例》、2006年1月1日吉林省《志愿服务条例》、2006年7月1日宁夏回族自治区《志愿服务条例》、2006年8月1日湖北省《青年志愿服务条例》、2006年10月1日济南市《志愿服务条例》、2007年5月1日江苏省《志愿服务条例》、2007年12月5日北京市《志愿服务促进条例》、2008年3月5日天津市《青年志愿服务条例》等。

中以广东省为代表冠以“青年”志愿服务的有7个省、市(直辖市)、自治区,而以黑龙江省为代表的11个省、市(直辖市)、自治区等没有“青年”的限定。总体看来,18个省、市(直辖市)、自治区等的志愿服务立法的名称主要可以分为两类:一类是志愿服务条例;另一类是青年志愿服务条例。青年志愿服务条例多为较早的志愿服务立法。[①][②] 2002年3月14日,共青团中央办公厅发出了《关于印发〈中国青年志愿者注册管理办法(试行)〉的通知》。1997年年底江泽民同志为“中国青年志愿者”题名,2000年年初又对青年志愿者工作作出重要批示,指出:“青年志愿者行动,是当代社会主义中国一项十分高尚的事业,体现了中华民族助人为乐和扶贫济困的传统美德,是大有希望的事业。努力进行好这项事业,有利于在全社会树立奉献、友爱、互助、进步的时代新风。希望你们在新的世纪里继续努力,发扬我国青年的光荣传统,不懈奋斗,不断创造,奋勇前进,为实现中华民族的伟大复兴作出新的更大的贡献。”正因为我国的志愿者活动首先是青年志愿者活动,广大青年特别是青年学生热心投身于志愿者服务的行列,极大地推动了我国志愿者活动的开展,所以有关志愿者服务的立法近40%被冠以“青年”的名字。

(2)关于立法结构。就目前的立法结构来看,有单独列章和不单独列章两种。黑龙江等7个省、市(直辖市)、自治区等单独列章,广东等11个省、市(直辖市)等不单独列章,而是直接规定条文。条文最多的是黑龙江省,共计46条;最少的是山东省,共计16条;其他省市多为30条左右,平均为30条。[③] 单独列章的立法主要包括总则、志愿者组织、志愿者、志愿服务、支持保障奖励、法律责

① 但最近的天津市《青年志愿服务条例》是一个例外。这与我国志愿者活动的开展始于“青年”有关。我国志愿者活动的大规模开展始于1993年年底共青团中央发起实施的中国青年志愿者行动。1994年共青团中央实施了“青年志愿者社区发展计划”,1996年实施了“青年志愿者扶贫接力计划”,1999年实施了“保护母亲河”青年志愿者绿色行动营计划。1994年12月5日,中国青年志愿者协会正式成立,这是迄今我国唯一专门从事志愿服务的全国性社会团体。1996年11月14日,共青团中央发出了《关于印发规范青年志愿者行动五个文件的通知》。

② 这五个文件分别是《关于青年志愿者为大型活动提供志愿服务的暂行规定》、《关于青年志愿者参加抢险救灾的暂行规定》、《关于建立青年志愿服务站若干问题的意见》、《关于加强青年志愿者规范管理的暂行规定》、《中国青年志愿者行动评选表彰工作条例(试行)》。

③ 广东省《青年志愿服务条例》共27条、山东省《青年志愿服务规定》共16条、宁波市《青年志愿服务条例》共23条、福建省《青年志愿服务条例》共19条、黑龙江省《志愿服务条例》共9章46条、杭州市《志愿服务条例》共27条、抚顺市《志愿服务条例》共28条、银川市《青年志愿服务条例》共30条、成都市《志愿服务条例》共7章31条、南京市《志愿服务条例》共7章32条、深圳市《义工服务条例》共7章36条、吉林省《志愿服务条例》共31条、宁夏回族自治区《志愿服务条例》共8章38条、湖北省《青年志愿服务条例》共23条、济南市《志愿服务条例》共7章34条、江苏省《志愿服务条例》共7章35条、北京市《志愿服务促进条例》共32条、天津市《青年志愿服务条例》共28条。

任和附则等几个方面。单独列章比较清楚,而不单独列章则是认为条文比较少,没有单独列章的必要。

(3)关于立法依据。除了山东省和北京市没有规定立法依据外,其他16个省、市(直辖市)、自治区等都规定有立法依据。其中多数规定是“根据宪法、法律、法规”制定,如广东省、宁波市、抚顺市、南京市、吉林省、济南市、江苏省等;还有的规定是“根据宪法、法律”,如福建省、黑龙江省、成都市、宁夏回族自治区等;也有规定“根据法律、法规”的,如杭州市、深圳市、湖北省、天津市等;银川市志愿服务立法还将“法规”限定为“行政法规”。由此可见,关于立法依据的规定差异很大,不够统一。在我国的立法上,一般说来关于立法依据的规定都比较原则,但就志愿者服务这样一个特定事项的立法而言,即便规定了原则,其立法依据也应该相对一致。目前的立法反映了立法者对立法依据理解上的缺乏针对性和表述上的随意性。

(4)关于基本概念。18个省、市(直辖市)、自治区等的志愿服务立法无一例外地对“志愿者组织”、“志愿者”、“志愿服务”等概念予以明确,但有些只规定了其中的两项,如山东省规定了“志愿者组织”和“志愿服务”,但没有规定“志愿者”的概念,深圳市规定了“义工”和“义工组织”而没有规定“义工”服务,等等。

(5)关于志愿者组织和志愿者的资格条件。①关于志愿者组织的资格条件。一种情况是明确规定根据《社会团体登记管理条例》规定的条件依法登记成立,如广东省、宁波市、福建省、黑龙江省、银川市、南京市、吉林省、宁夏回族自治区、江苏省和天津市10个省、市(直辖市)、自治区等的规定;另一种情况是在“志愿者组织”的定义中确定其资格条件,如志愿者组织是指依法注册登记的从事志愿服务的非营利性的社会团体法人之类的表述,如山东省、杭州市、抚顺市、成都市、深圳市、湖北省、济南市和北京市8个省、市(直辖市)等。不论是上述的哪一种情况,都没有针对志愿者组织与其他社会组织的不同,根据志愿者组织的自身特点,来规定志愿者组织的具体资格条件。②关于志愿者的资格条件。从18个省、市(直辖市)、自治区志愿服务立法所规定的志愿者条件来看,主要集中在6个方面,即自愿、健康、能力技能、遵纪守法、合法身份、年龄和民事责任能力(参见表1)。

表1　我国志愿服务立法关于志愿者资格条件的规定

序号	省、市(直辖市)、自治区	志愿者的资格条件
1	广东省	(1)年龄为16周岁至35周岁。(2)身体健康。(3)自愿从事志愿服务,并具有相应的服务技能。(4)具有当地常住户口或者有效暂住证。
2	山东省	没有规定。
3	宁波市	(1)年满16周岁。(2)遵纪守法。(3)自愿从事志愿服务,具备与所参加的志愿服务项目及活动相适应的基本素质和服务技能。(4)具有合法身份证件。
4	福建省	(1)具备参加志愿者服务的基本素质和能力。(2)愿意每年参加一定量的志愿者服务活动。
5	黑龙江省	1. 志愿者:(1)身心健康。(2)自愿从事志愿服务。(3)具有相应的体能和服务技能。(4)遵守国家法律。 2. 注册志愿者:除具备志愿者的4个条件外,每年参加不少丁50小时志愿服务的志愿者,可以申请成为注册志愿者。
6	杭州市	没有规定。
7	抚顺市	(1)自愿从事志愿服务。(2)身心健康。(3)具有相应的体能和服务技能。(4)遵守国家法律。
8	银川市	(1)年满16周岁。(2)遵纪守法。(3)自愿从事志愿服务,具备与所参加的志愿服务项目及活动相适应的基本素质和服务技能。
9	成都市	(1)年满14周岁。(2)身心健康。(3)自愿从事志愿服务。(4)具有相应的体能和服务技能。
10	南京市	未成年人经监护人同意,在成年人的指导下可以参加与其年龄、身心状况相适宜的志愿服务活动。
11	深圳市	(1)自愿从事义工服务。(2)具有相应的民事行为能力。(3)符合义工服务活动要求的身体条件。(4)具有相应的服务能力。
12	吉林省	符合志愿者组织章程规定条件的个人。
13	宁夏回族自治区	未满18周岁的志愿者应征得监护人的同意后,参加与其年龄、身心状况相当的志愿服务。

续表

序号	省、市(直辖市)、自治区	志愿者的资格条件
14	湖北省	没有规定。
15	济南市	(1)未成年人申请加入志愿服务组织成为志愿者,需经其监护人同意。(2)未成年人参加志愿服务活动需经其监护人同意,并在成年人的指导下进行。
16	江苏省	(1)志愿者应当具有相应的民事行为能力。(2)限制民事行为能力人可以参加与其年龄、身心状况相适应的志愿服务活动,但应当征得其监护人的同意。
17	北京市	安排未成年人参加志愿服务活动,应当与未成年人的身心特点相适应,并征得未成年人的监护人同意。
18	天津市	(1)年满18周岁。已满14周岁未满18周岁的未成年人,参加青年志愿服务活动须经其监护人同意。(2)具备参加青年志愿服务活动相应的基本素质和能力。(3)遵守国家法律、法规的相关规定。

志愿服务是志愿者服务于他人和社会的一种精神和境界,应予鼓励,所以对其资格条件不宜限制过严。分析上述志愿者资格条件的规定,笔者认为,其中的“遵纪守法”应是志愿者的义务而不是志愿者的资格;黑龙江省、抚顺市和成都市将“身心健康”和“相应的体能”同时规定显得重复,并且“身心健康”过于笼统,而“相应的体能”又过于模糊,改为“具有与志愿服务活动内容相适应的身体条件”为好;对志愿者年龄的规定极不统一,14周岁、16周岁、18周岁、未成年人、未满18周岁、已满14周岁不满18周岁的未成年人、具有民事行为能力人、限制民事行为能力人等,非常混乱;而关于“志愿者”与“注册志愿者”,黑龙江省规定了不同的资格条件,很有新意。将“注册志愿者”在“志愿者”条件基础上,增加了每年不少于50小时志愿服务时间的规定,区分了志愿服务的“临时性”和“常态性”,为不同志愿者的分类管理奠定了基础。

(6)关于志愿者组织和志愿者的权利、义务。①关于志愿者组织的权利、义务。单独列章的立法因为都设有志愿者组织一章,所以对其权利、义务的规定比较具体明确,但往往是以“职责”的形式加以规定的,如组织开展志愿服务活动,招募、培训、考核、表彰志愿者等;而没有单独列章的立法则主要规定的是志愿者的权利、义务,而很少涉及对志愿者组织权利、义务的规定。综观我国志愿服务地方立法,概括起来,对志愿者组织的权利、义务的规定大多体现为对其“职责”的规定上,在立法中也有零散的对其“义务”的规定,如告知服务事项的完整信息和潜在风险、保障志愿者合法权益、为志愿者提供人身保险等。②关于志愿者的权利、义务。一般对志愿者权利的规定较多且具体,而对义务的规定则较少且概括。例如,志愿者的权利包括参加志愿活动权;获得服务信息权;接受教育培训权;志愿服务中遇到问题,有请求志愿组织解决问题权;对志愿者组织的监督权;退出志愿者组织的权利;得到表彰奖励权;本人需要得到他人志愿服务时,具有优先得到志愿服务权等权利。而志愿者的义务只有遵纪守法;参加教育培训;完成志愿服务内容;维护志愿者形象,不得收取报酬和从事营利活动;尊重服务对象,维护其合法权益,保守其隐私和秘密等项。总体而言,现有立法都还比较重视对志愿者组织和志愿者权利与义务的规定。

(7)关于志愿服务的范围。18个省、市(直辖市)、自治区等的志愿服务立法都对志愿服务的范围作了具体事项的列举,但侧重点各有不同,具体可参见下表2。

表2　我国志愿服务立法关于志愿服务范围的规定

序号	省、市(直辖市)、自治区	志愿服务的范围
1	广东省	扶贫济困、帮孤助残、支教扫盲、青少年援助、科技推广、医疗保健、环境保护等
2	山东省	社区服务、环境保护、医疗卫生、助残支教、科技服务、扶贫济困、法律援助、抢险救灾、维护治安、旅游服务、大型社会活动等公益事业
3	宁波市	扶贫济困、帮孤助残、支教助学、法律服务、科技推广、医疗保健、环境保护、抢险救灾、维护社会治安和帮教归正人员、社会大型活动综合服务等
4	福建省	助老扶残、扶贫济困、支教助学、法律援助、科普宣传、科技推广、医疗护理、环境保护、社区服务、为大型社会活动提供服务以及其他社会公益活动
5	黑龙江省	扶贫济困;帮老助幼、帮残助弱;抢险救灾;环境保护;社区服务;农村公益事业;大型社会活动;国际组织资助的工作项目;教育科技、医疗卫生、法律援助、文化、体育、经贸活动;其他需要志愿服务的社会生产、生活领域
6	杭州市	没有范围的规定,只是规定了对象。重点是社会公益活动和残疾人、老年人、优抚对象等有特殊困难需要帮助的社会成员

续表

序号	省、市(直辖市)、自治区	志愿服务的范围
7	抚顺市	主要为扶贫济困、帮老助残、支教助学、法制宣传、科技推广、医疗保健、环境清洁、生态保护、社区建设和大型社会活动等社会公益事业提供服务
8	银川市	扶贫济困;助老扶残;环境保护;社区服务;社会公益活动;国际组织资助的工作项目;教育科技、医疗卫生、法律援助、文化、体育、经贸活动;其他需要志愿服务的社会生产、生活领域
9	成都市	扶贫济困、帮残助老、扶幼助弱、抢险救灾、环境保护、社区服务、大型社会活动等社会公益活动
10	南京市	主要包括帮残助弱、扶贫济困、支教助学、环境资源保护、抢险救灾、救死扶伤、治安防范、法律援助、社区服务和大型社会活动的服务
11	深圳市	助老扶弱、扶贫济困、支教助学、环境保护、社区服务以及其他社会公益性活动
12	吉林省	扶贫济困、帮老助幼、帮残助弱、抢险救灾、环境保护、社区服务、支教助学、拥军优属、大型社会活动以及其他社会公益活动
13	宁夏回族自治区	扶贫济困;帮老助幼、帮残助弱;环境保护;抢险救灾;救死扶伤;法律援助;社区服务;公益事业和大型社会活动的服务;其他需要志愿服务的社会生产、生活领域
14	湖北省	扶贫济困;扶弱助残、帮老助幼;教助学、卫生防疫、科技推广、文体服务;环境保护;精神抚慰;法制与社会公德宣传、法律援助;其他社会公益服务
15	济南市	帮残助弱、扶贫济困、支教助学、环境资源保护、抢险救灾、救死扶伤、治安防范、法律援助、社区服务和大型社会活动等服务

续表

序号	省、市(直辖市)、自治区	志愿服务的范围
16	江苏省	扶贫济困、扶弱助残、帮老助幼、支教助学、抢险救灾、环境保护、科技传播、医疗卫生、治安防范、社区服务、大型社会公益活动等社会公益服务
17	北京市	教育、科学、文化、卫生、体育、环境保护等领域;大型社会活动;残疾人、未成年人、老年人、失业人员和其他有困难需要帮助的社会群体和个人
18	天津市	助老扶残、扶贫济困、支教助学、法律援助、科普宣传、科技推广、医疗护理、环境保护、社区服务、应急救助、海外服务、为大型社会活动提供服务以及其他社会公益活动

通过表2我们可以看出,志愿服务的范围多是采用了列举的方式,其好处是具体、明确,便于理解和操作,但也存在因列举不全而造成人为地限制志愿服务范围的弊端。同时在列举事项上,同样内容的志愿服务事项会有不同的表述,如"帮孤助残、支教扫盲","助残支教","助老扶残、支教助学"等;列举事项也存在归纳标准不统一的问题,如黑龙江省的规定等。

(8)关于支持与奖励。我国志愿服务地方立法规定了政府在支持、鼓励、引导、促进志愿服务方面的责任和作用,主要有:政府鼓励志愿服务并为其发展创造条件;将志愿服务纳入社会发展规划中;政府财政支持;新闻媒介无偿开展志愿服务公益性宣传;鼓励社会捐赠并给予税收优惠;表彰和奖励优秀志愿者组织和志愿者;鼓励有关单位在招收公务员、招工、招生时,优先录用、录取优秀志愿者,等等。开展志愿者活动需要政府的政策支持和法律保障,上述规定都是很好的规定,但具体到每个立法中却显得十分分散(除北京外),不同的立法所规定的内容也有多有少,差别很大。

(9)关于法律责任。在志愿服务过程中,难免会产生志愿者与志愿服务对象、志愿者与志愿者组织、志愿者组织与志愿服务对象之间的各种法律关系和法律纠纷,对此,各省、市(直辖市)、自治区的立法中都有法律责任的规定。然而如果仔细分析立法中关于法律责任的规定,就会发现其内容简单、粗疏,没有区分志愿者与志愿服务对象之间、志愿者与志愿者组织之间、志愿者组织与志愿服务对象之间以及志愿者、志愿者组织与志愿服务对象之间的各种法律关系的不同性质,也没有与法律责任相对应的法律救济制度的规定(北京市立法除外)。

(二)志愿者服务立法的特色及存在问题:以北京市《志愿服务促进条例》为例

为了倡导志愿服务理念,整合志愿服务资源,并直接为北京2008年奥运会志愿服务工作提供制度保障,2007年9月14日,北京市人大常委会通过了北京市《志愿服务促进条例》,并于2007年12月5日起实施。它与其他17个省、市(直辖市)、自治区等的志愿服务立法相比具有以下特色。

(1)立法名称强调政府责任。北京市的立法以"促进"为名,即《志愿服务促进条例》,名称加入"促进"二字,不同于其他17个省、市(直辖市)、自治区的立法。"促进"强调了政府在志愿服务方面的责任,也体现了对志愿服务的提倡、鼓励、支持、引导的政府作用和价值指引,它区别于"强制性"规范,符合"服务政府"、"和谐社会"的时代潮流。

(2)详细规定了"志愿服务协议"。北京市《志愿服务促进条例》与其他17个省、市(直辖市)、自治区的志愿服务立法相比较,突出强调了"志愿服务协议",规定了"志愿服务协议"订立的条件和主要内容,这是其他立法所没有的。[①] 其中第13条第1款规定:"志愿者组织与志愿者之间、志愿者组织与接受志愿服务的组织或者个人之间,应当就志愿服务的主要内容协商一致。任何一方要求签订书面协议的,应当签订书面协议。"第2款进一步规定:"志愿者组织安排志愿者从事志愿服务活动,有下列情形之一的,应当签订书面志愿服务协议:(一)对人身安全、身心健康有较高风险的;(二)连续3个月以上专职服务的;(三)为大型社会活动提供志愿服务的;(四)组织志愿者在本市行政区域以外开展志愿服务活动的;(五)组织境外人员开展志愿服务活动的。"第14条规定:"志愿服务协议应当包括以下主要内容:(一)志愿服务内容、时间和地点;(二)参加志愿服务的条件;(三)志愿者的培训;(四)志愿服务成本的分担;(五)风险保障措施;(六)志愿者责任的免除;(七)协议的变更和解除;(八)争议解决方式;(九)需要明确的其他事项。"志愿服务协议条款的设定,对志愿者组织、志愿者、志愿服务对象三者间权利义务关系的明确,对纠纷的预防和解决,对三方当事人合法权益的保护,都具有重要意义。

(3)集中规定了"促进"条款。由于立法名称强调"促进",所以与其他省、市(直辖市)、自治区的立法内容相比,对有关"促进"的条款作了相对集中的规定。在第1条立法宗旨中就有"促进志愿服务事业发展"的规定,第9条也有类

① 虽然宁波市、黑龙江省、银川市、成都市、吉林省、宁夏回族自治区、湖北省、济南市、江苏省、天津市等也规定有"志愿服务协议",但并没有具体内容的规定。

似的规定,即"本市鼓励和支持志愿服务事业的发展",在此基础上,第24条进一步具体规定:"市和区、县人民政府应当将志愿服务事业纳入国民经济和社会发展规划,为志愿服务事业发展提供资金支持,引导、促进志愿服务事业发展。""民政、财政、人事、教育等有关行政管理部门,应当按照各自职责为志愿服务事业发展提供支持和保障。""乡镇人民政府、街道办事处应当鼓励和支持在本地区开展志愿服务活动。"第25条规定:"市和区、县人民政府及其有关部门对表现突出的志愿者组织、志愿者以及对志愿服务事业作出突出贡献的其他组织和个人给予表彰和奖励。"第26条规定:"鼓励国家机关、企业、事业单位等,在同等条件下优先录用、聘用和录取有志愿服务经历者。"第27条规定:"志愿者所在单位应当为志愿者参与志愿服务活动给予支持并提供必要的条件。"第28条规定:"教育行政部门、学校和有关社会团体应当将培养青少年志愿服务意识纳入思想品德教育内容,鼓励和支持大学和中学学生利用课余时间参加志愿服务活动。"第29条规定:"广播、电视、报刊、网站等应当积极宣传志愿服务活动。"

(4)新的"志愿服务的范围"的确定方式。关于志愿服务的范围,其他省、市(直辖市)、自治区的立法都是以事项列举的方式规定的,诸如最早立法的广东省的"扶贫济困、帮孤助残、支教扫盲、青少年援助、科技推广、医疗保健、环境保护",最近立法的天津市的"助老扶残、扶贫济困、支教助学、法律援助、科普宣传、科技推广、医疗护理、环境保护、社区服务、应急救助、海外服务、为大型社会活动提供服务以及其他社会公益活动"等。而北京市《志愿服务促进条例》则是用服务领域的列举和重点对象的列举相结合的方式加以规定的,即"教育、科学、文化、卫生、体育、环境保护等领域和大型社会活动",以及"残疾人、未成年人、老年人、失业人员和其他有困难需要帮助的社会群体和个人"(第9条)。这样的规定既保证了志愿服务的范围更为广泛,适应性更强;同时又保证了重点,适用更具针对性。①

(5)规定了志愿者退出志愿服务的问题。关于志愿者的退出,有些立法作了规定,如广东省、宁波市、杭州市、抚顺市、银川市、深圳市、吉林省、济南市、江苏省和天津市等。但它们规定的志愿者退出是志愿者退出志愿者组织而不是退出志愿服务,是志愿者的权利而不是志愿者的义务。而北京市《志愿服务促进条例》规定的则是志愿者在志愿服务中的退出,且是将其规定为志愿者的一项义务。在第21条规定的志愿者应当履行的三项义务中的第2项,即为"退出志愿服务活动时,履行合理告知的义务",这一规定体现了保证志愿服务的连续性

---

① 关于各省、市(直辖市)、自治区立法确定的志愿服务的范围的具体情况,可以参见表2。

和有效性，保护志愿服务受益者权益的立法意图。

(6)规定了权利救济。在志愿服务过程中发生纠纷如何处理，其他省、市(直辖市)、自治区的志愿服务立法均未作规定。只有北京市《志愿服务促进条例》第31条规定了"志愿者、志愿者组织、接受志愿服务的组织或者个人在志愿服务活动中发生争议的，可以协商解决，也可以依法向人民法院提起诉讼"。

虽然《志愿服务促进条例》具有上述特色，但该条例仍然存在以下问题。

①结构上没有单独列章，导致内容显得凌乱，逻辑联系不强。

②没有规定立法依据。

③虽然集中规定了"促进"条款，但没有明确、突出地强调"促进"，也就是说，对"促进"的表述与立法名称的要求还有距离。

④关于志愿者组织的权利和义务，虽然有条文规定，但没有明确列举。

⑤鲜有法律责任的规定，或者说尽量回避了法律责任的问题。立法中只是在第30条规定了"志愿服务活动中违反有关法律、法规的，由民政、工商行政管理、劳动和社会保障、公安等相关部门按照职责依法追究法律责任"。这是除山东省、福建省和抚顺市对于以(或者假冒、盗用)志愿者组织或志愿者的名义、标志进行违法活动的，应当依法承担相应责任的规定之外，关于法律责任规定的最少的一部立法。

二、制定《中国志愿者服务促进条例》的构想

(一)为什么要制定《中国志愿者服务促进条例》

(1)立法过于分散，需要整合立法。目前我国已有18个省、市(直辖市)、自治区等颁布、施行了志愿服务的地方性法规，上海、河北、云南等诸多省、市(直辖市)亦在抓紧制定自己的志愿服务地方性法规，各省、市(直辖市)的志愿服务地方性法规虽然都规定了"结合本省(市)实际，制定本条例"，但"本地的实际"是什么？就其规定的内容而言，各省、市(直辖市)的规定大同小异，看不出地方特色。实际上，就志愿者、志愿者组织和志愿者服务这方面的内容来看，各地很难说有多大的不同和特殊性。鉴于当前志愿服务地方立法的地域特点不鲜明，立法过于分散，有"重复"立法、浪费立法资源之嫌，因此有必要统合现有立法。

(2)体现国家支持，推动志愿者服务事业的进一步发展。从1999年我国第一部志愿服务立法颁行至今，志愿者服务的实践方兴未艾，特别是北京奥运会对我国志愿者服务起到了极大的推动作用，但北京奥运会所掀起的志愿者服务的热潮，不应是我国志愿者服务的终点而应是新的起点，我们要以此为契机，在全

社会弘扬奉献、友爱、互助、进步的志愿服务精神，增强公民的志愿服务意识，这也是社会文明、和谐、进步的标志。我国近10年来志愿者服务的立法和实践，一方面为国家统一立法奠定了基础，创造了条件；另一方面，志愿者服务活动的进一步开展也需要国家的支持和立法推动，体现国家的意志性。

所以，提高立法层级，整合立法资源，推动志愿者活动和志愿服务事业的发展与繁荣，有必要由国务院统一立法，制定全国一体遵行的志愿者服务行政法规。

（二）制定《中国志愿者服务促进条例》的构想

基于上述原因，笔者认为，制定一部全国性的志愿者服务立法有其必要性和可行性。具体构想如下：

(1)关于立法名称。由于志愿者活动的主体已经从“青年”发展为全社会，为了推动和促进全社会志愿者服务活动的开展，国务院的统一立法应将“青年”去掉，以扩大志愿者的范围。同时18个省、市（直辖市）、自治区等的志愿服务立法都使用了“志愿服务”的名称，笔者认为应修改为“志愿者服务”。因为“志愿服务”体现的是行为，而“志愿者服务”包含了“主体”和“行为”两个方面，突出了“志愿者”主体。所以“志愿者服务”既强调了行为的主体——志愿者，又强调了行为的性质——服务和自愿，比起只包含行为不强调行为主体的“志愿服务”更准确。由于北京市《志愿服务促进条例》首次使用了“促进”一词，我们在分析北京市立法的特色时也指出了其表述的创新性和科学性，故建议使用。由此，国务院制定的行政法规的名称可为《中国志愿者服务促进条例》。

(2)关于立法结构。由于现有立法条文不多，有一些地方认为没有必要单独列章，但由国家统一立法条文势必会有所增加，同时考虑到单独列章比较清楚，所以建议单独列章。单独列章应包括以下内容：第1章：总则——规定立法目的、立法依据、政府责任、基本概念、基本原则、志愿者的法律地位等。第2章：志愿者组织——规定志愿者组织的产生、性质、职权职责、工作方针、工作程序等。第3章：志愿者——规定志愿者资格、权利义务等。第4章：志愿者服务——规定志愿者服务的方针、范围、程序、异地志愿者和国际志愿者服务、志愿者服务标志、志愿者服务日、志愿者宣誓等。第5章：支持、保障与奖励——政府和社会的财政、税收、经费、宣传等方面的支持和保障，以及对优秀志愿者的奖励等。第6章：法律责任和救济——规定志愿者组织、志愿者和志愿服务对象三者权利义务关系的性质、违法的法律责任、纠纷的处理及其救济等。第7章：附则——规定施行日期等。

(3)关于立法依据。我国《宪法》第24条第1款规定：“国家通过普及理想教育、道德教育、文化教育、纪律和法制教育,通过在城乡不同范围的群众中制定和执行各种守则、公约,加强社会主义精神文明的建设。"第 42 条第 1 款规定:"中华人民共和国公民有劳动的权利和义务。"第 42 条第 3 款规定:"劳动是一切有劳动能力的公民的光荣职责……国家提倡公民从事义务劳动。"这里的义务劳动也应包含志愿者活动(劳动)。上述规定应当成为我国志愿者立法的宪法依据。此外还应该以法律为依据,包括民事、刑事、行政、劳动、社会保障等方面的法律。由于建议国务院立法,所以也就没有必要将"法规"或者"行政法规"列入立法依据了。

(4)关于志愿者组织。关于志愿者组织,我国现有立法都有很多规定,主要集中于两点:一是志愿者组织依据《社会团体登记条例》产生;二是志愿者组织活动的开展。但对志愿者组织的形式,相互之间的关系,以及与政府主管部门的关系等都未作规定。比如,志愿者协会、志愿者工作委员会、志愿服务基金会等是什么关系,并不明确。志愿者协会要接受志愿者工作委员会的指导吗?志愿者必须在志愿者协会注册方可参加志愿服务活动吗?志愿服务基金会是设在志愿者协会,还是志愿者工作委员会,抑或是独立存在?政府要促进志愿者活动的开展,但是否也要监督且如何监督?

从发达国家志愿者组织发展的经验来看,我们需要对志愿者法人团体的成立要件、申请程序、组织运营、政策支持等加以明确,规范其活动。同时以中国青年志愿者协会,各省级志愿者协会,全国性的专业、行业志愿者组织,以及个人自愿结成的全国性的非营利性社会组织为基础,在政府(如共青团中央青年志愿者行动指导中心等)的指导下,将全国的志愿者活动纳入统一的组织管理体系中。志愿者组织是非营利的法人团体,是自发的、自立的民间组织。当然不排除接受政府的政策支持、资金援助和与其他组织的合作。

(5)关于支持、保障与奖励。我国志愿服务立法对此有很多很好的规定,但在统一立法中还有必要进一步作如下规定:①将支持和促进志愿者活动和志愿者事业明确为各级政府的责任,将志愿者组织建设作为构筑和谐社会的一项重要内容,将志愿者活动纳入社会发展规划中。②国家财政要有一部分志愿者组织活动的预算支出,同时在税制上提供更大的优惠,以保证志愿者组织一定的活动经费和易于获得捐助。③以鼓励和精神奖励为主。既然志愿者活动具有公益性和非个人利益性,因此过分的物质、权益等方面的奖励有违志愿者活动的基本价值取向。如"鼓励有关单位在招收公务员、招工、招生时,优先录用、录取优秀志愿者"等的规定,就有可能使志愿服务变成功利的追求,不利于志愿服务理念的树立。①

(6)关于志愿者法律地位。北京市《志愿服务促进条例》第13条规定了“志愿服务协议”,从而将志愿者与志愿者组织、志愿者组织与志愿服务对象之间的关系确定为合同关系。此外,山东省、宁波市、杭州市、抚顺市、南京市、深圳市、宁夏回族自治区、湖北省等将志愿者、志愿者组织与志愿服务对象的关系确定为“服务与被服务关系”。但总体而言,我国目前的立法对志愿者的法律地位,对志愿者与志愿者组织、志愿者与志愿服务对象之间的法律关系的性质还不十分明确,志愿者活动中产生的各种问题的解决、纠纷的处理、救济的实现等,都需要我们对志愿者活动中的各种法律关系予以明确界定。

志愿者与志愿者组织的关系。志愿者组织是社会团体,依《社会团体登记管理条例》依法登记成立,它与志愿者不具有行政上的管理关系。志愿者是纯粹的无偿劳动,他们不从志愿者组织处领取工资和报酬,他们与志愿者组织既不是雇佣关系,也不是劳动关系。志愿者与志愿者组织是一种特殊的合同关系。

志愿者与志愿服务对象的关系。无偿劳动的志愿者与接受服务的一方是一种自愿、平等和互相尊重的提供服务与接受服务的善意关系,他们不从被服务对象那里收取报酬,因而不适用于劳动法规。志愿者与志愿服务对象之间是一种复杂的民事关系,如果出现有关问题,可以比照民法来处理,如自然人债务关系等。

志愿者组织与志愿服务对象的关系。当志愿服务对象申请服务时,志愿服务对象与志愿者组织之间是一种民事委托关系。

(7)关于法律责任与法律救济。由于我国立法没有明确志愿者的法律地位,致使有关法律责任的规定显得突兀。而除北京市的立法之外,其他省、市(直辖市)、自治区等的立法都没有法律救济的规定。在志愿者的法律地位和相关联的法律关系确定后,法律责任和法律救济的问题也就迎刃而解了。

在志愿者与志愿服务组织的关系上,就其内部来说,如志愿服务组织违约时,志愿者有权自由退出志愿服务组织,而志愿者违约时,志愿服务组织也有权

① 实际上我们已经开始注意到了这个问题,北京市《志愿服务促进条例》第26条将原来北京市《志愿服务促进条例(草案)》第25条规定的“国家机关、企业事业单位、学校及其他组织在同等条件下,应当对表现突出的志愿者优先录取、聘用。”改为“鼓励国家机关、企业、事业单位等,在同等条件下优先录用、聘用和录取有志愿服务经历者。”在第28条将原来的第27条规定的“学校应当开展志愿服务教育,鼓励和管理学生的志愿服务活动,将学生参加志愿服务活动的内容记入学生档案。”改为“教育行政部门、学校和有关社会团体应当将培养青少年志愿服务意识纳入思想品德教育内容,鼓励和支持大学和中学学生利用课余时间参加志愿服务活动。”

强令志愿者退出志愿服务组织。志愿者按照志愿服务组织的安排在提供志愿服务时因故意或过失给服务对象或其他相关人员造成损失的，由志愿服务组织依法承担民事责任；志愿服务组织承担民事责任后，可以向有故意或重大过失的志愿者行使追偿权。

在志愿者与志愿服务对象的关系上，如果志愿者侵犯了志愿服务对象的合法权益，如侵犯其商业秘密、个人隐私等，则应承担相应的法律责任；而在志愿服务过程中，如果志愿服务对象故意或者重大过失，而造成志愿者及其志愿者组织权益受损的，应当承担相应的法律责任；如果服务对象借无偿服务这一资源，对志愿者任意使用，提出超出服务范围的要求时，志愿者有权拒绝。

（8）其他相关规定。

①关于志愿者活动标志（标识）。广东省、宁波市、福建省、黑龙江省、杭州市、抚顺市、成都市、宁夏回族自治区、湖北省、济南市、江苏省等都规定了志愿者在志愿服务中要佩戴志愿者标识，黑龙江省甚至规定了“志愿服务使用红底、白色爱心图案标志”。国家应在社会广泛征集志愿者服务标志，并通过立法确定下来，这对于统一志愿者服务，宣传志愿者服务，以及监督志愿者服务都具有重要意义。

②关于志愿者服务日（服务周、服务月）。宁波市、黑龙江省、抚顺市、南京市、济南市等规定了志愿者服务日（服务周、服务月）。例如，南京市《志愿服务条例》第21条规定：“为倡导广泛开展志愿服务活动，设立每年3月5日为南京市志愿者日。”济南市《志愿服务条例》第24条规定：“为倡导广泛开展志愿服务活动，确定每年三月五日至三月十一日为志愿服务活动宣传周。”笔者认为，将每年的3月5日“雷锋纪念日”确定为我国的“中国志愿者服务日”，这对于营造志愿服务的社会氛围，鼓励公民积极参与志愿服务活动是十分有益的。

③关于志愿者的年龄。现有立法有的规定14周岁以上，如成都市；有的规定16周岁以上，如广东省、宁波市和银川市；有的规定对未成年志愿者的特殊要求，隐含了18周岁的成年人为一般志愿者的年龄要求，如南京市、宁夏回族自治区、济南市和北京市；有的未作规定，如山东省、杭州市、福建省、黑龙江省、抚顺市、吉林省和湖北省；有的规定民事行为能力，如深圳市和江苏省；有的明确规定年满18周岁，但对已满14周岁未满18周岁的未成年人作了特殊规定，如天津市。根据《中国注册志愿者管理办法》第4条第1项的规定，注册志愿者应为“年满十八周岁或十六至十八周岁以自己劳动收入为主要生活来源者；十四至十八周岁者，须经其法定代理人同意。”

笔者赞同民事行为能力的标准，即志愿者应具有相应的民事行为能力，对于限制民事行为能力人可以参加与其年龄、身心状况相适应的志愿服务活动，但应在成年人的指导下并征得其监护人的同意。这样规定，既解决了志愿服务行为责任的承担，又鼓励了青少年从事志愿者服务工作。在我国，老年人从事志愿服务的热情也很高，但从保护老年人健康的角度出发，是否可以对志愿服务的年龄上限作出规定。当然根据具体的志愿服务的内容来限定志愿者年龄的上限是可以的，但如果普遍规定志愿服务的年龄上限还需慎重。

④关于志愿者的权利。现有的地方立法都专条规定了很多志愿者的权利，但还可以补充"要求平等提供志愿劳动（服务）机会的权利"等。

⑤关于志愿服务的范围。上述表2中列举了现有立法对志愿服务范围的规定，但这些规定很难归纳和记忆，建议采用北京市的列举服务领域而不是列举服务事项的方法，规定志愿服务的范围，如教育、科学、文化、卫生、体育、环境保护等领域。

⑥关于志愿服务的时间。《中国注册志愿者管理办法》第8条第2项规定："每名注册志愿者每年参加志愿服务时间累计不少于20小时。"而黑龙江省《志愿服务条例》规定的"注册志愿者"年工作时间则为不少于50小时。这两个规定所确立的注册志愿者的志愿服务时间是其义务，而2008年北京奥运会志愿者的志愿服务时间是从权利的角度予以规定的，即将志愿者日工作小时明确限定为8小时以内，这样的规定是符合劳动法的，从志愿者权利的角度而不是义务的角度规定志愿服务的范围是可取的，应予以借鉴。

⑦关于志愿者宣誓。在重大活动时或者其他必要场合，可以组织志愿者进行宣誓，以示志愿者的责任、使命和志愿的光荣。誓词可以参照《中国注册志愿者管理办法》的规定，即"我愿意成为一名光荣的志愿者。我承诺：尽己所能，不计报酬，帮助他人，服务社会。践行志愿精神，传播先进文化，为构建和谐社会贡献力量！"

（2008年第5期）

我国劳动派遣连带责任规定之法理分析

——评《劳动合同法》第 92 条规定

侯玲玲*

劳动派遣关系涉及劳动派遣单位(也称劳务派遣单位)、用工单位和派遣劳动者 3 方关系,其中,劳动派遣单位与派遣劳动者基于劳动合同发生劳动关系,用工单位基于实际用工与派遣劳动者发生用工关系。由于我国劳动争议处理程序的适用以劳动关系为标志,所以劳动派遣单位和派遣劳动者基于劳动关系理所当然是劳动争议的当事人,而用工单位与派遣劳动者因用工发生的争议,则因不存在劳动关系,依逻辑推理不属于劳动争议的当事人,即所谓的主体不适格。然而,2007 年 12 月 29 日通过的《中华人民共和国劳动争议调解仲裁法》(以下简称《劳动争议调解仲裁法》)第 22 条赋予了劳动派遣中用工单位的当事人资格,即规定劳动派遣单位或者用工单位与劳动者发生劳动争议的,劳动派遣单位和用工单位为共同当事人。其实体法的依据是《中华人民共和国劳动合同法》(以下简称《劳动合同法》)第 92 条,该条规定"给被派遣劳动者造成损害的,劳务派遣单位与用工单位承担连带赔偿责任"。从立法目的上看,《劳动争议调解仲裁法》第 22 条是为了配合《劳动合同法》第 92 条的规定,以确保该条通过程序法保障予以落实。针对《劳动合同法》第 92 条连带责任的规定,有学者提出不同的意见,认为用工单位不应连带承担派遣单位的全部雇主责任,而是应承担派遣劳动者处于其控制过程中产生的责任。① 同时,《劳动争议调解仲裁法》第 22 条"共同当事人"的规定亦会引起质疑,即劳动派遣单位能否基于与派遣劳动者的劳动关系,单独作为申诉人对派遣劳动者提起劳动仲裁呢?从根本上探究,《劳动合同法》第 92 条和《劳动争议调解仲裁法》第 22 条的规定都是源于劳动派遣关系的特殊构造和国家劳动政策的考量。本文拟从劳动派遣关系的特殊构造、用人义务和责任的不对称性及其对程序救济的影响入手,对我国《劳动合同法》第 92 条规定的法定连带责任作一分析。

---

* 作者单位:深圳大学法学院。

① 谢增毅:"美国劳务派遣的法律规制对我国立法的启示——兼评《劳动合同法》的有关规定",载《比较法研究》2007 年第 6 期。

一、劳动派遣关系的特殊构造

劳动派遣是一种特殊雇佣形态,有些国家没有专门“劳动派遣”一词,而是包含于特定概念之中予以规定,如美国“劳动派遣”是包含在“暂时性雇佣”(temporary employment)之中。[①] 有些国家专门有“劳动派遣”一词,并给出明确定义,如日本定义劳动派遣为将自己所雇佣的劳工,在该雇佣关系下,使其接受他人之指挥监督,为该他人从事劳动,但不包含约定使劳工为该他人雇用。[②] 1997年6月第85届国际劳工大会上通过的《私营就业机构公约》(简称“第181号公约”)第1条第1款b项对劳动派遣作了如下定义,即劳动派遣服务是指私营就业机构雇佣劳动者以为第三人所用,并由第三人[③]分派任务和监督任务的执行。公约对劳动派遣的定义基本上把握住了劳动派遣的内涵。作为国际劳工法,公约对劳动派遣的定义可为我国界定劳动派遣所参考。

我国经常出现的有关“劳动派遣”的用语是“劳务派遣”,认为是一种劳动派遣机构对要派机构提供劳动服务的行为。这种用词会产生一定的误解,即要派单位仅和派遣单位存在民事上的劳务关系,与派遣劳动者无任何关系,也就不需要承担任何责任。实际上,劳动派遣的特殊之处在于,派遣劳动者要完成派遣工作,必须在要派机构的组织内,由要派机构分派任务和监督指挥,其工作是要派机构业务工作的组成部分,而“指挥命令”则是劳动关系“从属性”的根本标志。这也是导致人们争论“谁是派遣劳动者雇主”的重要原因。可以说,劳动派遣中,派遣机构提供的不是劳动服务行为,而是将自己的员工有偿性地在一定时期内暂时让给第三人使用。所以,派遣客体是“劳动者或其蕴涵的劳动力”,派遣劳动者为要派单位提供的是“从属性劳动”,绝不是民事上的服务行为。因此,用劳动者派遣或劳动派遣更为合理。

我国《劳动合同法》亦采用了“劳务派遣”一词,并将劳动派遣机构、派遣劳动者和要派机构分别规定为劳务派遣单位、被派遣劳动者和用工单位。本文为了保证对劳动派遣的正确理解,还是采用“劳动派遣”一词,无特殊说明的情况下,所使用的“劳务派遣”和“劳动派遣”是同一概念。参照第181号公

---

① 郑津津:“从美国劳动派遣法制看我国劳动派遣法案”,载台湾《中正法学集刊》2003年第10期。

② 邱骏彦:“劳工派遣法制之研究——以日本劳工派遣法为例”,载台湾《台湾法学学会学报》2000年第1期。

③ 这里的第三人包括自然人和法人。

约，结合《劳动合同法》有关劳动派遣的规定，可对劳动派遣作以下定义：劳动派遣单位将其雇佣的劳动者暂时派给用工单位，由用工单位监督指挥，为用工单位工作。

劳动派遣的本质是传统雇主职能的分离，即"雇佣"和"使用"分别属于不同的主体。有学者谓之雇主功能的分裂、分割。① 也有学者认为，雇主功能分属两个独立的用人主体，形成不同层次的职能分工。② 无论持何种观点，劳动派遣关系因3方主体的存在而形成"三角关系"已是共识，三角关系在劳动雇佣形态中并不少见，除了本文意义上的专门为派遣而雇佣劳动者的劳动派遣机构派遣劳动者之外，还有其他的一些形态，如德国的非营业性劳动派遣，即受雇劳动者平时在其雇主处工作，只是偶然遇到特殊情形时，始由雇主将其外借第三人，为第三人工作。③ 我国的借调合同即是如此。美国暂时性劳务提供（THS）同样涉及劳动力使用机构、暂时性劳务提供机构和从事暂时性劳务提供的劳动者三方主体，形成的是三角关系。其形态除了劳动派遣之外，还包括租赁劳动力和外包。传统的租赁劳动力是指承租公司将所有的劳动力转移给租赁公司，然后再向租赁公司租回前述所有的劳动力。现代意义的租赁劳动力包括承租公司与租赁公司之间约定对租赁劳动者共同承担雇主责任的劳动模式。外包则是指事业单位将其部分工作交给承包公司负责执行，由承包公司指派所雇佣的劳动者处理所承包的工作。④

有些三角关系，如德国的非营业性劳动派遣和我国借调合同所形成的关系，虽然涉及的3方主体在实践中也会存在一些问题，但是这些三角关系不是常态，仅是偶尔发生，且是短期的，所以，容易明确雇主和分配权利义务，不会过多影响到劳动者利益。但是，某些三角关系的形成，如本文所谓的劳动派遣关系，其派遣机构产生的目的就是为用工单位提供劳动力，自己并不实际使用劳动力，劳动过程的实现与用工单位关系更为紧密，因此，完全排除用工单位的用人义务似乎不尽合理，自然难免发生雇主责任承担的争议。

为了更好地理解劳动派遣，需对劳动派遣所形成的三角结构关系的法律属性进行合理性分析。

---

① 黄程贯："德国劳工派遣关系之法律结构"，载台湾《政大法学评论》1996年第6期。

② 王全兴、侯玲玲："劳动关系的双层运行——以我国劳动派遣为例"，载《中国劳动》2004年第4期。

③ 黄程贯："德国劳工派遣关系之法律结构"，载台湾《政大法学评论》1996年第6期。

④ 郑津津："从美国劳动派遣法制看我国劳动派遣法案"，载台湾《中正法学集刊》2003年第10期。

(1)劳动派遣单位与用工单位之间基于劳动派遣协议形成民事合同关系。劳动派遣协议实质上是劳动力租赁协议,即劳动派遣单位通过派遣协议将自己所雇劳动者有偿出租给用工单位使用,获取一定的利润。用工单位通过支付一定租金而获得一定的劳动力使用请求权。

(2)劳动派遣单位与派遣劳动者之间基于劳动合同形成劳动关系。劳动派遣单位雇用劳动者的目的不是为自己使用,而是为满足用工单位的用人需求。基于劳动派遣中劳动合同订立有为第三人提供劳动的目的,有人认为劳动派遣中劳动合同是利他合同,对于利他合同的主张又分为非真正意义的利他合同和真正意义的利他合同。① 前者,用工单位身为受益第三人基本上对派遣劳动者劳务无直接给付请求权;后者,用工单位对派遣劳动者有独立的、原始的劳务请求权。这种争论在我国并无实际意义,我国现行立法是否有利他合同的规定尚存在疑义。② 而且,从劳动派遣单位与派遣劳动者之间订立劳动合同的主要目的来看,并非为第三人签订的合同。劳动合同仅是派遣机构和派遣劳动者之间确立劳动关系的依据。因为劳动合同的存在,派遣单位成为雇主,享有雇主的完整职能。派遣单位派遣劳动者到用工单位为其提供劳动,正是派遣单位作为雇主行使劳动力支配权的表现。派遣劳动者为用工单位提供劳动亦是在履行对雇主的劳动给付义务。所以,劳动合同不直接涉及第三人,不能认定为利他合同。

(3)用工单位基于劳动派遣协议获得对派遣劳动者的劳务请求权,两者因事实使用行为形成用工和被用工的关系。派遣单位通过派遣协议,将劳动者派往用工单位,完成派遣任务。用工单位为实现劳动给付请求权,必然在劳动过程中对派遣劳动者进行管理和支配。

由此可见,劳动关系只存在于派遣单位与派遣劳动者之间,用工单位与派遣劳动者无劳动关系,只是基于与派遣单位签订的劳动派遣协议享有一定的劳动力使用权。使用权的实现必然表现为一种事实上的使用和被使用的关系。虽有学者认为,如果不认定派遣劳动者与用工单位存在劳动关系,就会违反劳动法上劳动合同亲自履行和实际履行原则,并认为派遣合同只能以合意为基础,法律难以直接分配派遣单位和用工单位对劳动者的义务。如果派遣劳动者与用工单位不存在劳动关系,很难明确要派机构的用人责任。③ 然此观点值得斟酌,主要理

① 黄程贯:"德国劳工派遣关系之法律结构",载台湾《政大法学评论》1996 年第 6 期。

② 张民安:"论为第三人利益的合同",载《中山大学学报》2004 年第 4 期;韩世远:"试论向第三人履行的合同——对我国《合同法》第 64 条的解释",载《法律科学》2004 年第 6 期。

③ 董保华:"劳动派遣的法学思考",载《中国劳动》2005 年第 6 期。

由为:①从劳动派遣产生的历史来看,它在许多国家立法中,经历了一个由禁止、限制和承认放松规制的过程,究其禁止的原因也就是劳动派遣本身是对传统劳动法的违反,即传统劳动法强调直接雇用而禁止间接雇用,只有劳动者本人可以作为劳动力使用权交换主体,他人不得对劳动力使用权再行转让而从中牟利。然而,现代市场经济发展对劳动派遣这种弹性用工形态有了极大需求,传统劳动法的禁止并不能完全杜绝劳动派遣,劳动派遣在非法状态中因市场需求而快速发展。由于没有法律规定,劳动派遣用工基本处于失范状态,反而不利于劳动者保护。许多国家也就开始顺应市场经济发展需要,承认劳动派遣,并通过立法使其合法化,防止劳动立法出现盲区,以保护派遣劳动者的利益。对于劳动派遣单位和用工单位之间雇主责任的立法分配则是国家干预劳动派遣协议的方式之一。因此,不存在用工单位与劳动者没有劳动关系,立法就难以分配派遣单位和用工单位雇主责任一说。②明确劳动派遣单位与派遣劳动者之间的劳动关系,即确定了劳动派遣单位的用人单位的法律地位而须承担所有的雇主责任,其无法以未实际使用而推卸自己的责任。然而,劳动关系的明确并不等于说完全排斥用工单位用人责任的承担。只是用工单位用人责任的承担不是基于用人单位主体身份,而是基于派遣劳动者直接使用者身份产生,即用工单位作为劳动力的实际使用者必须履行使用中对劳动者的保护义务,这可以从民法上的诚信原则解释出用工单位必须善意使用派遣劳动者,如用工单位对派遣劳动者有安全照顾义务等。

我国《劳动合同法》有关条文规定亦体现了这种观点,即明确劳动派遣中只存在一个劳动关系,劳动派遣单位是用人单位,要派单位则是用工单位而非派遣劳动者的用人单位。如其第58条、第62条规定,劳动派遣单位作为用人单位,应当履行用人单位对劳动者的全部义务;用工单位应当履行与使用过程有关的部分义务。在法律对劳动派遣关系进行调整的时候,因为3方主体之间所形成的劳动关系、劳动派遣协议关系和事实使用关系彼此联系非常紧密,通常是同时对3种不同性质社会关系进行调整,确定彼此的权利义务关系。所以,从法律关系的角度来看,劳动派遣法律关系往往总括为一个整体的派遣单位、派遣劳动者和用工单位之间的权利义务关系。

二、用工单位义务和责任的非对称性及其原因

(一)用工单位义务和责任的非对称性

如前对劳动派遣关系构造法律属性的分析可推之,作为用人单位的劳动派

遣单位应当履行全部用人义务和承担完全的用人责任。作为使用者的用工单位应当履行善意使用的义务和承担相应的法律责任。如果劳动派遣协议对用工单位承担的用人义务有特殊约定的话,依照契约自由原则,用工单位必须依照协议约定履行契约义务和承担契约责任。然而,我国《劳动合同法》有关劳动派遣用人义务和责任的规定突破了义务和责任相对应的法理,使得我国劳动派遣中用工单位的用人义务和责任呈现出非对称性的特点。

《劳动合同法》第58条、第62条规定了劳动派遣单位和用工单位的法定义务;第59条规定了劳动派遣单位和用工单位之间的劳动派遣协议内容。由此可见,劳动派遣单位和用工单位的义务可分为:①法定义务。劳动派遣单位的法定义务为用人单位对劳动者的全部义务。用工单位的法定义务包括:执行国家劳动标准,提供相应的劳动条件和劳动保护;告知被派遣劳动者的工作要求和劳动报酬;支付加班费、绩效奖金、提供与工作岗位有关的福利待遇;对在岗被派遣劳动者进行工作岗位所必需的培训;连续用工的,实行正常的工资调整机制;用工单位不得将被派遣劳动者再派遣到其他用人单位。②约定义务。即通过派遣协议约定法定义务之外的用工义务。

一般而言,民事责任是违反民事义务的法律后果,所有责任的产生都必须以义务的存在为前提和基础,无义务即无责任。用工单位只有在违反自己法定义务和约定义务时才应承担法律责任和契约责任。然而,《劳动合同法》第92条规定,劳动派遣单位违反本法规定,给被派遣劳动者造成损害的,劳动派遣单位与用工单位承担连带赔偿责任。从而扩大了用工单位的民事法律责任范围,只要劳动派遣单位违反法律规定,即使用工单位履行了其义务或无该义务,用工单位仍然要与劳动派遣单位共同对派遣劳动者承担连带赔偿责任。劳动者依据本条规定,可向用工单位主张赔偿请求权,从而在立法上扩大了用工单位的责任范围,使得用工单位的义务和责任无法一一对应。这实际上加重了用工单位的责任负担。

(二)义务和责任不对称所凸显的立法目的

连带责任是因违反连带债务或者共同实施侵权行为而产生的责任,各个责任人之间具有连带关系。承担超过自己份额的责任人有权向其他责任人请求予以补偿,亦即在连带责任人内部还是有份额的。连带责任是一种加重责任,只有在法律直接规定或由当事人约定时方能适用。劳动派遣单位和用工单位对派遣劳动者的连带责任是通过法律直接规定而产生,不能通过劳动派遣单位和用工单位以协议形式予以排除。这种法定连带责任虽然难以从法理中推出其合理性,但其确是实现某种特殊立法目的的结果。从法律逻辑推理来看,劳动派遣单位是用人单位,应当承担全部的用人义务;用工单位基于用工的事实行为,应当承担部分法定的用人义务和依派遣协议约定承担约定的用人义务。当劳动派遣单位和用工单位用人义务重合时,两者负有共同债务而对这些共同债务承担连带赔偿责任。一旦用工单位履行了自己的法定义务和约定义务,就无需承担法律上的不利后果。这样才能实现法律的确定性和指导性,行为人才能知道自己在法律框架内,能做什么,不能做什么,应该做什么。

《劳动合同法》第92条却作出了与逻辑推理相冲突的规定,即通过法定连带责任的规定,在用工单位履行义务之外设定了责任,所谓的"无义务的责任"。无论用工单位是否履行自己的义务,都要对派遣劳动者承担用人责任。有学者认为,如果不区分雇主责任的类型,一律让用工单位和派遣单位承担连带责任,用工单位就无法通过劳动派遣的形式事先控制自身的风险,使用劳动派遣对用工单位的经济意义就会大为下降,从而不利于劳动者就业和劳动派遣行业的发展。① 该观点是从劳动派遣立法导向来对连带责任的法律规定进行质疑。依此观点,该学者应该认为劳动派遣的存在有利于劳动者就业,应当保障和推进劳动派遣业的发展。然而,从《劳动合同法》对"劳动派遣"专章规定来看,立法意图似乎并不是促进劳动派遣业的发展,而是在抑制劳动派遣业的发展,使之尽量回复到传统的"直接雇佣和使用型"劳动关系,以达到保护劳动者的目的。如《劳动合同法》第58条规定,劳动派遣单位应当与被派遣劳动者订立2年以上的固定期限劳动合同,按月支付劳动报酬;被派遣劳动者在无工作期间,劳动派遣单位应当按照所在地人民政府规定的最低工资标准,向其按月支付报酬。这一规定与劳动报酬原理相悖,劳动报酬是对劳动者劳动的对价,应是"有劳动即有报酬,无劳动无报酬,多劳多得"。而本法第58条要求劳动派遣单位在被派遣劳动者无劳动的期间,无法定事由不得解除劳动合同,并需依法向其支付劳动报酬。该规定大大增加了劳动派遣单位的用工成本,没有相当资金的劳动派遣单位根本无法负担,也必然会导致大量资金不足的小规模劳动派遣单位被淘汰出局。

同理,《劳动合同法》第92条的规定看似不合情理,却凸显了《劳动合同法》的立法目的,有利于保障《劳动合同法》立法目的的实现。《劳动合同法》第1条是有关立法目的的规定,即保护劳动者的合法权益,构建和发展和谐稳定的劳动关系。劳动派遣连带赔偿责任的规定,可以通过以下方式实现立法目的:①劳动

① 谢增毅:"美国劳务派遣的法律规制对我国立法的启示——兼评《劳动合同法》的有关规定",载《比较法研究》2007年第6期。

派遣关系中,基于"雇佣和使用"的事实,让两个主体共同承担对派遣劳动者的责任,使得被派遣劳动者权益有了双重保障,相比较于其他直接雇佣的劳动者而言,这种保障力度更大。它体现了立法者的一种意志,即旨在保护被派遣劳动者,防止用工单位利用派遣劳动者规避雇主责任,促使某种和谐稳定的社会秩序的形成。②用工单位连带赔偿责任的规定,扩大了用工单位使用被派遣劳动者的风险成本,用工单位一旦认为使用被派遣劳动者无经济上利益,必然会选择直接雇佣劳动者,减少市场对被派遣劳动者的需求。这样可防止以劳动派遣关系取代传统劳动关系,只有传统劳动关系成为常态才有可能实现劳动关系的和谐稳定。无论《劳动合同法》如何规定被派遣劳动者与用工单位内部劳动者的"同工同酬",内部人和外部人的身份差别无法消除,并且,现实生活中同工同酬难以实现。所以,用工单位使用派遣劳动者必然会增加本单位不同身份劳动者之间的矛盾冲突,不利于单位内部劳动关系的和谐。

可以说,连带赔偿责任的规定是国家强制力对劳动派遣关系干预的一种方式,但是这种限制仅是对外部责任的限制,即劳动派遣单位和用工单位不可通过派遣协议来约定外部责任;内部责任分配则应该依据契约自由原则,由劳动派遣单位和用工单位自由协商确定。依此原理,在派遣劳动者民事赔偿请求权实现后,劳动派遣单位和用工单位可以通过以下方式确定内部责任分担:有约定的,依约定;无约定的,依照所应履行义务来确定,一方面依据《劳动合同法》规定的劳动派遣单位和用工单位法定义务分配,另一方面可以依据劳动派遣协议约定的义务分配。当然,在内部责任承担上还得考虑双方过错的大小。

当然,用工单位承担连带赔偿责任是有一定条件限制的,依据《劳动合同法》第92条规定,用工单位与劳动派遣单位承担连带赔偿责任必须具备以下两个要件:①劳动派遣单位有违反《劳动合同法》的事实。劳动派遣单位对被派遣劳动者的义务可分为约定义务和法定义务,前者依劳动合同约定产生,后者依法律规定产生。只有劳动派遣单位违反法定义务,用工单位才应承担连带赔偿责任。②劳动派遣单位违法事实给被派遣劳动者造成了损害。这里有两层含义:一是被派遣劳动者有损害;二是劳动派遣单位违法事实与被派遣劳动者损害之间有直接因果联系。这里所谓的损害,应是指对派遣劳动者各种劳动权利和利益侵害所造成的后果,包括财产损失和人身伤亡。这里的损害应是可以确定的,即可以通过金钱计算加以确定;人身伤害则需转化成能以金钱计算的损失才能获得赔偿。

虽然《劳动合同法》第92条对立法目的的实现有积极意义,但是该规定在现实操作中仍有歧义,需要有权解释部门作出明确解释。其歧义之处在于:第92条仅规定,劳动派遣单位违反《劳动合同法》规定,给派遣劳动者造成损害的,用工单位要承担连带赔偿责任,并未规定用工单位违反《劳动合同法》,劳动派遣单位是否应承担连带赔偿责任。如《劳动合同法》第58条仅规定,劳动派遣单位有按月支付劳动报酬的法定义务;第62条规定,用工单位有支付加班费、绩效奖金、提供与工作岗位有关的福利待遇的法定义务。劳动派遣单位违反第58条规定,未按月支付劳动报酬,给派遣劳动者造成损失的,劳动者可依据第92条规定,请求用工单位对该损失承担连带赔偿责任。然而,用工单位违反第62条规定,未支付加班费、绩效奖金以及提供与工作岗位有关的福利待遇,给派遣劳动者造成财产损失的,劳动派遣单位应否承担连带赔偿责任,从第92条规定来看,却无法得出肯定的答案。因为依据文义解释,劳动派遣单位无需承担连带赔偿责任;但这种文义解释又与立法目的相冲突,无法完全实现对派遣劳动者权利之双重保障。

三、连带赔偿责任对劳动争议程序法的影响

连带责任的规定对劳动争议程序法的直接影响就是改变了劳动派遣中劳动争议主体的范围。在《劳动合同法》生效之前,劳动派遣中劳动争议的当事人只能是劳动派遣单位和被派遣劳动者,用工单位不具有劳动争议主体资格。以2006年农民工徐某诉肯德基劳动派遣一案处理为例,徐某是肯德基配销中心的仓管员,自1995年2月通过社会招聘进入肯德基工作。2005年10月,徐某因一次工作失误被肯德基辞退。被辞退后,徐某想要回自己工作11年欠发工资及经济补偿金2万余元,却被告知自己根本不是肯德基的员工,而是被某劳动派遣公司派遣到肯德基的派遣员工,双方不存在事实劳动关系,存在劳动争议应当找劳动派遣公司。徐某不能接受肯德基翻脸不认人的事实,遂向北京市东城区劳动仲裁委员会申诉,仲裁委会因其劳动合同合法有效,现徐某以肯德基为被诉人主张权利,主体不对,驳回徐某的申诉。徐某又起诉到东城区人民法院,要求肯德基返还拖欠的当月工资,给付经济补偿金共计2万余元。2006年6月12日,一审法院作出判决:徐某与时代桥公司签有劳动合同,确立了徐某与时代桥公司的劳动关系。后徐某作为时代桥公司的员工被派遣到肯德基工作。原告虽曾在肯德基工作,但双方未形成事实劳动关系。现原告以与被告存在事实劳动关系为由主张权利,于法无据,本院不能予以认定。原告主张与时代桥公司所签劳动合

同是受被告胁迫，属无效合同，应另案处理。驳回原告徐某的诉讼请求。①

本案从劳动仲裁裁决到一审法院判决来看，用工单位不是被派遣劳动者的用人单位，不是劳动争议当事人，不具有劳动争议程序法上的主体资格，在劳动争议处理程序法中，用工单位因不是派遣劳动者的用人单位，不是劳动争议的当事人，不具有程序法上主体资格。其依据的是1993年的《中华人民共和国企业劳动争议处理条例》（以下简称《条例》）和1994年的《劳动法》。《条例》第2条、第3条规定，劳动争议的当事人为企业和职工。《劳动法》第2条规定扩大了劳动争议当事人的范围，即企业、个体经济组织和与之形成劳动关系的劳动者；国家机关、事业组织和社会团体和与之建立劳动合同关系的劳动者。从而确立了是否存在劳动关系作为劳动争议当事人的标志。依据这一标志，用工单位因为不是劳动关系主体，与派遣劳动者不存在劳动关系，而不具备劳动争议当事人资格。

尽管肯德基在劳动仲裁和一审中赢得了官司，但是在社会舆论的压力下，其还是主动与徐某达成和解协议。本案虽然以和解告终，但对于司法和立法产生了深远影响。最高人民法院于2006年7月10日作出的司法解释——《最高人民法院关于审理劳动争议案件适用法律若干问题的解释（二）》第10条规定，劳动者因履行劳动力派遣合同产生劳动争议而起诉，以派遣单位为被告；争议内容涉及接受单位的，以派遣单位和接受单位为共同被告。该规定通过司法解释突破了《劳动法》关于劳动争议当事人的规定，将用工单位纳入因劳动派遣发生的劳动争议的当事人范围，即与劳动派遣单位作为共同被告，但适用条件也是有限的，只有当争议内容涉及用工单位的，派遣劳动者才可将用工单位与劳动派遣单位作为共同被告。虽然当时该条司法解释并无劳动实体法依据，但是可依法理解释为用工单位和劳动派遣单位基于对派遣劳动者共同债务或共同侵权而应承担连带责任，从而成为劳动争议的共同被告。

然而，最高人民法院的司法解释适用于法院；劳动部的行政解释适用于劳动仲裁机构。尽管最高人民法院的司法解释扩大了劳动争议当事人范围，赋予用工单位一定条件下的当事人主体资格，但是劳动仲裁机构并不一定适用该司法解释，从而导致同一案件，用工单位是否可以成为劳动争议当事人这个问题在劳动仲裁程序和法院诉讼程序中认定存在极大差异。

《劳动合同法》生效之后，劳动派遣单位和用工单位连带赔偿责任的实体法

① 《肯德基告别劳动派遣始末》，载 http://job.secu.com.cn/policy/policy_detail.asp?id=1663。

规定,使得用工单位作为劳动派遣中劳动争议当事人有了程序法上的实体法需求。2007年12月29日,第十届全国人民代表大会常务委员会第31次会议通过的《中华人民共和国劳动争议调解仲裁法》解决了劳动争议程序法相对滞后的问题。该法对劳动争议程序进行专门立法,不仅规定了劳动调解和仲裁程序,同时,明确了劳动仲裁和劳动诉讼程序之间的衔接。关于劳动仲裁程序当事人资格的规定,见诸第22条。该条规定:"发生劳动争议的劳动者和用人单位为劳动争议仲裁案件的双方当事人。劳务派遣单位或者用工单位与劳动者发生劳动争议的,劳务派遣单位和用工单位为共同当事人。"又依据第2条规定,"中华人民共和国境内的用人单位与劳动者发生下列劳动争议,适用本法"。根据这两条规定,劳动仲裁程序当事人适格一般必须具备以下条件:①身份的特定性。一方为用人单位,另一方为劳动者,前者为雇用劳动者的组织,后者为受雇劳动者,两者之间因雇用和被雇而存在劳动关系。参照《劳动部关于贯彻执行〈中华人民共和国劳动法〉若干问题的意见》的规定,"中国境内的企业、个体经济组织与劳动者之间,只要形成劳动关系,即劳动者事实上已成为企业、个体经济组织的成员,并为其提供有偿劳动,适用劳动法"。官方解释的劳动关系应为:"劳动者事实上已成为某组织的成员,并为其提供有偿劳动所形成的社会关系。"②地域的限定性。即限于中华人民共和国境内的用人单位与劳动者。

从当事人适格的一般条件来看,劳动派遣关系中,只有劳动派遣单位和被派遣劳动者基于劳动合同而形成劳动关系,成为劳动法上意义上的用人单位和劳动者,具备劳动争议当事人资格。用工单位与被派遣劳动者只有基于劳动派遣协议履行而形成事实上的使用和被使用关系,两者之间并非用人单位和劳动者,不具备劳动争议当事人资格。因此,用工单位和劳动者之间的争议理应不属于劳动争议处理程序的受案范围。然而,如果将用工单位排除在劳动争议当事人范围,《劳动合同法》第92条所规定的劳动者向派遣单位和用工单位主张连带损失赔偿的实体请求权就缺乏程序法上的保障。只有赋予用工单位当事人主体资格,劳动者才能通过启动劳动争议处理程序,向用工单位主张赔偿请求权。《劳动争议调解仲裁法》第22条则对劳动派遣争议当事人资格进行特别规定,将用工单位纳入劳动仲裁当事人范围内。但是,终究用工单位不是被派遣劳动者的用人单位,与其不存在劳动关系,因此,作为独立的劳动争议当事人缺乏法理基础。故第22条规定,劳动派遣单位或用工单位与被派遣劳动者发生劳动争议的,劳动派遣单位和用工单位为共同当事人,即在劳动仲裁程序中,劳动派遣单位和用工单位是共同的申诉人和被申诉人。从实体法角度考究,基于《劳动合同法》第92条连带赔偿责任的规定,当被派遣劳动者为申诉人的时候,劳动派遣单位和用工单位当然作为共同被申诉人参加劳动仲裁。但是,当被派遣劳动者作为被申诉人时,则存在谁为申诉人的问题。仅从劳动派遣中3方主体关系结构分析,劳动派遣单位是被派遣劳动者的用人单位,只有其可以对被派遣劳动者提起劳动仲裁申请。被派遣劳动者到用工单位提供劳动行为,是受劳动派遣单位指令到用工单位工作,接受用工单位的管理支配。被派遣劳动者未履行劳动义务,对于劳动派遣单位而言,是劳动者违反劳动合同约定;对于用工单位而言,是劳动派遣单位违反劳动派遣协议。由此可知,如果被派遣劳动者在派遣期间未向用工单位履行劳动义务或给用工单位造成损失的,用工单位只能依派遣协议对劳动派遣单位提起民事诉讼,而不能直接对劳动者提起劳动仲裁申请。被派遣劳动者与本案有直接利害关系的,应作为第三人参加诉讼。劳动派遣单位与被派遣劳动者发生劳动争议,可以直接对被派遣劳动者申请劳动仲裁,用工单位与本案有直接利害关系的,应依据《劳动调解仲裁法》第23条,作为第三人参加仲裁活动。因此,很难推出劳动派遣单位和用工单位作为共同申诉人的合理性。

然而,深入分析《劳动争议调解仲裁法》第22条之法理基础,共同当事人的规定应是基于劳动派遣法律关系中权利义务的统一性。如前所述,劳动派遣的特性就是劳动派遣单位和用工单位通过派遣协议的约定发生了雇主职能的分裂,即"雇佣和使用"分离的事实使得用人单位的权利义务须依靠劳动派遣单位和用工单位共同来实现。从程序法上正当当事人确定的法理基础上分析,虽然法律未有规定被派遣劳动者对用工单位的义务,也无直接基于劳动合同而发生的被派遣劳动者对用工单位的约定义务,但是,劳动派遣协议所产生劳动力使用请求权的移转,用工单位享有对被派遣劳动者的使用权,被派遣劳动者也就有服从用工单位管理支配的义务,对用工单位管理支配的服从就是履行对派遣单位的劳动合同义务。由此可见,劳动派遣单位和用工单位与被派遣劳动者之间必然存在实体权利义务关系,而且,这种实体权利义务大多情形下是共同的,难以分开。由于程序法上正当当事人的确定基础在于其是否对争议的实体权利义务或者争议的财产拥有管理权或处分权。当劳动派遣单位和用工单位与劳动者之间对劳动争议的实体权利义务有管理权或处分权时,就可确定为劳动争议当事人;只是在劳动派遣中,劳动派遣单位与用工单位用人权利义务大多需共同行使或履行,所以,劳动派遣单位和用工单位作为劳动争议当事人也只能是共同当事人。

《劳动调解仲裁法》对劳动派遣中劳动争议当事人资格的规定仅适用于劳动仲裁程序,并不适用于劳动诉讼程序。关于劳动诉讼中劳动派遣争议当事人的规定，则适用2006年最高人民法院的司法解释，该司法解释也只是规定用工单位作为共同被告的情形，未有规定其是否可以作为劳动争议原告的资格。尽管《劳动调解仲裁法》有一裁终局情形的特殊规定，但是一裁终局适用范围非常有限，劳动仲裁始终是劳动诉讼的前置程序。为了实现劳动仲裁程序和劳动诉讼程序有关当事人规定的统一，最高人民法院应对劳动派遣中劳动争议当事人资格作出相应的解释。

（2008年第5期）

民间借贷的制度性压制及其解决途径

张书清*

一、问题的提出：民间借贷合法与否

民间借贷这种古老的、自发形成的民间信用，并不是在改革开放之后才出现的，早在私有制产生之后，随着社会贫富差别的加剧就已经存在了。根据我国已有的历史文献考证，《周礼》中有关借贷的记载就既有私人信用，也有国家信用，①并且民间借贷一直伴随着社会经济的发展而绵延存续着，与正规金融共同构筑了一国的金融体系。特别是20世纪80年代之后，随着我国的改革开放，民间借贷规模不断壮大，对民营经济乃至整个国民经济的增长发挥了重要作用（注：据中央财经大学课题组对全国20个省份的实地抽查，2003年，全国地下信贷的绝对规模在7450亿～8300亿元之间，占正规金融机构贷款业务增加额的比重近30%②）。另外，中国人民银行副行长吴晓灵2005年曾披露说，我国民间融资规模为9500亿元，占GDP的6.96%左右，占本外币贷款的5.92%左右。③然而，当下对民间借贷活动的规范却采取"以行政管制为主、刑罚为辅"的简单管理方式，使得民间借贷主体应有的权利无法得以保障，不得不在法律与现实之间徘徊，时常游走于合法与非法的边缘。如今，公民能否拥有融资自由以及民间借贷的法律地位到底如何也就成为人们关注的话题。

民间借贷正当性的法律渊源，从根本上说，来自宪法对公民合法财产权利予以保护的基本条款。但长期以来，整个社会体系与法律制度中民间借贷一直处于严格管制甚至压制的状态之下，被排斥在正规金融体制之外。2004年以来，中共中央、国务院连续出台5个指导"三农"工作的中央1号文件，正视民间借贷在国民经济发展特别是建设社会主义新农村中的积极作用，要求加快农村金融

---

* 作者单位：西南政法大学。

本文是国家社会科学基金项目《金融改革与创新的法律规制问题研究》（编号：05BFX029）支持的子课题。

① 《周礼·天官·冢宰上》小宰之职中有"听称责（债）以傅别"，指小宰审理民间的借贷纠纷要以傅别为依据。参见洪葭管著：《中国金融史》，西南财经大学出版社2001年版，第55页。

② 辛红："八千亿地下金融暗流涌动"，载《法制日报》2005年1月5日。

③ 欧国峰："'收编'民间资金的'共谋'"，载《经济》2005年第10期。

体制的改革和创新。如2006年中央1号文件《中共中央国务院关于推进社会主义新农村建设的若干意见》"鼓励在县域内设立多种所有制的社区金融机构,允许私有资本、外资等参股。大力培育由自然人、企业法人或社团法人发起的小额贷款组织。引导农户发展资金互助组织。规范民间借贷"。银监会于2006年12月20日发布了《中国银行业监督管理委员会关于调整放宽农村地区银行业金融机构准入政策、更好支持社会主义新农村建设的若干意见》提出农村金融市场开放的试点方案,为民间借贷的规范发展提供了有益的探索。这些有关民间借贷政策出现的变化,在一定程度上回应了民间借贷主体要求按照市场机制配置金融资源,尊重公民财产自由处分权利的呼声。

在金融体制改革中保障民间借贷主体的融资自由权利以及取消对民间借贷的歧视性规定的原因何在呢?我们看到官方的解释是"促进农民增产增收"、"培育竞争性的农村金融市场"等说法。从表面上看,民间借贷受到的不平等待遇基本得到了解决,但深层次的理念与体制问题仍然没有得到解决。实际上,中国社会发展中出现的各种形式的不平等现象,其根源在于宪法规范与现实的脱离,国家法律的制定、公共政策的制定缺乏合法性与合宪性基础,宪法的一些规定成为"空洞化"的内容。① 所以,从宪法规定的公民财产权利入手,分析我国民间借贷政策与法规的演变过程,揭示民间借贷遭受差别对待的社会原因以及保障民间借贷的合法地位应是学术界需要探讨的重要课题。

二、民间借贷的界定以及对制度性压制的现状剖析

(一)民间借贷的内涵与外延

民间借贷相对于官方正规金融而言是自发形成的民间信用部门,在国外的研究中被称为非正规金融,但国内的相关研究还未对民间借贷的概念形成较为统一的认识与清晰的界定。相关的研究或称为"地下金融"、"体制外金融"、"非制度金融"、"民间金融"等,这些概念所指的对象大抵相同,但侧重点和观察的角度有所不同。此外,民间借贷还具有广义和狭义之分,广义的民间借贷是指各种非正规金融的总称,狭义的民间借贷仅指私人之间的借贷活动。如无特别说明,本文对民间借贷相关问题的研究是从广义的角度进行的。

笔者遵从我国多数学者对民间借贷概念的界定,从法律特征和金融监管角

---

① 韩大元:"中国宪法文本上'农民'条款的规范分析——以农民报考国家公务员权利为例",载《北方法学》2007年第1期。

度来阐释民间借贷的内涵。具体而言，民间借贷可以从以下几方面予以界定：①从交易活动的主体来看，交易的对手基本上是从正式金融部门得不到融资安排的经济行为人，如发生相互借贷行为的农民。②交易对象不是被正式金融所认可的非标准化合同性的金融工具。③正式的金融中介具有规范的机构和固定的经营场所，而民间金融一般不具备这些特征。④民间金融一般处于金融监管当局的监管范围之外。[①] 因此，民间借贷是指相对于正规金融而言，在金融体系中没有受到国家信用控制和监管当局监管的金融交易活动，包括非正规的金融中介和非正规的金融市场。以此为标准，一国的金融体系通常由以下两部分组成：一是正式的、经过登记或批准的、处于监管体制内的部分，即正规金融；二是非正式的、未经登记或批准的、未处于监管体制内的部分，即民间借贷（非正规金融）。这种对民间借贷的内涵界定以及对金融体系的分类方式具有重要的意义。一方面，可以依据是否纳入国家金融监管体系来认定和规范民间借贷活动，增强针对性与可操作性；另一方面，也有利于根据金融市场发展与监管能力的提高，逐步将部分民间借贷转化为规范的正规金融。我国的民间借贷活动依据其发展的组织化程度不同可分为无定型组织形式的民间借贷与有定型组织形式的民间借贷两大部分。其中无定型组织形式的民间借贷通常发生在乡邻、熟人中间，具有无组织性、分散性、缺乏连续性和规模较小等特点，如私人借贷、贷款经纪人、企业间借贷、企业集资、私募基金。这种形式的民间借贷虽然能够较好地解决企业或个人的融资困境，但由于其分散和无组织的特点，对于资金需求较大的企业，可能无法采用这种方式筹措到足够的资金。为了克服这种先天性的缺陷，一些具有固定组织形式的民间借贷便逐渐产生了，这类金融组织多是在民间自发形成的，具有组织性、区域性、持续性和一定规模等的特点，如合会、钱庄、合作基金会、资金互助社，在某种程度上回应了个人特别是中小企业的融资需求。

在对非正规金融的研究中，也有部分学者将民间借贷混同于民营金融、非法金融的，笔者认为它们之间还是有差别的。首先，民营金融是相对国有金融而言的，是指由民有资本构成并掌握控制权的各类金融机构的统称。所以民营金融既可能是正规的也可能是非正规的。其次，非法金融是相对合法金融而言的，是指依现行法律明确规定，其组织或行为违反相关条款，须承担相应法律责任的金融活动。因此非法金融既可能是正规金融所产生的，也可能是由非正规金融导

---

① 陈柳钦："我国农村民间金融的运行形式、存在的问题及其规范发展"，载《经济研究参考》2006 年第 72 期。

致的。虽然有些民间借贷活动按照现行法律是不受保护或非法的,但也有部分民间借贷活动是合法的,如不超过银行同类贷款利率 4 倍以下的私人借贷。此外,笔者还试图将民间借贷与洗钱、金融诈骗等活动进行区分,虽然两者都是处于国家信用控制和监管当局监管之外,但有本质的不同。区别的标准在于是否能够适应经济发展规律并促进社会整体福利的增加。民间借贷的兴起是由于当前金融法律制度改革明显滞后于经济发展要求,在市场交易过程中内生的制度变迁,是适应市场经济发展规律并能够增进社会福利的行为;而洗钱、金融诈骗等活动则是违背市场经济发展规律,以侵害他人权利或社会利益为条件来谋取不当利益,造成社会福利减损的行为。

(二)民间借贷制度性压制的现状剖析

改革开放之后,民间借贷随着我国经济的发展而蓬勃兴起,但现行法律并没有为民间借贷提供必要的支持。为了追求特定的政治与经济目标,除低于银行同类贷款利率 4 倍以下的私人间借款之外,政府对绝大多数民间自发形成的融资活动一直持保守甚至反对的态度。常常以维持金融秩序和防范金融风险的名义对民间借贷进行清理与整顿,总体体现为行政管制为主、刑罚为辅的简单管理模式,导致民间借贷只能在制度夹缝中求得生存。

1. 压制民间借贷的现行规范

对于民间借贷主体,现行制度规定有诸多限制。根据司法部 1992 年《关于办理民间借贷合同公证的意见》与 1999 年《关于如何确认公民与企业之间借贷行为效力问题的批复》的规定,虽然对公民之间以及公民与企业之间的借贷合同的效力加以肯定,但对于非金融机构的企业之间的借贷合同的效力却不予承认,认为其属于无效合同。1990 年《最高人民法院关于审理联营合同纠纷案件若干问题的规定》对于名为联营实为借贷的企业间借贷行为,认为其违反了有关金融法规,是无效的合同。1996 年中国人民银行发布并施行的《贷款通则》同样也规定企业之间不得违反国家规定办理借贷或者变相借贷融资业务。1996 年最高人民法院在《关于对企业借贷合同借款方逾期不归还借款应如何处理问题的批复》中又重申了上述观点。这种对借贷主体的压制政策,迫使企业只能通过委托贷款、存单质押担保等各种方式变相展开企业间借贷,无形中增加了企业的运行成本,降低了经济效率。官方限制企业间借贷的理由是该行为违反了有关金融法规,但笔者所能查到的明确禁止企业间借贷的规定只有 1984 年国务院公报第 10 号批转的中国工商银行《关于国营工商企业流动资金管理暂行办法》作过“不准企业之间相互借贷,收取利息”的规定。然而,该办法是在计划经济背景下为限制国营企业“转贷牟利”作出的,早已不适应我国当前市场经济的发展,不应作为行政或司法机关限制企业间借贷的法律依据。再者,根据我国《合同法》的规定,判断一个合同是否属于无效合同必须依据法律和行政法规的规定进行,但是我国当前没有任何一部法律或行政法规规定了企业之间不许进行借贷,所以规定企业间借贷合同无效就于法无据了。那么限制企业间借贷的真实原因就是我们必须回答的问题了,笔者将在后面的论述中加以解释。

对于民间借贷利率,更是目前金融管制的重点。新中国成立后,对于民间借贷利率的规定最早可见1964年《中共中央转发邓子恢〈关于城乡高利贷活动情况和取缔办法的报告〉》中"禁止并取缔月息超过一分五厘的借贷行为"。1986年通过的《民法通则》由于受当时各种条件的影响,只在第9条中规定了"合法的借贷关系受法律保护",并未予以明确说明合法与否的界限。① 直到1991年最高人民法院在《关于人民法院审理借贷案件的若干意见》中才首次提出对"民间借贷"的具体措施,规定民间借贷可以适当高于银行的利率,但最高不得超过银行同类贷款利率的4倍(包含利率本数),超过此限度的利息不受保护。这种对民间借贷利率的高度管制,违背了金融市场的运行规律,扭曲了金融资源配置的机制。对于利率的高低或高利贷问题,我们不能依据个人的喜好进行简单的善恶判断,而应根据不同历史时期的政治、经济、文化以及人们的观念来进行具体的分析:首先,新中国成立后,封建地主、资本家作为剥削阶级已经被消灭,遭受压迫的广大劳动人民成了国家的主人,高利贷作为剥削阶级吸取民脂民膏的工具也就失去了生存的基础。其次,目前存在的民间借贷与旧时的高利贷有根本的不同,是社会主义市场经济条件下地位平等的借贷双方的自愿行为,只要不存在欺诈、胁迫或乘人之危等违反法律的行为即可,而利率的高低不应成为判断民间借贷合法与否的依据。毕竟,利率作为反映资金供求关系的重要指标,只要是借贷双方的自愿约定,是当事人真实的意思表示,就应当以当事人约定的利率为准,无论其是否高出所谓银行同类贷款利率的4倍。

对于民间借贷运营模式,现行制度也从多方面予以制约。除了对民间直接借贷进行有条件的承认之外,我国法规对其他形式的民间借贷多持否定态度。特别是在1997年亚洲金融危机之后,对民间借贷的管制日趋严格。其中,对于

① 我国《民法通则》起草者之一的江平教授在谈到这点时指出:"1986年在《民法通则》起草的时候,合法的借贷受法律保护,禁止高利贷条款到全国人大讨论的时候,竟然把禁止高利贷划掉了,为什么呢?在当时,有人问多少算高利贷,银行回答说超过银行利率4倍算高利贷。那时候很多人提出反对意见,福州、温州一带认为如果超过银行利率4倍就算高利贷,它们的民间借贷全是高利贷,全是非法,这就麻烦了。所以就把禁止高利贷部分划掉了,相关条文就变成了合法的借贷受法律保护。"参见盛洪、江平等:"专家谈地下金融",载《银行家》2004年第10期。

合作金融性质的农村合作基金会就经历了从鼓励发展到全面取缔的曲折过程。在1999年1月国务院取消农村的合作基金会之前，基于合作基金会为农村经济发展的巨大贡献，中央曾出台多项政策及法规来积极鼓励并规范农村合作基金会的发展。[①] 之所以国务院发布(1999)3号文件宣布在全国统一取缔农村合作基金会，文件的解释是“为有效防范和化解金融风险，保持农村经济和社会的稳定，党中央、国务院决定对农村合作基金会进行全面清理整顿”。但有学者认为，“中央政府作出取缔农村合作基金会的政策决定，合作基金会自身矛盾的局部激化只是一个直接诱因，1998年中国所面临的严峻经济和社会形势，才是更深层次的原因所在”，“将合作基金会列为众多经营状况不良的金融组织中被清理的首选对象，与其说是合作基金会自身的危机因素确已全面爆发，不如说是为了用杀一儆百的方式防范金融风险，更有效地控制可能出现的金融形势的全面恶化，以此达到确保政治和社会稳定的目的”。[②] 而不是选择采取“关闭一块，改造一块”的分类处置办法，在化解金融风险的同时，促进合作金融的良性持续发展，切实推动农村的经济增长与社会稳定。同样，对于企业集资，1998年国务院通过《非法金融机构和非法金融业务活动取缔办法》以及《中国人民银行整顿乱集资乱批设金融机构和乱办金融业务实施方案》予以了全面禁止：凡是未经中

① 1986年中办发27号文件对农村合作基金会予以有条件地认可：“近年来，一些农村合作经济组织自愿把集体闲置资金集中起来，采用有偿使用的办法，用于支持本乡、本村合作经济组织和农户发展商品生产。这种办法只要不对外吸收存款，只在内部相互融资，应当允许试行。”中国农业银行于1986年也下发了〔1986〕农银函字第414号文件，要求“各地农业银行和信用社对农村合作经济组织内部融资活动不要干预，并通过信贷业务给予引导。”1987年中央5号文件进一步指出：“一部分乡、村合作经济组织或企业集体建立了合作基金会；有的地方建立了信托投资公司。这些信用活动适应发展商品生产的不同要求，有利于集中社会闲散资金，缓和农业银行、信用社资金供应不足的矛盾，原则上应当予以肯定和支持。”1990年中央19号文件又一次指出，要“办好不以盈利为目的的合作基金会，管好用好集体资金”。1991年11月中央十三届八中全会决定要求，各地要继续办好农村合作基金会。1992年国务院在作出的关于发展高产优质高效农业的决定中，又一次提出了“继续发展农村合作基金会，满足高产优质高效农业发展的需要”的要求。财政部和农业部在1991年联合下发的两个文件中都对农村合作基金会的发展给予了充分肯定和支持。1993年，《关于金融体制改革的决定》(国发〔1993〕91号)明确了农村合作基金会的性质，即其不属于金融机构，是社区内的资金互助组织，不得办理存、贷款业务。并提出要制定《农村合作银行条例》，根据农村商品经济发展的需要，在农村信用合作社联社的基础上，有步骤地在县(含县)以下地区组建农村合作银行。1994年农业部、中国人民银行出台《关于加强农村合作基金会管理的通知》(农经发〔1994〕21号)文件，明确基金会的性质、主管机关、设立程序、财务会计以及民主管理制度。1995年，为促进农村合作基金会的健康发展，规范其运营行为，农业部出台《关于开展农村合作基金会登记工作的通知》(农经发〔1995〕7号)，全国范围内开展农村合作基金会登记工作。

② 郭晓鸣、赵昌文：“以农民合作的名义：1986～1999年四川省农村合作基金会存亡里程”，载《世纪周刊》2000年第1期。

国人民银行批准擅自向社会不特定对象进行集资，均视为非法集资行为，并对非法集资或乱集资的认定标准、表现形式、管辖权的划分和取缔措施均进行了明确规定。加之1997年修订后的《刑法》中的“集资诈骗罪”、“非法吸收公众存款罪”、“擅自发行股票、公司、企业债券罪”设立后，合作金融、企业集资、私人钱庄等超越国家政策范围从事民间金融业务活动都被认定是非法的，不仅面临着行政取缔命运，还可能因此遭受刑事惩罚的双重制度压制。

2. 压制民间借贷的缺陷及原因分析

对民间借贷采取的压制性政策不仅导致我国金融体制改革滞后于经济发展，降低了金融资源的配置效率，而且还进一步增加了我国金融体系运行的风险，抵消了宏观调控的实际效果，并且也不符合社会主义市场经济对公平价值目标的追求。

首先，由于法律制度滞后于经济的发展，对民间借贷的规制更多地依靠政策引导和行政命令。而政策与行政命令的易变和过于原则导致市场主体对民间借贷活动难有稳定的预期，反过来进一步加大了民间借贷的风险，从而形成相互“促退”的恶性循环。其次，由于民间借贷与非法融资界限的模糊，一方面不利于民间借贷的正常发展，致使市场主体难以区分哪些融资活动是合法的、哪些是非法的，在融资过程中必须进行个案判断合法与否，增加了社会的交易成本，降低了金融资源的配置效率。另一方面，由于界限不清，某些非法融资活动就可能被误认为是正常的民间融资，从而逃避了政府的监管和法律的惩处，一旦出现问题，所造成的损失往往难以挽回。再者，两者界限的模糊也不利于法律权威的树立。在实践中多以行为人主观上是否具备非法占有目的作为判定民间借贷合法与否的依据，但主观上是否具有非法占有目的往往很难认定，必须要通过行为人的客观行为来推定，而相关法律的缺失致使执法部门在法律执行中很难有一个一致的客观标准作为判案的依据，最终会损害法律的严肃性和权威性。所以说，民间资本就像一条蓄积了巨大能量的洪流，被不合理的管制堵住了去路，巨额的资本存量在歧视性制度下长期得不到法律上的承认和保护，蕴藏着巨大的金融风险。具体来讲，严格的法律限制增加了民间借贷中资金供应者的风险，除了面临的违约风险外，还面临触犯法律的风险。为补偿贷款风险，民间借贷市场的均衡利率会进一步上升。因此，在缺少法律规范的条件下，民间借贷的生存和发展必然承担更高的风险和成本，会走向畸形发展，风险会进一步累积与放大，交易行为从而更加隐蔽，利率会更高，从而助长了借款者的逆向选择和道德风险。更重要的是，民间借贷所产生的风险是个体民间金融的控制能力所不能解决的，[①]对经济发展和社会稳定更为不利，由此而形成的社会动荡与危害也就更大。

众所周知，我国的经济改革是在先不对旧的体制进行根本性改造的基础上，通过局部的、渐进的、试验的方式允许新的经济体发展来逐步推进的。无论是在"三位一体模式"的传统经济体制下，[②]还是在向市场经济过渡的时期，我国的金融体制与制度设计都没有充分考虑民间自由融资的客观需要，而是由政府对金融资源进行控制分配。政府以国有企业的投融资为中心，通过建立并控制以国有银行为主体的金融体系，确保把居民与企业资金集中在国有金融体系内，保持对金融体系的有效控制机制，来达到促进国民经济增长的目标。从国企改革的角度来看，国有企业的生产效率提高和国企改革目标的实现，需要政府进行持久的财政投入，在财政能力有限的情况下，一个必要的措施就是将这些聚集起来的资金按照国家的意志进行使用，以保证国有企业的资金供给。[③] 然而，随着新的经济体的发展壮大，原有的金融体制难以满足民营经济的资金需求，导致了民间借贷的兴起，打破了传统经济体制下政府对金融资源的垄断，削弱了政府进行金融资源配置的能力和政府对特定目标的追求。而金融制度与政治秩序的高度相关性，也使政府主体倾向于从稳定出发来考虑金融制度的变革问题，特别是在经济体制转型期，各种权力逐步趋于下放和分散的情况下，更是如此。政府会排斥非国有的或者竞争性的金融因素对金融市场的进入，在制度上确立和维护一个垄断的或者集权性的金融体制，维护垄断的信用制度。反映在金融法律的立法目标及其制度设计上，就是首先并不在于保障金融市场的良性发展，而是如何阻止市场性的金融活动。这种制度安排的结果使银行部门实际上成为私人贷方和国有借方之间输送资金的管道，为国家按照自己的偏好配置金融资产提供了便利。[④] 因此，政府在具体的制度变革中，会将维护社会经济秩序的稳定转为首要目标加以维护，从而忽视市场主体的利益诉求，在对待民间借贷的政策与法规方面采取十分谨慎甚至保守的态度。

此外，相关制度的缺失导致民间借贷发展的不规范也是压制其发展的重要

---

① 姜旭朝、邓蕊："民间金融合法化：一个制度视角"，载《学习与探索》2005年第5期。

② 林毅夫、蔡日方、李周著：《中国的奇迹：发展战略与经济改革》，上海三联书店、上海人民出版社1994年版，第3～4页。

③ 李云峰："我国民间金融的制度安排分析"，载《广西经济管理干部学院学报》2004年第2期。

④ 张杰："民间金融系统及其变迁中国经济增长的路径依赖"，载《上海金融学院学报》2006年第2期。

原因。例如,民间借贷缺乏类似正规金融所具有的信用制度的保障。民间借贷没有国家信用作为担保,其经营过程面临的风险要比国有金融机构大得多。在政府主导型的金融体制下,国有金融机构的信用是依靠国家来维持的,存在的金融风险相对较小。而民间借贷连基本的法律保证都没有,更缺乏相应金融保险制度的设计,其潜在风险巨大。一旦发生风险,受害者的利益很难得到补偿或者最后只能由国家出于维护社会稳定的考虑来埋单,所以政府就会出于防范金融风险而对其采取较为严格的管制。

三、民间借贷的解决途径

市场经济是法治经济,法治是市场经济的必然产物。在市场经济条件下,随着利益主体的多元化与资源配置的市场化,只有法律才能提供规范稳定的制度预期,保障自由竞争与公平交易的市场秩序,促进国民经济的持续稳定发展。法治包含两方面的含义:已成立的法律获得普遍的服从,而大家服从的法律又应该本身是制定得良好的法律。① 同样,金融市场的发展也离不开法治的保障,民间借贷的兴起蕴涵着人们对法治理念的追求。

(一)正视民间借贷的正当权利

法治理念强调法律至上,通过对公民权利的保障与对公权力的限制来实现对自由、人权、正义、秩序等价值目标的追求。在经济的发展中,政府的首要职责应当是对公民权利的保护,而不是不合理地限制权利的行使,更不是通过与公民争夺利益来垄断金融市场,排斥民间借贷。正如中国人民银行原副行长吴晓灵关于放松民间借贷管制的讲话中指出的:“出于对产权的尊重,国家应给资金拥有者以运用资金的自由。国家应在强化信息披露、严厉打击信息造假的同时放松直接融资的管制,让筹资人、投资人自主决策。”②此话说明了民间借贷是一项财产权利,即吴晓灵所说“产权”。换言之,民间借贷——私人之间按照约定的条件转让使用资金的权利产生发展的法律根源,从根本上正是来自国家保护公

① [古希腊]亚里士多德著:《政治学》,吴寿彭译,商务印书馆1965年版,第199页。
② 李卫玲、吴晓灵:“民间借贷市场应予关注”,载《国际金融报》2005年2月21日。

民合法私人财产的宪法条款。[①] 对财产权的保护既是公民在市场经济条件下行使其他权利的基础,也是阻止或防止公权力强制与专断的基本条件。同时,拥有私有财产还是自由的基本要素,是不可剥夺的天赋权利。“法律按其真正的含义而言,与其说是限制还不如说是指导一个自由而有智慧之人去追求她的正当利益”,[②]法律应当追求自由并以此为目的。但是,我国对民间借贷一直采取的以行政管制为主、刑罚为辅的管理模式,表现出极强的政策导向,导致民间借贷的发展随政府管制的严厉与否而呈现出不同的变化。而政策的原则性和随意性特点决定其难以为民间借贷提供稳定的制度支持,同时也违背了我国宪法确立的对公民合法财产和权利进行保护的基本条款。

因此,政府应摒弃与市场经济发展不相适应的传统管制观念,通过建立与完善相关金融法律制度来保障公民权利得以真正实现,促进民间借贷的规范化、制度化与法制化。对民间借贷正当权利的确认,一方面可以把目前鱼龙混杂的民间借贷市场及机构加以规范,明确民间借贷活动的条件、权利义务和业务范围等,使市场主体能够在法律的保护下依法行使权利履行义务,为发展经济服务。另一方面,确认民间借贷的正当权利的还能够提高社会效率。“合法权利的初始界定会对经济制度运行的效率产生影响。权力的一种调整会比其他安排产生更多的价值。”[③]再者,应当依法设定公权力行使的边界与程序,避免其对金融活动的不当干预。政府要切实转变职能,将重点放在保障交易自由与营业自由,维护秩序稳定与公平竞争等为金融市场良性发展提供公共服务上来。

(二)完善民间借贷的相关制度

在承认民间借贷正当权利的基础上,我们还必须通过对现行的相关法律、法规的修改与完善来明确合法和非法融资的界限,消除不合理的限制条款,保护借贷双方的正当权益,真正引导民间借贷从“地下”转入“地上”,从而将这类非正规金融活动尽可能地纳入信用可控的范围,促使其逐步走向契约化和规范化的轨道。

1. 对有关金融犯罪条款的修改

其中涉及民间借贷的主要是《刑法》第176条的非法吸收公众存款罪与第

---

① 很多国家都在宪法中对私有财产保护进行了规定,1791年美国宪法第5条修正案规定:“未经正当法律程序不得剥夺任何人的生命、自由或财产。”1946年《联邦德国宪法》第14条规定:“财产和财产继承权受到法律保护。”1946年的法国宪法也确定了“私有财产神圣不可侵犯”的原则。我国宪法的历次修改也多是围绕经济体制和财产权利保护展开的,2004年第十届全国人民代表大会第二次会议通过的宪法修正案明确规定“公民的合法的私有财产不受侵犯”。

② [英]洛克著:《政府论》(下篇),瞿菊农、叶启芳译,商务印书馆1983年版,第35页。

③ [美]科斯著:《企业、市场和法律》,盛洪等译,上海三联书店1990年版,第213页。

179 条的擅自发行股票、公司债券罪。我国《刑法》虽然规定非法吸收公众存款罪,但并未说明其具体构成要件。① 并且,无论是全国人大及其常委会,还是最高人民法院与最高人民检察院均未对什么是非法吸收公众存款或变相吸收公众存款作出明确的规定或司法解释。司法实践中,法院往往借鉴甚至引用 1998 年国务院发布的《非法金融机构和非法金融业务活动取缔办法》(以下简称《办法》)中的相关规定作为非法吸收公众存款罪定罪量刑的依据。但这种做法一是容易导致非法吸收公众存款罪的适用扩大化,把企业集资、私人借贷等《刑法》第 176 条没有规定的民间借贷活动认定为犯罪行为。因为从《办法》规定的内容来看,无法将非法吸收公众存款或变相吸收公众存款行为与非法集资以及合法的民间借款行为区分开;②二是这种以国务院的规定或办法作为定罪量刑依据的做法,严重违反了"法无明文规定不为罪"的刑法基本原则。根据我国《宪法》以及《立法法》的规定,国务院无权解释全国人大通过的法律,即使在 2000 年《立法法》颁布以前全国人大也并未授予国务院对全国人大及其常委会通过的法律的解释权。综上,故国务院的《办法》不能被视为对《刑法》第 176 条的解释。那么,我们就必须对《卅法》第 176 条加以补充完善,明确非法吸收公众存款罪的构成要件,对于公众存款的概念与非法吸收公众存款行为的具体要件等从立法上予以明确,以及对何谓扰乱金融秩序,是仅以所吸收的存款数额或户数为标准还是应当同时要以造成的危害或损失为标准都要加以详细规定。因为根据最高人民检察院、公安部于 2001 年颁布的《关于经济犯罪案件追诉标准的规定》,只要达到法定的数额、户数与经济损失之一,就构成非法吸收公众存款罪。笔者认为应当要同时具备存款数额、户数和经济损失才能构成犯罪,而对于那些仅进行吸收存款而未造成经济损失或损失较小的行为,应从行政责任上予以规范,没必要科以刑罚。对于《刑法》第 179 条的擅自发行股票、公司债券罪,因其与修订后的《证券法》有冲突,也必须作出修改。刑法规定凡是未经主管部门批准,擅自发行股票、债券,均有可能构成犯罪,但《证券法》不仅将证券发行区分为公开发行与非公开发行两类,而且规定公开发行的证券为核准制而非批准制。同时《证券法》也为我国股票与公司债券的私募发行留下了法律空间,而私募发行是采取核准制还是登记制还没有明确的规定,但应该不会再采用批准制了。因此,对于擅自发行股票、债券的行为,要在明确其发行公开与否的

① 《刑法》第 176 条只是规定,非法吸收公众存款或者变相吸收公众存款,扰乱金融秩序的,处 3 年以下有期徒刑或者拘役,并处或者单处 2 万元以上 20 万元以下罚金;数额巨大或者有其他严重情节的,处 3 年以上 10 年以下有期徒刑,并处 5 万元以上 50 万元以下罚金。

② 1998 年国务院发布的《非法金融机构和非法金融业务活动取缔办法》第 4 条。

基础上，规定对于公开发行的行为，只有非经国家有关主管部门核准，才有可能构成犯罪。而对于非公开发行证券的民间融资行为，则不宜采用刑事责任的方式进行规制，因为其所涉及的仅为特定对象，一般不会对社会公众的利益产生太大影响，可以采用民事责任与行政责任的方式予以规制。这样，才不会因法律规定得过于原则导致刑罚适用范围的扩大化，将市场经济中正当的融资行为认定是犯罪行为，从而真正解除民间借贷市场进一步发展的后顾之忧。

2. 对有关金融“三乱”法规的修改

要对《办法》等一系列规定作出修改或废除。根据《办法》与《国务院办公厅转发中国人民银行〈整顿乱集资乱批设金融机构和乱办金融业务实施方案〉的通知》的规定，凡是未经批准的乱集资、乱批设金融机构和乱办金融业务，均属于金融“三乱”，对于违反规定的行为，依据不同情节将受到相应的行政及刑事责任的惩处。[①] 若完全遵照这些规定施行，则实质上就把民间借贷中的绝大部分认定为非法活动了，具有极大的不合理性。这一方面严重束缚了民间资本的合理流动，使得广大中小企业的资金需求难以得到满足，另一方面也使得地下潜行的融资行为连绵不绝，推高了民间借贷运行的风险。

因此，应当修改或废除那些不符合金融市场内在发展规律的不合理规定，以维护民间借贷主体在金融领域的利益诉求，将正当的融资行为合法化。如对于集资行为，不应认为凡是未经批准从事以还本付息或以支付股息、红利等形式向出资人进行的有偿集资活动均属于须彻底整顿的非法行为。而是应在明确公开集资与非公开集资标准的前提下，通过对不同集资主体、类型的分类指导来规范民间集资行为。对于向社会公开集资的，要求其必须要符合监管机构确立的条件，需具备相应的资格并明确其应承担的责任等，并采用重在事前监管，并结合事中、事后监管的方式加以规范；对于非公开集资的，可以通过指导性的合同示范文本来规范双方的权利义务，明确集资人应尽的风险说明义务和出资人应承担的风险等。

---

① 根据《国务院办公厅转发中国人民银行〈整顿乱集资乱批设金融机构和乱办金融业务实施方案〉的通知》的规定，凡未经依法批准，以任何名义向社会不特定对象进行的集资活动，均为乱集资。凡未经中国人民银行批准，擅自设立从事或者主要从事金融业务活动的机构及其筹备组织，均视为非法金融机构。凡未经中国人民银行批准，从事或者变相从事非法吸收公众存款、发放贷款、办理结算、票据贴现、资金拆借、信托投资、金融租赁、融资担保、外汇买卖等金融业务活动的行为，均属乱办金融业务。并规定未经国家证券、保险监管部门批准，擅自设立从事或主要从事证券买卖、投资基金管理、商业保险等金融业务活动的机构和超越原机构业务范围从事或变相从事证券买卖、投资基金管理、商业保险等金融业务活动的行为，也属金融“三乱”的范围。

3. 对有关农村金融法规的完善

2006年以来，银监会颁布了《中国银行业监督管理委员会关于调整放宽农村地区银行业金融机构准入政策、更好支持社会主义新农村建设的若干意见》等一系列规范性文件，[①]为我国民间借贷的合法化提供了有益的探索，为促进农村地区形成投资多元、种类多样、覆盖全面、治理灵活、服务高效的金融服务体系指明了方向，但仍有许多方面亟待改进。首先，文件的适用范围过窄。无论是《村镇银行管理暂行规定》、《贷款公司管理暂行规定》、《农村资金互助社管理暂行规定》，还是2008年5月央行与银监会联合发布的《关于小额贷款公司试点的指导意见》，都将金融改革限定在农村之内，没有考虑在城市也同样有许多中小企业面临融资难的局面。另外，这些规范性文件均是从如何为建设社会主义新农村提供金融支持的角度来推进的，而非从如何保障市场主体的基本权利得以实现的视角展开的，这不仅违背了市场经济的法治精神，造成一国公民在不同区域间的差别对待，而且也不利于统一金融市场体系的形成。其次，对出资股东的限制过多。如《村镇银行管理暂行规定》第25条规定村镇银行最大股东或唯一股东必须是银行业金融机构，并且最大银行业金融机构股东持股比例不得低于村镇银行股本总额的20%，单个自然人股东及关联方持股比例不得超过村镇银行股本总额的10%，单一非银行金融机构或单一非金融机构企业法人及其关联方持股比例不得超过村镇银行股本总额的10%。我国的《商业银行法》中对于银行股东尚未有如此苛刻的要求，对于无论经营规模还是经营风险都比商业银行要小的村镇银行设立这样的条件，实质上为民间资金纳入正规的金融体系设置了障碍，导致村镇在很大程度上只是有名无实。因为这些以银行业金融机构为大股东的村镇银行出于成本、管理以及风险的考虑，很大程度上不会直接就贷款业务与农户打交道，其实就不是真正的村镇银行，只能说是原来的信用社或者是商业银行的代销点，并不能真正解决广大农户借贷难的问题。在银监会颁布的《贷款公司管理暂行规定》中也同样存在类似的问题。因此，必须从维护公民

---

① 从2006年12月20日银监会颁布《中国银行业监督管理委员会关于调整放宽农村地区银行业金融机构准入政策、更好支持社会主义新农村建设的若干意见》以来，银监会陆续出台了一系列有关放松农村金融管制的文件，包括《金融租赁公司管理办法》（中国银行业监督管理委员会令〔2007〕第1号）、《中国银行业监督管理委员会关于印发〈村镇银行管理暂行规定〉的通知》（银监发〔2007〕5号）、《中国银行业监督管理委员会关于印发〈贷款公司管理暂行规定〉的通知》（银监发〔2007〕6号）、《中国银行业监督管理委员会关于印发〈农村资金互助社管理暂行规定〉的通知》（银监发〔2007〕7号）、《中国人民银行、中国银行业监督管理委员会发布关于村镇银行、贷款公司、农村资金互助社、小额贷款公司有关政策的通知》（银发〔2008〕137号）、《中国银行业监督管理委员会、中国人民银行关于小额贷款公司试点的指导意见》（银监发〔2008〕23号）等。

财产与自由权利的法律角度入手，对有关的金融制度进行修改与完善。如规定只要是符合条件的出资人，无论在农村还是城市均可以设立相应的金融机构，而针对其运营风险，应从治理机构、经营管理和风险防范等方面予以规范，而非从股东资格上加以限制。

四、结　论

我们必须清醒地认识到，有关民间借贷制度的完善并不会也不可能将所有形式的民间借贷全部转化为受国家信用控制与监管当局监管的规范性金融形式，毕竟我国当前存在的民间借贷就是为弥补正规金融的不足以及规避金融监管而出现的，推动着金融资源不断优化配置的市场化进程，是金融产品创新与制度创新的重要源泉。此外，民间借贷问题的解决，不仅关系到有关金融法律法规的完善，还涉及相关配套制度的健全与否。如果企业与个人征信体系、个人与非法人组织破产制度以及利率的市场化改革等与金融市场改革密切相关的方面不能取得实质性发展的话，那么民间借贷问题的解决就难以取得满意的效果。因此，我们应当做的就是在充分认识民间借贷产生与发展规律的基础上，以保障宪法赋予公民的财产权利与借贷双方的合法利益为根本来推进我国金融体制改革的不断完善，最终形成满足不同融资需求的多层次金融市场体系。

（2008年第9期）

2009年

我国《反不正当竞争法》修订十问

郑友德　伍春艳*

2007年《中华人民共和国反垄断法》的颁布，标志着我国的竞争立法已实现了从“综合调整模式”向“分立式立法模式”的转变。① 在此之前，我国《反不正当竞争法》在主要规制不正当竞争行为的同时，还承担着规制部分垄断行为的重任。② 但十多年的司法审判和行政执法实践证明：现行的《反不正当竞争法》已远不能适应建立公平竞争秩序的需要。该法实施细则的缺失，司法解释的滞后，使该法的实施效果大打折扣，亟待进行修订。为此，本文参考相关国际公约和欧、美、日等反不正当竞争法，并结合我国《反不正当竞争法》的修订稿（2006年9月18日修订稿）和《最高人民法院关于审理不正当竞争民事案件应用法律若干问题的解释》（2007年1月12日颁布），对《反不正当竞争法》修订中应予关注的10个问题作一探讨。

一、我国反不正当竞争法如何定位

传统反不正当竞争法与现代反不正当竞争法的主要区别在于保护主体与客体的不同：前者直接保护有直接竞争关系的经营者及其利益；后者在直接保护存在直接竞争关系和间接竞争关系的经营者及其利益的同时，还直接或反射保护与经营者相关的消费者乃至公众以及他们的利益。在反垄断法实施之后，我们需要何种模式的反不正当竞争法？是恪守传统还是面向现代，抑或兼而有之？这些疑问实质上是我国《反不正当竞争法》修订面临的首要难题，其症结在于如何明确地对反不正当竞争法进行定位。换言之，就保护主体与客体而言，反不正

---

* 作者单位：华中科技大学法学院。

本文系作者主持的教育部人文社会科学重点研究基地重大项目《建设创新型国家与知识产权保护》（项目编号：06JJD820017）和国家自然科学基金项目《我国自主知识产权的创新保护与策略》（项目编号：70573039）的阶段性成果。

① 关于综合调整模式的论述，参见邵建东著：《竞争法教程》，知识产权出版社2003年版，第13页。

② 反不正当竞争法规制的行为中就有五种行为（《反不正当竞争法》第6、7、11、12、15条）属于传统的反垄断法调整范围。

当竞争法属于知识产权法、经济法抑或社会法?①

世界知识产权组织(WIPO)《反不正当竞争示范条款》第1条规定:“除第2条至第6条指示的行为外,在工商业活动中违反诚实惯例的任何行为,应构成不正当竞争行为;受到不正当竞争行为损害或者可能受到损害的任何自然人或法人,应有权获得救济。”这表明竞争行为的界定已突破了竞争关系的限制,竞争法不仅保护竞争者的利益,而且保护其他市场参与者、消费者和公众的利益,体现了现代竞争法的价值取向。欧盟2005年6月12日实施的《不正当商业行为指令》(以下简称欧盟商业行为指令)则主要涉及经营者与消费者之间的不正当商业行为而非竞争行为,对不存在竞争关系的经营者和消费者提供相应保护,凸显了对消费者权益的保护。匈牙利《禁止不公平市场行为法》、比利时《关于交易行为信息和消费者保护法》、瑞典《市场行为法》和《瑞士联邦反不正当竞争法》亦同。2004年修订实施的德国反不正当竞争法(以下简称2004年德国竞争法),旨在保护竞争者、消费者以及其他市场参与者,防止不正当竞争,同时保护公众在未被扭曲的竞争中的利益。

反不正当竞争法的这种发展趋势表明现代竞争法是如此强调市场参与者与消费者的利益,这是否会演变成市场行为法,抑或由于强调公众的利益而演变成社会法? 的确,在反不正当竞争法的发展进程中,正逐步摒弃只强调个人权利的判断而转向社会权利的判断。② 因为商业竞争不仅影响到欲与第三方(供需方)达成交易而在一定市场上彼此竞争的企业的利益,而且影响到其他市场参与者以及公众的利益。对此,现今司法和学说上的主流观点是,反不正当竞争法不仅应该保护单个竞争对手免受不公平竞争,而且旨在保护竞争对手、消费者和其他市场参与者的集体利益以及公众的利益。因此,竞争法从关于竞争者的侵权行为法,交叉演化为愈来愈多地影响市场伙伴间关系的市场行为法,尽管竞争法没有从根本上变成制止不公平市场活动的市场行为法。③

综上表明,随着反不正当竞争法在整个法律体系中地位的变迁,反不正当竞争法保护主体与客体也在逐渐扩展,已将消费者和公众以及他们的利益均纳入其保护范围。

---

① 郑友德、冯涛译:“世界反不公平竞争法的新进展”,载《经济法论丛》(第1卷),中国方正出版社1999年版,第279页;Vgl. Emmerich, Unlauterer Wettbewerbs, 2002, SS. 15 – 19;[日]正田彬著:《经济法讲义》,日本评论社1999年版,第1~5页。

② [德]沃尔夫冈·黑费梅尔:“通过司法和学说使《反不公平竞争法》的一般条款具体化”,郑友德译,载《经济法论丛》(第2卷),中国方正出版社2000年版,第319页。

③ 同上。

我国现行的《反不正当竞争法》，实质上游弋于现代与传统反不正当竞争法之间。这种调和式立法的最大弊端在于：虽然该法旨在保护经营者和消费者的合法权益（第1条），但却又把不正当竞争仅界定为“经营者违反本法规定，损害其他经营者的合法权益，扰乱市场竞争秩序的行为”（第2条第2款）。缩小了法的保护范围，显然有悖于该法的立法宗旨。《反不正当竞争法》（2006年9月18日修订稿）（以下简称2006年中国竞争法修订稿）为此将第2条修订为：“本法所称的不正当竞争，是指经营者违反本法规定，损害其他经营者或者消费者的合法权益，扰乱市场竞争秩序的行为。”即把消费者也作为保护主体，将损害消费者合法权益的不正当竞争纳入其调整范畴，突出了现代反不正当竞争法保护消费者合法权益的重大主题。不过，该修订稿对消费者权益的保护仅仅停留在第1条、第2条，即只赋予受到不正当竞争行为侵害的经营者提起民事诉讼的权利，并未相应地增设有关消费者协会诉权条款，从而使反不正当竞争法对消费者权益的保护仍然是一纸空文。有人可能对此表示异议，认为我国已有与反不正当竞争法同年诞生的消费者权益保护法（以下简称消法），凡侵害消费者合法权益的行为，均应由消法调整，不必反求于反不正当竞争法。但是问题在于，我国的消法能否将所有侵害消费者合法权益的行为一览无余地尽收其下？其他相关法律能否也为消费者提供保护？事实上，就我国市场行为法或市场规制法而言，除消法外，我国产品质量法、广告法、商标法以及反垄断法和反不正当竞争法均能为消费者权益提供不同程度的保护。国际反不正当竞争法的演进证明，经营者在市场竞争中损害消费者权益的诸多行为，如心理强制、变相促销、误导广告以及不可期待的烦扰等，莫不为《反不正当竞争法》所禁止，其起到了直接保护受到不正当竞争行为损害的消费者利益的作用。另外，《消费者权益保护法》与《反不正当竞争法》的保护对象不断相互交叉渗透，在欧盟甚至呈现以反不正当竞争法取代消费者权益保护法的趋势，欧盟商业行为指令的实施或许是这种变革的前兆。我国《反不正当竞争法》的修订虽然不必照搬欧盟模式，但为了进一步完善我国消费者保护的法律体系，为消费者提供直接保护，建议在《反不正当竞争法》的修订中，就经营者损害消费者合法权益的不正当竞争行为，首先在禁止性条款中明确列举并增设之，再借鉴2004年德国竞争法，规定消费者团体享有排除性请求权、损害赔偿请求权和利润剥夺请求权。①

至于在市场竞争中受到损害的公众及其利益，应否或如何纳入我国反不正当竞争法的保护范围，尚待斟酌。但这并不意味着我国不存在损害公众利益的

---

① 郑友德、万志前：“德国反不正当竞争法的发展与创新”，载《法商研究》2007年第1期。

经营行为或市场竞争行为，本文第二问中所论之“新闻广告”便是明证。“新闻广告”在我国俗称“有偿新闻”或“软广告”，可谓新闻从业人员采取不正当手段，以新闻报道的形式为经营者提供商业宣传，经营者为新闻从业人员提供相应物质利益的行为。它违背了新闻追求客观公正的道德准则，也损害了相关消费者和公众的利益，本质上是一种促进其他经营者市场竞争或取得竞争优势的间接竞争行为。中宣部、新闻出版署虽多次明令禁止“有偿新闻”，但仍屡禁不止。对此，我们可以仿效西欧反不正当竞争法禁止之，通过反不正当竞争法来保护受“新闻广告”或“有偿新闻”损害的公众利益。《郑州晚报》、郑州电视台 1997 年 1 月 23 ~ 24 日连续两天重点刊播“广大市民，1 月 25 日早晨 6 时 30 分请注意收看郑州电视台特别节目”的消息，结果观众清晨所观看的“特别节目”，仅是一个 15 分钟的酒广告专题片。[①] 这就是一个损害公众利益的典型“新闻广告”。

二、如何明确《反不正当竞争法》的行为主体

如何界定《反不正当竞争法》的行为主体？这一问题与我们如何确定“经营者”的范围有密切关系。我国《反不正当竞争法》第 2 条第 3 款规定：“本法所称的经营者，是指从事商品经营或者营利性服务（以下所称商品包括服务）的法人、其他经济组织和个人。”从事商品经营或者营利性服务，是指从事工商业等商品生产、商品销售活动和有偿提供旅游、技术咨询、维修等服务。其调整对象不包括为满足文化物资生活的需要，作为消费者主体所实施的行为，以及有些不属于从事商品经营或者营利性服务的单位或个人实施的行为，如医院、学校。其中，法人指符合我国《民法通则》第 37 条规定的组织；个人是指我国《民法通则》第 26 ~ 27 条规定的个体工商户和农村承包经营户；[②]其他经济组织是指我国《宪法》第 7 条、第 17 条、第 42 条规定的农村集体经济组织、集体经济组织和城乡集体经济组织。[③]《反不正当竞争法》（2006 年 9 月 18 日修订稿）第 2 条第 3 款将现行法规定的“从事商品经营或者营利性服务”修改为“从事商品经营或者服务”，删除了关于服务的“营利性”限定。同时在新增设的第 35 条中规定：“经营者以外的组织或者个人违反本法实施的损害经营者或者消费者合法权益，扰

① 潘冷观：“荒唐广告令人瞠目”，载《公共关系》1997 年第 4 期。

② 胡康生著：《〈中华人民共和国反不正当竞争法〉讲话》，法律出版社 1994 年版，第 42 ~ 43 页。

③ 陈立骅等著：《中华人民共和国反不正当竞争解读》，中国政法大学出版社 1993 年版，第 16 页。

乱市场竞争秩序的行为视为不正当竞争,监督检查部门可参照有关条款予以处罚。"这一修一增拓宽了我国竞争法的调整对象,将从事不正当竞争的经营者以外的组织或个人视为不正当竞争行为主体。荷兰学者 Gielen 认为,在依《保护工业产权巴黎公约》第 10 条之二判定竞争行为是否正当时,并不受行为人营利动机的左右。① 为了将欧盟《不正当商业行为指令》转化为国内法,德国联邦司法部于 2008 年 5 月 21 日公布了反不正当竞争法首次修订稿(以下简称 2008 年德国竞争法修订稿),该修订稿除保留了 2004 年竞争法关于"竞争行为"、"市场参与者"、"竞争者"、"信息"等规定外,根据欧盟《不正当商业行为指令》,未使用"工商业者"概念而新增"经营者"概念,限定经营者是指在工商业、手工业或职业活动中从事经营行为的自然人或法人,以及以这些人的名义或受其委托从事经营的个人。而 2004 年德国竞争法第 2 条第 2 款仅规定经营者的概念适用《德国民法典》第 14 条。② 2008 年德国竞争法修订稿关于"经营者"的规定事实上脱离了《德国民法典》第 14 条的范围,③外延更为宽泛。根据 2008 年德国竞争法修订稿的修订依据,修订稿之所以不采用"工商业者"的概念,是因为采用此概念不足以覆盖手工业和职业活动。④

与 2008 年德国竞争法修订稿相比较,2006 年中国竞争法修订稿关于"经营者"的外延依然不宽不明。因此,我国竞争法修订上如何明确"职业活动中从事经营行为的自然人或法人,以及以这些人的名义或受其委托从事经营的个人"?可否将他们纳入经营者的范围?这些问题尚需作进一步的探讨。除此之外,上述排除于"经营者"之外的医院、学校或者新闻机构等是否也属于 2006 年中国竞争法修订稿所规定的从事商品经营或者服务的"经营者"呢?

有人认为,对于医疗机构的特定行为是否构成不正当竞争行为关键在于其为公立非营利性医疗机构还是民营医疗机构。⑤ 从其日常业务活动来看,无论公立非营利性医疗机构还是民营医疗机构,其提供服务或购销药品都是有偿的,属经营行为。国家工商行政管理局在《关于医院给付医生 CT"介绍费"等是否

---

① See Gielen, *WIPO and Unfair Competition*, EIPR, 1997. 2, pp. 78 – 80.

② 《德国民法典》,陈卫佐译注,法律出版社 2006 年版,第 6 页。

③ Vgl. Sosnitza, Der Gesetzentwurf zur Umsetzung der Richtlinie ueber un lautere Geschaeftspraktiken, WRP, 2008. 8, S. 1015.

④ Vgl. Gesetzentwurf, S. 42.

⑤ 有学者建议立法机关在反垄断法中设立一条"定义",内容包括市场、相关市场等概念,其中对经营者的界定建议为:本法所称经营者,是指从事商品生产经营或者服务(以下所称商品包括服务)的法人、其他经济组织和个人。事业单位从事营利性活动的,视为经营者。王艳林、李彬:"中国竞争法基本范畴的确立及其对立法的意义",载《河南省政法管理干部学院学报》2005 年第 1 期。

构成不正当竞争行为的答复》中就明确指出，医院以给付“介绍费”、“处方费”等各种名目的费用为手段，诱使其他医院医生介绍病人到本院做CT检查或者其他检查的行为，构成不正当竞争行为。实践中，在药品、医用设备和医用耗材的购销行为中时常产生商业贿赂行为，医疗广告中也可能发生以医院名义或医院和药品、医用设备等产品的生产者、销售者共同发布虚假广告的行为，这些行为均应认定为不正当竞争行为。

对于新闻机构而言，根据国家工商行政管理局工商广字(2001)第57号答复，若利用新闻报道形式介绍医疗机构及其服务，如出现医疗机构的地址、电话号码或其他联系方式等内容的，或在发表有关医疗机构报道的同时，在同一媒体、同一时间(时段)发布该医疗机构广告的，即使发布者声称未收取费用，也应认定为利用新闻报道形式发布医疗广告。故新闻机构可构成不正当竞争行为的主体。另如本文第一问所述，刊播“新闻广告”的新闻出版机构也是西欧反不正当竞争法的调整对象。按照2004年德国竞争法，新闻广告系不正当竞争行为。它具有隐匿性广告特征，如报纸杂志未将编辑刊登的稿件与付费的商业广告明确界分就属于这种情况。因为读者往往相信，记者撰稿是独立于广告商的，否则读者一般会对商业广告宣传十分挑剔。① WIPO《反不正当竞争示范条款》注解中说明，新闻机构或者消费者协会也可能从事不正当竞争行为。假如这类组织对某经营者的商品与服务进行虚假或不合理的陈述，可对其提出诋毁之诉。即使新闻机构或消费者协会不与某一领域的经营者发生直接竞争关系，但若其活动或陈述不顾事实而偏向第三者，间接造成其他经营者商誉之贬损，亦应承担民事责任。②

再有，作为商品荐证或代言广告角色的文体政治明星，因其广告商品内容与其荐证或代言内容不合，误导消费者，亦应构成反不正当竞争法的规制对象。③

综上表明，无论是作为社团机构的消费者协会，还是营利性与否的新闻或医疗机构，或者经营者以外的组织或个人，只要其行为促进或足以促进其他经营者的竞争，不问是否存在直接竞争关系，④皆可视为不正当竞争行为中的主体。这应该在将来制定的《反不正当竞争法实施细则》中予以明确。

---

① 郑友德、万志前：“德国反不正当竞争法的发展与创新”，载《法商研究》2007年第1期。

② 郑友德、焦洪涛：“WIPO《反不正当竞争示范条款》述要”，载《知识产权》1999年第2期。

③ 黄铭杰著：《竞争法与智慧财产法之交会》，台湾元照出版公司2006年版，第11～12页。

④ 郑友德、杨国云：“现代反不正当竞争法‘竞争关系’之界定”，载《法商研究》2002年第6期。

三、如何界定不正当竞争行为

对不正当竞争行为的界定,直接反映出各国竞争法对不正当竞争行为的立场,即采取严格规制还是放松规制,同时也是立法目的的延伸。事实上,不正当竞争概念正日益演变成对竞争者、市场参与者、消费者和公众各自利益的平衡。对评价正当与否时产生的差异,通常可从各国立法目的的不同方面加以解释。例如,与那些特别强调保护消费者或一般公众利益的国家相反,在依然侧重于保护诚实竞争者利益的国家,对同一种竞争行为的界定可能与前者相去甚远。[①]因为不正当竞争作为一个动态概念,也是某个国家社会观念、经济观念与道德观念的集合,其商业伦理色彩甚浓。

就我国《反不正当竞争法》的修订而言,我们的疑惑是,对不正当竞争行为进行界定时,是否需要一般条款?如果需要,该如何设置?

首先,目前国际公约与相关国家和地区在不正当竞争行为的界定上存在差异。例如,WIPO《保护工业产权巴黎公约》第10条之二将不公平竞争定义为在工商业事务中违背诚实惯例的任何竞争行为(一般条款)。[②] 同时该条第3款"特别"列举了应予禁止的混同、毁誉、误导行为。如前所述,WIPO《反不正当竞争示范条款》也仿效《保护工业产权巴黎公约》,采取"一般条款+特别列举"的方式来界定不正当竞争行为。只是除去了竞争关系的要求,并扩大了特别列举的范围,在巴黎公约特别禁止的混同、毁誉和误导行为基础上,增列了诋毁他人企业或活动和针对秘密信息等两类典型的不正当竞争行为。

我国《反不正当竞争法》第2条第2款将不正当竞争界定为"损害其他经营者的合法权益,扰乱社会经济秩序的行为",并在第5~15条共列举了11种典型的不正当竞争行为。司法上则把第2条第1款视为一般条款,违反该条款者构成违背诚信的不正当竞争。由此可以推定,我国也是采用"一般条款+特别列举"的方式来界定不正当竞争行为的。但鉴于现行法对不正当竞争的界定与我

---

① "世界反不公平竞争法的新进展",郑友德、冯涛译,载《经济法论丛》(第1卷),中国方正出版社1999年版,第279页。

② 大部分对不公平竞争制定专门立法的国家,在其一般条款中采用了相同或类似的定义,如使用"诚实交易惯例"(比利时和卢森堡)、"诚信原则"(西班牙和瑞士)、"职业道德"(意大利)和"善良风俗"(德国、希腊和波兰)之类的词语。在没有专门立法时,法院用诸如"诚实和公平的交易原则"或"市场道德"(美国)等表达来定义公平竞争。参见孔祥俊著:《反不正当竞争法新论》,人民法院出版社2001年版,第75页。

国《反不正当竞争法》的立法目的相悖,2006年中国竞争法修订稿第2条第2款对此作了相应的修改完善。然而,即便是作了如此努力,该条款充其量只是一条定义性条款,不具备一般条款之功能,无法取代一般条款的地位。

那么,我国《反不正当竞争法》第2条第1款是不是反不正当竞争法意义上的一般条款呢?事实上,该条款几乎沿用了我国《民法通则》第4条中关于诚实信用原则的条款,仅系一条价值指令或宣示性条款,至多视为准一般条款。与德国旧《反不正当竞争法》(指2004年前实施的德国反不正当竞争法,下同)和《瑞士联邦反不正当竞争法》一般条款相比,其缺陷在于第2条第1款作为一般条款其构成要件呈非周延性;另外,在不正当竞争行为人违反一般条款时,无法律责任条款可供援引,故司法实践中面临必须转致适用其他相关法的窘境。由此可见,我国《反不正当竞争法》第2条第1款、第2款或两者的结合,均非严格意义上的反不正当竞争法一般条款。①

其次,鉴于不正当竞争行为的多变性和复杂性,反不正当竞争法不可能借助禁止性条款对不正当竞争行为"穷尽"列举,百密必有一疏,这往往通过具有拾遗补漏功能的一般条款完善之。因此,若不设置一般条款,不正当竞争的行为类型过于刚性和固化,立法者不得不频繁修法,以适应规制新的不正当竞争行为的需要。当然,一般条款也有其缺陷,因为在一般条款的指引下,行为的法律后果缺乏可预见性和确定性,②甚至会导致滥用。因此,一方面,我们需要一般条款的弹性与包容性;另一方面,我们又要努力使一般条款具有可操作性,而不流于空洞抽象。

事实上,我国已有一些相关地方立法进行了这方面的尝试,以笔者参与起草的《湖北省反不正当竞争条例》为例,其第3条规定:"本条例所称不正当竞争,是指经营者违反《中华人民共和国反不正当竞争法》和本条例规定,违背自愿、平等、公平、诚实信用原则,损害其他经营者和消费者的合法权益,扰乱社会经济秩序的行为。"该条例试图将我国《反不正当竞争法》第2条第1款(准一般条款)和第2款(定义性条款)有机地糅合在一起,探索创设我国反不正当竞争法的一般条款的新途径。然而,该条毕竟是我国现行法法条的简单叠加,基本结构并无实质变化。

因此,此次修法中我们面临的是基于现行法第2条第1款、第2款进行改

---

① 郑友德、范长军:"反不正当竞争法一般条款具体化研究",载《法商研究》2005年第5期。

② See Schricker, Twenty - five Years of Protection Against Unfair Competit ion, IIC. Vol. 26, No. 6, 1995, pp. 782 - 801.

良,还是另起炉灶重构一般条款的问题。换言之,我们究竟需要什么样的一般条款?

1909年,德国率先在反不正当竞争法中创设一般条款,规定"凡在经营交易中以竞争为目的的违背善良风俗者,得请求其停止侵害和损害赔偿"。此后,各国反不正当竞争法相继仿效,包括希腊(1914年)、挪威(1922年)、奥地利(1923年)、匈牙利(1923年)、捷克斯洛伐克(1927年)、比利时(1934年)、瑞士(1934年)、卢森堡(1936年)、意大利(1942年)以及20世纪70年代的瑞典、挪威、丹麦和芬兰等北欧诸国。[①] 意大利反不正当竞争法的一般条款则以《意大利民法典》第2589条第1~3款中的"职业道德"为核心。其中,颇具代表性的是《瑞士联邦反不正当竞争法》一般条款(第2条),谓"每种影响竞争者之间或者供需方之间的欺罔的或者以其他方式违背诚实信用原则的行为,是不正当和违法的"。而近年来一般条款发生戏剧性变化的,非德国莫属。2004年德国竞争法一般条款(其第3条规定:"足以损害竞争者、消费者或其他市场参与者,且并非不显著地妨碍竞争的不正当竞争行为是违法的。")在取代旧法一般条款时,删去了作为该条款内核的"善良风俗"要求。而2008年德国竞争法修订稿中的一般条款从形式到内容均发生了质的变化,除个别改动外,几乎照搬了欧盟商业行为指令的一般条款,规定如下:"①足以明显地损害竞争者、消费者或其他市场参与者利益的不正当经营行为违法的。②针对消费者的经营行为,若不符合经营者的专业审慎要求,由此足以明显地损害消费者的信息抉择能力,使其作出可能有违本意的经营决定,则是违法的。这些规定适用于普通的消费者,或者当经营行为针对一定的消费者群体时,也适用该群体中的一员。对于因智障或身体缺陷、年龄或轻信需要特殊保护且可明确辨别的消费者群体中的普通一员,则在经营者可预见其经营行为仅针对该消费者群体时始适用。③本法追加列举的针对消费者的经营行为始终是违法的。"可见,与欧盟商业行为指令一般条款中"职业审慎要求"不同,该条款的核心改为"专业审慎要求",它是指经营者专业知识和审慎的标准,即在其针对消费者的活动范围内,应根据诚实信用和市场惯例遵循的标准(参见2008年德国竞争法修订稿第2条第1款第7号)。由于该修订稿一般条款的适用强调经营关系而非竞争关系的判断,更凸显了消费者利益的保护,故德国学者称其为"消费者一般条款"。[②]

---

① [日]松尾和子著:《不正竞争防止法における一般条款》,ジエリスト,1992.7.15,第16~17页。

② Ibid,S. 1018.

《保护工业产权巴黎公约》和《反不正当竞争示范条款》一般条款的构成也以工商业诚实惯例为核心，行为规范上仅有竞争行为与非竞争行为之分。

从各国反不正当竞争法和相关国际公约一般条款的发展趋势来看，一般条款的构成要件通常有如下4点：①行为发生在经营活动中。②行为人以竞争为目的或不以竞争为目的，此有行为人主观之故意或唯客观后果两要素判断上的差异，即行为公平性的判断以构成竞争关系为限，抑或成立经营关系即为已足。这实际上是现代反不正当竞争法与传统反不正当竞争法在立法目标上的"分水岭"。③从民法上引入或新创出诸如"善良风俗"、"诚实信用"、"诚实惯例"、"职业道德"、"职业审慎要求"、"专业审慎要求"等规范性概念，构成一般条款的内核，彰显其核心价值。它们尽管表述各异，但皆显示出浓厚的商业伦理色彩，集中体现了要求经营者在经营活动中应遵守基本商业道德伦理规范的思想。④法律后果，即违反以上作为事实状态的3要素，则构成背信背俗的不正当竞争，行为人应承担相应的民事责任。

反观我国现行法与修订稿第2条第1～2款之规定，若视为一般条款，其构成要件明显缺失。因此，一旦立法目的确定，如何重构一般条款便是修法的重任之一。

四、不正当竞争行为是否需要类型化

所谓类型化，是按照一定的标准，根据对象的共同点和差异点，将对象划分为不同类别的逻辑方法。[①] 不正当竞争行为形式多样，变幻莫测。但对于各种不同的不正当竞争行为，可以按其不同的性质类型化。在不正当竞争行为类型化的尝试中，德国学者占主导地位，从Lobe、Nipperdey、Kohler一直到Hubmann，[②]学者们对不正当竞争行为的类型化方法大致可概括为两种：一种是限定列举主义，即以反不正当竞争法的特别禁止条款为依据类型化，其特征在于行为类型的静态化；另一种是开放概括主义，即以反不正当竞争法的一般条款为依据，根据判例组的相同性质归类，其特征在于行为类型的动态化。依限定列举主义和开放概括主义，又可划分出两大类不正当竞争行为：一类是成文法定不正当竞争行为（狭义不正当竞争行为），即法定不正当竞争行为；另一类是法官法定不正当竞争行为（广义不正当竞争行为），即背信或背俗不正当竞争行为。其

---

① 郑友德、范长军："反不正当竞争法一般条款具体化研究"，载《法商研究》2005年第5期。

② Vgl. Hubmann/Goetting, Gewerblicher Rechtsschutz, 2002, SS. 357－402.

中前一类行为数量确定、构成要件明确、灵活性欠缺；后一类行为数量不确定、构成要件不明、稳定性欠缺，但其灵活性的特点堪能弥补前者之不足。

WIPO《保护工业产权巴黎公约》和《反不正当竞争示范条款》在不正当竞争行为的类型化上，均采用“一般条款 +（特别）禁止条款”的划分方法。[①]《瑞士联邦反不正当竞争法》也采取上述类分法，列举了不正当竞争行为的具体类型，包括欺骗性行为、比较广告、低于成本价销售、有奖销售、虚假宣传、不正当引诱顾客、侵犯商业秘密行为、采取误导或者损害客户的一般条件或条款、过分的销售方式等，但这些列举不是穷尽式的。[②] 2004 年德国竞争法废除了实施近百年而被誉为“皇冠条款”的旧法第 1 条(一般条款)，除保留旧法绝大多数禁止条款外，还将旧法第 1 条司法具体化的新的不正当竞争行为法典化，仅在新法第 3 条设置了一般条款，大大弱化了一般条款的功能。并采用以列举为主的划分法。该法第 4 条列举了 11 种不正当竞争行为，且又在第 5 ~ 7 条特别对误导性广告、比较性广告和不可期待的烦扰进行了规定。

德、日、美等国学者遵循限定列举主义，根据不同目的和原则将不正当竞争行为类型化。德国学者 Emmerich 从保护客体出发，提出“三分法”，将不正当竞争行为分为：①侵害竞争者利益的行为，包括阻碍竞争、比较广告、不法垂直竞争措施、诽谤中伤、泄露商业秘密、剥夺他人成果。②侵害消费者利益的行为，包括干扰消费者决定自由、有偿广告、误导、价格广告、特售活动、仿冒商业标记。③侵害公众利益的行为，包括扰乱市场、违法占先。[③] 美国学者 McManis 从保护竞争者、经营者和公众的利益出发，以保护贸易关系为视角，提出了“三分法”，即仿冒与侵犯商标权、盗用、恶性竞争。[④] 日本学者小野昌延、山上和则以营业上的利益为视角，提出了“七分法”，即混同惹起、著名表示冒用、商品形态模仿、营业秘密的不正当竞争、引起误认、信用毁损、代理人商标冒用 7 种不正当竞争行为。[⑤] 日本学者土肥一史在小野昌延等“七分法”的基础上，将不正当竞争行为扩展为以下 9 类：商品营业主体混同、著名商品等表示的擅自使用、商品形态的奴从模仿、营业秘密相关的不正当竞争、技术限制手段无效化装置提供、域名有关的不正当竞争、不当顾客诱引、营业诽谤、代理人等商标擅自使用。[⑥] 日本

① 郑友德、焦洪涛：“WIPO《反不正当竞争示范条款》述要”，载《知识产权》1999 年第 2 期。

② 孔祥俊著：《反不正当竞争法新论》，人民法院出版社 2001 年版，第 109 页。

③ Vgl. Emmerich, unlauterer Wettbewerbs, 2002, S. 59ff.

④ See McManis, Intellectual Property and Unfair Competition, 2000, pp. 6 – 10.

⑤ [日]小野昌延、山上和则编：《不正竞争の法律相谈》，青林书院 1997 年版，第 35 页以下。

⑥ [日]土肥一史著：《知的财产法入门》，中央经济社 2003 年版，第 8 ~ 25 页。

学者大桥麻也认为，若以侵权行为法为中心，法国反不正当竞争法禁止的不正当竞争行为至少可概括为以下三类：一是狭义的不正当竞争行为，包括引起混同、营业诽谤、扰乱竞争企业等；二是广义的不正当竞争行为（寄生行为），包括著名性寄生和投资寄生；三是市场扰乱行为，包括虚假广告、不当诱引顾客、廉价销售和违反营业规则等行为。①

以上表明，外国学者通常是以反不正当竞争法的保护客体为依据，对不正当竞争行为类型化。其中，Emmerich 的"三分法"暗合了现代反不正当竞争法的宗旨和目标。

在按照开放概括主义对不正当竞争行为类型化上，德国学者 Hefermehl 的分类颇具代表性，他从反不正当竞争法保护宗旨出发，提出了"五分法"，即不当招徕顾客、阻碍竞争者、剥夺他人成果、违法占先、干扰市场。②

综上所述，不论是国际公约，还是各国国内立法，抑或各国学者的相关研究，都试图对不正当竞争行为进行类型化，以应对未来纷繁多变的不正当竞争。考虑到我国反不正当竞争法发展所处的阶段以及整个法律制度与发达国家的差异，我们在肯定不正当竞争类型化必要性的同时，还须探讨适宜的类型化方法。

笔者认为，在禁止性条款上，应根据保护客体的不同，至少应把不正当竞争行为类分为侵害竞争者利益的行为、侵害消费者利益的行为和侵害公众利益的行为。将各国或地区反不正当竞争法通常禁止、我国反不正当竞争法尚未规范而又盛行的新的典型不正当竞争行为，如比较广告、不可期待的烦扰、传销以及修订稿中新增设的行为样态等纳入禁止条款中。

另外，应分析总结我国现行《反不正当竞争法》第 2 条第 1 款形成的典型案例，抽象成法条予以法典化，如将反向假冒、对其他客体的仿冒等增设为悖俗的不正当竞争行为。对于反向假冒，修订稿第 5 条规定经营者不得擅自更换他人的注册商标、企业名称以及特有的包装、装潢，并将更换标识的商品又投入市场。但对于该规定，应思考如何厘清其与商标法的关系，因为我国《商标法》第 52 条将类似行为定性为侵犯注册商标专用权。那么，如果再出现"枫叶"诉"鳄鱼"之类案件，③我们应将其界定为不正当竞争还是商标侵权呢？至于对其他客体的仿冒行为，通常指对竞争对手非知识产权传统客体，如营业场所、法定代表人以

① ［日］大桥麻也："フランスにおける不正竞争の概念"，载《比较法学》2007 年第 40 卷第 2 号。

② 34Vgl. Hefermehl, UWG/Kommentar, 1988, S. 1031ff.

③ 郑友德、刘平："试论假冒与不正当竞争"，载《法学评论》1998 年第 1 期。

及广告的仿冒。[①]

五、我国《反不正当竞争法》如何设置适用除外制度

适用除外制度,常见于各国反垄断法,是指对某些领域或行业,如对能源和农业,原则上不适用反垄断法的制度。我国《反垄断法》第55条、第56条确立了依法行使知识产权和农业的适用除外制度。适用除外制度,在反垄断法上偶称豁免制度,严格意义上说,除外制度与豁免制度仍有差别。后者是指对某些应受到反垄断法规制的限制竞争行为,在特定条件下,基于国家、社会利益等考虑,免予反垄断法追究的制度。[②] 我国《反垄断法》第15条规定了豁免原则及技术创新卡特尔、标准卡特尔、中小企业卡特尔、节能环保卡特尔、景气卡特尔等的豁免。那么,反不正当竞争法是否存在豁免与适用除外的明确界分呢?尽管我国台湾地区学者认为,反不正当竞争法并无除外规定之适用,否则会鼓励经营者从事不正当竞争。[③] 但《韩国反不正当竞争法》、《日本不正当竞争防止法》则明确规定了反不正当竞争法的适用除外原则与内容。[④] 2006年修订的《日本不正当竞争防止法》,将旧法散见于相关条款的适用除外集中在第19条,规定下列行为排除不正当竞争防止法的适用,不得提出诉讼、损害赔偿及刑罚的请求:①普通名称的惯用表达。②自己姓名的善意使用。③习惯表示的善意使用。④盲从模仿样品的善意取得。⑤商业秘密的正当取得。⑥旨在以技术限制手段的试验及研究。⑦防止混同的附加表示。

我国《反不正当竞争法》第11条规定,销售鲜活商品,处理有效期限即将到期的商品或者其他积压的商品,季节性降价,因清偿债务、转产、歇业降价销售商品四种情形,属于该条适用除外。《最高人民法院关于审理不正当竞争民事案件应用法律若干问题的解释》(以下简称《解释》)第2条、第12条中规定有适用除外的情形,主要包括关于商品的通用名称、图形、型号,或者直接表示商品的质

① 郑友德、范长军:"反不正当竞争法一般条款具体化研究",载《法商研究》2005年第5期。案例参见福建省高级人民法院(1997)闽知初字第5号民事判决书;上海市第一中级人民法院(1998)沪二中知初字第93号民事判决书。

② 尚明著:《〈中华人民共和国反垄断法〉理解与适用》,法律出版社2007年版,第386页。

③ 赖源河著:《公平交易法新论》,台湾元照出版公司2000年版,第103页。

④ 《日本不正当竞争防止法》第2条、第12条;[日]小野昌延著:《不正竞争防止法概说》,有斐阁双书1974年版,第90页;[日]土肥一史著:《知的财产法入门》,中央经济社2003年版,第31~34页;[日]丰琦光卫、松尾和子、涩谷达纪著:《不正竞争防止法》,第一法规出版社1982年版,第311~338页、第361~370页。

量等特点，或者含有地名，他人因客观叙述商品而正当使用的，通过自行开发研制或者反向工程等方式获得的商业秘密的行为等不构成不正当竞争行为。该《解释》还规定，在不同地域范围内使用相同或者近似的知名商品特有的名称、包装、装潢，在后使用者能够证明其善意使用的，不构成《反不正当竞争法》第5条第2项规定的不正当竞争行为。因后来的经营活动进入相同地域范围而使其商品来源足以产生混淆，在先使用者请求责令在后使用者附加足以区别商品来源的其他标识的，人民法院应当予以支持。

不过，由于2006年中国竞争法修订稿已删除了现行法的第11条，即便是为与WTO《与贸易有关的知识产权协议》第39条第3款对接，在现有侵犯商业秘密条款中增加"政府部门不得擅自披露权利人按要求提交的未公开试验数据或者其他数据。但披露这些数据是为保护公共利益或者已采取保护措施防止该数据受到不正当商业利用的除外"的规定，但修订稿中的适用除外制度仍然形同虚设。为了更好地平衡经营者之间、经营者与消费者和公众之间的利益，从保障反不正当竞争法的安定性出发，[①]应借鉴《日本不正当竞争防止法》关于适用除外的做法，在我国竞争法修订稿中专列一条，将《解释》中的适用除外规定及其他相关适用规定按行为属性分类，归并其下。并把合法行使知识产权的行为也视为适用除外，[②]以设置符合我国国情的适用除外制度。

六、如何界定知名商业标记混同行为

《反不正当竞争法》修订稿第5条中规定经营者不得擅自使用与知名商品特有的名称、包装、装潢、形状以及其他特有的商业标识相同或者相近似的名称、包装、装潢、形状以及其他商业标识，造成和他人的知名商品相混淆，使购买者误认为是该知名商品，以此手段来损害竞争对手的利益。从该规定可看出，"知名"和"特有"是判定构成混同的前提条件之一。这种限定条件是否合理呢？《保护工业产权巴黎公约》对混同行为只要求"对竞争者的营业所、商品或工商业活动引起混同"，《反不正当竞争示范条款》也只举例说明对产品外观和产品或服务的名称足以引起混同即可，均未限定产品或服务"知名"与否。

那么到底如何认定"知名商品"呢？根据《最高人民法院关于审理不正当竞争民事案件应用法律若干问题的解释》的规定，应为"在中国境内具有一定的市

---

① ［日］土肥一史著：《不正竞争防止法の现状と课题》，ジエリスト，2007.1.15，第113页。

② 同上，第35~36页。

场知名度,为相关公众所知悉的商品”。人民法院认定知名商品,应当考虑该商品的销售时间、销售区域、销售额和销售对象,进行任何宣传的持续时间、程度和地域范围,作为知名商品受保护的情况等因素,进行综合判断。原告应当对其商品的市场知名度负举证责任。国家工商总局《关于禁止仿冒知名商品特有的名称、包装、装潢的不正当竞争行为的若干规定》也强调了知名商品应具有市场知名度,并为相关公众所知悉。我国地方立法中关于“知名商品”的表述尽管不一,但几乎都要求知名商品具有一定知名度,为相关公众所知悉。

三鹿问题牛奶事件的发生,足以让我们深刻反思国内知名商品、免检商品行政认定制度的弊病。从我国现行不同效力层级的法律规定来看,我国《反不正当竞争法》第5条第2项的规定明晰度不够,对执法会造成困扰。“知名商品+特有”的双重限制,在一定程度上会抬高《反不正当竞争法》禁止仿冒行为的门槛,使许多仿冒行为逃逸该法的规制。因此,对知名标记的保护不应考量其所附商品知名与否,只要该标记达到一定的知名度或显著性,为他人在相同或类似商品上擅作相同或近似使用,引起或足以引起混同或混同之虞即为已足。盖因知名企业的产品,在短时间内会很快成为知名商品,而非知名企业的产品则须面临激烈的竞争方能脱颖而出。倘若在非知名商品成名之前,忽视对其相关权益的保护,既不利于调动非知名企业创造的积极性,也不利于社会经济的发展。因此,应取消商品知名度的限定,直接以商业标记是否为“相关公众所周知”作为禁止混同条款适用的前提。同时应强调是未注册标记,以与商标法的调整范围相区分。

七、是否应将“不可期待的烦扰”纳入《反不正当竞争法》的调整范畴

随着市场竞争的日趋激烈,经营者不得不采取不同竞争手段去占领市场,各种不法广告和促销手段因之而应运而生。例如,让人不胜其扰的“电话营销”,通过电话等方式推销保险、房屋、装修服务、婴儿用品、招生信息,①以及互联网上常见的侵扰性网络广告,如处于网页顶端和散见于网页之中的动态与静态“旗帜广告”、打开互联网时自动显示的“弹出式广告”、漂浮于网页之上的“漂浮

① 王丹妮、梁晓婧:“保险员怎么知道我的手机号”,载《武汉晚报》2008年8月18日第2版;王丹妮、梁晓婧:“‘电话营销’无孔不入着实烦”,载《武汉晚报》2008年8月19日第3版。

式广告”以及全屏播放式广告、无法拒收的电子邮件广告,[①]以及附加标签、关键词捆绑广告等。[②]

2004年德国《反不正当竞争法》第7条将上述行为定性为“不可期待的烦扰”,该行为尤其适用于下列情形:①无论一个广告可否辨认,只要该广告的接收方不希望接到它。②未经消费者同意或未得到其他市场参与者不可期待的同意时,以打电话的方式向他们做广告。③在没有事先得到接收地址方同意的情况下,通过使用自动通话设备、传真或电子邮箱的方式做广告。④在新闻广告中,其中新闻发布者的身份被掩盖或隐瞒,或没有提供有效的接收方可以就该新闻提出要求的地址,没有根据基本费率产生的传播费用。该条同时还规定通过电子邮箱方式做广告不构成“不可期待的烦扰”。我国反不正当竞争法及其修订稿均未对此作出规定。因此,建议修订稿借鉴德国反不正当竞争法,将“不可期待的烦扰”,包括接收方不希望接收的广告、未经约定的电话广告、未经同意的传真广告或电子邮箱广告、新闻广告等,直接纳入不正当竞争的范畴,将其条款化。并规定消费者协会、经营者和其他相关机构等能享有对该类行为的排除请求权和停止请求权。由于“不可期待的烦扰”之产生多系公民的个人信息被相关机构非法披露,人们也纷纷呼吁信息披露主体和信息传播主体应就其非法行为承担相应的法律责任。[③] 目前,我国尚未形成有关个人信息保护的完整的法律体系,现行法律也未将个人信息作为直接的保护对象,对个人信息的保护散见于各部门法中关于保护名誉权的规定中。[④] 对此,我国《刑法修正案(七)》草案增加条款:国家机关或者金融、电信、交通、教育、医疗等单位的工作人员,违反国家规定,将履行公务或者提供服务中获得的公民个人信息出售或者提供给他人,或者以窃取、收买等方式非法获取上述信息,情节严重的,追究刑事责任。[⑤]《个人信息保护法》草案也已呈交至国务院。个人信息有望获得刑法和专门法的保护。但是,从《反不正当竞争法》的立法宗旨出发,经营者不法获得个人信息,借此骚扰经营者或消费者,获取竞争优势的不正当竞争行为,也应纳入我国《反不正当竞争法》的规制范围。而且应明确界定“不可期待的烦扰”的范围及

① 金艳:“论侵扰性网络广告形式及其规范”,载何家寿主编:《法学前沿》,武汉大学出版社2008年版,第369~371页。

② [日]土肥一史著:《知的财产法入门》,中央经济社2003年版,第112页。

③ 张文龙等:“泄露他人信息面临刑事处罚”,载《楚天金报》2008年8月27日第3版。

④ 陈红:“个人信息保护的法律问题研究”,载《浙江学刊》2008年第3期。

⑤ “我国拟规定出售公民个人信息将究刑责”,载 http://www.donews.com/Content/200808/a7bddb9a-ebaf-4b2c-984d-71dd6f7019f3.shtm。

例外情形。对于个人信息的非法披露主体以及使用该信息的传播主体,还应考量这两种主体行为的性质是否相同,在何种情形下承担违反反不正当竞争法的法律责任以及分别应承担何种性质法律责任。

八、是否应增设规制比较广告的特别条款

比较广告通常是指将某种商品或服务与竞争者的商品或服务进行对比,目的在于使消费者对自己所提供的商品或服务产生认同度和积极评价,影响消费者的购买抉择,从而获取竞争优势的商业广告。然而,由于比较广告常常会牵涉到竞争者的商品或服务,因此,与其他广告形式相比,比较广告更易演变为不正当竞争行为。在实践中,不正当比较广告整体上将导致消费者对经营者所提供的商品或服务产生误解、混同,或出现对竞争者的商品或服务进行隐性或显性诋毁、贬损等情形。然而,并非所有的比较广告都属不正当而应予以禁止。事实上,近年来社会对比较广告的消极态度有所转变,人们日渐认识到,相关事实的真实比较不仅能够减少消费者的信息搜寻成本,而且由于其提高了市场透明度,对经济能产生积极影响。[①] 因此,对比较广告进行专门规制之意义愈加凸显。

根据97/55/EC号欧盟比较广告指令,比较广告意指任何明确或含蓄地提及竞争者或竞争者的商品或服务的广告。符合指令要求的比较广告是允许存在的,这些要求体现为:①必须不是误导广告。②所比较的商品或服务用途相同或者功能相同。③客观地比较商品或服务的一项或多项重要的、相关的、可核实的和典型的特征,可以包括价格。④不在广告主和竞争者间,或在他们的商标、商号、其他识别性标志、商品或服务间制造混乱,扰乱市场秩序。⑤不诋毁或者贬低竞争者的商标、商号、其他识别性标志、商品、服务、行为或经济状况。⑥对于有原产地标志的商品,只能就带有同样原产地标志的产品进行比较。⑦不对竞争者的商标、商号或其他识别性标志或者竞争产品的声誉作不公平的利用。⑧不以标有受到保护的注册商标或者商号的仿制品或复印品的方式推介商品或者服务。[②] 2004年德国竞争法第6条对比较广告进行了界定,即"比较广告是指某个可以直接或间接辨认出一个竞争者或其提供的产品或服务的广告"。同时也规定了属于不正当竞争行为的比较广告的表现形态。我国广告法并未对比较

① 孔祥俊著:《反不正当竞争法新论》,人民法院出版社2001年版,第649页。

② 刘建贤:"欧盟反不正当竞争法及其对我国反不正当竞争法修订的启示",华中科技大学2008年硕士学位论文。

性广告进行专门性规定，但要求所有广告“不得含有虚假的内容，不得欺骗和误导消费者”等。在关于药品、医疗器械广告的规定中要求不得与其他药品、医疗器械的功效和安全性进行比较。2007 年发布的《药品广告审查发布标准》第 10 条规定，药品广告中有关药品功能疗效的宣传应当科学准确，不得出现与其他药品的功效和安全性进行比较等情形。我国《反不正当竞争法》未对比较广告进行直接规制，修订稿中也仅在商业诋毁行为中使用了“对比宣传”的表述，而未具体列举。

综上表明，由于比较广告具有广泛的影响力和穿透力，不正当的比较广告会对经营者、消费者乃至竞争者以及整个大众的利益造成极大的损害，因此，我们应明晰比较广告合法与不合法的界限，建议在《反不正当竞争法》修订稿中对比较广告单列条款进行规定。

九、如何处理《反不正当竞争法》与反垄断法的关系

随着反垄断法与反不正当竞争法日新月异的发展、变化，两法间开始发生理念渗透、互动及功能之整合，出现了融合的趋势。① 但二者之间在法律性质、立法目的等方面有所区别。这种重大区别必然反映在价值取向、规制行为范围等方面。我们既然选择了分立式立法模式，那么在反不正当竞争法修订之际，就应思虑如何与反垄断法在目的、范围、适用等方面进行明确界分。《反不正当竞争法》修订稿在立法目的上未作修订，仅删去了对滥用独占地位、行政垄断、掠夺性定价、搭售、串通招标投标等行为的规定。

由于反垄断法重在保障市场竞争之自由，使市场上存在足够“数量”的竞争，以建立市场自由竞争制度为己任，其主要规制经营者滥用市场支配地位；具有或者可能具有排除、限制竞争效果的经营者集中；滥用行政权力排除、限制竞争等行为，保证竞争的自由。而《反不正当竞争法》重在维护市场竞争之公平，防止市场自由竞争过度而导致不公平，使市场上存在足够“品质”的竞争，以建立公平竞争制度为己任，其主要规制混同行为、误导行为、毁誉行为以及侵犯商业秘密等行为。这说明《反不正当竞争法》主要解决在反垄断法所保护的自由竞争中，经营者应遵循哪些竞争规则的问题，保证竞争的公平性。不过，这种区分并非是绝对的，因为两法均具有维护市场经济有效运行的功能，它们在适用上

① 杨柳：“反垄断法与反不正当竞争法之关系探讨”，华中科技大学 2007 年硕士学位论文。

有相互接近和彼此交迭之处。例如,大企业为了排挤小企业,持续以超低价格出售商品时,这种行为违反德国旧《反不正当竞争法》第1条的规定,构成违背善良风俗的行为,同时也违反德国《反限制竞争法》第19条和第20条的规定,分别构成滥用市场支配地位和差别待遇的行为。① 因此,对于那些既有限制竞争或限制竞争之虞,其手段、目的又违反了商业伦理的竞争行为,在我国反垄断法尚无明确规定时,如何在反不正当竞争法一般条款修订时予以概括,并借司法将其具体化,则是我们修法时应重点关注的。

十、如何认识反不正当竞争法在知识产权法中的地位

反不正当竞争法与知识产权法(此谓《专利法》、《商标法》和《著作权法》的合称)的紧密联系可以追溯到WIPO《保护工业产权巴黎公约》,该公约将反不正当竞争与专利、商标、厂商名称以及货源标记同列为“工业产权”,同时在第10条中将“混同”、“毁誉”和“误导”列为特别应禁止的3种典型的不正当竞争行为。因此,在修订我国现行的反不正当竞争法时,有必要厘清二者间的不同之处,以形成更合理的法律条文表述。

在法源上,知识产权法肇始于民法之准物权法,系针对无体财产的独占权授予与保护法;而《反不正当竞争法》源自民法之侵权行为法,系针对不正当竞争的行为规范法。

在保护客体方面,《反不正当竞争法》的保护客体为工商业成果,具有法益的一般特征。其对竞争行为的规范主要通过义务性规定予以体现,没有法定的权利形式和实质内容,其所保护的是因“法律间接保护”或“法律之反射作用”而形成的利益即法益。它通过法定的禁止性条款和一般条款(诚信良俗条款)规范竞争行为。② 而知识产权法的保护客体为智力创造(作)成果,依法或依法之授权条款创设形式独占权或实质独占权,直接通过保护专利权主体、商标权主体和著作权主体的权利而体现对前三类主体法益的维护,反射出对消费者法益的间接保护,其表现为积极行使和消极禁止两方面。竞争者的法益保护是通过反不正当竞争法禁止不正当竞争行为而直接彰显,其他经营者、消费者和公众的利益则呈反射保护。竞争者只有被动请求权,而无积极行使权,如对法益不能以转

---

① [德]罗伯特·霍恩等著:《德国民商法导论》,楚建译,中国大百科全书出版社1996年版,第313页。

② 郑友德、胡承浩、万志前:“论反不正当竞争法的保护对象”,载《知识产权》2008年第5期。

让、许可,设置质押等方式进行正面的积极支配。①

鉴于上述区别,目前国内外学者通常认为两法在保护智力成果和工商业成果上存在以下关系:一是补充保护说。该理论认为,《反不正当竞争法》作为知识产权法的兜底或补充保护法,对知识产权保护具有拾遗补阙的功能。日本学者满田重昭指出,对知识产权的各种排他性支配权侵害的同时,亦构成侵害营业利益的行为。若构成侵害商标权,则直适用商标法。但是,对于不正当竞争,由于不以构成营业上利益或营业财产的诸要素的注册为要件,即使商标权不成立或成立有瑕疵,也能构成不正当竞争。在无法主张商标权时,有必要考察是否成立不正当竞争。故不正当竞争防止法为商标法上不保护的未注册商标提供补充保护。② 这一点在德国《商标法》第 2 条中已明确规定,即依商标法保护商标并不排除适用其他规定。德国司法界认为,模仿不受商标法保护的标记,若引起来源混同之虞,则构成原《反不正当竞争法》第 1 条的悖俗行为。③ 欧盟商标指令同样很少排除反不正当竞争法对商标保护的适用。④ 目前,国内亦有诸多学者主张反不正当竞争法为知识产权保护的兜底条款,在商标法无具体规定时,适用反不正当竞争法。二是一般法与特别法说。即认为《反不正当竞争法》与知识产权法呈一般法与特别法的关系。德国司法界和学理界一致认为,知识产权法尤其是商标法应属于普通《反不正当竞争法》的一部分。⑤ 法国和英国学界亦持相同观点。

将商标法纳入不正当竞争法的效果是,《反不正当竞争法》将补充和限制商标法。⑥ 若从反不正当竞争的角度来看,商标法系《反不正当竞争法》的特别法和组成部分,其可列入《反不正当竞争法》的范畴,因为行使商标权实质上是一种特殊的竞争行为。⑦ 按特别法优于一般法的法理,商标法有规定者适用商标法,无规定时适用反不正当竞争法。同时,商标权的行使除受商标法本身规制外,还应受反不正当竞争法的规制。商标权保护应以不违反《反不正当竞争法》禁止性条款和一般条款为前提,以反竞争方式使用商标时须依《反不正当竞争法》加以限制。⑧

---

① 郑友德、胡承浩、万志前:“论反不正当竞争法的保护对象”,载《知识产权》2008 年第 5 期。

② [日]满田重昭:“知的财产法における位置づけ”,载[日]小野昌延、山上和则编:《不正竞争の法律相谈》,青林书院 1997 年版,第 10 ~ 11 页。

③ BGH GR63,423/428,Coffeinfrei.

④ 56Erwaegungrund der RL 89/104/EWG v. 21. 121988;dazu EuGH Slg. 1996,I – 6 039 Rn. 30 = GRURINnt1997,546,548 – Graffione/Fransa.

⑤ BGHZ 14,18f. ;Baumbach – Hefermehl,Wettbewerbsrecht,Allg. Rdn. 101.

⑥ 曾陈明汝著:《商标法原理》,台湾翰芦图书出版有限公司 2001 年版,第 203 页。

⑦ 邵建东著:《德国反不正当竞争法研究》,中国人民大学出版社 2001 年版,第 30 页。

⑧ BGH GRUR 1958,235.

笔者认为，反不正当竞争法与知识产权法在智力成果和工商业成果保护上，呈并列关系。前者为行为规制法，后者为授权法或权利保护法。两法在保护目的、规制方式、保护对象、效力范围、侵权构成等方面皆有不同，故两法呈等位等值关系。① 它们各自平行地为智力成果和工商业成果提供保护。并非商标法无特别规定时就适用反不正当竞争法。适用《反不正当竞争法》的前提是其有特别规定，如禁止性条款和一般条款。如果两法对智力成果和工商业成果的保护均无规定，如普通未注册商标，则应依民法提供“兜底”保护。

总之，知识产权法赋予权利人排他性的专利权、商标权和著作权，借此保护专利权人、商标权人和著作权人的私益，从而反射出维护公平竞争秩序的功能；而反不正当竞争法则着重制止擅自使用非专门法（知识产权法）保护的工商业成果的不正当竞争行为，主要保护竞争者的合法权益，从而直接呈现维护公平竞争秩序的功能。因此，知识产权法和《反不正当竞争法》从不同角度和不同层面，保护智力创造和工商业成果，从而达到保障公平竞争的最终目的。以侵犯商标权益的行为为例，商标法通过授予商标独占权，禁止市场上仿冒注册商标的行为，反射出对公平竞争秩序的维护；而反不正当竞争法通过制止不正当利用众所周知、驰名商标足以引起混同的不公平竞争行为，直接维护公平竞争秩序。由此产生的对众所周知、驰名商标的独占化现象，不过是制止不正当竞争的反射效果。② 然而，若因此以为能够仿效知识产权的权利配置方式与特性，依据《反不正当竞争法》创设出所谓的“反不正当竞争权”或“公平竞争权”，③岂不有悖于反不正当竞争法保护公平自由竞争秩序的主旨？此外，将内容模糊不清的“公平竞争权”作为法定独占权赋予经营者，会导致给其他市场主体设置无处不在的一般义务，使其无所适从，动辄得咎，进而限制他人竞争所必需的自由，扭曲竞争法保护市场经济有效运行的功能，窒息公平竞争。最后，放任这类权利“圈地运动”扩展，不仅会侵害同业竞争者的利益，还可能损害消费者和公众的利益。那么，这种能创设如此独占权的法律还能称为反不正当竞争法吗？

（2009 年第 1 期）

---

① Vgl. Koehler, Das Verhaeltnis des Wettbewerbsrechts zum Recht des geis tigen Eigentums, GRUR 2007, Heft7, S. 554.

② ［日］小野昌延著：《不正竞争防止法概说》，有斐阁双书 1974 年版，第 42 页。

③ 吴汉东主编：《知识产权法》，中国政法大学出版社 2002 年修订版，第 1 页；邵建东著：《德国反不正当竞争法研究》，中国人民大学出版社 2001 年版，第 47 页以下。

百度“竞价排名”非滥用市场支配地位行为

李　剑*

2007年年初，王冠珏创办了全民医药网。为提高点击率，他和百度（Baidu）河北代理商签了竞价排名协议，通过向搜索引擎服务商百度公司支付费用，来提高网站在百度搜索中的排位，协议时间为2008年3月至9月，金额为8.9万元，排位于第3名。最初，全民医药网排名很靠前，但在2008年7月网站改版，并按协议降低付费后，网站在百度的相关链接只剩下4条记录，点击率也骤减，网站1个月内的点击量从原来超过80,000次降至18,000次。而该公司同期在谷歌（Google）和搜狗（Sogou）等搜索网站上出现的次数比在百度上更多。为此，2008年10月31日，全民医药网向国家工商管理总局公平交易局提交了长达91页的诉状，要求对百度施以人民币1.7亿元的罚款（以下简称百度案）。全民医药网认为，百度公司因为全民医药网停止向其支付搜索服务费而将该网站从它的搜索结果中移除，这是滥用了其在搜索引擎市场上的支配地位的行为，需要承担相应的反垄断法责任。

百度案因为关系到互联网领域著名的公司，又适逢《反垄断法》正式实施后不久，因而被媒体称为《反垄断法》颁布实施以来网络领域的反垄断“第一案”。抛开百度案中为了吸引公众的注意而进行的炒作成分之外，此案还涉及对新颖的商业模式的处理问题，这对刚实施不久的我国《反垄断法》具有积极的理论和实践意义。

一、注意力经济下的竞价排名

要判断百度公司行为是否要承担反垄断法责任，首先需要了解百度公司所进行的竞价排名产生的背景及性质。迈克尔·戈德海伯在《注意力购买者》一文中指出，目前有关信息经济的提法是不妥当的。因为按传统经济学理论，其研究的主要课题应该是如何利用稀缺资源。但在信息社会中，信息非但不是稀缺

* 作者单位：上海交通大学凯原法学院。

资源,相反是过剩的。而相对于过剩的信息,只有一种资源是稀缺的,那就是人的注意力。注意力经济就是指如何配置企业现有的资源,以最小的成本去吸引客户的注意力,培养其潜在的消费群体,获得最大的未来无形资本,即经营消费者的注意力。[①] 注意力经济更多地强调作为信息提供者的企业如何应对"信息爆炸"的问题。对信息的获取者来说,面对过量信息,其实也存在一个如何从中找寻有价值信息的问题,而这一过程是需要付出成本的。传播学大师威尔伯·施拉姆曾提出了受众选择媒体的一个依据,即媒介的选择或然度 = 可能得到的报偿/需要付出的努力。这个公式揭示了提高传播媒介被受众选择概率的两种途径,一种是增加受众可能得到的报偿,另一种则是减少获取信息所需付出的努力。也就是说,参与者在交易前搜寻交易对象的活动是参与者获取交易机会信息的一种基本方式。搜寻是有成本的一项活动。如果搜寻成本为零,参与者就愿意了解市场中所有可能的交易机会,即同所有的买主或卖主接触。但是,由于搜寻活动是有成本的,搜寻就成为一个需要决策的经济问题。应该进行多少次搜寻(搜寻多少个买主或卖主)?或者在什么时候停止搜寻?这是一个对交易对象选择范围进行决策的问题。[②] 而以互联网的搜索引擎为降低媒介的选择、搜寻成本提供了很好的渠道,其中,对于互联网用户提供"免费"的服务成为一个重要的方面,因为这一方式降低了搜寻成本。

从企业的角度看,吸引客户注意力成为网络经济中生存和发展的关键。为了让客户关注自己提供的新产品或服务,并产生购买欲望,厂商通常需要支出大量的"注意成本",如广告费用、免费赠送、折扣、付费购买信息、付费吸引客户等,免费只不过是其中的一种。免费在功能上与广告并没有多大差别,即都是为了吸引客户的注意,只是其更直接、更有针对性、更具震撼力而已。从本质上说,免费是一种最具渗透力的广告。在网络经济中之所以流行免费,是因为注意力的稀缺使得传统的广告已不足以打动人心。在网络经济中,厂商不仅仅需要让新产品或服务迅速引起市场的注意,而且还希望能长期吸引客户的眼球,使自己成为市场关注的中心。众所周知,企业部分产品的免费常常是与其他产品或服务的收费紧密结合的。[③] 百度是目前国内知名度最高的中文搜索网站。根据2006年5月29日中国互联网络信息中心(CNNIC)发布的统计结果,每天有超过

---

① 李珊、黄妍:"注意力经济——网络营销的实质",载《湘潭大学学报》(哲学社会科学版)2005年第5期。

② See McCall, J. J., Economics of Information and Job Search, *Quarterly Jo urnal of Economics*, at 113 – 126(1970).

③ 盛晓白:"'免费经济'的理论模型",载《审计与经济研究》2006年第11期。

1 亿人次访问百度或查询信息。[①] 作为搜索引擎的百度，在为互联网的普通用户提供搜索服务时是免费的，但当注意力被聚集之后，其具备的价值就体现出来，剩下的只是如何将这一价值变现。

正是在这一信息社会生存的背景下，竞价排名得以伴随争议而诞生。竞价排名是 1994 年雅虎在全球首创的网络营销推广方式，而百度得以首先在国内推出。对于通过搜索引擎进行互联网信息搜寻的用户而言，面对浩如烟海的巨量信息，需要很好的工具来找到对自己直接有用的信息，而搜索结果的排序对于其点击链接的选择有直接的相关性，从而这对希望互联网用户了解和选择自己的企业形成了价值。而竞价排名的实质就是对搜索结果进行干预，按照付费最高者排名靠前的原则，对购买了同一关键词的网站进行排名的一种营销方式。竞价排名的基本特点是按点击付费。付费企业或个人的网站出现在搜索结果中（一般是靠前的位置）后，如果没有被用户点击，不收取广告费。对于同一关键词，支付价格（按照每次点击来算）最高的网站排列在第一位，其他位置由支付的点击价格来决定其排名的位置。也就是说，对关键词支付的价格越高的网站在搜索结果中排名越靠前。

企业网站在搜索结果中的排名，极大程度上决定了企业被潜在客户发现的机会。排名越靠前，被发现的机会就越大。这是由搜索引擎的页面限制和访问者的心理决定的。按照知名搜索引擎营销公司 iProspect 的报告显示：在美国，超过 80% 的网络用户不会查看搜索结果第 3 页以后的内容。更为重要的是，人们往往对排名靠前的企业更加信任，因为它们看上去更有实力和经营活力。[②] 这些特性决定了搜索引擎排名的价值，也决定了竞价排名的商业模型。

从实际的营销效果而言，竞价排名非常成功。计世资讯（CCWResearch）数据显示，2006 年上半年中国搜索营销市场规模保持了强劲的增长势头。上半年企业用户在搜索营销上的平均支出达到 2340 元，主流搜索厂商的收入规模达到了 10.4 亿元人民币，增幅达到 52.9%；而 2006 年上半年整个搜索广告市场的规模达到 17.2 亿元人民币（含搜索厂商与搜索广告销售渠道收入）。能够刺激整个搜索营销市场保持增长的主要动力有两个：一个是投放搜索广告的用户数量在增加；另一个是广告用户平均投放在搜索广告上的支出增加。计世资讯对使用了搜索营销的企业进行调查发现，内地市场接触搜索营销的企业数量增长快速，2006 年上半年比 2005 年同期增长了 42.4%，绝对数量达到 73.5 万家。中

---

① 李银莲：“竞价排名，你了解吗”，载《电子商务世界》2006 年第 8 期。

② 侯丽娟：“竞价排名——让客户主动找到你”，载《中国经贸》2006 年第 4 期。

国搜索企业在搜索营销领域的年平均投入规模相差不大，自2004年以来，投放搜索营销广告的企业数量始终保持着高速的增长，2006年上半年，企业用户在搜索营销上的平均支出比2005年同期增长6.5%。① 这些调查无疑说明，对相关企业而言，参与竞价排名的确可以获得很好的营销效果。

就百度公司而言，其收入主要来源于竞价排名。公司于2008年7月底发布的第2季度财报显示，营业收入约为8.026亿元人民币，网络营销收入约为8.022亿元人民币，与2007年同比增长100.2%，而竞价排名在网络营销中所占比例超过80%。② 实际上，也正是基于对这一商业模式的认可，当百度2005年8月5日在美国纳斯达克股票市场正式挂牌上市时，股票发行价为27美元，上市后即以66美元的价格跳空开盘，在首日的交易中股价最高曾达到151.21美元，收盘于122.54美元，上涨了354%，成为中国在纳斯达克上市公司中市值最大的公司，并创造了美国股市5年来新上市公司首日涨幅最大、美国有史以来上市当天收益最多的股票前10名、在美上市的国外企业中收益最好3大纪录。③

之所以能够有这些成绩，无疑是投资者看到了百度所引领的搜索引擎下的商业模式的巨大获利前景。但是，当百度的收入取决于竞价排名时，它就会尽一切可能迫使企业参与竞价排名，而逼迫的手段就是人为地直接影响网站在搜索结果中的排名。那么，百度公司的行为是否构成了反垄断法上的滥用市场支配地位，并因此需要承担反垄断法上的责任呢？

二、百度的竞价排名行为是否构成反垄断法上的滥用市场支配地位

（一）作为支配地位滥用前提的相关市场界定

要求百度承担滥用市场支配地位的反垄断法责任，百度首先要具备“市场支配”地位。按照我国《反垄断法》第17条的规定，所谓市场支配地位，是指经营者在相关市场内具有能够控制商品价格、数量或者其他交易条件，或者能够阻碍、影响其他经营者进入相关市场能力的市场地位。该法第18条规定，认定经营者具有市场支配地位，应当依据下列因素：①该经营者在相关市场的市场份

① 蒋水林：“搜索引擎竞价排名须适度”，载《人民邮电》2006年8月16日。

② “百度将推全新排名竞价系统解决数据缺乏问题”，载 http://www.enet.com.cn/article/2008/0905/A20080905355005.shtml。

③ 王惠：“竞价排名颠覆传统广告模式”，载《中国经营报》2005年10月24日。

额,以及相关市场的竞争状况。②该经营者控制销售市场或者原材料采购市场的能力。③该经营者的财力和技术条件。④其他经营者对该经营者在交易上的依赖程度。⑤其他经营者进入相关市场的难易程度。⑥与认定该经营者市场支配地位有关的其他因素。从法律的规定可以看出,在决定一个经营者是否具有市场支配地位的时候,往往需要考虑很多因素,此时,需要一个很好的方式来应对实际案件审理中的信息不充分,从而简化这种认定,这就是市场份额。[①]《反垄断法》第19条规定了有下列情形之一的,可以推定经营者具有市场支配地位:第一,一个经营者在相关市场的市场份额达到1/2的。第二,两个经营者在相关市场的市场份额合计达到2/3的。第三,三个经营者在相关市场的市场份额合计达到3/4的。虽有第二、第三规定的情形,但其中有的经营者市场份额不足1/10的,不应当推定该经营者具有市场支配地位。

据正望咨询公司的数据,百度目前在中国搜索引擎市场占有65.8%的份额。在北京、上海、广州等中国大城市,百度的市场占有率为60.9%,排在其后的谷歌、搜狗和雅虎分别为27%、3.1%和2.4%。[②] 而按照中国互联网络信息中心(CNNIC)的调查,2007年搜索引擎市场上百度占据74.5%的市场份额,而谷歌、搜狐和雅虎的市场份额分别为14.3%、2.8%和2.1%。在不同城市级别网民首选搜索用户上的比例如下:[③]

	百度	谷歌
一级城市	67.33%	22.11%
二级城市	73.35%	14.78%
三级城市	83.82%	4.99%

尽管不同的调查数据来源使得百度的市场占有率有一些差异,但毫无疑问的是,百度在中国内地的搜索引擎市场上是绝对的老大,市场份额远远超过《反垄断法》推定单一企业具有市场支配地位所要求的50%的比例。但是,问题在于,应该从搜索引擎市场的角度来认定百度与其他企业进行竞争的相关市场吗?

按照反垄断法案件分析的一般步骤,要认定是否存在市场支配地位滥用的行为,必须要确定垄断行为所涉及的范围,而相关市场正是解决这一问题的理论

① 李剑:"市场力量、市场份额与信息不充分",载《现代法学》2006年第3期。

② 王惠:"竞价排名颠覆传统广告模式",载《中国经营报》2005年10月24日。

③ 中国互联网络信息中心(CNNIC):"中国互联网络发展状况统计报告",载 http://www.cnnic.com.cn/index/0E/index.htm。

框架。因为在反垄断法理论上,相关市场是限制竞争行为所发生的市场,①同时也是彼此施加一定竞争约束力的产品的集合。② 在反垄断实践中,反垄断执行机构通常要将那些只对涉案企业的行为产生微不足道影响的企业从相关市场中排除,同时要将那些在同一地域供应同一产品或相关产品并对被告的市场支配地位构成显著影响的企业纳入相关市场范围。这种将企业纳入相关市场之内或排除在相关市场之外的过程,就是相关市场界定。③

从最为基本的理论出发可以看到,相关市场界定是一个分两步走的过程。首先,必须界定受法律保护的买方群体。其次,必须界定为这些买方提供服务的,或者由于销售的是优良消费替代品或者生产替代品,所以只要市场价格略微上升就会提供同样服务的卖方群体。该产品的产出连同它的优良替代品的产出,一起构成相关市场的产出,在计算每个生产者的市场份额时做分母,而每个生产者的产出是分子。④ 这一最基本的思路是很多相关市场界定方法的核心。从相关市场的理论出发,其实我们可以发现,在处理百度案时,相关市场并不应当界定在"搜索引擎"这样狭窄的市场范围内。⑤ 原因在于以下几个方面。

首先,作为注意力经济的组成部分,搜索引擎服务仅仅是互联网应用的一部分。根据中国互联网络信息中心 2008 年的调查报告,10 大互联网应用中,即时通信、搜索引擎和电子邮件 3 大互联网基础应用均榜上有名,使用率均超过60%。其中,中国网民的搜索引擎使用率为 69.2%,为中国第 5 大网络应用。2008 年上半年,搜索引擎用户增长了 2304 万人,半年增长率达到 15.5%。网民学历越高,搜索引擎使用率越高。在本科及以上的网民中,搜索引擎使用率已经超过 93%。电子邮件的使用率为 62.6%,在网络应用中排名第 6 位。2008 年上半年用户增长量较高,半年增长了 3973 万人。某些网络应用的发展,如电子商务等,对电子邮件的使用有一定的促进作用。但中国较高的即时通信使用率,对电子邮件的使用有一定的冲击作用。即时通信使用率为 77.2%,用户规模达到

---

① 王晓晔著:《竞争法》,社会科学文献出版社 2007 年版,第 212 页。

② [美]马西莫·莫塔著:《竞争政策——理论与实践》,沈国华译,上海财经大学出版社 2006 年版,第 86 页。

③ [美]菲利普·阿瑞达、路易斯·卡普罗著:《反垄断法精析:难点与案例》,中信出版社 2003 年版,第 562 页。

④ [美]波斯纳著:《反托拉斯法》(第 2 版),苏力译,法律出版社 2003 年版,第 150 页。

⑤ 在理论上,判断一个替代品是不是一个非常相近的替代品,最简单的办法是测量企业在它们的销售领域内引发的该产品价格的变动与被认为是相近替代品的产品价格的变动之间的相关性,无论后者是不同的产品还是在另一个地理区域销售的相同产品。如果两个变动之间有很强的相关性,而且没有明显的时滞,那么这就是该替代产品与目标产品属于同一市场的绝对证据。但是,这一方法需要进行非常详尽的调查以获取相关数据。

1.95 亿人，半年增长了 2442 万，半年增长率 14.3%，使用率远高于美国网民的 39% 和韩国网民的 47.8%。[①] 正如前文所述，对于以吸引注意力为整个商业模式基础的互联网经济而言，各种互联网应用形式在吸引用户使用、关注上具有相同的功能，而调查数据表明，各种可以吸引注意力的互联网应用对网民而言都有很高的使用率。那么，以各种应用方式为平台进行相关的营销活动也就具有一定程度的替代性。在此情况下，百度对排名第五的应用占据的高市场份额，在整个互联网应用市场上则不可能构成支配地位。

其次，竞价排名的实质是广告。有学者认为，竞价排名服务不是法律意义上的广告行为，因为我国《广告法》第 2 条规定，广告是商品经营者或者服务提供者承担费用，通过一定媒介和形式直接或间接地介绍自己所推销商品或者所提供的服务的商业广告。广告的本质在于介绍产品或服务。但搜索引擎商在竞价排名服务中仅仅是链接客户的网站，只有被链接的客户网站才可能真正的起到介绍产品的作用。[②] 这实际上是狭隘地理解了广告。广告是通过某种旨在吸引公众注意的方式所发出的告示，是一种通过传单、报纸、电视和广播等向公众或者有关个人传播的信息。我国《广告法》中其实也明确了，只要"间接"地涉及产品和服务的推销的有偿信息传播，都应当纳入法律规制的范围。北京市工商局所发布的《北京市网络广告管理暂行办法》第 2 条第 1 款也规定："本办法所称网络广告，是指互联网信息服务提供者通过互联网在网站或网页上以旗帜、按钮、文字链接、电子邮件等形式发布的广告。"百度"竞价排名"业务向相关商品经营者或服务提供者收费，通过文字链接的形式向搜索引擎的使用者直接推广其商品或服务，毫无疑问属于广告。

如果以商业广告市场作为相关市场，那么搜索引擎所占据的市场份额是非常小的。因为现有的影响较大的广告形式就有电视台广告、电台广告、平面媒体广告、大楼广告等，而这些形式完全构成了通过搜索引擎竞价排名吸引互联网用户注意，并进而影响对产品或服务购买意向的替代形式。在这一相关市场上，百度的市场份额无疑是微不足道的。[③] 当百度不具有市场支配地位时，也就无所谓"滥用"，当然也就不需要承担《反垄断法》上的责任。

---

① 中国互联网络信息中心（CNNIC）："中国互联网络发展状况统计报告"，载 http://www.cnnic.com.cn/index/0E/index.htm。

② 邓宏光、周园："搜索引擎商何以侵害商标权——兼论'谷歌'案和'百度'案"，载《知识产权》2008 年第 5 期。

③ 比如说，仅中央电视台 2009 年黄金时段广告招标的收入即达到 93 亿元人民币。

(二)市场支配地位滥用下的"正当理由"豁免

如果,我们将相关市场界定在非常狭窄的搜索引擎市场,从而认定百度具有的较高市场份额而构成市场支配地位,那么,百度在交易相对方不接受其竞价排名的要求时干预搜索的自然排名结果是否会构成"滥用"呢?我国《反垄断法》第17条规定了禁止具有市场支配地位的经营者从事下列6种滥用市场支配地位的行为,即①以不公平的高价销售商品或者以不公平的低价购买商品。②没有正当理由,以低于成本的价格销售商品。③没有正当理由,拒绝与交易相对人进行交易。④没有正当理由,限定交易相对人只能与其进行交易或者只能与其指定的经营者进行交易。⑤没有正当理由搭售商品,或者在交易时附加其他不合理的交易条件。⑥没有正当理由,对条件相同的交易相对人在交易价格等交易条件上实行差别待遇。在这6种形态中,百度的屏蔽行为应该归属于何种形态?超高定价、掠夺性定价、独家交易、搭售、价格歧视显然不是,相比之下较为接近的是拒绝交易。

按照学界对拒绝交易的认识,拒绝交易实际上是具有支配地位的企业依靠它的支配性地位作为交易的工具,诱导用户接受特定的交易条件,而这些交易条件可能,或者已经潜在地排除了竞争对手进入市场。[①] 百度进行人为干预的目的在于迫使企业参加竞价排名,而不在于通过屏蔽来帮助自己进入到上游或下游市场,与上、下游市场的相关企业进行竞争;同时,对中国医药网的排除也很难认定是对相关产业中的竞争构成了重要的限制。因此,《反垄断法》第17条所规定的6种具体形态都不符合。

《反垄断法》第17条第1款第7项,即国务院反垄断执法机构认定的其他滥用市场支配地位行为,在立法技术上属于兜底条款,目的是防止出现前述规定以外的其他类型的滥用行为。从上下文来看,即便最终通过国务院反垄断执法机构进行行为认定,要让百度承担相应的责任,其构成要件中也需要行为"没有正当理由"。也就是说,即便百度公司在相关市场上具有市场支配地位,即便百度公司所实施的行为具有一定的排除竞争效果,但只要这种行为具有合理的理由,仍然是不需要承担反垄断法上的责任的。对此,可以从以下几个方面加以分析。

首先,百度的服务与相关企业的"搭便车"。搜索引擎公司提供的服务在方便互联网用户查询信息的同时,客观上也为企业传递信息提供了便利。而这一便利的提供,是以搜索引擎公司支付大量成本为代价的。当互联网用户利用搜

---

① See Christophe Humpe, Cyril Ritter, Refusal to Deal, Research Paper on the Modernization of Article 82 EC, Draft Version(2005).

索引擎来查找相关信息的时候,如果被搜索到的企业因此而获得了"关注",却并没有为此而付出成本,实际上就是搭了百度服务的"便车"。与此同时,如果支付了费用进行竞价排名的公司得到的关注与没有支付相关费用而在搜索结果中得到的关注一样,那么对于支付了费用的公司是否公平呢?竞价排名的费用最终都会表现在产品或服务的成本上,多出的成本会使得产品或服务的竞争力下降。而且,百度公司作为以营利为目的而建立的公司,如果外部性的问题因为法律的限制而不能很好地内部化,就会影响到百度公司提供这一服务的积极性。换句话说,已经"搭便车"的公司并没有权利一直"搭便车"下去,而百度也没有义务一直让他搭这一"便车"。对此,屏蔽行为所造成的对下游市场竞争的影响,可能与全民医药网的诉称相反。

其次,企业提供何种服务,向谁提供服务,总体上仍属于契约自由的范围,这一前提是市场机制形成并发挥作用的基础。虽然占据了市场支配地位的企业会因为这一地位而受到一定的限制,但是这一限制本身也被"限制"在一个有限的范围中。百度所服务的被搜索对象,尽管有纯粹以网站形式存在的企业,也有仅仅通过互联网提供一些产品、服务信息的企业,但不管是中国医药网,还是其他的一些企业,在不能出现在搜索结果中时,很难说会因此而被排除出市场。因为"被发现"仅仅是企业生存的一个方面,还有是否能够得到资金支持,是否拥有满足消费者需求的内容等,都是非常关键的因素。在此情况下,花费成本提供服务的搜索引擎公司只要不存在欺诈等问题,那么完全有权利自行决定提供何种服务以及向谁提供服务。因此,对于百度来说,它可以为进行搜索的用户提供它认为可行的搜索结果,并决定是否将被搜索的企业、网站呈现在搜索结果中。这就如同电视台提供服务的时候,并没有义务免费为所有的企业提供相关服务。

再次,竞价排名是百度商业模式的核心。正如前文所述,百度的收入主要来源于竞价排名。如果没有企业参加排名竞价,则百度的收入无法保证,那么用户享有的"免费"服务事实上也就无法进行下去。对于参与竞价排名的企业来说,百度的价值在于百度为进行信息搜索的用户提供了更好的服务,从而能够更多地吸引到"眼球",并能够将注意力吸引到自己的产品和服务上。如果百度单纯地为了推广竞价排名而屏蔽掉很多有用的企业的信息,那么百度作为信息搜索工具带给用户的价值就会下降,从而对企业的价值也会下降。因此,从搜索引擎本身的商业模式来讲,除非不由私人公司提供这一服务,否则通过一定的方式要求企业加入竞价排名就无法避免。而这正是人们获得强大搜索功能寻找信息的便利的同时,所需要付出的成本。

最后,百度服务对下游市场竞争的影响较小。反垄断法中,对于企业的行为要进行限制,最为根本的原因在于这一行为对竞争造成了影响。与前文所述的逻辑相连,对于百度案而言,百度的行为对于上、下游市场企业的竞争很难说造成了多大的影响。因为通常来讲,使用搜索引擎进行信息搜索的用户很难接受无法搜索到佳能、可口可乐、英特尔等知名公司的搜索引擎。也就是说,百度的"逼迫"行为针对的范围其实比较有限:大型的、已经具有知名度的公司不用参加竞价排名也能够出现在搜索结果中;非常小型的企业甚至不能承担竞价排名的费用,也无法参与;而只有希望借助相对便宜的搜索引擎进行市场营销的中型企业才会在一定程度上被"逼迫"。而这部分企业,如全民医药网在市场中存在大量的替代企业,搜索结果对整个行业竞争的影响只发生在信息传递这样一个因素上,很难说这样就会左右竞争格局。

因此,从以上几个方面来看,即便百度在搜索引擎的相关市场中占据了市场支配地位,但其行为也可以在合理的理由下得到豁免,而不需要承担反垄断法上的责任。

三、余　论

竞价排名从诞生之日起就存在很多争议,包括 Goolge 在内的搜索引擎因为竞价排名都曾遭受过非议。对百度公司来说,这一次的案件也并不是百度竞价排名服务第一次和竞争法扯上关系。早在 2006 年"枫叶之都诉百度公司不正当竞争"案中(以下简称枫叶之都案)就曾经涉及竞争法如何对百度公司采用的竞价排名进行规制的问题:枫叶之都在 2004 年年初设立以来,为扩大影响,利用网站提升业务,从 2004 年 7 月起使用百度搜索引擎网站"百度竞价排名"做网络推广。至 2005 年年底,搜索"加拿大旅游"、"加拿大旅行社"等关联度较高的关键词,在包括百度在内的主要搜索引擎搜索结果中,枫叶之都网站网页信息条目的自然排序位置几乎均名列前 10 位,甚至前 5 位。从 2006 年 3 月起,枫叶之都发现其网站网页的信息条目在百度相关关键词搜索结果列表自然排序页面中的前 10 页全部消失,均被排在了倒数第 1 页或倒数第 2 页中。枫叶之都于 2006 年 6 月 20 日就此事给百度发出异议函。百度重新对枫叶之都网站权值进行了评估,并于 2006 年 6 月 28 日通过"回捞"机制,恢复了枫叶之都网站在百度搜索引擎网站相关关键词搜索结果的自然排名位置,均位于正数第 1 页或正数第 2 页之内。枫叶之都认为,不正常排序应属于百度搜索引擎网站为配合推广竞价排名业务,而对客户网站进行人为地降低自然排名后恶意锁定。百度搜索引擎网站出于某种不正当目的,恶意采取非正常的技术手段人为地降低枫叶之都网站在百度搜索引擎的自然排序位置,构成了一种歧视行为,侵犯了枫叶之都的名誉权和财产权,构成不正当竞争。枫叶之都请求法院判令百度在线公司、百度网讯公司赔礼道歉,赔偿经济损失10万元。①

该案发生在《反垄断法》颁行之前。当时的法院在审理后认为,枫叶之都网站网页在百度搜索引擎网站相关关键词搜索结果中自然排名位置一度降低,在一定程度上确有可能影响相关公众对该公司经营状况的评价,但目前国家及行业对搜索引擎的商业模式及排名算法规则均没有明确的法律规范和技术标准,在枫叶之都不能证明百度在线公司、百度网讯公司的行为具有违法性的情况下,由百度就调整收录网站自然排名行为承担侵权责任,缺乏法律依据。因此,法院认为,枫叶之都的主张缺乏事实和法律依据,不予支持,一审判决驳回其诉讼请求。②

从整个竞争法的角度来说,竞价排名涉及的不仅仅是反垄断法的责任,还涉及反不正当竞争法的责任问题。百度公司是否要承担反不正当竞争法上的责任,以及在何种程度上承担责任目前很难判断,因为反不正当竞争法所规制的行为是违反商业道德、商业惯例的行为,而竞价排名作为一个新兴事物,还没有在这些方面形成一定的共识。不过,可以判断的是,百度公司并不需要对此承担反垄断法上的责任。

(2009年第3期)

① 焦艳玲:"枫叶之都告百度恶意排名",载《市场报》2007年2月7日。
② 同上。

经济法上的权利与权力之争

杨忠孝*

一、引　　言

一般认为,在权力与权利的本质关系中,权利是基础,权力是保障,权力为权利服务。① 公民权利的保障和发展是社会主义法治的本质要求,在法治建设方面集中体现为尊重、保障和发展公民权利。改革开放30年来,公民所享有的权利正在不断地得到拓展与延伸。其中,不少权利是通过权力的约束所获得的。② 与诸多部门法学重视权利与权力问题研究相比较,经济法学虽然认识到该问题的重要性,③但研究并不发达,这不仅制约了经济法的科学性与经济法学科的发展,而且影响了经济法立法与司法实践。例如,政府在对经济采取宏观调控的过程中,部分手段被认为是在论证不甚充分的背景下仓促出台的,宏观决策的不科学、不透明、程序失当受到诟病;市场监管措施中的选择性行为、监管过度或者监管丧失等更是使监管机关的行动常常受到批评;资本市场各种政策的出台常常被指责为"半夜鸡叫";关于货币政策的出台也常常引发争议,以至于有人质疑

* 作者单位:华东政法大学。

本文系上海市第三期重点学科华政经济法学(S30902)的建设成果。

① 关于权利与权力,是否作严格的区分是非常复杂的。权利与权力两词的关系,有时可以通用,有时又有区别。当然,在我国理论界,通常认为是有区分的。职权与权限主要适用于国家机关,对于与个人利益有关的通常称为权利。职权往往与国家强制力相关,所以,权利受到侵犯时要求国家机关给以保护。参见沈宗灵:"再论法理学的创新",载北大法律信息网。

② 多年以来的行政审批制度改革、机构改革、财政体制改革等都是政府自觉地规范和约束权力的行动。不少学者的观点更是鲜明,如宪法学者童之伟教授认为国家权力本质上是公民创造的物质财富的转化形式,它应当从属和服务于公民权利。维持公民权利与国家权力的平衡,实质上是维持社会个体利益与公共利益的比例平衡,这种平衡的实现意味着创造出了发展和保障社会整体利益的良好宪政条件。参见童之伟:"公民权利国家权力对立统一关系论纲",载《中国法学》1995年第6期。

③ 如邱本认为,经济法权力(利)是经济法的核心所在。参见邱本著:《经济法总论》,法律出版社2007年版,第10章。

政策多变严重影响着企业的预期;[①]4 万亿元的投资虽然获得了广泛的关注,但就该投资计划是否应当获得人大的批准问题则备受争议。尽管有人提出,总额 4 万亿元的投资"是政府为了尽快刺激经济增长,在自己权限内所作的安排,并没有改变总的预算",[②]但又引发了为什么政府拥有 4 万亿元资金自由支配权的质疑。为了促进经济的发展,积极应对全球金融危机产生的影响,从 2009 年 1 月 14 日到 2 月 25 日,国务院审议通过了钢铁、汽车产业、纺织工业、装备制造业、船舶工业、电子信息产业、轻工业、石化产业、有色金属、物流业振兴规划,实施时间从 2009 年至 2011 年。而对是否应当将能源、房地产等纳入振兴规划则争议甚多。即使在最近,关于全球金融危机对于中国的影响究竟会有多大,应当如何判断中国目前经济的现状与处境,也是众说纷纭。[③] 需要特别指出的是,随着我国市场经济的进一步发育,市场对于宏观调控与市场监管行为的规范性与正当性的要求会更加强烈。如果对于自己的权力与权利缺乏更清晰的认识,缺乏对于权力与权利行使基础的判断,政府以及其他经济法主体的宏观调控、市场监管、市场参与等行动或许会变得更为迟疑,采取措施或许会更加消极。基于此,对经济法上的权利与权力问题的研究显得越来越重要。

二、经济法需要同时研究权利与权力问题

经济法上的权利与权力的可研究性可通过观察其他法学学科研究加以验证。宪法学理论研究秉承法学理论研究的一般观念,认为公民权利和国家权力从根本上说都是社会物质财富直接或间接的转化形式,都是社会整体利益的法律表现,完全是同质的东西。但在现实性上,它们又分别代表着构成社会整体利益的两个不同部分,因而具有不同的甚至是对立的外化形式和角色功能。[④] 刑

① 有人提出,全国人大和政协应强化对财政预算进行实质性审议的功能,在编制和审议财政预算的过程中,能更好地代表各阶层各群体的意愿,要求逐步提高代表委员们代表人民从事政策安排与政治决策的能力。2009 年 3 月 2 日,全国政协十一届二次会议新闻发言人赵启正在就 4 万亿元投资计划回答记者的提问时谈到,大会提案主要集中在 4 万亿元经济刺激计划等方面,政协委员们的意见是:使用要特别精确合理,要避免重复建设,要有利于国计民生,使我们的公民早日得到实惠。而在 4 万亿元投资中,中央直接投资的数额为 118 万亿元。

② 毕诗成:"4 万亿不被人大过堂有点儿说不通",载 http://www.znxy.org.cn/snkx/html/2009-3-3/20093318280_4078.shtml。

③ "经济复苏猜想——百名经济学家展望中国和世界经济前景",载《中国经济时报》2009 年 3 月 5 日。

④ 童之伟:"公民权利国家权力对立统一关系论纲",载《中国法学》1995 年第 6 期。

法学中的国家刑权力理论主张国家拥有制刑权、求刑权、量刑权、行刑权,认为国家的刑权力规则能够发挥以社会制约国家刑权力、以体制制衡国家刑权力的作用,将刑权力的分解作为国家刑权力制衡的基础,将公民社会的安全保障作为刑权力制衡的目的。环境法学也提出国家环境权概念,①认为国家通过环境立法赋予公民、法人或其他组织以及国家机关在开发、利用、改善、治理环境方面的具体的权利义务,将环境保护纳入法制轨道;通过制定与环境保护相协调的经济发展计划和社会发展计划,在经济活动和国家生活中体现对环境的保护;通过制定环境标准,施行环境影响评价制度、环境许可制度,综合运用税收杠杆和财政补贴等经济鼓励或经济抑制手段促进对环境资源的保护和改善;通过环境行政管理机关对环境质量进行监测,督促经济活动主体执行环境法律法规,处罚环境违法行为,防止资源破坏和环境污染。国家环境权行使的目的应当是维护和促进社会公众的环境利益。② 按照上述论证逻辑,经济法学则需要研究政府的经济干预权力问题。经济法通常被认为是国家干预经济的法律,强调要关注公平,要充分运用权利调整和再分配功能,通过国家调节,统筹经济社会发展中的各种关系,实现全面、协调和可持续发展。但在以权利为本位的社会构造体系中,在提倡以权利制约权力的法治理念中,认为经济法应当是规范国家干预经济行为的法律,主张经济法需要以人为本,切实维护民众权利,对于国家调节权力应给予严格限制。在以权利配置为基础的经济法领域,经济法学者较多主张在研究权力的同时研究权利问题。这不仅是因为权利义务分析方法被认为是法学研究的基本方法,权利本位论甚至被确定为法学研究的基本范式,③而且主体在部门法中的权利研究反映了部门法研究坚实的基础。现代法律以权利为本位配置权利和义务,赋予人们各种政治权利、经济权利、文化权利和社会权利,给予人们充分

① 国家环境权是全体公民为了保障自己的环境利益通过宪法赋予国家机关保护和管理环境的权力。它具体包括环境处理权、环境管理权、环境监督权、保护和改善环境的职责以及履行国际义务。

② 张梓太、陶蕾:“环境刑法的法益初论”,载《南京大学法律评论》2001 年第 2 期。

③ 权利本位论认为,权利本位就不仅仅是一个涉及权利和义务关系的观点,也是一个有关法的本体论和价值论的理论体系;不仅仅是一个理论体系,也是法学研究的新方法、新概念和新视野;不仅仅是法学研究的理论和方法,也是呼唤和推动中国法制现代化的动力。参见张文显、于宁:“当代中国法哲学研究范式的转换——从阶级斗争范式到权利本位范式”,载《中国法学》2001 年第 1 期。也有学者对此质疑,认为对于不同的法域应当有不同的法理学理论指导,权利本位论只是私法的理论基础。参见张恒山著:《义务先定论》,山东人民出版社 1999 年版;董保华等著:《社会法原论》,中国政法大学出版社 2001 年版。但法学无法放弃权利、权力、义务、责任等范畴。不研究这些范畴的部门法会直接影响对该部门法的认同,不运用该等范畴研究法律问题的学者也难以被承认为法律人共同体。

的、越来越扩大的选择机会和行动自由；为了保障权利的实现，同时规定了一系列相应的义务，权利义务的调整机制充满活力，保证了法律价值功能的实现。尽管现代法律价值从秩序等扩大到了促进经济增长、政治发展、文化进步、个人自由、社会福利、国际和平与发展等方面，①但这些新增的法律价值目标也是通过权利与权力体现与实现的。

当然，从部门法学研究角度看，经济法学引入权利与权力等概念体系时需要关注学科本身的特点。经济法定位的不同，对于经济法上的权利与权力规则的界定就必然产生差异。例如，有人认为，经济法体现社会整体经济利益，保障社会经济安全，追求经济领域内的社会公平，促进社会合作。也有人认为，经济法是处在传统的私法和公法学科的交叉点上协调公私冲突的法，私法调整的是公民和经济主体之间个别的私人关系，公法则是确定公共权力承担者与公民之间的关系。因此，经济法无法纳入私法之中或者是公法之中，实际上，经济法主要是对国民经济的全部或者部分进行有意义的调整。这些调整有的可以通过公法或者私法的手段来实现，但是对于经济法调整的问题难以在传统的法律体系中正确定位。②

日本学界把经济法区分为权力性规制与非权力性规制。权力性规制包括公法性规制与民事特别法规制方式（通过强行法对私法上的法律关系发挥作用，变更与修改一般规则，进而对完善公法关系的规制发生作用），非权力性规制包括国家直接参与经济生活，或者是对私经济活动给予经济支持，或者是行政指导方式。由于"行政指导畅行无阻的时代已经一去不复返。政府越来越需要假手于法律的制定来增加经济过程和结果的可预期性，并假手于独立法律体系的运作来增加经济管制措施的正当性。"③尽管休谟的"自我利益是建立正义的原初动机，然而，对公共利益的同情却是对正义美德的道德认可之根源"的主张可以为经济法的存在提供理论支撑，但"试图从不同的国家中清楚地区分哪些是政府进行干预的规则，哪些是调整私人关系的规则，实际上是不可能的。当公法与私法的界限在任何地方都变得模糊不清的时候，要想在那些不被一种僵化的计

---

① 张文显、于宁："当代中国法哲学研究范式的转换——从阶级斗争范式到权利本位范式"，载《中国法学》2001 年第 1 期。

② 有学者将其称为权利与权力的功能背反，是指两者在实践中各自发挥了对方的功能或者在实践中相互渗透的状态。认为现代社会出现权利权力化、权力权利化、权利与权力相互渗透。参见征汉年、章群："限制与平衡：法社会学视野下的权利与权力的对话"，载《新疆大学学报》（哲学人文社会科学版）2007 年第 5 期。

③ 苏永钦：《民法经济法论文集（一）》，第 593 页。转引自史际春主编：《经济法总论》（教学参考书），法律出版社 2000 年版，第 139 页。

划体系支配其经济的国家里把调整自由经济的私法和调整计划经济的公法区分开来是自相矛盾的”。① 或许正是因为这种边界的模糊性与研究的不足，导致经济法与其他学科发生冲突，也导致经济法权力与权利问题的模糊性。甚至有学者指出，人们以往对于经济法权力（利）范围的认识“是不明确的，有争议的，有的甚至是错误的”。② 所以，同时引入权力与权利的研究对于经济法而言尤其必要。

三、从经济法的功能看权利（力）与义务结构

研究经济法上的权利与权力的角度应当是多维的。如从经济法主体的法律性质角度进行研究，或者是从比较民事与行政法律关系主体的权利或者权力构造等角度研究。由于法律秩序与法律目标的实现依赖于规则功能的发挥，我们尝试从法的功能角度展开讨论。

法律功能的实现，或者说法的实现，要求人们遵循法律规范设定的行为模式，人们在自己意志的支配下，按照行为模式的要求作出合法行为选择，正确地行使权利和履行义务。只有将法律所规定的社会主体的行为模式中所确定的权利和义务直接转化为现实生活中的权利和义务，社会主体的行为才能得到肯定的评价，进而发挥法律的功能，实现法律预设的目标。法律设立的利益互补和补足的理想秩序，都是依靠人们合法行为结成和实现的。法律对合法行为的肯定性评价促使人们按行为模式的要求实施行为。③

对于经济法的功能仍存在诸多争议：有的认为，“经济法有两种最基本的功能，即分配利益的功能与维护利益的功能”；有的认为，“作为调节社会经济发展所赖以进行的基本制度之一——经济法必须具备以下五种功能：分配功能、信息传递功能、激励功能、节约交易费用功能、整合经济功能”；也有学者主张经济法的基础功能是调节资源配置，调节包括自然、经济、社会、信息、人力等在内的各种资源。④ 配置方式包括通过市场力量的自发配置，也包括政府与各种利益集团有意识的资源配置行为。为克服政府作用的有限性，应当有效地发挥法律调节资源配置方式的功能。政府与社会公共利益团体在配置资源时应着力解决主

---

① ［美］丹尼斯·特伦：“商法与经济法”，方流芳译，载史际春主编：《经济法总论》（教学参考书），法律出版社 2000 年版，第 65 页。

② 邱本著：《经济法总论》，法律出版社 2007 年版，第 247 页。

③ 付子堂、胡仁智：“关于法律功能实现的若干思考”，载《法学评论》1999 年第 5 期。

④ 因为资源是人类赖以生存和发展的具有交换价值的物质基础。

观客观化问题,保证决策过程的公平与效率的目标。[①] 经济法的特殊性在于其要实现的是社会的整体利益,即各种利益主体的利益整合。为实现社会整体利益,就要在决策的过程中保证决策主体的多元化和决策程序的公正化与透明化。决策主体的多元化就是指在确定由哪种方式决定资源配置的时候应当在最大限度上保证各方利益主体的话语权,决策的过程应当是各利益主体"博弈"的过程。我们不能完全听任政府部门任意决定资源配置,因为我们必须承认政府作为一方利益主体具有牟利性,并具有其他利益主体所不具备的强权性。[②] 举例来说,地方政府有自己的财政利益目标,如果无法解决财政收入问题,就可能因为财政危机而影响社会治理与社会建设的目标。地方政府决策中出现的与中央政府的博弈或与被管理者之间的博弈不少与地方的财政问题有关。农业税与工商税等税制改革、公路收费制度改革、房地产政策调控、环境保护政策实施等无不直接影响着地方政府的财政收入。中央财政与地方财政之间那种至今无法清晰的利益格局更是让中央与地方政府之间的关系非正常化。政府在非财政因素上的价值取向对行为的影响更加广泛。例如,城市中是否需要开放更加宽松的商户营业政策在监管机构与经营者之间就会发生争议。由于中央政府决策层面可能产生的利益格局影响更加巨大,类似 4 万亿元投资决策与十大产业振兴规划等宏观调控政策的被质疑也就成为最正常不过的事情了。[③] 这也就要求政府干预经济的行为需要更加透明、更加科学、更加民主、更加符合程序正义的要求。如果失去这些要求,所谓的政府干预经济行为就必然成为政府的专权,从而破坏法治的秩序,影响资源配置功能的有效实现。

那么,政府实施资源配置的经济法功能通过什么样的机制来实现呢?我们知道,市场经济体制建立的前提是资源稀缺,市场通过价格机制进行资源配置以达到均衡。鉴于市场的缺陷,人们以法律的经济功能来弥补市场的不足。通过建立所有权制度,解决利益分配问题。利益差异则通过制度安排达到一定程度

---

① 现代政府强调规范政府职能,主张在公共政策的制定和施行中,以市场和法律为基础,以提高社会经济效率、维护社会平等、促进国民经济的持续发展为目标,认为政府的公共政策,主要以宏观调控为主,注意充分发挥市场机制的作用,创造公平的市场环境,为社会有效地提供公共产品和公共服务。

② 符启林、刘亚莉:"经济法的基础功能及对中国二元结构的调整",载《政法论丛》2005 年第 6 期。

③ 实际上,在其他国家也广泛存在着类似的争议。在美国,虽然政府在金融危机中采取的救市行动经过了比较严格的程序与附加条件,如申请、说明、国会听证、辩论、总统批准、附加监察措施、薪酬限制计划,但依然受到质疑与批评。以对金融业的救助计划为例,对于高盛与雷曼两家投资银行的不同态度就使联邦储备委员会主席伯南克遭受诸多批评。

的均衡,使各方主体利益分配达到最大的满足,进而实现资源的合理配置和资源利用效益的最大化。但将资源配置直接作为经济法基本功能的看法并不科学。既然法律通过权利配置方式寻求资源配置的结果,那么就应发挥法律规范、法律手段、作用机制等在权利配置时的作用。如果以法律作为直接配置资源的方式,法律与经济、政治之间就可能失去基本的界限。直接控制经济与资源的结果将使政治的决策失去正义的基础,失去程序的监督,失去民众的支持。发挥政府在经济生活中的作用最有必要,但也应通过法律机制来完成。即使经济政策与经济法从制定主体到实施主体,从目标、宗旨到实施途径和调整手段,从价值追求到所要解决的具体问题,都存在同一性或者交叉性、相通性,可以通过替换性研究与背景性研究充分发挥政策分析方法的作用,[①]但也要注意经济法被所谓的政策问题所吞并。理由是:第一,法律分析方法与法律方法并不相同,即使法律分析方法可以借鉴政策分析方法,但政策分析方法的结果并不直接体现为法律;第二,政策方法也需要法律提供支持。没有法律制约的政策必然会失去正当性的基础。况且,在政府公共管理机制尚不成熟的国家,政府对于经济生活的干预从方式、程度、路径等方面均表现出随意性,对于经济生活可能具有很大的消极作用。从交易安全角度看,政府干预活动的政策性特点导致市场主体行为结果的可预期性下降。例如,在中国整个经济总量有限的情况下,推出对证券市场的有影响的政策,对证券市场的参与者而言,采取的博弈绝不可能是合作性的,其游戏规则具有非常大的不稳定性,市场有效运行就更成问题;又如,国有资产退出政策将巨额国有资产推向市场,形成一场近乎社会变革式的行动,远远超出了一般经济功能作用问题。实际上,经济法中就是因为存在较大的政策性因素而常常为其他部门法学者所诟病。经济法承担的任务本身常常在经济法实施的过程中体现出来(香港特别行政区政府的救市行动至今仍然受到某些学者的质疑),经济法实施过程中的政策性也使经济决策受到民众的质疑(当然,这种质疑对于一个法治社会而言仍然是必要的,进一步看,经济法的发展对于社会公共政策选择提出了新的要求)。[②] 资讯和理论的不足,使得干预性的经济立法总要不断修正误差,不断依新的事实和理论重新调整。[③] 但是,这些管理社会经济生

① 张守文著:《经济法理论的重构》,人民出版社 2004 年版,第 105～133 页。

② 苏永钦:《民法经济法论文集(一)》,第 593 页,转引自史际春主编:《经济法总论》(教学参考书),法律出版社 2000 年版,第 139 页。实践中,企业越来越注意将政府行为决策纳入自己的风险管理范围,因为宏观决策调控或者市场监管的改变都有可能对自己的利益产生决定性的影响。

③ 与行政法有所不同的是,经济法研究的经济权限包括立法、执法等层面。在主张司法能动性的过程中,甚至应当包括司法活动。

活的权力都是公权力，都需要由法律加以规定与确认，并且按照法律规定的程序决策与执行。例如，在涉及国家重大财政预算项目的宏观调控措施，需要按照预算程序进行审核与批准。即使国家干预经济的行为有经济法的理论基础作为支撑，如果失去程序的正当性，依然会失去合法性与正当性的支持。

进一步考察，只要承认市场主体经济权利的存在，国家干预经济权力的行使又必然影响市场经济主体的利益，经济法在关注国家干预经济权力时就不能抛弃对经济权利的研究。说到底，经济法的研究方法还是回到主体的权利义务这一一般方法上来，以此作为经济法研究与经济法规范设计的基础方法。既然权利和义务上承法律规范，下连法律行为、法律关系、法律责任，法律规范只不过是以规则形式作出的权利义务规定。一项规定或一个条文之所以被称为规范，就在于它授予人们一定权利，告知怎样的主张和行为是正当的、合法的，会受到国家的肯定、支持和保护；或者给人们设定某种义务，指示人们怎样的行为是应该的、必需的或不该的，在一定条件下会由国家权力强制履行或予以取缔。是否授予权利、设定义务是检验一个法条是不是法律规范的标准。①

法律以权利和义务这两个沟通媒介，联结社会结构的各个部分和社会功能的各个领域。由于法律在微观结构上就是有关权利和义务的规范，离开了权利和义务就根本谈不上任何法的问题。即使对市场主体的权利义务调整最大限度采取间接性调整的经济法，也要科学地分配权利和义务，通过授权性规范和义务性规范两种不同的类型赋予人们权利和义务的不同方式，通过人们的行为选择，最终实现法律的功能。“尽管人们的行为的具体方式各不相同，但都由此形成了法律功能实现的两种基本微观形式：权利的行使与义务的履行。”②

四、经济法上的权利与权力的特殊性

社会发展不仅同时带动着公领域和私领域的扩张，也影响着传统法律体系中公法与私法的格局，两者之间呈现的不只是反映意识形态的波段式拉锯状态，

① 有些条款本身没有权利和义务的内容，因而不是法律规范。权利义务构成了法律关系的核心要素，赋予它特殊的质的规定性。某一社会关系之所以是法律关系，就在于它是依法形成或得到承认的、以权利和义务的相互联系和相互制约为内容的社会关系。法律行为是依照法律规定行使权利（职权）、履行义务（职责）的活动以及故意规避、疏于履行法定义务或僭越权利（超越法定权利界限）、滥用权利的活动。张文显、于宁：“当代中国法哲学研究范式的转换——从阶级斗争范式到权利本位范式”，载《中国法学》2001年第1期。

② 付子堂、胡仁智：“关于法律功能实现的若干思考”，载《法学评论》1999年第5期。

而且出现越来越多的交错情形,法律体系从二元走向多元。经济法的既非公法又非私法的属性是否可以借鉴传统的私法或者公法知识体系不无争议。与其他部门法尝试自己的学问体系一样,经济法也希望建立适应该领域特殊性的学术体系。但经济法在构建学术体系时,遭遇到传统法学知识体系的挑战。有学者认为,民法中存在通用于公法与私法的通则性制度,并得出"存在着关于私法与公法的一般法"的结论,德、日乃至出现了"公法"是"私法"特别法的结论。① 经济法理论研究也努力依据法学知识谱系的整体性理论,通过借鉴的方式建立起自己的学术体系。不过,经济法的借鉴似乎并不成功。有人认为,经济法中的许多规则要么将私法的理论体系弄得混乱,要么与公法的理论体系造成冲突。以格式条款问题为例,早期是通过法院个别地审查私益受损主张的方式解决。因为,依据理性经济人的假设,民法承认交易者以相互约束的契约来实现利益交换,国家以公权力作为契约的后盾,相对人仍可用私法规范维护自己的权益。只在契约内容形成高外部成本即违反伦理或法令时,才会否定其效力,对于契约的履行、修改,责任的追究,国家也不主动介入,只在争议无法解决而诉诸法院时,才以司法裁判赋予公的执行力。② 但在格式条款现象形成对消费者或者相对方结构性的利益受到损害后,尤其是某些垄断性特征明显的行业的格式条款直接影响到相对人基本权利之后,即使传统私法救济手段仍发挥着一定的作用,仍需要经济法采取更为积极的手段,包括设置格式条款审查程序③、禁止某些格式条款效力等方式。有人称为私法的经济法化。同时,在中国还出现"让公法的规定影响多少民事关系"的问题。民法所规范的市场行为,虽是特定人之间的权利义务,无涉人民与国家之间的权利义务,但如果人民之间创设的权利义务关系或权利的行使,抵触了国家基于特定政策考量所作的经济立法或宏观调控,仍应尽可能承认民事关系的效果,④所以,当下中国法律变革过程中还存在公法的经济法化的问题。在私法的经济法化与公法的经济法化过程中,法律规范的设计与运用变得越来越复杂。仅就法律的预期性价值考虑,"由于所要处理的垂直权利义务关系或者水平权利义务关系,常常需要相互预设为前提,并依其结果不断因应调整,这时公法和私法规范的多元性格,哪些必须从垂直关系放射到水平关系,哪些刚好是私领域不容退让的核心地带,就难免产生不确定,平添执法和守法的成本"。公法私法的接轨问题不仅成为一个理论问题,而且成为一个现

① [日]星野英一著:《民法劝学》,张立艳译,于敏校,北京大学出版社2006年版,第86页。
② 苏永钦著:《民事立法与公私法的接轨》,北京大学出版社2005年版,第19页。
③ 如以色列一般条款规制法、我国上海市格式合同监督条例。
④ 苏永钦著:《民事立法与公私法的接轨》,北京大学出版社2005年版,第28页。

实问题。对于经济法而言，已经成为一个基础性的问题。例如，政府采购法，由于没有概念体系的建立，私法法律人更愿意将其看做一种特殊的契约关系，公法法律人更愿意将其作为规制采购主体行为的重要规则。实际上，政府采购法还担当对于推动国家科技创新的激励功能。显然，采取动态法规范的方式调和公法私法之间关系的主张，仍然缺乏清晰的路径。①

类似德国民法典的消费者法化也是多种调和公法私法关系的一种途径。更客观地说，私法与公法实际上存在一些通用性的一般性规定，而经济法的范畴体系中也自然存在公法、私法的一些一般性规定。经济法不能，实际上也没必要撇开私法、公法原本就有的一些概念体系与规则体系，因为民法规定的契约、人格、物、所有权等"构成市场经济最基础的部分"。② 在经济法权利与权力问题的研究过程中，需要重视下列几个方面问题。

（一）经济法仍然具有权利分配法的性质

法律的特点是分配利益，并通过权利分配完成。早期法律关注维护利益的功能，在某种程度上忽视了利益的分配功能。但法律的利益分配功能越来越突出，已经成为法律关系的焦点。经济法也还是采取权利分配的方式。与一般私法不同的是，由于价值趋向的特点，经济法通过在其法律规范中为参加或者可能参加某类特定经济关系中的主体设定权利与义务。其方式或是通过创设新的私权利种类，或是丰富私权利的权能，或是强化私权利的保障力量。例如，在传统的私法中，买卖合同中采取的规则是买者自慎原则。随着社会的发展，出现了瑕疵担保制度。在产品瑕疵担保无法满足要求时，又发展出系统的产品质量法律制度，其中包括保证产品质量的行政、经济与法律的手段。在出现产品缺陷时，受害人仍可依产品缺陷的侵权责任主张权利。受害人以产品缺陷侵权责任主张的权利是作为私法中的特别法的形态规定，本质上仍应当理解为私法权利。我国《消费者权益保护法》中的双倍赔偿规则、《食品安全法》中的10倍赔偿规则也是一样。有的学者提出，在社会法③中，根据任意性规范而缔结合同，由此产生的约定权利和义务有类似民事权利的特点，是一种私权利。④ 实际上，即使不是通过合同方式出现，这些权利仍然属于私权利。因此，德国将经济私法纳入经济法具有类似的意义。

需要注意的是，经济法上的私权利的配置与传统法律中私法的配置有所不

---

① 苏永钦著：《民事立法与公私法的接轨》，北京大学出版社2005年版，第74～117页。

② ［日］星野英一著：《民法劝学》，张立艳译，于敏校，北京大学出版社2006年版，第39页。

③ 在这些学者看来，经济法属于社会法。

④ 董保华等著：《社会法原论》，中国政法大学出版社2001年版，第280页。

同。首先,经济法中的私权利配置必须以经济生活中的市场失灵为前提,是作为救济手段出现的,且需先行论证原有的权利配置存在不足。从权利配置应当遵循的原则看,应当遵循谨慎原则。不能因为权利配置而改变原有的私法关系。其次,经济法上权利的法定性在某些场合下可能涉及人的基本权利,权利的处分有时需要更严格的限定。例如,在消费合同中,不允许消费者抛弃尊严权等。最后,经济法中的市场主体应当获得平等竞争的权利与平等待遇的权利。在市场监管与宏观调控法律中,在没有充分论证其必要性时,要避免采取差别待遇方式对待不同的市场主体。差别待遇式的监管与宏观调控措施容易侵犯市场主体的平等竞争权与平等待遇权。在此次金融危机的救助过程中,美国等少数国家明确鼓励一般的企业在采购时采取采购国货行动就受到了批评。在国内投资资助体系中,对我们过度采取了的对不同企业的差异化财政资助措施,也需要引起足够的重视,因为这些做法已经引起了对于不同经济主体的政策与法律歧视问题。

(二)经济法上的权利义务配置具有特殊性

法律资源配置是将权利和义务、权力和责任进行分配、组合和协调的过程。有学者针对经济法不同主体提出“权责结构”与“利义结构”两种“权义结构”,并认为经济法的“权义结构”在权义配置、规范分布、对应程度等方面有所体现,表现在权义配置上的非均衡性、不对等性等。结合我国经济法立法特点,笔者认为,经济法上的权利义务配置上具有以下几点特殊性。

首先,经济法中的权利同时表现为义务特点,或者先行确定义务后确定权利。有学者不无遗憾地指出,与一般私法不同,“法律关系主体双方的权利和义务之间的关系是非常复杂的,不再有传统私法领域中权利和义务的守恒关系”;与公法不同,“法律关系主体双方所享有的权利并非与其应承担的义务紧密地结合在一个行为中,虽然法律关系主体的有些权利也是其义务,但这种结合的程度并不如行政权力和行政义务结合得那样紧密”。[①] 在后者,涉及权力的性质问题。有学者认为,“权力也是一种权利”,是一种特殊的权利。法律中一般把权力称为职权,从形式上看属于授权性规范,实际上也具有义务性规范的特征。如果法律规定的权力运行机制不能落到实处,有关法律便处于一种被架空、无法实现的状态,自然发挥不出正功能。[②] 经济法规范中权利义务结构、权利与权力结构的特殊模式反映了经济法的特点,并要求经济法采取公权与私权相结合的研究方法,将私权与公权放在同一背景下、将私权与公权放在同等法律地位、将私

① 董保华等著:《社会法原论》,中国政法大学出版社 2001 年版,第 281 ~ 282 页。
② 付子堂、胡仁智:“关于法律功能实现的若干思考”,载《法学评论》1999 年第 5 期。

权与公权放在相同的权利义务关系中进行分析。因为,“公法关系不但在其权利义务的关系上和私法关系共通,即在权利义务的内容及种类上,公法和私法大部分亦是共通的。那单为公法或私法任何一方所独有的权利义务,比较起来是有限的”。[①] 至于就某一特定地域或者特定规范对象而言,公权与私权的作用机制的发挥是动态的,目的是在法治的实践中达到平衡。鉴于我国特殊的发展历史以及经济法发展中的特殊情况,在私权与公权结合机制上要避免过分突出公权的地位,必须合理地为公权与私权划分界限。

其次,经济法权利配置方式通常表现为对原权利的限制或扩张。权利存在于人与人之间、人与社会之间的相互联系和相互依存之中,难免出现权利主体在追求一定利益而实施某种行为时影响他人或整个社会利益的可能性,这将导致个人权利之间、个人权利与社会的其他权利之间的相互冲突。因此,权利必然是有边界的,任何权利都有其“势力范围”——法律设定的边界范围。防止和控制权利与权力的滥用是法律的重要原则,也是实现法治的必然要求。如博登海默所言:“我们必须得出这样一个结论,即每个社会秩序都面临着分配权利、限定权利范围、使一些权利与其他(可能抵触的)权利相协调的任务。‘共同福利’或‘共同利益’这一术语是一个不无用处的概念工具,它意味着在分配和行使个人权利时绝不可以超越外部界限,否则全体国民就会蒙受严重损害。在个人权利和社会福利之间创设一种适当的平衡,乃是有关正义的主要考虑之一。”[②]经济法上的权利与权力需要同其他部门法上的权利、权力相妥协。经济法的权利义务架构的设计以类似民法、商法等设定的架构为前提,而不是否定。主体行为的多法源性调整决定了经济法主体的权利与权力与其他部门法的衔接与独立。由于经济法的整体性利益考虑,经济法对于权利的扩张与限制的方式是对集团利益的分配,利益分配的对象是集团利益,而不是社会公共利益与个体利益。

再次,与经济法目标的多元性相一致,经济法权利分配的目标具有多元性。公平、效率、秩序作为法学的一般价值追求也为经济法所追求。从收益分配、资源配置、经济与社会的运行和发展等[③]出发,经济法以稳定增长目标、保障基本经济权利、保障社会公共利益、维持经济与社会的良性运行和协调发展为己任,需要特别注意解决各种矛盾与冲突,注重各类主体利益的均衡保护。经济法不仅应当保障社会公共利益,同样也要保护个人利益和国家利益;不仅要注重公共

---

① [日]美浓达布吉著:《公法与私法》,黄冯明译,中国政法大学出版社2003年版,第75页。

② [美]E. 博登海默著:《法理学:法律哲学与法律方法》,邓正来译,中国政法大学出版社1999年版,第298页。

③ 张守文著:《经济法理论的重构》,人民出版社2004年版,第290页。

利益的保护，同样也应当注意私人利益的保护。就保护方法而言，必须关注各类主体的具体利益。对于各类利益保护在结构上的安排，不仅与经济法的价值直接相关，而且会直接影响到经济法的宗旨、原则等。① 经济法不仅需要通过权利分配发挥对经济的影响，而且需要通过权利分配实现对经济宏观运行的影响。一个有趣的现象是，各具体的经济法规范在设计过程中总是针对该法律的特殊任务设定相关主体的权利或者权力，其基本原因在于经济规律的复杂多变特征。尽管作为经济管理机关或者社会团体行使经济管理职权的权义、权责制度设计上具有主体特定、权力法定、权力主动等特点，但其权力确实是范围广泛，种类繁多。②

最后，经济法的权利分配更直接地影响主体的利益。经济法本身通常是以对私权利配置效果的一种纠正的形态出现的，往往是针对利益不对称③现象所作的一种努力。经济法上的权利义务分配是以对于既存的私法上的权利义务配置为基础的再配置过程。例如，私法的私权扩张可能会带来我们意料以外的后果；④利益不对称也是一种意料以外的利益冲突，必须克服。经济法通过权利的再配置实现经济利益分配均衡的目标，不仅能够达到更高层面的公平与效率的目标，而且还使社会从整体上达到协调与和谐的目标。尽管"正义的首要目的是维护人的自尊，而不仅仅是公平地分配资源和利益"，⑤但因经济法整体利益理念，作为公法的经济法规范通常是为了改变集团利益各方所获得的利益的量度，使之趋于相对合理。所以，经济法的分配利益常常以集团利益的充分交换为条件，保证经济法对利益的分配为利益集团各方所接受。⑥

---

① 张守文著：《经济法理论的重构》，人民出版社2004年版，第304～305页。

② 张淑芳主编：《宪政经济法学》，中国政法大学出版社2006年版，第122页。

③ 利益不对称是指利益由于集中程度不同所产生的利益在集团间及集团成员间分配的不平衡性，通常存在于生产者与消费者、大股东与小股东、中小投资者与机构投资者、劳工与雇主、外资公司与本地公司、发达地区与不发达地区等不同的集团之间。利益不对称可能会直接导致三个不同的后果：一是导致利益结构的不平衡，引起不同利益集团的利益矛盾并加剧这种矛盾；二是导致弱小利益集团的不满，降低了社会对现行制度的认同的程度，出现制度不均衡现象；三是当制度出现不均衡但又不能通过制度变迁作出及时和恰当的反应时，可能导致制度的失灵与失效。

④ 有人认为，知识产权法长期倾向于强调权利人的保护，对义务的规定和自由的约束与限制则处于次要地位。有时甚至出现"义务缺位"现象，社会公众所应享有的一些基本而重要的权利却被剥夺。私权膨胀的结果是：遍地是知识产权的地雷阵，到处是知识产权的高压线。由于忽视社会公共利益，忽视社会经济秩序的良性运行，不仅会使社会公众举步维艰，无所适从，而且易使技术创新的空间不断缩小，创新能力因受限制而难以发挥，最终必将全面压抑智力创造，与知识产权制度保护之初衷南辕北辙。

⑤ 慈继伟著：《正义的两面》，三联书店2001年版，第84页。

⑥ 岳彩申、袁林："经济法利益分配功能之解释"，载《社会科学研究》2002年第3期。

笔者赞同经济法的社会本位理念，也主张经济法以社会整体为中心和起点，在个人与社会之间重新分配权利，要关注社会公共权利，就必须尊重立法机关为社会整体利益目标配置权利与义务，甚至必须承认行政与司法机关的资源配置职权。作为经济公法的经济法通常表现为政府采取直接的干预行动影响市场主体权利义务的内容与结果。因此，必须明确这种干预主要应当是对于经济活动的系统的干预，而不是对于某个特定主体的权利义务的干预；政府干预的行动应具有相应的法律依据并依照法律的程序进行，否则，干预就会失去正当性。如在武钢权证案中，权证的提前退出市场如果得到同意而不被约束，市场主体的交易安全就无法得到基本的保障；在大庆联谊终止上市的争议中，上海证券交易所不仅公开了终止上市的决定，并且就有关市场关注的问题作了公开答复。终止上市决定虽是交易所行使《证券法》赋予的自律管理权的方式，但交易所仍充分注意到了作为一线监管部门决策将影响到众多的相关市场主体的权益，依循透明化、法制化、市场化的原则，将自律监管置于市场的监督之下，取得了良好的效果。① 经济法规范的出台都必然对于市场主体的权利发生影响，有时甚至产生溯及既往的效力，有时则存在一些相机决策的不确定性。实际上，我国《立法法》、《规章制定程序条例》、《行政法规制定程序条例》、《法规规章备案条例》等已经有规范制定的程序性要求，保证规则有一定程度的可预期性。在经济法的制定与实施过程中，要通过信赖利益维护原则等维护作为法治国家本质特征的法律安定性。按照德国宪法法院确定的原则，真正的溯及力一般是不允许的，除非具有公共利益的迫切理由或者是需要保护的信赖不存在或不需要保护。而非真正的溯及力一般是允许的，除非信赖利益大于修改法律所保护的公共利益。②即使存在需要限制权利的情形，也应按这样的标准进行审查："被审查的限制基本权利的措施必须是对保护法益合适的；必须是必要的，如果有其他更温和的手段则该措施不符合必要性；最后，该措施必须符合狭义比例原则，即侵害行为与被侵害的重要基本权利之间具有合适的比例关系。"③如果存在可能，要通过民众参与立法过程、开展对话、谈判与协商机制确定规则等方式保证经济法规则的

---

① 周松林："上证所就大庆联谊终止上市事宜答记者问"，载 http://www.cs.com.cn/ssgs/03/200804/t20080402_1417170.htm。

② [德]乌茨·施利斯基著：《经济公法》，喻文光译，法律出版社 2006 年版，第 102～103 页。

③ 同上，第 104 页。该书引用了关于一种类似巧克力产品的禁止规则的宪法争议。为了保护消费者免受易与巧克力相混淆的食品的迷惑，立法者禁止该类食品的流通销售。联邦法院认为该禁止规定是不必要的。理由为：禁止流通虽然是为了保护消费者不受到混淆和蒙骗而可以采取的最重要的措施之一，但保护消费者的目的可以通过同样有效但危害较小的方式实现，如张贴注明产品成分的商品标签等。

正当性。[1] 所以，对于政府干预权边界的确定应当成为经济法的重要任务，也是经济法超越部门法界限地、整体主义地、复杂地并且是充满活力地发挥法律价值的过程。

五、小　　结

按照法学理论的一般观点，权利范畴化、特征化是部门法和部门法学成熟的标志之一。[2] 鉴于经济法私法与公法的属性，笼统地给经济法权利下定义存在一定的困难。但分别从公法与私法两个方面、从宏观和微观两个层次把握经济法权利更能够把握其基本特征。其中宏观经济法权利（力）包括税收调控权、金融调控权、产业调控权、财政预算调控权等；微观经济法权利（力）包括反垄断权、市场规制权、消费者权等。公私法融合后的经济法上的权利则包括营业自由权、正当竞争权。由此看来，前文中提到的包括4万亿元投资与产业振兴规划等政府救市行动确实具有经济法上的实质正当性，即便这些行动可能会影响到某些主体的权利与利益。需要研究的是，由于可以预期这些行动将直接、广泛、深刻地影响着市场主体的权利与义务的内容与结果，因此，这些决策作出的程序性、民主性、公开性以及决策行为实质论证严格性等均有进一步提升的空间，并可以在最大限度地维护社会整体利益的同时，给予市场主体私权利足够的尊重与保护。或许我们的研究在将来救市的政策退出时，会使有关政策退出决策在程序性、民主性、公开性等方面做得更好些。

（2009年第8期）

---

① 政治上的让步与妥协以尊重对方人格、利益和权利为基本前提，经济均衡与信息博弈关系表明市场关系是一种妥协制度。妥协是一种交易，一种权利的让渡，要在相互冲突中达成妥协，需要冲突双方彼此尊重、互惠互让。美国行政规章制定程序的传统做法是通告——评论制度，协商程序进一步允许利害关系人就行政规章的事实基础和政策性选择提出异议，使私人在规章制定中角色更加积极。通过1990年的《协商规章制定程序法》与1996年的《行政争议解决程序替代法》确立了协商制定规章的制度。参见胡建淼主编：《公法研究》（第2辑），商务印书馆2004年版，第517～533页。

② 吴志攀、肖江平："和谐社会建设与经济法创新"，载《中国法学》2007年第1期。

取消职工上下班途中事故伤害工伤认定应慎行

梁三利*

一、取消职工上下班途中机动车事故伤害认定工伤规定引发的争议

1996年原劳动部颁布的《企业职工工伤保险试行办法》规定,"职工在上下班的规定时间和必经路线上,发生无本人责任或者非本人主要责任的道路交通机动车事故的"为认定工伤之法定事由。2003年国务院颁布的《工伤保险条例》规定,"职工在上下班途中,受到机动车事故伤害的"属于工伤。可见,行政法规延续了规章的规定,并予以简单化表述。上下班途中受到机动车事故伤害认定工伤的规定,对受到事故伤害的职工获得医疗救治和损害补偿发挥了积极作用。但不可否认,在工伤认定实践中,相关职能部门对"上下班途中"、"机动车"的含义如何确定、工伤保险待遇和交通事故赔偿关系等问题的认识不一,导致了在法律适用上的争议和混乱。

基于职工可以从机动车交通事故责任强制保险得到补偿及通过民事赔偿的途径解决等5项理由,国务院法制办公室与人力资源和社会保障部等有关部门共同研究修改形成的《工伤保险条例修正案(送审稿)》取消了职工上下班途中

* 作者单位:南京大学法学院博士后流动站、江苏省行政学院法政部。

受到机动车事故伤害认定为工伤的规定。① 但是职工上下班途中机动车事故伤害不属于工伤的修改意见受到了社会民众的广泛质疑。腾讯网以职工上下班途中机动车事故是否认定工伤为题进行了网络调查，截止到 2009 年 8 月 25 日 18 时，共有 159，172 人次参与了网络调查，认为应当属于工伤的为 132，927 人次，占参与网络调查人次的 83.51%。②

国务院就《工伤保险条例修正案（送审稿）》向社会公开征求意见，体现了民主立法的精神和透明立法的过程，体现了对公民权利的尊重，提出的修改意见不能谓之不慎重，但民众近乎"一边倒"的质疑声凸显出对《工伤保险条例修正案（送审稿）》的修改理由有审慎检讨之必要。

二、取消职工上下班途中机动车事故伤害认定工伤规定理由之检视

国务院法制办公室在征求意见通知中，阐述了取消职工上下班途中机动车事故伤害认定工伤规定的五项理由，但事由是否成立，是否严谨、充分和客观呢？颇值得作进一步的考量。

（一）机动车交通事故责任强制保险的补偿与民事损害赔偿可以替代工伤保险补偿的理由不尽严谨

有关部门认为，上下班途中受机动车事故伤害的职工可以从机动车交通事

① 国务院法制办公室征求意见通知指出的考虑理由有以下 5 点：第一，原劳动部 1996 年制定的《企业职工工伤保险试行办法》将上下班途中受到机动车事故伤害的情形纳入了工伤认定范围。2004 年条例制定时，《机动车交通事故责任强制保险条例》尚未出台，职工在上下班途中受到机动车事故伤害，难以从其他途径得到保障，条例延续了试行办法的规定。2006 年《机动车交通事故责任强制保险条例》实施后，上下班途中受机动车事故伤害的职工可以从机动车交通事故责任强制保险得到补偿，同时还可以通过民事赔偿的途径解决。第二，将机动车事故伤害纳入工伤保险范围而未将非机动车事故纳入范围的现行规定，导致了政策上的不平衡，各地方、各部门和职工强烈反映这一规定有失公平，要求修改。第三，从建立工伤保险制度的目的看，工伤保险主要为因工作原因、在工作时间和工作场所受到伤害情形提供保障，上下班途中虽然可以视为工作时间和工作场所的延伸，但并不等于就是工作时间和工作场所，因此，将在上下班途中受到事故伤害的情形从工伤认定范围中删除，并不会影响对工伤保险核心情形的保障，符合建立工伤保险制度的原理。第四，实践中，由于住房商品化和人员流动性的提高，对如何确定上下班途中争议繁多、操作难度大，如果再将受到非机动车事故伤害的情形纳入工伤认定范围，则操作难度更大、引发的争议更多。第五，从国外情况看，许多国家未将职工在上下班途中受到机动车事故伤害的情形纳入工伤认定范围；有的国家虽将其纳入，但对"上下班途中"、"机动车"等概念作了严格限定，如仅限于单位提供的班车。不将机动车事故伤害纳入工伤认定范围的做法更为简便、可行，也妥善处理了与《道路交通安全法》的关系。

② 信息来源网址：http://news.qq.com/a/20090804/001253.htm。

故责任强制保险得到补偿，同时还可以通过民事损害赔偿的途径解决，此为取消职工上下班途中机动车事故伤害工伤认定的理由之一。

但笔者认为，在现行的法律制度下，通过机动车交通事故责任强制保险得到补偿、民事损害赔偿与工伤保险对职工受害人的补偿各有其利弊，存在选择一种补偿（赔偿）方式可能无法填补受害人全部损害之情形。

工伤补偿制度是以救治、补偿和救助三位一体的社会保障制度，交通事故赔偿是以过错赔偿受害人损害的民事制度，机动车交通事故责任强制保险和工伤保险都实行无过错赔偿原则。我国《机动车交通事故责任强制保险条例》对机动车交通事故责任强制保险有责任限额之规定，即被保险机动车在保险期间（通常为1年）发生交通事故，保险公司对每次保险事故所有受害人的人身伤亡和财产损失所承担的最高赔偿金额之限制。中国保险监督管理委员会发布的《机动车交通事故责任强制保险条款》规定，现行机动车交通事故责任强制保险责任限额全国统一为12.2万元人民币，在总的责任限额下，仍实行分项限额赔付，具体为死亡伤残赔偿限额为11万元、医疗费用赔偿限额为1万元、财产损失赔偿限额为2000元。当被保险人无责任时，死亡伤残赔偿限额为11,000元、医疗费用赔偿限额为1000元、无责任财产损失赔偿限额为100元。超出最高责任限额或者分项限额之外的经济、人身损害，由当事人依照过错责任原则按比例分担，也就是按照一般侵权过错责任原则来承担。由于强制保险的最高责任限额和分项责任限额的限制，在司法实践中，机动车交通事故责任强制保险一般难以弥补受害职工的全部损害。

另外，侵权民事赔偿也存在对事故伤害职工不能周全保护的问题。民事损害赔偿和工伤保险补偿在归责原则、赔偿范围、救济程序等方面存在差异。如有学者认为，普通人身损害赔偿的赔偿范围大一些，有些项目是工伤保险给付所没有的。工伤赔偿的许多项目之赔偿标准十分具体而且缺乏弹性，而普通人身损害赔偿的相当多项目之赔偿标准具有较大的弹性或可选择性。即使是一些相同的赔偿项目，依据工伤保险给付计算出来的赔偿数额较低，而依据普通人身损害赔偿标准计算出来的赔偿数额则较高。综合观察，普通人身损害赔偿的赔偿范围较宽泛、赔偿标准较高、赔偿的金额较大。①

上述分析虽相对深入，但从工伤保险有关职工的工作安排和就业直接相关视角上考量，民事赔偿对职工权益的保护略显不足。如职工上下班途中遭受交

① 张新宝：“工伤保险赔偿请求权与普通人身损害赔偿请求权的关系”，载《中国法学》2007年第2期。

通事故认定为工伤依法享有工伤医疗期,被确认丧失或者部分丧失劳动能力的,用人单位不得单方面解除劳动合同,这些都是民事侵权行为法不能解决的问题。职工上下班途中遭受机动车事故可以是职工乘坐(驾驶)的机动车发生事故造成的,也可以是职工因其他机动车肇事所致等情形,后者的受害人可以寻求交通事故赔偿途径予以救济。如果是职工自己驾驶机动车在上下班途中遭受事故导致自身伤亡的,机动车交通事故责任强制保险和民事赔偿制度难以有效或不予调整时,在现行制度下,其还可通过工伤保险获得补偿。还有,如果职工上下班途中因非交通事故而受到意外伤害,显然无法寻求交通事故赔偿解决,但可以寻求工伤保险补偿。

如果取消职工上下班途中机动车事故伤害认定工伤的规定,那么所有损害后果均得由职工个人承担。随着社会的发展,工伤保险制度设计的康复功能愈加突出,这是侵权损害赔偿途径所不能涵盖的。"传统私法单纯的赔偿方式所给予当事人的权利救济,缺陷明显。人身伤害所导致的当事人的生命权、身体健康权、身体完整权的权利失缺,这些权利的丧失通过单纯的经济赔偿是难以补救的,对于养家糊口的工人来说,失去了身体健康、丧失了身体的完整,就意味着未来的无法预知,如果依赖传统权利救济方式即使获得了一笔可观的赔偿金,也难以保障其本人和所供养亲属未来的生活。还不必说在工业事故中丧生的劳动者,对其所供养亲属而言,单纯的经济赔偿会使其更加难以从失去亲人的痛苦中解脱出来,在花费赔偿金时精神上的折磨很难消除。"①如果考虑当事人获得赔偿或者补偿途径的难易程度,显然职工向工伤保险机构获得补偿比通过民事侵权获得赔偿要更容易。因此可以说,民事损害赔偿的途径难以完全替代工伤保险待遇。

综合上述分析,笔者认为,现行法律制度下,机动车交通事故责任强制保险补偿、民事损害赔偿与工伤保险补偿,任何一种救济途径都存在事故伤害职工利益维护不周延之虞,因此它们之间难以互相替代。

(二)未将非机动车事故纳入工伤范围,导致政策上失衡和有失公平的理由难以成立

有关部门的理由之二是:将机动车事故伤害纳入工伤保险范围而未将非机动车事故纳入范围的现行规定,导致了政策上的不平衡,各地方、各部门和职工强烈反映这一规定有失公平,要求修改。

《工伤保险条例》将职工上下班途中受到伤害的情形限于机动车,确实遭到

① 郑尚元著:《工伤保险法律制度研究》,北京大学出版社2004年版,第33页。

民众的质疑,但民众所质疑的是,仅仅将机动车事故伤害认定为工伤,而对于造成同样伤害后果的非机动事故为何不能认定为工伤。上下班途中受到事故伤害认定为工伤是因为职工的伤害发生在上下班途中,具有高度工作关联性性质,以机动车和非机动车为分类作为是否认定工伤缺乏科学性,以职工选择何种交通工具作为是否认定工伤的决定因素更是不严谨和不合理。比如,在现实生活中,作为非机动车的电动车的速度和冲击力并不亚于一些轻型摩托车。再如,司法审判中对于职工在上下班途中被火车撞成残废或死亡的是否认定为工伤,各地法院的判决亦不相同,有的法院以"火车不是机动车"为由不予工伤认定,有的法院则认为火车属于广义的机动车,故应作工伤认定。① 仅将机动车事故伤害纳入工伤是该条款设计不周延所致。民众认为职工上下班途中机动车伤害应认定为工伤,非机动车事故伤害也应认定为工伤。民众强烈质疑是因为不能仅限于机动车事故,应当扩大事故范围,将非机动车事故纳入工伤事故范围。而且,该理由也明确表明民众是要求修改不合理的规定,而不是要求删除相关条款。显然,以该理由作为取消职工上下班途中受到机动车事故工伤认定的论证显然不能成立。从工伤范围立法的科学性考虑,将非机动车事故也纳入工伤调整范围就可以解决原规定的不公平和不周延问题。

(三)取消职工上下班途中事故伤害工伤认定符合工伤保险制度原理的理由缺乏说服力

有关部门的理由之三是:职工上下班途中事故伤害不认定工伤不影响对工伤保险核心情形的保障,符合工伤保险制度的原理。

工伤是工业事故和职业病的习惯称谓,工伤保险是人类为了抵御职业伤害,根据职业风险原则建立的,在发生工伤事故时劳动者及其家属可从国家和社会获得必要物质补偿等的社会保障制度,它属于客观经济范畴,也属于社会范畴、政治范畴。随着经济、社会的发展,工伤保险的职能、功能在不断扩展、工伤范围在不断扩大。在工作时间和工作场所受到伤害属于工伤的范围。上下班途中虽非在工作时间与工作场所,但职工必须通过一定时空才能到达正常工作的场所,

---

① 《北京晨报》曾经刊登两则上下班途中被火车撞伤亡和残废的案例,法院均认为,《道路交通安全法》界定的"机动车",为"以动力装置驱动或者牵引,上道路行驶的供人员乘用或者用于运送物品以及进行工程专项作业的轮式车"。而火车系行驶在铁路而非道路上的运输工具,不属于机动车。因此,都没有支持职工及其家属工伤认定的诉讼请求。《南京市工伤保险实施办法》明确规定"机动车,按照公安机关交通管理部门的登记范围确定"。直接以规章的形式将火车事故伤害排除在工伤认定事项之外。而与之相反的是,辽宁本溪市明山区法院和四川成都市金牛区法院都以火车属于广义机动车为由判决职工上下班途中受到火车事故伤害应当认定为工伤。

因此职工上下班途中应视为工作时间和工作场所的延伸,是正常工作的不可或缺的组成部分,且与工作具有相关性,因而应该纳入工伤范围。1921年国际劳工大会《关于工人赔偿(包括农业工人)公约》(12号)对"工伤"的定义涵盖了职工上下班途中的事故伤害的情形。《1964年工伤事故和职业病津贴公约》(121号)规定了工伤补偿应将职业病和上下班交通事故包括在内。许多国家也规定上下班途中发生事故伤害认定为工伤。国际公约和国内立法对工作相关性的扩大化解释和实际运用,充分体现了有利于职工权益保护和风险共担性,符合建立工伤保险的目的和工伤保险制度原理。

改革开放30多年来,随着我国经济持续高速发展和社会意识的不断提高,我们更应强调人力资源的科学发展与职工合法权益的维护。"工伤保险发展至今日,物质保障的水平不断提高,道德保障的理念更加深入人心,更加体现人文关怀。"[①]如果以"不影响对工伤保险核心情形的保障,符合工伤保险制度原理"为由,取消已经实行13年之久的职工上下班途中机动车事故认定为工伤的规定,使得国内劳动者保护标准低于国际劳工标准,是工伤保险理念与制度设计的倒退。这不仅与我国不断发展的经济、权利意识等不相协调,也不符合社会主义和谐社会的政治理念。

(四)工伤认定实践中的争议繁多、操作难度大的理由不具有充分性

工伤认定实践中出现争议繁多和操作难度大等问题是客观存在,这虽与职工住所隐私性、人员流动性与交通工具多样化等有一定的关系,但不应是取消上下班途中事故伤害认定工伤的充分理由。

实践中的争议繁多、操作难度大属于法律适用过程中的技术性问题,而职工上下班途中事故伤害是否属于工伤是国家公共政策问题。立法者虽尽可能将纷繁复杂的社会事实予以涵摄,但难免会挂一漏万,我国《工伤保险条例》对"上下班途中"缺乏明确的界定也是法律概括性的表现。概括性法律规范使得立法语言具有模糊性,由此造成的法律适用上的歧义和争议也就不足为奇了。但从我国有关工伤事故的实务和司法实践来看,许多地方和部门多通过规范性文件对职工上下班途中等予以经验性界定和概括性列举,以使具体情况得到合理解决。法律条款的模糊性是立法规律本身所决定的,但争议繁多、操作难度大等技术性问题可通过完善立法解释、司法解释、法院裁判以及用人单位与职工通过事前明示上下班路线、地点等措施予以妥善解决。

工伤认定的实体原则与标准体现了一个国家的立法倾向和价值权衡,为解

---

① 郑尚元著:《工伤保险法律制度研究》,北京大学出版社2004年版,第33页。

决工伤执法实践中的技术性问题，我们可以通过立法技术提高和法律规定来解决和完善，简单采用立法上调整工伤实体范围规定有失正当性，难为上策。

（五）许多国家未将职工在上下班途中受到机动车事故伤害的情形纳入工伤认定范围的理由缺乏客观性

有关部门取消职工上下班途中事故伤害工伤认定的第五项理由是：许多国家未将职工在上下班途中受到机动车事故伤害的情形纳入工伤认定范围。笔者认为，该论断缺乏客观性，不符合国际公约和当今国外立法的实际情况。

上下班途中的事故伤害认定工伤符合国际劳工标准，也是多数国家的政策选择。1921年国际劳工大会通过的《关于工人赔偿（包括农业工人）公约》（12号）规定："由于工作直接或间接引起的事故为工伤"涵盖了职工上下班途中事故伤害的情形。《1964年工伤事故和职业病津贴公约》（121号）第7条规定："各会员国应对'工伤事故'确立定义，包括在什么条件下往返途中发生的事故可视为工伤，并在按照《国际劳工组织章程》第22条规定提交的关于实施本公约的报告中明确该定义的表述。"《1964年工伤事故津贴建议书》第5条规定："每一会员国均应在规定的条件下将下列事故视为工伤事故……（c）工人往返于工作地点和下列地方的直接途中发生的事故；（i）主要住宅或别墅；（ii）通常用餐的地方；（iii）通常领取工资的地方。"①

此外，从国外立法的实际情况看，许多国家的立法规定上下班途中的事故伤害属于工伤。1925年世界上仅有7个国家把这种非直接的工伤事故包括在职业伤害范围内，到1963年101个会员国中已有50个国家把这种事故视为职业伤害。② 迄今为止，世界上约有2/3的国家的法律将上下班途中发生的事故认定为工伤，③如德国、法国、意大利等（除丹麦与荷兰外）西北欧国家，巴西、智利、巴拿马等拉美国家，马来西亚、日本、新加坡等亚洲国家。美国多数州认为雇工在上下班途中受到伤害的属于工伤，但机动车辆交通事故一般不在保险范围之内。英国认为只有在雇主提供的或经雇主认可的公共交通工具上发生的交通事故才被认定为工伤。美英建立的比较完备的机动车交通事故强制保险制度，以

---

① 中国是国际劳工组织的创始国之一，也是国际劳工局理事会常任政府理事之一。1984年中国政府正式宣布承认1949年10月1日前当时旧中国政府对14项公约的批准。1987年和1990年全国人民代表大会常务委员会先后新批准了3个公约，1992年8月劳动部又向国务院提出了5个公约和建议书。但我国并没有批准《1964年工伤事故和职业病津贴公约》与《1964年工伤事故津贴建议书》，但作为常任政府理事，劳工组织通过的公约无疑对我国立法具有指导和借鉴意义。

② 孙树菡著：《工伤保险》，中国人民大学出版社2000年版，第51页。

③ See Global Clients, Workers Compensation Unit: Commuting Accidents – A Challenge for Workers' Compensation Systems, http://www.munichre.com/publications/302-04092_en.pdf.

及实行的交通事故高额的民事赔偿（甚至是惩罚性赔偿）大多能完全保障交通事故受害人的合法权益，所以各国界定情形有所不同。美国多数州认为非机动车事故属于工伤，英国也并非否认职工上下班途中事故伤害不予认定工伤，只是增加了一些限制条件而已。

综上所述，笔者认为有关部门拟取消职工上下班途中事故伤害工伤认定的5项理由均值得商榷和作深入的论证。

三、职工上下班途中事故伤害认定工伤的立法完善

笔者认为，从我国职工工伤补偿实践来看，职工上下班途中机动车事故伤害认定为工伤具有其合理性和必要性。所以，应当保留职工上下班途中交通事故伤害认定工伤的规定，同时针对工伤实践中存在的操作难度大、不公平，以及工伤保险赔偿请求权与普通人身损害赔偿请求权协调等问题，可通过立法完善予以妥善解决。

（一）完善职工上下班途中机动车事故伤害认定工伤的具体规定

首先，明确、科学地界定“上下班途中”的含义。立法上采用经验主义列举方式来界定上下班途中的含义多存在立法不周延现象，难以涵盖复杂的现实生活，但缺乏界定标准又会给工伤认定实践操作带来随意性，也不利于工伤认定的准确和效率。我国《企业职工工伤保险试行办法》对“职工在上下班的规定时间和必经路线上”的界定过于机械，不合乎情理。所以《工伤保险条例》“删除了原来规定的一些不好界定的概念，规定在上下班途中受到机动车事故伤害的，都应该认定为工伤”。① 劳动和社会保障部《关于实施〈工伤保险条例〉若干问题的意见》（劳社部函〔2004〕256号）对“上下班途中”的界定是，“既包括职工正常工作的上下班途中，也包括职工加班加点的上下班途中。”国际劳工组织《1964年工伤事故津贴建议书》规定，工人往返于工作地点和下列地方（主要是住宅或别墅、通常用餐的地方、通常领取工资的地方）的直接途中发生的事故应作为工伤，其中“直接途中”包含对职工上下班的时间和路线上的要求，往返地点的规定体现了实质上的工作相关性因素，应当说建议书对工作相关性界定是合理的，实现了最大限度地保障职工权益与兼顾用人单位利益的平衡，对我们有较好的借鉴作用。江苏省劳动保障厅关于实施《工伤保险条例》若干问题的处理意见

① 国务院法制办公室政法劳动社会保障法制司、劳动和社会保障部法制司、医疗保险司编：《工伤保险条例释义》，中国法制出版社2003年版，第29页。

指出，“上下班途中”应是在合理时间内经过合理路线。这一判断标准充分考虑了现行生活的复杂性，涵盖了国际劳工组织《1964年工伤事故津贴建议书》中对上下班途中时间和地点之规定，条款貌似模糊但判断标准明确，值得肯定。

笔者认为，合理时间和合理路线的双重界定具有科学性，有利于实践中对是否为工伤的合理判断和认定。所以，可将职工“上下班途中”界定为“合理时间内经过合理路线”。同时规定包括职工往返工作地点和经常性住宅、通常用餐的地方等情形。相对明确的界定标准既符合立法规律，也有利于执法的操作。

其次，将上下班途中非机动车事故伤害纳入工伤范围。我国《工伤保险条例》仅将机动车事故伤害列为工伤范围，而将非机动车事故伤害排除在工伤范围之外，因此颇受诟病。比如说，电动车在现实生活中已普及化，其速度、体积及危险性并不亚于摩托车等机动车，但由于《道路交通安全法》规定电动车为非机动车，故上下班途中受到电动车伤害的，往往不能被认定工伤。司法实践中以“火车不是机动车”为由不认定工伤更有显失公平之嫌。国际劳工组织《1964年工伤事故和职业病津贴公约》与《1964年工伤事故津贴建议书》都规定工伤包括职工上下班途中发生的事故，并未区分事故是机动车事故还是非机动车事故；国外立法规定职工上下班途中的交通事故（事故或意外事故）伤害为工伤。我国司法实践对此规定亦有所突破，如江苏省南通市中级法院行政案件终审判决认为“电动车事故伤害也应当为工伤”，并且提出司法建议书，要求扩大工伤认定的范围，将职工在上下班途中受到非机动车事故伤害的纳入工伤范围。①

本着最大限度保护劳动者权益的工伤保险理念和体现制度公平，笔者认为，应将非机动车事故亦纳入工伤范围，具体条款可修改为，“职工在上下班途中，受到交通事故伤害的”，这样的规定既涵盖了机动车和非机动车事故，也包括步行上下班受到伤害的情形。

（二）实行工伤保险赔偿请求权与普通人身损害赔偿请求权相互补充模式，并赋予工伤保险机构代位求偿权

从法理基础上看，工伤保险属于社会保险范畴，与民事损害赔偿在性质上存在根本的差别，这决定了工伤保险关系与交通事故损害赔偿关系属于两种不同的法律关系，产生两种不同的请求权。因道路交通事故导致的人身损害赔偿的请求权基础是侵权行为的损害赔偿请求权，而工伤保险赔偿请求权的基础是工伤保险待遇请求权。

目前，世界各国对工伤保险赔付与民事损害赔偿的相互关系有4种处理模

① “电动车撞人不算工伤败诉”，载《现代快报》2008年10月10日。

式:一是择一模式,二是取代模式,三是兼得模式,四是补充模式。依据2004年5月1日起施行的《最高人民法院关于审理人身损害赔偿案件适用法律若干问题的解释》第12条规定,劳动者因工伤事故受到人身损害,按《工伤保险条例》处理;因用人单位以外的第三人侵权造成劳动者人身损害的,劳动者可请求第三人承担赔偿责任。但如果劳动者遭受工伤,是由于第三人的侵权行为造成,第三人不能免除民事赔偿责任。例如,职工因工出差遭遇交通事故,受伤职工虽依法享受工伤保险待遇,但对交通肇事负有责任的第三人仍应当承担民事赔偿责任。[①] 由此可见我国采用的是兼得模式。兼得模式下的受害人显然可获得超额的赔偿和补偿,但受害人获得双重赔偿与传统民法损害填补原则不一致,也违背了"受害人不应因遭受侵害获得意外收益"的基本原则,况且按照我国工伤保险制度,保险费用全部由用人单位承担,因此兼得模式也有其弊端。

在工伤补偿和普通人身损害赔偿各有利弊的情况下,择一模式显然对当事人的利益保护不利。在我国侧重受害补偿而非康复和预防功能的工伤保险制度中,取代模式的结果往往剥夺了受害人获得完全赔偿的权利,不利于对受害人及其家庭的保障。补充模式下,受害人可同时主张工伤保险待遇和民事损害赔偿,并以最终补偿或赔偿不超过被害人之损害总额为限。对于工伤保险赔偿请求权与普通人身损害赔偿请求权不同项目内容及差额部分,受害人可以获得赔偿,但是项目内容相同的,如医疗费、住院伙食补助费等,受害人可以选择有利数额予以索赔,仍可以要求侵权行为人赔偿损害差额。采取补充模式不仅有利于受害人获得充分、完全的赔偿,而且也不违背"不应获得意外收益"原则,并且也没有增加企业或者工伤保险机构的负担,因此应成为我国的选择模式。

因交通事故的加害人的行为而导致工伤保险机构或职工单位的支出增加,工伤保险机构或者职工单位应享有向交通事故加害人追偿的代位求偿权。在工伤保险机构或职工单位支付工伤保险待遇后,其可以向交通事故加害人要求给付医疗费、住院伙食补助费等实际支出。职业伤害与民事赔偿之间存在难以弥合的鸿沟,以集体主义为本位的社会保障替代个人主义为本位的民事赔偿是历史的必然。[②] 赋予工伤保险机构或者职工单位代位求偿权有利于实现法律的惩戒和预防作用,体现"法律主体对自己的行为负责"的法律准则,也符合社会公平正义的法治精神和理念。

---

① 参见最高人民法院民事审判第一庭编著:《最高人民法院人身损害赔偿司法解释的理解与适用》,人民法院出版社2004年版,第447~448页。

② 郑尚元著:《工伤保险法律制度研究》,北京大学出版社2004年版,第34页。

四、结　语

职工上下班途中事故伤害工伤认定关涉我国几亿名职工潜在的和现实的利益,体现了一个国家社会保障水平和理念。作为一个发展中的、负责任的社会主义国家,工伤范围的界定不仅要符合国际劳工保护标准,更应该体现以人为本与和谐社会的理念。所以,笔者认为,取消职工上下班途中事故伤害认定为工伤规定的立法应慎重行事。

(2009 年第 11 期)

林权改革的生态风险及应对策略

赵绘宇*

林权改革,是继土地承包制之后又一次农业利益大调整,被称作"中国第二次土地改革"。其改革推进的核心愿景在于:落实林地承包责任制,加强市场调节机制,达到林农利益与森林资源"双赢"。然而,林权改革毕竟与农村土地承包责任制改革有所不同,其中最大的区别在于林业的生态公益性,比粮农产业要突出、重要得多。林权改革,虽然会极大焕发林农的林业经营积极性,但也极可能引发个体林农对经济利益的短视与追求,从而危及林业整体的生态安全。林权改革在激励我国林业大开发的同时,有冒进极端之势,对林改试点中新出现的生态与社会问题,有忽视逃避之嫌。

一、林权改革趋势难掩生态风险的形成

林权改革自其发端之日起便上演了"分久必合、合久必分"的逻辑怪圈。从历史上看,新中国成立后,我国的集体林权经历了两大过程、五个阶段。第一个过程是林权由放到收:集体林权日趋集中,使得集体林权归属不清、权责不明、利益分配不合理,制约了林业发展与农民增收;第二个过程是林权由收到放:改革开放初期的"林业三定"以稳权为主,少量放开,到2008年6月,中共中央、国务院发布了《关于全面推进集体林权制度改革的意见》(以下简称2008年《林改意见》),成为中国集体林权制度改革从试点到全面推进的分水岭,全面铺开了以林权承包经营为目标的集体林权制度改革。在《物权法》实施的大背景下,林权改革通过授权性规范、禁止性规范、救济性规范对林农的合法权益予以支持和保护,这些将有力地推动林权改革的进程。但林权作为复合性的权利集合包含了怎样的物权,林权改革中主要保护了什么内容的私权利等问题都需要我们作深入的分析。笔者认为,林权改革的实质是林地承包经营权的改革,这项权利已经涵盖了林地使用权、林木所有权、用益物权与担保物权等问题;林权改革的具体

* 作者单位:上海交通大学凯原法学院。

本文受教育部人文社会科学项目(编号:07JC820006)和中国都市圈发展与管理研究中心(RCMRC)2007年度研究项目资助。

内容包括对林木的占有、使用、收益与处分权能的保护。目前的林权改革是激发林农利益为主的社会利益的帕累托改进。根据我国2008年《林改意见》,林权改革所调整的核心利益关系主要体现在以下3种权利上,一是明晰产权;二是放活经营权,实行商品林、公益林分类经营管理;三是保障收益权,农户承包经营林地的收益归农户所有。自2003年林权改革分批进行以来,截至目前,福建、江西、浙江等省已经完成主体改革,正在进行配套改革,而第二批改革的云南、四川、贵州等省正在由试点向全面推开。这些省的林权改革在取得显著成效的同时也暴露出一些问题,其中最突出的矛盾是对林农的经济利益与生态效益的协调问题。

(一)分类经营下生态补偿不到位导致生态公益林丧失

根据2008年《林改意见》,与生态保护相关的第一个重要改革内容就是"放活经营权。实行商品林、公益林分类经营管理"。[①] 这样规定的目的是在林权改革中兼顾生态系统保护。而分类经营的具体途径,按照《林改意见》只能通过生态补偿一项制度来实现。众所周知,与粮食种植的食用性与经济性不同,森林种植不仅只为解决木材生产等经济问题,更重要的作用还在于生态系统保护,否则日本也不会守着世界上最高的森林覆盖率,而木材却基本依赖进口。因此,必须将不同林种的生态地位区别开来,是该项改革制度的设计初衷。

公益林权与商品林权同时参与市场经营与流转,公益林由于法律限制较多而面临竞争劣势。为达到两林的公平就面临3种选择:①具有重大生态意义的林地与林木不进入林权市场经济的改革范围,而应由政府统管;这一做法虽在我国改革实践中运用但范围太小。②对具有一定生态价值的林木进行适当的生态补偿,将其正的生态外部效应内化于市场当中。这是目前我国林改的理想规定与方向,但生态补偿机制的发挥效果受制于生态价值的科技评估能力、生态环境行政法律规制的宽严尺度、区域经济发展不平衡性等生态、经济、社会因素。以目前已进行的生态补偿制度改革实践来观察,我国生态公益林的林权改革已经面临着不少上述的困境。③在林权改革中极易发生却应极力避免的做法,即在生态补偿机制失灵的前提下,林农直接将公益林种换成商品林种经营以提高竞争能力。如果政府机关监管不到位,这种现象最容易出现,正像我们在环境污染

---

① 2008年《林改意见》第10条规定:"放活经营权。实行商品林、公益林分类经营管理。依法把立地条件好、采伐和经营利用不会对生态平衡和生物多样性造成危害区域的森林和林木,划定为商品林;把生态区位重要或生态脆弱区域的森林和林木,划定为公益林。对商品林,农民可依法自主决定经营方向和经营模式,生产的木材自主销售。对公益林,在不破坏生态功能的前提下,可依法合理利用林地资源,开发林下种养业,利用森林景观发展森林旅游业等。"

控制中所一直面对的困境：由于守法成本高，违法成本低，污染企业纷纷通过偷排等方式取得了环保监管不到位下的非法利润，林业承包主也可以通过林业监管的不到位，将生态公益林非法砍伐或置换品种。

因此，公益林的生态补偿在林权改革过程中就显得十分重要。公益林总量在北方等省的比例不容小视，如山西全省共划定的公益林面积竟占林业用地面积的82.1%。[①] 为了更多地保护公益林，国家主要采取生态补偿的机制，但并不是所有的公益林都能得到补偿。在林权改革方案中生态公益林又分为重点生态公益林与普通生态公益林。根据2007年3月《中央财政森林生态效益补偿基金管理办法》的规定，重点公益林由国家拨款补偿农户，而普通公益林基本没有补偿。

因此，公益林参与林权改革的市场竞争，必然会存在以下3个难题。

难题之一：重点公益林补偿数额过低，很难达到生态补偿效果。2007年《林业重大问题调查研究报告》显示：生态补偿标准偏低、补偿标准没有根据价格指数变化调整、补偿标准单一、未对全部重点公益林实施补偿等问题，已成为困扰生态补偿制度发挥应有作用的短板。有人大代表认为，出卖生态树种比保护树种的利益要高得多，还有人大代表建议每年每亩补偿标准应在40元以上，才利于巩固生态公益林的建设成果。而在《中央财政森林生态效益补偿基金管理办法》中，每亩标准仅为5元。[②] 以贵州锦屏县集体林权改革为例，目前在我国西南大部分山区的林权改革中，由于前期生态公益林与商品林的分类工作没有做好，后期生态公益林的补偿没有到位的情况很多，导致社会矛盾增加。[③] 重点公益林补偿不足，将导致保护与发展乏力。

难题之二：普通公益林目前基本不补偿，而普通公益林又是大量的，由此造成与商品林经营没有竞争上的优势。林农一旦分得普通生态公益林，目前在生态补偿上基本不享受重点公益林的补偿，在经营上又不如商品林般自由，这势必会影响到农户经营普通公益林的积极性。虽然对公益林的采伐是要严格控制，但纳入林权改革后，控制其采伐量是很困难的。如此，普通公益林与商品林在市场竞争中，其命运可能是萎缩甚至是被淘汰，这对一国的生态利益而言，将面临很大的负外部性。因此，法律或政策上需要对普通公益林补偿作硬性规定。

---

① “中央森林生态效益基金的补偿范围、布局和规模”，载 http://www.1630.gov.cn/ArticleShow.asp? ArticleID=730，2009年8月10日访问。

② 苑铁军等：“生态补偿短板效应亟待调整”，载《中国绿色时报》2008年3月10日。

③ 温佐吾：“确权发证分类经营合理补偿——贵州锦屏县集体林区公益林产权改革问题与建议”，载《林业经济》2007年第6期。

难题之三:公益林与商品林分类经营,但区别划分它们的技术规范不明晰。我国东部沿海和中部地区的森林主要是人工林,分类经营相对比较容易。而西南地区森林资源丰富、种类比较复杂,且目前许多地方的森林分类经营尚未完成,这给林改工作的进一步推进带来很大的困难,匆忙地进行林改,商品林与公益林划分混乱,会影响到林改的最终生态效果或林农收益。

(二)林木滥伐带来的生态隐忧

林权改革会影响生态的又一个核心改革内容就是“产权明晰、经营自主”。根据2008年《林改意见》规定,“对商品林,农民可依法自主决定经营方向和经营模式,生产的木材自主销售。对公益林,在不破坏生态功能的前提下,可依法合理利用林地资源,开发林下种养业,利用森林景观发展森林旅游业等”。“农户承包经营林地的收益,归农户所有。”商品林的砍伐必然放开,而公益林的“不破坏生态功能”在法律上很难界定:因为森林生态功能是个大尺度的生态概念,非个体经济主体所能判断,而市场价格等机遇又稍纵即逝,何时砍伐林木基本成为经营主体的自我选择。

森林砍伐所带来的生态问题在人类文明史上最早产生,砍伐森林所引起的水土流失、滑坡、泥石流等现象层出不穷。从复活岛文明消失之谜,到中国历史上的黄土高原水土流失,都显示出在人类开发早的地方,生态环境往往因砍伐森林而变得恶劣。① “山林非时不升斤斧,成草木之长”之说,②反映出后来的古代文明对森林资源所拥有的保护意识。因此,林业的乱砍滥伐行为一直为我国相关法律所制止,我国《刑法》中的滥伐林木罪等相关罪则对此现象予以了最严厉的惩罚,但滥伐现象却可能会随着林权改革的深入而趋于激化。

林业收益变现主要是林农根据市场价格作出的选择,市场波动与市场风险会深刻影响林农的经营行为选择。林权改革的重要内容就是落实了经营自主权与保障处置权,使得林权能够以经营者的自由意志流转,不会仅仅以砍伐为变现利益的实现手段。但林权的流转与耕地的流转又有不同。“十年树木”,林木生产的周期更长,风险会更大,市场情形波动也大,流转后权益的实现需要更多借助于金融、保险、期货等经济手段的培育,经营要求也更高。林农的投资与收益,风险与利润,比农业经营者预期更为复杂,预算期更长。在林木产出或林权流转收益较差时,也要有对滥砍滥伐的预判与限制。俗话讲“谷贱伤农”,较低的价

---

① 景爱:“探索自然现象背后的人类活动”,载《郑州大学学报》(哲学社会科学版)2005年第1期。

② 《逸周书》(卷3),《文传》。

格会损及农业生产的积极性,市场价格机制调整恢复也需要时间。同理,当林业市场"木贱伤农"或"木涨引农"时,滥砍滥伐或抛山弃林也是可能会发生的。我国《森林法》和《刑法》固然对采伐限额、滥砍滥伐等规定较严,不过实际操作中已经大打折扣了;显然,在林权改革的语境下这一趋势将得以强化,这些森林生态保护法律的效力也必然进一步疏松化、形式化。

可以预见,林业公共利益保护力度也必然随着林权改革而面临宽松化修订。生态保护公权力过于限制物权的后果或是使承包经营权行使的意义再度丧失。"国家虽可能在一定限度内赋予私人或团体对环境资源有较强的使用与管理权,但是必须受到国家密度甚高的控制或审查,对于私人主体使用或支配权自由行使的可能性愈小,如此即丧失了其原始用意。"①因此在林权改革语境下,公共利益也断不可能完全固守不变,公共利益保护与个体林农利益必然面临重新"划分地盘":《物权法》加强对承包经营权处置与收益之保障,必然对基于生态公益和社会公益的《森林法》与《刑法》等规制法产生冲击,林业经营承包法与生态环境保护诸法律间的统领范畴与规制空间,都面临重新调整的法律需求。事实上林业部门已经表示,对商品林的采伐要逐步取消采伐许可证,过渡到自由采伐的时代。② 从原来的森林公法立法过严损及林权利益实现,到将来的林业公法可能让路于物权法,以致可能损及生态利益的保障,林权改革一定要防止由一个极端走向另一个极端。

(三)生物多样性保护面临严峻挑战

2008年《林改意见》关于放活经营权的规定是:"对商品林,农民可依法自主决定经营方向和经营模式,生产的木材自主销售。"这种自主经营,尤其是林木物种的选择,对森林生态会产生相当难料的影响。1992年联合国环发大会通过的《联合国生物多样性公约》提出,对生物多样性应在基因、物种与生态系统3个层次的丰富性上进行保护。森林生物多样性是世界生物多样性保护的关键。科学研究认为原始林的生态服务功能远远超过人工林的生态功能。且不论森林生态系统的改革,即使是普通农业的承包权改革,也造成了我国农业作物物种的大量锐减,如袁隆平等科学家在杂交水稻领域的成就就得益于我国有世界上最丰富的野生稻种,但这些野生稻种目前已基本灭绝。林权改革,可以想见亦会对生物物种的规模化减少产生影响。林权改革要求放活林木经营权,大大强化了经营与收益权能,这样必然会使作为自利经济人的林农对高回报率的树种产生

---

① 陈慈阳著:《环境法总论》,中国政法大学出版社2003年版,第282页。

② 参见网址:http://vsearch.cctv.com/plgs_play-CCTV4news_20080722_6398649.html。

偏好,从而导致林区树种单一,威胁到森林的生态安全。林权改革可能提高的是森林面积和林木数量,而降低的是森林、林木的质量,并有可能会威胁到森林生态系统的生物多样性。已经有不少林业学者在担忧这一现象:如在湖南靖州,广东商人租地只种植柳叶生产木片,已经带来了生态问题,"从森林经营来看,这些公司和商人都有自己的目标产品,纯林、皆伐成为主要的营林技术,而林业生态科学所讲究的保护天然杂木林、地力维护、多树种混交、采伐迹地控制、化学污染防治(施肥)等都被忽视了"。①

总之,被称为"第二次土改"的林权改革,将会承载过重的社会经济指标。30年来耕地制度的变革是一个渐进式的改革过程,相对于耕地制度的改革而言,林权改革几乎是"一步到位",《林改意见》要求在5年之内于全国范围内完成林权改革。换言之,林权改革实际上是要在几年之内走完耕地制度改革几十年的路。而不健全的林改配套制度则极易激化这种冲突,我们更须提防生态风险演变为一种灾难。风险社会的出现对现代法治秩序提出了咄咄逼人的挑战,迫使我们重新认识制度化的理论、管理系统的内部构成、公共选择的实践意义和影响以及在规范与事实之间运作的反省机制。就本文而言,加强对林权改革的生态管理行政法律介入能力与深度,辅之以与林农知情同意的共商机制,是解决上述危机的必由之路。

二、防范林权改革引发生态风险之法理思源

林权改革中之所以会出现生态环境风险,是由森林资源的双重属性决定的。森林资源不仅具有经济上的可用性,其价值更体现在生态功能上。我国《森林法》将森林的环境效能放在首位,而将提供林产品作为其次要功能。生态价值产生的利益往往为群体占有和享用,于是,林业物权制度或多或少地脱离了《物权法》的规范,日益彰显出公权色彩。我国台湾地区学者陈慈阳则走得更远,他认为虽然在传统民法上,所有权人对于自己之使用有完全的权利,但问题在于土地的拥有人、水源的拥有者及所有权人本身的利益经常不会跟环境利益相结合,甚至常常是矛盾和冲突的。在今日生态环境与经济条件同样皆是人民赖以生存之基础,因此对于此二者之确保则为民主国家责无旁贷之责任,而所存在之问题当然亦须通过国家的力量来加以解决。基于此理念,对于一些有限或不足的资

① 刘金龙:"对中国集体林区产权改革诸问题的认识",载《林业经济》2006年第8期。

源、能源、环境资源的分配，国家有义务去确保每一个人在生态上最低生存的基础。又私有财产之保护在公共生活或防卫公共危险所必要者，仍受公法秩序之规范，而不受私法秩序规范。① 以公共利益之保障更多地介入林权改革，是林权生态与经济双重属性的必要规制，也是现代风险社会之必然需求。

在现有的制度下，林农多关注看得见的短期利益是其必然选择，是人的理性使然。休谟在分析人性时指出："人类在很大程度上是被利益所支配的，并且甚至当他把关切扩展到自身以外时，也不会扩展得很远。"②在这种形象下，为了维护最多人的长远利益，就必须有一个更强大的组织来制衡私人的善。生态环境法被归为社会法的范畴，而社会法的兴起无不为对于权利观念之打破，无不为对个人自由行为之约束。义务之负担，不必尽由于义务人之意思，法律之任务，亦未必尽在保护各个人之权利。为使社会共同生活之增进，法律即强使负担特定之义务，限制或剥夺其某种权利。③ 但对于林农"义务之约束之负担"，在现代文明之信赖利益原则背景下，无辜地承受过多公益信念下的牺牲，同时还要发动他更多地为林业效率而献身。因此，预防与化解这一社会改革中的风险倾向，我们需要有更加开放的决策思路，建立包括林农在内的利益相关方的知情同意、协商共担的决策机制。

有学者睿智地提出决策过程与决策对于风险社会的重要价值。"危险或风险与法制之间关系的 3 种形态并存和犬牙交错，这一状况似乎还没有得到思想界的充分注意或清晰描述。"围绕决定的风险性增大而出现的社会的裂变和冲突，特别是决策过程中的"风险意识"还没有被纳入核心价值的讨论范围之内。这一现象在工业发展与环境保护方面尤为突出。地方政府决策层面经常会为了追求经济效益的快速发展，而对显而易见的环境风险视而不见，人为地增大了风险发生的可能性，造成了在风险广布的社会中始终存在强烈的风险导向。换言之，展望 21 世纪的发展前景，我们不仅要考虑抑制危险的合理合法性和最小限度成本（警察比例原则），即抑制环境风险产生的最小限度成本；还要考虑抑制危险举措的危险性（预先衡量义务）以及防患于未然的制度设计；不仅要关注财富的分配方式，还要关注风险的分配方式。④ 于林权改革来看，除了对于私权效率与利益的关注外，对于生态环境风险不但要有风险发生后应对成本的考虑，更多地要在制度设计阶段，对于如何避免或减少发生生态风险进行合理的预设性

① 陈慈阳著：《环境法总论》，中国政法大学出版社 2003 年版，第 282 页。

② ［英］休谟著：《人性论》（下册），关文运译，商务印书馆 2005 年版，第 574 页。

③ 史尚宽著：《债法总论》，中国政法大学出版社 2000 年版，第 5 页。

④ 季卫东："风险社会的法治"，载《中国法律》2009 年第 1 期。

制度研究。因为生态风险一旦发生,可能补救的社会成本与经济成本异常高昂。强化服务于公益的国家权力的干预与介入,同时健全利益相关方的知情同意、协商共负风险的均衡机制,是走向现代文明的私权利保障与发展之路。

三、防范林权改革生态风险的对策机制

林权改革是一项复杂而艰巨的任务,从集体权益走到个体权益释放的是个体利益保障的能量,但还需要对公共利益的现代程序与实体意义上的调控。在立法理念上追求个人本位为主,同时包容社会本位和生态本位,并不意味着放弃个人自由意志与权利,仅意味着在生态危机冲击下人类走向合作——林农与社会的真诚合作,行政主体与行政相对人的真诚合作,人与自然之间的真诚合作。这些法理原则,指导着我们对林权改革中防范生态风险的对策设计。

(一)林权改革后建立合理生态补偿机制的对策

2008年《林改意见》中规定了生态补偿的范围和标准,作为解决不同权能的物权在同一个市场机制内运行的依据。目前实践中存在的问题是:无论是国家补偿还是地方补偿都有补偿标准偏低的问题,无法反映森林的生态价值。生态补偿的范围从何而来,标准依据从何而来,由什么主体制定或商定等问题值得作一番考量。

笔者认为,建立合理的林权生态补偿机制,需要从以下几个方面着手。

第一,要有严格的林权划定与生态监测的督察督导机制。此机制涉及两方面内容:一方面是林权划定与审批等事先管理,另一方面是对林权承包后的生态破坏行为的防范、制止等事后管理。林权划定主要涉及商品林与生态林的技术判断问题,生态功能的判定,技术性极强,我国的生态保护的监管职能,按照国务院"三定"方案是由国家环境部统一管理,它应当会同国家林业部门加强技术与管理层面的纵向指导,防范地方政府尤其是基层政府或村级组织在不同类型林权划定方面的违规违法或腐败行为;同时对林权落实到户后,可能存在的、对生态环境有风险的趋势性的经营动向进行监控,在事前与事后两个环节,通过中央专门机构的督察督导,即时监测与发现问题,确保我国森林生态功能在技术层面可持续发展的能力不受损害。

第二,森林生态补偿要建立以经济效益、生态效益与社会效益综合计量机制。我国各地经济社会发展不平衡,生态效益与地理环境等因素,对林权生态补偿的影响都是不同的,进而对于一个理性经济人的选择影响也是不同的。我们要充分考虑我国的区域发展不平衡性,既要与区域或基层组织的决策能力充分

结合,又要将林农的意愿与参与充分结合。目前全国统一的每亩5元的重点公益林补偿标准,应当不足以保障我国的生态命脉,除了补偿标准的绝对值过低外,它也未能反映诸多社会因素对补偿价值的权重。2007年确定的每亩5元的生态补偿,如果不足以消除林农将山林变为商品林之自利型冲动时,我国生态命脉之林地保护,恐怕就会陷入到新的市场失灵的怪圈。我国目前林权改革中的生态补偿存在着行政命令性、单一、机械、"一刀切"和缺乏计算依据等问题,并且税收机制、补贴机制、优惠贷款、转移支付等诸多财政政策或金融手段都未发挥作用,显示出我国林权改革中生态补偿手段的设计非常原始与粗糙。

针对我国重点公益林生态补偿,笔者认为应从以下几个方面加以解决:①参与式决策下的补偿标准制定。根据保障公民知情权原则,我们应该建立和完善制定森林生态补偿标准的程序,让受补偿者参与到标准的制定中来。我国以往制定补偿标准虽然也有调研活动,但是受补偿者没有参与权,只能被动接受政府制定的标准。事实上,森林生态补偿并非政府对林农的恩赐,而是在林农为国家生态建设作出牺牲后给予的补偿,让受补偿者充分参与到标准的制定中来,既体现了信赖利益保护的原则,也体现了参与式决策的科学性。②补偿应分级分类进行。根据自然资源保护的特殊法则,可灵活对生态补偿定价。对于生态价值珍贵的林木,要有价值体现或计量的方式,或以影子价格法,或以生态损失恢复成本法,此计量价格最终应当反映在林权流转的价格机制中。③应不断提高补偿范围和补偿标准。根据法律公平性原则,林农为生态建设作出牺牲后,受益者是整个社会,因此可以通过多级财政共同负担等方式,加大中央财政转移支付力度,同时通过基金、证券等新的形式筹措资金,不断扩大森林生态补偿范围,提高森林生态补偿标准。在补偿的方式与途径上,可以通过免税、减税、补贴等多种方式组合进行,因地制宜、因时制宜,尽可能地提高补偿之效益。各发达国家为了评价政府投资的经济合理性,运用费用效益分析法十分有益。① 英国、法国政府对国有林采取林业收入不上缴、不足部分再由政府拨款或优惠贷款方式,以增强国有林的建设。英国对私有林主营造针叶林每公顷每年补贴100英镑,阔叶林则补贴250英镑;法国建有国家森林基金,采取由受益团体直接投资、建立特殊用途税收政策来进行森林生态效益补偿。法国政府规定,私人造林地免税5亩地产税,按树种分别减免林木收入税10~30亩,对森林资产还可减免75%的

① 美国联邦政府于1936年制定的洪水控制条例开始引用CBA原理,明确要求所批准的项目产生的效益要超过所招致的费用。

财产转移税。①

(二)林权改革后针对乱砍滥伐的对策机制

林权改革必然对林业采伐制度提出新需求。采伐管理制度是林权改革要重点关注的一个制度。它不仅关系着林农的基本利益,还决定了林区的生态环境,是重要的森林管理制度。按照森林法的规定,我国主要采取限额采伐制度和采伐许可证制度。《森林法》第29条规定:"国家根据用材林的消耗量低于生长量的原则,严格控制森林年采伐量。"采伐许可证制度是保证采伐限额得以落实的一项重要措施,是确保森林资源持续增长,防止乱砍滥伐等违法行为发生的有效手段。这些行政法律手段的规定,进而成为《刑法》滥伐林木等罪责之行政依据。结合《物权法》之个体利益保护空间加大,可作两方面之调整思考:一方面,相比世界各国,我国的森林采伐限额管理可能失之过严,应当基于林权改革而放宽;另一方面,森林采伐制实践执行起来失之过宽,应当在修订后严格执行。从国外经验来看,采伐管理制度和各国的生态环境密切相关,一般生态环境较恶劣、资源相对少的地区,如英国的私有林,对采伐限制较为严格;而资源丰富、劳动力成本高的地区,如德国为了鼓励木材生产,对私有林采取相对宽松的政策。在不同的历史阶段,根据公众的不同需求,采伐管理政策也会产生变化。美国国家对于私有林的采伐制度可以为我们提供借鉴。② 它并不是规定硬性的采伐限额,而是与伐木对生态功能等技术因素结合进行系统的考虑,并加大鼓励造林与科技培训的软法力度。

因此,首先,建立科学、动态、区域化、大尺度的生态保护性技术指导机制就显得十分重要。技术导则作为技术性规范应由林业与生态保护主管部门进行制定,目的是保护一定区域内的生态功能与生态结构的健康性与平衡性。待技术指导机制运行后,以及林改基本完成后,国家有必要修改和放宽我国《森林法》的相关规定,发挥市场的资源配置属性,同时加大对商品林更新的政策鼓励与商品林林种选择的行政指导。其次,在进行林改的同时,借鉴美国等国的弹性限伐制度,发挥国家与地方、地方与林农的柔性博弈机制。这种思路已经开始在我国

---

① 赵绘宇著:《生态系统管理法律研究》,上海交通大学出版社2006年版,第140页。

② 美国国家对于私有林的采伐制度如下:美国联邦政府和州法律没有对私有林作出"年采伐限额"的规定。各州要求私有林主记录其采伐活动并配合检查,在采伐后须进行再造林,或保存足够数量的母树进行自然更新,规定了能进行采伐的最大面积、采伐施业规范、木材和其他林产品的运输规范等。同时联邦和各州政府实行了一系列公共政策,引导私有林采伐经营行为,联邦政府对小私有林主推行造林奖励项目,促进森林更新,各州政府为土地所有者提供有关森林采伐方面的技术培训,为私有林主提供援助和咨询,发放森林作业规范手册;通过成本分摊、无息或低息补助金或贷款和所得税、财产税的优惠来促进森林可持续经营活动的实施。

实践,如海南省琼海市出台的《集体林权制度改革工作实施方案》中就规定,将放宽林木采伐权限。林改后,要改革商品林采伐限额管理,取消商品林木采伐年龄限制,原则上按市场需要安排采伐。对成熟的人工用材林、定向培育的工业原料林,在限额内可以凭林权证申请优先采伐。对于地方上的这种弹性规定与激励生态保护的机制,最高技术管理当局不必过于干预,但对于生态功能保护与维系的结果,则一定要作监测与评估,并据以对地方相关管理部门进行林权改革的绩效考察。

(三)林权改革后对森林生物多样性保护的对策机制

在生物多样性保护问题上,作为《联合国生物多样性公约》的签署国,我国面临着严格的国际监督与执行环境。因此必须在包括森林物种等多样性的保护问题上,遵守就地保护、移地保护、信息通报等多个国际制度的要求。由于林农的逐利性,林权改革后增大的森林面积将大多会是用材林面积,而物种减少是必然的。要解决这个问题,除了给予种植生态林的林农以更多的鼓励或补偿,以刺激其种植生态林的积极性外,引导林农关于林种的选择与种植的指导规则必须科学论证、充分建立。对于生态系统保护地、自然保护区等进行区域划分与分类管理,一直是国际社会多年来探索和拓展的经验。《联合国生物多样性公约》作为理念与立法技术都非常先进的国际公约,制度内容也非常丰富,其在保护和持久使用生物资源方面的一般措施,生物多样性组成部分的持久使用,保护和合理使用的鼓励措施,研究和培训,公众教育和认识的提高,影响评估和不利影响的尽量减少,技术的取得和转让,信息的交流,技术和科学合作,资金和财务机制的设立等方面的规定都值得我国林权改革的主管机关学习、借鉴与研究。物种的相互关系,以及与生态系统结构与功能的联动关系,是非常复杂的生态系统科学,成熟的研究成果可以运用于林农种植业的生态技术导则,从科技标准与科技规范的角度,对林农的生产经营行为进行一定的生态保护导向的指引。对于潜在的物种灭失和单一化,以及因逐利造成的外来物种入侵等生态风险,都应当有一些强制性或禁止性的规定。在管理机制上,更适宜由《联合国生物多样性公约》的国内牵头管理机关——国家环境保护部进行统一监管,并联合林业部等相关部门拿出具体的技术导则与方案,日常执行与监测则由林权划定与生态监测的督察督导机构进行操作。

四、结　　语

虽然世界主要国家的私人林权对本国的林业发展起到了良性作用,但国家在森林生态管理上对私人经营林业都是颇为限制的。美国在近一百多年的时间里,一直都在坚持国家和州政府对森林的管理和控制,总量上公有林地约占40%,一般都有较强的生态价值;企业及个人私有的主要是用材林。美国虽然在历史上也很强调木材产出,但目前越来越强调生态产出,从古至今美国国有森林资源方面都没有简单地强调私有化。由于国家对森林资源管理上的控制,特别是完整的法制管理,使得今天美国在管理森林资源的利用和发挥其环境作用方面有着很高的效率。20世纪90年代美国等国政府提出了"生态系统管理",加大了对森林资源生态属性的保护与研究,并为联合国各公约所借鉴推广;俄罗斯的林产工业是私有化的,但是森林资源不搞私有化,其理由是森林资源的私有化可能造成国有资产流失、职工失业和资源破坏等结果。①

这些忧虑,反映了森林资源对一国生态安全乃至国家安全的重要意义,不可不严加预防。被喻为"第二次土改"的林权改革是激进的一步到位式的改革。如果不能处理好改革过程中可能诱发的各种问题,改革有可能演变为一场生态危机。首先,对林地承包经营权可能产生生态负外部性进而产生生态危机要有高度的警惕。其次,要加强森林生态保护法律的规制能力,而不是目前的简单削弱,这个加强是建立在科学技术为依据的决策、信赖利益保护、公众参与、风险分担的现代行政法原则之下的。最后,如此牵动社会、经济与生态的改革,除林业部推动外,应当充分联合生态保护主管部门(国家环境保护部门)以及农业部等相关部门,群策群力,加强生态风险的预防与监测。在集体林权制度改革全面推进的关键时刻,认识到林权改革可能带来的生态风险,并研究对策机制予以防范,将国家与社会的生态公益的保护、林业产业效率的提升、林农的权益保障全面结合在一起,共同构筑风险社会下的新型林权改革法律机制。

(2009年第12期)

① 宋维明:"对国有林区林权改革问题的几点思考",载《绿色财会》2007年第10期。

2010年

我国反垄断诉讼对“滥用市场支配地位”规定的误读

郑文通*

《中华人民共和国反垄断法》(以下简称《反垄断法》)自2008年8月1日生效之后,迄今已有数起反垄断案件在各地法院提起诉讼。这些案件的相当一部分是基于《反垄断法》第3章关于“滥用市场支配地位”的规定提起的,其中一些案件,如盛大网络案、百度搜索案、中国移动案等都引起了社会的广泛关注。但是,我国目前在审理滥用市场支配地位诉讼中存在着一个严重的问题,亟须引起法律界和财经界的重视。从媒体的报道来看,各地法院所受理的数起滥用市场支配地位案件中并不存在《反垄断法》上的案由或诉因,属于反垄断“伪案”。这些案件中被告的行为或者连字面上都不属于《反垄断法》所禁止的滥用市场支配地位的行为,或者仅在字面上属于,但因为没有排除或限制竞争而实际上不属于《反垄断法》所禁止的滥用市场支配地位的行为。对于这些案件,各地法院不应该依据《反垄断法》进行审理。明确这一问题不仅关系到《反垄断法》执法的严肃性和规范化,更关系到市场经济中企业对其法律责任预期的确定性,关系到国民经济活动的正常运行,因此,实有进一步分析的必要。

一、对《反垄断法》关于“滥用市场支配地位”规定误读的实例分析

与其他国家的反垄断法一样,我国《反垄断法》明文禁止具有市场支配地位的企业滥用其市场支配地位来排除或限制竞争的行为。该法第3章第17条第1款规定,具有市场支配地位的经营者不得从事如下滥用市场支配地位的行为:一是以不公平的高价销售商品或者以不公平的低价购买商品;二是没有正当理由,以低于成本的价格销售商品;三是没有正当理由,拒绝与交易相对人进行交易;四是没有正当理由,限定交易相对人只能与其进行交易或者只能与其指定的经营者进行交易;五是没有正当理由搭售商品,或者在交易时附加其他不合理的交

* 作者单位:美国纽约州立大学布法罗分校法学院。

易条件；六是没有正当理由，对条件相同的交易相对人在交易价格等交易条件上实行差别待遇；七是国务院反垄断执法机构认定的其他滥用市场支配地位的行为。关于如何确定经营者是否具有市场支配地位，《反垄断法》第18条列举了相关的考虑因素，包括经营者在相关市场的市场份额、相关市场的竞争状况、市场进入的难易程度，等等。该法第19条还进一步规定，达到特定市场份额的经营者，除非有证据证明其不具有市场支配地位，否则将被推定具有市场支配地位。

但是，《反垄断法》关于滥用市场支配地位的一条非常重要的规定并没有出现在针对滥用市场支配地位行为的第3章，而是出现在了第1章的总则中。第1章第6条规定："具有市场支配地位的经营者，不得滥用市场支配地位，排除、限制竞争。"这一条规定阐明了《反垄断法》禁止滥用市场支配地位行为的目的是保护竞争，只有排除、限制竞争的行为才属于《反垄断法》所禁止的滥用市场支配地位的行为。客观地讲，《反垄断法》关于滥用市场支配地位的规定有诸多模糊之处，存在很多棘手的法律问题。在法律实施的一年多时间里，对这些规定的误读导致了当事人乃至法院对《反垄断法》的错误解释和应用。具体而言，《反垄断法》第17条第1款列举了《反垄断法》所禁止的各种滥用市场支配地位的行为。在这些被禁止的行为中，有些行为的意思相对比较明确，如该法第17条第1款第1项所说的"以不公平的高价销售商品或者以不公平的低价购买商品"和第2项所说的"没有正当理由，以低于成本的价格销售商品"。尽管人们对什么是第1项、第2项所指的"不公平"和"没有正当理由"存在争议，但至少有一点是清楚的，即第1项、第2项均涉及商品买卖。当具有市场支配地位的企业买卖商品的价格过高或过低时，这些企业至少会知道其行为有违反《反垄断法》的可能。但是其他几项所列举的滥用市场支配地位行为的意思就没有这么明确了，如该法第17条第1款第3项规定的"拒绝与交易相对人进行交易"，第4项规定的"限定交易相对人只能与其进行交易或者只能与其指定的经营者进行交易"，第6项规定的"对条件相同的交易相对人在交易价格等交易条件上实行差别待遇"。这几项均提到"交易相对人"，但究竟"交易相对人"是谁？是经营者的零售顾客，还是其同行竞争者？另外，"交易"这个词本身的意思也很模糊。该法第17条第1款第3项规定了"拒绝交易"，第4项规定了"限制交易"，但拒绝或限制什么样的交易才会违反这两项，是任何形式的交易，还是某些特定形式或特定情况下的交易，这些都不明确；再如，该法第17条第1款第6项规定了"差别待遇"，但是否任何方面的差别待遇都会违反该项？还是仅仅某些特定方面的差别待遇才会违反该项？当企业面对这些问题时，如果没有反垄断法方面的专业背景，仅仅从《反垄断法》的字面上将无法找到确切的答案。

当然,任何一部像《反垄断法》这样适用行业和范围非常广泛的框架性法律不可能对法律适用的每个具体问题都面面俱到,所以其语意的模糊在某种程度上讲是不可避免的。但是,《反垄断法》的语意模糊还有其特殊的历史背景。众所周知,中国《反垄断法》很大程度上是一部"外来法",在立法过程中大量借鉴了国外主要是西方的反垄断法立法经验。① 虽然中国的反垄断法有很多针对中国国情的特殊规定(如关于国有企业和行政垄断的规定),但是在垄断协议、滥用市场支配地位和经营者集中等几个反垄断的基本领域,《反垄断法》都大致沿用了西方也是国际上通行的反垄断概念和术语。但是,源于西方的反垄断法主要规范的是私有企业在市场经济框架下的反竞争行为,这些反竞争行为是在市场经济成熟到一定阶段才出现的。而我国的国情是,虽然市场经济有了长足的发展,但到目前为止经济生活中的反竞争行为仍主要来源于行政限制和计划经济体制的残留影响。所以对源于西方的反垄断概念和术语所产生的商业背景,我国广大公民和企业可以说是不熟悉的。当然,我国市场经济发展的长期趋势必然是私有企业的反竞争行为将越来越多、越来越突出。从这个角度来讲,《反垄断法》的立法具有很大的前瞻性。但至少在目前阶段,《反垄断法》中很多的概念和术语与实体经济生活存在脱节现象是一个不争的事实。

在此背景下,我国的企业、个人乃至法院对《反垄断法》存在误读也就不足为奇了。如本文开头所述,《反垄断法》实施一年多来,由于对《反垄断法》的误读,很多涉及滥用市场支配地位的案件其实都是与《反垄断法》无关的"伪案"。迄今为止,在各地法院提起的关于滥用市场支配地位的诉讼对《反垄断法》的误读主要集中在两个方面:第一,当事人和法院没有明确确定被告的行为是否属于《反垄断法》第3章第17条第1款所禁止的滥用市场支配地位的行为。有些被告的行为即使属实也并不属于该法第3章第17条第1款所禁止的行为,但仍被按滥用市场支配地位的行为起诉和受理;第二,有些被告的行为,虽然在字面上符合《反垄断法》第3章第17条第1款所禁止的滥用市场支配地位的行为,但由于其对竞争没有任何负面影响,所以根据《反垄断法》第1章第6条的规定并不构成《反垄断法》所禁止的滥用市支配地位的行为。但在很多反垄断诉讼中,这些被告的行为也被按滥用市场支配地位的行为起诉和受理。为此,本文结合以下几个典型案例对这些误读作一详细的讨论。

(一)盛大网络案和"限制交易"

盛大网络案是2009年10月由上海市第一中级人民法院判决的一起反垄断

① See Bruce M. Owen, Su Sun & Wentong Zheng, China's Competition Policy Reforms: The Anti-Monopoly Law and Beyond, 75 *Antitrust Law Journal* 231, pp. 236-237.

案，也是由中国法院判决的第一起反垄断案，引起了海内外广泛关注。本案被告上海盛大网络发展有限公司和上海玄霆娱乐信息科技有限公司共同经营一家名为“起点中文网”的网络文学网站，并在网站上发表了一部颇受欢迎的网络小说《星辰变》。之后，原告北京书生电子公司委托另外两名作者创作了《星辰变续集》，在其经营的网络文学网站“读吧网”上发表。盛大网络认为《星辰变续集》侵犯了其对《星辰变》的版权，所以要求《星辰变续集》的两名作者停止创作该续集并在“起点中文网”发表书面致歉信。两名作者服从了盛大网络的要求。此外，盛大网络还要求其他网站不要转载已经在“读吧网”发表的《星辰变续集》。原告诉称被告违反了《反垄断法》第17条第1款第4项的规定，实施了滥用市场支配地位的行为。上海市一中院受理此案后经庭审认为，原告没有提供足够的证据证明被告在网络文学市场具有支配地位并裁定，即使被告具有市场支配地位，被告保护自己版权的行为也属“正当”，并没有滥用其市场支配地位。①

从媒体对本案的报道来看，本案庭审的焦点主要集中在两个问题上：第一，被告盛大网络是否在网络文学市场上占有支配地位？第二，如果被告具有市场支配地位，其行为是否“正当”？但是，此案的当事人及法院均忽略了一个比这两个问题更为重要的问题，即被告的行为是否属于《反垄断法》所禁止的滥用市场支配地位的行为？如果对这一问题的答案是否定的，那么此案就不存在《反垄断法》上的诉因，法院也就无须对前两个问题作出回答了。

那么就让我们具体来分析一下此案中被告的行为是否属于《反垄断法》所禁止的滥用市场支配地位的行为。原告宣称被告违反了《反垄断法》第17条第1款第4项的规定，即违反了“没有正当理由，限定交易相对人只能与其进行交易或者只能与其指定的经营者进行交易”。这里的问题是，被告是如何限定任何人“只能与其进行交易或者只能与其指定的经营者进行交易”的？被告充其量是要求《星辰变续集》的两位作者停止其与原告的交易（即停止为原告创作续集），而没有限定他们“只能”与被告或被告指定的经营者交易。所以无论如何解释，被告的行为都不能被说成是该法第17条第1款第4项所指的行为。因为被告的行为不仅不符合该法第17条第1款第4项的字面含义，也不符合该项用来规范具有市场支配地位的经营者所达成的各种排他性商业安排的立法本意。这些排他性商业安排一般规定交易相对人与该经营者进行交易的条件是不能与其他人进行交易，即交易相对人“只能”与该经营者进行交易。如果经营者在其

① “中国首例反垄断网络案件一审宣判”，载 http://www.caijing.com.cn/2009-10-23/110291885.html。

经营的产品上具有市场支配地位,那么这种排他性商业安排可能会不公平地打压、排挤其竞争对手,所以各国的反垄断法都对不合理限制竞争的排他性商业安排作出限制或禁止。如其中的一个典型例子为所谓的"独家购买"协议,这种独家购买协议一般由上游厂商和下游经销商签订,规定经销商经销上游厂商产品的条件是不能经销其他厂商的产品。有关独家购买协议的最著名的反垄断案例可能要数美国最高法院1949年的"标准石油公司诉美国"案。[①] 该案的被告标准石油公司当时在美国西部各州占有23%的石油市场份额。该公司的子公司与美国西部将近6000家独立加油站签订了独家购买协议,规定这些加油站只能购买标准石油公司的成品油。这近6000家加油站占了美西地区所有加油站总和的16%。由于这些独家购买协议,标准石油公司的竞争者将无法通过这些加油站出售自己的成品油来与标准石油公司竞争。美国最高法院最后裁定,标准石油公司的这些独家购买协议违反了联邦反垄断法,因为其"在相当一部分的商业活动中排除了竞争"。[②] 而反观盛大网络案,盛大网络的行为并不是任何形式的排他性商业安排,所以并不属于《反垄断法》第17条第1款第4项所指的行为。

既然如此,那么盛大网络的行为有没有可能是第17条第1款其他项所指的行为呢?对这个问题的答案也是否定的。纵观《反垄断法》第17条第1款各项,其中唯一可能包含被告行为的是第7项"国务院反垄断执法机构认定的其他滥用市场支配地位的行为"。但众所周知,我国负责滥用市场支配地位执法的反垄断执法机构[③]迄今为止尚未发起任何对滥用市场支配地位行为的调查,也没有认定过任何除第17条第1款第1项至第6项明文列举的行为之外的其他滥用市场支配地位的行为。所以至少到本案判决时为止,第17条第1款第7项并不能成为认定盛大网络的行为违反《反垄断法》的依据。

以上的结论是基于《反垄断法》第17条的现行条文作出的。但是,《反垄断法》在第17条第1款中加入第7项的本意,很明显是想将符合《反垄断法》的规定但是又不属于第1项至第6项所列举的行为的"其他行为"也归入第17条第1款的范围。第7项目前之所以不能发生实际作用,显然是由《反垄断法》起草时的疏漏所致。如果我们尊重《反垄断法》的立法本意,暂时抛开现行条文的限

---

① See Standard Oil v. United States, 337 U. S. 293(1949).

② See Standard Oil v. United States, 337 U. S. 293(1949).

③ 我国目前负责执行《反垄断法》滥用市场支配地位规定的执法部门是国家工商总局和国家发改委。二者的职责划分以案件是否涉及价格为标准。国家发改委负责涉及价格的滥用市场支配地位行为的执法,国家工商总局则负责不涉及价格的滥用市场支配地位行为的执法。

制，那么盛大网络的行为是否应被列入《反垄断法》所禁止的滥用市场支配地位的“其他行为”之列呢？

要回答这个问题，我们首先要弄清《反垄断法》关于滥用市场支配地位规定的立法目的。竞争可以说是市场经济的常态，任何一家企业，包括具有市场支配地位的企业，都要通过竞争和排挤其竞争对手才能保证自己的生存。排挤竞争对手本身并没有错，甚至应该大力鼓励，但问题的关键是采用什么样的竞争手段来排挤竞争对手。有些竞争手段，比如说通过技术革新、新产品开发等的竞争是经济发展的根本动力，也是法律应该大力予以保障的。但有些竞争手段，比如说通过侵犯竞争对手的版权、冒用竞争对手的商标等的竞争则是不合理的，应该被法律禁止。《反垄断法》第17条第1款所禁止的是一类特殊的不合理竞争手段，即所谓的“滥用市场支配地位”的行为，该类行为包含两层含义：第一，该行为是凭借经营者的市场支配地位；第二，该行为是不合理的，即所谓“滥用”。以此标准判断，盛大网络的行为并不是任何意义上的“滥用”市场支配地位的行为。盛大网络的行为的本质是在执行其版权，是在行使《中华人民共和国著作权法》（以下简称《著作权法》）赋予的合法权利。即使其对法律的判断有误、《星辰变续集》其实并不侵犯《星辰变》的版权，盛大网络执行其版权的这一行为本身也是合理的，不能被认为违反《著作权法》或《反垄断法》。否则，一个企业一旦具有了市场支配地位，就不能采取任何行动来保护自己的版权，这样的结论显然是无法成立的。①

从某种意义上来讲，上海市一中院在本案中的判决是部分正确的。如前所述，法院首先认定原告没有举出足够的证据证明盛大网络具有市场支配地位。其次，法院认定即使盛大网络具有市场支配地位，其行为也属“正当”，也没有违反《反垄断法》。所以，上海市一中院其实是正确地判定了盛大网络的行为不违反《反垄断法》，但法院判决的不当之处是没有明确说明盛大网络胜诉的原因不仅是盛大网络的行为不违反《反垄断法》，而是《反垄断法》在这里根本就不适用。《反垄断法》第8章第55条也明文规定“经营者依照有关知识产权的法律、行政法规行使知识产权的行为，不适用本法”。既然不适用《反垄断法》，那么本案就不是一起反垄断案件。在确定《反垄断法》不适用之后，如果原告没有其他的诉讼理由，法院就应该直接判决被告胜诉，而没有必要也不应该继续讨论相关

① 当然，这里也不是说任何执行知识产权的行为都是合理的竞争行为。某些执行知识产权的行为（比如说某些专利许可的行为）就可能因不合理地排除或限制竞争而违反《反垄断法》。这也是为什么《反垄断法》第8章第55条规定“经营者滥用知识产权，排除、限制竞争的行为适用本法”的原因所在。

市场界定和被告是否具有市场支配地位等《反垄断法》上的问题。

(二)中国移动案和"差别待遇"

与盛大网络案一样,颇受媒体关注的中国移动反垄断案,其实也没有《反垄断法》上的诉因。据媒体报道,中国移动案的原告是中国移动全球通手机的一名用户,2009年3月,原告将中国移动告上法庭,认为中国移动对全球通手机用户收取月租费但不向其他手机用户收取月租费的行为违反了《反垄断法》第17条第1款第6项的规定,是属于"在价格等交易条件上实行差别待遇"。北京市东城区人民法院受理了此案。2009年12月原告和被告在法院支持下达成和解,在中国移动同意原告携号转为不收取月租费的手机用户,并以"奖励"名义支付原告1000元后,原告同意撤诉。[①]

中国移动案对《反垄断法》的误读比盛大网络案对《反垄断法》的误读更具迷惑性。中国移动只向全球通手机用户收取月租费而不向其他手机用户收取月租费的行为,的确在字面上符合《反垄断法》第17条第1款第6项的规定,是"在价格等交易条件上实行差别待遇"。但问题是,中国移动对其用户的差别待遇,并没有在任何方面排除或限制竞争。首先,中国移动和其用户之间并非是竞争者的关系。其次,中国移动对其用户的差别待遇不会直接或间接地排挤中国移动的竞争对手。如果说中国移动对其用户的差别待遇对中国移动的竞争对手有任何影响的话,它只会帮助而不是排挤竞争对手,因为不合理的差别待遇只能使用户"用脚投票",转用其竞争对手的服务。最后,中国移动对其用户的差别待遇也不会直接或间接地排除或限制其用户之间的竞争。关于这一点下面还有详细的解释。根据《反垄断法》第1章第6条,不排除或不限制竞争的行为不属于《反垄断法》禁止的滥用市场支配地位的行为。所以,中国移动在本案中的行为正当与否,并不在《反垄断法》管辖的范围之内。

那么到底什么样的"差别待遇"才属于《反垄断法》所管辖的行为呢?如前所述,《反垄断法》采用了很多源于西方反垄断法的概念和术语,"差别待遇"就是一个典型的例子。《反垄断法》第17条第1款第6项所说的"在价格等交易条件上实行差别待遇"在西方反垄断法里叫做"价格歧视",即企业对不同的客户收取不同的价格。对价格歧视从反垄断法上作出禁止始于美国1936年的罗宾逊—帕特曼法案(Robinson - Patman Act,又称反价格歧视法)。[②] 该法案的立法背景是,当时美国有很多大型连锁零售商利用自己规模上的优势,从生产商那里

① "中国移动被诉垄断案以和解告终",载 http://www.ampoc.org/Info/Article2382.html。

② See Pub. L. No. 74 - 692,49 Stat. 1526 (Codified at 15 U.S.C. §13).

拿到一般小零售商拿不到的很低的进货价格。进货价格上的差别使得小零售商根本无法与大型连锁零售商竞争，所以该法案规定这种价格歧视违反联邦反垄断法。与美国反垄断法一样，欧盟反垄断法也禁止价格歧视行为。[①] 西方反垄断法之所以禁止价格歧视，乃是由于价格歧视可能会排除或限制竞争。[②] 同样地，我国《反垄断法》第1章第6条也体现了这样的原则。

但这并不是说中国移动所有的价格歧视行为都不会违反《反垄断法》。在某些情况下，中国移动的价格歧视行为就可能因排除或限制竞争而违反《反垄断法》。举例来说，假设中国移动有两个企业客户A和B，A和B从事同样的业务，是直接竞争者，并且其手机通讯费用都占其运营成本的很大部分。A和B使用同样的手机服务，但中国移动对A收取的价格只是其对B收取价格的一半。由于二者手机通讯费用的差异，B在与A的竞争中处于明显劣势。这种情况下的价格歧视就有可能会违反《反垄断法》，因为它排除或限制了A和B之间的竞争。这里之所以说该假设行为是可能而不是肯定地违反了《反垄断法》，是因为价格歧视在很多情况下是有正当的商业理由，是有促进竞争的效果的。某一具体的价格歧视行为是否违反《反垄断法》，取决于其限制竞争的效果和促进竞争的效果孰大孰小，要由法院基于每个案件不同的事实，根据《反垄断法》进行具体权衡。即使在西方反垄断法的实践中，对于多大程度上的价格歧视才会违反反垄断法这一问题也存在着很大的争议。也正因为如此，西方反垄断执法机构很少对价格歧视行为发起反垄断调查。但这里有一点是清楚的，即以上假想案例中的价格歧视行为不管是否真正违反《反垄断法》，至少它是在《反垄断法》的管辖范围之内。起诉该价格歧视行为的案件是一个真正的反垄断案件，而非像中国移动反垄断案那样是反垄断“伪案”。

(三)重庆建行案和“拒绝交易”

对《反垄断法》误读的另一个经典案例是所谓的“重庆银行业反垄断第一案”。该案被告是中国建设银行重庆某支行，原告是一家在被告开立账户的企业。根据被告的收费标准，被告向包括原告账户在内的所有存款余额低于50万元人民币的账户收取账户管理费，但向存款高于50万元的账户则不收取该费用。原告认为被告收取账户管理费的做法不合理，故拒绝缴纳。当原告开具支

---

① See EC Article 82(c), http://eurlex. europa. eu/LexUriServ/Lex UriServ. do? uri = CELEX: 12002E082:EN:HTML.

② 美国最高法院1993年在Brooke Group Ltd. v. Brown & Williamson Tobacco Corporation一案中指出：“罗宾逊—帕特曼法案仅仅禁止威胁伤害竞争的价格歧视行为。”参见Brook e Group Ltd. v. Brown & Williamson Tobacco Corporation, 509 U. S. 209 (1993), p. 220。

票试图从其账户提现时，被告以原告欠交账户管理费为由而拒绝原告提现。原告于是向法院提起诉讼，称被告违反了《反垄断法》第17条第1款第3项“拒绝与交易相对人进行交易”、第5项“交易时附加其他不合理的交易条件”和第6项“在交易条件上实行差别待遇”等规定。① 据媒体报道，该案经法院受理后，“在银行界引起了强烈震动，被告积极同原告沟通协调，在作出一定让步的基础上同原告达成和解”。②

但是，重庆建行案中原告的几个诉讼理由均没有《反垄断法》上的根据。与前述中国移动案一样，重庆建行案中被告的行为仅仅是在字面上符合《反垄断法》第17条第1款的规定，但其实并没有排除或限制竞争，所以不属于《反垄断法》所禁止的滥用市场支配地位的行为。该案对《反垄断法》第17条第1款第6项“差别待遇”条款的误读，本文在对中国移动案的讨论中已经作过解释，这里不再赘述，在此只讨论该案对第该法17条第1款第3项“拒绝交易”的误读。另外，该案对该法第5项“附加不合理交易条件”的误读，可以依理例推。

“拒绝交易”与“差别待遇”一样，也是源于西方反垄断法的一个概念。反垄断法意义上的“拒绝交易”，是指拒绝与交易相对人进行交易，以达到排除或限制竞争的目的，或者产生排除或限制竞争的效果。一般来讲，不具市场支配地位的经营者有权拒绝与某些交易相对人进行交易，因为被拒绝交易的交易相对人还会有很多其他的交易对象可供选择，所以市场竞争不会受到很大影响。但是，如果经营者具有市场支配地位，其拒绝交易的行为就可能导致其交易相对人失去交易机会，从而排除或限制竞争。受《反垄断法》管辖的“拒绝交易”的形式有很多种，其中一种是直接拒绝与竞争对手交易。比如说欧盟1998年Oscar Bronner v. Mediaprint案，被告是奥地利一家全国性报纸，因拒绝允许一家地方性报纸即原告使用其报纸配售系统而被诉违反了欧盟反垄断法。③ 但“拒绝交易”不管是什么形式，只有在排除或限制竞争的情况下才违反反垄断法。

反观重庆建行案，被告的拒绝交易行为并没有在任何方面排除或限制竞争，案中原告是被告的客户，二者之间不存在任何的竞争关系，被告的拒绝交易行为也不会对其任何竞争对手有负面影响。与中国移动案一样，重庆建行的行为如果说对竞争有影响的话，也只能是正面的影响，因为重庆建行的行为只能使客户

---

① “现金支票取不到钱：重庆银行业反垄断第一案”，载 http://www.smecq.gov.cn/News/newscontent.aspx? cid =9963。

② “最高院研讨反垄断民事诉讼”，载 http://qzone.qq.com/blog/17150205 - 1225256456。

③ See Case 7/97, Oscar Bronner v. Mediaprint Zeitungs - und Zeitschrift enverlag GmbH & Co. KG [1998] ECR I - 7791(1999), 4 CMLR 112.

更可能“用脚投票”，转用其他银行的服务。所以，根据《反垄断法》第1章第6条的规定，重庆建行的拒绝交易行为并不属于《反垄断法》禁止的滥用市场支配地位行为，因此也是一件反垄断“伪案”。

二、对《反垄断法》关于滥用市场支配地位规定误读的危害

如上文所述，我国当前反垄断诉讼中普遍存在对《反垄断法》关于滥用市场支配地位规定的误读。虽然上文仅举了3个典型的例子，但类似的案件在全国各地还有很多。这些对《反垄断法》的误读导致本来不是反垄断案件的案件，被当成反垄断案件起诉和受理。这些误读的最直接危害是导致了当事人和法院被迫耗费大量的资源在毫不相关的问题上。如在涉及滥用市场支配地位的案件中，一旦《反垄断法》适用，法院就要界定相关市场和计算被告的市场份额，以确定被告是否具有市场支配地位。这些工作都要求当事人和法院收集大量的市场份额数据并进行复杂的经济分析。但是，如果被告即使具有市场支配地位其行为也不违反《反垄断法》，那么这些在确定被告市场支配地位方面的工作就毫无意义，属于纯粹的资源浪费。

误读《反垄断法》，把不是反垄断案件的案件当成反垄断案件，其危害还不仅仅在于司法资源的浪费上，更在于其对《反垄断法》立法逻辑的挑战。每一部法律都有其内在的立法逻辑，都是立法机关对法律欲规范的行为的利和弊进行权衡的结果。如果，由于当事人或法院的误读而将未经立法机关权衡的行为也纳入法律的管辖范围，那么法律就失去了其内在的立法逻辑，法律本身就会失去其合法性。打个比方来讲，立法机关出于安全、噪声等方面的考虑通过一项法律，禁止在学校附近驾驶汽车，但这并不意味着公众可以依据这一法律去起诉一个在学校附近骑自行车的人。在学校附近骑自行车在安全、噪声等方面的利弊和驾驶汽车的利弊是不一样的。如果公众认为在学校附近骑自行车也应该禁止，那么应该通过立法机关另行立法，对骑自行车的利弊进行单独权衡，而不是通过字面上的曲解来借用禁止在学校附近驾驶汽车的法律。《反垄断法》的道理也是如此。作为一部竞争法，其立法逻辑是以保护竞争为核心的。法所禁止的行为，都体现了立法机关对该行为是否排除或限制竞争的权衡。如果不顾某一行为是否排除或限制竞争而仅凭字面上的牵强附会就把该行为列为《反垄断法》所禁止的行为，那么《反垄断法》就会失去其立法逻辑的一致性，也会失去其本身的合法性。

不仅如此,对《反垄断法》滥用市场支配地位的误读还会对实体经济活动产生严重的负面影响。一部法律对经济活动的影响,不仅取决于该法律条文的内容,更取决于公众对该法律条文的内容是否有明确的理解和稳定的预期。如果本来不受《反垄断法》管辖的行为仅仅因文字上的巧合就被认为受该法管辖,那么广大公众和企业就会无法确切地知道到底什么样的行为受《反垄断法》管辖,什么样的行为不受《反垄断法》管辖。在对法律责任预期不明确的情况下,企业将无法进行正常的投资和经营活动。考虑到《反垄断法》几乎适用于所有行业,因此对其的误读对经济生活的影响可以说是巨大的。

三、解决对《反垄断法》滥用市场支配地位规定误读的政策建议

对《反垄断法》滥用市场支配地位规定的种种误读有其特殊的历史背景,但这并不意味着有关部门应对这些误读坐视不管。相反,有关部门应尽快采取措施,纠正对《反垄断法》的这些误读。这对维护《反垄断法》的严肃性,保证经济活动的正常进行,都有重要意义。那么如何纠正对《反垄断法》关于滥用市场支配地位规定的误读呢?对此笔者提出如下政策建议。

一是最高人民法院应尽快出台《反垄断法》司法解释。对于《反垄断法》执法过程中已经出现或可能出现的各种实际问题,最高人民法院应尽快出台司法解释,对下级人民法院审理反垄断案件的工作予以指导。据媒体报道,最高人民法院关于《反垄断法》的司法解释正在拟议中。[①] 对本文讨论的对《反垄断法》的误读问题,笔者认为,最高人民法院应在拟议的司法解释中强调以下两点:第一,最高人民法院在拟议的司法解释中应详细解释《反垄断法》第17条第1款各项所禁止的滥用市场支配地位行为的确切含义。如果有必要,最高人民法院可以考虑给出一些假想案例来帮助公众对第17条第1款各项的理解;第二,最高人民法院在拟议的司法解释中应强调诉因在反垄断案件中的重要性。从已经判决的反垄断案件来看,当前我国法院审理滥用市场支配地位案件的程序是先判断被告是否具有市场支配地位,然后再判断原告所声称的被告的行为是否属实,最后再判断被告的行为是否"正当"。这样的司法程序其实是违反司法效率的原则的。正确的程序应该是,在确定被告是否具有市场支配地位及被告的行为

---

① "全国反垄断民事诉讼研讨会在内蒙古呼伦贝尔市召开",载 http://www.nmg.gov.cn/nmdt/ArticleContent.aspx? id=43776&ClassId=170&ChannelId=137。

是否属实之前，作为反垄断案件的第一步，法院应先审查案件是否有《反垄断法》上的诉因，即被告的行为是否受《反垄断法》管辖。如果没有《反垄断法》上的诉因，法院就不应适用《反垄断法》，也不应进行市场支配地位等反垄断问题的分析。

二是全国人大常委会应尽快对《反垄断法》作出修正。除最高人民法院出台司法解释外，全国人大常委会也应考虑修改《反垄断法》的某些相关条文，在最大限度上避免误读的产生。笔者认为，全国人大常委会至少应在以下两个方面对《反垄断法》进行修正：第一，虽然《反垄断法》第1章第6条陈述了只有排除或限制竞争的行为才属《反垄断法》所禁止的滥用市场支配地位的行为这一基本原则，但在第3章第17条第1款列举《反垄断法》所禁止的滥用市场支配地位的行为时，这一原则并没有出现在该款的字句中。这也可能是导致很多当事人和法院对该法第17条第1款产生误读的重要原因。所以，全国人大常委会应该考虑对该法第17条第1款作出修正，明确将“排除或限制竞争”作为判断滥用市场支配地位行为的基本条件写进该款。第二，如前文所述，《反垄断法》第17条第1款第1项至第6项所列举的行为并不是《反垄断法》所管辖的滥用市场支配地位的行为的全部。所以《反垄断法》第17条第1款第7项提供了一定程度上的灵活性，允许将第17条第1款第1项至第6项所列举的行为之外的“其他行为”也包括在《反垄断法》所禁止的滥用市场支配地位的行为之列。但按照该项现行的条文规定，只有国务院反垄断执法机构才有权界定这些滥用市场支配地位的“其他行为”。这样做的本意，显然是为了防止该项条文被滥用，但是，《反垄断法》起草者忽视了一点，即《反垄断法》允许对垄断行为提起民事诉讼。[①] 如果允许民事诉讼但是又不允许法院在民事诉讼中对滥用市场支配地位的“其他行为”进行界定，那么民事诉讼中的原告在列举诉讼理由时就只能局限于第17条第1款第1项至第6项所列举的行为。另外，《反垄断法》还允许就反垄断执法机构的决定提起行政诉讼。[②] 在行政诉讼中，法院必然要对反垄断执法机构对“其他行为”的界定是否合乎《反垄断法》作出判断。所以，只要《反垄断法》允许民事诉讼和行政诉讼，界定滥用市场支配地位的“其他行为”的权力就不应该也不可能只由反垄断执法机构来行使。因此，全国人大常委会应考虑将该第17条第1款第7项中“国务院反垄断执法机构”的字眼去掉，修正成“其他排除或限制竞争的滥用市场支配地位的行为”。注意该修正并不会对反垄断

① 《反垄断法》第50条。

② 《反垄断法》第53条。

执法机构的执法权限有任何影响。根据修正后的第 7 项，反垄断执法机构仍然有权界定该法第 1 项至第 6 项所规定的行为之外的何种“其他行为”属于《反垄断法》所禁止的滥用市场支配地位行为。当然反垄断执法机构对“其他行为”的界定也必须是在《反垄断法》所确定的原则下作出。

三是推动我国民事诉讼程序的改革。笔者认为前述两个建议只能有助于减少但不能完全杜绝对《反垄断法》的误读。由于《反垄断法》具有较高的专业性，或由于原告故意曲解《反垄断法》，法院总是会不可避免地收到没有《反垄断法》诉因的反垄断“伪案”。虽然法院在处理这些“伪案”时可以直接判决被告胜诉，但在我国当前的民事诉讼程序下，法院还是需要开庭审理这些案件，这些案件的被告还是要在准备开庭上被迫花费相当多的时间和金钱。出于司法效率的考虑，也出于保护企业不受无理诉讼骚扰的考虑，我国应着手推动民事诉讼程序的改革，允许各级法院直接驳回没有恰当诉因的案件。我国也应当考虑允许被告以动议的方式请求法院驳回没有恰当诉因的案件。总之，驳回没有恰当诉因的案件应该发生在案件初始，而不是在开庭之后。这一民事诉讼程序的改革将不仅仅适用于反垄断案件，也适用于其他民事的案件。

四、结　论

要解决当前我国很多滥用市场支配地位案件实际上是反垄断“伪案”的问题，各级人民法院在审理反垄断案件时就应该加强审查被告被诉的行为是否是在《反垄断法》关于滥用市场支配地位规定的管辖范围之内。对于不在《反垄断法》管辖范围之内的案件，法院不应依据《反垄断法》进行审理。

同时笔者还认为，《反垄断法》并不适用于很多滥用市场支配地位案件，但这并不是说笔者认同被诉企业在这些案件中的行为。由于我国长期的计划经济体制，很多行业尤其是特大型国有企业占支配地位的垄断行业中竞争严重缺乏，广大中小企业和消费者深受垄断之苦。《反垄断法》出台之后，这些企业和消费者以《反垄断法》为武器捍卫自己权益的做法是非常可以理解的。笔者并不是认为我国垄断企业的行为都是合理的，只是想说明，利用《反垄断法》来挑战这些垄断企业的行为在很多情况下是没有恰当的法律基础的。诚如本文开头所述，《反垄断法》在我国是一部“外来法”，它管辖的主要是市场经济下的反竞争行为。而我国大多数垄断行业的问题，则主要是计划经济和行政干预的产物。在我国经济过渡到比较健全的市场经济之前，在涉及垄断企业行为的问题上，《反垄断法》与我国经济生活的相关度必然是有限的。

而且,《反垄断法》在目前阶段的局限性凸显了其他政策和法律在纠正垄断企业不公平行为中的重要性,要纠正垄断企业的不公平行为,《反垄断法》之外的政策和法律大有用武之地。就此笔者有如下3方面的建议:第一,我国垄断企业不公平行为产生的根源,是垄断企业所享有的市场垄断地位。所以解决垄断企业不公平行为的最有效的办法,是推进市场化改革,逐步放宽垄断行业的市场准入,积极培育多头竞争的市场格局。可以想象,在前述讨论的中国移动案和重庆建行案中,如果我国电信业和银行业存在激烈的市场竞争,中国移动和重庆建行就不大可能会对用户实行不合理的收费政策。即使它们实行不合理的收费政策,在竞争性市场中这些不合理政策对消费者权益的损害也是很小的,因为消费者会有其他的选择,会转用其他服务商的服务。第二,在有政府监管部门的垄断行业,政府监管可能会是纠正垄断企业不公平行为的一个有效途径。再以中国移动案和重庆建行案为例,如果手机服务商和银行对用户的差别收费政策的确伤害消费者利益,那么工信部和银监会就应该考虑将两者的收费政策列入政府监管范围。第三,纠正垄断企业的不公平行为,也可能通过更健全、更严厉的消费者权益保护法来实现。当然,随着我国市场经济体制的逐步健全,《反垄断法》在纠正垄断企业不公平行为中的作用会日益显著。总之,为实现促进竞争、保护消费者权益的目的,我国应该采取全局考虑、多头并进的策略。

（2010年第5期）

从"富士康事件"看我国劳动者权益保护机制的缺陷

赵红梅*

2010年1月23日至5月26日,在短短4个月的时间内,我国台湾地区鸿海精密工业股份有限公司在内地投资兴办的富士康科技集团(位于深圳市龙华园的厂区,以下简称深圳富士康)连续发生了13起职工跳楼或割腕自杀事件(以下简称"富士康事件"),造成了10死3重伤的悲惨后果,震惊国内外。此事件发生后,深圳富士康先后采取了一系列行动防止再次发生职工自杀事件,特别是两次宣布大幅加薪,调薪幅度超过66%。① 此外,各地人民政府及劳动行政主管部门先后采取了一系列有针对性的保护劳动者权益的行政干预措施,如深圳市人民政府6月11日宣布,从7月起深圳特区内外最低工资标准统一上调为1100元/月。② 我们当然无法接受脆弱的劳动者以结束鲜活生命为代价换得企业主"良心发现",且我们也不能奢望政府实施的行政干预可一劳永逸地解决劳动者权益保护的大部分问题。我们不得不深刻检讨与反思:"富士康事件"凸显出我国现行劳动法中的劳动者权益保护机制究竟存在哪些缺陷?我们该如何弥补这些缺陷才能防范类似悲剧的再次发生?

一、"富士康事件"反映出"劳动行政监察+劳动者个体维权"模式的弊端

(一)依赖劳动行政监察并不能有效保护劳动者权益

我国现行《劳动法》十分偏重以国家行政权力特别是劳动行政监察手段干预劳资关系,试图以此遏制用人单位违法用工以保护劳动者权益,这实际依循的

---

* 作者单位:中国政法大学民商经济法学院。

① 资料来源网址:http://www.huanqiu.com/zhuanti/tech/fushikang/。

② 深圳市人力资源和社会保障局:《我市调整提高最低工资标准》,资料来源网址:http://www.szhrss.gov.cn/xwdt/201006/t20100611_1546392.htm。

是一种私法公法化理路。

但劳动行政监察的实施效果却并不尽如人意。劳动行政监察机构及人员往往因缺少普遍性执法的条件(编制少)而疏于执法,更常常因乏严格执法的动力而惰于执法,故劳动者权益并未得到切实有效的保护是无须争辩的事实。“富士康事件”暴露出的一个突出问题是职工严重超时加班。我国《劳动法》第41条规定:“用人单位由于生产经营需要,经与工会和劳动者协商后可以延长工作时间,一般每日不超过一小时;因特殊原因需要延长工作时间的,在保障劳动者身体健康的条件下延长工作时间每日不得超过三小时,但是每月不得超过三十六小时。”《劳动法》第90条规定:“用人单位违反本法规定,延长劳动者工作时间的,由劳动行政部门给予警告,责令改正,并可以处以罚款。”对照法律我们再来看一份深圳富士康某职工的工资单:“时间:2009年11月。底薪900元;正常工作21.75天,平时加班60.50小时,报酬469元;周六日加班75小时,报酬776元;工资总额2149.50元。”[①]从这份工资单中我们可以看到,该职工当月收入的60%靠超时加班挣得,其加班时间比《劳动法》规定的加班时间上限整整多出100小时。深圳市人力资源和社会保障局对5044名富士康职工的抽样调查也显示:72.5%的职工被安排超时加班,人均月超时加班28.01小时。[②] 超时加班必然会损害职工的身心健康,对此,深圳市劳动行政监察部门不可能对深圳富士康这样一个有着45万名职工的“巨无霸”企业长期存在安排职工超时加班的严重违法事实不知情,但其却并未通过行政处罚的方式来有效遏制这一违法行为。

更为重要的是,由于劳动行政监察对涉及集体劳动关系的大部分领域不能介入,因而也无法越俎代庖地履行工会的集体协商维权职能。“富士康事件”暴露出的另一个突出问题是职工工资底薪过低,以此维持生计艰难,只得无奈“自愿”接受超时加班。[③] 必须承认,深圳富士康尽管工资底薪低,但并未涉嫌违法,它极为巧妙地刚好达到当时的法定最低工资标准。[④] 到法定最低工资标准就意味着实现了其职工权益的有效保护吗?其实不然。近年来,深圳富士康创造的销售纪录不断地被刷新,然而,其职工的工资水平却一直“低飞”在最低工资标

---

① 陈芸、谢登科等:“让劳动者体面劳动有尊严地生活”,载http://www.gd.xinhuanet.com/newscenter/2010-06/07/content_19995338.htm。

② 同上。

③ 同上。

④ 从2008年7月1日起,深圳市最低工资调整为:深圳特区内最低工资标准为1000元/月,特区外最低工资标准为900元/月。深圳富士康所在区域属于特区外,发生“富士康事件”时执行的最低工资标准为900元/月。参见“特区最低工资标准全国最高”,载http://www.sz.gov.cn/rsj/szsrzhsbj/bsdt/xwdt/200806/t20080603_1461461.htm。

准的边缘。[①] 这反映出类似深圳富士康这样的跨国代工企业，为了以低附加值的劳动力成本争取其产品在国际市场的竞争优势，一再地压缩工资等劳动力成本，企业发展靠的是侵蚀劳动者的健康。

那么，能否通过劳动行政监察打破如此不公正的利益分配格局呢？应该承认，以劳动行政监察直接介入工资利益分配，虽可以为劳动者争取到最低限度的基本工资利益（如上调最低工资标准），但却不能以此为劳动者争取到本该属于他们的实际的正当工资利益。后者即每个用人单位在高于最低工资标准之上向各主要工种劳动者给付的底薪工资和提供的其他劳动待遇，是不能通过劳动行政监察而只能通过企业工会与用人单位的集体协商才能确定的。

比如，2010年5月25日，南京市人力资源和社会保障局发布的《关于2010年企业工资指导线的实施意见》规定，生产经营正常、经济效益较好的企业，应按不低于工资指导线的基准线（即本企业上年度工资水平的12%）安排确定劳动者工资增长；生产经营正常、经济效益好的企业，应按照工资指导线的预警线（即本企业上年度工资水平的20%）安排确定劳动者工资增长；其他有生产经营活动的企业，应按照不低于工资指导线的下线（即本企业上年度工资水平的6%）安排确定劳动者工资增长。[②] 该规范性文件首次将企业是否涨工资列为企业每年的劳动保障证年检和社保缴费基数申报稽核的重要内容，并授权市、区县人力资源和社会保障行政部门依法对企业落实工资指导线、工资总额使用、年度工资增长等工资支付情况进行监督检查。对弄虚作假或者阻碍、拒绝监督检查的，依法进行处罚。[③] 上述地方规范性文件虽具有促进劳资分配公平的较大决心，试图对企业施加强有力的行政干预，以解决某些企业拒绝诚信协商、合理调整劳动报酬的问题，其动机和目的确有正当性。但这种强制用人单位涨工资的制度"创新"却有不当行政之嫌，正如有新闻评论所指出的："把不按政府工资指导线涨工资列入行政处罚、甚至纳入能否通过企业年检的事项范围，违背了市场经济、法治社会的逻辑和常识，系明显的不当行政。"[④]

（二）劳动者个体维权达不到倾斜性保护劳动者权益的效果

我国现行《劳动法》主要将劳资关系当做用人单位与劳动者之间的个体利益冲突来处理，试图通过劳动者的个体维权达到倾斜性保护劳动者权益的效果，

① 陈芸、谢登科等："让劳动者体面劳动有尊严地生活"，载 http://www.gd.xinhuanet.com/newscenter/2010-06/07/content_19995338.htm。

② 宁人社规〔2010〕2号，http://www.njlss.gov.cn/art/2010/5/25/art_1346_61.html。

③ 同上。

④ "'强制企业涨工资'属于不当行政"，载《新京报》2010年6月1日。

这实际依循的是一种特别私法,即私法社会化理路。

在特别私法的视野中,所有的用人单位与劳动者都是个体之人。劳动法即便给予了劳动者倾斜性的保护,保护的对象也只是劳动者个体而非劳动者集体。德国法学大师拉德布鲁赫非常精辟地指出:“私法,或者说‘市民’法……它也不明白什么是劳动者的联合,通过这种联合,单个劳动者这种弱势群体寻求与企业主达成力量均衡……它眼里所看到的只有单个的签约人和单个的雇佣合同。故此……市民法只想见到的是这样单个的劳动者而绝不是通过法律纽带联结起来的劳动者们相互间签订的劳动合同,根本不把企业的劳动者总体看做一个完整的社会统一体,它地地道道地是只见纯粹的树木,不见森林。”①作为特别私法的劳动法相信每个劳动者知道自己想要什么,可以接受什么、放弃什么,并且劳动者的这种判断选择合乎个体理性因而是妥当的,应给予充分尊重。这种将劳动关系主体特别是劳动者一方原子化,并对其个体理性给予充分尊重的法律理念,其实最有利于用人单位控制、剥削劳动者,当然最不利于倾斜性保护劳动者权益。在深圳富士康,过于原子化的职工确实普遍感到个体既无能为力又缺乏集体归属感。在占地2.3平方公里、拥有45万名职工的深圳富士康,“最熟悉的陌生人”是对他们之间关系的贴切描述。②

“富士康事件”暴露出的突出问题除前文已述的工资底薪过低、职工需要经常超时加班外,还包括生产线上机械性的重复劳动非常单调、繁重、密集,工休时间极少,生产和生活管理制度森严等,这些都有损于职工的身心健康。特别私法论者也许认为,职工个体可行使劳动法为他们设立的各项法定权利,通过与企业协商谈判,提高自己的工资和劳动待遇条件;若协商谈判不成,可以“用脚投票”不与之建立劳动关系;即便与之建立了劳动关系,也可以通过离职脱离“苦海”而另谋高就,或者通过申请劳动仲裁、提起诉讼来维护自己受损害的合法正当权益。这种思路其实依然带有资本主义早期调整劳资关系所秉持的“法律达尔文

① [德]古斯塔夫·拉德布鲁赫著:《法律智慧警句集》,舒国滢译,中国法制出版社2001年版,第149~150页。

② 深圳富士康2010年5月中旬曾举行过一场励志交流大会,会上设立了一个游戏,谁能说出同一个寝室所有室友的名字,就可以拿到1000元奖金。遗憾的是,没有人拿走这份奖金。陈芸、谢登科等:“让劳动者体面劳动有尊严地生活”,载http://www.gd.xinhuanet.com/newscenter/2010-06/07/content_19995338.htm。

主义”[①]的思维色彩。在存在经济实力、社会能力强弱对比的人之间,正如日本宪法学者大须贺明所言:“对不拥有财产的人来说……一切权利和自由就有可能会变成无任何实际意义的画饼充饥般的存在。”[②]即便这种权利是现当代劳动法为实现倾斜性保护目标而为劳动者设立的法定权利,也一样可以沦为“画饼充饥般的存在”。

在特别私法的视野中,劳动者个体主要通过行使权利(即自我依靠)的方式来保护自己的合法正当权益。这种法律技术就是承认或赋予权利人即劳动者享有权利,但并不强制义务人即用人单位履行义务。对于特别私法性质的义务,依我国台湾地区学者苏永钦的见解,在绝大多数情形下仅具有“权限”、“要件”的规范内涵,是法律上有权无权或做不做得到的问题,而不是法律上允不允许做、必不必须做的问题。立法者完全没有禁止或强制人为或不为一定“行为”的意思。[③] 借此,即使是《劳动法》中所谓的“强制性规范”,对用人单位来说也并不具有真正的行为强制性,用人单位与劳动者当然可就劳动立法的规定加以变通。确实,劳动者放弃其法定权利,用人单位的法定义务得以宽免,在特别私法上极易获得合理性解释。但这样的法律技术却存在严重的缺陷:某一项劳动法为用人单位设定的义务,如果被理解为特别私法上的强制性规范义务,所谓强制性规范对用人单位就不具有真正的行为强制性,用人单位与劳动者个体就劳动待遇条件必然存在迂回交易的空间,因而,用人单位不必完全忠实履行该法定义务。劳动法若不能强制用人单位履行法定义务,则最终必导致劳动者的一些法定权益形同虚设。[④] 前文论及,“富士康事件”暴露出的一个突出问题是工资底薪过低,职工为获取加班费而无奈“自愿”接受超时加班。对于这些职工来说,他们以损害身心健康为代价换取加班报酬,如此一来,我国《劳动法》第41条为保护他们身心健康而设定的每月不得超过36小时限额加班的法定义务,就这么轻易地被深圳富士康免除了(实际不应被免除)。那么,“自愿”接受超时加班的富士

---

① 在“法律达尔文主义”时代,美国1899年的一项判决意见问道:“在具备行为能力的当事人之间,立法机关有什么权力假定,需要得到保护,去对付另一类人呢?”当时的法院这样理解规定雇佣条件的法律:这种法律为劳动者设置了监护,使他们成为国家的受监护人,从而把他们看成了低能的人。这是“一种把劳动者置于立法机关的监护之下的侮辱性的企图……降低了他的人格”。参见[美]伯纳德·施瓦茨著:《美国法律史》,王军、洪德、杨静辉译,中国政法大学出版社1997年版,第138页。

② [日]大须贺明著:《生存权论》,林浩译,法律出版社2001年版,第12页。

③ 苏永钦著:《走入新世纪的私法自治》,中国政法大学出版社2002年版,第20页。

④ 赵红梅:“劳动法:劳动者权利义务融合之法——社会法的视角且以加班工资为例”,载《上海财经大学学报》(哲学社会科学版)2010年第2期。

康职工,可否就他们受到的身心健康损害,依据我国《劳动法》第 89 条①和《劳动合同法》第 80 条②关于用人单位直接涉及劳动者切身利益的规章制度违反法律、法规规定给劳动者造成损害的,应当承担赔偿责任的规定,要求深圳富士康予以赔偿呢? 答案是基本不能。因为富士康职工超时加班而受到的身心健康损害大多无法具体厘定;更为主要的是,深圳富士康不拖欠作为他们身心健康"等价交换物"的加班费一分一厘,按德国私法学者巴尔的侵权行为法理论,这是一种"受害人同意行为",这里的同意使被告故意的加害行为失去了加害性,并使原告放弃由此导致的损害赔偿请求权。③

二、工会集体协商维权是劳动者权益保护的有效机制

工会集体协商维权所构建的法律关系秩序为劳动者的有机团结,而劳动者的有机团结强调劳资关系主要被当做用人单位与劳动者集体(甚至用人单位集体与劳动者集体)之间的利益博弈来处理,这实际依循的是一种社会法④理路。

社会法基于对人(法律关系主体)的识别赋予人以集体品性。笔者认为,社会法中的"人"是以集体又称为"社会共同体"的形态存在着的。在社会法的视野中,所有的人都是集体之人,都是一群人而不是一个人;用人单位面对的劳动者是一群人,用人单位本身其实也是一群人。拉德布鲁赫非常精辟地阐述了作为社会法的劳动法对人的集体性识别:"而劳动法的本质则是:极限地接近生活。它与抽象的市民法不一样,其眼里……不只是单个人,而且也是联合会和企业……它把单个的人看做联合会的一员,企业的一员,最终也是整个经济和社会的一员,带有一切自我生成的动力,这就是共同体感觉,或至少是放大了的自我主义的动力,我们把它称为有机团结(连带)。"⑤与前文论述相反,劳动者的有机团结最不利于用人单位控制、剥削劳动者,最有利于倾斜性保护劳动者权益。让

① 《劳动法》第 89 条规定:"用人单位制定的劳动规章制度违反法律、法规规定的,由劳动行政部门给予警告,责令改正;对劳动者造成损害的,应当承担赔偿责任。"

② 《劳动合同法》第 80 条规定:"用人单位直接涉及劳动者切身利益的规章制度违反法律、法规规定的,由劳动行政部门责令改正,给予警告;给劳动者造成损害的,应当承担赔偿责任。"

③ [德]克雷斯蒂安·冯·巴尔著:《欧洲比较侵权行为法》(下卷),张新宝译,法律出版社 2004 年版,第 603 页,注释 158。

④ 关于"社会法"概念的解释,详见赵红梅:"第三法域社会法理论之再勃兴",载《中外法学》2009 年第 3 期。笔者所谓的社会法系公法与私法以外之第三法域。

⑤ [德]古斯塔夫·拉德布鲁赫著:《法律智慧警句集》,舒国滢译,中国法制出版社 2001 年版,第 150 页。

我们记住法国大思想家涂尔干的这些团结主义话语："我们希望我们的力量能够聚集起来，而不像以前那样各自为战，我们的目的就是要把以往在广度上所失去的强度重新找回。"①

在今天的德国，劳动法虽被德国劳动法学家杜茨认为首先是特别私法，大多在名义上被置于私法理论体系之中，在这样的认知格局下，劳动争议通常被认为属于个别劳动关系而归特别债法调整，其法律救济也主要是通过允许雇员对雇主提起民事诉讼的方式来进行的。②

但是，其中不属于特别私法的另一部分则被认为属于公法的范畴，并主要运用行政监察、刑罚等法律技术加以干预。③ 毋庸置疑的是，现代德国所谓属于"特别私法"的劳动法已高度社会法化，那些劳动争议双方可以协商让与、放弃某些权利的"私法自治"原则已时常被摒弃，绝大部分劳动法规范已属于《德国民法典》所谓的"必须条款"（违反必然导致无效），④确定无疑地成为典型的社会法规范。如依据德国《联邦休假法》，雇员法定休假长度最少为24个工作日，对此利益，雇员根本不能通过放弃债权来处置。⑤ 特别重要的一点是，德国像其他发达国家一样，惯于由工会与雇主协会出面谈判协调签订集体合同，工会组织的劳工斗争也十分活跃，⑥并且这些为德国劳动法中最具特色的部分。其中工会组织的劳工斗争"为集体合同双方提供工具，借助于这一工具在紧急情况时，通过向对方施加共同一致的压力，以强制推动实现规范目标"。⑦

杜茨指出："工会的重要任务是，成为和雇主实力平衡的集体合同伙伴。"⑧需要注意的是，在国外，工会为实现这种平衡所采取的行动绝非仅具有制衡雇主的效果而不通过有限剥夺分散雇员个体劳权的自由达到这样的效果。作为工会会员的雇员，其与雇主之间原本存在的直接缔约自由的一部分，就此不得不让位于工会作出的选择与安排。如美国最高法院1969年判决的斯科菲尔德诉劳工委案（Scofield v. NLRB）中，工会迫使雇员（即其会员）服从一项车间规则，因为

---

① ［法］埃米尔·涂尔干著：《社会分工论》，渠东译，上海三联书店2000年版，"导言"第5页。

② ［德］W. 杜茨著：《劳动法》，张国文译，法律出版社2005年版，第1、41页。

③ 同上，第173页。

④ 《德国民法典》严格区分"应当条款"（Soll – Vorschrift）和"必须条款"（Muss – Vorschrift）。Siehe Creifelds Rechtsw terbuch Soll – Vorschrift 词条（Creisfel ds Rechtsw terbuch，19 Aufl.，2007，S. 1053）. 本注释德文资料的获取得到德国弗莱堡大学齐松和张抒涵君的帮助，特此致谢。

⑤ ［德］W. 杜茨著：《劳动法》，张国文译，法律出版社2005年版，第95页。

⑥ 同上，第192～273页。

⑦ 同上，第231页。

⑧ 同上，第22页。

雇主付给雇员的工资是按件计酬或按其他带刺激性的基准计酬。工会担心如果一般雇员按血汗工厂的速率生产，雇主就会把那个速率作为可接受的最低限额。所以，工会制订了一个最高生产限额，雇员可以超过那个限额生产，但禁止立即索要超额的报酬。他们只能将多余的产量像存款那样“存”起来，以备有时机器出毛病或其他原因达不到那个限额时作为补充。违反这条规则的雇员将被工会处以罚款。① 我们知道，自由主义者肯定不喜欢这种对雇员个体劳权自由加以剥夺进而打击雇主的“撒手锏”，如新自由主义的旗帜性人物哈耶克曾指出：“工会能够对雇主行使的任何真正的强制权力是它对其他工人拥有的基本强制权力的结果；如果剥夺了工会胁迫其他工人非自愿地提供支持的权力，对雇主的强制就会失去大部分令人不快的特征。”②但有效发挥工会集体协商维权的作用进而形成劳动者有机团结，是现当代国外通行的劳动法理念。经验表明，工会集体协商维权是实现雇主与雇员实力平衡的最有效的法律利器。至于其可能产生的负面效用（如罢工破坏社会秩序），通过合理的制度安排，大部分都能消泯或起码得到必要控制。

与上述不同，我国现行《劳动法》规定的工会集体协商维权这一可有效实现劳动者权益保护目标的机制却根本没有发挥其应有的作用。一方面，我国各地工会组织从 20 世纪 90 年代中期就开始推行集体协商制度，特别是行业性、区域性工资集体协商取得了一定发展，工资方面的集体合同已覆盖了相当多的企业和职工。③ 然而一些行业性、区域性集体合同的覆盖面虽有所提高，但其中通过政府行政干预和上级工会一手操办走过场式订立的居多（还流于形式），企业工会尚未真正代表劳动者集体参与其中并发挥决定性作用。另一方面，我国《工会法》第 20 条第 4 款④的规定实际上为工会依法追究用人单位违反劳动法的责任、提起集体仲裁和诉讼以维护劳动者集体权益留下了法律操作空间，但遗憾的是，该规定始终未得到贯彻落实。确实，如果单看《工会法》、《劳动法》和《劳动合同法》规定的内容，人们会误认为我国工会组织非常完备、功能非常强大。然而工会特别是最为重要的企业工会，组织机构还残缺不全，在忠实履行法律职责

---

① [美]道格拉斯·L. 莱斯利著：《劳动法概要》，张强等译，中国社会科学出版社 1997 年版，第 21 页。

② [英]冯·哈耶克著：《自由宪章》，杨玉生等译，中国社会科学出版社 1998 年版，第 419 页。

③ 兰海燕：“全力推进工资集体协商实现多方共赢”，载 http://www.acftu.org/template/10004/file.jsp?cid=222&aid=83586。

④ 2010 年文本《工会法》第 20 条第 4 款规定：“企业违反集体合同，侵犯职工劳动权益的，工会可以依法要求企业承担责任；因履行集体合同发生争议，经协商解决不成的，工会可以向劳动争议仲裁机构提请仲裁，仲裁机构不予受理或者对仲裁裁决不服的，可以向人民法院提起诉讼。”

方面尚障碍重重。例如,2008年广东佛山南海本田零部件制造有限公司正式成立工会组织。成立前该公司曾组织全体职工进行过一次工会委员选举,在一张选票中有多位候选者,职工从中选出7人担任工会委员,而候选者均为该公司领导。① 再如,深圳富士康自1996年起投资兴建,2000年年初正式运行,但直到2007年年底才成立工会组织。工会成立后仅有的15名专职人员也未能有效发挥维权职能,绝大多数职工根本得不到它的关怀和帮助。深圳市总工会所作的问卷调查显示,在深圳富士康,工会被职工列为"最少求助"的对象。② 针对深圳富士康存在的诸多问题,其实经由劳资集体博弈基本即可妥善解决;反之,即便经由劳动行政监察或劳动者个体维权,若缺失劳资集体博弈通常也无法产生倾斜性保护劳动者权益的实际效果。最近一段时间内,用人单位普遍随着各地政府调高最低工资标准而调高了底薪,但他们中的一些外商投资企业为劳动者设定的基本劳动任务量也随即大幅调高。如广东东莞一家日资电子厂在2010年6月将底薪从770元调高到920元(上涨了19%);以前工人们8小时加工6000个零件即可拿到底薪,但现在这一指标已调整到9000个(上涨了50%)。③ 也就是说,一些外商投资企业已巧妙地通过增加劳动强度化加薪于无形,劳动者因此受到了更残酷的剥削。可以说,工会集体协商维权机制不健全,已成为我国《劳动法》难以实现劳动者权益保护目标的最大"软肋"。2010年6月5日,全国总工会发出《关于进一步加强企业工会建设充分发挥企业工会作用的紧急通知》,④相信在不久的将来,有助于实现劳动者集体权益保护目标的工会集体协商维权机制将会切实地发挥其应有的作用。

三、强化与完善工会集体协商维权机制

现在我们面临的严峻课题已不是该不该而是如何强化与完善工会集体协商维权机制,而其中的当务之急是推进我国企业工会的组建与运行。

我国企业工会的组建与运行确实存在严重问题,特别是其中一些根本不能起到真正代表劳动者利益的作用,如前述广东佛山南海本田零部件制造有限公

① 陈先锋等:"加薪潮下的中国工人",载《国际先驱导报》2010年6月18日。

② 陈芸、谢登科等:"让劳动者体面劳动有尊严地生活",载 http://www.gd.xinhuanet.com/newscenter/2010-06/07/content_19995338.htm。

③ 陈先锋等:"加薪潮下的中国工人",载《国际先驱导报》2010年6月18日。

④ 全国总工会:"进一步加强企业工会建设充分发挥企业工会作用",载 http://www.acftu.org/template/10004/file.jsp? cid=222&aid=83564。

司即为一例。于是，我国有一些学者特别强调借鉴某些西方国家的模式，实行劳动者自主结盟、团结自治。如劳动法学者张国文指出，我国劳动立法的致命缺陷是"忽略私法规范……在集体劳动法领域重视运用私法规范，应以确定当事人意思自治原则为前提"。[①] 我国一些地方还尝试了由劳动者直接推选企业工会代表及负责人的改革。如2007年山西临汾市决定在100家非公有制企业中进行直选工会主席的试点工作。7月1日，直选在该市尧都区四通煤矿正式启动。该矿严格按照直选的有关规定，充分尊重职工的意愿，候选人的产生采用组织推荐和会员联合推荐以及会员自荐的办法，同时作出了候选人不能是企业行政负责人、合伙人及其近亲属等明确规定。经过筹备组和上级工会组织严格审查、张榜公布等一系列程序，直选中4名候选人依次进行了激烈的竞职演讲，最终1名一线工人当选为工会主席。[②] 这样的理路其实依然没有违反"私法自治"原则。"私法自治"的本质是私人事务之处理，应尽量尊重私人自己或他们相互之间的选择结果（如全体劳动者共同认可的集体合同），适用民间自发形成的规则，消除或减少一切私法关系当事人以外的国家强制性干预和社会共同体及其他社会成员的介入性干预。在私法学者看来，私法中的人"被视为为了达到其营利目的而'进行最合理的行动的人'，因而是不需要依据法律来'监护'的'我行我素的人'"，[③]能够处理安排好自己的事务，别人不必担忧，更不能代替其作出选择。因而，他们之间的事务是私人事务，他们之间的关系是私法关系，不经由他们以外的力量（国家、社会）的介入，通过其自主、自觉的行动，就完全可以处理安排好。然而，笔者认为，目前我国工会的组建与运行不适宜实行劳动者自主结盟、团结自治的模式。理由是：其一，广大人民包括劳动者的有机团结意识尚十分淡漠，即使于经济生活领域赋予其自主结盟、团结自治的权利，不积极行使这一权利、长期形不成有机团结的概率也将非常高。其二，劳动者相对于用人单位处于经济从属地位，而所谓"枪打出头鸟"，若单纯由劳动者自主组建与运行企业工会，其代表特别是负责人一定存有与用人单位对立必遭报复（解雇）之忧而不敢真正充当劳动者集体权益的代言人，甚至特别容易被用人单位所"俘获"而沦为其傀儡。故我国企业工会之组建与运行应另辟蹊径。

但是，一些地方尝试加强企业工会建设的改革则从一个极端走向了另一个极端，即虽不简单实行劳动者自主结盟、团结自治，但却完全由上级工会安排操

---

① ［德］W. 杜茨著：《劳动法》，张国文译，法律出版社2005年版，"译者前言"第2页。

② 苏建华："非公有制企业工会主席直选工作在尧都区四通煤矿正式启动"，载 http://www. linfen. gov. cn/Article_Show. asp? ArticleID = 3245。

③ ［日］星野英一著：《私法中的人》，王闯译，中国法制出版社2004年版，第44页。

控。如辽宁省鞍山市总工会从2005年下半年开始,试行向非公企业直接委派工会主席人选,探索非公企业工会干部职业化。① 对此,笔者认为,这样的改革仅突出了上级工会的作用,容易使企业工会演变为只对上级工会负责的半官僚化组织,广大劳动者并不一定认可如此组建与运行的企业工会为真正代表他们利益的组织。

对于我国企业工会之组建与运行,不应忽略的关键一点是发挥更广泛社会集体力量的作用(实行"社会他治")。"社会他治"是笔者对应于"私法自治"创设的一个概念,②系指社会法中的事务是集体共同事务,集体关系是"群"内或"群"间的关系,经由国家立法所确立或认可的代表集体正当利益的社会组织及个人的力量可以达成善治。按我国社群主义政治哲学学者俞可平的理解,善治意味着国家权力向社会回归,其过程是一个还权于民的过程。③ "社会他治"的实质仍借助各种非国家的社会力量去实际纠正"私法自治"的偏误以实现集体公益,表现为一些适格的组织及个人作为法律所认可的某种集体公益的恰当代表对集体关系作出判断、选择与安排,这样的组织及个人实施"社会他治"的正当性基于其具有被法律所赋予的实现集体公益之角色资格。"社会他治"理念存在这样一种人性认知假设:国家等公共组织以外的社会组织及个人,并非如人们一般理解的那样仅天然为自私利己之人,通过法律的识别、拟制,他们也可成为克私利公之人。④ 因而,他们从事"社会他治"行为一定不基于(或不主要基于)单纯实现自身经济利益的自利性目标,我们对法律挖掘出他们潜意识中可能具有的公共(集体)理性应该有一些合理的期待。笔者曾就此向一些专家学者和律师求证,他们大多表示愿意依法(量力而行)介入企业工会的组建与运行,即便不获取任何报酬。其理由是可以体现自身的社会价值,自己会为此感到很有成就感。

在我国,企业工会的组建与运行,不仅需要上级工会的大力扶助和广大劳动者的积极参与,而且需要创设法律制度规范吸收更广泛社会力量鼎力支持,我们应为上级工会、社会集体力量与劳动者三者找到恰当的协同组合面。笔者就此

---

① 鞍山市总工会:"我市委派工会主席已覆盖200家大中型非公企业",载http://www.asgh.gov.cn/main/News.asp? id=3245。

② 笔者借鉴了德国学者克尼佩尔在论及旨在保护社会弱者立法的一般趋势时的语句:"存在或可能存在'他治'(Fremdbestimmung)的地方。"参见[德]罗尔夫·克尼佩尔著:《法律与历史——论德国民法典的形成与变迁》,朱岩译,法律出版社2003年版,第198页。

③ 俞可平著:《权利政治与公益政治》,社会科学文献出版社2005年版,第149页。

④ 赵红梅:"自私利己之人与克私利公之人——私法与社会法人性区别解析",载《中国政法大学学报》2010年第2期。

提出如下具体建议:第一,企业工会由上级工会牵头组建并监督其运行,彻底摆脱其对企业的依附隶属性。第二,企业工会由上级工会派出人员(1/5)、企业劳动者代表(2/5)、外聘社会贤达人士如愿意从事该公益事业的专家学者和律师(2/5)共同组成,①后一类人选和企业工会负责人由上级工会差额提名经本工会全体劳动者表决确定,劳动者无人愿意担任企业工会代表就相应增加外聘社会贤达人士担任企业工会代表所占比例。第三,企业工会外聘社会贤达人士担任企业工会代表的少量酬金及其他活动经费,依我国《工会法》第42条规定由工会经费负担。第四,集体合同和工会作出的重大决议应征求全体劳动者的意见并实行多数决,但有些事项依法也可不经过表决直接作出,特别是应淡化企业工会组成中劳动者代表的作用,以对他们形成有效保护。第五,法律应进一步明确企业工会负责人与其他组成人员的权利、义务,特别是明确违反法定义务损害劳动者集体权益应承担的法律责任。

四、结　　语

上述分析论证表明"富士康事件"充分反映出我国现行《劳动法》主要以"劳动行政监察+劳动者个体维权"模式实现劳动者权益保护有很大的缺陷,该模式中的两种机制实质上并未能有效保护劳动者权益或者达不到倾斜性保护的效果。今后我国《劳动法》应着力强化与完善企业工会集体协商维权机制,特别应首先推进企业工会的组建与运行。

(2010年第8期)

① 既往专家学者和律师往往以上级工会或劳资一方委托之法律顾问的身份参与劳资纠纷解决。在此笔者建议他们直接担当工会代表介入工会组建与运行。这有点类似于独立董事介入上市公司治理,但又与之有很大不同。独立董事制度设计的商业化色彩太过浓重,因而广受诟病。

由竞业限制经济补偿争鸣引发的思考

——兼与叶静漪教授商榷

董保华*

2010年1月19日的《中国青年报》上有一篇报道曾引起了各方的关注，即“劳合法实施2年劳动争议案井喷　新工人求职更难”。而引起笔者关注的则是其中叶静漪教授的说法：“有些地方为了统一审判和仲裁口径，出台了一些地方性的实施办法和内部规定，例如上海市高级人民法院出台的《关于适用〈劳动合同法〉若干问题的意见》（沪高法〔2009〕73号）‘错误地解释了《劳动合同法》’。”①学者在这里言词激烈，但却没有说理和分析。不久，笔者又在《工人日报》上看到了类似的指责：“对此，有关人士不无忧虑地表示，法律虽然规定了有利于劳动者的条款，但如果地方法院出台的指导意见与法律意旨不同甚至相反，不仅损害了法律的权威，鼓励了企业钻法律空子，更是对劳动者维权意识的打压。”②这篇报道也让人们想起了《工人日报》之前的一篇报道。③ 而在最近的一些研讨会上，这种言词激烈，却又语焉不详的指责大有蔓延之趋势。对此，笔者希望以一种较为学术的方式来讨论这种指责。经过检索发现，叶教授对上海市高级人民法院的指责有具体内容的仅仅是在关于竞业限制经济补偿方面：“劳动者在原单位未支付经济补偿金时，并不享有立即解除竞业限制协议的权利，而是可以要求原单位支付经济补偿金。”“在竞业禁止协议没有规定经济补偿费的情况下，原劳动者仍有权要求被申请人就其竞业禁止义务支付合理的经济补偿；但经济补偿条款之缺乏，不导致竞业禁止协议整体无效。问题是这样的规定对劳动者是否公平？这种规定实际上增加了劳动者的维权成本。”④这种质疑并不

---

* 作者单位：华东政法大学。

① “劳合法实施2年劳动争议案井喷新工人求职更难”，载《中国青年报》2010年1月19日。

② 王娇萍：“法律的权威性不容损害——一些地方法院指导意见有违《劳动合同法》规定现象聚焦”，载《工人日报》2010年2月8日。

③ “劳动合同法草案中保护劳动者的过高标准根本无法实行，有‘贵族法’和‘观赏法’之嫌。”“与劳资对立相比，专家学者阵营的分裂似乎更堪玩味。一些专家学者看似‘公允’的言论似乎难逃资方代言人之嫌，无形中扩张着资方的立法话语权。”“劳动合同法：只有倾斜才有平衡公平”，载《工人日报》2006年7月10日。

④ 叶静漪：“‘竞业限制条款的劳动合同立法建议’全国部分城市劳动争议审判实务参会论文汇编”，载《劳动法理论与审判实务》2005年6月（福州），第170页。

符合实际,在竞业限制协议没有规定经济补偿的情况下,上海是有具体标准提供给法官来进行认定的。当然,作为一种学术观点其立论基础可以讨论。

一、劳动合同立法前对竞业限制经济补偿的争鸣

在劳动合同立法前,我国因员工恶意"跳槽"导致企业商业秘密流失已成较为普遍的事实。保护商业秘密的传统手段主要是依据《反不正当竞争法》来追究员工的民事侵权责任,但由于举证困难,很多企业也只能望"密"兴叹。于是,通过约定离职后"竞业限制"的方式来追究员工的违约责任渐渐成为企业的主要权杖。在我国的司法实践中,对竞业限制协议效力持认可的态度,这一点从国家科委与劳动部的有关规定中可以看得很清楚。其中的主要分歧在于竞业限制协议履行过程中的抗辩权。

合同的全部意义与终极目的在于履行。法律也希望私人之间的交易能够按照当事人之间确立的法律——合同来进行。竞业限制协议作为一种双务合同,一经签订,用人单位与劳动者都应当全面、适当的履行。竞业限制作为一种劳动者不作为(不去竞争对手的企业工作)、用人单位作为(支付补偿)义务,是应当按照双方依法确立的协议来执行的。恪守合同,依合同规定的条款履行义务并享有权利,虽是合同的主要目的及基本意义所在,但在有的情况下若教条地信守这一原则,就会使当事人的权利义务发生极大的不公平。为避免这种不公平现象的出现,法律特别规定了当事人的抗辩权。由于《劳动法》未对抗辩权进行规定,各地主要参照《中华人民共和国合同法》(以下简称《合同法》)来进行制度设计。涉及当事人抗辩权的一种典型情况是,在用人单位未支付经济补偿金的情况下,劳动者是否可以免除竞业限制义务,对此,各地对履行过程中的抗辩权有不同的理解,也作出了不同的制度安排。

抗辩权又称异议权,是指对抗请求权或者否认他人权利主张的权利。其作用是使对方的权利受到阻碍或者消灭。根据抗辩权是使对方的权利永久性地消灭还是暂时地受阻,可以区分为永久的抗辩权和一时的抗辩权。竞业限制涉及的是永久的抗辩权。在用人单位未支付经济补偿金的情况下,劳动者是否可以永久地免除竞业限制义务?如果可以,那么又该如何免除?而且抗辩权又可分为同时履行抗辩权和后履行抗辩权。① 上海、深圳分别据此进行了不同的制度

① 孔祥俊著:《合同法教程》,中国人民公安大学出版社1999年版,第300页。

设计,两地的做法基本上可以代表长江三角洲和珠江三角洲这两个经济最活跃地区的思考。

同时履行抗辩权是指在未约定先后履行次序的双务合同中,当事人一方在对方未为对待给付之前,有权拒绝履行合同义务的权利。在双务合同中,一方的权利与另一方的义务之间存在着相互依存、互为因果的关系。《合同法》第66条规定:“当事人互负债务,没有先后履行顺序的,应当同时履行。一方在对方履行之前有权拒绝其履行要求。一方在对方履行债务不符合约定时,有权拒绝其相应的履行要求。”这种“一方在对方履行债务不符合约定时,有权拒绝其相应的履行要求”就是一种同时履行抗辩权。①

上海市劳动和社会保障局在《关于实施〈上海市劳动合同条例〉若干问题的通知(二)》中规定:“用人单位与负有保守用人单位商业秘密义务的劳动者在竞业限制协议中对经济补偿金的标准、支付形式有约定的,从其约定。因用人单位原因不按协议约定支付经济补偿金,经劳动者要求仍不支付的,劳动者可以解除竞业限制协议。”除双方当事人另有约定外,上海将用人单位支付经济补偿金义务与劳动者履行竞业限制义务理解为未约定先后履行次序的双务合同义务。劳动关系一结束,劳动者已经处在履行竞业限制义务的状态上,用人单位应当及时支付经济补偿金。用人单位不及时支付经济补偿金,劳动者应当要求其支付;经劳动者要求,用人单位仍不支付的,劳动者才可以解除竞业限制协议,并可主张其已履行义务的对价。

后履行抗辩权是指当事人按照约定在履行时间上互有先后。《合同法》第67条规定:“当事人互负债务,有先后履行顺序,先履行一方未履行的,后履行一方有权拒绝其履行要求。先履行一方履行债务不符合约定的,后履行一方有权拒绝其相应的履行要求。”《深圳经济特区企业技术秘密保护条例》第19条明确规定,企业违反竞业禁止协议,不支付或无正当理由拖欠补偿费的,竞业禁止协议自动终止。照此规定,劳动者所负有的不竞业义务与用人单位所负有的支付不竞业补偿金义务,具有先后的履行顺序。用人单位负有先支付义务,在用人单位的义务履行完毕以后,劳动者才有履行的义务。只要用人单位不支付或无正当理由拖欠补偿费的,劳动者就可以行使后履行抗辩权,不再履行竞业限制义务。

以上分歧实际上涉及竞业限制协议作为一种双务合同,双方当事人承担的到底是一种同时履行义务,还是先后履行义务的问题。笔者认为,竞业限制义务

① 孔祥俊著:《合同法教程》,中国人民公安大学出版社1999年版,第300页。

应以同时履行为特征。从劳动者方面来看,竞业限制条款使竞业限制协议成为“附条件协议”,条件成就时合同生效。作为一种离职竞业限制,只要离职这一事实出现时,就会产生竞业限制义务,这种义务是一种不与用人单位发生竞争关系的不作为义务。劳动者一经离职就自然处在履行这种不作为义务上,否则劳动者就已经处在违约的状态上了。如果劳动者违约在先,其行使的当然不是抗辩权了。从用人单位方面看,要求其支付竞业限制经济补偿金而非劳动报酬时,已经排除了用人单位先履行义务的可能性。作为一种制度安排,经济补偿金只能发生在离职时,不能提前。如果允许经济补偿提前发放,经济补偿金将成为工资的一部分,等于否定了经济补偿的存在。

若依先后履行义务的模式,我国将等于实行竞业限制的多要件模式,只要一个要件不成立,竞业限制义务也就不存在了。这样一来违约一方往往会故意甚至于是恶意地让其中一个要件不成立,以不正当的方式免除竞业限制义务。由于寻找和转换工作本身存在着一定的成本,既涉及待遇也涉及信誉,有时这一成本是相当高昂的,尤其是这一成本往往是发生在离职之前,即劳动者是先找好工作再行离职的。在先后履行义务的模式下,一些用人单位可能会恶意地利用这一时间差。在劳动关系结束时,一些单位往往要求劳动者告知新的用人单位,①以调查劳动者是否去竞争对手处工作,如果去了非竞争单位,只要不支付补偿金,就等于自动免除竞业限制义务,而这时劳动者如想再去竞争单位工作,就要承受高昂的转换工作的成本。而如果劳动者去了竞争对手处工作,则又可以劳动者违约为由免除支付义务。反之,劳动者也可能会恶意地利用这一模式,如果其希望违约去竞争对手处工作,先后履行义务的模式也为其提供了规避法律的方式,只需让用人单位无法及时付款,便可轻松地免除竞业限制义务。而且,经济补偿金无法提前支付的性质,以及工资转账的支付方式也为这种操作提供了便利,如劳动者注销自己的工资账户,用人单位就无法付入经济补偿金,竞业限制义务就会被自动免除。

所以说,在我国目前的诚信状况下,同时履行的方案更为可行,制度漏洞也较小。在同时履行的模式下,双方都应当在同一时间开始履行自己的义务。只要劳动者没有去竞争对手处工作,用人单位就需要支付经济补偿金。用人单位免除竞业限制义务,应当视为一种解约行为,须承担解约的成本。②

---

① 由于涉及社会保险的转移、退工证明的办理、经济补偿金的支付,这是一个合理的理由。

② 董保华著:《十大热点事件透视劳动合同法》,法律出版社 2007 年版,第 170 ~ 174 页。

二、劳动合同立法中对竞业限制经济补偿的争鸣

用人单位支付经济补偿义务与劳动者竞业限制义务到底是怎样的关系？在《劳动合同法》起草的特定氛围中，某些学者从降低劳动者维权成本这样一种单方保护的观点出发，有时表述为同时履行，有时表述为先后履行。叶教授的同一篇文章的表述就属于这种情况。就同时履行而言，其认为，经济补偿的支付时间显得十分重要："故应将给付补偿金的支付时间确定为'劳动合同终止或者解除的同时'。"①同时强调经济补偿支付的时间不能早："考虑到现在有些用人单位巧立名目，主张平时所付报酬中就有部分是竞业限制补偿"；也不能晚："用人单位未按照约定向劳动者支付竞业限制经济补偿时的"，"竞业限制协议失效"。那么该如何执行这种所谓的"同时"呢？显然找到一个法定的时点最为关键，按照劳动部的规定，这一时点似乎应当是劳动合同终止或者解除当日的零点，这完全是一种机械的同时履行义务。在这里我们看到了"同时履行义务"的夸张版。就先后履行义务而言，叶教授认为，"用人单位未按照约定向劳动者支付竞业限制经济补偿的"，劳动者可以此为由"主张竞业限制条款或者竞业限制协议失效"。② 为什么劳动者可以主张协议失效呢？显然这里有用人单位应当先行承担义务，而用人单位没有先履行，劳动者行使后履行抗辩权的逻辑。为使这种"失效"更有力度，叶教授还主张"在讨论竞业限制条款或者竞业限制协议的效力时"将"随时通知"之时、"立即解除"之时等概念引入，以强化这种近乎"同时"的先后效果。③ 在这里我们又看到了"后履行义务"的夸张版。

当这两种矛盾的夸张版结合在一起，并以"同时"、"之时"作为时点的时候，就呈现出了这样一种情景：在一个解除、终止劳动关系的法定时点（零点），双方当事人都在紧张地等待午夜的钟声，在最后一声钟响时，用人单位要迅速地履行支付经济补偿的义务，不能早也不能晚；劳动者也在等待这"随时通知""立即解除"的时刻。试想，经济补偿金如果掉落在地上，理论上说，"随时通知"、"立即解除"、"之时"便生效了。守法变得如此艰难，而违法却可大行其道。

值得关注的并不是这种表述，而是这样"之时"的表述竟然被写入了公开讨

---

① 叶静漪："'竞业限制条款的劳动合同立法建议'全国部分城市劳动争议审判实务参会论文汇编"，载《劳动法理论与审判实务》2005年6月（福州），第170页。

② 同上。

③ 同上。

论的《劳动合同法(草案)》(一审稿):"用人单位与劳动者有竞业限制约定的,应当同时与劳动者约定在劳动合同终止或者解除时向劳动者支付的竞业限制经济补偿。"理解这样的条款,应当理解当时的氛围。事实上当时争论最大的还不是履行的规定,而是关于竞业限制经济补偿数额的表述:"其数额不得少于劳动者在该用人单位的年工资收入。劳动者违反竞业限制约定的,应当向用人单位支付违约金,其数额不得超过用人单位向劳动者支付的竞业限制经济补偿的3倍。"无论是3个月,还是24个月的竞业限制,都需要支付"年工资收入";违约者的最大赔偿额也只是3倍,远低于商业秘密的价值。鼓励违约在这里有了更明确的表述。这种哪怕不干活也拿正常收入的想法,等于对竞业限制的禁止,事实上大部分企业也无法负担如此高昂的补偿。据说法国的补偿标准是最高的,但也仅为年工资的50%,没有高到100%。其实,竞业限制是对劳动能力进行限制,而不会导致劳动能力丧失,按年工资的100%加以补偿没有依据,企业也难以承受。① 所幸的是,这些学者的观点最终没能影响立法。在竞业限制问题上,由于全国人大代表的强烈反对,②总体说来还是以一种较为务实的态度来进行规范的。

其实,叶教授以"劳动者在原单位未支付经济补偿金时,并不享有立即解除竞业限制协议的权利,而是可以要求原单位支付经济补偿金"和"经济补偿条款之缺乏,不导致竞业禁止协议整体无效"为批评对象,对上海的做法进行指责时,其本身就没有搞明白这是两个不同的问题。前者是合同履行而非订立的问题,劳动者要求原单位支付经济补偿金本身就是一种合同规定的履行方式;后者是条款欠缺问题,只要有具体的履行规则,并非一定要将合同判定为整体无效。

三、劳动合同立法后对竞业限制经济补偿的争鸣

在劳动合同立法后,由于某种主客观因素的影响,单方保护的思维开始对司法实践产生了影响。在客观上,《劳动合同法》对竞业限制与经济补偿的关系采取了回避的态度,从而使这一问题有了进一步解释的空间;在主观上,当《劳动合同法》借助"黑砖窑"事件得以通过时,学术问题道德化、政治化有了进一步拓展的余地。之前的所谓上海模式和深圳模式也有了不同程度的更新,只是这种

---

① "专家热议竞业限制补偿标准",载《上海证券报》2005年12月28日。

② "竞业限制补偿标准成为劳动合同法草案审议焦点话题",载《云南日报》2005年12月28日。

更新的方向似乎不同而已。

在《劳动合同法》公布后，上海基本上延续了原有的规定，仍然依据同时履行抗辩权的原理进行阐释，未按约支付经济补偿金，只能导致用人单位的违约，劳动者可请求原用人单位支付竞业限制的补偿金。《上海市高院关于适用〈劳动合同法〉若干问题的意见》进一步作出了"当事人对竞业限制条款约定不清的处理"的相关规定："劳动合同当事人仅约定劳动者应当履行竞业限制义务，但未约定是否向劳动者支付补偿金，或者虽约定向劳动者支付补偿金但未明确约定具体支付标准的，基于当事人就竞业限制有一致的意思表示，可以认为竞业限制条款对双方仍有约束力。补偿金数额不明的，双方可以继续就补偿金的标准进行协商；协商不能达成一致的，用人单位应当按照劳动者此前正常工资的20%～50%支付。协商不能达成一致的，限制期最长不得超过2年。"

深圳原来依据后履行抗辩权的原理认为，用人单位未支付经济补偿的，应认定竞业禁止协议自动终止。广东省高院也采纳了这种提法："至工作交接完成时，用人单位尚未承诺给予劳动者经济补偿的，竞业限制条款对劳动者不具有约束力。"《劳动合同法》公布后，深圳模式进一步演变成了某种单方选择理论。主要有以下两方面规定：①单方选择论。如《深圳经济特区和谐劳动关系促进条例》规定，用人单位未按照前款规定支付经济补偿的，劳动者自用人单位违反约定之日起30日内，可以要求用人单位一次性支付尚未支付的经济补偿，并继续履行协议；劳动者未在30日内要求一次性支付的，可以通知用人单位解除竞业限制协议。②单方无效论。竞业限制条款对劳动者原则上无效，但劳动者要求履行的，法院支持。如《江苏省高级人民法院关于在当前宏观经济形势下妥善审理劳动争议案件的指导意见》规定："用人单位在竞业限制期限内未按照法律规定与合同约定给付劳动者经济补偿的，竞业限制条款对劳动者不具有法律约束力。用人单位给予劳动者的经济补偿低于《江苏省劳动合同条例》规定标准的，竞业限制条款对劳动者原则上不具有法律约束力，但双方同意继续履行竞业限制条款，劳动者要求按照法定标准补足的，人民法院应予支持。"

叶教授之所以指责上海市高级人民法院"错误地解释了《劳动合同法》"，[①]可能是其认为存在着相对正确的解读。从其已经撰写的文章看，以上两种模式中，叶教授也许更赞成深圳模式。但依笔者看来，在一些地方的规定中，单方保护的思维涉及的已经不完全是履行过程中的抗辩权问题。以《劳动合同法》的标准来衡量，恰恰是在一些学者较为赞赏的规定中，存在着以下3方面的混乱。

---

① "劳合法实施2年劳动争议案井喷　新工人求职更难"，载《中国青年报》2010年1月19日。

一是履行过程中抗辩权的混淆。从履行过程中的抗辩权看，江苏、深圳的规定都是以劳动者的后履行义务作为假定前提的，叶教授也是以这种逻辑来进行论证的，从而得出上海市高级人民法院“错误地解释了《劳动合同法》”的结论。如果说在《劳动合同法》公布之前尚不明确，在《劳动合同法》公布之后，这一前提其实已经不存在了。当《劳动合同法》将“在竞业限制期限内按月给予劳动者经济补偿”确定为经济补偿的支付方式时，实际上已经确立了一种同时履行义务的模式。这一点可以从3个方面予以论证：①从竞业限制协议本身的性质来认识。作为劳动合同的后合同义务，离职是合同生效条件的成就，“离职就发生不作为义务”以及“经济补偿不可能提前支付”这样两个制约条件，使劳动者的竞业限制义务只可能发生在用人单位支付经济补偿义务的同时或之前。②从《劳动合同法》关于经济补偿“在竞业限制期限内按月给予”的表述来看，也强调了竞业限制是先行义务。③从大部分企业劳动报酬的先做后发的实际情况看，也是先产生劳动者的竞业限制义务。无论哪一种理解都无法得出劳动者后履行义务的结论。

二是混淆了竞业限制合同的生效要件。在广东的规定中将“经济补偿条款”理解为生效要件，叶教授也认为“没有规定经济补偿费的情况下”、“竞业禁止协议整体无效”，[①]这些理解混淆了“经济补偿”与“经济补偿条款”的界限。《劳动合同法》规定：“对负有保密义务的劳动者，用人单位可以在劳动合同或者保密协议中与劳动者约定竞业限制条款”，“并约定在解除或者终止劳动合同后，在竞业限制期限内按月给予劳动者经济补偿。”立法在这里用了“可以”而非“应当”，并未将“经济补偿条款”作为生效要件。因此，我们只能将“经济补偿”而非“经济补偿条款”作为生效要件。因为这两者之间是有区别的。在当事人合同中有约定经济补偿金的，而且该约定与法律、法规不抵触的，可以执行该约定；在当事人合同中没有约定经济补偿金的，只要他们签订了竞业限制协议，就应当理解为双方愿意按照法律或法规的标准执行。各地应当对经济补偿的标准进行规定，事实上很多地方已经完成了这项工作。

对于竞业限制补偿金的最低标准，各地的规定也不一，对于约定与法定的关系，除广东的规定外，主要有两类：一类是有约定从约定，无约定按法定标准。上海在司法实践中对双方无约定的，一般按此前正常工资的20%～50%支付，珠

① 叶静漪：“‘竞业限制条款的劳动合同立法建议’全国部分城市劳动争议审判实务参会论文汇编”，载《劳动法理论与审判实务》2005年6月（福州），第170页。

海的规定与之类似。[①] 另一类是约定标准不得低于法定标准，江苏、[②]深圳、[③]浙江、[④]天津[⑤]均规定，不得到生产同类产品或经营同类业务且有竞争关系的其他用人单位任职，也不得自己生产与原单位有竞争关系的同类产品或经营同类业务，但用人单位应当给予该劳动者一定数额的经济补偿金。补偿金标准为：劳动者被竞业禁止期间，用人单位必须按不低于劳动者在职期间工资标准的1/2向劳动者支付经济补偿金，但月补偿标准不得低于天津市最低工资水平，支付方式由双方协商确定。用人单位不向劳动者支付经济补偿金的，竞业禁止条款无效。前述地区均有此类规定。笔者认为，上海的理解应当是正确的，《劳动合同法》规定"用人单位可以在劳动合同或者保密协议中与劳动者约定竞业限制条款"，当双方当事人约定了这样的条款，除了显失公平的情况外，应当实行"约定优先"，双方没有约定的应当执行法定标准。

三是竞业限制合同的订立与履行的关系相混淆。用人单位未支付经济补偿的，深圳规定劳动者可以选择"继续履行合同"或"解除竞业限制协议"，叶教授也认为"劳动者在原单位未支付经济补偿金时"、"享有立即解除竞业限制协议的权利"。这其实是以一种可撤销的方式来处理竞业限制合同。在《劳动合同法》中，无效合同也是采取解除的方式来进行处理的，[⑥]深圳的处理方式实际上相当于可撤销合同的效果。然而，撤销行为针对的是无效合同，而深圳的规定针对的是有效合同，前者是合同订立的瑕疵，后者是合同履行的瑕疵。

在用人单位未支付经济补偿的情况下，按照江苏省的规定，"用人单位在竞

---

① 《珠海市企业技术秘密保护条例》第22条规定，企业与员工约定竞业限制的，在竞业限制期间应当按照竞业限制协议中的约定向该员工支付补偿费；没有约定的，年补偿费不得低于该员工离职前一年从该企业获得的年报酬的1/2。

② 《江苏省劳动合同条例》第17条规定，用人单位与负有保守商业秘密义务的劳动者，可以在劳动合同或者保密协议中约定竞业限制条款，并应当同时约定在解除或者终止劳动合同后，给予劳动者经济补偿。其中，年经济补偿额不得低于该劳动者离开用人单位前12个月从该用人单位获得的报酬总额的1/3。用人单位未按照约定给予劳动者经济补偿的，约定的竞业限制条款对劳动者不具有约束力。

③ 《深圳经济特区企业技术秘密保护条例》第17条规定，竞业禁止协议约定的补偿费按年计算，不得少于该员工离开企业前最后一个年度从该企业获得的报酬总额的2/3。竞业禁止协议没有约定补偿费的，补偿费按照前款规定的最低标准计算。

④ 《宁波市技术秘密保护条例》第17条规定，在竞业限制期间，企业应当按照竞业限制协议中的约定，向被竞业限制人员支付一定的补偿费。年补偿费不得低于该员工离职前一年从该企业获得的年报酬总额的1/2。双方也可以根据约定或者协商提前终止竞业限制协议。

⑤ 《天津市劳动和社会保障局关于保守商业秘密协议、支付违约金和就业补助金等有关劳动合同问题的通知》规定，用人单位也可规定掌握商业秘密的劳动者在终止或解除劳动合同的一定期限内（不超过3年）的竞业限制，具体标准下文有详细介绍。

⑥ 《劳动合同法》第38条、第39条的规定。

业限制期限内未按照法律规定与合同约定给付劳动者经济补偿的,竞业限制条款对劳动者不具有法律约束力"。按照这种表述,这份合同似乎对用人单位还是有效的,其约定的经济补偿标准仍然是需要执行的。作为一份双务合同,用人单位支付补偿金与劳动者实行竞业限制是各自的义务,劳动者已经免除了竞业限制的义务,用人单位似乎并没有免除支付补偿的义务,双务合同变成了单务合同,完全没有了对价关系,也丧失了最基本的公平、合理。双务合同由于一方的违约就转化为单务合同,显然没有任何法理基础。

《劳动合同法》规定,劳动者违反竞业限制约定的,应当按照约定向用人单位支付违约金。既然劳动者违约承担的是违约责任,从合同对应性的原理考虑,用人单位违约承担的也应当是违约责任。无论是用人单位与劳动者同时履行,还是用人单位或劳动者享有后履行义务,用人单位履行的是支付经济补偿的义务。当用人单位没有履行这一义务时,违约方应当承担相应的责任,也就是支付补偿。如果要加重这种义务,也应当是惩罚性赔偿或支付违约金,而不应是直接赋予劳动者免除自己义务或要求赔偿的选择权。直接由劳动者来选择合同是否有效,不仅有违法理,也从根本上违反了设置竞业限制义务是为了保护用人单位商业秘密的初衷。只有用人单位客观上丧失了补偿能力或主观上拒绝支付补偿时,劳动者才应当被许可选择免除自己义务。

有一种观点是恰当的:"应将合同条款的有效性与合同的具体履行区分开,只要雇佣双方的竞业限制约定是双方真实意思表示,且不违反法律、行政法规的强制性规定,只要符合一般合同的生效条件即生效。至于用人单位不按约支付经济补偿金,则只能将其归入违约行为,不能构成对竞业限制条款效力的否定性因素,否则,会混淆合同效力与合同履行的概念,破坏了严密的法律结构体系。在用人单位违约的情形下,劳动者可以利用仲裁、诉讼等途径保护自己的权利,请求其支付补偿金、违约金。"①江苏、深圳的规定明显地混淆了"合同效力"与"合同履行"的概念。

我们还可将以上3方面的理解综合起来,进行更深入一些的思考。依一些地方立法的解释,在用人单位未支付经济补偿的情况下,会出现单方选择或单方无效的情况,用人单位要避免这种被选择的地位,唯一的方法是尽可能早地支付补偿,这样的规定从社会效果上看,无非是在引导用人单位提前支付补偿。《劳动合同法》规定"在竞业限制期限内按月给予"经济补偿,如果再行提前,就会进入劳动合同期。严格说来,在劳动合同期内支付的应当是劳动报酬,而非经济补

① 张心全:"《劳动合同法》竞业限制条款法外解读",载《中国劳动》2007年第11期。

偿。这种“提前支付”的量变,会产生理论上的质变。我们可以一种更为国际的视角来认识这种质变。有些国家不以经济补偿作为竞业限制义务发生的条件。如美国有些州的法院一般援引契约法上对价理论,即契约若欠缺约因即属无效。① 一些法院认为在雇用一开始所签订的劳动契约中列有竞业限制条款者,固不生约因问题。但如于其后才突然要劳工签署竞业限制契约(通常是在劳工离职前),而又未伴随着调薪、增加奖金红利等对价时,则此时单独签订之竞业限制契约,很可能被判认为欠缺约因而无效。② 英国的判例与美国类似,竞业限制协议是否有效,只是根据其是否有合理性加以判断,不涉及补偿问题。③ 如果我们将经济补偿从“竞业限制期限内”提前到“劳动合同期限”内,实际上就开始实行美国制度,只要用人单位能举证签订过协议,且有加薪的情况,就不必支付经济补偿,也就从根本上取消了竞业限制须支付经济补偿的制度。这恐怕是让我们始料不及的。

四、从争鸣演变中引发的一些思考

叶教授对上海模式的指责主要是从抽象的道德视角来评判的:“规定对劳动者是否公平?这种规定实际上增加了劳动者的维权成本。”④这是一种笼统、抽象的所谓的公平。劳动合同立法前,无论上海“同时履行抗辩权”的理解,还是深圳“后履行抗辩权”的理解,其实都是试图以“诚信原则”来平衡劳动关系双方当事人的利益;劳动合同立法中,叶教授将两种矛盾的逻辑结合在一起,以“同时”作为时点时,用人单位履约将变得极其困难,劳动者在“随时通知”和“立即解除”中获得了违约的主动权,诚信已经只是对用人单位的单方要求;劳动合同立法后,随着深圳模式演变成单方选择或单方无效的制度安排,至少从规定上看,已经完全放弃了对劳动者的诚信要求。正是由于上海模式没有“与时俱进”,才受到叶教授及媒体的强烈批评。媒体所称的“对劳动者维权意识的打压”⑤与叶教授“增加了劳动者的维权成本”的指责类似。

---

① 陈金泉:“论离职后竞业限制契约”,载 http://www.kcchen.com.tw。

② 同上。

③ 徐玉玲著:《营业秘密的保护》,台湾三民书局 1993 年版,第 150 页;转引自李永明:“竞业限制若干问题”,载《法学研究》2002 年第 5 期。

④ 叶静漪:“‘竞业限制条款的劳动合同立法建议’全国部分城市劳动争议审判实务参会论文汇编”,载《劳动法理论与审判实务》2005 年 6 月(福州),第 170 页。

⑤ “劳合法实施 2 年劳动争议案井喷　新工人求职更难”,载《中国青年报》2010 年 1 月 19 日。

我们不禁要问，真的存在这种笼统、抽象的所谓公平吗？其实，在竞业禁止协议的履行上，劳动者本身必然分成两个群体：守约者与违约者。不同的方案对这两个群体的维权成本会产生不同的影响。我们不妨从“劳动者的维权成本”的角度做一个对比，“在竞业禁止协议没有规定经济补偿费的情况下”①广东采纳了叶教授的建议，竞业限制条款对劳动者不具有约束力。对于已经遵守合同，不去竞争对手处的劳动者，实际上在选择工作时，已经付出了相应的成本，这一成本由谁承担？如何承担？显然是不明确的。而这些劳动者在上海高级人民法院规定的情况下，可以按正常工资的20%～50%主张自己的权益。两者相较究竟哪一个维权成本更高？一位法官这样评价：“因为一旦认定竞业限制条款无效，劳动者将无相应的合同基础继续去向用人单位主张经济补偿及违约金；并且，劳动者在摆脱竞业限制的拘束后，其未必能及时获得其他的就业机会。”②当然，对于一开始就准备违约加入竞争对手单位的劳动者，由于没有合同约束，也不承担违约责任，又不担心工作问题，违约成本减少为零。在此，我们又一次看到的是“鼓励违约”的思路。可见，这种条款有欠缺，就认定竞业限制合同整体无效的想法本身未必真的保护劳动者利益，尤其是那些履行诚信义务的劳动者的利益。

当前，一种单方思维正在劳动法学研究中蔓延，如单方保护③、单方自由④、对单方要求诚信⑤、防止单方欺诈⑥。过去强调“劳动合同是一种合意行为”、“劳动合同是劳动者与用人单位通过双向选择和协商一致而确立劳动关系的法

---

① 叶静漪：“‘竞业限制条款的劳动合同立法建议’全国部分城市劳动争议审判实务参会论文汇编”，载《劳动法理论与审判实务》2005年6月（福州），第170页。

② 张心全：“《劳动合同法》竞业限制条款法外解读”，载《中国劳动》2007年第11期。

③ 王全兴：“我国劳动合同立法的基本取向”，载《中国劳动》2005年第7期；王全兴：“劳动合同立法争论中需要澄清的几个基本问题”，载《法学》2006年第9期。

④ 强调“劳动者的契约自由”。劳动关系运行中的契约自由，关键是劳动者的契约自由。劳动法当然要以保障劳动者的契约自由为重点。所以，劳动法不是反契约自由的法，而是保障契约自由的法。陆占奇、刘晓倩、张皓：“‘多赢’的期待：劳动关系市场化博弈的评价与前瞻”，载《劳动关系》2008年第2期。

⑤ “劳动关系中强调诚信有其特殊性。首先，诚信对劳资双方的要求是不一样的。资方强势，劳方弱势，应该说资方的诚信责任更重。也就是说，这种诚信首先要雇主诚信；当然劳动者也要诚信，但对其诚信义务的要求应当相对减轻。”陆占奇、刘晓倩、张皓：“‘多赢’的期待：劳动关系市场化博弈的评价与前瞻”，载《劳动关系》2008年第2期。

⑥ 强调“劳动者欺诈则不一定劳动合同无效”。王全兴：“我国劳动合同立法的基本取向”，载《中国劳动》2005年第7期；王全兴：“劳动合同立法争论中需要澄清的几个基本问题”，载《法学》2006年第9期。

律形式”;①现在强调的则是“单保护”②,从强调双方契约自由转向强调单方契约自由。随着单方理论的建立,一些学者完成了脱胎换骨的理论转变。依笔者看来,一部调整双方关系的法,只保护一方主体;一个双方签订的合同,只强调一方契约自由;一种合同关系,只有一方实行“欺诈无效”;一种制度设计,对一方实行“鼓励违约”,对此,无论以什么样的理由来诠释,都是不正常的。当法律放弃对劳动者的诚信要求时,我们的社会必然陷入某种混乱。

(2010年第10期)

① 王全兴著:《劳动法》,法律出版社1997年版,第150页。

② 王全兴:“我国劳动合同立法的基本取向”,载《中国劳动》2005年第7期;王全兴:“劳动合同立法争论中需要澄清的几个基本问题”,载《法学》2006年第9期。

衰退产业财政援助政策的法律保障
——以资源枯竭型城市转型为背景

陈婉玲*

资源枯竭型城市是资源型城市的延伸概念。① 受资源的可耗竭性及储量有限性的制约，资源型城市经过成长、成熟阶段后往往走向萎缩、衰落。从总体上看，资源枯竭是世界各国工业化发展所遭遇的基本问题，当资源型城市进入资源枯竭阶段时，城市经济萎缩、发展迟缓；环境毁坏严重、生态系统紊乱；失业率、犯罪率上升，社会问题严重。其中，影响城市经济核心竞争力的，当属深陷“资源依赖”陷阱的传统支柱产业——资源型产业严重的和全面的衰退。因此，资源枯竭型城市要实现经济转型，必须要进行产业结构调整、优化和升级，而衰退产业的更替和新兴产业的导入是实现产业转型的“两驾马车”。但衰退产业救助是一个系统的社会工程，②不可能由资源枯竭型城市独立完成，就其支持系统而言，它要求国家必须对其实行产业援助政策，并且以法律手段加以推进。

一、我国资源枯竭型城市衰退产业财政援助的政策背景及绩效

衰退产业又称夕阳产业，指整个行业的增长在持续一段时间内落后于经济增长或长期处于负增长状态的产业，是行业增长周期的尾声。我国的资源型城市共有118个，具有分布范围广、规模大的特点，随着经济社会发展和资源需求的增加，部分城市已经进入资源衰竭状态，目前已有44个城市被国务院列入资

---

* 作者单位：华东政法大学。

本文为上海市第三期重点学科——经济法学（S30902）的阶段性成果。

① 资源型城市是指以本地区矿产、森林等自然资源开采、加工为主导产业的城市类型，资源枯竭型城市是指资源开发进入衰退或枯竭过程的资源型城市。关于资源型城市进入资源枯竭期的判断标准，目前尚不统一，一般认为资源枯竭型城市是指城市依托其建设的主体资源开发采掘进入后期、晚期或末期，资源采出量占已探明可采储量的60%~70%以上，采掘时间占设计年限3/4以上的城市。

② 它涉及三个系统的相互作用，即转型的原因系统——转型的必要性、必然性；转型的动力系统——转型的主体；转型的支持系统——经济环境和国家政策。

源枯竭型城市。[①] 从总体上看,这些资源枯竭型城市正面临着城市发展的资源环境基础危机、区位条件差、自我发展能力弱、产业结构单一和管理体制与利益机制矛盾突出的困境。其中,伴随着不可再生资源的枯竭或采掘条件的恶化,资源枯竭型城市传统高利润主导产业[②]——资源型产业历经发展的辉煌,纷纷出现增长停滞或陷入亏损,正由成熟走向整体的衰退。理论界根据产业生命周期原理,一般把产业划分为孕育期、成长期、成熟期和衰退期4个阶段,进入衰退期的资源型产业表现为全行业生产能力严重过剩,行业过度竞争状态明显,退出障碍高、利润率偏低甚至整体亏损。

资源枯竭型城市在长期的产业结构发展中形成了以资源采掘业及关联原材料加工业等资源型产业为主导的单一产业群,由于城市竞争力的基础是主导产业的竞争力,资源型城市的经济发展长期依赖于资源型产业,传统主导产业衰退的现象严重危害到该地区经济的稳定和可持续发展。资源型产业属于资本密集型和劳动密集型的产业,需要投入大量的资金和劳动力,建设周期长;固定资产专用性强,移动性差;从业人数众多,知识结构单一,文化程度低。在急剧变化的经济形势和新技术革命的挑战下,该产业呈现出明显的不适应性和不可调和性,[③]因此,产业亟待转型且任务艰巨。

为此,党的十六大报告中明确指出了"支持东北地区等老工业基地加快调整和改造,支持以资源开采为主的城市和地区发展接续产业",这是党中央继开放沿海经济特区、开发浦东新区、实施西部大开发之后作出的又一重大经济可持续发展战略决策。2007年12月,国务院发布《关于促进资源型城市可持续发展的若干意见》(以下简称《若干意见》),确立了我国资源型城市可持续发展的总体战略和目标,[④]其中,建立资源型城市衰退产业援助机制是重要亮点。而建立衰退产业援助机制的目的,就是在资源枯竭型城市的产业结构转型中,防止产业

---

① 2008年、2009年国务院连续公布两批共44个国家资源枯竭型城市(区),这些资源除森林资源外,几乎均为不可再生资源。其中煤炭枯竭城市占21个,如辽宁阜新、辽宁抚顺、安徽淮北、河南焦作、江西萍乡、山东枣庄。

② 主导产业是指一个国家或地区在经济起飞或产业转换时期对经济发展和产业转换起主要牵动作用的产业或产业群,它代表着整个社会产业结构演进的基本方向和趋势。一个地区的主导产业并不是一成不变的,它具有更替性特点,一旦发展条件发生变化,原有的主导产业就可能衰退,其牵动作用就会减弱,导致区域经济发展的减速。

③ 吴奇修著:《资源型城市竞争力的重塑与提升》,北京大学出版社2008年版,第14页。

④ 即以增加就业、消除贫困、改善人居条件、健全社会保障体系、维护社会稳定为基本目标,在2010年前基本解决资源枯竭型城市存在的突出矛盾和问题,大多数资源型城市基本建立资源开发补偿机制和衰退产业援助机制;在2015年前全国范围内普遍建立健全资源开发补偿机制和衰退产业援助机制。

的过度竞争，减少大面积亏损企业，促进资源顺利地从低效率部门向高效率部门转移，以此缓解社会利益矛盾。

衰退产业援助机制是指通过财税扶持、资金和项目支持、减轻企业负担等方式，对伴随着资源的减少而走向衰退的产业进行直接援助，或者通过政策引导和支持发展接续产业进行间接援助，促进资源型城市的经济转型。[①] 长期以来，作为基础能源和重要材料的供应地，资源型城市为我国的经济社会发展作出了突出的贡献。但由于财税体制设计的缺陷，资源枯竭型城市政府财政实力拮据，缺乏推动产业转型的能力，而资源型企业由于历史包袱沉重，现实税负过重，更是难以依靠自身的力量实现自救。因此，要解决资源枯竭型城市的产业结构调整问题，必须由国家运用宏观调控权力统筹安排。其中，运用中央财政对衰退产业实施一系列的财政援助计划是我国政府目前解决资源枯竭型城市发展问题的核心。根据国务院《若干意见》的政策精神，中央财政着重从以下几个方面对资源枯竭型城市的衰退产业进行了扶持。

(1)加大财力性转移支付力度，增强基本公共服务保障能力。政府间转移支付是基于中央与地方政府财政收入能力与支出需求不一致的状况，以实现各地公共服务水平均等化为目标的一种财政均衡制度。[②] 由于地理位置、自然资源条件等差异，导致不同地方政府在财政收入能力和支出成本上存在差异，需要政府间转移支付来弥补横向财政收支缺口，平衡差异，保持经济不景气地区宏观经济的稳定。财力性转移支付是政府间财政转移支付制度中的一种类型，指的是中央政府为均衡地区间财力差异，促进基本公共服务均等化而安排的给地方政府的补助支出。[③] 扩大就业、消除贫困、维护社会稳定是促进资源枯竭型城市可持续发展的重点，国务院《若干意见》指出："中央和省级财政要进一步加大对资源枯竭型城市的一般性和专项转移支付力度。2007～2010年，设立针对资源枯竭型城市的财力转移支付，增强其基本公共服务保障能力，重点用于完善社会保障、教育卫生、环境保护、公共基础设施建设和专项贷款贴息等方面。"2007年、2008年、2009年中央财政分别拨付资源枯竭型城市财力转移支付资金8.32

① "浅谈资源型城市衰退产业援助机制"，载 http://www.daynews.com.cn/stock/jjsx/46328.html。

② 周波著：《政府间财力与事权匹配问题研究》，东北财经大学出版社2009年版，第79页。

③ 财力性转移支付又分为一般性转移支付和政策性财力转移支付。一般性转移支付，是指不指定具体用途，由接受财政转移支付的下级政府统筹安排使用的财力性转移支付；政策性财力转移支付，是指上级政府为保障特定政策目标的实现而给予下级政府的财力性转移支付。

亿元(12个城市)、34.8亿元(44个城市)、50亿元(44个城市),[①]累计达93.12亿元财政援助。国家试图通过财力支持,保证这些城市衰退产业下岗职工的基本生活支出和城市居民最低生活保障的补助支出,提供免费转岗教育和培训,帮助下岗失业人员再就业,解决因传统产业衰退带来的历史遗留问题,保障因产业衰退而发展困难的企业平稳退出或转型。

(2)安排国债资金和中央预算内基本建设资金,建设接续产业项目。发展接续产业,即培育新兴产业,使其逐渐替代资源型产业成为主导产业,是所有资源枯竭型城市共同面临的发展问题。接续产业的建设,既包含对原有主导产业的进一步延伸和发展,也包含对原有主导产业的更新和取代,[②]即资源枯竭型城市接续产业发展可以进行产业延伸模式和产业替代模式的选择,而这两种模式的实施,都必须依赖强劲的资金支持。

国债资金是指1998年以来中央政府为实施经济宏观调控的需要,通过增发长期建设国债筹措主要用于基础设施建设等方面的财政专项资金。考虑到资源枯竭型城市在参与国债资金项目遴选时,往往不具有竞争优势,因此,《若干意见》要求"在未来5年内,安排一部分国债资金和中央预算内基本建设资金,集中扶持东北地区资源性城市,建设一批能够充分吸纳就业、资源综合利用和发展接续替代产业的项目"。

按照《若干意见》的精神,国家发改委设立了针对东北地区资源型城市吸纳就业、资源综合利用和发展接续替代产业的中央预算内投资专项,并于2009年下达了首批投资计划,重点支持吸纳就业项目,涉及项目19个,预计新增1.5万个就业岗位,[③]2010年又下达同类项目11项。政府希望通过项目建设,发展接续产业,解决资源型城市面临的就业压力大、产业结构单一、生态环境破坏严重等突出的矛盾和问题。

(3)实行贴息贷款制度,扶持新兴替代产业的导入。所谓替代产业,是指不依赖于资源枯竭型城市正在耗竭的自然资源的产业,即与原来资源型产业没有直接产业关联的产业。新兴的替代产业通常不可能是新的资源型产业。由于不

---

① "中央财政下达国务院确定的资源枯竭城市年度财力性转移支付资金34.8亿元",载http://www.sdpc.gov.cn/zjgx/t20090330—269311.htm;"中央财政下达2009年资源枯竭城市财力转移支付资金50亿元",载http://dbzxs.ndrc.gov.cn/zxjb/t20091106-311791.htm。

② 宋冬林等著:《东北老工业资源型城市发展接替产业问题研究》,经济科学出版社2009年版,第205页。

③ 中华人民共和国发展改革委员会东北振兴司:"国家发展改革委下达东北地区资源型城市首批发展接续替代产业项目预算内资金投资计划",载http://dbzxs.ndrc.gov.cn/zycszx/t20090612_285486.htm。

可再生资源的枯竭只是时间问题，因此，在接续产业的选择上，在原有衰退产业基础上继续延长产业链的做法并不可持续，而全新的产业替代模式是解决资源枯竭型城市经济活力的根本。

由政府给银行贴息，支持银行向需要贷款的地区提供低息资金，目的是促进新兴替代产业的发展，摆脱对原有资源的过度依赖，解决资源枯竭型城市产业类型单一问题，促进资源枯竭型城市向综合性城市的转变。为了切实解决资源型城市在引进具有较强科技创新力和潜在增长性、能够带动扩大就业并可持续发展的产业时的融资问题，国家发改委东北振兴司与国家开发银行开展合作，设立了资源型城市可持续发展专项贷款。2009 年，国家开发银行与黄石市等 8 个资源枯竭型城市签署了《开发性金融支持资源型城市转型和可持续发展合作备忘录》，其中 6 个城市与国家开发银行签署的融资协议总额已达到了 320 亿元，5 年内开发银行将对符合信贷政策和风险控制条件的融资项目给予积极支持，这标志着贴息专项贷款制度的正式启动。①

国家通过提供财力性转移支付资金、设立国债资金、预算内基本建设基金项目以及实行贴息贷款的办法，对资源枯竭型城市进行财政援助，以解决衰退产业的历史遗留问题，转移剩余生产能力，促进下岗失业人员再就业，这是迄今为止政府对这些城市发展的最具有实际价值的援助政策。

由于多年来国家一直对资源性城市实行原材料低价政策以支持国民经济建设，形成了工业制成品和资源初级产品之间的“剪刀差”，使得资源型城市很少有自身的积累，导致资源枯竭型城市地方经济普遍不发达，财政实力不强。中央财政给予适当的支持，这实际上是国家对这些城市过去对国民经济所作巨大贡献的合理补偿，符合社会主义市场经济的效率和公平原则。② 国家发改委东北振兴司副司长彭会军指出“财力性转移支付的目的在于帮助资源枯竭型城市休养生息，使其能够轻装上阵，赢得平等参与竞争的机会”。③

但是，国家对资源枯竭型城市衰退产业实施财政援助政策几年来，落实的实际效果并不容乐观。自《若干意见》决定中央财政将加大力度给予资源枯竭型城市特殊政策后，地方政府申请列入资源枯竭型城市名单的热情大大释放了。为了挤入“资源枯竭型城市”的行列，享受国家特殊的优惠，一段时间内，一些传

---

① 中华人民共和国发展改革委员会东北振兴司：“资源型城市可持续发展专项贷款正式启动”，载 http://dbzxs. ndrc. gov. cn/zycszx/t20090813_296197. htm。

② 祝遵宏：“资源型城市可持续发展的财政政策研究”，载《经济问题探索》2008 年第 6 期。

③ “‘申枯’与资源型城市的由来”，载 http://www. chinanews. com. cn/gn/news/2009/05 – 19/1698756. shtml。

统资源型城市政府工作的重心转到了思考进入资源枯竭型城市名单能够给地方带来的实惠,如何获得更多的中央转移支付、如何争取国家专项发展资金上。有专家甚至认为,"有些扶持政策,是写在文件上的,有些扶持政策,需要地方与中央一对一地谈,谈好了,就争取多一些。"为此,地方政府不惜一切财力、物力、人力开展公关活动,一时间"申枯"竞争激烈,"跑京办"层出不穷。

遗憾的是,一些地方在争取中央财政支持时不遗余力,资金到手后就把落实和保证忘在了脑后,挪用或虚报冒领现象时有出现。中央给的钱越多,既得利益阶层得到的就越多,老百姓最后连口汤水都分不到,导致贫富悬殊进一步拉大。补助资金项目繁多、设置交叉重复、计划与实际需要脱节、资金管理混乱、使用无序等问题都严重影响了资金的使用效率。一些受援助的资源枯竭型城市产业转型效果不好,"求索之路仍然漫漫"。

究其原因,《若干意见》只是提出政策性意见,由受益地方政府提出具体规划方案并组织实施,整个财政援助行动从形式、内容到使用、监督并无明确、严肃的依据,尤其是缺少法律支持。财政援助机制具体内容未能及时、合理建立,财政支持的力度、数量、方式、渠道、监督等没有制度供给,导致使用上的混乱。若不及时制定相应立法,中央的财政援助将达不到预期的目的。

二、国外依法实施财政援助的成功经验——以日本为例

从总体上看,资源型城市因资源枯竭导致原主导产业衰退是世界各国工业化发展的普遍现象,对于资源枯竭型城市衰退产业的转型,不同国家因国情不同采取了许多各具特色的救助措施。如德国侧重于人力资源开发和资金倾斜投入成功改造鲁尔,称为"德国鲁尔模式";法国注重以高新技术改造传统产业救助洛林,称为"法国洛林模式";英国以大项目引进带动地区产业调整,形成自己的"英国威尔士模式";日本则依靠政府强劲财政支持使得九州成功转型,称为"日本九州模式"。

其中,日本依靠政府财力帮助资源型城市成功转型最为典型。① 日本的资源型产业主要是煤炭产业,20 世纪 60 年代,由于廉价石油的冲击,煤炭产量大幅度下降,煤矿数目急剧减少,使煤炭产业出现了危机。日本根据衰退产业不同

① 日本政府通过财政支持帮助北九州工业区成功实现改造,使之重新焕发活力,北九州一改以煤炭业为传统支柱产业的形象,成为世界闻名的"硅岛"和"车岛"。

时期的不同特点，适时调整产业政策，①制定相应的法律，运用法律手段实行不同的财政援助计划，促使其顺利地缩减过剩设备、缩小规模和顺利转移资本与劳力，从而成功实现了整体产业结构的动态调整。

第一，制定《企业合理化促进法》，促进产业技术进步和关联设施整顿。日本政府非常重视因时而异的产业结构调整和企业的合理化发展，1952年颁布《企业合理化促进法》，其目的就是“通过促进技术的进步及重要产业机械设备的急速的现代化以及指导奖励原材料及动力原单位的改善，促进企业的合理化”。该法第3条明确规定日本政府“主管大臣为促进技术进步认为必要时，可以根据主管省令的规定，为奖励扶持关于工矿业等的技术研究、工业化试验或者新式机械设备的试制，向从事实验研究者在预算的范围内发补助金，或者将国家所有的机械设备等依国有财产法的规定贷给”。

为保障产业发展的基础条件，日本政府对产业关联的设施建设提供财力支持。《企业合理化促进法》规定事业者②可依主管省令的规定，就促进企业合理化所必要的道路、港口设施或渔港设施的建设、改良、维持和恢复，向道路、港湾或渔港的管理者提出申请。管理者认为必要时，可在预算范围内依法举办其工程，国家对该工程所需费用，依法在预算范围内负担或者补助其全部或一部分。

第二，制定《产煤地区振兴临时措施法》，规范财政支援资金的运用。从20世纪60年代开始，为了煤炭地区经济的振兴，解决煤炭产地——九州地区因大片煤井关闭而导致的该地区数十万工人和家庭面临的失业和生活困境，日本于1961年11月公布了《产煤地区振兴临时措施法》，在此基础上，于1963年制定了《煤炭地区振兴基本计划》和《煤炭地区振兴实施计划》。通过支持产煤地区基础设施建设、扶持大型项目建立、发展替代产业等措施，寻求产煤地区经济结构多元化，维护产煤地区的经济、社会稳定。

根据《产煤地区振兴临时措施法》，日本政府对产煤地区实施的财政援助类型包括产煤地区振兴临时支付金、产煤地区开发事业补助费、地方支付税的特例3种。产煤地区振兴临时支付金制度即把支付金给予因闭矿而财政严重疲软的产煤核心地区，以缓和所在市县町所受的财政打击，支援所在市县町的区域经济振兴。产煤地区开发事业补助金由民间企业、所在道县及国家出资设立核心事

① 结合不同时期国家经济发展的需要，日本政府先后九次调整煤炭政策，这九次政策调整分别于1963年、1965年、1967年、1969年、1973年、1976年、1982年、1987年、1992年实施。政策详细内容参见吴奇修著：《资源型城市竞争力的重塑与提升》，北京大学出版社2008年版，第29~30页。

② 根据日本《企业合理化促进法》第2条的规定，事业者是指工业、矿业、电气事业、煤炭事业、运输业、土木建筑业、水产业及其他政令所定事业的经营者。

业主体，利用产煤地区活性化基金来振兴产业，如以煤矿运转地区为对象的地区振兴事业或环境整顿事业所需资金的2/3由国家来补助。地方支付税的特例，包括普通支付税和特别支付税。普通支付税①是针对产煤地区所在市町村的失业对策费及就业创造费等在财政支出中所占比例较大等情况，在国家财政预算中对这些地方给予特别增加的支付税；特别支付税②是在地方支付税分配中对产煤地区公共团体财政状况的特殊照顾。③

为了培育煤炭产区的替代产业，日本政府制定了企业吸引政策，通过地域振兴整顿公团，对进入产煤地区的企业提供长期低息的设备资金融资、长期运转资金融资以及工业区的建造和长期低利转让等。同时，日本政府还为进入煤炭产区的企业提供地方税（含不动产取得税、固定资产税、事业税）的减免，而所在地方税收减收额的80%由国家补贴。

第三，制定《煤炭离职人员临时措施法》，对产业工人实施培训与补偿。日本政府非常重视对资源枯竭型城市居民尤其是产业工人的经济补偿和安置，避免因矿山关闭造成社会混乱。通过制定《煤炭离职人员临时措施法》、《煤炭矿业年金基金法》等，对在企业调整中离岗的煤矿产业工人发放退职金和离职金，帮助由于煤炭工业萧条所致的失业者支付职业培训，解决失业者的再就业问题；对进入开发区内安置煤炭工人及其子女就业的企业给予补助，并视用人比例的高低给予税收优惠差别待遇；对雇用煤炭失业工人的本地企业设立特别贷款制度，对其所需资金的40%给予低息贷款；建立社区赔偿基金和专项保险机制，这项基金和保险是由政府、公司和工会组织注入，用作赔偿、搬迁和再培训的费用。

第四，制定《特定产业结构改善临时措施法》，明确政府的权利义务。为适应国内外经济形势的变化，日本政府着手对包括钢材制造业、石油化工业等生产能力出现明显过剩、生产规模或生产方式显著不适当的特定产业实施结构改造。1978年，日本颁布《特定产业结构改善临时措施法》，要求主管大臣必须就每一特定产业，"制定应为谋求特定产业结构改善的基本计划"，并就"结构改善基本计划"的主要内容作了列举性规定。在资金保障问题上，该法第9条、第10条用法的形式确立了国家的义务："国家应该努力确保按照结构改善基本计划的规定实施设备的处理、生产或经营的规模或生产方式的适当化及其他措施所必需

① 普通支付税是指中央政府根据地方标准财政收入与支出需求差额，给予地方政府的财政补贴。

② 特别支付税是指地方政府按照统一公式计算出的标准财政收入明显偏高，或者当标准财政需求不能体现的特殊财政需求出现时（如地方发生自然灾害），中央政府给予地方政府的特殊补助。

③ 吴奇修著：《资源型城市竞争力的重塑与提升》，北京大学出版社2008年版，第31～32页。

的资金”,并规定国家有义务积极采取“职业训练的实施、就业的斡旋及其他有助于工人职业及生活稳定所必要的措施”,以谋求产业结构改善中失业的预防和雇用的安定。

在《特定产业结构改善临时措施法》的指导下,日本政府设立了特定产业信用基金,其目的在于促进特定产业有计划的设备处理,保证特定产业发展所必需的资金等借入债务具有足够的资金支持。从《特定产业结构改善临时措施法》的内容看,基金主要由日本开发银行经营,用于为特定产业有计划的设备处理所必需的资金以及资源型产业等资金融通提供保证。对于基金的使用,该法设计了严密的监督机制,其第50条规定:“基金由大藏大臣及通商产业大臣进行监督”,“大藏大臣及通商产业大臣在为实行本法认为有必要时,可以对基金发出关于其业务监督上必要的命令。”同时,该法以专章(第5章)形式,对违反基金使用规定的行为人作出具体、严格的处罚(第59~64条),有力地保障了特定产业信用基金的有效利用。

三、我国资源枯竭型城市衰退产业财政援助政策法律化建议

日本煤炭产业成功转型,得益于日本政府对产业结构改善立法的高度重视,其配套立法之全面、立法层次之高级、立法内容之细致、立法力度之强硬堪称典范。综观各国对衰退产业援助机制的运用,大都以立法的形式推进,独立制定衰退产业扶持法是共同之处。因此,尽快出台我国资源枯竭型城市振兴立法,[①]专章规定衰退产业援助办法,明确中央、地方政府和企业在衰退产业援助中的权利义务,分清“事权”和“财权”关系;建立财政援助运作机制,解决财政资金来源、投放领域、使用程序和监督机制等问题,是中央财政援助行动迫切的任务。

(一)制定科学的衰退产业识别标准:以定性定量原则为评价指标

振兴和救助衰退产业是世界上许多国家面临的重大课题,衰退产业财政援助计划如何能够科学有效、公平合理地实施,对“衰退产业”的科学界定极为重要,即援助对象的识别标准十分关键,必须构建一个定性与定量相结合的识别指

① 2009年,国家发展改革委已经把资源型城市可持续立法工作列入其立法规划,并启动了立法的前期研究工作,先后委托和组织有关机构、部分省市和相关专家就国外资源型城市立法借鉴、我国资源型城市可持续立法的可行性、基本制度等课题进行研究。该立法的方向为实体法而非促进法。

标体系。定性指标即以描述产业衰退特征为主。美国学者波特教授认为衰退产业是指"在持续的一段时间里产品的销售量绝对下降的产业"。[①] 而有的学者则以需求增长率、产业演进趋势、产业利润率变化趋势等来表述衰退产业,产业的需求增长率持续下降时,就可以将其暂定为衰退产业。[②] 定量指标则以统计调查得出的数据计算出该产业发展在某些方面的量化水平为标准。吴奇修认为应从产业生命周期、产业竞争力、资源禀赋约束等方面的经济分析来界定衰退产业。[③]

生命周期分析可以以一定区域范围内该产业增加值占GDP比重和该产业的利润率变化趋势为衡量标准,当一个产业所提供的产值占GDP比重持续下降时,则说明该产业已发生衰退;当该产业利润率长期低于各产业平均利润率甚至整个产业持续亏损,无疑是产业衰退的征兆;[④]竞争力评价指标包括确定性指标和影响性指标。确定性指标主要考察包括资源禀赋、资本投入、人力投入在内的因素。影响性指标包括资源禀赋指数、经济规模指数、经济助推指数、经济效益指数、环境状况指数、社会支持指数、科技创新指数、城市经营指数等方面的内容;[⑤]资源禀赋约束以获取资源的难易程度为准,难以获取或因获取成本、交易费用过高而不能经济及合理地从外部获得资源,即资源禀赋约束高。[⑥]

(二)设立专门机构负责全国资源枯竭型城市产业转型

根据《若干意见》的要求,资源枯竭型城市名单和财政支持方案由财政部和发展改革委、国土资源部、振兴东北办发布,具体可持续发展工作由省人民政府负总责。根据实际运作来看,目前每年的资源枯竭型城市财政援助计划主要是由财政部发布,发改委振兴东北办主持落实,主管机关机构层次较低,职能范围有限。而我国资源枯竭型城市条块分割的二元管理结构较为突出,其主导产业中的多数大型企业是中央直属或上级政府、主管部门直属的企业,企业与政府关系较为复杂,部门利益、地方利益冲突明显,因此,由各省政府负责本省资源型城

① [美]迈克尔·波特著:《竞争战略》,陈小悦译,华夏出版社1997年版,第247页。

② 于立、姜春海、于左著:《资源枯竭型城市产业转型问题研究》,中国社会科学出版社2008年版,第57页。

③ 吴奇修著:《资源型城市竞争力的重塑与提升》,北京大学出版社2008年版,第74~75页。

④ 陆国庆著:《衰退产业论》,南京大学出版社2002年版,第77~78页。

⑤ 关于资源型城市竞争力评价指数的确定,经济学界往往根据运筹学中著名的数据包络分析(DEA)方法来度量,在此不予讨论。吴奇修博士在这方面做了深入全面的研究和总结,详见吴奇修著:《资源型城市竞争力的重塑与提升》,北京大学出版社2008年版,第7章、第8章。

⑥ 王德鲁、张米尔:"城市衰退产业转型的模式选择",载《大连理工大学学报》(社会科学版)2003年第3期。

市产业转型工作，尤其是财政援助的实施也存在困境。

国外资源型产业的转型，都由中央政府成立专门的机构负责总体规划、项目审批和财政援助等工作。例如，法国1963年成立了由政府10多个部门组成的“矿区重组部际小组”，负责全国煤炭矿区重振工作，并成立由大区行政长官、有关部门和煤炭公司组成的北加莱大区重组小组。目前，矿区重组部际小组已并入国家领土整治与地区行动署。再如，德国在联邦经济部下设立联邦地区发展委员会和执行委员会，州政府设立地区发展委员会，市政府成立劳动局和经济促进会等职能部门，负责衰退产业区振兴的综合协调。又如，为振兴产煤地区经济，在通产省和建设省的合作下，日本于1962年设立产煤地区振兴事业团，并在九州设立派出机构，着手九州的经济复兴工作。后来，产煤地区振兴事业团改为地区振兴整顿公团，主要承担工业园地的建设与转让、废矿山的处理、有关公共基础设施的整顿、工矿业经营者的设备资金融资等产煤地区工矿业振兴业务。①

资源性产业的转型事关国民经济发展，国家应高度定位，必须设立一个能够全面协调管理、统筹规划的权威机构，才能冲破部门利益、地方利益的局限，对各个资源性产业比较集中的地区进行分类指导，给实施经济转型的城市和地区提供相应措施和政策并在宏观上进行监督。因此，以法律的形式授权国务院设立资源性产业转型的专门职能部门，在资源枯竭型城市及尚未枯竭的资源型城市设办事机构是有必要的。这些部门及机构的职责主要在于研究资源性产业转型的政策，管理中央产业援助基金的使用，拟订转型企业在职职工和离退休人员的安置方案，资助职业培训机构和职业介绍机构，管理暂时无法变现的资源性企业的土地使用权等方面的事宜。

（三）建立资源枯竭型城市衰退产业财政援助专项基金并依法利用

为向资源枯竭型城市衰退产业转型提供可持续的资金支持，许多国家和地区均设立了专门的制度性基金制度，日本的产业信用基金、欧盟的结构基金和法国的“四大基金”②的设立均具有可借鉴之处，其基金制度中详细、量化的运作规则保证了基金的高效运作。我国政府多年来对资源枯竭型城市的转型也注入了

① “资源型城市经济转型需要国家的政策扶持”，载 http://www.webofcity.com/nei/file/zyxcsjjzxxy.htm。

② 法国政府专门设立经济社会发展基金、全国土地整治和城市建设基金、地区整治干预基金、地方分散援助基金，对落后地区提供分门别类、集中有效的财力援助。

大量的财政资金支持,但由于缺乏长远规划和立法保障,[①]资金使用混乱,项目分散,使用效率低下。因此,对衰退产业的财政援助必须立足长远,集中财力,设立专项,分类投放,对项目的申请、资金的使用和监督检查等制度进行立法规范。

第一,设立衰退产业退出专项援助基金,其资金来源以国家转移支付资金为主,投放领域重点解决历史遗留问题,主要承担资源型企业部分退出成本、下岗分流人员安置成本、社会统筹经费、企业办社会成本以及消化企业不良债务等,法律应明确规定这类专项基金主要由资源枯竭型城市政府支配和使用。

第二,设立接续产业扶持专项基金,其资金来源以国债资金、财政贴息为主,用于扶持接续产业发展及引导银行贷款,其使用主体应为具有创新活力的新兴市场主体。资源枯竭型城市衰退产业援助基金的使用应遵循"制定规划、分类管理、加强监督、严格责任"原则。制定具体的援助申请审批程序,并对资金使用过程和效用进行定期检查、监督和验收。首先,确定财政援助数额的标准,对资源枯竭型城市衰退产业财政支持数额的确定,必须充分考虑该地区经济发展水平、资源条件、城市化程度、人口、教育状况对财政支出需求等因素。[②] 在财政资金投向上最大限度地体现客观性、公正性和公益性,避免财政资金流入特定企业、特定利益集团和特定人员手中。其次,明确项目申报的程序,严格按照提出申请、机构受理、立案调查、地区证明、列入计划、负责实施的法定步骤进行。最后,建立健全财政监督机制。财政监督实际上是一种财政风险防范机制。对资源枯竭型城市财政援助的监督,实际上是为了杜绝财政支出的无效分配及挥霍浪费,使财政活动有序地进行。

(2010年第11期)

① 然许多资源枯竭型城市政府纷纷制定相关的资金使用管理办法,如《景德镇市资源型城市经济转型转移支付专项资金管理暂行办法》、《白银市资源枯竭城市财力性转移支付补助资金管理办法(试行)》等,但由于规章层次较低,适用面窄,标准不一,严肃性不够,因此不能统筹解决全国性问题。

② 杨忠海:"振兴东北老工业基地的财政支持政策思考",载《哈尔滨商业大学学报》2007年第4期。

事业单位聘用合同的定性与法律适用模式选择

许建宇*

在当前我国各种社会组织形态中，事业单位可谓数量众多，类型不一，职能各异，队伍庞大。截至2006年年底，全国事业单位总计126万个，涉及教育、卫生、农业、文化、科研等多个领域，职工人数近3035万，其中正式职工2923万（包括原固定职工和使用期限在1年以上的合同制职工）。职工人数中教育业占51.3%、卫生业占14.3%、农业占9.5%、文化业占5.1%、科研占2.4%。① 由于事业单位也是劳动法上所称"用人单位"的其中一类，故而在《中华人民共和国劳动合同法》（以下简称《劳动合同法》）施行后，数量如此惊人的事业单位如何适用该法以及其他法律法规这一问题引起了社会各界的广泛关注。本文拟以我国社会转型期的事业单位人员聘用制度改革为主要讨论背景和研究视角，针对事业单位聘用合同（以下简称聘用合同）的定性和法律适用模式问题，展开初步的探讨。② 鉴于我国事业单位种类繁多，情况复杂，难以在文中一一提及，故笔者将重点结合社会公益类事业单位的人事制度改革，对有关问题进行讨论。

一、事业单位聘用合同法律性质界定的现实前提和制度基础

（一）我国事业单位的现实形态以及劳动人事关系

根据《事业单位登记管理暂行条例》第2条的规定，事业单位是指国家为了社会公益目的，由国家机关举办或者其他组织利用国有资产举办的，从事教育、科技、文化、卫生等活动的社会服务组织。尽管该行政法规对于事业单位

---

* 作者单位：浙江大学光华法学院。

① 杨景宇、信春鹰主编：《中华人民共和国劳动合同法解读》，中国法制出版社2007年版，第296页。

② 事业单位与实行聘用制的工作人员之间的聘用合同，在我国《劳动合同法》第96条的规定中已被直接称为"劳动合同"，但为了讨论问题的方便，本文仍称作事业单位"聘用合同"。

的概念已经作了看似明晰的界定，但是由于各种历史原因，我国事业单位当下的现实形态和生存境况仍显得颇为复杂：首先就经费来源看，既有全额拨款的事业单位，又有差额拨款的事业单位，还有自收自支的事业单位；其次就组织形态来看，既有传统的以提供社会服务和公共福利为主的事业单位，也有逐步走向企业化和市场化运营的事业单位；最后就社会职能来看，既有监督管理类事业单位，也有社会公益类事业单位、中介服务类事业单位，还有生产经营类事业单位。

同样，我国事业单位的劳动人事关系状况也具有复杂性：①就用工形态来看，既有编制内的用工和组织安排的用工，又有编制外的用工和单位自主用工。②就用工的具体方式来看，既有传统形式的正规用工，也有采用人才派遣（劳务派遣）、人事代理、非全日制用工等特殊形式的非正规用工（又称“非标准劳动关系”或“非典型劳动关系”形式的用工）。③就职工身份来看，既有干部身份的工作人员，又有工人身份的工勤人员，甚至还有比照或参照实行公务员制度的管理人员（如事业单位的某些高层领导）。在上述情形中，有些法律适用问题已被立法明确规范，并已形成了社会共识。例如，事业单位的工勤人员无疑应适用《劳动合同法》；实行企业化管理的事业单位以及已转制为企业的事业单位当然也适用《劳动合同法》；具有公共事务管理职能的事业单位（如银监会、证监会、保监会、电监会等）录用工作人员则是参照《中华人民共和国公务员法》进行管理的，故不适用《劳动合同法》[①]。在此，笔者要重点关注和讨论的是社会公益类事业单位与其工作人员之间的劳动人事关系如何适用法律的问题。这不仅是当下我国事业单位面临的最具有实际意义又最富有挑战性的一个热点问题，而且也是学术界与立法机构应当着力研究和解决的一个焦点问题。

（二）事业单位人员聘用制度的实施过程及其目标定位

众所周知，在我国各类人力资源关系中，以企业工人作为劳方的劳动关系一直是被纳入劳动法调整的，而以公务员作为劳方的人事关系则主要是由人事立法和政策来调整的。对于上述做法，理论界和实务界并无异议。但是，对于处于上述两端之“中间地带”的事业单位，其内部劳动人事关系究竟该由哪个法律部门来调整和规制，却一直是个悬而未决的问题。

长期以来，我国对于事业单位工作人员的人事关系，更多的是采用向国家机关的人事关系靠拢，参照或比照国家对于公务员与机关干部的那一套行政化管

① 《公务员法》第106条规定：“法律、法规授权的具有公共事务管理职能的事业单位中除工勤人员以外的工作人员，经批准参照本法进行管理。”

理模式来进行调整的。例如,《中华人民共和国劳动法》第2条第2款规定,事业组织和与之建立劳动合同关系的劳动者,依照本法执行。关于该条款的具体适用问题,《劳动部关于贯彻执行〈中华人民共和国劳动法〉若干问题的意见》第3条又作了如下进一步的解释:事业组织实行劳动合同制度的以及按规定应实行劳动合同制度的工勤人员;实行企业化管理的事业组织的人员;其他通过劳动合同与事业组织建立劳动关系的劳动者,适用劳动法。这表明,除了上述几种人员外,事业单位中那些非劳动合同关系的人员并不适用该法。而在立法当时,作为事业单位人员主体的劳动者,乃是那些被纳入国家批准的用人编制并由国家财政负担其工资和福利待遇的正式职工,一般也被称作事业单位工作人员,并被视为具有"国家干部"的身份,他们并不需要订立劳动合同,因此是不受劳动法调整和规范的。由于这种做法混淆了事业单位与国家机关在性质、职能上的重大差别,因而被我国《公务员法》所摒弃。进入21世纪后,跟随社会经济全面转型的步伐,我国从地方、行业到中央开始酝酿并着手实施以人员聘用制度为核心的事业单位人事制度改革。如从国家层面来看,2000年7月21日中共中央组织部、原人事部《关于印发〈关于加快推进事业单位人事制度改革的意见〉的通知》(以下简称《意见》)第2条即已提出,事业单位人事制度改革的目标任务是:建立政事职责分开、单位自主用人、人员自主择业、政府依法管理、配套措施完善的分类管理体制;建立一套适合科、教、文、卫等各类事业单位特点,符合专业技术人员、管理人员和工勤人员各自岗位要求的具体管理制度;形成一个人员能进能出,职务能上能下,待遇能升能降,优秀人才能脱颖而出,充满生机与活力的用人机制,实现事业单位人事管理的法制化、科学化。同时《意见》第3条规定了改革的基本思路是"脱钩、分类、放权、搞活"。并在第4条中指出:"破除干部身份终身制,引入竞争机制,在事业单位全面建立和推行聘用制度,把聘用制度作为事业单位一项基本的用人制度。"《国务院办公厅转发人事部关于在事业单位试行人员聘用制度意见的通知》、原人事部于2003年12月10日印发的《事业单位试行人员聘用制度有关问题的解释》等相关文件则进一步规定,人员聘用制度主要包括公开招聘、签订聘用合同、定期考核、解聘辞聘等制度。事业单位除按照国家公务员制度进行人事管理的以及转制为企业的以外,都要逐步试行人员聘用制度。随即,人员聘用制度(含聘用合同制度)在事业单位人事制度改革中被全面推广。我国《劳动合同法》的出台，扩大了对于事业单位的适用范围。[①]该法第2条第2款规定，事业单位和与其建立劳动关系的劳动者，订立、履行、变更、解除或者终止劳动合同，依照本法执行。该法第96条又规定："事业单位与实行聘用制的工作人员订立、履行、变更、解除或者终止劳动合同，法律、行政法规或者国务院另有规定的，依照其规定；未作规定的，依照本法有关规定执行。"可见，《劳动合同法》已明确将事业单位的劳动（人事）关系有限制地纳入了该法的适用范围。为了与上述规定相配套，《中华人民共和国劳动争议调解仲裁法》第52条又规定："事业单位实行聘用制的工作人员与本单位发生劳动争议的，依照本法执行；法律、行政法规或者国务院另有规定的，依照其规定。"在历经多年的努力后，以聘用合同制度为主要内容的事业单位人事制度改革取得了明显的实效。[②]

我国事业单位推行的人事制度改革，尽管具体手段各有不同，但其核心要义与主要目标是完全一致的，即通过建立和推行聘用制度，实现用人上的公开、公平、公正，促进单位自主用人，保障职工自主择业，维护单位和职工双方的合法权益。通过实行人员聘用制度，转换事业单位用人机制，实现事业单位人事管理由身份管理向岗位管理转变，由行政任用关系向平等协商的聘用关系转变，建立一套符合社会主义市场经济体制要求的事业单位人事管理制度。[③] 应当认识到，

① 我国《劳动合同法》开始起草并征求全民意见时，对于事业单位内部的人事关系是否应该纳入该法的调整范围，社会各界展开了激烈的争论。反对的意见提出，聘用合同与劳动合同有本质的区别，不应当纳入劳动合同法调整。处理事业单位的问题，应当循序渐进，把管理体制理顺后，再对事业单位人事制度进行立法。赞成的意见认为，聘用合同与劳动合同虽然有不同的地方，但本质上并无区别，不应存在两种合同制度，不应当两个部门管就变成两个性质的合同，将聘用合同纳入劳动合同法的适用范围，解决事业单位人员实体权利保护无法可依的局面，有利于事业单位劳动关系的法制化和规范化，有利于保护事业单位工作人员的合法权利，有利于促进我国事业单位的改革。在听取各种意见的基础上，我国《劳动合同法》最终慎重采纳了"支持论"者意见中的积极因素，扩大了本法对于事业单位的适用范围。参见信春鹰主编：《中华人民共和国劳动合同法释义》，法律出版社2007年版，第330～332页。有关争论情况，还可参见常凯主编：《劳动合同立法理论难点解析》，中国劳动社会保障出版社2008年版，第38～51页。

② 截至2009年年底，我国事业单位人事制度改革工作进展情况如下：一是事业单位岗位管理工作取得积极进展。目前，国务院各部门中77%的单位完成岗位设置实施，中央党群系统达到52%，全国已有27个省区市启动了岗位设置工作。二是事业单位人事管理法规建设稳步推进。配合国务院法制办完善事业单位人事管理条例，修改处分、奖励、考核等相关规定。三是聘用制度和公开招聘制度推行面进一步扩大。截至2009年年底，全国签订聘用合同人员比例为80%，22个省区市事业单位公开招聘进人比例达到80%以上。参见"人力资源与社会保障部介绍2009年工作进展情况等"，载 http://www.gov.cn/gzdt/2010-01/22/content_1517171.htm。

③ 《关于加快推进事业单位人事制度改革的意见》（人发[2000]78号）第4条、《关于在事业单位试行人员聘用制度的意见》（国办发[2002]35号）第1条的规定。

我国围绕着这一主要目标所实施的各项改革措施和具体实践，是我们准确认识与界定当下社会转型时期事业单位聘用合同法律性质的现实前提和制度基础，亦是我们对聘用合同在法律上进行调整和作出相应规制的逻辑起点。

二、事业单位聘用合同的法律性质辨析

从上文的分析中可以看出，我国事业单位的人事制度改革是以人员聘用制度作为一项基本制度来设计的。从法律角度言之，这即意味着国家欲以聘用合同这种法律形式来重新定位事业单位与其工作人员之间的人事（劳动）关系。而随着事业单位试行人员聘用制度所推出的聘用合同这一形式，其法律性质究竟为何，则是一个极为值得研讨的话题，因为这直接关系到我们该如何选择对其进行立法规范的恰当模式的问题。但是，学界对此问题的认识却是见仁见智，众说纷纭。仅以如何认识高校教师聘用合同的法律性质为例，目前我国学术界就有“行政合同说”、“雇佣合同说”、“混合合同说”（即认为其是一种同时兼具普通民事合同和行政合同某些特征的混合合同）、“劳动合同说”、“人事合同说”、“民事合同说”等几种主要观点，[①]迄今未能达成共识。在此，笔者不揣粗疏与浅陋，也想就此问题阐述如下几点拙见。

（一）聘用合同与劳动合同具有“同质性”

依据通说，劳动合同所反映的劳动关系的基本特点可以概括为“主体特定”和“两个兼容性”。[②] 分析可知，聘用合同所反映的聘用关系同样具有这些特点：双方主体为事业单位（用人主体）与其工作人员（劳动者）；聘用关系既体现了双方主体之间的平等性，又体现了他们之间的从属性（即工作人员必须服从所在事业单位的用人管理）；聘用关系既体现出有偿劳动的财产性特征，又体现出这种劳动的人身性特点（如劳动者必须亲自履行聘用合同）。因此，聘用关系是与劳动关系“同质”的社会关系。与劳动合同一样，聘用合同双方当事人之间也存在实力不对等的情况，事业单位工作人员与其所在单位相比处于弱势地位，需要法律给予倾斜性保护，这与《劳动合同法》所强调的“单保护”的立法宗旨亦相吻

① 这些观点的主要内容，可参见康建辉、王渊：“劳动合同：高校教师聘用合同的基本性质”，载《当代教育科学》2008 年第 17 期；沈月娣：“高校教师聘用合同相关法律问题研究”，载《教育导刊》2007 年第 7 期。

② “两个兼容性”，是指“作为我国劳动法调整对象的个别劳动关系是兼有人身关系和财产关系性质，兼有平等关系和隶属关系特征的社会关系。”董保华著：《劳动法论》，上海世界图书出版公司 1999 年版，第 51 页。

合。而我国为深化事业单位人事、分配制度改革而推出的诸多措施,与企业劳动合同制度的改革方向也在逐步接轨。恰如有的学者所言:“无论劳动合同还是聘用合同,都是市场经济条件下确认和形成劳动关系的基本制度,都是从根本上改变我国计划用工制度和固定工制度的法律形式,充分体现了劳动者能进能出、自主择业,用人单位择优用人的新机制,从根本上实现从‘身份’到‘契约’关系的变革。”①

正是聘用关系与劳动关系在发展态势上所呈现出来的趋同性,构成了它们可以由法律统一加以调整和规制的理由。

基于聘用合同的上述法律属性,多年前即有学者发出劳动关系、人事关系应当“并轨”调整的呼声。董保华教授早就提出:“随着事业单位最终应走向企业化管理,事业单位的人事关系的相当一部分内容应为劳动关系所吸收。”②王建军教授亦持类似的观点:“事业单位的人事关系已经脱离了纯公法领域,从行政法律关系向劳动法律关系同质转变,理应得到劳动法的调整。而归于劳动法调整是改革后的人事关系的最好走向。”③笔者几年前对这些观点在总体上亦持肯定态度。④

近年来,这种劳动人事一体化调整的取向也正在逐步变成现实。为了适应这种一体化改革的要求,《最高人民法院关于人民法院审理事业单位人事争议案件若干问题的规定》第1条则更为明确地规定:“事业单位与其工作人员之间因辞职、辞退及履行聘用合同所发生的争议,适用《中华人民共和国劳动法》的规定处理。”而在《劳动合同法》第96条的文字表述中,立法机关则干脆把事业单位的聘用合同直接称为“劳动合同”。更为值得关注的是,2008年年初《劳动合同法》施行后不久,国务院即实行了“大部制”机构改革,在原人事部、原劳动和社会保障部的基础上,经过职责整合,设立了人力资源和社会保障部(另设国家公务员局,由该部管理)。这一改革举措表明,除了公务员人事关系外,我国对于其他人事关系与劳动关系的调整业已正式步入“一体化”管理的时代。对于这种实质性的改革趋向,笔者在此仅举劳动争议处理立法一例,即可予以佐

① 程延园:“事业单位聘用合同管理中的有关问题”,载《中国人才》2003年第12期。

② 董保华著:《劳动关系调整的法律机制》,上海交通大学出版社2000年版,第55页。

③ 王建军:“扩大劳动法对人的效力范围——论事业单位对《劳动法》的适用”,载《〈劳动法〉改革学术研讨会暨全国劳动法学与社会保障法学第六届年会会议论文集》(2003年9月·南京),第22页。

④ 许建宇:“我国人事争议处理受案范围的再调整——兼论人事争议与劳动争议的合理定位与分工”,载《法律适用》2005年第9期。不过,目前笔者对这一观点已有所修正(见后文)。

证:在我国《劳动争议调解仲裁法》起草过程中,关于人事争议能否纳入本法的调整范围这一问题,多数部门和专家即提出应当制定一部包括人事争议在内的、统一的劳动关系争议处理法。[①] 而在该法施行后,2009 年 1 月 1 日人力资源和社会保障部公布的《劳动人事争议仲裁办案规则》第 2 条已将劳动、人事争议统一纳入了本规则的适用范围,其中就包括了"事业单位与工作人员之间因除名、辞退、辞职、离职等解除人事关系以及履行聘用合同发生的争议"在内。而在此之前,劳动、人事这两类争议则是分别适用原劳动部颁布的《劳动争议仲裁委员会办案规则》和原人事部颁布的《人事争议处理办案规则》来处理的。

(二)聘用合同又具有某些不同于一般劳动合同的自身特色

从国家设立各种事业单位的目的可以看出,事业单位既不同于行使公权力的立法、行政、司法等国家机关,也不同于以营利为目的的企业、个体经济组织等经济实体。事业单位最鲜明的特色,便是其具有公益性(或曰公共性、利他性)、国有性、社会性和服务性等特征或功能。因此,事业单位一般被认为是一类公共组织,基本上属于公共部门的范畴。事业单位所从事的公益服务,主要表现为向社会提供各种"公共产品"或者"准公共产品"(如教育、基础研究、公共文化、公共卫生),以满足社会公众的公共欲望。由于公共产品与公共欲望无法或是很难通过市场机制来予以提供和得到满足(即在此领域存在着"市场失灵"的现象),必须依赖于政府,因而国家对事业单位的设立、运作和良性发展均负有不可推卸的责任,不宜将之完全推向市场,更不应当为了减轻国家财政负担而对公益服务类事业单位实施"甩包袱"的做法。

关于事业单位公益性特征的一个有力反证是:若干年前我国曾对医疗、教育等公共事业实行了所谓"产业化"取向的改革,有的地方政府甚至直接把"市场化原则"确立为事业单位改革应遵循的原则之一,[②]但这种改革随后也给社会带来了一系列被人诟病的负面效应。如有的学者指出:"实行事业单位产业化的政策,虽然具有一定的探索性和启发性,但市场化过度的局限性十分明显,某些方面改革政策实际上已经进入了误区,甚至违背国家举办公益事业单位的基本宗旨,使政府的公益服务职责严重缺位,不仅对实际没有任何指导意义,反而会影响各项社会公益事业的正常发展,有些已产生了一系列社会问题,影响国家的

---

① 信春鹰主编:《中华人民共和国劳动争议调解仲裁法释义》,法律出版社 2008 年版,第 264 页。

② 例如,浙江省即把"政事分开原则"、"分类指导原则"、"市场化原则"、"因地制宜原则"这四项原则确立为事业单位改革应遵循的原则。参见《浙江省人民政府关于深化事业单位改革的意见》(2001 年 10 月 22 日浙政发[2001]68 号)第一点"改革的指导思想和原则"。

长远利益和综合国力的提高。”①对于这些弊端，我国当下也正在努力地加以纠正。例如，《中共中央国务院关于深化医药卫生体制改革的意见》已明确指出：“坚持医药卫生事业为人民健康服务的宗旨，以保障人民健康为中心，以人人享有基本医疗卫生服务为根本出发点和落脚点，从改革方案设计、卫生制度建立到服务体系建设都要遵循公益性的原则，把基本医疗卫生制度作为公共产品向全民提供，着力解决群众反映强烈的突出问题，努力实现全体人民病有所医。”这表明我国已开始重新调整医药卫生体制改革的整体思路和基本理念，将按照“以人为本”、“公益性”、“公共产品”等基本原则的要求对其进行重构和复位。

有鉴于此，为了确保事业单位的公益性并使其能有效运作，国家对事业单位的规范必须较多地采用公法规制的手段。例如，政府对事业单位的用人规模设有编制的限制，事业单位招录工作人员会有较多的“资格准入”要求（如招录医师、教师、科研人员的条件），事业单位聘用合同的管理制度与对受聘人员实行的定期考核制度紧密相关，事业单位的经费主要由政府财政提供，事业单位的工资总额主要由政府负担和控制，事业单位工作人员的辞职会受到一定的限制等。诚然，事业单位的公益性并不等同于其内部人事关系的行政化，但由于以上这些因素的存在，事业单位的聘用合同的确又不能完全适用有关劳动合同的一般法律规定。例如，就“稳定性”与“流动性”这两者的考量而言，在企业劳动关系中我们一般会较多地重视其流动性因素，而从有利于事业单位长远发展及高效发挥其社会服务功能的要求出发，保障事业单位人事关系的适度稳定性无疑会显得更为重要。为此，在当事人行使聘用合同的解除权方面，特别是在关涉事业单位专业技术人员和管理人员的辞职、辞退问题上，法律上应有一些不同于劳动合同一般解除制度的特别设计。再以工资制度为例，由于事业单位工作人员的工资主要是由财政支付，所以对于其工资标准显然就难以采用完全由当事人协商确定的做法，同时在一般情形下亦无实行最低工资制度的必要性，并且在职工加班加点能否支付加班费的问题上也有严格的限制，这些因素均使事业单位的工资制度呈现出与企业工资制度明显的差异性。如2006年6月15日原人事部、财政部《关于印发事业单位工作人员收入分配制度改革方案的通知》中即规定：“对从事公益服务的事业单位，根据其功能、职责和资源配置等不同情况，实行工资分类管理。基本工资执行国家统一的政策和标准，绩效工资根据单位类型实行不同的管理办法。”这表明有关事业单位“基本工资”的政策和标准均属于刚性规定，殆无当事人协商之余地。2009年9月2日，国务院常务会议又进一步

① 张雅林：“事业单位改革政策分析”，载 http://www.cass.cn/file/2004060214507.html。

决定在公共卫生与基层医疗卫生事业单位和其他事业单位实施绩效工资,并指出这是事业单位收入分配制度改革的重要内容。① 国家之所以要在事业单位全面推行绩效工资制度,与国家设立事业单位的初始目标(如促进社会事业发展、提高公益服务水平)有着直接的关联性,这是由事业单位职能的特殊性所决定的。而对于企业来说,其实行何种工资制度则主要是由企业自主决定或者通过工资集体协商来确定的,国家并不强制性地要求其实施某种工资制度。此外,在工资水平方面,国家对事业单位也采取了一些强制性的干预措施。如我国《教师法》第25条特别规定"教师的平均工资水平应当不低于或者高于国家公务员的平均工资水平,并逐步提高"。

总之,如果说劳动合同、聘用合同都具有私法关系、公法关系双重属性(亦即社会性特征)的话,那么与劳动合同相比,聘用合同受到公法干预的范围和程度明显更为广泛和深入,而双方协商自治的空间则相对比较狭小。这种特殊性便构成了《劳动合同法》对于事业单位聘用合同关系的调整需要作出"特别规定"的正当性基础。

在前些年的理论争鸣中,我国大多数学者(包括笔者在内)的兴奋点,主要是集中在论证事业单位聘用合同与劳动合同具有"同质性"从而应当被纳入《劳动合同法》的调整范围这一问题上,而较少提及聘用合同与一般劳动合同之间的具体差异,特别是很少关注其本身的特殊性。现在回过头来看,上述观点和做法确乎失之偏颇和粗浅,似有反思、检讨并酌加修正之必要。2008年以来社会各界围绕《事业单位工作人员养老保险制度改革试点方案》所引发的广泛争论,特别是其中的质疑之声,②就表明了我国事业单位各项人事、社保制度的改革应充分关注事业单位本身的特殊性,而不能把企业的那一套做法简单地照搬过来了事。笔者认为,在聘用合同已被明确纳入《劳动合同法》适用范围的前提下,如何根据其自身特殊性来确定具体的法律调整方式和规制手段,比之只是简单地强调应对聘用合同与劳动合同进行"一体化"的法律调整,显得更为重要。

综上所述,笔者认为应当把事业单位聘用合同的法律性质界定为一种特殊的劳动合同。所谓"特殊",主要是指聘用合同在主体和内容上的特殊性,即作为聘用合同主体一方的用人单位(事业单位)具有公共部门的属性,聘用合同中的权利义务蕴涵着较多的公法干预因素。是故,本文的观点可称为"特殊劳动合同说"。

---

① 国务院办公厅:"国务院常务会议决定事业单位绩效工资分三步实施",载http://www.gov.cn/ldhd/2009-09/02/content_1407339.htm。

② "政协委员痛斥事业单位养老改革",载http://china.zjol.com.cn/05china/system/2009/03/11/015329176.shtml。

三、事业单位聘用合同的法律适用模式选择

(一)事业单位聘用合同法律适用模式的确立

从前文的分析中可以看出,事业单位聘用合同既不应被排除在《劳动合同法》的适用范围之外,也不应毫无例外地全盘适用《劳动合同法》的所有规定。因此,事业单位聘用合同适用法律的理想模式应当是:聘用合同既应适用《劳动合同法》,同时立法机构又须根据聘用合同的特殊性,在法律适用方面作出一些特别规定。若有特别规定的,优先适用特别规定;无特别规定的,则适用《劳动合同法》的一般规定。这一做法可简要地概括为"一般规定与特别规定相结合,特别规定优先适用"的模式。

此种模式其实在前些年的一些地方立法和最高人民法院的司法解释中即已初露端倪。例如,《浙江省劳动合同办法》第47条规定:"国家机关、事业组织、社会团体、民办非企业单位和与之建立聘用合同关系的人员,由县级以上人民政府人事行政部门参照本办法执行。法律、法规、规章另有规定的,从其规定。"《最高人民法院关于事业单位人事争议案件适用法律等问题的答复》第1条也规定:"……人民法院审理事业单位人事争议案件的程序运用《中华人民共和国劳动法》的相关规定。人民法院对事业单位人事争议案件的实体处理应当适用人事方面的法律规定,但涉及事业单位工作人员劳动权利的内容在人事法律中没有规定的,适用《中华人民共和国劳动法》的有关规定。"在此问题上,不少劳动法学者的观点与实务操作的做法可谓不谋而合。例如有人认为:"在不违背《劳动法》基本宗旨的前提下,法院可以选择性地适用人事方面的法规、规章及人事政策规范性文件。如果与劳动法的基本宗旨相冲突,则应当适用劳动法的相关规定。"①笔者在《劳动合同法》起草之初以及征求意见过程中也曾提出过类似的建议。② 最终获得通过的我国《劳动合同法》第96条规定:"事业单位与实行聘用制的工作人员订立、履行、变更、解除或者终止劳动合同,法律、行政法规或者国务院另有规定的,依照其规定;未作规定的,依照本法有关规定执行。"从该条规定可知,该法所采用的亦为这一模式。

① 吴文芳:"事业单位聘用制度适用《劳动法》问题研究",载《云南大学学报》(法学版)2005年第4期。

② 许建宇:"我国应当确立'劳动法统一调整模式'",载《中国劳动》2005年第12期;许建宇:"《劳动合同法》应寻求适用范围的突破",载《中国劳动》2006年第5期。

（二）"特别规定"的理论与实务问题

关于如何解读和运用上述模式中的"特别规定"，学界还鲜有讨论。对此，笔者以为，目前在理论和实务中应当着重关注如下几个问题。

（1）"特别规定"的作出方式。如何作出这种特别规定，可以有两种方式：一是外部规定的方式，即不在《劳动合同法》文本中直接作出特别规定，而是由其他的法律法规对聘用合同的特殊问题作出规定。由于我国《劳动合同法》的出台时间较晚，故我国以往针对聘用合同所开展的立法，实际上概属此类做法。二是内部规定的方式，即在《劳动合同法》中对聘用合同的一些特殊问题直接进行规定。从《劳动合同法》第 96 条的规定可知，该法对事业单位聘用合同所作的规定总体上看是属于第一种方式，即该条所谓的"另有规定"显然是指"外部规定"。这种做法目前来看具有一定的合理性，但从长远而言，笔者认为更应采取上述两种方式相结合的做法。考虑到聘用合同与劳动合同在合同期限、试用期、加班费、工资、社会保险和福利等方面都存在着一定的差异，所以《劳动合同法》本身也同样需要对聘用合同如何适用本法有关条款作出"内部规定"，诸如设置某些除外适用条款、限制适用条款、专项适用条款等。

（2）"特别规定"的立法理念。既然在无特别规定时，聘用合同需要适用《劳动合同法》的一般规定，则立法者必须在特别规定与一般规定之间做好合理的衔接，其中最主要的是这两类规定在立法理念和基本制度方面需要保持一致性。例如，有关聘用合同的特别规定也应秉承《劳动合同法》所恪守的"弱者理论"、"倾斜立法"、"利益平衡"等基本价值观念和立法意旨，而不能游离其外甚至与之相悖。

（3）"特别规定"的法律渊源。根据《劳动合同法》第 96 条的规定，能够作为特别规定而优先适用的法律渊源，仅限于"法律"、"行政法规"或者"国务院另有规定"这 3 者，并不包括地方性法规、规章（含国务院部门规章、地方政府规章）以及其他法律渊源在内。这种规定可以避免在对聘用合同进行规范问题上出现"法出多门"、干预过多的混乱现象，有利于保障双方当事人特别是劳动者的合法权益，从立法精神上看应予充分肯定。但令人遗憾的是，在事业单位聘用合同立法方面，除了《教师法》、《高等教育法》等法律在个别条文中原则规定了"实行教师聘任制"等内容以外，事实上我国当下既无全国人大及其常委会制定的专门"法律"，亦无国务院制定的单行"行政法规"，仅有的一份最高效力层次的规范性文件，即是《国务院办公厅转发人事部关于在事业单位试行人员聘用制度意见的通知》（国办发〔2002〕35 号），该文件系由国务院办公厅转发，只可勉强归入到"国务院其他规定"的范畴。与此同时，目前有关事业单位聘用合同的很多具体问题,基本上是由国务院各部门或者地方人民政府通过制定、发布各种行政规章甚至更低位阶的一些规范性文件进行规定的。例如,有关高等学校教职工人事制度方面的很多政策、措施和具体做法,便是由国家原人事部、教育部、财政部等部委所发布的一些规章或者规范性文件予以规定的。这些较低位阶的法源能否作为《劳动合同法》的"特别规定"而优先适用?此乃当前实务操作中屡屡触及、不得不予以明确的一个重要问题。

笔者认为,在当下我国人事立法特别是有关事业单位聘用合同的法律和行政法规几近空白、人员聘用制度又处于试行和探索阶段这种特定的背景下,完全撇开地方性法规、规章的调整作用是不现实的。适当发挥地方性法规和规章对于聘用合同的调整作用,一是可以填补该领域的立法空白,并为国家今后制定有关聘用合同的法律、行政法规或者国务院规定积累立法经验;二是可以适应实施事业单位人员聘用制度改革这种特定时期的现实需要。因此,作为一种过渡性措施,在现阶段可以考虑把有关聘用合同的地方性法规和规章作为规范聘用合同关系的两种法源,视为"特别规定"而优先适用。但需要注意的是,适用这些地方性法规和规章的前提应考虑两方面因素:①它们必须不与上位法相抵触,特别是对于规章,我国司法实践中只是"参照"适用,人民法院等机构应享有对规章内容的审查权以及是否适用规章的决定权。②它们应系"基于法定授权对法律、行政法规和国务院其他规定中关于事业单位劳动合同的特别规定,作出解释性、细则性规定"。[①] 当然,从长远来看,把"特别规定"的范围完全限缩在《劳动合同法》第96条所规定的3种法源之内,应当是规范聘用合同更为理想的做法。笔者认为,当前较为可取的做法则是由国务院尽快制定出台专门的行政法规,即《事业单位人事管理条例》或者《事业单位劳动(聘用)合同条例》,针对事业单位聘用合同的特殊性,作出相应的特别规定,以及时因应实践中聘用合同适用法律的急迫需要。

四、结　　语

对事业单位聘用合同进行准确的法律定位,是确立其法律适用模式的前提条件,两者互相关联。笔者认为,在对聘用合同进行法律定性时,既要看到其与劳动合同的同质性,还应关注它自身的特殊性;在确立聘用合同的法律适用模式

① 王全兴著:《劳动合同法条文精解》,中国法制出版社2007年版,第314页。

时,既要看到其适用劳动合同法一般规定的必要性,还应关注它适用特别规定的重要性。建立一套完善的事业单位聘用合同法律规范,是完善我国社会转型期劳动法制建设的重要一环。在明确了事业单位聘用合同的法律适用模式以后,紧接着需要讨论的,便是在实务操作中我们如何运用这一模式来具体规范事业单位的人员聘用关系问题。无疑,这是一个极为庞大和复杂的理论课题,有待于学界同人对此展开进一步的研讨。

(2010 年第 12 期)

2011 年

我国《反垄断法》“滥用市场支配地位”条款适用问题辨识

陈　兵*

《中华人民共和国反垄断法》(以下简称《反垄断法》)自2008年8月1日实施以来,引起了学术界与实务界的广泛关注,[①]对于其中出现的一些反垄断案件也引起了社会热议,为此我们有必要对其进行检视,为下一步《反垄断法》需要注意的问题和发展方向提出建议。根据《反垄断法》第3条对违法垄断的分类,[②]并充分考虑目前各类案件发生数量、国内影响力、案件争议度等因素,笔者在此仅仅选取“滥用市场支配地位”案件作为研究对象,同时结合学者们对此类案件所作的评述,来进一步探讨滥用市场支配地位条款在具体适用中的相关问题。

一、从既有滥用市场支配地位案件引出的问题

“滥用市场支配地位”作为《反垄断法》明文禁止的违法类型之一,自《反垄断法》实施以来,在各地法院和行政执法部门受理的反垄断争议案件中占有相当比例,因而引起了社会各界的广泛关注。据统计其中具有代表性的案件包括:

---

* 作者单位:吉林大学法学院。

本文是作者主持的2010年教育部人文社会科学研究青年基金项目:《反垄断法实施的跨国化与国际化问题研究——全球化时代从对抗走向合作的历史解读与启示》(项目编号:10YJC820003)的阶段性成果。

① 国内学界和实务界对《反垄断法》施行的关注情况,笔者通过对中国知网期刊全文数据库的检索后发现,核心期刊类论文(从2008年起)超过100篇(检索时间:2010年6月6日),涉及的问题主要有:反垄断法对国有企业是否适用、反行政垄断、对外资是否歧视(国家安全审查条款)、反垄断实施机构(国家反垄断委员会与反垄断执行机构关系)、反垄断法施行的确定性问题、如何认定滥用知识产权和责任承担等,但是结合具体案例研究的学术专论并不多见,其中特别值得提及的两篇文章分别是郑文通:“我国反垄断诉讼对‘滥用市场支配地位’规定的误读”,载《法学》2010年第5期;还有何霞、刘闯、曹珅珅:“电信市场差别定价中的反垄断问题”,载《北京工商大学学报》(社会科学版)2010年第2期。本文的写作在很大程度上受到这两篇文章的启发。

② 包括经营者达成垄断协议、经营者滥用市场支配地位、具有或者可能具有排除或限制竞争效果的经营者集中3类。

①周泽诉中国移动通信集团北京有限公司及中国移动通信集团有限公司案[①]（以下简称“中国移动”案）。②俄罗斯某航空公司举报北京飞机维修工程有限公司案[②]（以下简称“北飞公司”案）。③重庆西部破产清算公司诉中国建设银行重庆分行案[③]（以下简称“重庆建行”案）。④唐山市人人信息服务有限公司（全民医药网的开办方）诉百度搜索引擎运营商北京百度网讯科技有限公司案[④]（以下简称“百度竞价排名”案）。⑤北京书生电子技术有限公司诉上海盛大网络发展有限公司、上海玄霆娱乐信息科技有限公司案[⑤]（以下简称“盛大网络”案）等。在这些案件的处理过程中，当事人及其（或）诉讼代理人、法院或行政监管机构、专业人士等都通过不同途径或方式发表了各自的主张或意见，案件的处理结果均认定不构成“滥用市场支配地位”。除“北飞公司”案由行政监管机构（北京市发改委）处理外，其他案件均由法院作出裁决。在由法院审理的案件中的争辩焦点之一均是“被告是否具有市场支配地位”，并以此作为法院处理案件争议的逻辑起点。

值得关注的是，《法学》去年第5期上登载了郑文通先生“我国反垄断诉讼对‘滥用市场支配地位’规定的误读”的文章（以下简称“郑文”），该文明确指出“各地法院所受理的数起滥用市场支配地位案件中并不存在《反垄断法》上的案由或诉因，属于反垄断‘伪案’。这些案件中被告的行为或者连字面上都不属于《反垄断法》所禁止的滥用市场支配地位的行为，或者仅在字面上属于，但因为没有排除或限制竞争而实际上不属于《反垄断法》所禁止的滥用市场支配地位的行为”。[⑥] 按其所解：第一，目前有些案件并非《反垄断法》上规制的滥用市场支配地位违法案件，存在对《反垄断法》的滥用；第二，以是否排除或限制竞争作为适用滥用市场支配地位条款的标准，该条款设置的目的是规制排除或限制竞

---

① 于阳：“中国移动被诉垄断赔千元”，载《品牌与标准化》2009年第23期；“中国移动‘垄断案’和解原告获千元‘奖励’”，载 http://news. eefoo. com/cjxw/gtcj/200910/29 - 1649100. html。

② 李洁、李彬、贾晓强：“积极推进反垄断法的实施不断拓宽行政执法新领域——北京市开展反价格垄断行政执法的实践与思考”，载《价格理论与实践》2010年第1期。

③ “建行遭遇银行业反垄断第一案”，载 http://finance. sina. com. cn/money/bank/jhfld0912. shtml。

④ “百度竞价排名业务被诉垄断案开审”，载 http://news. sina. com. cn/o/2009 - 04 - 23/083915513999s. shtml；戴健民：“百度公司被诉滥用市场支配地位一案之评析”，载 http://www. antimonopolylaw. org/article/default. asp? id = 1137；李剑：“百度‘竞价排名’非滥用市场支配地位行为”，载《法学》2009年第3期。

⑤ “中国首例反垄断网络案件一审宣判”，载 http://www. caijing. com. cn/2009 - 10 - 23/110291885. html。

⑥ 郑文通：“我国反垄断诉讼对‘滥用市场支配地位’规定的误读”，载《法学》2010年第5期。

争的违法经营行为。① 在这两个看似肯定的结论上，文章进一步分析了滥用《反垄断法》的危害，如“导致当事人和法院被迫耗费大量的资源”，“挑战《反垄断法》立法逻辑——作为一部竞争法，其立法逻辑是以保护竞争为核心的。法所禁止的行为，都体现了立法机关对该行为是否排除或限制竞争的权衡”②等，并在此基础上提出了“最高院应尽快出台《反垄断法》司法解释”、“全国人大常委会应尽快对《反垄断法》作出修正”、“推动我国民事诉讼程序的改革”等。③ 对于文章的观点和建议主张，笔者认为有值得商榷之处，具体表现为：在缺乏对《反垄断法》的本土化理解和系统化释义的知识环境下，对我国《反垄断法》实施标准的单一设定，并由此通过个案分析和简单的制度比较过程，所表达的对滥用市场支配地位条款适用目的的认识和提出的优化《反垄断法》实施的若干建议是不适合中国国情和现实需求的。

有鉴于此，笔者亦同样选取文中所讨论的相关案例，并增加由行政监管机构受理的“北飞公司”案，借此希望能够较为全面地评估现阶段滥用市场支配地位条款的适用情况，并在此基础上从微观入宏观对《反垄断法》立法目的及其实施标准予以系统化的阐释。同时，笔者还将对欧盟竞争法上“剥削性滥用市场支配地位”概念及其适用与我国目前所发生的几起被诉“滥用市场支配地位”案件中的行为模式及内容进行比较，来主张我国目前应该更加关注这类滥用市场支配地位案件，提出将“消费者利益是否遭受损害”作为一个独立的考衡标准放入《反垄断法》的实施过程中，强调“保护消费者利益”应为《反垄断法》适用的目

---

① 郑先生在分析我国目前现有案例时，始终和唯一强调的是涉案行为是否造成了对相关市场上竞争的排除或限制，重点关注行为对竞争结构和过程的不利影响，但一味强调是否排除或限制竞争，并将其作为唯一标准来衡量涉案行为是否构成《反垄断法》的违法行为，似乎有待商榷。笔者认为，是否损害消费者利益亦可作为与是否排除或限制竞争同等，甚至更为重要的判断标准，而且这两个标准之间有时是同时存在，有时亦可单独适用。进一步论述，请见后文。

② 虽然郑先生在文中绝大部分处都主张《反垄断法》规制竞争的功能，强调以是否“排除或限制竞争”为标准来衡量行为是否违法，然其结论部分却明确指出“由于我国长期的计划经济体制，很多行业尤其是特大型国有企业占支配地位的垄断行业中竞争严重缺乏，广大中小企业和消费者深受垄断之苦。《反垄断法》出台之后，这些企业和消费者以《反垄断法》为武器捍卫自己权益的做法是非常可以理解的。笔者并不是认为我国垄断企业的行为都是合理的，只是想说明，利用《反垄断法》来挑战这些垄断企业的行为在很多情况下是没有恰当的法律基础的”。“当然，随着我国市场经济体制的逐步健全，《反垄断法》在纠正垄断企业不公平行为中的作用会日益显著。总之，为实现促进竞争、保护消费者权益的目的，我国应该采取全局考虑、多头并进的策略。”由此至少反映出以下几点认识：①郑先生强调应以是否“排除或限制竞争”为衡量标准。②承认了消费者权益保护在《反垄断法》实施中的一定位置。③虽认识到了中国国情，但仅仅也是对中国过去印象的认识。进一步讨论，请见后文。

③ 郑文通：“我国反垄断诉讼对‘滥用市场支配地位’规定的误读”，载《法学》2010年第5期。

标之一。在此认知环境下来探讨现阶段如何把握滥用市场支配地位条款的最优适用。

二、如何看待滥用市场支配地位条款的适用

在目前对滥用市场支配地位条款适用作出理论分析的研究成果中除了前述“郑文”之外,还有何霞先生等人撰写的《电信市场差别定价中的反垄断问题》一文(以下简称“何文”)。该文概括性地讨论了中国电信市场中的差别定价问题,并认为:“从法理上讲,差别定价是价格歧视的一种主要形式。为了限制主导运营商通过差别定价来获取超额利润,各国的反垄断法都对此作出了相关限制……在讨论差别定价是否违法(指《反垄断法》——笔者注)时,也需要考虑两个方面:一是该市场主体是否具有市场支配地位;二是差别定价是否具有成本依据。只有当该主体具有市场支配地位,差别定价缺乏正当成本依据时,才能认定其差别定价行为违法。”①该文进一步指出:“根据电信成本分析,基本不存在不同用户成本差别,所以电信市场主导企业差别定价是有悖于《反垄断法》的。从消费者的角度而言,差别待遇限制了他们的选择,一定程度上损害了他们的利益。”②“何文”所持观点与“郑文”所主张的“中国移动”案等是“伪案”的观点形成了鲜明的对比,这不仅困惑了理论界,而且对当事人、反垄断行政执法机构及法院在实践中适用滥用市场支配地位条款亦产生了不明确和不稳定的影响。为此,通过对《反垄断法》目的的系统化阐释,结合相关被诉(举报)滥用市场支配地位案件事实来客观评价滥用市场支配地位条款的适用状况有其必要性。

(一)对一些滥用市场支配地位案件是“伪案”的质疑

通过对前文所列相关被诉(举报)滥用市场支配地位既决案件的分析,笔者认为在“北飞公司”案、“百度竞价排名”案以及“盛大网络”案中,受理机构或法

---

① 何霞、刘阆、曹珅珅:“电信市场差别定价中的反垄断问题”,载《北京工商大学学报》(社会科学版)2010年第2期。需要指出的是,“何文”对“差别定价”行为模式构成违反《反垄断法》的理解与竞争法学意义上界定的价格歧视概念不同,准确地说“何文”所持见解仅为一种字面解释,不符合竞争法学上对价格歧视违法构成要件的设定。竞争法学上价格歧视,强调在相同交易中给予不同交易方以不同的交易条件,致使接受不利交易条件的一方处于与其他交易方不利的竞争地位,而不仅仅只是交易条件差异。See D. G. Goyder, *EC Competition Law 4th*, Oxford University Press, 2003, p. 283; See Richard Whish, *Competition Law* 5th, LexisNexis, 2003, pp. 716 – 721.

② 何霞、刘阆、曹珅珅:“电信市场差别定价中的反垄断问题”,载《北京工商大学学报》(社会科学版)2010年第2期。

院的审裁程序和理由都是符合我国《反垄断法》"滥用市场支配地位"条款适用依据和目的的。

比如,在"北飞公司"案中,针对俄罗斯航空公司的投诉,北京市发改委将工作重点放在除冰业务成本收益的分析上。根据分析发现,北飞公司虽然占据了较大的市场份额,但是认定不合理高价的理由并不充分,主要原因是北飞公司属于合资企业,未得到政府的价格补贴,所有除冰设备、特种车库、存放除冰液设施等均为企业自有投资。鉴于北飞公司的除冰价格是根据成本测算制定的,不存在"以不公平高价销售商品"的违法事实。因此,不构成滥用市场支配地位的价格垄断行为。① 需要特别指出的是,"北飞公司"案中举报方俄罗斯航空公司所主张的"认为北飞公司存在滥用市场支配地位,以不公平高价销售商品的价格垄断行为",在学理上我们称为"剥削性滥用"是我国目前"滥用市场支配地位"分类中较为频繁被使用的行为模式,亦是后文中重读"中国移动"案和"重庆建行"案的关键,且关乎对"滥用市场支配地位"条款适用目的的解释。

又如,"百度竞价排名"案和"盛大网络"案都涉及互联网领域经营行为,其诉因均指被告实施了"滥用市场支配地位"的行为,前者致使全民医药网访问量大幅降低,限制了其参与市场竞争的能力,造成了经济损失;后者要求寇彬停止为原告(书生读书吧——北京书生电子技术有限公司)创作,限制了原告与被告相竞争的能力。受理法院在审理过程中,依法对被告是否具有"市场支配地位"予以事实判断,均认为两案中原告所提交的证据不足以证明被告具有市场支配地位,以此为基础判定原告诉讼主张不成立。② 可以说,此两案的处理程序和结果符合《反垄断法》的规定。需要特别指出的是,"郑文"在评述"盛大网络"案时从文义理解的角度认为:"原告宣称被告违反了《反垄断法》第17条第1款第4项的规定,即违反了'没有正当理由,限定交易相对人只能与其进行交易或者只能与其指定的经营者进行交易'。这里的问题是,被告如何限定任何人'只能与其进行交易或者只能与其指定的经营者进行交易的'? 被告充其量是要求《星辰变续集》的两位作者停止与原告的交易(即停止为原告创作续集),而没有

① 李洁、李彬、贾晓强:"积极推进反垄断法的实施不断拓宽行政执法新领域——北京市开展反价格垄断行政执法的实践与思考",载《价格理论与实践》2010年第1期。

② 在"盛大网络"案中,上海市第一中级人民法院判决,除指明原告没有提供足够的证据证明被告在网络文学市场具有支配地位外,还进一步认为即使被告具有市场支配地位,被告保护自己版权的行为也属于"正当",并没有滥用其市场支配地位。参见"中国首例反垄断网络案件一审宣判",载http://www.caijing.com.cn/2009-10-23/110291885.html。

限定他们‘只能’与被告或被告指定经营者交易。所以无论如何解释,被告的行为都不能被说是第17条第1款第4项所指的行为。”①并据此指出“盛大网络”案是不属于《反垄断法》规制的“伪案”。然而受理法院上海市第一中级人民法院在判决书中明确指出“根据中国《反垄断法》第十七条第一款第四项,从被告行为的正当性判断,法院认定被告未构成滥用市场支配地位的行为。”很明显,法院并没有否定《反垄断法》第17条第1款第4项对该案的适用能力,只是根据“是否具有正当理由”(在没有正当理由情况下,限定交易对象的行为,才可能构成违法)对案件进行事实认定,进而作出“不构成滥用市场支配地位”的判决。这里争议的焦点在于原告通过主张“第17条第1款第4项”向法院起诉的做法是否有法律依据,即原告在该案中是否享有《反垄断法》项下的起诉权?至于能否最终胜诉则是另外一个问题。

笔者认为,根据欧盟竞争法上“排他性滥用”的内涵对“盛大网络”案加以解读,该案原告应该具有依据“滥用市场支配地位”条款提起诉讼的能力。《欧共体条约》第82条立法讨论稿第1部分对“排他性滥用”内涵作了如下解释:“占支配地位公司之行为可能对市场产生封闭效果,如可能完全或部分地阻止可获利的市场扩大,或者是阻碍实际的或潜在的竞争者进入市场,并且最终损害了消费者利益。市场封闭可能阻碍竞争对手的进入或规模扩张,导致竞争对手退出该市场。”②由此推展,处于竞争关系的当事人间,如一方之行为在可能损害竞争对手与之相竞争之能力时,受到实际损害或者现实威胁的另一方是可以诉诸竞争法救济的,至于能否最终获得支持并不影响其行使诉讼权。在此笔者提出以是否限制或损害竞争能力作为是否可诉诸竞争法救济的标准之一。③ 此外,“消费者利益是否遭受损害”亦应作为可诉诸竞争法救济的重要标准。

在“盛大网络”案中,如果从行为的现实可能性角度看待“限定交易相对人只能与其进行交易或者只能与其指定的经营者进行交易”的实质,那么其就是不得与特定人之外的他人进行交易,当然“被告充其量是要求《星辰变续集》的两位作者停止与原告的交易”的行为就可以认定为限制或排除他人竞争行为,即使是被告行为不符合严格的文义解释,还是从被告行为本身及其可

---

① 郑文通:“我国反垄断诉讼对‘滥用市场支配地位’规定的误读”,载《法学》2010年第5期。

② Lorenzo Federico Pace, *European Antitrust Law: Prohibitions, Merger Control and Procedures*, Edward Elgar, 2007, p. 114.

③ 事实上,这一标准可追溯至美国普通法上“贸易限制合同”案件的处理模式,主要体现在对“Good Will”销售案件的适用规则上,是反托拉斯法合理规则发展的早期内容之一。

能产生的效果来看,其"要求《星辰变续集》的两位作者停止与原告的交易"的行为客观上会或者可能会限制或削弱原告在网络文学市场上与被告的竞争能力。如果原告以此为诉由,笔者认为该案应该属于《反垄断法》规制范畴。当然被告行为是否真会造成限制或排除竞争的效果,这并不影响原告享有起诉权。

除此之外,"中国移动"案和"重庆建行"案也特别值得关注。一方面是因为对这类案件的评价,不仅在理论界形成了不同认识,如前述"何文"和"郑文"对"中国移动"案是否构成"滥用市场支配地位"的不同看法,而且在理论界与法律实务界之间亦产生了较大分歧,如"郑文"中认为"中国移动"案和"重庆建行"案属于《反垄断法》上的"伪案",而受理法院却依《反垄断法》进行了审裁。另一方面该类案件当事人一方是消费者,另一方是国有企业,案件所涉经济领域是《反垄断法》第7条所规定的"关系国民经济命脉和国家安全的行业以及依法实行专营专卖的行业",虽然"国家对其经营者的合法经营活动予以保护,并对经营者的经营行为及其商品和服务的价格依法实施监管和调控,维护消费者利益",但是在该经济领域内被诉(举报)"滥用市场支配地位"的垄断行为仍不断发生,消费者利益遭受损害的情况或存在的潜在威胁仍大量存在。① 因此,这类案件具有典型性,尤其是在我国经济转型阶段,在国有经济掌控的经济领域内竞争活力不足,国有企业在其所经营行业仍占有相关市场的支配地位,拥有"滥用市场支配地位"剥削消费者或者是排除、限制竞争的能力,国有企业因"滥用市场支配地位"行为构成我国《反垄断法》"滥用市场支配地位"条款适用的主要对象。由是观之,有必要更进一步探讨"中国移动"案和"重庆建行"案所反映的实质及对该类案件的处理态度。

(二)对"中国移动"案和"重庆建行"案的重读

"郑文"将目前所发生的几个重要案件划归为《反垄断法》"伪案"的认识引起了笔者的困惑,因此在这里有必要对其予以重新解读。②

从普通法角度言,"郑文"主张"中国移动"案和"重庆建行"案为"伪案"是

① 除了文中提及的电信市场存在对消费者利益损害的现实或潜在威胁外,中国成品油市场亦存在如此现状或可能,参见"北京消费者欲诉中石化北京公司'滥用市场支配地位'",载 http://money.jrj.com.cn/2008/12/0408122955795.shtml;"《反垄断法》今实施铁路电信等5大行业受冲击",载 http://msn.ynet.com/view.jsp? oid=41931821&pageno=3。

② 前文已经讨论了"盛大网络"案是否可以诉诸《反垄断法》救济的问题,此处仅重读"中国移动"案和"重庆建行"案。

正确的。① 因为诉因选择错误，法院可以径直宣判原告败诉，而无须进行一系列证据开示和法庭辩论过程，更不可能出现依职权建议原告调整诉讼方向，指引原告选择正确的或者是法院认为正确的诉求继续进行庭审的情况，②普通法国家的法院相对于案件当事人而言处于消极角色。但是在中国，尤其是在《反垄断法》实施初期，在一个缺少地方性竞争法律文化和竞争法施行经验的国家③推行《反垄断法》本身就面临着很大困难，需要一个宣传、鼓励和支持的过程。现行法院系统及其诉讼机制必须承担推动《反垄断法》实施的重要设施和制度作用，因此我们不能简单地因为案件诉因不正确而认定为"伪案"，除非是案件事实本身不属于《反垄断法》规制范畴，而应强调从法律设立与适用的目的入手，客观全面地分析案件事实，依法采信当事人提供的证据，能动地指引案件诉讼过程。基于此，笔者并不同意"郑文"所持观点，相反认为"中国移动"案和"重庆银行"案之原告具有诉诸《反垄断法》救济的权利，至于最终能否获得实体权利上的救济并不能决定其是否为"伪案"。

综观当今世界主要国家和地区的反垄断法或竞争法，其设立和适用的主要目的之一便是"维护消费者利益"。如2010年最新出版的《欧盟竞争法改革》一书中明确强调"竞争法的主要目的是为了消费者利益而试图建立公平的市场运作机制"。④ 而美国于1985年阿斯彭滑雪公司案（Aspen Skiing Company v. Aspen

---

① "郑文"较为详细地评述了"中国移动"案和"重庆建行"案中原告方所提出的诉讼主张。通过阐释《反垄断法》语境下"差别定价"、"拒绝交易"等特定术语，认为原告在"中国移动"案中以"差别定价"，在"重庆建行"案中以"拒绝交易"等为由起诉是站不住脚的。参见郑文通："我国反垄断诉讼对'滥用市场支配地位'规定的误读"，载《法学》2010年第5期。就原告选择诉由事项而言《郑文》的判断是正确的，正是在这个意义上说"中国移动"案和"重庆建行"案是"伪案"。

② 在我国对诉因不当的挽救：当诉讼程序启动后，对于诉因不当，法律规定是可以变更的，其途径有两条：一是当事人主动变更，《民事诉讼法》第52条规定"原告可以放弃或者变更诉讼请求"；二是法院依法提示当事人变更，最高人民法院《关于民事诉讼证据的若干规定》第35条规定"诉讼过程中，当事人主张的法律关系的性质或者民事行为的效力与人民法院根据案件事实作出的认定不一致的……人民法院应当告知当事人可以变更诉讼请求"。进一步的论述可参见杨玉泉："试论民事诉讼中的诉因"，载 http://www.chinacourt.org/public/detail.php? id = 118606。

③ 普遍承认的一点是由于长期的中央计划经济体制安排，以及目前遗留的非竞争因素影响，中国社会在很大程度上缺乏西方市场经济国家所提倡的自由和公平竞争观念，市场竞争机制作为一种有效的资源分配模式还有待建立。See Salil K. Mehra, Meng Yanbei, Against Anti trust Functionalism: Reconsidering China's Antimonopoly Law, 49 Va. J. Int'l L. 3 79 (2009); See also David J. Gerber, Economics, Law & Institutions: The Shaping of Chinese Competition Law, 26 Wash. U. J. L. & Pol'y 271 (2008), etc.

④ Philip Marsden, Exclusionary Abuses and the Justice of "Competition on the Merits", Ioannis Lianos, Ioannis Kokkoris ed., *The Reform of EC Competition Law: New Challenges*, Kluwer Law International, 2010, p. 412.

Highlands Skiing Corporation)中,联邦最高法院就认为,竞争是一个以消费者利益为基石且被其引导的过程,强调在自由竞争中满足消费者的需求。[①] 我国《反垄断法》第1条规定:"为了预防和制止垄断行为,保护市场公平竞争,提高经济运行效率,维护消费者利益和社会公共利益,促进社会主义市场经济健康发展,制定本法。"以此为基点,根据法律解释的系统方法,维护消费者利益理应成为"滥用市场支配地位"条款的设立目的和适用标准。在此认知的前提下,我们在重读"中国移动"案和"重庆建行"案时,如果从消费者利益维护向度出发,是否能从《反垄断法》体系中找到相关依据来支撑原告的提请诉讼呢?答案显然是肯定的。为此,我们有必要对欧盟竞争法上"滥用市场支配地位"的规定作一番考察,从外部制度支持的层面,有针对性地解释我国《反垄断法》"滥用市场支配地位"条款的内涵及适用范围。[②]

2010年3月30日出版的《欧盟公报》(Official Journal of European Union)第53卷公布的《〈欧盟条约〉和〈欧盟运行条约〉综合文本》(Consolidated Versions of the Treaty on European Union and the Treaty on the Functioning of the European Union,以下简称《综合文本》)[③]第102条规定"由一个或以上具有市场支配地位的经营者在(欧盟)内部市场或者该市场的某一实质部分内,从事影响成员国间贸易的滥用(市场支配地位)行为是与该内部市场(目标)不相容的,必须予以禁止"。[④] 该条款随后特别列举了4类"滥用市场支配地位"的情形,[⑤]但是未穷尽,也不可能穷尽。这样就给行政执法机构和法院在实际操作时留下了一定的空间,体现了法律的稳定性与灵活性的统一,更好地实现了法律设置的具体目标。我国《反垄断法》第17条亦作出了相似的设计安排,通过立法目的来引导法律适用。

那么,《综合文本》第102条设立的目标或者说立法意图到底是什么?通过《欧共体条约》第82条立法讨论稿第4部分的解读,明确肯定了欧共体(欧盟)

---

① Aspen Skiing Company v. Aspen Highlands Skiing Corporation,472 U. S. 58 5,603.

② 如果我们缺乏对欧盟法上"滥用市场支配地位"条款的深入分析,那么将很难从立法渊源和技术层面来整体理解我国《反垄断法》"滥用市场支配地位"条款设立的初衷,就更谈不上准确解读该条款在当下的适用和未来的走向了。

③ O. J. C. 2010/C 83/01,http://eur-lex. europa. eu/JOHtml. do? uri = OJ:C:2010:0 83:SOM:EN:HTML,last visit on Jun. 2,2010.

④ O. J. C. 83/89,Art. 102,2010.

⑤ 包括①直接或间接强加不公平的买卖价格,或者其他不公平交易条件。②在产品、市场或技术开发使用上给予限制,造成消费者不公正待遇。③在相同交易下对其他交易人给予不同交易条件,致使其他交易人处于不利竞争地位。④订立合同时要求相对一方接受合同附加义务,但是该义务从实质上或商业习惯上言,与该合同目的的实现并无关联。

内建立以维护消费者利益为导向的竞争法规范的立法意图。欧共体认为禁止经营者"滥用市场支配地位"是一种提升消费者福利和确保资源有效分配的方式。讨论稿强调竞争将带给消费者利益,如低价、质优、对货物和服务广泛的选择权、创新。竞争和一体化的目的是为了消费者的利益,通过创造和保有开放的单一市场来促进在整个共同体范围内的资源的有效配置。[①] 由此可知,欧共体(欧盟)在解读"滥用市场支配地位"条款时,消费者利益成为一种必要的和最终的目的解释依据。

为了清晰地从理论上区分不同形式的"滥用市场支配地位"违法类型(相对于立法条款明确罗列违法行为模式的方式而言),在学理上,伦敦国王学院客座教授哥伊德在其2003年出版的《欧盟竞争法》第4版中继续坚持,将"滥用市场支配地位"违法类型划分为两种,[②]即排他性滥用(exclusionary abuse)和剥削性滥用(exploitative abuse)。前者指具有市场支配地位的经营者通过滥用行为,如增加竞争对手成本、拒绝与竞争对手交易或拒绝其进入使用核心设施,减弱现有市场竞争程度或阻碍竞争的增加,该滥用行为将影响相关市场结构。[③] 在市场上可能形成封闭效果,抑制其他竞争者的进入或扩张,或致使其他竞争者退出该市场。后者指直接以消费者为目标,如强加给消费者[④]过高价格或不合理交易条款或(和)条件。[⑤] 此类滥用类型通常表现为《综合文本》第102条(《欧共体条约》第82条)第1项和第2项所规定形式,[⑥]是具有市场支配地位的经营者利用其支配地位所带给他的商业机会,以掠取其在正常和充分有效的竞争环境下所无法获取的商业利益的违法行为。[⑦]

---

① Lorenzo Federico Pace, *European Antitrust Law: Prohibitions, Merger Control and Procedures*, Edward Elgar, 2007, p. 114.

② 除了上述分为两类外,意大利卡梅里诺大学欧盟法教授佩斯(Lorenzo Federic o Pace)还提出了第三种分类,即"歧视性滥用市场支配地位"类型;(Lorenzo Federico Pace, *European Antitrust Law: Prohibitions, Merger Control and Procedures*, Edward Elgar, 2007, pp. 152 - 153.)但是,欧委会认为这种分类并不很重要,各类违法滥用行为之间存在密切关联,有时甚至可以联合使用(See D. G. Goyder, *EC Competition Law 4th*, Oxford University Press, 2003, p. 283)。

③ Hoffmann - La Roche et Co. AG v. Commission, Case 85/76 [1979] E. C. R. 461, §38.

④ 这里的消费者包括该经营者相对的直接消费者和终端消费者(its customers and ultimately of the consumers)。参见《欧共体条约》第82条立法讨论稿第1部分, Lorenzo Federico Pace, *European Antitrust Law: Prohibitions, Merger Control and Procedures*, Edward Elgar, 2007, p. 121.

⑤ See D. G. Goyder, *EC Competition Law 4th*, Oxford University Press, 2003, p. 283.

⑥ Lorenzo Federico Pace, *European Antitrust Law: Prohibitions, Merger Control and Procedures*, Edward Elgar, 2007, p. 147.

⑦ United Brands v. Commission, Case 27/76 [1978] E. C. R. 207, §249.

早在1973年大陆罐案(Continental Can)[①]中,欧洲法院就认为,《欧共体条约》第82条可以适用于具有市场支配地位的经营者直接或间接地向其消费者施以不公平收费的行为。法院进一步述明,当具有市场支配地位的竞争者向其消费者所提供的产品价值与其定价之间没有合理关联时,该定价被认为是不正当地过高定价;如果消费者因为该经营者之定价蒙受损失,即使是该定价行为或政策并不对相关市场竞争产生影响,该经营者亦会被认定违反第82条规定,构成滥用市场支配地位。[②] 2000年公告的足球世界杯案(Football World Cup)[③]在肯定"具有市场支配地位的经营者因不公平定价致使消费者利益受损的,该定价行为应认定为'滥用'市场支配地位的行为,即使该行为没有对相关市场上的竞争结构产生危害"的判例法做法时,还进一步主张"没有必要开示涉嫌违法滥用市场支配地位的经营者从其滥用行为中获得商业利益"的证据。至于如何判定不公平或过高定价,或指示某一商品或服务价格的合理范围,可能需要针对个案分析,留给专业人士如经济学家、市场评估师等作出,要求法院和(或)行政执法机构在这方面作出准确判断似乎有些困难,但也并非不可能,如通过细致的成本分析、比较提供相同或同类商品或服务的竞争者的定价等,来判断此定价是否公平。

但是,认定上的这些具体要求并不影响将"消费者利益是否受损害"作为一个独立的适用标准来判断具有市场支配地位经营者是否从事了"剥削性滥用"行为的判定。这一点在"何文"对我国电信市场上"差别定价"行为的分析中已有表明:虽然"差别定价"一语在我国经济学界的理解与竞争法学界有偏差,甚或说在反垄断法语境下"何文"中的认识是不正确的,但是其文中所指出的电信市场"缺乏成本依据的定价"致使"消费者利益遭受损害"的事实,并由此主张电信市场上的"差别定价"行为违反《反垄断法》"滥用市场支配地位"的结论却在很大程度上反映了经济学界对"剥削性滥用"属于《反垄断法》规制范畴所持的肯定态度,承认"消费者利益衡量"能构成《反垄断法》上一个相对独立的适用标准。

需要特别指出的是,垄断与反垄断是一个十分复杂的、多学科交织、涉及多环节的综合问题,在理论上,经济学界和法学界对此问题都给予了高度关注。近年来在研究"滥用市场支配地位"的相关经济学和法学成果中,大都提及了该类

---

① Europemballage Corporation and Continental Can Company Inc. v. Commission, Case 6/72 [1973] E. C. R. 215.

② See D. G. Goyder, *EC Competition Law* 4th, Oxford University Press, 2003, p. 284.

③ Football World Cup O. J. L. 5/55, 2000.

行为的分类——剥削性滥用与排他性滥用,但是可能是基于学科视域的差别,经济学学者在看待滥用行为的分类及其具体表现形式时,虽然很大程度上与法学学者有大抵相同的认识,但在具体理解上仍有区别。

如有学者认为,欧盟法上经营者"滥用市场支配地位"的反竞争行为可分为"排他性滥用行为",即拥有市场支配地位的企业,为减少或阻碍市场有效竞争而采取的行为如掠夺性定价、垄断高价、拒绝交易、搭售和"剥削性滥用行为"。后者指拥有市场支配地位的企业给不同的消费者(下游)或者供给商(上游)提供不公正或者不合理的区别对待的行为,如价格歧视、独占交易、独占区域。[①]其将"垄断高价"行为划入"排他性滥用",而将"价格歧视"划入"剥削性滥用"这一做法明显与法学界的认识不同,极易在实践中产生冲突。对这一划分问题,早在2007年法学界李小明先生和王先林先生[②]分别撰文表达,"垄断高价"应认定为"剥削性滥用"——"对消费者和用户索取不合理的垄断高价是滥用行为的一种典型表现,这种行为通常也被称为剥削行为",[③]"索取垄断性高价实际上是利用市场支配地位对消费者和用户进行剥削的行为"。[④] 又如经济学界对"剥削性滥用"行为中的上下游用户进行划分,强调不公正或不合理的"区别对待",[⑤]也与法学界在界定"剥削性滥用"行为时,所使用的"消费者"、"过高价格"或"不合理交易条款和条件"有所区别。后者虽然也使用比较方法,如定价与成本间的比较、同类商品或服务的市场定价比较,但是更强调消费者地位的认定和损害行为或是威胁的识别,更关注行为模式和行为对象的考察,不仅仅只是客观效果的分析与判定,而是一种事先调控和事后救济相结合的概念设计。因此在法学语境下,通过行为模式比较可能就不会将"价格歧视"或者说"差别定价"行为

---

① 王勇:"跨国并购的市场效应与反垄断规制",载《西北大学学报》(哲学社会科学版)2009年第6期。

② 需要说明的是,在国内竞争法学界较早明确提出"剥削性滥用"一语的是王晓晔教授(参见王晓晔:"社会主义市场经济条件下的反垄断法",载《中国社会科学》1996年第1期)。在此之前,王教授亦提及过"滥用市场支配地位的形式表现为剥削和妨碍两者"(王晓晔:"反垄断法与国际经济贸易",载《国际贸易问题》1995年第8期)。此后十多年间(1995年至今),国内学界就"滥用市场支配地位"问题的认识与研究,基本上没有超出王教授早在1996年提出的基本观点。本文选取了距今较近的两篇代表论文(均为《反垄断法》出台后刊发),只是希望表达学界目前最新的、仍然保持不变的基本观点。

③ 李小明:"反垄断法中滥用市场支配地位的违法认定问题研究",载《河北法学》2007年第11期。

④ 王先林:"论滥用市场支配地位行为的法律规制——《中华人民共和国反垄断法(草案)》相关部分评析",载《法商研究》2007年第4期。

⑤ 如前述《何文》和王勇文中都强调相同消费者或用户之间的差别比较,类似于法学语境下的"价格歧视"形式的认定。

划入“剥削性滥用”之类。由此展开，在《反垄断法》施行过程中，尤其是在其推行初期，各界在关注垄断与反垄断问题解决的同时，十分有必要协调对有关垄断与反垄断概念本身的理解，只有在共同的智识环境下才能更便利各种信息的交流。信息对称的实现无疑将有助于《反垄断法》作为一部新法在我国的顺利施行。①

回到重读“中国移动”案和“重庆建行”案的层面，通过对理论上“滥用市场支配地位”分类的考察，尤其是对“剥削性滥用”行为模式的分析，可以发现如果抛开案件中原告所提出的诉因分析，仅就理论层面而言，“中国移动”案和“重庆建行”案都可能潜藏着这样一个“危险”，即被告的定价行为缺乏充分的成本分析的支撑，即为什么对原告如此收费？相关市场上提供相同或相似服务的经营者是否亦采取相同收费标准？现实中“中国移动”案和“重庆建行”案的被告确实是向原告收取了原告认为不合理、不公平的价格。基于此，原告完全有理由依据自身判断，认为原告“滥用市场支配地位”的定价行为致使自己利益遭受损失而提起反垄断诉讼，此诉权的行使应该说符合反垄断法理论，而且从维护消费者利益向度观察，亦符合《反垄断法》的立法目的。现在剩下的问题就是找寻我国《反垄断法》中是否有相关具体条款支持原告主张反垄断救济。

事实上，《反垄断法》对剥削性滥用市场支配地位行为是有规定的，体现在第17条第1款第1项“以不公平的高价销售商品”和第5项“在交易时附加其他不合理的交易条件”等条款上。如果借助剥削性滥用理论，并将前述条款放置于整个《反垄断法》系统中去重读“中国移动”案和“重庆建行”案，我们可能会得出与“郑文”不同的结论。

（三）主张“伪案”的危害

笔者认为在普通法下主张“伪案”是没有问题的，并由此提出的若干建议亦是合理的，但是关键的问题是此类案件发生在中国，因此除了借鉴美国反托拉斯法和欧盟竞争法的经验之外（事实上“郑文”也没有全面、完整地分析反垄断法或竞争法的立法目的和“滥用市场支配地位”的分类形态）还应更多地考虑到中国现实。在缺乏对中国当下状况及其需要客观认识的前提下，仅仅凭借不完整的“比较”分析（制度层面的简单类比）而提出关于《反垄断法》及

① 有关“经济信息不对称”理论对“法律信息对称”理论的建构的影响，以及信息对称的实现对法律运行的重要性分析，参见陈兵：“新经济时代《谢尔曼法》域外适用对我国企业出口的影响及对策——兼论法律信息对称内涵”，载《南京大学法律评论》2010年春季号，法律出版社2010年版。

相关司法制度的改革建议并不利于《反垄断法》的顺利施行，相反会抑制其权威性的树立。

首先，主张"伪案"会引起一种对《反垄断法》立法目的的误识，即反垄断法仅仅是保护自由竞争环境和过程，只有排除或限制竞争的行为才受规制。如按此逻辑推演，在不存在排除或限制竞争的情形下，经营者的市场行为就不受反垄断法的调控。因此，在不影响或改变市场竞争结构和格局的情况下，如仅是"滥用市场支配地位"损害消费者权益，受侵害的消费者是不能诉诸《反垄断法》进行救济的。笔者认为，这样的逻辑推论并非立法者所愿意见到的，也并没有忠实于《反垄断法》"滥用市场支配地位"条款选择适用的安排。

其次，主张"伪案"会缩小《反垄断法》的调控范围。主张"伪案"在一定程度上折射出"郑文"在分析具体案例时，忽略了对"剥削性滥用"类型的考虑。这很可能造成一种误判，即《反垄断法》所规制的"滥用市场支配地位"行为仅关乎竞争者与竞争者之间关系或者说最终关注竞争者与竞争者之间的关系，而对经营者（竞争者）与消费者，尤其是与终端消费者之间的关系不予调控。这种认识偏差实际上还是来源于对《反垄断法》立法目的的误识，同时也是对"保护竞争过程"认识的不全面所致。如果竞争过程中不去考虑消费者，那么竞争的意义何在？"伪案"主张的提出似乎模糊了这样一组概念，即何谓竞争？竞争为何？

最后，主张"伪案"不利于营建我国的私人反垄断机制和尽快树立《反垄断法》的权威。我国现阶段正处在经济转型的关键时期，"滥用市场支配地位"行为作为《反垄断法》所规制的3类垄断行为之一，所引发的反垄断诉讼和举报越来越多，其社会影响逐渐扩大。其中类似于"中国移动"案、"重庆建行"案的情况比较多，可以预计这类基于消费者与经营者，尤其是终端消费者与占市场支配地位的国有企业之间的反垄断争议可能会大量凸显，仅仅靠国家反垄断监管和诉讼是无法应付的，这样一来极易导致案件累积现象的出现。因此，我们需要鼓励、支持和引导私人积极参与到反垄断监督和诉讼活动中去。

然而，现实情况是在一个缺乏竞争法律文化和经验的国家，在一个具有传统厌诉情结的熟人社会（彼此关联，牵涉因素多，很多情况下纠纷当事者都不愿意、不信任甚或是惧怕对簿公堂，而选择"协议私了"、"忍气吞声"或"血战到底"等）《反垄断法》作为"外来的"新法其被社会接受的难度甚大，民众对其能否真正维护自身权利仍在观望，还谈不上积极投入监督、举报及对抗各种垄断行为中去，即使是感觉到不公平交易存在损害了自身合法权益，可能还不了解如何去诉诸反垄断法救济，如此的环境之下私人反垄断机制的建立将变得十分不易，因此我们必须慎重对待反垄断法律运行的各个环节。如法院仅以诉因或案由不适当而简单地主张"中国移动"案等为"伪案",不经过相关证据开示或庭审过程,在中国特殊的诉讼文化下,并不利于纠纷的实质解决,相反会打击私人消费者监督和对抗不法垄断行为的积极性,从法律信念培养和主观能动性刺激层面而言,会极大地抑制私人反垄断机制的建立和推行。当然,这并不是鼓励或纵容没有法律依据或虚构法律实施的滥用私人反垄断机制。

法律权威性的树立很大程度上依赖于其执行过程和效果。虽然法律内容的宣传、法律知识的普及、法律设施的建立等环节都有助于法律权威性的树立,但是比起法律执行过程对当事人具体权利义务的影响而言,这些环节在树立法律权威性的作用上明显不及后者。由此得知,要想尽快树立《反垄断法》在规制社会主义市场竞争活动时的权威性,真正实现其"经济宪法"的地位,必须慎重对其执行,这里的执行是指法律条文付诸现实运作的整个过程。从执行行为模式上,可分为司法、行政执法以及私人(自然人和法人)、民间团体等组织实施的法律监督;从执行主体上,可分为国家反垄断执行和私人(民间团体)反垄断执行。前述"中国移动"案和"重庆建行"案应该属于司法领域的私人反垄断执行,即私人反垄断诉讼。这类案件在我国经济转型期具有典型性,必须对其给予高度重视并作出慎重处理。

三、对策与建议

透过对目前几起既决"滥用市场支配地位"案件的分析,并结合法学界和经济学界新近对此类案件的评述,笔者从《反垄断法》立法目的与"滥用市场支配地位"类型分类两个方面重读了被称为"伪案"的"中国移动"等案并提出了主张"伪案"说的种种不妥。虽然,笔者不赞成简单地作出"伪案"判断,但这并不是说在目前这类涉及"滥用市场支配地位"的反垄断争议案件中,"滥用市场支配地位"条款的适用是没有问题的。事实上,通过对这类案件的回顾以及相关文章的分析,笔者认为在"滥用市场支配地位"条款适用领域,乃至整个《反垄断法》适用过程中都面临着如下几个有待解决的问题。

第一,加强《反垄断法》内容的宣传和反垄断法理论的研究,从系统化和本土化的角度看待《反垄断法》的适用。

中国《反垄断法》的起草与论证历经了10多年,期间几易其稿。在这一漫长的过程中官员、专家成为该法案起草论证的主要参与者,虽然多次向外界发送征求意见稿,但是主要集中在科研院所、大型国有企业等,民众参与程度低,即使该法出台后相关宣传亦主要是面向在中国境内从事经营活动的中外企业、律师事务所等经营者(市场竞争者)及其为之服务者,针对消费者,尤其是私人终端消费者提供的普法宣传不多。事实上,就本文讨论的几个社会影响力较大的"滥用市场支配地位"案件分析,其原告方要么是律师(法律专业人士),要么是经营者,就一般普通消费者而言,《反垄断法》似乎离他们还很遥远。如果我们承认反垄断法是现代社会规制市场经济活动不可或缺的制度安排,具有典型的公共服务产品属性的话,那么该公共产品就必须经得起社会公众的挑选并得到公众的认可,具有对公众的有用性,只有这样方可以长期存在下去。而实际情况却是目前《反垄断法》被社会大众接受的程度还很低,如果未能尽快体现其对公众的有用性,那么它只是停留在纸面上,或许不会成为具文,但其功用可能更多地体现在为建立健全社会主义市场经济法制体系而存在,这样其权威性很难实现从纸面到行动的传导。因此,我们必须高度重视对《反垄断法》在社会公众中的宣传和推广,增加公众对其的认识度。

此外,我们还必须深入研究反垄断法理论,包括基础理论和最新理论发展。目前《反垄断法》施行不久,暴露出的各种问题正逐渐显现出来。在这一时期我们还没有自己较为成熟的、现实可行的经验模式,必须依凭于世界范围内反垄断法的一般经验和成熟理论的指引,结合国情逐步推展前行,在实践中总结经验,并上升形成自己的理论,进而指导下一步反垄断实践的开展。为此,我们可以考虑从系统化和本土化的向度观察《反垄断法》的适用,运用系统阐释和本土转化理论指导适用过程,尽量避免本文前面所提及的对基本概念的误读如"差别定价"或"价格歧视",对系统目的的误识如《反垄断法》维护消费者权利的立法目的,以及对国情现状的误判如建议在中国现阶段建立与国情不相匹配的民事司法制度。①

第二,出台《反垄断法》配套法规,慎重颁布相关司法解释,细化《反垄断法》适用规定,推建反垄断案例指导机制,彰显混合法时代法治进步对反垄断法适用的影响。

作为成文法国家,不可能像普通法国家一样通过判例来建立法律原则或规范,我们必须在立法(此处立法指《中华人民共和国立法法》所规定"法律"的立

① 如诉因不当,法院可径直宣判原告败诉的制度,虽然在形式上或者说严格的三权分立制上可以提高司法效率,但是在中国体制下,尤其是现阶段司法的功能在讲求公平、正义、效率的价值预设下,更强调对纠纷的化解,关注稳定妥善地处理争议。在如此现实下,提出理想化的、纯粹技术化的改革建议,虽然具有一定的理论意义,但是缺乏现实可操作性。法院作为重要的纠纷调处机构,在当下应该能动地承担属于其管辖范畴的各类纠纷的调处职责。

法,以下简称《立法法》)阶段充分考虑到未来法律实施的各种可能情况,使立法尽可能地能够涵盖该法所设立之目的项下需要调控的各类社会关系。当然,这种至高和最优的立法要求在现实立法活动中不可能完全实现,这就出现了立法修正、立法解释等完善立法的合法行为。但是考虑到在我国立法修正、立法解释的权限专属于全国人民代表大会及其常务委员会,其所涉内容严肃和程序严格,而且从法律在我国法律体系中的重要性及对其稳定性的要求层面讲,不建议经常性地尤其是对刚出台不久的法律进行立法修正。一方面新法施行效果如何?存在哪些问题?都需要一个观察过程,系统整理出现的问题。另一方面法律修正需要严格按《立法法》所规定的程序进行,在人力、物力和时间投入上都需要花费大量成本。因此即使需要进行立法修正,也应当是在经过一定时间的法律实施观察后,在深入研究、仔细论证后才可以慎重提出修正案提案,予以系统修正。我国《反垄断法》刚实施不久,虽然出现了一些问题,但是总体运行态势是好的,针对法律中概念模糊、规定不够细化的情况,国务院及其下设国家反垄断委员会、商务部等机构也出台了一些规定、指南等来补充《反垄断法》,因此笔者并不主张现阶段对《反垄断法》进行立法修正。

可以考虑通过行政法规和规章的形式,由国务院或下属反垄断法负责机构根据《反垄断法》实施过程中出现的实际情况及时出台或制定相关行政法规或部委规章,修正或弥补《反垄断法》执行方向或不足。在这一法制建设时期,笔者建议针对《反垄断法》施行的一般性问题,应由国务院出台专门的行政法规;针对中央3部委——国家商务部、国家发展与改革委员会及国家工商局共同在《反垄断法》下分立规管不同垄断行为的事实,可以考虑在各自规管范围内依法根据实际需要制定部委规章,来细化反垄断法的适用规定;同时考虑到《反垄断法》所规定的三类垄断行为在实际可能出现联合发生的情况,或者是规管交叉的情况,也可以部委联合发布办法、规定等形式进行共同规管。

尽管我国目前商务部、国家发展与改革委员会及国家工商局已经出台了部分反垄断配套规则,配合《反垄断法》的实施,但仍不足以构建一套完整的反垄断法律体系,制度供给的不足严重制约了《反垄断法》的可操作性。司法解释作为我国法律实践中重要的法律渊源,对法律活动的实际展开发挥了十分重要的作用。尤其是在经贸领域,司法裁判工作对最高人民法院司法解释有着很强的依赖性,在如此司法环境和思维惯性下,有学者开始呼吁针对《反垄断法》执行过程中已经出现或可能出现的各种问题,应尽快颁布司法解释,对下级人民法院审理反垄断案件予以指导。笔者认为敦请最高人民法院就反垄断法实施问题颁布司法解释是符合我国惯常司法运行模式的，其积极作用毋庸置疑，但正是因为考虑到司法解释在我国法律实践中的权威性和被依赖性，以及司法解释内部的统一性和一贯性，因此必须慎重对待，尤其是在《反垄断法》实施不久的情况下，诸多案件的处理和从中暴露的问题还需要一段时间观察，如果仓促颁布相关司法解释是非常危险的，所产生的实际损失可能胜于暂时没有该类司法解释的情形。针对暂时缺少相关司法解释的情况，笔者建议可以在反垄断案件审判中推荐案例指导机制。

案例指导机制是最高人民法院为了应对改革开放进程中社会生活日益多元化、复杂化导致同时期法律相对滞后的问题，为了克服法律及其他规范性文件在规范司法实践中的不足，开创的运用案例指导审判的新办法，包括定期公布典型案例和选编出版《案例评析》、《案例解析》之类的出版物来指导全国各级人民法院审判工作。这一举措开辟了用判例指导司法审判的新途径，受到了法律界（司法界和法学界）的普遍欢迎。[①] 该机制既避免了法律及其他规范性文件缺失导致的"无法可依，无规可守"的情况，又避免了盲目出台司法解释的尴尬。此时的案例指导重在"指导"，具体审判人员可以通过案情比较分析，依据当地实际情况，在"案例"指导下展开司法工作，这时还谈不上严格意义的"遵循先例"。该机制可以被看做制定法缺失、司法解释暂待颁布之前的，为了保障司法审判顺利展开的辅助性安排，等待条件成熟该案例机制中体现的原则、规则便可通过立法程序或者是司法解释程序成为制定法或司法解释而上升为具有法律约束力的规范。鉴于此机制的灵活性与可操作性，考虑到《反垄断法》适用的较高专业性和技术要求，在我国《反垄断法》实施初期，为慎重起见可以在反垄断审判活动中推动建立专业化的反垄断案例指导机制，以点带面逐步推进《反垄断法》的实施。

第三，推进私人反垄断机制的建立与发展，构建国家（政府）反垄断和私人反垄断双轨模式的反垄断执行机制。

我国在关注国家层面反垄断能力建设的同时，也应该关注私人反垄断机制的建立，通过营造积极的法治参与环境，来鼓励私人主动参与反垄断监督和维权。构建国家（政府）反垄断和私人反垄断的双轨模式可以更好地维护市场竞争，保护消费者权益，也凸显了我国《反垄断法》的自主性。

尽管《反垄断法》在具体条款安排上更接近欧盟模式，但因为在其起草和论

---

① 武树臣："从'阶级本位·政策法'时代到'国、民本位·混合法'时代——中国法律文化六十年"，载曾宪义主编：《法律文化研究》（第5辑），中国人民大学出版社2009年版，第212页。

证的过程中,我们也得到了来自美国反托拉斯法执行机构、民间机构及学术团体的大力帮助,不可否认美国模式对我国反垄断法律体系构建和未来发展都会产生深刻影响。前文已提及,我国在《反垄断法》国家(政府)执行模式上选择了与美国执行模式相似的架构——多机构共同负责执行《反垄断法》,虽然这种选择在我国学界普遍认为是一种权宜之策①,因为"政出多门、令出多头"的执行模式极易导致案件执行中冲突的产生,包括积极冲突和消极冲突,不利于推进《反垄断法》的施行。但是,笔者认为这种选择也并非仅仅对目前中央行政机构权力配置现实的简单反映,在一定程度上也体现了立法者对国情的充分把握,即中国地广人多,区域经济发展不平衡,经济活动情况复杂,依靠单一机构监管,一方面对现有监管模式需要花大力气调整,阻力不小,另一方面如形成单一机构,那将是一个无比庞大的行政体,否则无法应付日益增多的反垄断案件,也会导致案件累积情况,这种现象在欧共体竞争法执行初期就曾出现过。② 因此,建立多机构共同执行模式,划分各自管辖范围,建立联席通报机制,设立防火墙制度,加上我国高效的中央行政运行机制,可以预测这种在国家层面的执行安排不会出现太大问题,当然具体如何还有待实践的检验。现在关键的问题是:仅仅依靠国家反垄断监管或诉讼是否足以解决或应对在经济转型期不断增加的反垄断案件?

考察美国反托拉斯法与其他国家竞争法私人执行的理论与经验,认真分析目前我国《反垄断法》施行的整体环境和已发生案件的情况,笔者认为仅凭国家(政府)反垄断执行很难充分、及时、有效地规管市场经济中的垄断行为,《反垄断法》若希望得到良好施行,必须高度重视私人反垄断机制的建立,鼓励、支持和引导私人参与反垄断监督和维权,如前述"北飞公司"案、"中国移动"案等都关涉消费者权益保护问题,其形式可采取多样化,如举报、诉讼、调解、仲裁。事实上,我国《反垄断法》中也规定了私人参与反垄断的内容,如其在第38条第2款中规定"对涉嫌垄断行为,任何单位和个人都有权向反垄断执法机构举报。反垄断执法机构应当为举报人保密"。第50条规定"经营者实施垄断行为,给他人造成损失的,依法承担民事责任"。但是这些规定还有待细化,尤其是民事责任的规定在肯定私人可以诉诸反垄断法救济的同时,却没有说明受侵害人可

---

① 王晓晔:"关于我国反垄断执法机构的几个问题",载《东岳论丛》2007年第1期;叶友华:"关于反垄断立法的几个问题",载《中央社会主义学院学报》2007年第4期;蒋悟真:"我国反垄断法实施面临的若干挑战",载《国际贸易》2009年第10期。

② See Rein Wesseling, *The Modernisation of EC Antitrust Law*, Hart Publishing, 2002, pp. 22–23.

以得到哪些具体救济。当然,在我国法律体系中有“民事责任”承担形式的规定,这一点完全可以通过司法技术加以解决。

进一步的问题在于构建私人反垄断机制并不限于私人反垄断诉讼,还包括依《反垄断法》检举、监督违法垄断行为,反垄断争议双方选择仲裁途径解决等依照私人意志启动,并主要依靠私人力量推动其发展的争端解决安排。① 其一旦转化为以国家(政府)为主导力量的追诉、调查、惩处程序后,其私人性便向国家性过渡,成为国家反垄断执行。可以认为,私人反垄断机制在启动反垄断执行上,很大程度上减轻了国家(政府)反垄断执行的压力,但是其中亦存在滥用私人反垄断执行机制的可能。因此,国家(政府)反垄断执行在负责纠察垄断行为时,亦负有一定的职责对私人反垄断执行进行监督和审查;这方面主要表现在对因私人行使反垄断检举、监督权利而向行政执法部门提起的行政申请的受理和审核,如前述“北飞公司”案,还包括对私人滥用反垄断执行,消耗行政资源,损害被申请方利益的惩处——对于这一点还有待于进一步展开研究。正是在这个意义上,鉴于垄断行为的广泛存在和复杂性,笔者认为在《反垄断法》执行模式的设计上,除了依靠终端的司法执行外——亦可以认为是广义上的国家执行,对私人反垄断机制和国家(政府)反垄断机制都应当给予充分的关注。前者可以为后者分担较大部分反垄断监察工作,使后者能够集中精力处理一些涉及面广、影响大的重要反垄断案件;后者一方面可以在某些案件,如前述“北飞公司”案之类型中引导、协助前者行使反垄断执行权利,另一方面亦可起到监督私人反垄断执行的作用。因此,建议我国加快构建私人反垄断与国家(政府)反垄断并行的双轨反垄断机制。

第四,积极响应当下国家强调纠纷调处方式多样化的政策指引,注重反垄断案件争议的实质解决,考虑适当、适时引进在欧盟及其他国家适用②的反垄断仲

① 我国目前学界关于私人反垄断机制的内容有狭义和广义两种认识,前者主张私人反垄断机制是指那些自身利益受到反垄断违法行为影响的自然人和法人通过向法院提起民事诉讼或通过仲裁等方式来执行反垄断法。参见王健著:《反垄断法的私人执行——基本原理与外国法制》,法律出版社2008年版,第7页;后者是指私人依据反垄断法律规范展开的监督、追诉、裁判和制裁违法行为的活动。参见李俊峰著:《反垄断法的私人实施》,中国法制出版社2009年版,第75页。本文中所使用的概念接近于广义认识。

② 这里的其他国家涉及有美国、德国、瑞典、比利时等国,具体评述可参见王健:“反垄断法私人执行制度初探”,载《法商研究》2007年第2期;张艾清:“反垄断争议的可仲裁性研究——兼论欧美国家的立法与司法实践及其对我国的启示”,载《法商研究》2006年第4期。总体来说,从2000年至今(经检索中国知网),有关介绍和研究反垄断争议仲裁解决方面的论文不多,新近提到通过仲裁方式解决反垄断争议的文章还包括孙晋:“我国产融结合领域反垄断法律规制初探”,载《法学评论》2009年第6期;蒋悟真:“我国反垄断法实施面临的若干挑战”,载《国际贸易》2009年第10期。

裁制度。

我国正处在社会转型的关键时期,也是各类社会矛盾频发期,仅目前就我国法院系统受理的案件数看,呈逐年激增态势,[①]这在一定程度上反映了我国经济发展领域出现了一些问题,亟待调整。[②] 面对不断增加的社会纠纷,堵塞并不是一个好的方法,疏导化解才可取。从目前国家(政府)对待各类纠纷的举措来看,强调纠纷调处方式的多样化,讲求矛盾争议的实质解决,正是我国各级各类纠纷调处机构努力的方向。

当我们把目光聚焦于《反垄断法》的调控领域时,如前文提及的"中国移动"案、"重庆建行"案等,在很大程度上国有大型企业,尤其是从事国计民生行业经营的企业,似乎更有可能成为《反垄断法》规制的对象,消费者与此类经营者(国有垄断企业)之间的反垄断争议会越来越多,仅凭行政执法机构、法院恐难以应处。况且《反垄断法》调控的3种基本的违法类型,其具体样态也在不断演化创新,所涉地域范围亦在逐渐扩大,面临域外适用操作等复杂问题。可以相信,国家(政府)层面解决反垄断争议的压力将十分巨大,亟须增加争议解决的路径,扩大社会纠纷调处机制对反垄断纠纷的承载容量,将争议纳入有序轨道处理。鉴于此,我国可以考虑选择替代性争端解决机制,包括仲裁和调解等。国外的经验也表明,除国家(政府)层面外,私人间通过仲裁和调解方式亦可以解决反垄断争议。但是,考虑到解决反垄断争议所需较高专业知识和经验方面的要求,以及对反垄断案件中可能涉及公共政策或利益的识别问题(因为涉及公共政策或利益的反垄断案件是不允许私了解决的)并结合我国现实,目前应该选择区分于行政执法机构或法院主持下的调解的仲裁方式作为反垄断争议的解决方式之一。

通过初步比较欧美关于反垄断仲裁选择的基本情况发现,就反垄断案件仲裁的历史而言,欧盟(欧共体)内一直存在通过仲裁执行竞争法的做法,相比美

---

① 据笔者2010年1月20日参加由香港城市大学法律学院中国法与比较法中心举办的名为"中国法院受案新类型和中国司法改革"的高级别法官圆桌学术论坛(Round - table Seminar—"New Categories of Cases in Chinese Courts & Judicial Reform in China",载 http://www. cityu. edu. hk/slw/RCCL/seminars. html,参加主题发言的有最高人民法院李晓法官、江苏省高级人民法院副院长李玉成法官、云南省高级人民法院副院长田成有法官,江西省高级人民法院副院长胡淑珠法官,四川省高级人民法院副院长李世成法官,山东省高级人民法院副院长李勇法官以及国家法官学院唐世银先生)所做的记录反映,到2008年我国法院系统年受理案件数以近千万,2009年突破1000万件,接近1200万件,每年保持两位数的增长率。各级法院面临如此压力,所以正在积极探索案件纠纷的化解机制,以防止案件的大量累积。

② 赵凌云、操玲姣:"中国传统发展方式的总体性危机及其转变",载《江汉论坛》2010年第4期。

国自1985年的"三菱案"(Mitsubishi)始推广反托拉斯案件可仲裁的做法要早。①就仲裁事项的立法规定和实际仲裁发生环境而言,虽然欧盟竞争法条款(主要指《欧共体条约》第81条、第82条)没有明确竞争案件的可仲裁问题,但是欧盟理事会第1/2003号规则(Regulation1/2003 EC)颁布后对欧委会就共同体竞争事项的排他性管辖进行了限制性解释,根据对第81条第3款所作的推理解释,认为第1/2003号规则的第6条所提及的仲裁员(机构),应如同各成员国普通法院可以享有对竞争案件的管辖权。至此,欧盟(欧共体)内关于竞争案件的可仲裁性争议告一段落,但是各成员国法律仍然对竞争仲裁问题存有一定限制,如德国规定"有关卡特尔的仲裁协议只能在争议产生之后签订",在意大利"只有在竞争法适用于附带法律的情况下,争议才是可以仲裁的",②这类规定与美国通过判例表达的较宽松态度有别。当然,从总体上看,目前欧美对反垄断案件的可仲裁性都是持支持态度的。

我国《反垄断法》施行不久,虽然一方面暴露了一些问题,也进行了原因查找和分析,但是这些问题本身还有待检验,暂时还未能形成较成熟的《反垄断法》执行方法,而且就《反垄断法》条款言,还有待进一步明确,在制度供给上存在不足;另一方面从事反垄断事业的专业人士较少,即使是反垄断法方面的专家也缺乏一定的实践经验,在处理具体争议时有一定困难,在这种情势下推行反垄断仲裁机制,建议采较为谨慎态度为宜,先试点——从实践中展开讨论,总结经验,与此同时加强专业人才队伍的建设,后逐步推广。从这个意义上说,我国走欧盟发展模式可能更合适。至于如何设计和发展我国的反垄断争议仲裁模式,在此还无法解决,还需进一步展开研究,但最基本的进路还是观察和参与实践,在了解现实的前提下,做到有的放矢。

《反垄断法》的出台给我们带来巨大挑战。可以说,我们现在处于《反垄断法》运行十分关键的时期,即反垄断法后立法时代。一方面,虽然《反垄断法》作为反垄断法律体系的基本安排初具形态,但是距离健全完善的反垄断法律体系还有很长的一段路,在未来的一段时间内我们还面临着制定和出台相关配套法律法规的任务;另一方面,《反垄断法》已经开始实施,从中暴露了一些问题,我

---

① Laurence Idot, The Role of Arbitration in Competition Disputes, Ioannis Lianos, Ioannis Kokkoris ed., *The Reform of EC Competition Law: New Challenges*, Kluwer Law International, 2010, p. 78, note14.

② Laurence Idot, The Role of Arbitration in Competition Disputes, Ioannis Lianos, Ioannis Kokkoris ed., *The Reform of EC Competition Law: New Challenges*, Kluwer Law International, 2010, p. 81, pp. 91 – 93.

们一边实践,解决问题,一边将问题整理,协调立法。在如此环境下,我们必须要在抓紧深入研究国外相关理论及其新发展的同时,关注本国现实,注重本土问题的解决,因为一味地引介和评述外国制度及其理论,已经不能满足我国现实发展的需求。

(2011 年第 1 期)

工作时间认定标准探析

沈同仙*

在保障人权、维护劳动者尊严等观念已深入人心的现代社会里，规定用人单位的标准工时以及超时加班应该向劳动者支付加班报酬等已经成为各国工时立法的通例，我国也不例外。我国《劳动法》第36条规定："国家实行劳动者每日工作时间不超过八小时、平均每周工作时间不超过四十四小时的工时制度。"1995年3月国务院颁布的《关于修改〈职工工作时间的规定〉的决定》（国务院令第174号）将标准工时规定为"职工每日工作8小时，每周工作40小时"。同时《劳动法》第44条对用人单位安排劳动者加班应该支付加班工资的标准也作了规定：用人单位安排劳动者延长工作时间的，支付不低于工资150%的工资报酬；休息日安排劳动者工作又不能安排补休的，支付不低于工资的200%的工资报酬；法定休假日安排劳动者工作的，支付不低于工资的300%的工资报酬。即按照法律规定，对于实行标准工时制度的劳动者而言，在标准工时长度以外的工作时间，就有权获得高于标准工时支付标准的加班工资。然而，何谓"工作时间"？哪些时间应该纳入工作时间的范畴？对此我国法律并没有给予明确的规定。对于现实生活中大量存在的介于实际从事工作和休息之间的中间状态的时间，如劳动者工作中的午餐时间、值班时间、待命时间、晨会时间、培训时间、工间歇息时间，该如何界定，劳资双方的认识完全不同：用人单位往往将这些时间归为休息时间，不将其纳入8小时工作时间制度的构成部分；而劳动者则认为应该属于工作时间，劳动者在8小时工时外处理上述事情的时间，已经构成加班，用人单位应该支付相应的加班工资。由此在实践中产生了大量的劳动者以用人单位未支付加班工资为由提起仲裁或者诉讼的劳动争议案件，如北京市2008年1月至8月劳动仲裁受理的劳动争议案件中涉及工资报酬的案件占60%，工资报酬案件中涉及加班工资的占80%，其增长幅度居各类案件之首；深圳市劳动仲裁机构和法院受理的劳动争议案件中80%左右是由加班工资引起的争议；苏州市高新区涉及加班工资的案件占案件总数的30%；湖南省2008年1月11日劳动争议仲裁受理的劳动争议案件中涉及工资报酬的案件占40%，工资报酬案件

---

* 作者单位：苏州大学法学院。

中涉及加班工资的占60%,同比增长50%以上。[①] 在处理这类纠纷时,各地劳动争议仲裁机构和人民法院遇到的首要困惑就是工作时间的判定标准问题,在既没有理论研究可供参考又没有法律明确规定的情况下,仲裁员和法官只能对劳动关系双方当事人争议的“时间”在相关部门允许的“酌情处理”[②]的基础上自由裁量。从而导致不同法院对相同事实作出了不同的认定,甚至是同一法院不同法官对相同事实作出了不同认定。可见,如何认定工作时间,其依据什么标准已经成为我国法律界无法回避且迫切需要探讨的理论问题。

一、工作时间的本质

(一)从工作时间定义看工作时间的本质

我国学者对工作时间概念的界定大致有以下几种:①工作时间“是指劳动者为履行劳动义务,在法定限度内应当从事劳动或工作的时间”。[③] ②“工作时间是职工根据法律的规定,在用人单位中用于完成本职工作的时间。”[④]③“工作时间,是指依国家法律规定劳动者在一昼夜之内和一周之内用于完成本职工作的时间。”[⑤]④“工作时间是指法律规定的劳动者在一昼夜或一周内从事生产或工作的时间,即劳动者每天应工作的时数或每周应工作的天数。”[⑥]虽然对工作时间的文字表述不完全相同,但内涵却基本相似:一是从文义上给工作时间作诠释;二是停留在“法律规定”的表象上。常言道,要透过现象看本质。所谓“本质”,是指一种事物或一个过程在生生不息的宇宙万物及其有机整体中有别于

① 周国良、黎建飞、刘文华、陈特、邱琳、陈伟忠、黄振东:“专家视点:加班和加班工资”,载《中国劳动》2008年第12期。

② 例如,南京市中级人民法院、南京市劳动争议仲裁委员会在2009年9月联合发布《关于加班工资纠纷审理的若干法律适用意见》(宁中法〔2009〕213号),其中“关于加班工资的计算方法问题”的第15条规定:“对特殊工作岗位,如睡班等,劳动仲裁委员会、人民法院可酌情扣除生理必需的合理的休息时间,但扣除时间最长不宜超过8小时。对于连续工作6小时以上,根据岗位性质,劳动者能够暂时离开工作岗位的,可酌情扣除相应的用餐时间。双方有约定的,从其约定。”第17条规定:“对于工作时间长,但劳动强度与工作时间明显不一致的,或者长期处于等待状态,等待期间有休息场所可以休息,完全认定为工作时间明显不合理的,用人单位与劳动者可以约定对工作时间进行一定的折算。如无约定的,劳动仲裁委员会、人民法院可以酌情折算。”参见 http://www.xici.net/main.asp?url=/u10243307/d103068864.htm。

③ 王全兴著:《劳动法》,法律出版社2008年版,第269页。

④ 黎建飞著:《劳动法和社会保障法》,中国人民大学出版社2007年版,第153页。

⑤ 郭捷著:《劳动法学》,中国政法大学出版社2007年版,第189页。

⑥ 关怀主编:《劳动法》,中国人民大学出版社2008年版,第181页。

其他事物、其他过程的内在基本特征。要确定一种事物或一个过程的本质，只有把它放在与其他事物、其他过程的整体关系中来考察，才有可能。众所周知，人在一昼夜、一周、一年等周期中的时间是一个常量，如果将该时间常量置于劳动关系中考察，劳动者的时间即可分成工作时间和休息时间两个部分，工作时间越长休息时间就越短；反之亦然。而休息时间和工作时间的分界点在于劳动者对时间是否有支配权或者控制权，即由劳动者支配或者控制的时间称为休息时间，而受用人单位支配或者控制的时间称为工作时间。由此，我们可以从工作时间和休息时间的关系中捕捉到工作时间的本质并非依“法律规定”，而是体现劳动关系当事人在时间上的权利和义务。即使在法律没有规定的情况下，只要符合工作时间的本质，都应当认定为工作时间。对此，国外相关法律和理论对工作时间的描述可为我们认识工作时间的本质提供一定的帮助。如日本劳动法律认为，劳动时间“是指劳动者始终处于雇主指挥命令下的劳动，包括工作前的准备和工作后的清理、扫除时间等。再有，劳动时间，只要无特定的理由，也应包括进入工作场所和离开工作场所这段时间”。① 韩国劳动基准法规定，劳动时间“指劳动者在使用者的指挥和监督下提供劳动合同规定的劳务所使用的时间，即劳动时间是从工作开始到终结为止的时间，其中休息时间除外”。② 德国劳动法理论认为，“工作时间是指没有工间休息，从工作开始到结束的期间。等待时间也算工作时间；花在单位外的时间，如果是遵照雇主批示而为，也算工作时间”。③ 虽然各国对工作时间的认识有差异，但也不难发现其中的共性，诸如“雇主指挥命令”、“使用者的指挥和监督”、“遵照雇主批示”等词句强调了一个界定工作时间的重要因素，那就是雇主的支配性，或者说劳动者的受支配程度。这亦如我国台湾学者指出的那样，工作时间“一般系指劳工与雇主指挥命令下‘受拘束之时间’”。笔者认为，从雇主的支配性角度来归纳工作时间的概念抓住了工作时间的本质，同时工作时间作为一个法律概念，其内涵表述应力求反映其法律关系所包含的内容。因此，对“工作时间”可作如下界定：工作时间是指劳动者接受用人单位的指示，在用人单位的管理或约束下从事工作或与工作相关的活动的时间。“在工作时间中，劳动者必须保持随时提供劳务之状态，这种提供劳务给付状态之成立时点为工作时间之起算点，而提供劳务给付状态消灭之时点即为工作时间之终了点。”④

---

① 王益英主编：《外国劳动法和社会保障法》，中国人民大学出版社 2001 年版，第 451 页。

② 同上，第 529 页。

③ 同上，第 122 页。

④ 同上，第 122 页。

(二)从工作时间的立法目的看工作时间的本质

工作时间作为一项制度纳入法律的调整是世界工人运动的结果,也是人类社会文明和进步的标志。马克思的"剩余价值理论"深刻地揭示了在早期资本主义生产方式中资本攫取高额利润的最直接手段即为延长工作时间。"资本的经常趋向是要极力把工作日延长到体力可能达到的极限,因为随着工作日长度的增加,剩余劳动,从而这劳动所创造的利润也同样增长起来。资本愈把工作日延长,它占有他人的劳动量也愈多。"①资本对利润的贪婪和对劳动者休息权的漠视和践踏,极大地损害了劳动者的身心健康,侵蚀了劳动者的未来。"时间是人类发展的空间。一个人如果没有一分钟自由的时间,他的一生如果除睡眠饮食等纯生理上的需要所引起的间断以外,都是替资本家服务,那么,他就连一个载重的牲口都不如。他身体疲惫,精神麻木,不过是一架为别人生产财富的机器。同时,现代工业的全部历史都表明,如果不对资本加以限制,它就会不顾一切和毫不留情地力求把整个工人阶级弄到这种极端退化的绝境。"②利益的极端失衡必然导致失利者的抗争,19 世纪至 20 世纪初风起云涌的工人运动在工业革命的发祥地欧洲如火如荼地展开也就不足为奇了。"工会运动发轫之初,抗争目标之一就是工时,最初目标可以说是基于健康理由。到 20 世纪初,工时问题才从人性化的角度探讨,然而另外也从社会整体利益来考虑,因为工时的缩短,不只是劳动者保留自己家庭生活的时间而已,事实上工时的缩短,还可以是整体劳动力在有计划情形下短缺,以避免劳动力市场上,劳动者自己形成'竞卖'现象。"③翻开人类劳动立法的历史不难发现,近代意义的劳动立法主旋律始终是围绕着缩短工作时间展开的。学界普遍认同的代表近代意义劳动法开端的《学徒健康和道德法》,就是一项由英国议会于 1802 年颁布的限制工作时间的法律。该法的主要内容为规定纺织行业童工的工作时间每日不得超过 12 小时,后来范围扩展至女工。其后各国工人阶级又为争取 8 小时工作制进行了一次次的罢工。1886 年美国芝加哥工人在大罢工后终于获得了 8 小时工作制的权利。致力于推动国际劳动标准立法的国际劳工组织于 1919 年通过 31 号公约,规定和要求批准公约的成员国实行每天 8 小时、每周 48 小时的工时制度。1935 年国际劳工组织第 47 号公约,又把工时缩短为每周 40 小时。由此可见,劳动法视角下工时立法的本质是赋予工作时间劳动基准的性质,即通过规定工作时间的上

---

① 《马克思恩格斯选集》(第 2 卷),人民出版社 1972 年版,第 194 页。

② 同上,第 195 ~ 196 页

③ 黄越钦著:《劳动法新论》,中国政法大学出版社 2003 年版,第 226 页。

限，确立并保障劳动者休息权，防止雇主无条件侵蚀劳动者的休息时间。正如我国某学者指出的那样："工作时间属于劳动基准的范畴。在劳动法理论中，所谓劳动标准（或称劳动基准）有两种：一是作为劳动条件（如工资、工时、劳动安全卫生等）水平的标准，二是作为劳动关系运行规则的标准，即强行性劳动关系运行规则。"①

二、工作时间认定的一般标准

基于对工作时间本质的认识，我们可以按以下3个标准来判断某段时间是否是工作时间。

一是目的性。对于用人单位而言，劳动者工作的目的就是为用人单位创造效益，并在用人单位的组织下实现劳动过程。这也是用人单位对劳动者支付工资的原因。所以，劳动者是否在工作，首先要看其行为的目的是不是为了用人单位的利益。只有符合日的性要件，我们才可以认为该劳动者是处于"工作"的状态。

二是相关性。这里的相关性包含两层含义：①工作时间应该是与工作密切相关的。工作内容是劳动合同的必备条款。劳动者与用人单位签订劳动合同之后，在合同约定的岗位进行相应的工作。虽然缺乏工作内容条款并不必然导致劳动合同无效，并且实际用工的时候也可能变更工作岗位，但劳动者的工作岗位和工作内容在一定时期内具有稳定性，判断其是否在从事工作的一个方面就是看其行为是否与其正常的工作内容相符合。例如，根据劳动合同约定某劳动者的工作岗位为仓库保管员，但该劳动者在未经合同变更也未经用人单位的同意擅自离开本职工作岗位，自己在用人单位的厂区内干起保洁工作，该劳动者用于保洁工作的时间由于与其工作内容无关，不能视为工作时间。②从事与工作相关的其他活动。工作时间是劳动者在用人单位的指示或者允许下从事工作的时间，也是劳动者作为换取劳动报酬代价的债务履行时间。如果劳动者从事的活动属于与履行劳动给付义务具有高度关联的附随性活动或者属于用人单位受领劳务给付应该协助的范围，那么劳动者用于这些活动的时间因为与工作具有高度的相关性而应该纳入工作时间的范畴。"相关性"可以用于甄别工作开始前的着装、机器检查、晨会等花费的工作准备时间以及工作结束后的整理、淋浴、清

① 王全兴："劳动合同立法争论中需要澄清的几个基本问题"，载《法学》2006年第9期。

洗等花费的时间是否属于工作时间。据此考察,一般而言,工作前的机器检查、着装、晨会时间,工作完成后的收尾时间,应当被认定为工作时间。因为进行这些活动是完成相关工作不可或缺的环节。“劳动者进入厂(场)为开始工作所作之更衣、清扫、工具的清洁等,既然已经进入厂场,也和工作直接有关,故应算入工作时间。”①至于工作结束后的淋浴、清洗等花费的时间一般可不纳入工作时间,但如果属于劳动安全卫生法规定或者用人单位规章制度规定的工作后需要淋浴、清洗所需要的时间,则应该纳入工作时间的范围。例如,从事接触粉尘工种的劳动者在工作结束后的淋浴、清洗时间应该算作工作时间。

三是受控性。受控性是指用人单位对时间具有的支配性和劳动者的受拘束性。休息时间与工作时间的界定边界在于劳动者对时间是否具有自主支配性。如果在某一时间里劳动者对做什么、不做什么以及怎么做具有充分的自由安排和处理权,那么该时间则为休息时间,例如劳动者在法定节假日里可以完全按照自己的意愿安排事务。但在工作时间里,劳动者做什么、不做什么以及怎么做应由用人单位的安排和指示确定,即劳动者的行为和意志自由要受到用人单位意志的约束。因此,受控性是确立工作时间的最重要的要件因素。与“目的性”和“相关性”相比,“受控性”对工作时间的确定具有不可或缺性。首先,所有的工作时间都符合受控性的特点。符合目的性和相关性的活动也必须同时具备受控性的要件才能被认定为工作时间。当出现劳动者为雇主的利益而为某活动,却不是在雇主的指挥或授权下进行,而是私自而为,则该活动的时间不能被认定为工作时间。比如劳动者在下班之后未经用人单位同意而偷偷开动机器加班,虽然其行为为单位创造了效益,但从法律上却不能认定其为加班。此种脱离雇主控制的情况对劳动者来说也增加了危险性,此时,雇主无法对劳动者的安全进行保护,一旦危险发生如果责任当然地转移到雇主身上也是很不公平的。受控性既具备了劳动者的“听从命令”的一面,也具备了雇主对劳动者的“工作”行为进行监督,对劳动者进行保护的一面。其次,劳动者进行的符合目的性与相关性的活动可以使我们较明确地判断其为“工作”,从而确定工作时间,但有时候会因为雇主的指示或者命令而从事偏离其正常岗位的工作,或者从事看似不为“工作”的活动。在签订劳动合同后,劳动者对劳动力的支配权就进行了一定的让与,听由雇主的安排。并且即使劳动者可以拒绝雇主要求的从事与本职工作无关活动的不当命令,但从自身利益衡量,只要不是严重危害劳动者利益的事情,大多数劳动者应该不会拒绝。所以,受控于雇主所为的偏离正常工作范围的行

① 黄越钦著:《劳动法新论》,中国政法大学出版社2003年版,第227页。

为也应当被认定为“工作”。例如，甲为某用人单位食堂的厨师，一天用人单位的一位客户在用餐时间突然来访，厨师的上级主管指示厨师到附近的一个鱼塘里捕一些鱼以招待客户，厨师在捕鱼中不慎跌入鱼塘被淹死。虽然捕鱼与厨师的工作无关，但是依用人单位的“指示”而为，故其的捕鱼行为也应该被认定为“工作”。

从理论上讲，劳动者受控于用人单位的时间为工作时间，但在现实经济生活中，往往也会出现在用人单位安排和指示下，劳动者对该时间具有一定自由支配权利的情况，如实践中所称的劳动者的“待命时间”、“睡班”。在劳动关系双方当事人对该时间如何计算为工作时间没有约定也没有惯例可遵循的条件下，该如何确定这些时间的法律性质呢？对劳动者和用人单位都具有一定安排和决定自由度的时间性质的认定，笔者认为应该视双方对时间支配权的强弱而定。对此，我们可以从美国的判例中获得一些启发。在 Dinges v. Sacred Heart St. Mary's Hospital① 案中，作为医院紧急医疗技术员（Emergency Medical Technicians，以下简称 EMTs）的 Garret Dinges 和 Christine Foster 虽然大部分时间处于在家待命状态，但只要接到医院通知就要在 7 分钟内赶到。这样，他们就不能外出旅游，不能参加婚礼，不能帮助打理家族企业，生活的自由受到了一定的限制。他们认为医院支付的薪酬本应该比它承诺和发放的要多，因为整个 14 小时到 16 小时的待命时间应该被视为工作时间，因此将产生 21 小时到 24 小时的工资，即使他们没有接到过一起紧急呼叫。而医院强调 EMTs 在待命时间里可以在家里做饭、吃饭、睡觉、阅读、运动、看电视和电影、做家务、照顾宠物、家庭和爱人等。此外，他们还可以处理自己家附近的很多事情。比如，Foster 观看他孩子参加体育运动、参加舞会、去餐厅和聚会。一审判决后原告提出上诉。第七巡回上诉法院采用了“在待命期间里雇员可以做什么”的测试，来决定在 FLSA（《美国公平劳动标准法》Fair Labor Standards Act 的缩写）下花在待命上的时间是否可以作为工作。最终法院判定，两个 EMTs 的待命时间不是工作，因为他们可以将这个时间花在普通日常生活的活动上。从此案中我们可以看到，此处法院判断的标准主要有两个：一个是在待命的时间内的时间利用情况，能否有效地处理私事；另一个是工作的地点是否由雇主提供。像在家待命这种情况一般会增加排除工作时间的可能性。在此案中，由于“受控性”的缺乏，法院作出了不利于劳动者的判决。这也说明了在对工作时间的判断中，“受控性”标准所起的作用。

① See David P. Twomey, *Labor and Employment Law*: *Text and Cases*, 12th *ed.*, Mason, Thomson/South – Western/West, 2004, p. 665.

另外,受控性不只表现为雇主的命令,雇主的允许也可构成。如 FLSA 规定,“并非只有雇主要求的工作才是上班,雇主允许的工作也是工作时间。譬如,职工在一天结束时为了完成未完成的工作或纠正一件错误,都属于工作,必须支付工资。”①在雇主允许的情况下,劳动者的行为也受到雇主的约束,与正常工作没有区别。

三、加班时间的认定

(一)加班时间认定的一般标准

“加班”,顾名思义,就是指“增加”的“上班”;加班时间是指在国家规定的标准工作时间以外延长或者增加的工作时间,包括在休息日的上班时间(俗称加班)和在标准工作时间以外提前上班的时间和延后下班的时间(俗称加点)。因此加班时间又称为“加班加点”或者“延长工作时间”。我国的法律法规对加班也使用了不同的称谓,如《劳动法》第 4 章在“工作时间和休息休假”和第 12 章“法律责任”中使用“延长工作时间”的称谓;原劳动部发布的《对〈工资支付暂行规定〉有关问题的补充规定》(劳部发[1995]226 号)使用加班加点的称谓;《劳动合同法》则使用“加班”的称谓。

为了限制用人单位延长工作时间,以保障劳动者的休息权,各国法律均将加大加班工资支付成本作为限制用人单位加班的措施之一,即加班时间的工资支付标准要高于正常工作时间内的工资支付标准。因此,加班时间的认定对劳动关系双方当事人而言就具有了经济上的利害关系,也往往成为“工资”争议中当事人争执的焦点。如前所述,现代工时立法的意义在于确立了工时的劳动基准性质,法律规定的标准工作时间不仅是用人单位可以实行的工作时间的上限,也是判定正常工作时间与加班时间的“分水岭”,超过国家规定的标准工作时间以外的工作时间就构成加班时间。

(二)加班时间认定的迷思与辨析

从理论上讲,加班时间的认定标准简单易行,只要是标准工作时间以外的工作时间就构成加班时间。但由于我国不同法律法规规定的标准工作时间制度的具体内容不尽相同,所以造成了司法实践对加班时间认定上的混乱,主要表现为如下两方面。

---

① 林晓云等著:《美国劳动雇佣法》,法律出版社 2007 年版,第 10 页。

1. 标准工时制度中的休息日上班是否构成加班

我国《劳动法》、国务院《关于职工工作时间的规定》以及原劳动部的相关部门规章都对标准工时制度的内容作过规定。《劳动法》第36条和第38条分别规定:"国家实行劳动者每日工作时间不超过八小时、平均每周工作时间不超过四十四小时的工时制度","用人单位应当保证劳动者每周至少休息一日"。按照这一规定,劳动者的周休息日至少为1天,如果劳动者在指定的休息日上班就构成加班,用人单位须按照《劳动法》第44条的规定支付加班工资。但随后国务院颁布修改的《关于职工工作时间的规定》第3条规定"职工每日工作8小时,每周工作40小时",同时第7条规定:"国家机关、事业单位实行统一的工作时间,星期六和星期日为周休息日。企业和不能实行前款规定的统一工作时间的事业单位,可以根据实际情况灵活安排周休息日。"即国务院《关于职工工作时间的规定》确定的标准工作时间制度为每周给予2天的休息,如果在指定的2天休息日任何一天上班都构成加班。虽然《劳动法》和国务院《关于职工工作时间的规定》关于标准工作时间制度内容的规定不尽相同,但两者并不矛盾,无论从立法时间的先后还是从相关内容的关联性上看,国务院《关于职工工作时间的规定》的规定秉承了《劳动法》维护劳动者合法权益的立法宗旨,更好地保障了劳动者的休息权,是对《劳动法》规定的进一步发展,用人单位应该按照国务院《关于职工工作时间的规定》的规定,如果安排劳动者在指定的周休息日的任何一天上班,均须支付加班工资。但遗憾的是,原劳动部作为国务院授权负责解释《关于职工工作时间的规定》的机构,在1997年《关于职工工作时间有关问题的复函》(劳部发[1997]271号)针对"企业和部分不能实行统一工作时间的事业单位,可否不实行'双休日'而安排每周工作6天,每天工作不超过6小时40分钟"这一问题时的解答为:"有条件的企业应实行标准工时制度。有些企业因工作性质和生产特点不能实行标准工时制度,应保证劳动者每天工作不超过8小时,每周工作不超过40小时,每周至少休息1天。"这一解释将标准工作时间制度中每周休息日数由国务院规定的2天改为1天。按照这一解释,用人单位只要安排劳动者每天工作不超过8小时,每周工作不超过40小时,给予1天的休息,即使一周工作6天,也不构成加班,无须支付加班工资。尽管劳动部是国家劳动行政主管部门,其发布的"解释"在立法阶位上仅属于"部门规章"或者"规范性文件",法律效力低于全国人大常委会通过的《劳动法》和国务院颁布的行政法规,但事实上,该"解释"在司法实务中得到了普遍适用。正如一位法官指出的那样:"不管是用人单位还是司法部门在处理劳动实务或者劳动争议过程中,都自觉不自觉地使用原劳动部的上述解释。对于劳动者而言,这也是无可奈何的事情。”①

这种司法效果与立法精神之间的偏差，只能寄希望于立法机关及时填补法律漏洞或由最高人民法院以司法解释形式对法律适用中的矛盾问题加以明确才能得以纠正。

2. 不定时工时制中的法定节日工作是否构成加班

不定时工作时间，是指受工作性质和工作职责的限制，劳动者每日的工作时间不受固定时数约束的弹性工时制度。例如，企业总经理由于工作性质特殊，其日工作时间有时高于8小时，有时少于8小时；同样出于工作需要有时在休息日工作或在工作日休息。弹性工作时间的最大优势在于满足用人单位或劳动者因工作性质或生产特点对工作时间的特殊需要。我国《劳动法》第39条规定：“企业因生产特点不能实行本法第三十六条、第三十八条规定的，经劳动行政部门批准，可以实行其他工作和休息办法。”这为企业实行不定时工时制度在内的弹性工时制度提供了法律依据。我国原劳动部1994年颁布的《工资支付暂行规定》（劳社部发[1994]489号）第13条规定，实行不定时工时制的劳动者，不执行加班及加班工资支付的相关规定。众所周知，劳动者的休息日包括两种：一种是法律规定的周休息日，另一种是法定节日，如清明节、春节等。在我国的地方立法中，对实行不定时工时制的劳动者在工作日和周休息日的工作时间不作为加班时间的认识是一致的，但对法定节日上班是否应该认定为加班并支付加班工资却存在分歧。持肯定观点的有上海、湖南、重庆、深圳等地方；持否定观点的有北京、江苏、天津、山东、陕西、广东、江西、安徽等地方。笔者赞成肯定观点。理由如下：第一，从工时制度的劳动基准性质上看，工时制度的本质在于确立最高工时，保障劳动者的休息权。不定时工作时间没有改变工时制度的劳动基准和法定节日为休息时间的性质。第二，从法定节日的法律意义上看，法定节日与周休息日虽然同属于劳动者的休息时间，但法定节日是国家确立的重要事件的纪念日，该休息日具有不可替代性，用人单位一旦安排劳动者在法定节日上班，就无法像周休息日上班那样可以安排同等时间的补休，为此，用人单位应该要支付加班费。第三，从法定节日与工资的关系上看，法定节日为法律规定的计薪日，而周休息日为无薪日。根据劳动和社会保障部《关于职工全年月平均工作时间和工资折算问题的通知》（劳社部发[2008]3号）的规定，法定节假日用人单位应当依法支付工资，为有薪日；而周休息日是剔除在计薪日外的。劳动者无论实行何种工时制度，法定节日为有薪日的性质没有改变。因此，实行不定时制度的劳

① 邓益洲：“周六日上班是否都按休息日加班计算”，载《中国劳动》2010年第7期。

动者在法定节日上班,应该属于加班,有权获得加班工资。

四、几种特殊时间的性质界定

(一)用餐时间

我国法律没有对用餐时间的性质作具体规定,但司法实践中此类争议却频频出现。例如,在2005年11月1日江苏省苏州市虎丘区人民法院判决的一起案件中法院认为,职工在每周工作40小时之外的加班时间中的用餐时间,应当计算为工作时间,并应支付相应的加班工资。因为“按照劳动法规规定,职工每日工作8小时、每周工作40小时。在此期间的用餐时间是否计算为工作时间,尚无法律规定,因此法院对李某主张在这一时间段内支付加班工资的请求难以支持;然而职工在每周工作40小时之外的加班时间中的用餐时间,按照劳动法规规定,从保护劳动者合法权益的原则出发,该用餐时间应当计算为工作时间,并应支付相应的加班工资。”①而江苏省劳动和社会保障厅在《关于对企业职工三班制工作时间有关问题请示的答复》(苏劳社办函[2000]23号)中,对相关问题的看法是:“生产、工作不容间断的三班制企业员工班中就餐是自身生理需要和工作需要,其短暂中断的用膳时间应算作工作时间。”

对此,笔者认为用餐时间除合同有明确约定外不宜作为工作时间看待,理由如下:首先,在用餐时间劳动者的行动自由没有受到约束,或者受到很小的约束。此时,劳动者并不处于紧张的工作状态之中,而是一种放松和休息的状态,通过进食和休息而恢复体力,缓解工作压力。此段时间应看做休息时间更为适宜。其次,用餐是一件纯粹的生理需求活动,劳动者在此段时间没有从事工作岗位要求的或者与工作内容相关的活动。法院将加班中的用餐时间视为工作时间的依据不充分,因为加班时间中的用餐和一般的用餐并没有本质的区别。江苏省劳动和社会保障厅《关于对企业职工三班制工作时间有关问题请示的答复》中认为劳动者的用餐时间是生理需要,也是工作需要。但又强调“短暂”的用餐时间算作工作时间。那么对“短暂”的强调用意为何呢?多久的用餐时间是短暂的并且合理的呢?从答复中我们并不能找到明确的答案。对此我们不妨作如下的理解:如果在用餐时间机器依然运转,仍需要劳动者进行监督,不能离开的,则认为在该用餐时间内劳动者也进行了生产劳动,该时间是劳动时间和用餐时间的

① 寿晓婷:“就餐时间是否属于工作时间”,载《法制日报》2005年11月2日。

交叉，应认定为工作时间，并支付工资；如果用餐的行为是独立的，没有工作的内容，则应当排除在工作时间之外。

由于用餐时间缺乏工作时间所要求的“受控性”因素，世界许多国家的法律都明确规定将用餐时间排除在工作时间之外。例如，加拿大法律规定，雇员每连续工作5小时后，有权享受30分钟的用餐休息（不付工资，除非要求雇员不得离开岗位）。① 在这里，法律很明确地将用餐时间从工作时间里排除了。有些国家的立法中将用餐时间和休息时间相同看待，规定工人在每日连续工作一段时间后，可以获得相应的休息时间或用餐时间。例如，《伊拉克共和国劳工法》（1970年7月16日）第65条规定：“在连续工时不超过五小时的工作中应规定不少于半小时和不超过一小时的进餐和休息时间。”②该法明确地将进餐和休息的时间合并看待。日本1976年的《劳动标准法》则明文规定，雇主对工作时间在6小时以上者，应在工作时间中，给予不少于45分钟的休息；对于工作时间在8小时以上者，应给予不少于1小时的休息。在这里法律没有规定“用餐时间”，而是代以“休息时间”，显然，这里的休息时间中包含了用餐时间。因为根据人的正常生理周期，在6小时或8小时的工作时间内一般都要进餐，就如劳动者在两个工作日之间需要睡眠一样。《尼日利亚联邦共和国劳工法》（1974年5月29日）第12条第3款规定：“一般根据工作性质和工作条件需要有吃饭的时间时，在工作现场或就近吃饭的时间可以代替休息时间。”③

（二）工间歇息时间

工间歇息时间，顾名思义，是指因工作性质或者工序本身要求间断工作的间隙时间，如工艺中断时间、从事连续性有害健康工作的工间歇息时间、工间操时间等。“工间歇息”不同于“休息时间”的主要区别有：第一，发生的原因不同。前者的发生一般是与工作程序等有关，是人的主观无法克服的时间间隔，在此期间劳动者客观上无法进行劳动，也不能离开岗位，就必然造成了一段休息的时间；后者是在一段工作之后用人单位主动安排的休息，目的是为了让劳动者获得自由支配的时间，可以进行休息以恢复体力，或者进行娱乐活动等。第二，表现的形式不同。前者只限定在工作过程中的休息时间；后者可以分为一个工作日内的间歇时间、两个工作日之间的休息时间、公休假日、法定假日、年休假等，内

① [加]L. 夏莱特、A. E. 奥斯特著：《雇佣合同》，王南译，中国对外翻译出版公司1995年版，第37页。

② 劳动人事部政策研究室编：《外国劳动法选》（第2辑），劳动人事出版社1983年版，第89页。

③ 同上，第8页。

涵十分广泛。第三,时间的长短不同。前者的时间一般较短;后者的时间较长。第四,自主性不同。前者一般不离开工作岗位,或者允许短暂离开,自主性很弱;后者完全由劳动者自己支配,不受雇主的任何限制。

通过以上对比,我们可将“工间歇息”和“休息时间”区分开来,同时,对“工间歇息”的内涵也有了比较清晰的理解。我们可以看到,基于劳动者对“工间歇息”的弱支配性和该段时间本身的短暂、不离岗的特点,“工间歇息”应该被认定为工作时间。国外也有将“工间歇息”明确规定为工作时间的立法例。如《尼日利亚联邦共和国劳工法》第12条第3款规定:“工人每天工作6小时(或超过6小时)的单位,应允许工人中断工作(一般视工作的性质、连贯性和工作条件而定),适当地间隔休息一次或多次,但总的休息时间不少于一小时。”第4款规定:“上述第(三)款的‘休息时间’系指工作中断时间,其长短应事先规定,且在此时间内由工人自行安排活动,不要求工人留在工作地点。”第5款规定:“如作业因与机械工作程序有关或由于其他情况而具有连续性,特别是难以用其他方式完成时,应允许工人适当地安排必要的工间歇息。”第6款规定:“上述第(五)款所述的‘工间歇息’系指事先规定的工作中短暂停歇,其目的是让工人停止操作稍事歇息,不应算作上述第(三)款规定的休息时间或吃饭时间。”①这里将“工间歇息”和工作中的“休息时间”作了细致、严格的区分。

(三)值班时间

我国劳动法中没有出现过“值班”一词,与之相近的一个词是“加班”。所以,对值班、加班就容易引起混淆。并且,虽然值班不是一个法律用语,但实践中却被广泛运用,几乎每个单位都安排过员工值班。有些用人单位故意回避“加班”的概念,取而代之以“值班”、“当班”等提法,有些单位以值班的名义安排员工在节假日工作,以此不给或少给法定加班费。

那么究竟什么是值班,值班和加班又有哪些区别呢?一般而言,值班是用人单位为防火、防盗或为处理突发事件等原因,安排本单位有关人员在夜间、休息日、法定节假日等非工作时间内从事的非本职工作的活动,如接听电话、看门,期间可以休息。加班是指劳动者在正常工作时间外,继续从事自己本职工作的情况。值班和加班的工作任务不一样,两者的法律规制也不同。对值班的管理一般通过单位规章制度进行,而加班则应按照劳动法的相关规定来执行。此外,值班和加班时劳动者的自由度不一样,报酬工资支付的标准亦不相同。在全国首例门卫通过法律手段讨要加班费的官司中,一审法院认为基于门卫值班工作的

---

① 劳动人事部政策研究室编:《外国劳动法选》(第2辑),劳动人事出版社1983年版,第8页。

性质,其请求加班费和双休日加班费的主张没有法律依据。二审法院维持了原判。① 同样的情况在北京也曾发生过。2008 年,崇文区人民法院认为门卫每天的超时工作为值班性质,驳回了原告索要加班工资的诉讼请求。②

值班和加班存在诸多不同之处,实践中值班的劳动者无法获得加班工资。目前值班工资的获得只能基于用人单位的规定。但如果用人单位没有具体的规定是否就可以对劳动者的值班劳动不支付报酬呢? 笔者认为,虽然值班和加班时劳动者的自由度有差别,但不论是值班还是加班,劳动者都处于用人单位的支配状态下,不能像下班那样随心所欲地做任何事情,并且其行为都是为了用人单位的利益,劳动者有权获得值班期间的劳动报酬,只是计算标准上可以与加班进行区分。用人单位安排劳动者值班应该征得劳动者的同意,对报酬的支付也应当与劳动者或者工会进行协商;协商不成时,可以由仲裁机构或者人民法院参照劳动者劳动合同工资酌情确定。

此外,值班涉及的另一问题就是值班时间的认定。以门卫为例,很多门卫虽然 24 小时不离岗,处于待命状态,但在单位下班后他们的工作就比较轻松,随意度也较大,甚至还可以睡觉。那么在计算值班工资的时候应该如何把握该"值班"行为的工作时间呢? 笔者认为,可以根据门卫在值班期间受支配程度的不同而区别对待 3 种情况:第一,如果门卫平时吃住都在单位,这时他的工作区和生活区并没有明显的区分;另外,门卫在单位下班后没有明显的工作要求,并且可以睡觉,或者即使处于待命状态,而根据经验该种待命实际上很少会被安排任务,故门卫的绝大多数时间是可以自由支配的,这样的情况不宜认定为工作时间,该行为既不是加班也不是值班。第二,如果门卫在下班后只进行简单的巡视和看守任务,并处于待命状态,该种情况可认定为值班。第三,如果门卫有充足的证据表明是单位安排其在工作时间之外继续履行门卫的职责,其工作内容与本职工作差异不大,则可以认定为工作时间,即该段时间为加班时间。

(四)参加企业培训时间

在市场竞争日益激烈的今天,企业越来越注重对员工的培训,并将员工培训视为一项重要的企业文化内容,旨在提升员工的基本素质和岗位技能,提升企业的市场竞争力。国家和政府也十分重视企业员工的培训,在《职业技能培训和鉴定条例(征求意见稿)》中就有对企业培训的规范,其中第 29 条规定:"用人单

---

① 对于此案的两审判决参见"门卫,该不该有加班费",载 http://www.wzrb.com.cn/system/2006/03/10/100081492.shtml;"《花甲门卫打官司争讨节日加班费》后续二审尘埃落定:维持原判",载 http://www.wzwb.com.cn/system/2006/07/12/100148317.shtml。

② "门卫值班没加班费",载 http://fzwb.ynet.com/article.jsp?oid=45803576。

位应当按照职工工资总额的1.5%～2.5%提取职工教育培训经费，列入成本费用，依法在税前扣除。”对企业培训经费的强制提取意味着对劳动者的培训将纳入企业的正常运营管理中来。

在企业培训实务中，由企业出资对员工进行的专业技术培训，培训的时间属于工作时间一般没有争议。容易发生争议的是企业组织的常规培训时间。为了不影响平时正常的生产任务，企业一般把员工的常规培训安排在周休息日，通常是半天或一天。为此，劳动者和用人单位经常会因培训时间是否构成工作时间而发生分歧。用人单位认为自己花费财力、物力对员工进行培训，以提升员工的技能和水平，其中最大的受益者是员工本人，放在休息日等非工作时间很恰当，培训时间不应视为工作时间。而劳动者则认为，员工虽然可以从用人单位培训中受益，但用人单位是员工服务的对象，是培训的最终得益者。更为重要的是，培训是用人单位组织的，员工按照用人单位的要求在休息日参加培训，就是完成用人单位安排的工作任务，构成工作时间，用人单位应该支付相应工资。

笔者认为，员工培训时间是否构成工作时间不宜一概而论，也应根据工作时间的认定因素分别不同情况作区别对待。一般而言，用人单位安排员工培训有两种情况：一是考核性培训。即用人单位不仅对参加培训的员工进行考勤考核，而且对培训效果进行考核。如果员工缺席培训或者培训考核不合格，将按照用人单位考勤制度和考核办法的相关规定处理。这种培训通常是针对用人单位员工岗位技能、安全等知识的要求进行。二是自愿性培训。即用人单位提倡和鼓励员工参加培训，但员工对是否参加培训享有最终的决定和选择权，用人单位对此不作考核。这类培训主要以介绍企业文化前沿研究成果和非专业技术性知识为主。从工作时间的一般认定因素上考量，前者因为具备了工作时间所要求的“目的性”、“相关性”和“受控性”而应该视为工作时间，后者因为“受控性”的缺乏而不宜作为工作时间处理。

（2011年第5期）

我国金融市场从“机构监管”到“功能监管”的法律路径

——以金融理财产品监管规则的改进为中心

黄 韬*

伴随着我国居民金融投资需求的增长和金融创新的加速发展，各类金融理财产品的销售已成为我国金融机构的一项常规性业务，而理财产品规模的快速扩张也已经成为我国目前居民存量金融资产形式多样化的一个现实例证。① 然而，金融理财产品在近年来也成为引发法律纷争的一个源头，投资者与商业银行之间因为理财产品的“零收益”或“负收益”而引发的争讼层出不穷，②而由保险公司推出的附加有理财功能的投资连结保险也曾经遭遇投保人集中退保的风潮，③这些现象可以说从一个侧面表明当下我国金融市场投资者保护与监管法律制度的完备程度还不足以充分应对理财产品业务的迅猛发展。我国法学界对于理财产品相关问题的既往研究涉及金融理财合同的法律性质、④理财产品销售中保底条款的合法性争议、⑤理财产品市场的投资者法律保护⑥等议题。而本文对此问题的研究是以我国金融监管体系为切入点，试图论证现有的“机构监管”模式所存在的弊病，进而主张应当引入“功能监管”的理念来对我国金融法

---

* 作者单位：上海交通大学凯原法学院。

本文是教育部人文社科研究项目《金融放松管制、消费者保护与立法改革》（10YJC820041）的研究成果之一。

① 我国商业银行理财产品的规模在2009年已超过5万亿元，而证券公司的集合理财产品规模在2010年年初则突破了千亿元的大关。参见“2009年中国银行理财产品募集资金总规模逾5万亿”，载 http://cn. morningstar. com/newsletter/viewarticle. aspx? id = 14786；“券商集合理财规模首破千亿元”，载 http://stock. hexun. com/2010 - 01 - 29/122526844. html。

② “理财产品频频零收益负收益 银行理财痛在何处”，载 http://finance. hsw. cn/system/2010/10/15/050654112. shtml。

③ “投连险再起退保潮”，载 http://www. p5w. net/money/bxlc/bxzx/200811/t2015235. htm。

④ 尚文彦著：《金融理财合同研究》，中国金融出版社2009年版。

⑤ 郭雳：“金融机构保底理财的合法性迷局与困境”，载《北京大学学报》（哲学社会科学版）2006年第5期。

⑥ 马忠法：“论金融理财活动中实施‘冷静期规则’的可行性”，载《上海财经大学学报》2010年第2期；陆徐元、方良东：“论我国理财产品市场投资者权益的法律保护”，载《浙江金融》2010年第7期。

律制度的诸多方面予以重构。

一、金融理财产品监管规则的“政出多门”

梳理一下我国金融理财市场的现实格局,我们会发现商业银行、证券公司、基金管理公司、信托公司、保险公司等不同类型的金融机构都已经在向公众投资者提供不同形式的理财服务,包括商业银行销售的人民币或外币理财产品、证券公司的客户资产管理服务、基金管理公司的证券投资基金、货币市场基金以及特定客户资产管理(专户理财)、信托公司募集的信托投资产品,而保险公司则开发出了附加有投资理财功能的新型险种(包括分红险、投资连结险、万能寿险等)。从理论上看,尽管现实中各种类型的金融理财产品名称多样,所属的金融机构不一,产品销售的目标群体也不完全相同,但从金融机构与投资者之间的法律结构中仍然可以归纳出它们在基本属性上的诸多共同点。

首先,投资者在投资金融理财产品时,与金融机构之间进行交易的一个环节就是财产所有权的转移,转移的财产在大多数情况下是货币资金,部分特殊情况下也可能是实物资产的转移(如证券公司的定向资产管理业务)。具体来说,理财产品的投资者不仅是将财产的占有转移给金融机构,而且还是在外观上将财产的所有权利一并转移给作为受托人的金融机构(商业银行、证券公司、保险公司等),由金融机构以自己的名义①独立地对该项并不属于金融机构固有财产的资金或实物履行合同所约定的资产管理行为。

其次,投资者与金融机构之间的理财合同具有 3 个方面的特性,分别是投资者以获取资产的增值收益为目的而将资产交由专业的金融机构管理;不同投资者的资产进行了混同,以整体的形式对外投资(单一客户的理财计划除外);金融理财产品投资者的收益主要仰赖于他人(即金融机构)所作出的努力,而非来自投资者自身的投资判断和选择。

最后,投资于各种金融理财产品的投资者通过与金融机构签订理财合同而与后者建立起一种信赖与被信赖的关系,这种关系的存在有两个方面的现实基础:其一,通过募集资金或实物而提供资产管理服务的主体是受到金融监管当局监管的具备特许资质的金融机构,投资者基于对金融机构及其雇用的专业人士

① 这里存在一种法定的例外情形,根据《证券公司客户资产管理业务试行办法》的规定,证券公司为单一客户办理定向资产管理业务须通过该客户的账户为客户提供资产管理服务,并由客户自行行使其所持有证券的权利,履行相应的义务。

管理资产能力的信任而参与相应的投资理财计划;其二,投资者需要向金融机构支付相应的资产管理费用作为对价,以换取金融机构承诺提供专业的理财服务。

然而,目前我国金融监管机构对不同类型理财产品的监管却呈现出一种“弥散”的状态,不同种类的金融理财产品分别适用各自的监管规则,而出自不同监管部门的监管规则对于各自“治下”的金融理财产品的发行条件、募集对象、审批条件和程序、信息披露要求、投资风险分担、资金使用要求、监管措施以及法律责任等方面的内容均是“各自表述”。

从金融行政监管的隶属关系来看,我国金融市场上各类理财产品的“婆婆”有这么几家:中国银监会承担信托投资计划和商业银行个人理财产品的监管职责;券商的客户资产管理、证券投资基金、货币市场基金和基金管理公司专户理财金由中国证监会负责监管;① 3 类新型人身保险产品的监管当局则是中国保监会。不同的监管机构对各类金融理财产品的审批要求也不尽相同。信托投资计划的募集无须通过银监会的事先审批;3 类新型人身保险产品的销售则应当报送保监会备案,通常情况下不适用审批程序;②商业银行的个人理财产品发售原则上以类似备案程序的报告制为主,特殊情况下(如销售保证收益理财计划)才有必要获得银监会的许可;基金管理公司获得专户理财业务的资质后,证监会并不要求其将理财产品逐项申报核准;而对于证券公司办理集合资产管理业务和专项资产管理业务以及证券投资基金和货币市场基金的募集,证监会则要求一律逐项审批(参见表 1)。

① 货币市场基金因涉及在银行间市场的投资行为,故中国人民银行也扮演了共同监管者的角色。

② 根据 2000 年《投资连结保险管理暂行办法》和《分红保险管理暂行办法》的要求,投资连结保险和分红保险应当经保监会批准后方可销售,但是随着保险公司对分红、万能和投连的产品的设计日趋成熟,保监会相关的精算规定也已经陆续出台,对这些产品再进行严格的审批意义不大,因此 2004 年出台的《人身保险产品审批和备案管理办法》取消了对这些产品的强制性审批要求,而改为备案管理,除非被保监会认定属于下列三种情况之一:①中国保监会认定的关系社会公众利益的产品。②依法实行强制保险的产品。③中国保监会认定的新开发的人寿保险产品。“推进产品创新提高监管效率——就人身保险产品审批和备案管理制度改革访保监会人身保险监管部主任陈文辉”,载《中国金融》2004 年第 16 期。

表 1　各类理财产品的监管机构及相应的产品审批要求

金融理财产品种类	监管机构	产品审批要求
证券公司客户资产管理	中国证监会	证券公司办理集合资产管理业务和专项资产管理业务，须向中国证监会提出逐项申请①
证券投资基金	中国证监会	基金管理人经证监会核准后方可发售基金份额，募集基金②
证券投资基金管理公司特定客户资产管理（基金专户理财）	中国证监会	基金管理公司开展特定资产管理业务以获得证监会的资质审批为前提，③产品无须逐项报批
货币市场基金	中国证监会、中国人民银行	基金的募集需得到证监会的核准④
信托投资计划	中国银监会	无须审批
投资连结保险	中国保监会	应当报送中国保监会备案⑤
万能寿险	中国保监会	应当报送中国保监会备案⑥
分红保险	中国保监会	应当报送中国保监会备案⑦
商业银行个人理财产品（不包括理财顾问服务）	中国银监会	商业银行开展以下个人理财业务，应向银监会申请批准：（1）保证收益理财计划。（2）为开展个人理财业务而设计的具有保证收益性质的新的投资性产品。（3）需经中国银行业监督管理委员会批准的其他个人理财业务。⑧ 商业银行开展其他个人理财业务活动，不需要审批，但应按照相关规定及时向银监会或其派出机构报告⑨

① 参见《证券公司客户资产管理业务试行办法》第 16 条。

② 参见《证券投资基金法》第 36 条。

③ 参见《基金管理公司特定客户资产管理业务试点办法》第 8 条。

④ 参见《证券投资基金法》第 36 条。

⑤ 参见《人身保险产品审批和备案管理办法》第 6、7 条。

⑥ 同上。

⑦ 同上。

⑧ 参见《商业银行个人理财业务管理暂行办法》第 46 条。

⑨ 参见《商业银行个人理财业务管理暂行办法》第 51 条。

尽管理论上的分析和总结有助于揭示各类金融理财产品的内在法律共性,但现实监管规则的"割据"现象却是显而易见的。如果再选取各种监管法律规则中关于金融理财产品发行对象的范围要求以及是否允许金融理财产品的管理机构向投资者作出"保本保息"承诺的规定为例来进行比较分析的话,我们可以更容易地观察到我国金融市场理财产品监管"政出多门"的现实图景。

具体来说,各监管部门对于金融理财产品销售(或曰发行、募集)对象的要求有不少的差异,并非所有的理财产品都可以向不特定的投资对象销售。对于证券投资基金、货币市场基金、分红保险和万能寿险,监管部门没有设置法定的准入门槛,这意味着这些理财产品的募集是可以面向普通大众的,而其他类型理财产品的销售对象则是有限定条件的。监管规则为信托投资产品资金的募集对象设置了人数的上限,即参与单个信托计划的自然人人数最多50人;①对于证券公司的客户资产管理和基金管理公司的专户理财,证监会分别设置了数额不一的资金门槛;对于商业银行的个人理财产品,除了投资金额方面的起点要求之外,银监会还要求商业银行必须对客户进行产品适合度评估;②至于投资连结保险,保监会要求销售对象应限定为具有相应风险承受能力的客户人群。在风险分担方面,大多数理财产品的监管规则不允许金融机构向投资者作出"保本保息"的承诺。例外的情况有3处:一是保监会允许保险公司对投保人承诺最低保证利率;二是证监会目前已经允许基金管理公司募集"保本型基金",保证基金份额持有人在保本周期到期时,可以获得投资本金保证;三是银监会则允许商业银行发行保证收益理财计划,但同时要求商业银行不得无条件向客户承诺高于同期储蓄存款利率的保证收益率(参见表2)。③

---

① 但是单笔委托金额在300万元以上的自然人投资者和合格的机构投资者数量不受限制。

② 如银监会要求商业银行投资于境外股票的代客境外理财产品的发行对象应当具备相应的股票投资经验。参见2007年《中国银监会办公厅关于调整商业银行代客境外理财业务境外投资范围的通知》。

③ 对我国金融理财产品"保底条款"法律规则的政策背景分析,参见郭雳:"金融机构保底理财的合法性迷局与困境",载《北京大学学报》(哲学社会科学版)2006年第5期。

表2　各类理财产品的发行对象要求以及是否允许金融机构“保本保息”

金融理财产品种类	发行对象要求	是否允许“保本保息”
证券公司客户资产管理	定向资产管理：单个客户的资产净值至少100万元； 限定性集合资产管理：单个客户的资金至少5万元； 非限定性集合资产管理：单个客户资金至少10万元。①	不允许②
证券投资基金	无限制	允许“保本”③
证券投资基金管理公司特定客户资产管理（基金专户理财）	单一客户特定资产管理：初始资产至少5000万元；④ 多客户特定资产管理：特定客户的初始金额至少100万元，人数以200人为限，资产合计不得低于5000万元人民币。⑤	不允许⑥
货币市场基金	无限制	不允许⑦
信托投资计划	单个信托计划的自然人人数最多50人（单笔委托金额在300万元以上的自然人投资者和合格的机构投资者数量不受限制）⑧	不允许⑨
投资连结保险	具有相应风险承受能力的客户人群； 若通过银行渠道销售，新单趸交保费不得低于人民币3万元。⑩	不允许⑪
万能寿险	无限制	允许⑫
分红保险	无限制	不允许⑬

① 参见《证券公司客户资产管理业务试行办法》第29条、第30条。

② 参见《证券法》第144条、《证券公司客户资产管理业务试行办法》第41条、《证券公司集合资产管理业务实施细则（试行）》第21条。

③ 参见《关于保本基金的指导意见》。

④ 参见《基金管理公司特定客户资产管理业务试点办法》第9条。

⑤ 参见《关于基金管理公司开展特定多个客户资产管理业务有关问题的规定》第6条、第7条。

⑥ 参见《基金管理公司特定客户资产管理业务试点办法》第23条、《关于基金管理公司开展特定多个客户资产管理业务有关问题的规定》第12条。

⑦ 参见《货币市场基金管理暂行规定》第11条。

⑧ 参见《信托公司集合资金信托计划管理办法》第5条。

⑨ 参见《信托公司管理办法》第34条、《信托公司集合资金信托计划管理办法》第8条。

⑩ 参见《关于进一步加强投资连结保险销售管理的通知》（保监发〔2009〕10号）。

⑪ 参见《人身保险新型产品信息披露管理办法》第25条。

⑫ 同上。

⑬ 同上，第30条。

续表

金融理财产品种类	发行对象要求	是否允许"保本保息"
商业银行个人理财产品(不包括理财顾问服务)	须向特定目标客户群销售理财计划。① 理财产品的销售起点金额不得低于5万元人民币(或等值外币)。② 银信合作产品投资于权益类金融产品或具备权益类特征的金融产品的,商业银行理财产品的投资者应执行《信托公司集合信托计划管理办法》第6条确定的合格投资者标准;③ 仅适合有投资经验客户的理财产品的起点金额不得低于10万元人民币(或等值外币),不得向无投资经验客户销售。④ 投资于境外股票的代客境外理财,单一客户起点销售金额不得低于30万元人民币(或等值外币);客户应具备相应的股票投资经验。⑤	允许保证收益,但应当向投资者附加条件⑥

二、以"机构监管"为基础建构的现实金融市场监管体系

从上文的分析可知,我国金融市场的监管法律规则并非是从理财产品的共同法律属性出发而统一协调制定的,而是由各个监管部门(银监会、证监会、保监会)基于各自部门的监管需要和监管便利而分头出台的,这使得目前我国关于金融理财产品的监管法律规则呈现出明显的"机构监管"特点。

所谓机构监管(institutional regulation 或 entity regulation)是指将金融机构类型作为划分监管权限的依据,即同一类型金融机构均由特定的监管者监管,这是历史上金融监管的主要方式。⑦ 换言之,当下中国的监管体制强调的是基于金融机构的类型划分而确定监管权力的边界,即由银监会负责监管商业银行和信

① 参见《商业银行个人理财业务管理暂行办法》第10条。

② 参见《中国银监会办公厅关于进一步规范商业银行个人理财业务有关问题的通知》(银监办发〔2008〕47号)。

③ 参见《关于进一步规范银信合作有关事项的通知》(银监发〔2009〕111号)。

④ 参见《中国银监会关于进一步规范商业银行个人理财业务投资管理有关问题的通知》(银监发〔2009〕65号)。

⑤ 参见《中国银监会办公厅关于调整商业银行代客境外理财业务境外投资范围的通知》(银监办发〔2007〕114号)。

⑥ 参见《商业银行个人理财业务管理暂行办法》第11条。

⑦ See Roberta S. Karmel, Functional Regulation, 1 *Practising Law Institute / Corp*, 9, 1985.

托投资公司，证监会则负责监管证券公司和基金管理公司，而保监会监管保险公司。在这样的体制下，监管者的权力行使的指向主要不是针对金融机构的某项业务或某种产品，而是金融机构本身。举例而言，对于银监会而言，只要是商业银行的经营活动，都被纳入其监管权力的覆盖范围之内，而不问商业银行的具体的业务或其产品在法律定性上属于存贷款还是证券或保险范畴。

具体就本文讨论的金融理财产品而言，各个金融监管机构的权力行使对象只是其负有监管职责的那些金融机构，并在此基础之上它的监管权力才延伸到特定类型金融机构所推出的理财产品。由此可见，不同类型的金融机构提供的服务尽管在广泛意义上都是具有类似法律性质的理财产品，[①]但在适用监管法律规则方面却是五花八门，其背后最重要的原因就在于作为理财产品"卖方"的商业银行、证券公司、信托投资公司、基金管理公司、保险公司等金融机构接受的是不同监管机构的监管。正是这种以"机构监管"为主导的监管模式，才直接造就了现实理财产品监管规则多头并举的格局。

客观地说，我国金融市场以"机构监管"为主导的监管模式并非出于某种刻意的设计，而是由中国金融市场的演化历程以及当下中国金融市场的诸多特质所决定的，因而具有了某种历史和现实的合理性。

一方面，尽管我国金融市场不同领域的融合程度近年来有逐步提升的趋势，但分业经营的基本原则仍然是现行法律规则所强调的，如《商业银行法》第43条所要求的"商业银行在中华人民共和国境内不得从事信托投资和证券经营业务，不得向非自用不动产投资或者向非银行金融机构和企业投资"以及《证券法》第6条规定的"证券业和银行业、信托业、保险业实行分业经营、分业管理，证券公司与银行、信托、保险业务机构分别设立"。与之相适应的是，我国金融监管体制也经历了从经济体制改革之初的人民银行一家主导发展为银监会、证监会、保监会"三足鼎立"的格局。这样的一种监管体制在过去总体上适应了金融市场的整体需要，也有利于监管当局监管技术和监管能力的专业化培养。自然地，在分业经营和分业监管的模式下，监管者的监管活动几乎是完全围绕着金融机构来展开的，毕竟在这一体制下，金融机构的类型只要是给定的，它所从事的金融业务和所提供的金融产品也就是明确的，因此强调"机构监管"的体制模式非但不会有什么问题，反而会显示其职责划分清晰、高效率的一面。

---

① 除了商业银行出售的"个人理财产品"以外，证监会批准的券商集合投资计划也常被冠以"理财"之名，不少券商还设立了理财服务中心，基金公司的特定客户资产管理产品则被称为"专户理财"。

另一方面，我国金融市场的自由化程度还相对较低，尚存大量的行政性管制，尤其在金融机构的市场准入以及金融业务和产品的审批方面，监管机构还享有范围较大的权力行使和裁量空间，再加上我国不少金融机构还具有国资控股的背景，①监管当局和金融机构之间形成了某种类似上下级的关系，甚至监管机构所代表的国家政权在事实上为金融机构的持续经营提供了某种形式和程度的隐性担保。我国金融市场转型过程中的这一特点也决定了每一家金融机构都必须有一个归口的"主管单位"，它可以充分调动各项国家资源来负责审批金融机构的准入，监督金融机构的日常经营，特殊情况下还要保证金融机构的有序市场退出，而恰恰金融监管部门在同时扮演着这样一种"主管单位"和"隐性担保人"②的角色。因此，在金融理财产品监管规则的确立和相应的监管实践活动中，处理不同监管者之间关系的首要原则就是有利于明确政治责任的归属，进而划分监管权力边界的最主要方法就是看金融理财产品是由哪一类型的金融机构推出的，而不是越过金融机构的层面去剖析理财产品的法律内核并考察其本质上的法律属性，因而造成了"各家自扫门前雪"、"谁家孩子谁抱走"的现实监管格局。同时，在较高层级的立法缺失的状况之下，缺乏协调的各监管机构墨守着刚性的权力边境线，各自制定着具有相当差异性的监管规则，尽管需要适用这些不同监管规则的理财产品是属于同一类型的金融服务。

可以说，作为各类型金融机构一项创新业务的理财产品已经不能用传统的诸如"银行、证券、保险"这样的行业分类模式来将其对号入座，但是在现实的中国金融市场大背景之下，它也不得不被"嵌入"到既有的以"机构监管"为主导的体制中去。毕竟，在管制程度相当高的我国金融市场，任何金融机构的任何一项新业务的推出都无法游离于特定的"上级"监管机构，因而才有了现实中商业银行的理财产品、券商的理财产品、保险公司的理财产品等这样的划分。

三、"机构监管"模式暴露出的现实问题

"机构监管"模式之下的监管规则体系格局在短期内固然有利于确保各金

① 尽管在现行的金融国有资产管理体制下，国有或者国有控股的金融机构的出资人职责并非由监管机构所承担，但是不少大型金融机构的"党的关系"以及相应的人事任免权力仍然隶属于金融监管机构。

② 关于我国金融机构市场退出过程中行政部门代表国家信用充当隐性担保者的研究，可参见黄韬："我国金融机构市场退出法律机制中的'权力版图'——司法权与行政权关系的视角"，载《中外法学》2009年第6期。

融监管部门“守土有责”,彼此之间也相对容易地划清权力的边界;但是,从长期来看,这种监管架构无法契合金融理财产品的本质法律属性,很有可能成为阻碍金融市场整体监管有效性的一个消极因素。以往,由于银行、证券、保险等各金融领域之间的防火墙十分坚固,彼此的交叉融合并不常有,因此强调“机构监管”的体制模式是应有之义。不过,随着金融分业经营的壁垒逐渐被打破,尤其是在面对理财服务这类典型的跨市场金融产品时,传统“机构监管”模式的弊端也就会逐渐显露出来了。事实上,在混业经营的趋势下,即使监管机构基于惯例确认各自的监管权力范围,但蜂拥而出的跨市场创新又会迅速模糊这种边界。①

就我国金融理财产品的监管现状而言,监管法律规则的“政出多门”给监管部门带来的一个显而易见的负担就是“重复劳动”以及由此带来的立法和执法资源利用的不经济。对于法律性质高度相似的同类产品,监管规则却并不是统一制定的,而是由银监会、证监会、保监会“多头”行事,基于各自部门工作需要的考量而出台适用范围有限的监管规则。如果说不同部门的监管法律规则之间的内容重叠还不至于对金融市场的稳定和投资者利益的保护带来太多问题的话,那么传统的“机构监管”模式在面对金融理财产品这类新型产品时,它的弊端事实上已经逐渐表现了出来。

其一,“机构监管”模式强调每一种类型的金融机构都有它所明确对应的一家监管机构,在表面上实现了“人盯人”战术的完美运用,但在现实的金融交易活动中,这种监管模式却不得不面对局部监管真空的尴尬。目前出自各监管机构的关于规制金融理财产品的法律规则所针对的都是由金融机构作为受托人而开展的投资理财服务,但在我国金融市场上还活跃着一大批民间机构和个人,它们并未在金融监管部门“登记造册”,但也和金融机构一样,提供着委托理财的服务,如各类理财工作室、投资咨询公司、“阳光私募”,等等。对这类非金融机构的受托理财行为,尽管有不少质疑其合法性的观点,但最高法院的倾向性意见认为,在原则上,凡是依法具有独立民事主体资格的法人和自然人都可以作为委托人签订委托理财合同。② 对于这些民间机构和个人而言,“机构监管”模式显然在一定程度上要失灵了,因为他们并没有“对口”的监管单位。进而,我们就应当担心投资者的权利保护是否会因此出现了“短板”。现实告诉我们这种担心并非是多余的,一些打着“私募基金管理人”旗号的民间理财专家通过各种公

① 巴曙松:“分立的金融监管:不能是‘各管一段’”,载《中国经济时报》2005 年 2 月 3 日。

② 高民尚:“关于审理证券、期货、国债市场中委托理财案件的若干法律问题”,载奚晓明主编:《民商事审判指导》(总第 9 辑),人民法院出版社 2006 年版。

开宣传的方式招徕客户，已经将募集资金的对象扩展至不特定的社会公众。[①] 出于保护公众投资者利益的考量，这类公开募集资金的融资行为本应在监管机构的严格规制之下进行，履行一定的信息披露义务，但是目前我国现有的金融监管法律体系在此问题上的应对显然是欠完备的。

其二，"机构监管"模式之下各监管单位在大多数情况下各行其是地行使监管权力很有可能给被监管者带来寻找"监管套利（regulatory arbitrage）"[②]的机会，即由于不同部门之间监管法律规则约束的程度不一，从而使得被监管者有机会通过各种安排令自己适用最宽松的监管要求，从而达到规避法律的目的，而这种规避法律的行为就有可能以投资者利益保护的削弱为代价。例如，我国信托法律制度对集合信托投资计划的募集对象作出了严格的限制，要求参与计划的自然人通常情况下不得超过50人，显然立法者的目的是想把这种理财形式严格限定在"私募"的范畴之内。然而在实际的金融交易活动中，大量的公众投资者却可以利用银信合作机制，通过购买银行理财产品而"借道"成为信托理财的投资者，在这个过程中，商业银行以客户的理财资金为信托财产，与信托公司签署资金信托合同，设立单一资金信托，从而规避了《信托公司集合资金信托计划管理办法》对资金募集对象的限制。[③] 由此可见，正是因为"机构监管"模式下监管者执法的"唯名不唯实"，从而有可能为金融市场监管活动的整体有效性造成了损害。[④] 如果说"套利行为"发生在同一家监管机构所制定的不同监管法律规则之间，那由这一监管机构作出事后弥补还相对容易的话，而一旦被监管者针对不

① 黄韬："私募基金的法律困局"，载《法人》2007年第6期。

② 监管套利是指那种为了获取由差异性的监管法律带来的成本降低或者利润增加而特地设计的金融交易。参见 Frank Partnoy, Financial Derivatives and the Costs of Regulatory Arbitrage, 22 J. Corp. L. 211, 227 (1997)。

③ 银监会在意识到这一监管套利行为存在之后，于2009年下发了《关于进一步规范银信合作有关事项的通知》，作出了"揭开信托的面纱"的规定，即要求银信合作产品投资于权益类金融产品或具备权益类特征的金融产品的，商业银行理财产品的投资者应执行《信托公司集合资金信托计划管理办法》第6条确定的合格投资者标准，即投资者需满足下列条件之一：①单笔投资最低金额不少于100万元人民币的自然人、法人或者依法成立的其他组织；②个人或家庭金融资产总计在其认购时超过100万元人民币，且能提供相关财产证明的自然人；③个人收入在最近3年内每年收入超过20万元人民币或者夫妻双方合计收入在最近3年内每年收入超过30万元人民币，且能提供相关财产证明的自然人。

④ 一个类似的事件是，部分银行为了规避法律规则对集合信托投资计划的监管要求，通过"一对多"委托贷款的方式来向公众募集用于放贷的资金，这种监管套利行为的可行性就在于监管部门对委托贷款的监管远不及针对集合信托投资计划那般严格，但是对于商业银行而言，"一对多"委托贷款完全可以达到和集合信托投资计划相类似的经营效果。事实上，监管者对于这种行为的处理也只能是以行政命令的方式"叫停"。参见"个人委托贷款风险显现央行叫停民生该项业务"，载《南方都市报》2003年4月12日。

同监管机构的规则进行“套利”的话,那问题要得到解决的难度就大大增加了。

其三,以特定类型金融机构为中心而展开监管活动的“机构监管”模式往往会引致一个后果,那就是监管机构的工作重心主要不是放在保护公众投资者利益之上,而是以维系金融机构的风险可控性以及整个金融市场的系统安全性为依归的。从以往我国金融机构对各类理财产品的监管实践来看,大致可以看出这么一种态势:监管者在监管法律规则制定过程中,投资者权益保护最初并不处于优先顺位。举例而言,2005 年《商业银行个人理财业务管理暂行办法》第 1 条所界定的立法目的是“加强商业银行个人理财业务活动的管理”以及“促进个人理财业务健康有序发展”,而在出台该《暂行办法》的同时,银监会还颁布了《商业银行个人理财业务风险管理指引》。可见对于监管部门来说,尽管它并不会否认投资者保护的重要意义,但其首要职责显然是负责监督金融机构在推出理财产品这项新业务时必须保证风险管理的有效性,如要求完善内控体系、进行风险监测、限制金融机构的保底承诺等。然而,直到银行理财产品遭遇因“零收益”、“负收益”而引发的各种争议之后,人们发现理财产品市场中最大的一个问题可能就是产品的复杂程度与投资者的风险承受能力不匹配以及商业银行存在的大量误导甚至欺诈投资者的行为,[①]自此银监会才开始逐步重视投资者权利的保护,先后发文要求商业银行不得将理财产品进行大众化推销、设定 5 万元的销售起点金额、在营业网点当面对客户进行产品适合度评估、限制银信合作理财产品的发售对象等。这些事实中所反映出问题的一个根源就在于“机构监管”模式下监管部门对金融机构经营风险的审慎监管相对于商业行为监管占据了绝大多数的监管资源,再加上我国理财产品监管规则的立法层级普遍不高,监管机构难免从自身“本位主义”的角度出发来开展监管工作,对投资者保护这一金融市场的重要监管目标事先缺乏足够的敏感性,因而往往只能求诸于事后的补救。

四、迈向“功能监管”方向的制度变迁探索

既然“机构监管”模式与现有的金融市场之间存在的上述种种不协调已经显现出来,那么未来我国金融市场监管改革方案的设计在观念上就应当引入“功能监管(functional regulation)”的思路。“功能监管”理论最早由哈佛大学商学院默顿教授提出,主张依据金融体系的基本功能来设计监管制度,实现对金融

① “银行理财产品五大忽悠”,载《南方都市报》2008 年 1 月 17 日。

业跨产品、跨机构、跨市场的协调。也就是说,“功能监管”模式重点关注的是金融机构所从事的经营活动,而并非金融机构本身。因为金融体系的基本功能比金融机构本身更具稳定性,尽管具体金融功能的表现形式可能是多样的,但只要保持金融监管方式与金融基本功能这两者之间的制度适应性,就可以达到有效监管的目的。① 美国前财长鲁宾则将“功能监管”形容为是“一个监管过程,在这一过程中,一种特定的金融功能由同一监管者进行监管,无论这种业务活动由哪一个金融机构经营”。②

其实,基于对当下“机构监管”模式缺陷的认识而提出在我国金融市场强化“功能监管”的观点在近年来已经逐渐为金融决策部门所接受,③相信这方面制度演化的大致趋势已不可动摇。具体到本文所讨论的金融理财产品,要真正走向“功能监管”,就应当对相关法律制度进行积极的修正。需要说明的是,“功能监管”模式要求金融监管法律规则超越以往部门立法的局限,在更高的层面实现对金融理财产品监管规则的有效协调,但这并不意味着就有必要为之量身定做一部《金融理财产品法》。面对层出不穷的金融产品创新,一套设计良好的法律制度规则应当是在较为宽阔的时空范围内具有前瞻性和普遍适用性,而不只是一种“头痛医头”式的简单应对,否则的话,立法将永远落于现实金融市场的发展之后。具体来说,通过强化“功能监管”理念而改进我国金融理财产品监管需要对既有的证券、基金、银行、信托等诸方面的法律制度进行全方位的重新诠释。

(一)拓展对“证券”概念的理解以扩大《证券法》的适用范围

我国《证券法》第2条第1款对“证券”这一法律术语作了一个非常窄的界定,即只包括股票、公司债券以及国务院依法认定的其他证券。④ 因此,本文所讨论的各类理财产品在我国现行的法律体系下,无法被认定为“证券”,自然也就不能适用《证券法》来对这类产品的发行和资金募集进行规制。相应地,《证

① See Robert C. Merton, A Functional Perspective of Financial Intermediation, 24 Financial Management 23, 1995.

② 姜立文:“金融功能监管模式新论”,载《华北金融》2008年第2期。

③ “周小川:推进金融机构监管向功能监管转变”,载《金融时报》2006年9月28日;“央行原副行长吴晓灵:功能监管可提高监管效率”,载《21世纪经济报道》2009年6月4日;“尚福林:监管体系从对机构监管向功能监管过渡”,载 http://finance1.jrj.com.cn/news/2008-05-09/000003626948.html;“刘明康谈科学监管理念的三点经验”,载 http://finance.sina.com.cn/china/hgjj/20100626/09368184757.shtml。

④ 依据《证券法》第2条第2款的规定,对于政府债券和证券投资基金份额来说,只有涉及上市交易的问题才适用《证券法》的规则,它们的发行和资金募集则不适用《证券法》。

券法》的相关内容也就无法成为理财产品投资者保护的法律依据。这种立法现状其实反映了长期以来我国金融市场分业监管体制下过度强调"机构监管"而缺乏"功能监管"的意识,简单地认为只有中国证监会监管的证券公司作为中介所服务的上市公司融资活动才是证券发行。①

在这里,我们不妨与美国1933年《证券法》作一个比较。该部法律的第2节(a)(1)对证券的界定采取了非常宽泛的方式,除了股票、债券、各类衍生产品之外,还囊括了"投资合同"(investment contract)这一弹性概念。而1946年美国联邦最高法院在SEC v. W. J. Howey Co. 一案中,提出了一种检验方法(日后被称为Howey检验),以判断一项合同是否构成了《证券法》所定义的"投资合同",从而应当受到监管。Howey检验包含4项要素,分别是:①利用钱财进行投资(an investment of money)。②投资于一个共同事业(in a common enterprise)。③仅仅由于发起人或第三方的努力(solely from the efforts of others)。④期望使自己获得利润(led to expect profits)。② 依据这一标准,美国法院曾先后认定金银投资计划、会所会籍、酒库的存库单据等属于"投资合同"的范畴,故应当受到《证券法》的约束。从中我们可以发现,各类金融理财产品在美国法下完全可能被认定为"证券"的一种表现形式,因而金融机构发售这类产品的行为自然要受到证券法中关于证券发行和资金募集规则内容的约束;然而,这样的一种认定在我国现有的法律制度框架下是并不能够成立的。

其实,学术界关于扩大《证券法》适用范围的主张早已有之,其理论基础在于认为只有《证券法》的适用范围放宽了,证券市场经营产品的种类才会丰富,多层次的证券市场才会拉开,各层次市场上的多种证券买卖活动才会活跃,市场活动才会有活力,证券市场才会有较大的发展。③ 与之不同的是,笔者认为应当扩大《证券法》适用范围的基本理由在于,这样做可以将《证券法》的诸多预防发行人欺诈的内容适用于包括金融理财产品在内的各类金融创新产品的发行,从而有助于系统性地提升对投资者利益的保护水平,从而取代已被现实证明是"碎片化"了的各监管当局的行政立法行为,以最大限度地避免监管真空地带的出现,同时也能够遏制金融机构和其他经营实体的监管套利行为。

可资借鉴的是,"功能监管"理念最早在美国的立法中集中体现是在1999

① 实践中,《证券法》对证券范围的狭窄界定使得相当多在国外被认为构成证券发行的活动在中国只能通过非法集资甚至非法经营等罪名处理,降低了经济活动中的活跃程度。参见彭冰著:《中国证券法学》(第2版),高等教育出版社2007年版,第15页。

② See SEC v . W. J. Howey Co. ,328 U. S. 293(1946).

③ 吴志攀:"《证券法》适用范围的反思与展望",载《法商研究》2003年第6期。

年的《金融服务现代化法》(Gramm Leach Bliley Act,GLBA)中。这部法律专门设了"功能监管"一章,废除了联邦证券法对于商业银行的适用豁免,要求商业银行的大部分证券业务转交单独的关联机构或子公司进行,并接受 SEC 的监管。① GLBA 的规定修改了 1934 年《证券交易法》(Securities Exchange Act of 1934)的有关内容,不再将银行排除于证券经纪及自营商的定义之外,因此银行经营的证券业务也将被 SEC 的监管权限所覆盖,须向 SEC 登记注册。同时,为了制约金融创新可能导致的监管套利行为,GLBA 还授权 SEC 分辨何种混合型金融产品应受其监管。②

如果说当初在起草《证券法》时,我国立法者考虑到为了避免贪大求全而可能导致的长期争论以及拖累整部法律的出台,而只是给证券下了一个范围极其有限的定义,③那么在金融市场已相对发达的今天,可以说这部法律已经落后于现实的需要了。在未来对我国证券法律制度进行重构时必须融入"功能监管"的理念,应当意识到《证券法》并不只是证监会、证券公司和上市公司的法律,只有通过扩展"证券"的概念才能保证金融市场的所有投资者都能享受到同等而且足够的法律保护水平。

在这方面,我们不妨借鉴日韩等国在近年来以"功能监管"为导向的金融法制改革,来扩展"证券"的法律定义。2006 年,日本通过制定《金融商品交易法》"吸收合并"了《金融期货交易法》、《投资顾问业法》等法律,彻底修改《证券交易法》,将"证券"的定义扩展为"金融商品"的概念,最大限度地将具有投资性的金融商品、投资服务作为法律的规制对象,以避免产生法律的真空地带,构筑了从销售、劝诱到资产管理、投资顾问的横向的、全方位的行业规制和行为规制的基本框架,从以往的纵向行业监管法转变为以保护投资者为目的的横向金融法制。④ 类似地,2007 年韩国国会通过的《有关资本市场和金融投资业的法律》(又被称作《资本市场统合法》)对"金融投资商品"的概念进行了抽象性的定义,属于该定义的所有金融投资商品都被纳入该部法律的适用范围。⑤

---

① See James A. Leach, Modernization of Financial Institutions, 25 Iowa J. Corp. L. 686.

② 关于美国金融法律体系中"功能监管"理念如何逐步被立法者所接受的研究,可参见杨惠:"机构监管与功能监管的交错——美国 GLB 法案的经验",载《财经科学》2007 年第 5 期。

③ 对 1999 年《证券法》出台的相关背景,可参见李飞:"关于如何确定证券法的调整范围问题",载《中国法学》1999 年第 2 期。

④ 杨东:"论金融法制的横向规制趋势",载《法学家》2009 年第 2 期。

⑤ 赵晟植:"韩国法中的'金融投资商品'定义小考",载《金融法苑》(总第 80 辑),中国金融出版社 2010 年版,第 143 ~ 156 页。

（二）厘清金融理财产品“公募”与“私募”的法律界限

我国金融理财产品所引发种种社会争议的一个制度性源头其实就在于金融机构为了尽可能地扩展理财产品的客户群而向一部分没有足够风险辨别和承受能力的普通投资者销售了结构相当复杂，并不适宜于非专业投资者购买的产品，尽管监管者已经意识到了这个问题，但现有的监管法律规则却始终没能很好地解决这个问题。例如，媒体曾报道一位毫无理财知识的77岁老太太竟成了银行的“理财贵宾”，在银行的理财建议下，老太太将原打算用作存款的数十万元先后投资了大量理财产品，在亏损发生之后才知道银行不会对她的投资进行“保底”。①

实践中，金融机构往往以“买者自负”为自身开脱，而投资者则以“卖方有责”来予以反驳。其实在某种程度上双方说得都没错，但问题的关键在于目前我国的理财产品发行制度未明确区分资金募集的方式究竟是“公开募集”还是“非公开募集”。对于前者，依照一般法律原理，需要接受监管者较多的监管，资金募集人也需要履行较为严格的信息披露和说明义务，也即更多强调“卖方有责”；而至于“私募”的形式，所受到监管的严厉程度会相对减少，但法律会要求资金的募集对象不得是不特定的社会公众，同时不允许采取广告宣传等公开劝募形式，换句话说更着重于“买者自负”。

依据美国1933年《证券法》的要求，公开发行证券的一方要履行登记注册以及信息披露的义务。而对于“私募”发行，因其发行对象是特定的，与公共利益无甚关联，因此完全可以通过当事人之间的契约来解决大部分的投资者保护问题，而不必过多适用强制性法律规定。为此，美国1933年《证券法》第4（2）条②豁免了私募发行者的登记注册和信息披露义务，从而客观上降低了融资的成本。至于“公募”和“私募”的界限划分，美国联邦最高法院在1953年审理SEC v. Ralston Purina Co. 一案中提出“需要标准（need test）”，即发行的对象如果是可以实施自我保护而不需要《证券法》注册制度保护的投资者，则该次发行可被界定为“私募发行”，从而豁免相关法律义务。③ 实践中，判断是否有此“需要”的事实依据通常包括受要约的人数、与发行人的关系、投资经验、财富状况以及发行手段等。

而在投资基金领域，美国1940年《投资公司法》（Investment Company Act of

---

① “77岁老太成银行‘理财贵宾’48万理成29万”，载 http://news.163.com/09/0503/13/58D1V9MF000120GR.html。

② See 15 U. S. C. §77d(2).

③ See SEC v. Ralston Purina Co. ,346 U. S. 119(1953).

1940）也对“私募”作了界定，根据该法第3（C）（1）条和第3（C）（7）条设立的基金被认定为私募基金，从而不受《投资公司法》的约束，但仍应适用1933年《证券法》以及美国证券交易委员会颁布的关于私募发行的规则。其中，《投资公司法》第3（C）（1）条所要求的条件是受益人应少于100人，而该法第3（C）（7）条则要求发行的证券应全部由“合格买家”持有。①

在借鉴域外法律制定和法律实践的基础之上，经过2005年修订之后的我国《证券法》其实已经明确对这两种资金募集方式作了区别，在监管要求上也分别适用不同的规则。② 应当说，这样的制度规则可以比较好地协调投资者权利保护与促进市场效率这两大价值目标之间的关系。然而，在我国“机构监管”为主导的金融监管体系之下，这样的一套区分“公募”和“私募”的法律制度被人为地限制在股票、债券等个别的金融产品范围之内，各种类型的金融理财产品无法与这套制度对接，进而形成了监管上的重大缺失。所以，我们会看到，推广理财产品的金融机构往往在募集资金时希望适用“公募”的规则，以期通过广告宣传扩大销售的对象范围，而在履行义务时却又向“私募”规则靠拢，假定投资者都是具有足够的专业知识和风险辨识能力，因此并未充分告知投资者产品的结构、特性以及风险，甚至还不时存在有欺诈行为。

同样的缺失在我国《证券投资基金法》中的表现更为明显。在这部法律的立法过程中，尽管法律草案中规定了“基金可以向社会公众募集，也可以向特定对象募集”，并在草案第9章对私募基金作了专门界定，并充分借鉴了域外成熟的私募发行法律制度，然而在宁可滞后、不愿超前的保守立法思想的影响之下，最终出台的《证券投资基金法》不再保留关于“私募”的内容，成了一部跛脚法律，由此导致了因公募、私募界限的模糊而规避监管的问题。③

尽管我国金融市场的各家监管者也分别出台了不少监管规则，对金融机构理财产品的销售对象范围作了一定的限制，而且他们在一定程度上也意识到了资金募集方式的区分是一项事关投资者保护的重要的基础性工作，但是“机构

① 美国《投资公司法》第3（C）（7）条的规则并非1940年国会立法时就有的，而是源于1996年《全国证券市场促进法》。参见郭雳著：《美国证券私募发行法律问题研究》，北京大学出版社2004年版，第248页。

② 依照我国《证券法》第10条的规定，“有下列情形之一的，为公开发行：（一）向不特定对象发行证券；（二）向特定对象发行证券累计超过二百人的；（三）法律、行政法规规定的其他发行行为”。公开发行证券，必须“报经国务院证券监督管理机构或者国务院授权的部门核准”。而对于非公开发行证券，则“不得采用广告、公开劝诱和变相公开方式”。

③ 黄韬、周雅菲：“《证券投资基金法》修订与市场监管理念的转变”，载《石家庄经济学院学报》2008年第3期。

监管”的模式在整体上制约了现有规则的体系性和权威性,使得制止规避法律行为的成本较高,而且大量存在于民间的“私募基金”又不受既有监管规则的约束。如果“功能监管”的理念能够被接受的话,那么只要依照本文之前的建议,延伸“证券”的法律定义,扩大《证券法》的适用范围,将各类出自金融机构或者非金融机构的理财产品都统一纳入《证券法》中关于区分并规制公募和私募的法律框架之下,相信可以对目前规则繁杂且效率有限的理财产品监管活动梳理出一条制度的主线,以此为基础来展开理财产品监管的具体法律操作。

考虑到目前我国金融市场“分业经营”的实际情况,在现阶段的制度变迁过程中,起到搭建基本制度框架作用的“功能监管”理念尚无法完全取代“机构监管”的现实。以商业银行理财产品为例,对于银监会来说,应当有责任根据不同产品的性质来界定哪些类型的产品只适于特定的有投资经验的对象购买,如挂钩衍生工具的结构性理财产品、投资境外资本市场的产品等。[①] 考虑到这类产品的结构较为复杂,不具备专业知识的普通投资者短期内不可能通过商业银行的信息披露和风险告知来完全地了解其特性,因此监管者就应当将其完全排除在“公募”范畴之外,严格禁止采取公开宣传的资金募集方式。也就是说,在目前尚处转型阶段的中国金融市场,可以通过“功能监管”模式下《证券法》对“公募”和“私募”的差异化约束机制和“机构监管”模式下各监管者有针对性的风险判断和考量,双管齐下地提升理财产品大众投资者保护的程度,同时又不妨碍一些风险较高、客户群体定位于“小众”投资者且并不寻求公开发行的理财产品在现阶段的正常发展。

(三)重新审视我国法律对“信托”的理解

要实现我国金融市场从机构监管到功能监管模式的转换,一个必须要克服的现实障碍就是以往对信托法律制度过于狭隘的理解。

经济体制改革之初,信托业作为一项“增量改革”的措施而在中国出现,但它从一开始就似乎偏离了“受人之托、代人理财”的本来面貌,而成了经营存贷款、证券、实业投资等全方位业务的“金融百货公司”。在经历了6次的治理整顿之后,监管部门对信托业进行了重新的法律定位,在我国“分业经营”的语境

① 2009年《中国银监会关于进一步规范商业银行个人理财业务投资管理有关问题的通知》要求“商业银行应科学合理地进行客户分类,根据客户的风险承受能力提供与其相适应的理财产品。商业银行应将理财客户划分为有投资经验客户和无投资经验客户,并在理财产品销售文件中标明所适合的客户类别;仅适合有投资经验客户的理财产品的起点金额不得低于10万元人民币(或等值外币),不得向无投资经验客户销售”,但这只是对客户群体的范围作了原则上的限定,并没有对金融机构的资金募集方式作出要求,因此不能被看做一种完整的“私募”规范。

之下将其作为区隔于银行、证券、保险的一个金融行业,在法律上排他地由监管部门所核准的信托投资公司来经营。在2001年《信托法》颁布并施行之后,国务院办公厅发文,明确要求"未经人民银行、证监会批准,任何法人机构一律不得以各种形式从事营业性信托活动,任何自然人一律不得以任何名义从事各种形式的营业性信托活动"。①

但是,这样一种建立在风险严格控制基础之上的监管体制不免有矫枉过正之嫌,以至于信托法律关系和《信托法》被人为地限制了适用范围,信托法律制度在现代金融活动中的优越性无法得到充分体现。由于我国监管者把信托视为一个特定的金融行业,因此信托法律是否成立不是通过考察其交易结构和法律特性,而是要看金融机构有没有拿到监管者颁发的"信托牌照"。

在金融理财产品领域,要保证其健康可持续发展的一个关键之处,其实就是如何有效地建构起保护投资者利益的法律平台。在这方面,目前主要依靠各监管者的部门立法显然是不够的。而理论上的一个最优选择即是引入信托法律关系来作为保护理财产品投资者的基本法律框架。因此,在未来的制度设计上,应当摒弃那种把信托视为一个行业的做法,转而选择"功能监管"的路径,把信托视为各类金融机构都可能从事的一项具体业务,把信托法律关系看成是上述金融业务经营过程中银行与客户之间的一种基本法律关系。这样做既不会损害现有的金融风险控制体系,又可以提升金融市场整体的投资者法律保护的水准。

起源于英国的信托是衡平法所认可的一种关系,这种关系因财产归属于受托人(trustee)而产生,且信托关系使得受托人有义务为受益人(beneficiary)的利益而拥有这些财产。② 就学理上而言,信托的两大要素分别为信托财产的移转和信托财产的管理。③ 比照现实金融理财产品的交易结构,我们不难从中提炼出这两大信托成立的要素:一方面投资者将自身财产权利转移给金融机构,另一方面负有管理财产义务的金融机构以自身的名义处分这部分财产以进行投资活动。尽管在目前中国金融分业监管体制的约束之下,将《信托法》适用于商业银行、证券公司和保险公司作为受托人的理财活动存在无法逾越的法律障碍,毕竟

① 《国务院办公厅关于〈中华人民共和国信托法〉公布执行后有关问题的通知》(国办发〔2001〕101号)。

② See Jull E. Martin, *Modern Equity*, Sweet & Maxwell Ltd. ,2005, p. 47.

③ 赖源河、王志诚著:《现代信托法论》,中国政法大学出版社2002年版,第23~28页。

信托投资公司可以成为营业性信托法律关系中的受托人,[①]但是只要这样的监管法律障碍在未来能够被移除的话,那么从纯粹的商事法律规范的角度出发,以信托法律关系来理解广泛意义上的理财业务显然就不是什么难事了。

更为重要的是,将信托制度引入理财产品市场可以最大限度地保护投资者的利益。大众投资者与金融机构之间存在着事实上的不对等关系,金融机构在控制了他人财产之后拥有了以自己的行为影响投资者投资结果的能力,而投资者则必须承担这种他所不能支配的投资行为带来的结果,因此形成了信托法律关系所认定的理财产品投资者相对金融机构具有的“脆弱性(vulnerability)”。为了平衡双方的利益,约束金融机构的行为,激励其为投资者利益行事,在信托法律关系之中,基于作为受托人的金融机构与投资者之间的信义关系,[②]前者应当承担信义义务,这种义务意味着一人必须以对他人最大限度诚实和忠诚的方式和为了他人的最大利益而行事。[③]

我国《信托法》虽然没有使用“信义义务”一词来界定受托人的义务,但是该法第25条规定了“受托人应当遵守信托文件的规定,为受益人的最大利益处理信托事务”以及“受托人管理信托财产,必须恪尽职守,履行诚实、信用、谨慎、有效管理的义务”。如该条款能被援引作为保障理财产品投资者利益的一项法律依据,那势必会对金融机构形成更大的约束,但是由于根深蒂固的“机构监管”思维,把信托视作一项特许的金融行业,因此监管规则的制定者在客户与金融机构之间是否构成信托关系这一问题上基本上采取回避的态度。例如,银监会一方面承认把个人理财视为银行的一项信托业务进行监管是一项国际通例,但是又强调在我国“个人理财业务是建立在委托代理关系基础之上的银行服务,是商业银行向客户提供的一种个性化、综合化服务”。[④]《证券投资基金法》尽管隐含地表达了其作为《信托法》特别法的地位,[⑤]但是在最终的法律文本中,立法者

---

① 现实中,信托投资公司作为理财产品业务的受托人可分为两种情况:一种情况是信托投资公司自己直接募集集合理财的资金;另一种情况是在银信合作机制下,负责募集资金的商业银行作为委托人,而公众投资者以信托法律关系的受益人身份出现。

② 信义关系是指一方在此关系之内负有为他人事务的利益而行事的义务且被要求达到高于通常的注意程度。See Bryan A. Garner (ed.), *Black's Law Dictionary* (Eighth Edition), West Publishing Co., p. 1315.

③ See Bryan A. Garner(ed.), *Black's Law Dictionary* (Eighth Edition), West Publishing Co., p. 545.

④ “银监会负责人就《商业银行个人理财业务管理暂行办法》答记者问”,载 http://business.sohu.com/20050930/n240483400.shtml。

⑤ 《证券投资基金法》第2条中明确了“本法未规定的,适用《中华人民共和国信托法》”。

却回避了给基金下一个法律上的定义；[①]而最高法院在对委托理财合同进行性质界定时，认为“实践中绝大多数委托理财更符合委托代理法律关系的特征”，而“绝大多数委托理财行为与信托行为的构成条件相去甚远”，其中一个理由就是“委托理财适用信托法所规定之信托行为时，涉及监管部门审批、信托机构资质、以信托方式从事委托理财活动的资质等系列问题”，[②]但问题就在于，我国《合同法》“委托合同”一章中为受托人所设定的义务在程度上远远逊于《信托法》的要求，更何况《信托法》在受托人义务方面所确立的最大利益原则以及诚实、信用、谨慎、有效管理的要求是法律强制要求的，不能通过当事人之间的约定免除。[③]

信托制度在保护投资者利益方面的另一个有利之处在于法律确保信托财产的独立性，即信托一旦有效设立，信托财产即从委托人、受托人以及受益人的自有财产中分离出来，成为一项独立运作的财产，仅服从于信托目的。[④] 我国《信托法》也规定了“信托财产与属于受托人所有的财产相区别，不得归入受托人的固有财产或者成为固有财产的一部分”；“受托人死亡或者依法解散、被依法撤销、被宣告破产而终止，信托财产不属于其遗产或者清算财产”；通常情况下“对信托财产不得强制执行”；“受托人管理运用、处分信托财产所产生的债权，不得与其固有财产产生的债务相抵销”以及“受托人管理运用、处分不同委托人的信托财产所产生的债权债务，不得相互抵销”。

然而，《信托法》所设计的这样一套保护委托人的严密制度却因为受限于我国既有的金融监管体制而无法适用于大多数的理财产品投资者。就商业银行理财产品来说，通过设立专门的银行“信托账户（trust account）”是避免理财资金混同于银行固有资产的一种有效措施，但是在《信托法》以外我国目前并无法律制度可给予其制度支持。事实上，一些监管者也在其制定的监管规则中载入了类似信托法保证信托财产独立性的规范内容，例如《证券公司客户资产管理业务试行办法》规定的“证券公司办理集合资产管理业务，应当保证集合资产管理计划资产与其自有资产、集合资产管理计划资产与其他客户的资产、不同集合资产管理计划的资产相互独立，单独设置账户、独立核算、分账管理”以及《基金管理

① 《证券投资基金法》立法过程中对于“基金”法律定义的讨论，可参见王连洲、董华春：《〈证券投资基金法〉条文释义与法理精析》，方正出版社2004年版，第21～30页。

② 高民尚：“关于审理证券、期货、国债市场中委托理财案件的若干法律问题”，载奚晓明主编：《民商事审判指导》2006年第1辑（总第9辑），人民法院出版社2006年版。

③ 卞耀武主编：《中华人民共和国信托法释义》，法律出版社2002年版，第96页。

④ 周小明著：《信托制度比较法研究》，法律出版社1996年版，第13页。

公司特定客户资产管理业务试点办法》规定的“基金管理公司从事特定资产管理业务,委托财产独立于资产管理人和资产托管人的固有财产,并独立于资产管理人管理的和资产托管人托管的其他财产。资产管理人、资产托管人不得将委托财产归入其固有财产”。不过,这种出自部门规章的“财产独立性”规范却很有可能因其内容属于基本民事法律制度范畴而被《立法法》质疑其有效性。①

从之前的分析我们可以大致发现,当下以“机构监管”为主要导向的中国金融监管体制忽略了信托最重要的现实价值:作为金融市场各个领域都可能需要的法律制度平台。这个制度平台应该是贯穿整个金融市场的,而不是简单地把这个平台视为一种特定金融行业。而本文所提倡的“功能监管”取向正是希望打破既有的制度樊笼,重新审视并理解信托的法律功用,从而为理财产品投资者提供最有效的“保护伞”。②

五、余论:正确解读“功能监管”

本文以我国金融理财产品市场的监管实践为例,分析了现有监管体制的缺陷,进而表达如下的观点:实现从“机构监管”向“功能监管”的转化对当下中国金融市场来说已经具有现实的必要性,这种转化不仅是投资者保护所必需的,而且是金融市场长期健康有序发展的制度保证。但正如前文所论述的,“功能监管”模式的建立意味着我国金融市场需要经历一场系统性的法律改造工程,涉及诸多金融基本法律制度的内容调整,为此有必要建立更有效的监管者之间的协调机制,而不只是监管部门在各自职能范围内对具体监管规则的小修小补。

毫无疑问的是,考虑到制度变迁的路径依赖,③“机构监管”向“功能监管”的模式转变很难是一蹴而就的。在这个过程中,一方面立法者和监管者在某种程度上的“思想解放”,摆脱过往僵化的监管思路是必不可少的;但另一方面必须以科学的态度来理解何谓“功能监管”,避免作过度的解读。

---

① 我国《立法法》第8条规定了“下列事项只能制定法律……(七)民事基本制度……”

② 我国台湾地区的实践或许能为大陆未来的制度变迁作一个启示。我国台湾地区“银行法”设有“信托投资公司”专章,即把信托投资公司定位为银行的一种,而在1996年“信托法”通过之后,证券投资基金即取得了信托的法律地位。参见赖源河、王志诚著:《现代信托法》,中国政法大学出版社2002年版,第14~18页。

③ 所谓的路径依赖(path dependence)现象,是指人们过去的选择决定了现在可能的选择,而制度变迁的路径则受到初始条件的制约。参见 Douglas North, Institutions, *Institu tional Change and Economic Performance*, Cambridge University Press, 1990, p. 100。

其一，本文主张在我国金融市场引入“功能监管”来变革相关的法律制度，这并不意味着“机构监管”就应当成为完全被舍弃的一种旧模式。一方面，“功能监管”有其内在的某些缺陷，例如可能会因为金融产品的法律定性模糊而影响监管活动的效率以及忽略金融市场的整体风险和偿付能力，为此应当引入一种所谓的矩阵方法（matrix approach），基于金融业务的经营目标的需要对金融机构实施“功能监管”，而基于审慎原因则对金融机构适用“机构监管”。① 另一方面，当下中国金融市场的某些特质也使得“机构监管”仍有用武之地，例如银监会通过对商业银行理财产品的监管来维系现有的利率管制和宏观调控背景之下的信贷规模控制，防止出现“高息揽储”以及过度放贷的情况。此外，目前正处于市场化进行时态中的中国金融业，不同监管者之间出于各自所监管行业的竞争需要，可能会主动地“放权”，例如证监会已经准备将券商集合理财申报制度由审批制改为备案制，以促进券商理财业务的发展，②表面上这是作为证券公司“主管单位”的证监会为了本行业的利益而进行的一项“制度竞争”，但在客观上起到了降低交易成本、深化金融市场的良好作用。

其二，“功能监管”模式不能和金融市场单一监管机构体制画上等号。有观点认为，“功能监管”的一大优势之处就在于针对综合经营下金融业务交叉现象层出不穷的趋势，强调要实施跨产品、跨机构、跨市场的监管，主张设立一个统一的监管机构来对金融业实施整体监管，③这无疑是对“功能监管”的一种严重误解。“功能监管”强调的是监管者权力划分以不同的金融功能，而不是以不同的金融机构为基本出发点，它本身并不主张一定要建立起一种“大一统”的监管体制。事实上，各国从自身金融市场的实际需要出发对金融监管机构的设置采取了类型各异的方式，既有以英国金融服务局和日本金融厅为代表的单一监管机构模式，也有以美国为代表的伞形监管模式和以荷兰、澳大利亚为代表的双峰模式。④ 其实，各国金融监管机构的不同设置格局并不会影响“功能监管”理念的应用，关键是以什么样的标准来划分不同监管者或者同一监管者内部不同机构的权力界限，而不在于监管机构是单一的还是分立的。更何况，对于像英国这样

---

① 姜立文：“金融功能监管模式新论”，载《华北金融》2008 年第 2 期。

② “审批制改备案制券商集合理财彻底松绑”，载 http://finance. sina. com. cn/money/lcfa/20101221/09059138151. shtml。

③ 曾筱清著：《金融全球化与金融监管立法研究》，北京大学出版社 2005 年版，第 140 页。

④ 所谓“双峰模式”是指一国设立两个监管机构分别负责金融业的审慎监管和金融机构的商业行为规范监管，如澳大利亚分别成立了“金融稳定委员会”和“消费者保护委员会”，荷兰则由中央银行和金融市场管理局分别扮演“双峰”的角色。

的单一监管机构模式，历来不乏批评意见。[①] 对于我国而言，考虑到金融混业经营的发展方向，有学者提出建立"统一的大金融监管体制"，[②]但这种设想较之中国金融市场的现实发展需要相去甚远，没有意识到当下我国金融监管中存在的问题主要不是源于监管机构的设置，而是在于监管机构在现实制度的约束下没有以最有效的方式来发挥其应有的职能，所以如果只是模仿个别国家并不一定成功的改革，[③]去做一些机构设置调整的表面工夫结果很有可能是"形备而神不至"。而目前真正应该着手做的恰恰就应当是在"功能监管"的理念引导之下，调整《证券法》、《商业银行法》、《信托法》、《证券投资基金法》等基础性法律制度的内容，以扩展"证券"法律概念的范围，在此基础之上厘清"公募"与"私募"的法律界限，同时还需要调整法律对"信托"的理解，不再把它视作一种特定的金融行业，而是将其界定为金融机构面向公众客户的一项功能性业务。

（2011 年第 7 期）

① 从实践层面对英国单一监管机构体制的批评，可参见[英]约瑟夫·诺顿："全球金融改革视角下的单一监管者模式：对英国 FSA 经验的批评性重估"，廖凡译，载《北大法律评论》（第 7 卷第 2 辑），法律出版社 2006 年版；从理论层面对单一监管机构模式的反思，可参见 Jos é de Luna Martínez & Thomas A. Rose, International Survey of Integrated Financial Sector Supervision, *World Bank Policy Research Working Paper* 3096, July, 2003。

② 郭锋等："推动金融体制改革　提升金融体系安全性"，载《中国证券报》2009 年 4 月 21 日。

③ 例如，英国金融服务局执行董事迈克尔·富特（Michael Foot）就曾公开发表声明称："我们从未说过英国模式是其他国家应该效仿的模式。我们承认是英国的一些特色促成了金融服务局的产生……"参见网址：http://www.pdic.gov.ph/dab/Forum－2nd_issue_june2004.pdf。

金融法的“三足定理”及中国金融法制的变革

冯 果[*]

金融法作为规范和促进金融市场的制度要素，对于金融市场乃至整个社会的平稳健康发展都具有重要作用。而对正处于转型时期的中国来说，基于发达市场国家经济理念而创设和移植的金融法已显示出了其局限与不适。在金融活动日益复杂、金融发展与社会公平的关系更加引人关注的背景下，金融法制的变革就显得尤为迫切，亟须跳出长期以来围绕着金融效率和金融安全展开金融法制度设计的窠臼。其中青年学者邢会强博士提出的“三足定理”为金融法制的改进提供了一种很好的思路，但金融法所规范的金融市场是否只承载着驱动经济增长的经济功能？金融法制能否仅局限于安全与效率孰优孰先的争论与协调？金融法学可否摆脱路径依赖而寻求研究范式的转换？这些问题均是关系金融立法走向及金融法学发展的重大问题。我们认为，金融市场还肩负着调节收入分配、促进社会公平发展的社会功能，中国的金融法制和金融法学研究应当立足于转型时期经济和社会发展中的现实问题，超越传统金融法单纯着眼于金融活动的规范这一固有局限，将视野扩展到更为宏大的社会发展与制度变迁的背景下，强调金融公平理念在金融法制中的地位，发挥金融法制对于社会发展的推动作用，以实现金融法制自身的变革与进化。

一、“三足定理”的贡献与局限

通过对金融危机治乱循环的考察，邢会强博士认为立法者和监管者一直在金融安全和金融效率之间徘徊，并且很难平衡二者之间的关系。为了破解这一难题，他提出了金融法中的“三足定理”，即将消费者保护与金融安全、金融效率同时作为金融法制的三个足，金融立法、金融监管目标的设定、金融体制改革的

* 作者单位：武汉大学法学院。

指导原则都应该在这"三足"之间求得平衡。[①] "三足定理"的提出为金融法制的自我变革提供了一种突破性的思路,一方面引入金融消费者保护作为具体参照指标,提出了平衡金融安全与金融效率的可行路径,突破了单纯强调二者平衡却无具体方案和衡量指标的尴尬局面;另一方面借鉴几何学中三角形的稳定性特征,构建了金融安全、金融效率和消费者保护三足鼎立的博弈模型,探索了金融法制价值目标的良性互动机制,以期实现金融系统的纳什均衡和健康发展。

"三足定理"的提出所形成的理论上的突破是毋庸讳言的,但是由于尚处于提出的初始阶段以及理论论证和实践检验的欠缺,该"定理"还存在许多局限,还有很大的完善和提升的空间。

首先,"三足定理"的归纳与表述值得进一步推敲。所谓"定理",是指已经证明具有确定性,可以作为原则或规律的命题或公式。[②] 一般而言,定理的逻辑结构是条件→结论,或者直接是结论。邢博士将"三足定理"表述为:就是在金融安全与金融效率的基础上,再加上一个消费者保护,形成等边三角形,金融安全、金融效率和消费者保护成为这个等边三角形的三个"足"。[③] 这个表述显然不具有结论性,与其说是"定理",倒不如说是一种"思路"。从"思路"到"定理"尚需进一步的深化和凝练。

其次,"三足定理"的论证基础需要进一步拓展。根据邢博士的观点,金融立法、金融监管目标的设立、金融体制改革都应遵循"三足定理",因此,可以推断,"三足定理"是可以适用于金融法制的各个方面的。由于金融法制不仅包括金融监管法,还包括金融组织法和金融交易法,"三足定理"的论证始于金融危机治乱循环,却也止于金融危机治乱循环,单纯地从金融危机治乱循环这一金融监管的范畴来论证显然并未涉及金融法制的全局。缺乏全面的理论论证与检验容易让定理出现以偏概全的问题。

再次,"三足定理"对完善金融法制的衡量指标和实现途径的理解失之单一。"三足定理"恰当地选择金融安全与金融效率作为两足毋庸置疑,但将金融消费者保护作为第三足却值得商榷。完善的金融法制诚然是要确保金融安全与金融效率,但是金融安全与金融效率的实现并非单纯强调金融消费者保护便可实现,还需要保证金融市场主体能自由平等地参与金融活动以及金融资源得到

---

① 邢会强:"金融危机治乱循环与金融法的改进路径——金融法中'三足定理'的提出",载《法学评论》2010年第5期。

② 李国炎等编著:《新编汉语词典》,湖南出版社1992年版,第621页。

③ 邢会强:"金融危机治乱循环与金融法的改进路径——金融法中'三足定理'的提出",载《法学评论》2010年第5期。

合理配置。申言之,金融消费者保护只属于金融监管法的范畴,①而完善的金融法制必须确保金融组织法和金融交易法与金融监管法协调发展,并通过3者间的良性互动和密切配合来保证金融市场的完善。完善的金融市场固然是要求良好的金融消费者保护,但单单强调金融消费者保护,是无法实现金融市场的完善的。

最后,"三足定理"对于金融市场功能的认识过于片面。经济学界通说认为金融市场的功能为汇集小额资金的聚敛功能;分配资源、财富和风险的配置功能;调节宏观经济的调节功能;反映国民经济信息和变动的反映功能。② 学界对于金融市场功能的认识过于集中于经济功能,忽视了金融市场对于财富再分配和收入差距调节的社会功能。受限于此,"三足定理"片面关注了金融市场交易中处于相对弱势地位的金融消费者的保护、市场安全和效率等经济上的问题,而忽视了金融市场对于社会公平、收入分配的影响以及金融增长带来的福利的分享等社会问题。"三足定理"必须同时关注金融市场的经济功能和社会功能,才能从法律制度层面全面地规范金融市场的发展,充分发挥金融市场的作用。

结合以上分析,笔者认为有必要在肯定"三足定理"的思路的基础上对其进行修正。只有审时度势地全面考察当前金融法制的发展趋势,确定金融法制的价值目标及其互动机制,才能发现金融法制变革的规律。"三足定理"必须以此为依托进行自我修正和优化,才能有效地指导我国金融法制的变革。

二、中国金融法制的问题与任务

金融市场的健康有序发展与完善的金融法制须臾不可分离。金融法制一方面是构成金融市场环境的一种资源禀赋,另一方面是影响金融市场发展的一种制度结构,金融法制与金融市场由此而不断循环往复地进行着互动。③ 完善的金融法制可以为金融市场的健康发展提供强大的制度助力,促进和优化金融市

① 王保树:"金融法二元规范的协调与发展趋势——完善金融法体系的一个视点",载《广东社会科学》2009年第1期。

② 张亦春、郑振龙著:《金融市场学》,高等教育出版社2003年版,第2~5页。

③ 对于法律制度与经济发展的关系,主流观点认为法律通过保护产权促进经济增长,故将法律制度视为一种资源禀赋,而有学者则认为法律作为一种制度结构直接影响着主体间的行为及其策略性反应,法律与市场是通过行为主体和制度机制而相互作用的,这一关系是动态而非静态的关系。不论如何,法律制度对于经济发展总是进行着互动的,法律制度与金融市场亦是如此。参见[美]柯提斯·J. 米尔霍普、[德]卡塔琳娜·皮斯托著:《法律与资本主义——全球公司危机揭示的法律制度与经济发展的关系》,罗培新译,北京大学出版社2010年版,第17~52页。

场功能的发挥。因此，立足我国转型时期的具体问题，审慎把握金融法制的价值目标，明确金融法制变革的使命与任务，对于发挥金融法制对金融市场的良性影响和推动作用显得尤为重要。

我国金融市场的发展虽取得了丰硕的成果，但仍面临着诸多问题与挑战。客观而言，我国金融市场的效率仍旧偏低，创新程度不够，运作尚不规范，缺乏国际竞争力。与此同时，我国金融市场还面临着后危机时代加强金融监管与维护金融安全的世界性难题。此外，我国金融市场还存在着发育不均衡，金融资源在行业、地区之间配置失衡，收入差距不断扩大，社会财富分配不公导致的社会矛盾日益凸显，金融发展支持收入分配合理化的效应不甚显著等问题。以上种种问题皆是金融市场发展不完善的体现，而这都需要金融法制加以解决和矫正。

结合我国当前金融市场的发展形势以及完善金融体系的具体要求，笔者认为我国金融法制的变革应该肩负以下 3 个使命。

(1)平衡金融安全与金融效率。传统观点一直认为金融法制的重点在于平衡金融安全和金融效率。安全是一切法律的价值取向，金融法制既要强调金融交易的安全，又要关注金融系统的安全。加强金融监管，防范金融风险，维护金融业的安全和稳定，是金融业健康发展的重要标志，是金融监管当局的重要目标，是各国或地区金融法一致的价值追求。① 同时，效率是金融市场发展的灵魂，法律制度要维护和促进金融效率以实现金融增长。规范金融市场交易活动，促进金融创新，积极发挥法律制度对于金融发展的促进作用，实现金融市场资源配置的帕累托最优和金融效益的最大化，也是金融法制的应有之义。但是，金融安全与金融效率存在着先天的矛盾。强调金融安全，必然要求对金融市场进行管制，这就导致了金融市场主体的积极性和创造性受到束缚，同时增加了交易成本，进而导致金融效率的降低；强调金融效率，必然会弱化对于市场的监管和控制，这就容易产生市场失灵的情况，导致金融市场主体滥用金融创新，还可能出现风险累积而引发的市场波动甚至崩溃，危及金融市场的安全与稳定。

如何协调两者之间的关系，化解或者缓和这组矛盾成了金融法制变革需要重点研究的课题。但是过去金融市场发展的实践证明了金融法制并未很好地解决这组矛盾。金融市场一直呈现出治乱循环的固定模式，要么在危机出现之后过分重视金融安全，导致金融市场效率受到抑制，为了促进经济发展，监管当局又过分强调金融效率，于是酝酿了新一轮的金融危机。究其原因，正是金融法制

① 张忠军：“论金融法的安全观”，载《中国法学》2003 年第 4 期。

未能找到调和金融安全与金融效率两者的参考指标。① 监管当局更多的是利用随意多变的政策来指导金融监管的具体行为。因此,我们需要从制度层面来平衡金融安全与金融效率,利用金融法制的路径来破解这个难题。

(2)调节社会财富分配。金融安全与金融效率的平衡是从金融市场的经济视角来考量金融法的价值目标,但是金融市场功能除了经济功能之外,还有调节财富分配和实现社会公平的社会功能。对于金融发展与社会公平的理论研究早已有之,如有学者对金融发展与收入分配的关系作了这样的揭示:一国经济发展的初期,金融发展将会扩大收入差距,但从长期来看,随着收入的增长和金融市场的成熟,更多的人开始进入金融市场,收入差距会逐渐缩小,直至收敛到平等水平,即金融发展和收入分配的关系服从"库兹涅茨效应"的倒 U 形的轨迹。② 还有学者认为完善的金融市场才是金融发展和经济增长导致收入差距缩小的前提。③ 还有人用全球数据对金融发展和收入分配之间的关系进行了分析,认为金融发展会显著降低一国的收入分配差距。④ 更有学者运用 99 个国家从 1960 年到 1999 年的数据来分析金融发展与减轻贫困之间的关系,其实证研究结论显示金融发展会促进经济的增长并有利于缩小贫富差距。⑤ 通过微型金融、政策性金融等方式为低收入人群提供充足的金融服务供给,可以为这类人群提供赖以发展的资金流和其他金融资源,有利于促进经济的增长和收入水平的提高。

尽管学者间对于金融发展与缩小贫富差距间的互动路径的认识存在差异,但在对于金融发展可以缩小贫富差距的作用上却保持着高度的一致,并且,完善的金融市场是金融发展缩小贫富差距的前提性条件。而金融市场的完善有赖于金融法制的完善。随着公平问题日益成为社会关注的焦点,如何推动财富分配制度的改革与完善,使人民可以公平分享改革发展的成果,实现"包容性增长",成为法学界开始关注的课题。对于社会公平问题,金融法制也应该有所作为。

(3)优化金融资源配置。在二元经济结构流弊日益凸显和贫富差距逐渐扩

---

① 邢会强:"金融危机治乱循环与金融法的改进路径——金融法中'三足定理'的提出",载《法学评论》2010 年第 5 期。

② See Greenwood, Jeremy and Boyan Jovanovic, Financial Development, Gro wth, and the Distribution of Income, *Journal of Political Economy*, Vol. 98, No. 5, 1990, pp. 1076 – 1107.

③ See Galor, Oded and Joseph Zeira, Income Distribution and Macroeco nomics, *Review of Economic Studies*, Vol. 60, No. 1, 1993, pp. 35 – 52.

④ See Clarke, George, Lixin Colin Xu, Hengfu Zou, Finance and Income Inequality: Test of Alternative Theories, *World Bank Policy Research Working Paper*, No. 2984, March, 2003.

⑤ See K. Beck, R. Levine, Finance, Inequality and Poverty: Cross – country E vidence, *World Bank Policy Research Working Paper*, No. 3338, February, 2004.

大的背景下,我国金融资源配置失衡的问题不容忽视。由于片面追求经济效益,金融市场主体基于逐利动机热衷于获取高额回报,从而加剧了其对于地域和交易对象的逆向选择,金融机构纷纷撤离农村等欠发达地区,农村存贷款余额比例失调造成农村资金大量外流,农村“失血”严重。此外,民间金融始终处于灰色地带,地方中小金融机构地位不高且缺乏良好的政策法律环境,市场机构区域单一,少数具有国资背景的金融机构掌握了大量的金融资源,其交易对象鲜有平等地位和谈判能力。金融资源的配置体现出了严重的失衡和扭曲的状态,在区域上向市场发育成熟和产业化水平高的经济发达地区集中而遗弃了中西部欠发达地区,在产业上向城市第二产业、第三产业集中而遗忘了农村和农业,在所有权上向国有金融机构倾斜而歧视民间金融和民营金融机构。“城与乡”、“官与民”、“大与小”等矛盾的博弈造成了金融资源在配置过程中逐渐向城市等发达地区、国有大型金融机构集中,金融资源配置的马太效应日益突出导致了获取金融资源机会的不平等,金融市场公平性的缺失令人堪忧。

尽管金融资源的配置应该遵循市场规律,但是适当的国家干预是有必要的,且国家干预应该依法进行。在我国金融资源配置的过程中,国家干预的行政色彩浓厚且政策的随意性问题严重,金融资源配置权限不清,金融资源配置的实际效果不尽如人意。在当前形势下,必须强化金融资源配置的法律化建设,明确政府在金融资源配置中的角色和权限,优化金融资源配置的调控,推进金融资源的公平合理配置,弱化金融资源配置中对于具有极强的不确定性和随意性的政策的路径依赖,通过法律的理性价值来对金融资源的配置进行规范。在这个意义上,金融法制依然任重道远。

三、金融法功能重构与金融公平

上文回答了我们需要什么样的金融法制的问题,这为金融法制的变革明确了目标和任务。从金融法制的任务中,我们可以总结出金融法应该具有的功能。如上所述,金融市场不仅包括调节和促进经济发展的经济功能,还包括调节财富分配和收入差距的社会功能。作为规范和促进金融市场健康运行的金融法制必须立足于充分且全面地发挥金融市场的经济功能和社会功能,因此金融法也就相应地承担了经济功能和社会功能。金融法应该超越传统的确认金融市场主体权利义务、规范和调控金融市场行为、明确金融监管职能和目标等纯经济性的功能,而将功能范围拓展至调节和控制金融市场的社会效果、规范和促进金融发展对于社会进步的推动作用等社会功能上去。申言之,金融法应该发挥其被遗忘的社会功能,并与其一直坚守的经济功能相配合,共同促进金融市场的健康发展。

通过系统分析平衡金融安全与金融效率、调节社会财富分配、优化金融资源配置等任务要求的具体内容,我们不难发现,平衡金融安全和金融效率的使命实际上是强调了金融法制应有的金融安全和金融效率这两个价值目标,而实现两者的平衡要求完善的金融消费者保护,这与社会财富分配和金融资源配置强调的是金融交易中的公平、金融福利分享的公平和金融资源配置的公平,可以共同归结于"金融公平"这一价值目标之上。因此,金融法制变革的3个任务可以统一于金融安全、金融效率和金融公平这3个价值目标的配合与互动。

所谓金融公平,是指在金融活动中,各类主体不因自身经济实力、所有权性质、地域和行业等因素而受到差别对待,能够公平地参与金融活动,机会均等地分享金融资源,形成合理有序的金融秩序,并通过金融市场实现社会整体利益的最大化。金融公平的内涵表现在以下几个方面:

一是公平参与金融活动。各类市场主体均能参与金融活动并获得相应的金融服务。一个公平的金融市场应该对不同的参与者同等地确保金融资源的可得性与易得性。在金融公平的要求下,金融市场的不合理门槛应该被逐渐降低直至消除。具体而言,民间金融应该获得相应的法律地位,使其能与正规金融同台竞争。中小型金融机构得到实质性的鼓励与扶持,从而填补被大型金融机构所遗弃的市场空白。国有大型金融机构的垄断地位应该被控制和破除,国家政策与法律对所有金融机构一视同仁。同时,政府应该鼓励金融机构在中西部地区以及农村地区设立分支机构或者成立专门服务于农村等欠发达地区的金融机构,使农民和中小型企业能够便利地获得金融服务。金融市场固有的逐利性和资本嫌贫爱富的特性应该由金融法制加以矫正和协调。

二是公平进行金融交易。金融市场主体的交易活动均能公平地进行,金融秩序合理有序。在金融市场上,一方面金融市场主体基于平等地位进行公平交易。金融服务的供给者不应具有市场支配地位,更不应凭借其优势地位倾轧和压榨金融服务的需求者。另一方面,金融市场受到有效监管。金融市场主体依法进行金融活动,金融秩序合理有序。具体而言,金融交易的公平要求通过合理的制度安排营造公平的市场竞争环境,改变金融机构的强势话语地位,使金融消费者的权利得到良好保护;存贷款利差进一步缩小,信贷歧视逐渐消除,内幕交易、操纵市场、虚假陈述等违法行为能得到良好的控制和处理;信息披露更加及时公开,信息不对称得以显著消除,市场有效性进一步提高;金融衍生品的定价更加合理,风险提示更加明确有效;金融活动中的不公平待遇和不公平交易得以控制。

三是公平享受金融福利。金融发展带来的经济增长和社会效益得为社会各类主体公平享受,金融发展也应立足于消除贫困、缩小收入差距和提高社会福利,金融与社会能够协调发展,实现社会利益的最大化。一方面,金融发展不能遗忘在资金、技术等方面存在弱势的地区和主体。金融机构应该在欠发达地区设立分支机构,以使欠发达地区的个人和中小企业能够享受金融服务,从而赢得更多的发展机会。同时,金融机构应关注和加强对贫困人群的扶助力度,通过提供信贷资源等方式提高其收入,这是使社会各类主体公平享受金融福利的直接途径。另一方面,金融活动应突破经济利益的局限,更多地关注社会整体利益,强化金融机构的社会责任。金融机构和投资者在选择投资对象和投资方向时,应更多地关注农业、交通运输、教育、环境保护等产业方向,促进这些可能经济收益不大或周期较长的产业的发展,同时适当限制不符合社会发展趋势要求的高污染、高能耗的产业获得信贷资源和上市资源的机会,以实现社会整体利益的提高。

金融公平整合了金融消费者权益保护、金融活动的社会责任、确保市场公平透明和有效等方面的内容,内涵更加丰富和全面。金融公平不仅关注金融监管,还关注金融组织和金融交易;不仅关注金融消费者保护,还关注金融资源配置;不仅关注金融市场的经济功能,还关注金融市场的社会功能;不仅关注金融活动中的形式上的公平,还更为关注金融福利分配的实质上的公平。总之,金融公平可以作为与金融安全和金融效率并驾齐驱的金融法制的价值目标。在金融法制的变革中,必须将金融公平放在与金融安全和金融效率同等重要的地位上。然而,当前的金融法制和金融法研究并未明确强调金融公平这一概念,[①]金融公平被长期忽略的现实限制了金融法制的进化。而强调金融公平,正是立足于发挥金融法的社会功能,使金融法制更加趋于完善。

四、金融法“三足定理”的修正与提升

金融市场的健康发展和金融法制的完善需要实现金融安全、金融效率和金融公平的良性互动。构建三足鼎立的博弈模型,是有效平衡金融法制的3个价

① 学界对于“金融公平”这一概念也并无系统成熟的研究成果,相关文献凤毛麟角。参见丁灿、许立成、徐志坚:“中国金融公平建设:理论与实践”,载《现代管理科学》2010年第6期;杨朋君、钟斌贝:“略论金融资源配置与金融公平”,载《商业时代》2009年第25期。

值目标的可行思路,可以防范在制度设计上的失衡。笔者认为,健康的金融市场离不开完善的金融法制,而完善的金融法制必须实现金融安全、金融效率和金融公平三个价值目标的良性互动。我们可以形象地将3个价值目标比作3个"足",而这个论断也可以被形象地称作为"三足定理"。其内涵及其互动机制我们不妨以以下3个层面来理解。

第一,通过金融公平的指引和参照,可以实现金融安全与金融效率之间的平衡。平衡金融安全与金融效率一直为监管当局所强调,但由于未能提出具有可操作性的方案而始终未能破解这一难题。我们认为,金融安全实际上是强调规范金融秩序和强化金融监管,而金融效率则是强调鼓励金融创新和促进金融交易,两者之间的矛盾就在于盲目的金融交易和泛滥的金融创新极易出现由于人性的贪婪而产生的道德风险,进而会导致规避金融监管和危害金融秩序的行为,最终危害金融系统的安全。因此,平衡金融安全与金融效率的关键在于防范道德风险,而通过强调金融公平,以公平价值为指引制定金融交易规范,引导金融市场主体公平参与金融活动,公平进行金融交易,公平分享金融福利,使得金融消费者的权利得到保护,市场主体的行为失范的现象得到规制,从而可以实现金融安全和金融效率的平衡。

第二,强调金融公平可以弥补片面强调金融安全与金融效率的局限,发挥金融增长对于社会发展的推动作用。片面强调金融安全与金融效率的金融法制,将自身的作用仅仅局限于金融市场本身,只能关注了金融市场的经济属性。而事实上,完善的金融法制应该不仅仅只规制金融市场活动,还应该引导金融市场发挥其社会功能。强调金融公平,可以推动各类主体公平地享受金融服务从而获得发展的机会和条件,进一步消除贫富差距和地区差异。另外,强调金融公平可以促进社会全体公平地享受金融福利,发挥金融市场对于促进企业社会责任的承担、①推动环境保护、提高社会整体利益的功能和作用。将金融公平作为与金融安全和金融效率同等的金融法制的价值目标,可以将金融市场的经济功能和社会功能统一起来,从而使得金融法制对于金融市场的规范和调节更加全面和完善,并且能够促进金融市场对于社会发展功能的发挥。

第三,实现金融安全、金融效率和金融公平耦合的金融法制可以最大限度地推动金融市场的健康发展。法律制度对于金融市场的作用自不待言,但是只有良好的金融法制才能对金融市场产生积极的推动作用,不完善的金融法制不能

① See Bert Scholtens, Finance as a Driver of Corporate Social Responsibil ity, *Journal of Business Ethics*, Vol. 68, No. 1, 2006, pp. 19 - 33.

最大限度地推动金融市场的发展。金融法制的完善有赖于金融安全、金融效率和金融公平这3个价值目标耦合指导下的制度优化。这3个价值目标一方面相互独立,构成金融法制所追求的不同的效果,但这3者同时又是相互联系的。金融安全与金融效率是固有矛盾,效率与安全在金融市场的发展中呈现出一种此消彼长的关系,但又统一于金融市场健康发展的客观要求。就金融效率与金融公平来看,在追求效率的市场机制下,必然会由于禀赋差异而产生不公,这就需要金融公平来将这种差异和不公限制在最小的范围内,同时,金融公平的实现并非是以损害金融效率为前提,而是对盲目追求效率的资源配置失衡的矫正。至于金融安全与金融公平,两者统一于对金融效率的制衡,但金融安全更加强调金融系统的稳定,而金融公平更加强调市场中的个体的利益衡平,前者更强调金融监管,后者更强调制度安排,两者在不同的进路中相互配合。金融法制的这3个价值目标并非彼此孤立,亦非简单组合,而是以一种耦合的方式实现良性互动,在这3个"足"的作用下的金融法制可以实现自我优化,进而最大限度地促进金融市场的发展。

总之,单纯局限于金融安全与金融效率之间的天平式平衡的金融法制是不能涵摄金融市场发展全局的,必须强调金融公平以扩展金融法制的价值取向和规制范围。只有建立在公平之上的金融效率才是正义的和可持续的效率,也只有建立在公平之上的金融安全才是恒久的安全。因此,金融公平应与金融安全和金融效率一起构成"铁三角",共同支持金融法制和金融市场的稳定和健康发展。

五、金融法学研究范式的转换

所谓研究范式,是包括规律、理论、标准、方法等在内的一整套信念,是某一学科领域的世界观,被广泛地用地表征或描述一种理论模型、一种框架、一种思维方式、一种理解现实的体系、科学共同体的共识。① 某一学科研究范式的确立,可以确定和规范该领域的研究方法、研究内容以及研究方向,但与此同时,该学科的研究范式又会在一定程度上限定和制约该学科的研究范围的扩展,②因

① 张文显、于宁:"当代中国法哲学研究范式的转换——从阶级斗争范式到权利本位范式",载《中国法学》2001年第1期。

② [美]托马斯·库恩著:《科学革命的结构》,金吾伦、胡新和译,北京大学出版社2003年版,第145页。

此有必要根据学科发展的进程适时转换研究范式，以实现学科的自我突破。

结合当前金融法学的研究现状，我们认为金融法学也存在着其特定的研究范式。在笔者看来，当前金融法学的研究中存在着行为主义范式和法经济学范式。行为主义范式是从研究范围的角度而言的，其主要指金融法的研究侧重于金融市场主体的行为（包括市场交易行为和金融监管行为）的规范，立足于维护金融市场本身的正常秩序。行为主义范式下金融法学的研究从金融市场主体为出发点，着眼于金融机构、金融工具、金融市场和金融监管的法解释学分析和相关权利义务配置。① 这种范式将金融法的范围限制在金融市场活动本身来开展金融法学的研究。吴志攀教授所倡导的从公司治理、商业银行、资本市场和法律制度四位一体的多元系统中寻找中国金融法学的研究范式也正是这种立足于金融市场主体研究金融市场行为的行为主义范式，尽管有学者结合次贷危机的启示认为这一范式应该升级，即应该拓展金融法学的涵盖范围，围绕金融、保险、不动产和能源开展金融法学的研究。② 但这一思路仍然未能突破行为主义范式。至于法经济学范式，主要是从研究方法的角度来说的。法经济学范式下的金融法学主要研究法律和金融之间的关系、金融法的经济结构、证券权利产生与运作机理、金融秩序的演进以及金融市场和金融组织的治理结构等前沿问题，通过经济学的分析方法和工具来评估金融法制度并寻求改进，或者结合法律制度来分析金融问题。③ 例如，LLSV 通过对比普通法系与大陆法系 49 个国家法律制度和金融发展，探究了法律与金融之间的关系。④ 在法经济学研究范式下，金融法学研究主要运用经济学和金融学的相关方法和工具来分析法律制度，但却往往难以把握法学与经济学之间的配合，极易陷入运用纯经济学方法分析纯经济问题的困惑中去。行为主义范式和法经济学范式作为当前金融法学研究的两种基本范式，在金融法学的研究中起到了重要的作用。但是，长期局限于固定的研究范式容易限制学科研究的发展，因此需要及时转换研究范式，以保证研究的多元性与科学性。

通过对金融法功能的再认识，我们认为金融法应该与金融市场同步，除了承

---

① 当前系统性的金融法学研究著作有很大部分都是遵循了行为主义范式，如汪鑫著：《金融法学》，中国政法大学出版社 2007 年版；朱大旗著：《金融法》，中国人民大学出版社 2007 年版。

② 管斌："我国金融法学研究范式亟需升级：从 CBS 到 FIRE"，载《华中科技大学学报》（社会科学版）2009 年第 3 期。

③ 张建伟："法与金融学：路径依赖与金融法变革"，载《学术月刊》2005 年第 10 期。

④ See Rafael La Porta, Florencio Lopez - de - Silanes, Andrei Shleifer, Rober t W. Vishny, Law and Finance, *NBER Working Paper*, 5661, July, 1996.

担经济发展引擎的经济功能外,还担负着实现社会资源公平配置、促进社会公平发展的社会功能。因此,金融法学的研究应该突破长期以来的概念法学和法解释学的羁绊,将研究的视角从金融市场主体及其行为延伸到金融活动产生的结果中来。与此同时,金融法学的研究除了运用经济学的方法和工具来研究法律问题之外,还应该引入社会学的理念和方法,研究金融活动的社会效果。正如庞德所认为,实现社会利益、促进文明、维护安全与均衡是法律的重要价值。① 金融法也应该将实现社会利益作为与维护金融市场秩序居于同等地位的价值取向,进一步强调金融公平。而金融法学的研究也要突破固有研究范式的局限,将研究的视角放在一个更加宏大的背景下去考察中国金融法理论的发展和金融法制的未来。

笔者认为,今后金融法学的研究范式需要进行转变。一方面,金融法学的行为主义研究范式应当转换为结果主义研究范式。由于金融活动自身的复杂性与灵活性,单纯从金融市场主体和金融市场行为着手来研究金融法学似乎已经不能赶上金融市场的瞬息万变。着眼于金融活动的结果,不仅可以降低立法和执法的成本,还可以更经济、更全面地掌控规范金融市场最根本的目的,即实现良好的经济社会效果。另一方面,金融法学应该在法经济学范式之外引入法社会学范式。仅从经济学的逻辑和视角显然无法把握金融市场和金融法的社会功能,这根源于经济学的先天性的属性和特质。引入法社会学范式,将金融法学的研究和金融法制的发展纳入法社会学的逻辑,强调金融活动的社会效果,可以探寻金融法社会功能的充分发挥。以上种种,一言以蔽之,就是金融法学的研究应该注重金融法的社会功能,强调金融公平,通过对金融活动的控制和调整寻求社会资源的公平配置,推动社会的公平发展。

六、金融法制变革的路径展望

“三足定理”揭示了金融法制对金融市场发展的作用机制以及金融法制的进化路径,是金融法制变革应该遵循的规律和准则。当前金融法制必须破除单纯强调平衡金融安全和金融效率的路径依赖,通过在金融公平上寻求突破,最终达到金融法制建设和金融市场的帕累托最优。笔者认为,金融法制变革应该从以下几个方面寻求突破。

---

① [美]庞德著:《通过法律的社会控制、法律的任务》,沈宗灵译,商务印书馆1984年版,第34~41页。转引自袁康、李雨桐:“庞德法律思想认知”,载《河南师范大学学报》2009年第4期。

(一)改革和完善金融机构配置

金融机构是金融服务的提供者,是金融市场最活跃最重要的主体。金融机构的优化配置可以有效改善金融市场结构,调节金融市场的运行。金融法制变革首先要解决的就是金融机构的优化配置问题。具体而言,要改革金融服务市场准入制度,逐渐放宽金融特许制度,允许和规范各类主体进入金融市场。逐步将非正规金融正规化并将其纳入常规金融监管之中。通过金融机构的多元化,打破国有金融机构市场垄断地位,引入竞争机制,增强市场活性,建立良好的市场竞争秩序,进一步提高金融效率。同时,培育和发展政策性金融机构,提升其金融服务深度,加强政策性金融立法,规范政策性金融机构的经营活动,明确其市场功能定位,使其在政策法律框架内有效弥补市场缺陷,充分发挥其社会作用。此外,深化农村金融改革,加大对"三农"金融的扶持力度,进一步鼓励和扶持农村金融机构的设立,协调城乡金融机构布局,培育农民信贷协会、农民互助会等农村新型中小金融机构,推动和深化现有农村金融机构治理结构和经营模式的改革,使其能为"三农"发展提供更强的金融助力。① 另外,要引导民间资本进入微型金融领域,满足资本多元化需求,通过引导民间资本参与村镇银行、小额贷款组织、金融合作组织等中小型金融机构,从制度层面畅通民间资本进入正规金融的途径,完善民间金融与地方中小型金融机构的对接。② 在金融机构配置过程中,应该强调金融安全、金融效率和金融公平价值目标的协调统一。

(二)改革和完善金融工具安排

金融工具包括市场工具和政策工具,是金融市场的最基本的构成要素。金融工具的合理使用,对于金融市场的稳定健康发展至关重要。金融法制的变革,必须着力于引导金融工具发挥其积极作用。就市场工具而言,要在充分发挥其市场交易功能的同时加强对其的监管,要鼓励和规范金融创新,审慎监管金融衍生工具的设计和定价,使之在公平交易的原则下促进金融效率的提高。对于诸如存款证明、股票、债权等常规金融工具,要进一步完善交易规则,并通过合理的制度安排,使得各类主体均能平等地接近和使用这些金融工具。同时,要合理安排政策工具,以引导金融市场的健康运行。首先,要稳步推进利率市场化改革,解决利率倒挂问题,进一步缩小存贷款利差,防止银行等金融机构挤占储户的存款利益,使得存款人能够公平地享受金融福利。其次,要稳步推进汇率形成机制

---

① 冉光和著:《财政金融政策与城乡协调发展》,科学出版社2009年版,第183页。

② 彭建刚等著:《中国地方中小金融机构发展研究》,中国金融出版社2010年版,第386~401页。

改革，防止人民币过快升值造成的财富减损。同时要规范人民币发行制度，防止滥发纸币造成货币贬值而导致购买力下降和生活水平的降低。再次，要改革外汇管理制度，通过“藏汇于民”使社会公众共享外汇财富。还要完善资本市场价格形成机制，克服资产定价不公，防范占据市场优势地位的市场主体主导和控制资产定价以谋取不合理利益。最后，要充分利用“再贴现”、“再贷款”等政策工具，扶持中小金融机构发展。金融法制的变革的重点与难点，正是利用制度设计的完善来引导和规范金融工具的安排，来实现活跃市场、稳定市场和实现社会效益最大化，即实现金融市场包容性发展的目标。

（三）改革和完善金融市场体系

金融市场体系的完善是一项系统工程，需要金融法制从市场发展的全局出发来寻求改革的路径。总体来说，完善的金融市场体系要求能够实现安全、效率和公平下的和谐发展。笔者认为，金融法制应该从以下几个方面寻求突破，以完善金融市场体系。首先，要建立和完善多层次资本市场，加快我国场外交易市场建设和国际板的建设，进一步完善主板、中小板和创业板市场，拓宽中小型企业的融资渠道，完善上市公司和券商的市场退出机制，扶持和强化债权市场和期货市场的建设，研究和完善风险资本的运作与退出机制，并且探索对不同层次市场的有效监管机制。其次，要加强金融消费者权益的保护，进一步强化对于金融消费者的倾向性保护，减轻和消除市场信息不对称，增强市场有效性，设立金融消费者保护的专门机构，加快金融消费者保护的立法工作，探索金融消费者权益获取司法救济的途径与模式，并且通过强化金融监管来规范金融机构的行为和金融活动的公平进行。最后，要探索普惠性金融体系的建设，打破城乡二元金融结构，实现金融资源配置的区域均衡，进一步加大金融基础设施的建设，扶持中小型金融机构的设立与发展，引导和鼓励金融机构向弱质产业、落后地区和弱势群体提供金融服务，探索小额信贷的运作机制，将补贴、信用担保等促进信贷资源公平享有的方式制度化规范化，加快农业保险的制度构建，引导资本市场扩展到农村地区，进一步提供全民享受现代金融服务的机会和途径。

七、结　　语

金融法不仅承担着经济发展引擎的经济功能，还有实现社会资源整合、促进社会公平发展的社会功能。只有统筹了金融市场经济功能和社会功能的金融法制，才能真正推进金融市场的健康发展。基于发达市场国家金融法经验和理念建立起来的所谓“现代”金融法制无力解决转型时期中国所面临的特殊问题，中国金融法和金融法学都面临着理念和研究范式的转型，需要跳出狭隘的效率和安全孰优孰先之争，将金融法制变革的视野投向更为宏大的背景下加以考虑。因此，金融法制的变革与进化，并非单纯强调金融消费者保护便可实现，而是应该着眼于金融市场发展的全局，遵循"三足定理"的规律和要求，将金融公平作为支点，与金融安全和金融效率形成一个新的等边三角形结构，强调金融安全、金融效率和金融公平 3 大价值目标的协调统一和良性互动，以实现金融增长促进社会发展的效果。

（2011 年第 9 期）

编 后 记

编辑《法学的历史·经济法卷》的宗旨是汇集一批《法学》复刊以来所登载的经济法优秀论文,这些论文大致从一个侧面反映了新兴的经济法学科发展的历史。限于篇幅,不能将所有优秀论文编入。

在编稿过程中,我们在力求尊重作者原意的基础上,统一格式,规范脚注,纠正文字及标点差错。由于工作量大,很难避免错漏,期待得到作者与读者的指正和谅解。

感谢经济法学硕士研究生张存美、黄思奇和黎琳为本书的校对工作付出的辛勤劳动!

顾功耘 罗培新
2012年6月26日

领取稿费告知

尊敬的各位作者：

值华东政法大学建校60周年、《法学》创刊56周年之际，华东政法大学《法学》月刊社出版了《法学的历史》文丛，旨在以文献的方式反映新中国法制建设的进程以及法学理论的发展。为此，选萃了《法学》月刊自1956年创刊以来刊登的具有代表性的、能够反映当期现实问题和理论研究水平的文章。您的文章被我们选用，但由于各方面原因，我们无法与您直接取得联系，希望看到此通知后联系我们，以便发放您的稿费。具体事项如下：

1. 请告知您的信息，具体包括：(1)作者姓名；(2)文章名；(3)文章发表的卷名。可直接到杂志社领取稿费。如需要邮寄稿费的，为防止冒领，请将个人身份证号、收款账户、联系电话予以告知我刊。

2. 稿费的发放标准为每千字10元。

3. 杂志社地址：上海市万航渡路1575号华东政法大学六三楼《法学》月刊社。邮政编码：200042。联系电话：021－62071924。联系人：过纯益 汪池洲

感谢您的大力支持！

华东政法大学《法学》月刊社

2012年7月8日

图书在版编目(CIP)数据

法学的历史. 第10卷,经济法卷:1981年~2011年
/ 顾功耘等主编. —北京:法律出版社,2012.9
ISBN 978-7-5118-3735-6

Ⅰ.①法… Ⅱ.①顾… Ⅲ.①法学史—世界—文集②
经济法—文集 Ⅳ.①D909.1-53②D912.29-53

中国版本图书馆CIP数据核字(2012)第157105号

责任编辑/王津京　　**装帧设计**/李　瞻

出版/法律出版社　　**编辑统筹**/财税出版分社
总发行/中国法律图书有限公司　　**经销**/新华书店
印刷/北京中科印刷有限公司　　**责任印制**/吕亚莉

开本/720毫米×960毫米　1/16　　**印张**/46.5　**字数**/826千
版本/2012年9月第1版　　**印次**/2012年9月第1次印刷

法律出版社/北京市丰台区莲花池西里7号(100073)
电子邮件/info@lawpress.com.cn　　**销售热线**/010-63939792/9779
网址/www.lawpress.com.cn　　**咨询电话**/010-63939796

中国法律图书有限公司/北京市丰台区莲花池西里7号(100073)
全国各地中法图分、子公司电话:
第一法律书店/010-63939781/9782　**西安分公司**/029-85388843　**重庆公司**/023-65382816/2908
上海公司/021-62071010/1636　**北京分公司**/010-62534456　**深圳公司**/0755-83072995

书号:ISBN 978-7-5118-3735-6　　**定价**:168.00元

(如有缺页或倒装,中国法律图书有限公司负责退换)